U0488558

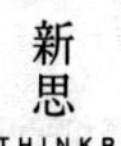
新
思
THINKR

有思想和智识的生活

企鹅欧洲史

[英] 蒂莫西·布莱宁（Tim Blanning）_著
吴 畋_译 王 宸_校

追逐荣耀 1648—1815

THE PURSUIT OF GLORY: EUROPE 1648–1815

中信出版集团 | 北京

图书在版编目（CIP）数据

追逐荣耀：1648-1815 /（英）蒂莫西·布莱宁著；
吴畋译 . -- 北京：中信出版社，2018.12（2025. 9 重印）
（企鹅欧洲史）
书名原文：The Pursuit of Glory: Europe 1648-
1815
ISBN 978-7-5086-9686-7

I. ①追… II. ①蒂… ②吴… Ⅲ . ①欧洲—近代史
— 1648-1815 Ⅳ . ① K504

中国版本图书馆 CIP 数据核字（2018）第 243937 号

追逐荣耀：1648—1815

著　　者：［英］蒂莫西·布莱宁
译　　者：吴　畋
校　　者：王　宸
出版发行：中信出版集团股份有限公司
（北京市朝阳区东三环北路 27 号嘉铭中心　邮编　100020）
承 印 者：河北鹏润印刷有限公司

开　　本：880mm×1230mm　1/32　　印　　张：27.75　　插　　页：8　　字　　数：668 千字
版　　次：2018 年 12 月第 1 版　　印　　次：2025 年 9 月第 16 次印刷
京权图字：01-2015-8279
书　　号：ISBN 978-7-5086-9686-7
定　　价：136.00 元

服务热线：400-600-8099
投稿邮箱：author@citicpub.com

献给尼基、汤姆、露西和莫莉

目　　录

“企鹅欧洲史”系列中文版总序

文明的更新、重组和不断前进

——为什么我们应该阅读“企鹅欧洲史”系列

彭小瑜

21 世纪还剩有 80 多年，当今的主要发达国家，也就是欧洲国家以及在制度和文化上与之关系极其紧密的北美洲和大洋洲国家，在发展上的明显优势目前无疑还存在。那么到了 21 世纪末，情况又会如何？“企鹅欧洲史”系列包含的 9 部著作覆盖了欧洲文明近 4 000 年的历史。如果我们精细地阅读这几本书，我们就能够观察到欧洲文明在历史上经历过的多次繁荣、危机和复兴，进而能够认识到欧洲文明保持更新和不断前进的真正力量是什么。

相对于世界其他地方的古老文明，欧洲文明天然具有优越性吗？从 19 世纪在中国沿海地区贩卖鸦片的英国人身上，我们看不到什么值得欣赏和效仿的品德和价值观。西方近代的“船坚炮利”及其背后的科学技术固然值得研究和学习，但是学会了“船坚炮利”的本事不是为了欺负和攻打别人。另外，西方文明的优点，欧洲在近代国力强大的原因，绝不局限于自然科学和先进技术。我们了解和研究欧洲历史，借鉴欧洲和整个西方的历史文化和经验，肯定也不能局限于救亡图存这一有限目的。我们采取和保持一个面向世界的开放态度，是为了建设一个美好的生活环境，也是为了对世界和平和全人类的福利做出我们的贡献。因此，我们对欧洲史和整个西方文明需要有一个认真和耐心研究的态度，努力学习其优点，尽量避免其不足，以期完成我们中华民族在21世纪追求的远大目标。为了这样一个宏大的事业，我们需要精细阅读“企鹅欧洲史”系列。这是我们了解和学习外部世界过程中迈出的小小一步，却可能会让我们拥有以前不曾体验过的惊奇、思索和感悟。

整套丛书由古希腊罗马远古的历史开始，讲述了直到21世纪的欧洲历史。尽管各位作者的资历和背景不尽相同，他们基本的历史观却高度相似。在对西方文明进行坦率批评的同时，他们以明确的乐观态度肯定了这一独特文化、政治和经济体制的自我更新能力。普莱斯和索恩曼在描写古代雅典城邦时（见《古典欧洲的诞生：从特洛伊到奥古斯丁》），注意到了雅典民众拥有在古代世界独一无二的政治参与权，不过该城邦“同时也是对妇女压制最为严重的城邦之一”，因为唯有男性拥有公民权的情况让没有公民权的自由民妇女地位变得十分糟糕。依靠元老院、人民和行政长官三者之间沟通和平衡的古罗马，建立和维持着一个似乎比雅典更加稳定的共和国。后来，贫民的土地问题以及意大利和其他地方民众获取公民权的问题，引发了“罗马在350年里的第一次政治杀戮”。之后不断加剧的社会矛盾导致了血腥的持续的内战，并颠覆了共和制度，但是罗马人在内战废墟上建立了君主制帝国，同时让各地城市保持了强有力的自治传统，在地中海周边的辽阔地区又维持了数百年的安定和繁荣。

乔丹在《中世纪盛期的欧洲》里面写到了14世纪的黑死病，“在1347—1351年的瘟疫中有多达2 500万人殒命”，之后瘟疫还连续暴发了好多次，而此前欧洲的总人口只有大约8 000万。这个世纪同时也是战争和内乱频仍的年代，是教会内部思想混乱和不断发生纷争的年代。面对如此可怕的巨大灾祸，面对16世纪宗教改革带来的政治和思想的严重分裂，西方人在生产、贸易和金融等领域仍然取得长足进步，并开始探索世界地理，航行到非洲、亚洲和美洲，倡导用实验来把握有用的知识，学会用科学的方法来仰望星空，认知宇宙的秘密。与此同时，自私的欲望逐渐泛滥，开始有文化人鼓吹“最自然的人权就是自利”，鼓吹“自然状态是一个相互竞争的丛林”（见《基督教欧洲的巨变：1517—1648》）。

当资本主义的贪婪和帝国主义的强权给世界上落后国家带来压榨和屈辱的时候，欧洲内部的社会矛盾也变得十分尖锐。在19世纪中叶，英国每天要用掉大约2.5亿根火柴，在位于伦敦的工厂：“用于制造可燃火柴的白磷产生的气体开始给工人身体造成严重损害。工厂工人几乎是清一色的女工和童工，工人需要先准备好磷溶液，然后把火柴杆放在里面浸沾。他们的牙龈开始溃烂，牙齿脱落，颌骨慢慢腐烂，流出散发臭味的脓水，有时从鼻子里往外流脓，人称‘磷毒性颌骨坏死’。1906年在伯尔尼签署的一项国际公约禁止使用白磷，两年后，英国议会批准了该公约。”（见《竞逐权力：1815—1914》）

历史故事的细节从来都具有一种思想冲击力。“企鹅欧洲史”系列的各个分册里面充满了大量的细节和故事。看了白磷火柴女工的故事，认真的读者都会好奇，当时的欧洲会往何处去。埃文斯描写了第一次世界大战前的欧洲社会和改革运动。他提到，德国的铁血宰相俾斯麦曾经声称，国家必须“通过立法和行政手段满足工人阶级的合理愿望”。在叙述现代历史的各个分册里，我们都能看到，欧洲统治阶级坚持文化和制度的渐进改良，不单单是“出于发自内心的社会良知”，也是因为他们面临来自社会主义思想和运动的压力，希望通过对话达成社会各阶层的和解。社会各阶层重视沟通和妥协不仅是现代西方社会的一个突出特点，应该也可以追溯到遥远的雅典城邦和罗马共和国传统。沟通和妥协的能力，确实是欧洲文明保持活力和持续进步的一个重要原因。

第一次世界大战结束后不久，梁启超先生到欧洲考察，遇见一位美国记者，后者觉得“西洋文明已经破产了”，不赞成梁启超将之“带些回去”的打算。梁启超问：“你回到美国却干什么？”该记者叹气说：“我回去就关起大门老等，等你们把中国文明输入进来救拔我们。”梁启超在《欧游心影录》里面记载了这个故事，但是他提醒读者，欧洲不会完。他解释说，18 世纪以后的欧洲文明不再是贵族的文明，而是“群众的文明”，各种观念和立场有顺畅交流，思想文化依然活跃。所以他断言，欧洲仍然能够“打开一个新局面”。饮冰室主人在 1929 年去世，没有机会看到此后的欧洲历史轨迹。我们是幸运的，看到了更多的世界风云变幻。我们是幸运的，能够阅读“企鹅欧洲史”系列这样有趣和深刻的历史读物。我们借此不仅能够更清楚地看到欧洲的过去，也可能能够看到一点欧洲和世界以及我们自己的未来。

《追逐荣耀：1648—1815》导读

一部别开生面的欧洲近代史读本

陈晓律

有关欧洲历史的读本近年越来越多，各种类型的通史和断代史都有自己的长处，从市场的销售来看，均表现不错。因此，要在热销的欧洲历史读本中脱颖而出，引人注目，已经是一件比较困难的事情了。

不过，手边的这本《追逐荣耀：1648—1815》(蒂莫西·布莱宁著，吴畋译，中信出版集团)，却是一部别开生面的欧洲近代史读本，其主要特点就是体例的编排、整体的构思很有意思。现在多数的通史都是以时间为序，以重大的政治或经济事件为节点而展开的，这样的好处是符合人们阅读史书的习惯，便于上手。然而，缺陷却是以这种叙事体例构成的读本，很容易大同小异，读完一本，再读类似的书就很难留下深刻印象了。而这本书在体例编排上大开大合，首先就有一种先声夺人的气势，使人有读下去的冲动，开卷之后，其他章节的构思也有其独到之处，作者常常将一些晦涩的史学思想巧妙地融入似乎不经意的描述中，使人在不知不觉中领悟到作者的苦心。我不妨就此谈谈自己的一点体会。

比如，作者体例的第一部分就与众不同。他的近现代欧洲史，不是从哥伦布发现新大陆、开创了人类的新纪元写起，而是首先谈到了“生与死”这样似乎属于哲学的终极问题。的确，不是那些比较“飘”的“高大上”的东西，而是实实在在的生存与毁灭，才是当时欧洲面临的难题。正因如此，作者把《威斯特伐利亚和约》作为起点别具慧眼。因为此前的“三十年战争”把欧洲的精气神和物资基础耗费了大半，而和约表明了一个重要的事实：谁也无法继续打下去了，只能妥协。这种妥协的结果是：其一，西班牙承认了荷兰共和国的独立，表明在欧洲通过武力实现“统一”是不大可行的，以后的历史也证明，凡是试图武装“统一”欧洲的国家和民族，都为此吃尽了苦头；其二，承认宗教多元主义的存在，尽管新教和天主教的狂热分子都试图让自己的信仰获得真正的胜利，但和约已经证明，宗教信仰的统一也是不可能的。正是这两大特点影响了此后欧洲的发展轨迹。既然谁也不能彻底征服对方，那么，也只能怀着不同的理念共存了。或许，这就是一种宽容，尽管是一种不得已而为之的宽容。

在这样“生存还是毁灭”的背景下，此书的另一个特点也凸显出来，那就是举重若轻。作者首先从当时的交通状况谈起，让人们对几百年前的生活有一个粗略的概念：当时陆路的交通一塌糊涂，无论是英国还是法国，道路的状况和交通的工具都令今天的人们无法忍受——望不到尽头的泥泞道路，马粪的味道熏人，旅途颠簸可怕，旅客往往饥寒交迫。短短的篇幅，却立刻使人产生了历史的幻觉，似乎人们可以瞬间穿越时空，触摸到某种历史的轮廓，嗅到某种历史的味道。水路的交通更是带有冒险性质，只要不落水，能顺利抵达目的地，就算万幸了。这样的开篇和描述，与一般欧洲史对同一时段的书写大不相同，因为谁都知道哥伦布发现新大陆这样的大事件，所以欧洲史往往以这样的事件打头开篇，而当时人们的生活如何，却往往语焉不详。然而，作者却通过这样平实的关于人们交往的描述，逐步地展开了一个新时代的画卷。随着交通工具的改进，贸易和生产也发生了相应的变化，一个现代社会的雏形终于开始在欧洲出现了。于是，读者在不知不觉中被带入了现代欧洲史，被“圈粉”了。

这本书的第三个特点是其对历史发展重点的把握能力。新的时代开启了，在欧洲这个大陆上，谁也无法彻底压服谁，只能大眼瞪小眼，但并不表明彼此之间就没有竞争了。随着现代世界的发展，欧洲各个君主国与教皇分家过日子是一种必然的趋势，而民族国家则是这种分家的一个结果，也是以后人们大部分生活的单位。民族国家的一个重要特征是世俗化，但世俗化却不能使民族国家具有政治方面的自发动力和天然的神圣性，于是，民族主义的旗帜就飘扬起来了。正如作者所说，民族主义是一种世俗宗教，能够释放出人们的虔诚和憎恶，其凶猛程度不亚于宗教时期的狂暴。当然，能否成功构建一个强大的民族国家，还取决于多种因素，地缘政治、国内原有的政治架构、社会精英的能力与远见、传统与变革的关系等等，都在一定程度上影响着这个新事物的诞生。但是，心动不如行动，在这样一种特殊的竞争中，率先起跑的国家具有了某种先发的优势，而一些还沉醉于旧时代帝国梦的欧洲国家，就不可避免地“悲剧”了。至于这些国家如何未能迅速搭上历史的班车，书中自有详尽的描述，这里就不重复了。但抓住这样一个要点后，其他的问题自然不难解答。因为即便在率先起步的国家中，一些国家也因为种种原因，在一飞冲天后也就没有了下文，足见历史是公正的，发展犹如逆水行舟，不进则退，想躺在功劳簿上吃老本，是没有可行性的。

此外，这本书的一大特点是对宗教和文化的重视。宗教是一个大题目，其复杂属性在历史的发展中很难准确把握。正因为如此，很多类似著作在描述这段欧洲历史时，都会论及各种宗教事件，如宗教改革、英国清教革命等等，但将宗教专门作为一个重要的组成部分来论述的专著不多。而欧洲作为基督教的大本营，其宗教色彩是无论如何也抹不去的。因此，如何体现欧洲近代史的宗教特色，是每个撰写者都感到十分棘手的事。而这本书则选择了一个有趣的切入点，从景观图这个最具欧洲宗教特色的形象开始，让读者领略到了欧洲的宗教特性。其实，各种各样的宗教建筑，是今日中国旅游者游览欧洲最直观的印象。甚至可以说，如果没有了这些宗教建筑，巴黎是不是巴黎，罗马是不是罗马，这些著名的城市是不是在欧洲，人们都会产生疑惑。从宗教建筑入手展开欧洲的宗教历史画卷，这使得错综复杂的宗教脉络变得清晰生动，也使得读者即便不记得那些拗口的教皇名讳，也会对欧洲的宗教权威留下深刻的印象。不过，就此而言，这本书还是有一些小小的遗憾：没有为此配上更多精美的插图。如果多一些相关插图，我想读者的体验肯定会好很多。当然，书中描写了很多欧洲普通民众对宗教信仰的狂热，以及这种狂热带来的社会震撼，还提到启蒙运动的法国和它的临近区域往往宗教的权威味道更浓，这也是使人印象深刻的地方。理性思考与宗教狂热居然可以奇妙地结合起来，这为近代以来的欧洲增添了某种绚丽多彩而神秘莫测的格调。而作者以感性文化与理性文化来归纳这一时期的欧洲文化，也是一种独到的眼光。如作者所述，理解这一时期文化的丰富性，对哪怕是最高瞻远瞩、最敏锐深刻的头脑来说也是沉重的负担。因此，作者以一种独特的视角展开了他自身对这种文化本质的理解，他认为，这段时期的文化，是一种以感性文化与理性文化有机交融为特征的文化，正如巴洛克艺术一样，既是宗教的，又是世俗的，是一种对宗教体验的世俗理解。而哲学的思考，正如笛卡儿所说，其基础目标是将头脑带离感知，却不意味着将头脑带离上帝，在笛卡儿的体系中，上帝反倒占据中心位置，是人类认知的担保者。当人们无法通过神谕来揭示物质运行的规律时，上帝说："要有牛顿！"于是一切豁然开朗。当然，最奇妙的文化现象是巴赫的音乐。巴赫的音乐，按他自己的说法是"为了上帝的荣耀"，而技术上一个令人着迷的创造则是，他的音乐如《音乐的奉献》中，三个声部在不知不觉中进行变调，使得结尾最后能平滑地过渡到开头。这种音乐创作本身是一种智慧的体现，其中交织着各种思想和形式，其共同之处是双重含义和机敏的隐喻。而更神奇的是，据说巴赫音乐居然能使奶牛愉悦而多产牛奶，使作物生长更为迅速，使花儿开得更加绚丽。难道，巴赫的音乐真是将上帝的精神带给了世间万物？或者，诞生于赞美上帝的音乐，本身就带有某种神圣性？总之，天堂是令人向往的，世俗生活更是使人着迷，理性文化在宗教可以接受的范围内突飞猛进，感性文化依然在人们的生活中放射着应有的光芒。正如作者所言，与其把文化发展概念化为从信仰到理性的线性进程，倒不如将其视为理性文化与感性文化的辩证交锋更为合适。

战争与和平是任何一部欧洲史都绕不过去的内容，但如何描述却是衡量作者是否平庸的一个标尺。近代欧洲的战争不断，不仅大国之间、小国之间、国王之间争吵不断，甚至一些自治城市之间也不断进行着结盟或争斗。如何梳理这些大大小小的战争，的确颇费斟酌。作者显然是以法国为主角来描述近代欧洲的战争的，这并不是一个出人意料的选择，但他以和约为主线来展开这一时期的战争与和平，也算是有些想法。从《威斯特伐利亚和约》到《尼斯塔德和约》，再从《尼斯塔德和约》到拿破仑战争，最终以拿破仑失败为这段历史画上了句号。作者对战争的描述算不上特别生动，但也还算有趣，对一些细节的把握也很到位。不过，这显然不是作者描述战争的目的，作者的结论是：一旦国家脱离了传统制约，落入一人之手，将会出现极其可怕的后果，拿破仑的例子很好地说明了这一问题。

当然，更重要的是，尽管在某一个历史的节点，人们似乎并没有意识到世界的变化，但200年以后，人们不难发现，以往认为理所当然的事情，现在已经变得不可思议了。1648年，人们祈祷上天不要降下雷暴，200年后的人们却忙着安装避雷针；以前人们烧死女巫，现在要想指控女巫的人却要被送上法庭。历史的进步是显而易见的。当然，伴随着科技进步和现代国家机器的完善，人类作恶的能力也在倍增，它会产生什么样的后果，只能取决于人们的智慧了。

阅读之后，你不能不承认，这是一本好书，值得一读。但就本人的一管之见，还是有点小小的遗憾，那就是读本的硬封面。企鹅丛书本来用的是一种普及型的装帧，但不知为何中译本反而使其“高大上”起来。就读书人而言，软封面最适宜平民百姓，拿起来毫不费事，可以各种舒适的姿势翻阅——可以坐着读，躺着读，甚至睡着读。硬封面的书，则适宜恭恭敬敬地放在书橱展览。当然，这是个人愚见，不足为据，只是一点画蛇添足的文字罢了。

愿诸君能在阅读中获得乐趣和灵感。

2018年11月11日于南京市阳光广场

作 者 序

在撰写及准备撰写这本书的许多个年头里，我受惠于许多人。其中十分重要的一位就是我在企鹅出版社的编辑西蒙·温德尔（Simon Winder），他一直支持我，一直很有耐心。我也因自己有幸与历届剑桥学生教学相长而得益良多。这一特别致谢远远超出了普通的客套，因为只有在思考要对他们说什么，然后在教室或会议室里临时构思，努力探究如何面对他们的批评时，我才能得出有价值的想法。另一个有助于创造性思维的活动是遛狗，我早上带着狗从家到学院，午饭时间会在剑桥西边的田野遛狗，晚上带着狗回家。因此，我把达尔马提亚犬莫莉（Molly）列入这本书的题献名单。当我写下这本书的每一个词时，它都待在我办公室飘窗上它最喜欢的扶手椅里，不过，它那时通常正在打瞌睡。历史系为我提供了理想的工作环境，其中重要的一点就是它拥有全英国范围内最大的历史专业图书馆，而且距离世界上最大的图书馆之一——剑桥大学图书馆——也只有几分钟的路程。我对两座图书馆的工作人员致以诚挚感谢，特别要感谢西利历史图书馆（Seeley Historical Library）的琳达·华盛顿（Linda Washington）博士。剑桥内外的诸多同行以各类方式帮助了我，我从中挑出如下人选给予特别感谢：克里斯·克拉克（Chris Clark）、布伦丹·西姆斯（Brendan Simms）、海因茨·杜赫哈特（Heinz Duchhardt）、查尔斯·布莱宁（Charles Blanning）、伊万·巴尔德斯·布勃诺夫（Ivan Valdez Bubnov）、埃尔文·尼科尔森（Eirwen Nicholson）、埃玛·格里芬（Emma Griffin）、戴维·布雷丁（David Brading）、罗伯特·图姆斯（Robert Tombs）、罗伯特·埃文斯（Robert Evans）、乔·惠利（Jo Whaley）、罗德里克·斯旺斯顿（Roderick Swanston）、马丁·兰德尔（Martin Randall）、彼得·迪克森（Peter Dickson）、西蒙·狄克逊（Simon Dixon）、乌韦·普施纳（Uwe Puschner）、乌尔丽克·保罗（Ulrike Paul）、哈根·舒尔策（Hagen Schulze）、芒罗·普赖斯（Munro Price）、比尔·多伊尔（Bill Doyle）、朱利安·斯旺（Julian Swann）、彼得·威尔逊（Peter Wilson）、迈肯·翁巴赫（Maiken Umbach）和乔纳森·斯坦伯格（Jonathan Steinberg）。我特别受惠于德里克·比尔斯（Derek Beales）和哈米什·斯科特（Hamish Scott），他们英勇地阅读了我的打字稿，让我不致因主动或疏忽犯下许多错误。在我开始写作后不久，我的儿子汤姆（Tom）诞生了，3 年后，露西（Lucy）也来到人世。尽管他们的到来大大延缓了写作进程，却也为我提供了穿越困难阶段所需的动力。要是我的妻子尼基（Nicky）没有承担大部分育儿责任的话，我就不会只享受到孩子带来的快乐，也就根本不可能完成写作。所以，让她的名字出现在题献名单之首是正确的，就像她在我心中居于首位一样。

蒂莫西·布莱宁

剑桥，2006 年 7 月

导　言

每一部欧洲史都得始于某个主观选择的年份，当然，要是打算写作一部涵盖自智人出现以来万事万物的历史，那倒是不用了。可有些年份比其他年份更主观。不幸的是，在同一时段内，对某种人类活动而言，某个年份可能具备一定意义，但对其他人类活动来说，那个年份的意义就几近于无。以 1789 年为例，它在政治上产生了雷鸣般的回响，可在音乐和美术领域，恐怕连蝙蝠叫那么小的声响都没有产生。1648 年也是那种年份。因为《威斯特伐利亚和约》是在那一年签订的，它终结了持续 30 年、对欧洲的破坏超过此前任何一次冲突的战争，因此这一年看上去是个很合理的起始点。此外，和约还解决了至少两个重大争端：西班牙承认了荷兰共和国独立，而此后一个半世纪内欧洲德语地区的架构也得以确立。这两个解决方案背后存在着更为重要的东西：承认宗教多元主义的存在。天主教和新教的狂热分子都不断梦想能够让他们的真正信仰取得胜利，可在 1648 年获得承认的僵局此后从未受到严重威胁。

所以，这本书选择的起始年份是有资格作为起点的，可也必须承认，威斯特伐利亚的解决方案留下的未竟纠纷和它了却的一样多。西班牙和法国之间的战争一直持续到 1659 年的《比利牛斯和约》，或许要到 1714 年波旁王室继承西班牙王位一事获得国际承认后才真正宣告结束。在北方和东方，瑞典的霸权在一系列纷繁复杂的战争中遭到一个又一个大国的挑战，直至 1721 年的《尼斯塔德和约》(Peace of Nystad) 才宣告瑞典霸权终结，在这一进程中，国际态势依然不算稳定。将要成为国际政治两股主导力量的是英国和法国之间的"第二次百年战争"和俄国的扩张，前者始于 1688 年，后者不早于 1695 年。要是说各国国内政治还有什么走向，那么就是变得更不稳定了。法国内战——投石党之乱——始于 1648 年，英格兰在 1649 年处决查理一世后宣布建立共和国。这两场冲突的解决方式大相径庭，前者是 1661 年的路易十四"亲政"，后者是 1688 年的"光荣革命"。

1648 年有尚未解决的问题，而 1815 年同样将留下未解决的问题。在后续章节中，笔者会把丝线纺到一起，为读者充当穿越那毫无图解的连贯迷宫的向导，即便书里没有黑格尔 (Hegel) 或马克思 (Marx) 乃至辉格派史学家推崇的那类宏大叙事，读者也必定能从中理出发展的脉络。在政治上，最为惊人的发展是国家夺取支配权的不懈行军。到了 1815 年，在欧洲的大部分地区，国家在其疆域内都获得了事实上甚至法律上的对立法和效忠的垄断权。尽管政体形式从民主到独裁都有，但政体背后都是抽象化的统治权——国家。在国家核心层面未能完成"立法权垄断"［马克斯·韦伯 (Max Weber) 语］的政治架构——像波兰和神圣罗马帝国——在能够更为准确地阅读时代信号的对手面前变成了易遭捕食的对象。世俗化是国家发展中的重要部分，它将在天主教国家消除任何形式的教廷干涉，在所有国家都使教会服从于国家。可是，在国家血管里流淌的血液既稀薄又不够温暖。为了赋予国民动力，需要注入更具鼓舞效果的血液。人们越发感到民族主义可以提供这种输血效果，民族主义是一种世俗宗教，能够释放出人们的虔诚和憎恶，其凶猛程度不逊于世人在稍早时候的宗教冲突中所体验到的虔诚与憎恶。

成功的国家也需要适应社会变迁。只有那些成功整合了精英的国家才能繁荣。这种整合可以通过宫廷实现，就像路易十四的凡尔赛宫工程；可以通过代议制国会实现，就像英国议会；可以像普鲁士和俄国那样通过军役贵族实现；还可以像哈布斯堡君主国一样结合上述三种做法。在每一个案例中，事实都证明固化很难避免，固化似乎是与政治体制分不开的。即便是通常能够因时而变的英国式解决手段到 1815 年为止也经历了一系列动脉硬化。不论社会复杂程度如何，所有欧洲国家都需要和一种新兴文化空间——公共领域——打交道。公共领域位于家庭的私密世界和国家的官方世界之间，是一种让此前相互隔绝的个人在一起交流信息、想法和批评意见的论坛。不论是通过订阅同样的期刊实现长距离交流，还是在某间咖啡馆或某个自愿建立的新团体——比如说读书俱乐部或共济会支部——里面对面地会谈，公共的整体权重都要远高于个体成员的总和。正是从公共领域中生发出了能够挑战旧制度决策者的新的权威来源：公众舆论。这一转变发生的时间在欧洲各地自然有所差异。首先产生公共领域的是不列颠和荷兰共和国，因为它们都拥有较高的人口识字率和城市化水平，也拥有相对自由的审查制度。有必要说明的是，在欧洲的另一端，俄国是与英、荷相反的另一个极端，在 19 世纪之前，人们很难在这个国家找到什么类似公共领域或公众舆论的东西。我们将要看到，公众舆论在被有效操控时可以成为国家额外资源与额外权力的来源。要是像在法国那样，它受到了忽视、误解或疏远，结果就可能是革命性的变化。

创造了公共领域的力量从本质上来说源于欧洲的内外扩张。在战争、衰退、瘟疫、饥荒导致17世纪上半叶出现严重问题后，恢复进程是缓慢而间歇性的，恢复速度也快慢不均，可指标还是逐渐向上的：人口增长，农业生产力提高，商业和制造业得到发展，城市化水平提高，殖民扩张也重新开始。在18世纪的第二个二十五年里，这一进程开始巩固并加速，但也不时被挫折打断。尤为重要的是在第一章中要讨论的物质交流的进步。不过受益状况的分布不算均衡。排在首位的得利者是国家，为了维持不断增长的武装力量，国家渴望得到更多的税收，要让城堡里的富人和门槛上的穷人都成为税收对象。居于次位的得利者是地主，随着他们依靠农产品获得的总收入不断增加，而购买制成品的开支相对减少，他们开心地利用了"剪刀差"。土地价格上涨到原先的三倍，土地所有权带来的声望也未消退，有进取心的地主可以让自己的财运极为兴旺。佃农是一个关键群体，这一时期的大部分农业创新都必须归功于他们。同样发家致富的还有金融家和商人，前者中那些能够涉足国家财政的人物和后者中参与殖民地贸易的人物发展状况尤为突出。富有进取心的制造业业主只要能够突破行会的限制性措施，就可以享受双重好处——既得益于18世纪劳动力供应量的增加，又得益于同一时期越发强劲的消费革命。

简而言之，18世纪的经济发展制造出了规模庞大且日益壮大的受益者阶层。要是某位显贵拥有矿藏丰富、交通条件良好、处在工业化地区的大庄园，而且——或许是最重要的因素——还幸运地拥有成为实业家所需的才智和个人品质，那么他可能就身处利用世纪机遇的最佳位置。在一个理想世界里，他——要不是因为女性受到各类歧视，实际上也不一定非得是"他"——也会与一个涉足政府财政的家庭联姻，投资银行业和海外贸易。他的良知已经被腐蚀到足以让自己忘记这个世纪有大概 700 万奴隶被从非洲贩运到加勒比地区，然后在那里被迫劳作。对他来说比较稳妥的是当一个英国人，这样在面对以战争或革命形式突然到来的惩罚时受到的影响会小一些，他的大陆同行们则较易受害，特别是在 1789 年之后。

可利益分配得非常不均。从地理上讲，从商业化的西北欧到欠发达的东欧存在着鲜明的梯度，前者到 1815 年时已经存在着相当程度的工业化，而在后者那里，人们则可能在旅途中一连几周都碰不到任何像是城镇的地方，而且那里的物质和社会条件要说有了什么变化的话，也是变得更糟了。在东欧，奴役、文盲、贫穷和较低的预期寿命在 1815 年仍然是普遍状况，就像在 1648 年那样。即便在西欧，经济发展也未能吸纳快速增长的人口。缺乏弹性的食品生产导致价格上涨，与此同时，缺乏适应性的工业拉低了工资。结果就是人口贫困化，因为很大一部分人是不能自给自足的。一类新的贫困出现了，这并不是饥荒、瘟疫或战争突然带来的痛苦，而是持久的营养不良和就业不充分所致。它也是一种恶性循环，因为营养不良的人还没可怜到不能生育孩子的程度，而这些孩子后来就延续了父母的穷困。资本主义侵蚀了传统社会及其价值观，人们也越发仰赖市场力量。

用理性主义目的论来描绘新价值观发展的做法富有吸引力。“理性时代”或“启蒙时代”是贴在这个时代上的流行标签，甚至普及到了近乎陈词滥调的地步。可每一个陈词滥调都以真相为内核。这一时代的确见证了欧洲历史上前所未有的理性主义和世俗化。它目睹了牛顿（Newton）的《原理》(*Principia*)、洛克（Locke）的《人类理解论》(*An Essay Concerning Human Understanding*)、休谟（Hume）的《人性论》(*A*

Treatise of Human Nature)、孟德斯鸠（Montesquieu）的《论法的精神》（*The Spirit of the Laws*）以及狄德罗（Diderot）和达朗贝尔（d'Alembert）的《百科全书》(*Encyclopédie*）的出版，而这里仅仅列出了侵蚀以上帝为中心的传统宇宙观的大量著作中重要的几部。然而我们有同样充足的理由将这一时代称作"信仰时代"，因为这一时代也发生了多次堪称标志性的宗教大复兴，其中包括詹森派（Jansenism）、虔敬派（Pietism）和卫理公会（Methodism），宗教文献也前所未有地流行。正如浪漫主义革命所示，宗教在18世纪也没有随着时间流逝而消亡。第十章提出了如下主张：与其把文化发展概念化为从信仰到理性的线性进程，倒不如将它视作理性文化与感性文化间的辩证交锋，这样还合乎情理一些。歌德（Goethe）在《浮士德》（*Faust*）中对这一事实上存在的冲突进行了最为深入的探究，这部长诗有12 000多行，断断续续地耗费了歌德成年生活的大部分时间，以下几行诗可以作为本书的引语：

> 在我的心中啊，盘踞着两种精神，
> 这一个想和那一个离分！
> 一个沉溺在强烈的爱欲当中，以固执的官能贴紧凡尘；
> 一个则强要脱离尘世，
> 飞向崇高的先人的灵境。*

---

* 此处译文引自歌德著，董问樵译，《浮士德》，复旦大学出版社，2001年12月第2版，第58页。——下文如无特殊说明，均为译者注

第一部分

生　与　死

第一章

沟　　通

沟通是人类生活方式的中心。除了摄食、排泄、醒来、睡觉等基本生理活动，没什么比沟通更重要。编织出社会架构的，是人与人之间或人与地方之间的沟通，包括语言这种象征层面的沟通和游历涉及的物质层面的交通。正因如此，沟通是回到过去的最佳切入点。假若一位来自现代的时间旅行者抵达 17 世纪，他便会发现日常生活的各个方面都与当代体验相去甚远。他来自乘坐飞机不到两天便可环游全球的世界，此时身处的世界将带给他十分深刻的震撼：这个世界居然这样缺乏流动性。就算要前往不远的地方，也必须付出极大的努力、高昂的开支和漫长的时间。此外，路上没有统一的符号、标志或语言来给旅行者提供帮助，他们会迅速遭遇费解的行话与方言。正如我们所见，旧制度的许多特征源自物质和象征形式的沟通问题。

陆　路

对 17、18 世纪的大部分欧洲人来说，道路状况决定沟通速度和流动性程度。几乎所有地方的“道路”都是小径，没有路基，也没有排水渠，经常被车辙弄得坑坑洼洼。一下起雨，路就成了泥泞的沼泽，一出太阳，又成了尘土飞扬的凹地。“与其说是人类的足迹，不如说是野兽和爬虫的居所。”一位英国观察者在 18 世纪初写道。就连主干道也只相当于今天的林间小径。欧洲的道路基本上是罗马帝国的遗产——尽管已经被疏于照管了 1 400 多年。不论是在戈尔韦（Galway）还是加利西亚（Galicia），绝大部分旅行者的平均速度都很少超过步行速度。事实上，对于绝大部分人来说，他们的常见速度只可能是步行速度，有充分理由证明，“骑双腿的矮马”“坐圣费尔南多的车”“骑鞋匠的马”*……是他们唯一能够负担的在各地间移动的方式。苏格兰诗人罗伯特·弗格森（Robert Fergusson）在 1774 年写下了疲倦的词句：

我畏惧着，以疲乏老迈的腿为马，
走向伯威克（Berwick）。

乘马车旅行相当奢华，它略快一些，但也要贵得多，还可能让人更疲惫——1743 年《伦敦杂志》（*The London Magazine*）上一篇题为《公共马车的苦恼》的文章将它说得很清楚。在列举了从伦敦到约克（York）旅程中的各类不适（其中包括凌晨 3 点启程，在凹凸不平的路

---

* 分别为英语、西班牙语、德语中表示步行的俚语。

上颠簸，忍受同行旅客——他们有的吃了大蒜口气熏人，有的放屁、打鼾，或是不停地讲话、渎神和抱怨）后，作者总结道：

> 如果要赞颂公共马车的便利之处——
> 我宁愿单足旅行，但得有根拐杖。

道路的走向很少遵循两地之间的最短路径（这种做法可以缩短旅程）。英国道路弯曲、让人费时费力是出了名的。这种迂曲给旅行者带来了麻烦，于1771年从多佛尔（Dover）前往伦敦的外国观察家皮埃尔·让·格罗斯里（Pierre Jean Grosley）却将其视为政治美德的表现：

> 大道远非笔直，这并不是因为英国工程师没有娴熟地掌握在地上画出直线的技能，而是因为土地宝贵，需要小心对待，此外，财产在英国神圣不可侵犯。有了法律的保护，任何人都不能侵占它，不管是工程师、稽查员还是别的人，甚至连国王本人都不例外。得补充的是，正如我们将要在“花园”条目中看到的那样，直线也不符合英国人的口味。

欧洲大陆的状况并不比英国好多少，甚至更差。1787年，阿瑟·扬（Arthur Young）发现他从加来（Calais）前往巴黎时搭乘的公共马车比英国的更差，却还要更贵。1800年以前，用弹簧减震的悬架在任何地方都不普遍。荷兰马车因令人不适而臭名昭著：一位英国访客看了一眼将要把他从霍伦（Hoorn）带到恩克赫伊曾（Enkhuizen）的车辆，就放弃了乘车。他只把行李放在车上，之后宁愿选择步行21

千米。倘若这位访客步入神圣罗马帝国，就会发现情况也好不到哪里去。在詹姆斯·博斯韦尔（James Boswell）看来，典型的德意志马车是“野蛮的物事”，因为它“不过是辆大车，有着非常高大的车轮，颠簸程度相当骇人。它没有什么遮盖，三四块松木板横在上面当座位用”。俄国人尼古拉·卡拉姆津（Nikolai Karamzin）证实了他的判断。卡拉姆津在1789年记述道：“所谓的普鲁士‘公共马车’并没有任何与客车相似的地方。它不过是有两排座凳和顶盖的长马车，既没有皮带捆扎，也没有弹簧。”它的缓慢与不可靠同样声名狼藉，当时有人抱怨说，要是想学到保持耐心的必要性，除了结婚外，最好的方式就是在德意志到处旅行。阿尔卑斯山以南的状况也没好到哪里去，阿瑟·扬将那里的客车描述为“可怜的、敞篷的、疯狂的、颠簸的、肮脏的粪车”，还补充说，“从惬意的社会场合一下子步入意大利的客车，我的神经无法承受”。就算为国王效力，也不能保证享有舒适、快速的旅程，路易十四的特使尼古拉·梅纳热（Nicolas Mesnager）在1708年前往马德里时就发现了这一点。他在巴约讷（Bayonne）向凡尔赛报告称，由于道路糟糕，驿站体系混乱，行程已经花费了9天时间。以路程而论，他离目的地还有不到一半距离，但梅纳热估计由于弄到骡子十分困难，他会在路上再花上两星期。

拉动一辆客车需要4头或6头挽畜，根据道路状况，它们每前行10到20千米就得更换一次。曼彻斯特（Manchester）和伦敦间的道路长达300千米，公共马车在途中需要换17次马。那些马反过来又需要一支包括马车夫、左马驭者、看守、马仆、马夫、马厩小厮在内的队伍，以保证马匹能跑。鉴于一辆客车只能装载不到10名旅客，相应的费用十分高昂，超出了大众的承受范围。从奥格斯堡（Augsburg）

到因斯布鲁克（Innsbruck），直线距离仅有100千米，乘坐公共马车却要耗费一个非熟练工一个多月的薪水。在铁路出现的前夕，道路和马车都有了长足进步，旅行费用也明显降低，但乘坐公共马车从巴黎前往波尔多的费用依然相当于一名职员的月薪。德国社会史学家卡尔·比德尔曼（Karl Biedermann）在写于19世纪中期的著作里估计，两代人之前的旅行费用是他那时的14倍。只有蒸汽火车投入使用——它能够拖动装载上百人的车厢——才能创造出规模经济，让旅行变得大众化。

19世纪的第二个二十五年中铁路的出现的确代表了运输革命，而此前一个多世纪里交通也确实在进步。在路易十四的主要内政臣僚让-巴蒂斯特·科尔贝（Jean-Baptiste Colbert）的率先推动下，法国引领了发展。在1661年确保政敌富凯（Fouquet）名誉扫地后，科尔贝的首批举措之一便是将道路的养护责任收归中央。1669年，外省权力最大的官员督办官（intendants）身边配备了若干特别的“路桥长官”。作为道路升级的第一步，所有道路的级别都被定为宽7 ~ 10米的“国王大道”（chemins royaux）、“地方道路”（chemins vicinaux）或“支路”（chemins de traverse）之一。在科尔贝于1683年逝世后，工程进展步履维艰，后来由于中央控制能力总体上被削弱而毫无进展。到17世纪末时，自佛兰德（Flanders）传来的消息表明，原本应已铺平的从里尔（Lille）到敦刻尔克（Dunkirk）的“国王大道”，现在却有多处无法通行，商人们不得不沿水路将商品从海岸运抵伊普尔（Ypres），而后动用双倍于通常数目的马匹拉车，沿着泥泞的小道前往里尔。皮埃尔·莱昂（Pierre Léon）总结说，1700年的道路整体状况并不比1660年好。

直至18世纪40年代，法国的道路状况才有了显著的改善，养路机构得到了重组，一所培养筑路工程师的专门学院成立了。从法国政府准备用于道路建设的资金总额中可以看出，它对道路的兴趣日益增加。皮埃尔·莱昂的数据表明，科贝尔 1668 年制定的道路资金预算仅占国家全部开支的 0.8%，而 17 世纪 70 年代的战争压力甚至让这个目标都无法实现。1683—1700 年，用于道路的年均开支为 771 200 利弗尔（*livres*）*，经费此后出现了明显增加，1715—1736 年为 300 万利弗尔，1770 年超过 400 万利弗尔，1780 年为 690 万利弗尔，1786 年为 944.5 万利弗尔，这表明用于道路的资金在该世纪中增长了两倍多。更好的专业技术和更多的投资产生了累积效果，较之过去，它创造了能够更快捷、更可靠地运输客车的干线道路。在 1650 年，从巴黎到图卢兹（Toulouse）需要两个星期，而到了 1782 年，用时不到原先的一半；1664 年，从巴黎到里昂（Lyon）需要 10 到 11 天，一个世纪后只需要 6 天；在 17 世纪，从巴黎到鲁昂（Rouen）的 100 多千米路程至少需要走 3 天，而在革命前夜，36 小时内就可以走完。这是可以量化的进步。也许最引人注目的是从巴黎前往波尔多（Bordeaux）所需时间的减少：从 1660 年的 15 天降到了 1789 年的 5 天半。据达尼埃尔·罗什（Daniel Roche）所述，1789 年时，从巴黎出发两周内可以抵达任何一座法国城市。在 1786 年，克罗伊（Croÿ）公爵于早晨 5 点 30 分离开加来，晚上 8 点就抵达巴黎，赶上了夜宵，以接近每小时 20 千米的平均速度行进了 280 千米。

旅行节奏骤然加速或许是旧制度令人印象最为深刻的内政成就。约瑟夫·韦尔内（Joseph Vernet）用他 1774 年的宏伟画作《修建大道》

---

* 法国古代货币单位，又译锂、里弗、里弗尔、法镑。

（*The Construction of a Highway*，现藏于卢浮宫）给予这一成就最为持久的视觉礼赞。画面前景中，一群工人正在修建一条宽阔的铺石道路，有个工头则负责监督，按照画作描绘，他正向一队骑在马上、身着漂亮的镶金边的蓝色制服的工程师报告；道路沿着从山地一侧开辟出的堤岸蜿蜒延伸，通向一座三孔桥，人们正在两台大型起重机的帮助下修建这座桥梁；道路的终点是个位于山巅的城镇，一座大型风磨在一旁俯瞰着它。整幅画描绘的是人类用才智与劳动驯服了桀骜不驯的自然。

文字证据也很充足。阿瑟·扬拥有犀利的眼光和尖刻的笔调，他发现法国有许多值得批判之处，可道路反而激发了他的热情：从加来到布洛涅（Boulogne）的路是“很不错的”，从利摩日（Limoges）到拉维勒奥布兰（La Ville-au-Brun）的路是“真正卓越的”，通往蒙托邦（Montauban）的路“修得很好，并用砾石养护”，鲁西永（Roussillon）地区的路“修得坚实又宏伟，一如声名卓著的法国大道……惊人的工程……纵然是愚人也能看出这些道路是极好的……有座单孔桥，有条通往它的堤道，蔚为壮观；我们不知道英格兰哪里会有这样的道路”，等等。

然而，这样的魅力是从巴黎到外省的快速客运需求催生的，它实际上掩盖了几个长久存在的问题。货运依然以此前那种没精打采的速度前行，每小时只行进三四千米。马耶讷（Mayenne）的亚麻布还得用上整整两周才能运到布列塔尼（Brittany）和诺曼底（Normandy）的港口，运到里尔则需要三四周。就算在自首都延伸出的主干线上，货运也未能复制客运表现出的进步，从巴黎运货到里昂，在1715年得花上3周时间，就算到了1787年，也不过比之前省下五六天而已。

连接一个个外省城镇的支线则没有什么可以察觉到的变化：从亚眠（Amiens）到里昂的旅途在1787年会持续25到30天，就和在1701年时完全一样。亚当·斯密（Adam Smith）在1776年出版的《国富论》中指出了这一问题：

> 法国的大驿路，即联络国内各主要都市的道路，一般都整饬可观；在若干行省境内，这些道路比英国大部分收费公路都宏壮得多。可是，我们所称的十字路，换言之，乡下的大部分道路，却全未进行修理，有许多地方，重载车辆已不能通行，而在若干地方，甚至骑马旅行也会遇到危险，只有骡子是安全可靠的运载工具。

他还补充说，在法国的体制里有种典型做法，若某条道路可能吸引某位宫廷显贵关注，引发他的褒扬与欣赏，大臣就会对这条路高度重视，忽略效用更大却没那么富有魅力的工程。就连阿瑟·扬也一再观察到法国道路上的交通量非常小，这冲淡了他对道路杰出之处的赞赏。在巴黎附近旅行时，他对道路描写如下："比起伦敦周边，这里就是个荒漠。在整整10英里（约16千米）路上，我们没遇到一辆公共马车，只碰到两辆邮车和非常少的轻便马车，还不到我们离开伦敦后同样时间内应当碰到的1/10。"在如前文那样赞赏了鲁西永的道路后，他评论道："在36英里（约58千米）的行程中，我一共碰到了一辆有篷马车、半打（农用）大车和几个骑驴的老妇人。这样浪费钱财究竟是为什么？"

就在3年前的1784年，一位法国旅行者也留下了关于伦敦附近道路状况的记录，这与扬笔下的法国道路大相径庭，此人便是博物学家、地质学者巴泰勒米·福雅·德·圣丰（Barthélemy Faujas de Saint Fond），他的记载可为扬的评论提供间接的可靠凭证。就在他活动于伦敦南部边缘拜访科学家同行之际，他抢在扬之前赞颂了扬的国家，称英格兰的道路“就像公共散步场所一样，修建认真、路面平坦”，可与扬不一样的是，他被交通流量震撼到了：

> 在这个时候（周日傍晚），路上依然有无数男男女女，他们或骑马、或乘车，他们的车队里还有许多仆从。载客马车各式各样，其中大部分还很讲究，而每一辆都既结实又宽敞，拉车的马队也极好，*马车一辆接一辆，川流不息，走得又很快，这让整个场景看起来有如魔法：它必然表明（英格兰）富庶到了在法国根本无从设想的程度。一切都是那么生机勃勃、灵动和敏捷，而一切又都是那么平和、寂静、井然有序，这样的反差只有在这里才存在。

他的印象被俄国旅行者尼古拉·卡拉姆津证实了，卡拉姆津乘船从法国前往英国，刚下船就发现：“到处都有很多载客马车、轻便马车和骑手，还有成群衣着考究的人在大道上驱驰，那些人有的是来往于伦敦，有的是来往于村庄和乡间房屋；旅店里到处都有可供租赁的骑乘马和双轮单马马车。一句话，从多佛尔到伦敦的路就像人口大城里的主干道一样。”

---

* 此处英文译文有误，译者据法文原本直接译出，详见：Faujas de Saint Fond, *Voyage en Angleterre, en Écosse et aux îles Hébrides, Paris*, 1797, vol. 1, p. 72.

两人身处同一时代，各自的旅行体验却反差甚大，对于那些将修建良好道路视为通往现代化必经之路的人来说，这是个有益的提醒。只有一小部分法国人能够乘坐公共马车往来于“国王大道”上。根据皮埃尔·古贝尔（Pierre Goubert）的说法，大部分农民，也就是大部分人，生活半径只有六七千米，换言之，那就是包括他们所在家庭、每周去的市场、公证人和领主法庭在内的地方，农民在这一区域内步行来回。他们在 1660 年是这么生活的，到了 1815 年仍然如此。法国的地域极为广阔（是英格兰总面积的 4 倍还多），而且地域类型多种多样，有的地区直到汽车发明前都难以通行，因此从整体上讲，国王大道对经济、社会影响不大。

正如福雅·德·圣丰注意到的那样，到了 18 世纪末期，大不列颠的情形已经与此大不相同。主要中心城市间的路程缩短了，地形变得有利了，商业刺激加强了，资本也更丰富了。加之英国人本能地厌恶中央主动指导基建，厌恶由中央负责拨款，上述因素叠加起来，便产生了解决道路修筑、养护问题的不同方式。自 1555 年起，每个教区都需要提供劳力和工具，负责养护过境道路。由于被派去指导工作的“测量员”没有劳动报酬，不允许辞职，还可能因为疏忽遭到罚款，因此工作实际上进展缓慢，测量员态度怠慢，缺点诸多。约翰·比林斯利（John Billingsley）在他写于 1798 年的《萨默塞特调查》（*Survey of Somerset*）中记录如下：“不管什么时候，当某个农场主被派去执行法令规定的劳动时，他都是勉勉强强过去的，而且认为这是他无法从中获利的法定负担。他的仆从和马匹看上去像是感染了主人的迟钝。测量员哪怕竭力活动，都无法让他们活跃起来，完成的劳动成果连规定标准的一半都很难达到。”

另一份同时代资料则估计“3队雇佣劳工比5队法定劳工可以完成更多的工作，5个雇佣劳工干的活比20个其他劳工还多”。基于强制劳动和有偿劳动间的生产率差距，1766年和1773年的《公路总法案》（General Highway Acts）允许教区居民以缴纳现金的方式换取免除义务劳动。然而，人们在那时已发现了另一种方法，这便是“收费公路”（turnpike），该词原本指的是横跨在路上阻挡劫掠者的障碍物。它在1695年的法令中首次被用来指代支付过路费的场所，这开创了道路改良的新纪元。盈利动机也有利于公路建设。实业家可以设法令议会通过一条法令，由他负责养护道路，保持道路状况良好，作为回报，他可以在某一路段对过往车辆征收费用。这是我们在此书中头一次——但绝对不是最后一次——遇到英国政府的一个引人注意的特点：就法令实际执行成效而言，它明显比欧洲大陆的许多“绝对主义国家”有效得多。这源于国家立法者（议员）和地方执法者（治安官）在相当多的情况下由同一人担任。因此，尽管在引入道路通行费时遭遇了激烈甚至暴力的抵制，收费公路法案还是屹立不倒。法案的有益影响很快就被人们察觉到了。

笛福（Defoe）* 明确指出，法案的主要受益者是乡绅们，他们这时能够以快得多也舒适得多的方式前往伦敦，坐到议会里，在那儿通过更多的收费公路法案。他们津津有味地表决：18世纪30年代通过了25条收费公路法案，40年代通过了37条，50年代通过了170条，60年代也通过了170条。在1750年，143个收费公路信托基金管理着5 600千米的收费公路，到了1770年，则是500个基金管理着2.4

* 丹尼尔·笛福（1660—1731），英国小说家、报纸撰稿人，代表作为《鲁滨孙漂流记》。

万千米。这相当于在两代人的时间内修建了遍及全国的公路网络。收费公路信托基金之所以要维持道路水准，与其说是源于法律约束，还不如说源于顾客压力。顾客期望的就是高速，在18世纪，随着不列颠诸岛主要中心城市间的旅行时间一再减半，顾客们也得到了高速。1754年的一份报纸广告宣称："不管多么不可思议，载客马车实际上可以在离开曼彻斯特4天后抵达伦敦。"30年后，竞争甚至把这个"不可思议"的时间又缩短了一半。如下表格表明了从伦敦前往外地所需的小时数：

表1　1700—1800年从伦敦出发到达目的地所需旅行时间（单位：小时）

	1700	1750	1800
巴斯	50	40	16
爱丁堡	256	150	60
埃克塞特	240	120	32
曼彻斯特	90	65	33

这么大的改变很难不引起注意。以理查德·格雷夫斯（Richard Graves）的小说《科卢梅拉》（*Columella*）为例，该书同名男主"观察到如下事实，他在引退的近些年中注意到了若干现象，其中给人印象最深刻的是两地间的移动或者说运输能力出现了令人吃惊的进步。'30年前，谁会相信，'他说，'一个年轻人竟会乘车去50千米外吃晚饭，或许还会在夜里回去？当然，谁又会说载客马车能在伦敦和巴斯之间每天往来，单程只需大约12小时——而那在20年前公认得花上整整3天？'"客运和后文将要出现的邮递的加速是最引人注目的，但货运也能够从中受益。路况更好的道路可以让块头更大、载重更重的马车通行：在18世纪40年代，只有载重3吨以下的车辆才能上路，

而到了 1765 年，载重上限已经翻了一番。更好的路面状况也意味着每吨货物所需的挽畜数目有所减少。亨利·霍默（Henry Homer）在写于 1767 年的书中宣称："一般而言，对装载谷物、煤炭和其他商品的车辆来说，目前所需的马匹数量只是此前的一半多一点。"到了 1776 年，马修·皮克福德（Matthew Pickford）就在宣传从伦敦到曼彻斯特的快递业务了，快递每天都要发车（周日除外），还使用了他发明的"飞驰马车"。这样的行程曾经需要 4 天半时间，但到 1815 年已经缩短到 36 个小时。

收费公路将速度与流动带入了社会，而社会此前的特征却与这两点截然相反。这是一种文化冲击，特别是当下层人民开始离开村庄、走上大道、进入城镇，并且还在路上染上不驯的习惯的时候，许多人就会对此感到沮丧了。约翰·宾（John Byng）在 1781 年苦涩地抱怨道："我衷心希望把王国境内一半的收费公路犁个遍，公路已经给乡村输入了伦敦的生活方式，并减少了乡村人口——我在路上碰到过穿着打扮和斯特兰德（Strand）街的小姐们一样的挤奶女工，奥利弗·戈德史密斯（Oliver Goldsmith）的《荒村》（*The Deserted Village*）中的每一行字想必都包含着悲哀的事实。"宾提到了戈德史密斯写于 1770 年的诗歌，这一点颇为有趣，因为该诗是一首已然消失的天真、和谐的乡村世界的挽歌，现代化的力量将居民逐出乡村，使他们面临城市的混乱与邪恶。

运输革命还带来了其他令人不快的副作用，在这些副作用当中，令同时代的人们怀疑革命是否值当的是犯罪和拥堵。就像计算机既能解决犯罪，也能导致更多的罪行发生一样，更好的路况既提升了社会控制能力，也为犯罪分子创造了新的机遇。收费站是人们需要缴纳硬通货的地方，因而时常遭到抢劫。路上的旅行者越多，冒出来让他们停车交钱的劫匪也就越多。迪克·特平（Dick Turpin）于1739年在约克城外的纳夫斯迈尔（Knavesmire）被绞死，围绕特平和他的母马黑贝丝（Black Bess）产生了不少传说，这些传说概括了更好的道路条件带来的崭新职业机遇。由于公路已经让人们觉得自己值得拥有私家马车，城镇也开始受到交通拥堵的困扰，伦敦的拥堵尤为严重，在1762年全英格兰共有2万辆载客马车纳税营业，其中1/3都在伦敦。福雅·德·圣丰称他不愿在晚上7点离开约瑟夫·班克斯（Joseph Banks）爵士的宅邸，便同时揭示了这两种现象，因为7点是众所周知的劫匪活跃时段。然而有人向他保证，当天是星期天，他可以仗着人多势众保证自身安全，因为许多白天前往乡下的伦敦人这时也会乘车回家。

假若福雅·德·圣丰的东道主居住在里斯本、阿尔梅里亚（Almería）或是巴勒莫（Palermo），更不用说华沙或莫斯科，他对动身就会无比迟疑了。总体而论，欧洲境内道路的路况和安全保障存在自北而南、自东而西的梯度变化。在欧洲南部边缘地带，当地人修造优良道路与其说是出于经济的考量，还不如说是出于军事或夸耀的需求。理查德·特威斯（Richard Twiss）在1772年抵达里斯本后发现，从该国首都到辛特拉（Cintra）王宫和塔霍河（Tagus/Tajo）河口的圣茹利昂（St Julian/São Julião）要塞有一条很好的铺石道路。然而，当他启程前往波尔图（Porto）时，缺陷颇多的道路很快就导致他那辆两轮轻便马车得要两个仆人各自扶住一边才能避免翻车，他自己在大部分路段上也得步行。路旁的尖桩上挂着拦路劫匪们被割下的头颅，这一场景也无助于提升路人的信心。在前往西班牙边境途中，特威斯生动地描述了伊比利亚之旅的艰苦之处：

我们过了蒙德古河（Mondego）上的一座三孔桥。除了拉车的骡子之外，还得加上两头牛来帮忙。当我们到了山顶后，就得让骡子歇上一个小时，之后过了一座单孔桥，从那时起，道路变得尤为危险，得从疏松的石块、深厚的黏土、打滑的陡坡上通过。骡子时常跌倒，小路崎岖，雨下得很大，等我们到达维纽萨（Vinhosa）时，天已经很黑了，我们在那住进了最糟糕的旅店，之前和之后都没碰到过这么差的。旅店里只有一间房，房里满是人。他们用湿木头在屋子中央点起了一大堆火，而且，由于屋里没有烟囱，烟只能从门窗排出去。我弄到了一些干草，把它们放到一个大箱子顶上，用斗篷裹住全身，穿着所有衣服陷入沉睡，我的脑袋则探出窗口一半，以防窒息。

有了在葡萄牙的经历后，特威斯心境有所改变，对他在西班牙碰到的事物也更宽容了。从圣伊尔德丰索（San Ildefonso）到马德里的道路给他留下了尤为深刻的印象，这条路可容 5 辆车并行，瓜达拉马山脉（Sierra de Guadarrama）的山口还有他离开英国后第一次看到的收费公路。从埃斯科里亚尔（Escorial）修道院到马德里的旅程有 50 千米，但在骡子轮班拉车的状况下，可以用四轮邮车在 4 小时内走完。特威斯对此高度赞赏，认为它足以与英国国内的车速媲美。然而，他并不是唯一一个注意到以下事实的旅客：这类旗舰级道路是为了方便王室成员和宫廷人员出行修造的，他们每年 1 月去埃尔帕多（El Pardo），4 月去阿兰胡埃斯（Aranjuez），6 月回马德里，7 月去圣伊尔德丰索，10 月去埃斯科里亚尔修道院，11 月再回马德里。换句话说，能够腾出来用于道路建设的经费大多被奉献给了最上层精英。法国旅行者布尔古安（Bourgoing）骑士发现，从阿兰胡埃斯到马德里的道路“可以与欧洲任何优良道路媲美……没有路能够比它直、比它坚实、比它修得好”，可他也感到必须补充一点，道路直至此时也未能从整体上恢复当地经济。当昆卡省（Cuenca）的监政官在1769年向马德里抱怨当地灾难性的道路状况时，他获得了如下答复：“目前没有经费可以用于修缮上述道路。”

在这个粗暴回绝的50年前，西班牙波旁王朝的第一位国王费利佩五世（Felipe V，1700—1746年在位）颁布了一条冗长的敕令，当时，国王设想建立连接首都和王国四角的道路网络。第二块法律基石是卡洛斯三世（Carlos III，1759—1788年在位）于1767年颁布的敕令，它命令修建“王家大道”，这是西班牙自罗马时代后第一次出现铺石路面的公路。一定程度的改良显然还是存在的，例如，到了18世纪末期，人们可以乘坐公共马车从马德里前往巴塞罗那（Barcelona）或加的斯（Cadiz）。杰出的经济史学家海梅·比森斯·比韦斯（Jaime Vicens Vives）曾断言，大道网络到1800年全长已经有1万千米，但人们必然会为此种语境下的“大道”是否有意义而感到疑惑。太多的同时代证据表明，西班牙的客运依然十分困难，货运则时常不能完成。就连秉持乐观态度、总是热烈赞美波旁王朝成就的布尔古安也承认，降雨让安达卢西亚（Andalucia）的道路根本无法通行。安达卢西亚以北的布尔戈斯省（Burgos）的监政官则报称：“我看到的道路已经差到不能再差了，只要几滴雨就使其不能通行。”1774年，何塞·卡达尔索（José Cadalso）让他笔下虚构出来的摩洛哥人评论道：“既然你们大部分省份的道路都这么差，那客车经常出故障、骡子经常被绊倒、行人经常失期就不足为奇了。”另一个问题则是始终存在拦路抢劫的危险。自然，这在每个欧洲国家都是普遍现象，但西班牙这方面的名声尤为恶劣。当然，在描绘拦路抢劫的诸多画作中，一个西班牙人的作品无疑是最伟大的，那人便是戈雅（Goya）。

只要西班牙政府贫乏的资源依然用在辐射状道路，尤其是那些通往王家宫殿的道路的建设上，西班牙就不可能存在国家经济。正如约翰·林奇（John Lynch）所述，"西班牙经济"是不存在的，那里不过是"一个群岛，有多个自产自销的岛屿，存在了几个世纪的国内关税、自我满足意识、糟糕的道路状况和恶劣的运输条件导致各岛相互隔离"。由于初级农产品、原材料、制成品通常只能由骡子或驴运输，因此任何地方经济活动的半径都相当短。例如，阿尔梅里亚的小麦价格是仅仅 80 千米外的瓜迪克斯（Guadix）的两倍之多。因此，当地人效仿其他沿海城镇，从法国、意大利乃至非洲进口谷物。在西班牙的另一端，巴斯克人从法国购买谷物，"因为虽然卡斯蒂利亚（Castile）的谷物更便宜，但由于距离远、路况差，谷物是运不过来的"。

意大利的情况更复杂，但基本上是类似的。当代的地中海沿岸人口高度密集，我们得努力想象，才能回想起当地大体上无人居住的时代。阿瑟·扬在 1789 年 9 月抵达土伦（Toulon），他惊讶地发现当地没有前往意大利的定期客运班车："对一个习惯于无数车辆在英格兰到处飞驰的人来说，这难以置信。这样的法国大城市的联系与交通竟然不到我国那些小地方之间的 1/100：这确凿地证明了他们缺乏消费、活动和生机。"因此，他被迫乘船远抵"卡瓦莱罗"（Cavalero），即卡瓦莱尔湾（Cavalaire sur Mer），希望在那里能够设法弄到运输工具。然而就算穷尽手段，他在当地也弄不到骡子，最后，乐于助人的船长派了 3 名船员帮他把行李拖到 16 千米开外的一个村子。他在那里同样感到失望，无奈之下只得雇了一名老妇人和她的驴运输财物，他和那位老妇人都要步行。

不管扬的英格兰中心主义偏见有多重，他都还是一位公正、客观的观察家，能够找到意大利尤其是北意大利值得赞美的事物，那里绵延着能够几乎全天候通行客车的大道。这样的成就或许不算太大，但要知道，它起步很晚。直到维托里奥·阿梅代奥三世（Vittorio Amadeo III）统治时期，皮埃蒙特王国才修筑了一条穿过滕达山口（Colle di Tenda）的车行道，以连接王国本土和它位于阿尔卑斯山外的尼斯（Nice）伯爵领地。皮埃蒙特以东，奥地利哈布斯堡王朝在18世纪下半叶修建了连接的里雅斯特（Trieste）和维也纳的道路，格拉内里（Graneri）伯爵称赞这条路“出色、宽阔、安全，虽然坡度较陡、令人疲倦……虽然路程较长，虽然有天然障碍，虽然存在季节性的冰雪问题，虽然总是北风劲吹，但是这条路上的交通量依然很大，车辆川流不息”。在另一块哈布斯堡领地托斯卡纳（Tuscany），迪帕蒂（Dupaty）神父发现从来航（Leghorn）到佛罗伦萨（Florence）的道路是“壮观的”，不过他还补充说离开锡耶纳（Siena）后，“大自然与利奥波德（Leopold）的统治似乎就终结了”。当然，他这么说时，正要离开在开明的利奥波德大公统治下的一片繁荣的邦国，进入教皇占有的世俗领地，而那是落后的同义词：“在古典时代的当地道路上，宇宙各个角落的君王和民族蜂拥而至，凯旋的车辆在路上通行，罗马军队在路上扬起烟尘，旅行者在路上能遇到恺撒（Caesar）、西塞罗（Cicero）和奥古斯都（Augustus），（而今）我只能遇到朝圣者和乞丐。”

越过墨西拿海峡进入西西里后，陆上道路就更原始了。只有首都巴勒莫周围有几千米的铺石路面，除此之外，陆上通行的唯一方式就是走通行骡子的小道或牧畜道（trazzere），也就是牧羊人让绵羊走的路。从西部的特拉帕尼（Trápani）到东部的墨西拿距离大约有 350 千米，但这段陆上行程通常得走上 3 个星期。事实上，当雨季到来后，岛上其他部分到墨西拿的道路无法通行就是常事了——当然海路是个例外。英国旅行者托马斯·布兰德（Thomas Brand）牧师在 1792 年记录如下："从巴勒莫出发，得益于某位主教的富有和公德心，大约有 26 千米的路况非常好，除此之外，路就崎岖不平，或是陡坡，或是烂泥。整个乡村没有一辆车，道路就是让一头骡子通行的小径。"丹尼斯·麦克·史密斯（Denis Mack Smith）是研究这一时期西西里的最杰出历史学家之一，他曾对此做了如下评论："合适的公路网络会比其他任何改革在更大程度上改变经济、政治乃至道德状况。"政府也认可这一点，在 18 世纪 70 年代指派一名军方工程师筹划修筑从巴勒莫到卡塔尼亚（Catania）的大道。事实证明，他的任务是令人绝望的，无论城镇还是贵族领主都发起游说，想让大道从自己门前经过。有位观察者讽刺说，可以从供职于顾问委员会的领主名字中推断出道路走向。因此，18 世纪末的"西西里依然没有一条值得一提的道路"（麦克·史密斯语），和 18 世纪初时一样。

不论是像阿瑟·扬或迪帕蒂神父（而且与他们类似的评论可以随意找到）那样的当时的人物，还是像保罗·马克里（Paolo Macry）或丹尼斯·麦克·史密斯那样的现代史学家，在他们对意大利道路的严厉批判中，总是缺少一个重要领悟：在河边耐心等待洪水退去的皮埃蒙特商人，或是把橄榄装上驴背运往市场的西西里农民，都没有去过英国。他们从未见过令旅行时间减半、创建了全国市场的收费公路或公共马车。**他们并不知道自己是落后的**。而且，当人们评判17、18世纪的状况时，“落后”难道始终是一个恰当概念吗？诚然，人们可以立刻认同全国道路网络能够极大地提高生产力、预期寿命，还能带来许多经济、政治利益，然而，这难道就是整个故事吗？回顾上文选段中阿瑟·扬的势利或是奥利弗·戈德史密斯的怀旧之情，他们对现代性中的流动性产生的怀疑，或许可以在狂乱、拥挤、令人处于疏离之境的21世纪的世界中得到赞许的回应。

如果南欧路况的批评者们去欧洲东部边缘旅行，他们就会有充裕的时间去想出更严厉的描述了。俄国境内就连最好的干线大道都是用覆上沙子或砾石的树干建成的，一下雨就无法通行。彼得大帝（Peter the Great）在这一领域的主要成就是自1718年开始修建从圣彼得堡（St Petersburg）到莫斯科的笔直大道。就算天气好，车辆行驶速度也还是比走路略慢。在这一时期俄罗斯帝国的辽阔疆域里，找不到一条铺上碎石的道路。亚历山大·尼古拉耶维奇·拉季谢夫（Aleksandr Nikolaevich Radishchev）的史诗《从圣彼得堡到莫斯科旅行记》（*A Journey from St Petersburg to Moscow*）记录如下：“当我从彼得堡出发时，我误以为自己将在最好的道路上奔驰。每个曾跟随于皇帝身后、在那条路上行进的人都会那么想，但这只持续了很短一段时间。尘土覆盖着道路，让它在干燥天气下保持平坦，可在软化路面的夏雨侵蚀下，道路就成了泥泞沼泽，无法通行。”

在神圣罗马帝国，关于路况的类似抱怨在整个18世纪里都能找到，不过，那里也有一些路况改善的证明。至少有些诸侯国开始颁布养护主要道路的章程：巴登（Baden）是在1733年，符腾堡（Württemberg）是在1737年，黑森-卡塞尔（Hessen-Kassel）是在1746年，特里尔（Trier）选帝侯国是在1753年，科隆（Cologne）选帝侯国的威斯特伐利亚（Westphalia）领土是在1769年，萨克森-魏玛（Saxony-Weimar）是在1779年，萨克森选帝侯国是在1781年，巴伐利亚（Bavaria）是在1790年。显而易见的是，这个名单上没有普鲁士，据说腓特烈大帝（Frederick the Great，即普鲁士国王腓特烈二世）曾认为，旅行者们在他的属地上被迫停留的时间越长，他们不得已而为当地经济注入的资本也就越多。直到1816年，位于易北河以西的所有普鲁士领土上依然只有略多于300千米的大道。在这个领域，奥地利人无疑要优于他们的北方对手，因为卡尔六世（Karl VI，1711—1740年在位）和他的女儿玛丽亚·特蕾莎（Maria Theresa，1740—1780年在位）在修建从维也纳到布拉格、林茨（Linz）、的里雅斯特、普雷斯堡（Pressburg，今布拉迪斯拉发）的辐射状路网上花费了大量时间和精力。值得列出特别加以表扬的其他路段还有亚琛（Aachen）—科隆、米尔海姆（Mülheim）—杜塞尔多夫（Düsseldorf）、布鲁赫萨尔（Bruchsal）—奥格斯堡—萨尔茨堡（Salzburg）—因斯布鲁克。在这个时代，甚至已经有人不满足于只对旅途的不适发牢骚了。1784年，多产的作家弗里德里希·卡尔·冯·莫泽（Friedrich Carl von Moser）带着怀旧之情回顾了少年时代，那时候，人们旅行的步伐要安逸得多。他认为这适合冷淡的德意志人消磨时光，那些脑子更热的法兰西邻居才会受到快速思考、行军、射击、狩猎、吃饭、行走、旅行的惩罚。莫泽哀叹说，现在那一切都向东传播过来了。他最近坐车行经一条新建的大道（Chausseen），车快得“几乎让我丧失了听力和视力”。

水　　路

要是交通工具能够从陆地转移到水上，那减缓货车与客车行进速度的阻力就会大大减小了，在水上航行可以借助潮汐和水流，船帆也可以利用风力。选择水路的旅客能够免受剧烈颠簸和水土不服之苦，可以乘坐大到足以满足自身享受（有机会和同行旅客保持一定距离也是很重要的），又具有规模经济效益的船到达目的地。不过这只是理想状态。实际情形经常没那么如意。多佛尔海峡宽度仅有 34 千米，可在大部分旅客看来，这段行程实际上也是非常漫长的。1777 年，乔治·艾斯库（George Ayscough）开始他的"壮游"（Grand Tour）*，他从伦敦出发后进展顺利，仅花了 9 个小时就于凌晨 4 点抵达多佛尔。这队旅客不明智地好好吃了一顿早餐，而后在上午 8 点登上了定期往来的邮船。难受了 4 个小时后，每位旅客都晕了船，不过加来总算出现在视野里了。可涨潮已经过了，所以邮船还得在海岸边来回漂移。最后，一条配备 6 支船桨的勤务船出来接走旅客和行李，可这时大海已经是波涛汹涌，这导致换船时遇上了极大的困难和危险。勤务船时常面临沉没的危险，艾斯库和他的旅伴们在经历漫长、骇人的最后一跃后，终于半死不活地登上海岸，却又被一队希望招揽搬运行李活计的"破烂汉"大军围住了。这样的经历并不罕见，阿瑟·扬在他 1789 年 6 月 5 日的日记中留下了简短的记录："前往加来。在船上沉思 14 个小时让人都没力气思考了。"另一位壮游者爱德华·赖特（Edward Wright）的经历与此大相径庭。经过了平淡无奇的 5 个小时航行后，

* 此指富有的英国年轻人在法国、意大利、低地等欧陆地区展开为期数月乃至数年的游历，通常情况下会游览巴黎、罗马、佛罗伦萨、威尼斯等城市。

他便越过海峡回了国，可在这之前，他得在加来花上 4 天时间等待合适风向。状况也可能比这更糟：1772 年，理查德·特威斯在法尔茅斯（Falmouth）待了整整 18 天才等到风力减弱，邮船直到那时才能扬帆驶向里斯本。

这便是海路旅行的问题所在：时间和潮汐不等人，但人时常要等时间和潮汐。从法国西海岸的南特（Nantes）到波罗的海东部的但泽（Danzig），条件合适的话只需 18 天时间，平均耗时约为一个月，但到了冬季，要是风向转为东风，船只不得不在港口避风，那就可能要花上 100 天乃至 150 天时间了。因此，近代旅行的主要特征之一——时间表——便在海路旅行中自然而然地消失了。对 18 世纪的旅行者来说，他们有难以计数的时间花在等待似乎永远吹不过来的风、永远开不过来的船上。至少在可预测性层面上，内河航运是领先的。到了 1789 年，已经出现了从巴黎定期开出的"水上客车"（coche d'eau）业务，在夏季，"水上客车"上午 6 时出发，冬季则是 7 时，它们在周一开往桑斯（Sens），周二和周四开往蒙塔日（Montargis）和布里亚尔（Briare），周三和周六开往约讷河（Yonne）畔欧塞尔（Auxerre），周日开往诺让（Nogent）。只要天气适宜，就不可能有比河运更愉快的旅行方式。

不过，产生了某种程度上可与现代比拟的客运体系的还是低地国家里过剩的天然水道和人工水道。荷兰经济史学家扬·德弗里斯（Jan de Vries）重构过 17 世纪中叶从敦刻尔克（当时还属于西属尼德兰）到荷兰共和国阿姆斯特丹的一次旅程。鉴于当时妇女很少旅行，而且从不独行，所以那位旅客可以被假定为男性。该旅客遵循惯例，在拂晓时分坐上一条由一匹马拖曳的载客驳船（trekschuit），沿着新修的运河前往奥斯坦德（Ostende）附近的普拉森达尔（Plasschendaele）。在转到水闸另一边的另一条驳船上后，他能够及时抵达布鲁日（Bruges）吃上一顿晚饭，当天行程 67 千米。第二天，他在上午 11 时出发，乘坐驳船前往根特（Ghent）。这段豪华之旅所乘的驳船被英国旅行家托马斯·纽金特（Thomas Nugent）描述为“整个欧洲最引人瞩目的一种船，因为它像是分成若干房间的客栈，晚饭时有非常好的常规膳食，由六七道菜组成，所有酒的价格都适中”。驳船由 4 匹马拉动，花了仅仅 8 个小时就前进 44 千米并抵达根特。从这里出发，他可以继续乘坐驳船或帆船前往鹿特丹（Rotterdam），但对他来说，更快也更保险的旅行方式是按惯例转乘马车前往安特卫普（Antwerp）。在那里，他可以赶上一班每天出航的帆船，乘船前往 93 千米外的多德雷赫特（Dordrecht），这段旅程大约需要 24 个小时。现在，由于往返于多德雷赫特和鹿特丹间的 4 艘帆船出发时间取决于潮汐时间，他遇到了一些不确定性。不过，这座城市雇用了一名在大街上宣布公告的职员，以确保潜在顾客不会错过航船，所以，他能够搭上最后一班船，在旅程（更确切地说是行船）的第四天晚上抵达鹿特丹。次日，他可以再度得益于固定时间表。他可以乘坐凌晨 5 点出发的第一班鹿特丹—代尔夫特（Delft）整点驳船前往代尔夫特，从那里转而前往莱顿（Leiden），在莱顿再度换乘，最终于当晚 6 点 15 分抵达阿姆斯特丹。

不管这段旅程看起来多么复杂，它总归是相对快捷、舒适、廉价的。德弗里斯估计，在西欧的其他任何地区，类似长度的旅程都会花上至少 3 倍于此的时间。荷兰的载客驳船声名远扬：头一次前往西欧旅行的尼古拉·卡拉姆津在库尔兰（Courland）遇到了两个德意志人，那两个人告诉他：“任何希望了解世界的人都该去荷兰。那里的人民生活美好，他们都乘船出行！”具备同样重要象征意义的是规律性、准确性和可预测性。传统上，出发时间模糊的并不仅仅是帆船，因为客车也是“在上午”或“在傍晚”出发的。荷兰客船有准确的时间表的确是非同寻常的，已到了足以吸引访客评论的地步。例如，英国人威廉·布罗姆利（William Bromley）以惊羡的心情在1702年记录如下：“船只十分严格地遵守往来时刻的规定，铃声一响即刻开船，根本不等任何人。”瓦尔特·本雅明（Walter Benjamin）所称的“弥赛亚”时间观在整个中世纪盛行并延续到近代早期，这样的准确时间表是对该时间概念的背离，但这只不过是更广泛的背离中的一小部分而已。“弥赛亚”时间观的特征是对历史时间的流逝缺少认识，相信“过去和未来同时出现在当前的现在”。根据这种时间观，希罗尼穆斯·博斯（Hieronymus Bosch）把《新约》人物描绘得仿佛生活在15世纪的布拉班特（Brabant），保罗·韦罗内塞（Paolo Veronese）把《新约》场景描绘得就像发生在16世纪的威尼斯，也就不足为奇了。阿龙·古列维奇（Aaron Gurevich）等人提出，另一种时间观认为时间不再是周期性的，而是线性的，所以最重要的象征成了“时间之矢”而非“命运之轮”，换言之，时间是有方向的，它不是无尽循环的。

这一概念变化的症候和原因都是钟表的普及。再加上像荷兰时间表那样的发展，这便激发出一种新的时间感——“同质的、空洞的时间”，人们意识到时间是随着发展变化的，也是可以用历法和计时器度量的。“时间就是金钱”的概念一旦确立起来，便意味着秉持着“我乐意的时候才出发”态度的客车公司或驳船公司注定失败。威廉·坦普尔（William Temple）爵士曾于1670年乘坐载客驳船在荷兰共和国旅行，他写道：“凭借这种轻松的旅行方式，勤勉的男士不会损失任何生意时间，因为他可以在赶路时书写、进食或睡眠；事实上，劳动者或勤劳之人的时间是所有国家最珍贵的东西。”鉴于“时间预算”概念越来越把一天分成工作时间和休闲时间，把艺术从日常活动中分离出来，这一变动也有重要的文化含义。正如我们将在后续章节中看到的那样，这不仅助长了艺术的自主权，也促进了它的神圣化。

上文的短途旅行似乎使我们远离了沿着荷兰运河缓慢、安静、有目的地稳步前进的马力拖动的载客驳船，可我们总该记住物质层面的交通和符号层面的沟通是密切相关的，经济繁荣是将二者绑定在一起的重要因素。到目前为止，我们只将水运视为客运的手段，事实上，它们在运输货物方面同等重要，甚至更重要。陆路的缺陷在于必须使用为数众多的牲畜，这导致任何重物的运输费用都非常昂贵。许多“道路”十分狭窄或十分松软，根本无法使用有轮车辆，只得用驮马或驮骡，每头驮畜至多能够承重 1/8 吨（125 千克）。在条件允许的情况下，单马拖曳的货车载重大约是驮畜的 5 倍。顶级“铺石”路面到了 18 世纪晚期才出现，而且在那时，这样的路面也很罕见，在这种路面状况下，一头牲畜可以拉动重达 2 吨的货物。然而，即使在最理想的情况下，运输费用也会导致利润持续减少，要保持利润的话，运输的货物就必须具有很高的价值。

然而，如果货运可以从马背或货车上转移到驳船上，那么情况就会发生很大的改变。换成水路，一匹马就可以拉动载重 30 吨的河上驳船，要是在更平直、更稳定的运河上，它甚至能拉动 50 吨货物。这一点是显而易见、众所周知的。17 世纪末，法国要塞专家、技术治国论者沃邦（Vauban）元帅自信地表示：“只需 6 个人和 4 匹马，就能在状况良好的水道里拉动一艘大小合宜的船……船上能载 200 个人和 400 匹马在普通道路上都很难搬运的物资。”同类数字也适用于海运。1670 年，一位英国作家估计，若是一艘载重 30 吨的小船从伦敦开往布里斯托尔（Bristol），那就相当于陆上 100 匹马的运力。另一位英国观察家罗伯特·索思韦尔（Robert Southwell）爵士量化了成本效益：在他看来，海运成本只相当于马车运输的 1/20。这种差异的主要受益者是商品价值较低的大宗货物经销商。一个人用口袋就能装不少钻石，可价值与之相当的煤炭或粮食得用一支驳船队或一批马车来运输。

并不是每一个欧洲国家都拥有这么好的天赐航道。事实上，航道的分布是从西北向东南递减的。不列颠诸岛没有任何一个地方距离海洋超过 160 千米，低地国家则是水陆面积相当。此外，前者的泰晤士河（Thames）、塞文河（Severn）、默西河（Mersey）、亨伯河（Humber）河口，后者的莱茵河三角洲都深深嵌入其内陆。法国经济史学家莫里斯·艾马尔（Maurice Aymard）估计，荷兰共和国是欧洲唯一一个水运吨位显著高于陆运吨位的国家。在英国，两者比例大约是 1 ∶ 1，在德意志比例是 1 ∶ 5，但在法国是 1 ∶ 10。德意志和法国间的对比乍看起来可能令人惊讶，但只要在地图看上一眼就可明白原因。与它的面积相比，德意志的海岸线长度的确较短，但是有若干条大体上从东南流向西北的能够通航的河流，这些河流之间存在一定间隔，它们分别是：莱茵河（Rhine）及其支流内卡河（Neckar）、美因河（Main）、纳厄河（Nahe）、摩泽尔-萨尔河（Moselle-Saar）、鲁尔河（Ruhr）、威悉河（Weser）、易北河（Elbe）、奥得河（Oder）和维斯瓦河（Vistula）。在南德意志地区，多瑙河（Danube）发源于黑森林，流至乌尔姆（Ulm）并吸纳诸多支流后即可通航，其中最著名的支流是在帕绍（Passau）汇入的因河（Inn），它让多瑙河的水量至少翻了一番。

大自然赋予法国更绵长的海岸线，但只有三条河流的通航潜力可与德意志诸河相比。最著名的塞纳河河道蜿蜒曲折，在近代早期的条件下很难通航。由于阿尔卑斯山影响到河水流量，罗讷河（Rhône）往往在春季流得太快，夏季又流得太慢，事实上，一年中有 3 个月罗讷河是无法通航的。当时最重要的法国河流是卢瓦尔河（Loire），它从里昂以南朝西北方向流向奥尔良（Orléans），然后在南特注入大西洋。然而，不规则的水流和沙洲导致人们连这条河也不能充分利用。人类需要助自然一臂之力。17 世纪的两个大工程表明，只要潜在回报足够大，就会激发出工程所需的想象力、资本投入和政治意愿。在动工 38 年后，利用卢万河（Loing）和塞纳河将巴黎和卢瓦尔河连接起来的新运河主干道最终于 1642 年完工，它始于卢瓦尔河畔的布里亚尔，水位先是上升 39 米，而后下降 81 米，终于卢瓦河畔的蒙塔日。1682 年至 1692 年，奥尔良公爵增修了第二条卢瓦尔河—卢万河运河，其主要目的是从归他所有的森林里运出木材。两条运河合在一起使得交通量增加，导致卢万河不堪重负，于是人们又得沿着这条河新修一条与塞纳河交汇的航道。这些河道在一定程度上解决了首都臭名昭著的供给问题，但运输速度仍然很慢。由于需要与卢瓦尔河反复无常的水流和其他自然障碍斗争，这意味着从南特到巴黎的水运可能 6 ~ 8 个月才能推进不到 400 千米。罗杰 · 普赖斯（Roger Price）指出，人们宁可走这条水路，也不走陆路，有力地证明了法国的路况有多差。

另一个主要工程是南方运河（Canal du Midi），也被称为朗格多克运河，它将大西洋与地中海连接在一起，被一位世界运河史学家［查尔斯 · 哈德菲尔德（Charles Hadfield）］誉为“中国以西迄今为止建成的最伟大运河，欧洲17世纪最杰出的工程，也许是自罗马时代以来最伟大的欧洲工程”。由1万名工作人员劳作15年后，运河于1681年完工，它长达240千米，有101道水闸，其中有一道是位于贝济耶（Béziers）的激动人心的8层“阶梯”，它还拥有3条大渡槽、欧洲第一条运河隧道、世界上第一座为运河供水的人工水库，以及位于地中海边塞特港（Séte）的专用运河港口。高乃依（Corneille）的确有理由写首诗来庆祝“两海汇聚”，它让航海者不用再绕道3 200千米，伏尔泰（Voltaire）也热情称颂这条运河“因它的实用、广阔和难以建造而享有荣耀”。运河完工一个世纪后，旅客仍然热衷于它；在1786年前往西班牙途中，约瑟夫·汤森（Joseph Townsend）记录道：

> 第二天，我们在贝济耶用餐，朗格多克运河不断将源自农业的财富运入城市。在这里，来自原商贸范围之外地区的谷物、葡萄酒、白兰地、橄榄和油料找到了现成的市场，哪怕是遥远国度的物产都能够以微小的运输成本供应这一地带。

阿瑟·扬在次年补充说：“这是我在法国看到的最好的景象。在这里，路易十四你真的很伟大！在这里，你用慷慨和善良的手为人民带来便利和财富！”重要的是，这个伟大的工程起初并非政府项目。该计划来自皮埃尔-保罗·里凯（Pierre-Paul Riquet），他在运河旁拥有一座庄园，梦想“从西海到东海的大道”能够帮助他把农产品推向市场。幸运的是，他关于这个项目的备忘录传到了路易十四最得力的大臣科尔贝的书桌上，科尔贝首先命令进行可行性研究，然后支持了整个计划。在工程所需的巨额资金中，有750万利弗尔来自中央经费，

600万利弗尔来自朗格多克（Languedoc）三级会议，而里凯本人也筹集了200万利弗尔。

里凯在他的伟大项目完工前6个月破产、去世。他的命运象征着法国“运河时代”的终结而非开始。经过一个世纪的相对停滞，路易十六统治时期，运河修建速度开始回升，但3个重大项目直到1789年都没有完成，只有旨在连接巴黎与地中海、长达50千米的勃艮第运河（Canal de Bourgogne）在1793年完工。到了1810年，圣康坦（Saint-Quentin）运河的开通才标志法国重回欧洲运河建设前沿。在其他地方，运河建设还有很多。在荷兰共和国，由于供水充裕、地势平坦，运河修建成本较低，而人口密度又导致水运需求增加，因此在17世纪中叶出现了名副其实的“运河热”（德弗里斯语）。在勃兰登堡，尽管城市密度与荷兰不同，但流速缓慢、易于通航的河流有利于运河网络的建设。17世纪60年代，大选帝侯腓特烈·威廉（Frederick Wilhelm，1640—1688年在位）重建了一条长达40千米的运河，将施普雷河（Spree）与奥得河连接起来，从而吸引西里西亚（Silesia）的贸易通过柏林，经汉堡（Hamburg）进入北海。选帝侯不仅亲自为这一工程提供资金，还为柏林的起重机、码头和其他辅助设备掏了腰包。米尔罗塞（Müllroser）运河让柏林开始主导德意志东北部的经济，一位历史学家［金特·福格勒（Günther Vogler）］盛赞这是“德意志诸侯在经济学领域的第一桩伟大事迹”。大选帝侯的儿子勃兰登堡选帝侯腓特烈一世（Frederick I，1688—1713年在位）于1701年获得国王称号后成为第一位“在普鲁士的国王”（King in Prussia），在他治下，运河有了进一步的发展，这意味着到了18世纪初，已有3条德意志大河——威悉河、易北河和奥得河——通过运河连为一体。

随着西欧和南欧人口的增长，这些地方对东欧谷物的需求也在增加。因此，经济发展促进了水运条件的持续改善。腓特烈大帝很清楚运河的效用，他在1752年的《政治遗嘱》中便阐明了这一点。在他早年统治时期，新修的普劳恩（Plauen）运河为哈弗尔河（Havel）下游的大弯提供了捷径，翻修的菲诺（Finow）运河则改善了通过柏林的第二大河哈维尔河与奥得河间的航道。除此之外，运河还极大地促进了易北河畔的马格德堡（Magdeburg）和奥得河口的斯德丁（Stettin）之间的交通。腓特烈大帝声称，向东普鲁士、波美拉尼亚和西里西亚运输盐这样的大宗货物用时可比过去减少一周，而来自俄罗斯的皮革之类的原材料可以从斯德丁输入，而后沿运河和天然河道运到马格德堡，在那里变为制成品，输出到德意志其他地区。建于1772—1775年的布龙贝格（Bromberg）运河连接了奥得河与维斯瓦河，令普鲁士内河航道网络向东跃进，从而完成了从东普鲁士延伸到北海的航道链条。腓特烈大帝在其统治末期富有远见地发展水运，为普鲁士的繁荣与权力提供了远多于过去的资源。1772年，他授权一家荷兰公司将煤炭沿鲁尔河运往与莱茵河交汇处的一个小港口。这个港口当时仅仅被称为“洪贝格（Homberg）码头”，最终则易名为“鲁尔奥特”（Ruhrort），它将成为欧洲最大的内河港口，也是欧洲工业化程度最高地区的出口。当腓特烈大帝在1786年去世时，他的国家拥有神圣罗马帝国1 000千米人工水道中的85%以上，但连一条铺石路面的大道都没有。报界人士舒巴特（Schubart）的确有理由号召访客们将目光从可憎的陆路转移到宏伟的水路上。

相比之下，大不列颠的运河建设速度赶不上法国、荷兰甚至普鲁士，部分原因在于它有可以替代人工水道的自然水道。英国拥有绵长的海岸线，沿海运输吨位在17世纪增长了2/3。通过建造水闸、疏浚河道和清除障碍物，河流通航长度也增加了，从1660年的大约1 120千米增加到1700年的1 440千米，18世纪20年代又达到1 760千米，换句话说，在仅仅半个多世纪里就几乎增长了60%。到了1650年，泰晤士河上的大量驳船可以远抵牛津（Oxford），一代人之后，威尔士浦（Welshpool）下游的塞文河均可通航。然而，海运和河运也不无问题。虫蛀和水浸带来的损失长期困扰人们，周期性的海上战争——先是与荷兰人，后是与法国人——则让毫无抵抗能力的小型沿海商船容易遭到私掠船的攻击。这些商船当然可以加入由海军护航的船队，但这就得以延迟为代价了，船队要精打细算，等到集结起来的商船达到一定数量后才会出航。

河流同样存在局限性，最严重的问题是它们无法根据人类不断变化的需要改变流动方向，这只能由运河完成。英国的“运河时代”比荷兰“运河热”晚了一个世纪。典型的是布里奇沃特（Bridgewater）公爵修建的运河，这条运河于1761年开通，其目的在于从公爵位于沃斯利（Worsley）的矿山将煤炭运往正在迅速发展的曼彻斯特。它广为人知的成功促成了许多类似项目。布里奇沃特的工程师詹姆斯·布林德利（James Brindley）制订了一个宏伟的计划，他打算修筑将默西河与特伦特河（Trent）在怀尔登（Wilden）的渡口连接起来的“大干线”（Grand Trunk），从而贯通英格兰的西海岸和东海岸。此外，这还可以向中部地区及当地制造商开放进出口市场。随着泰晤士河和塞文河间的联系进一步增强，人们到了18世纪晚期可以通过全国性的内河航道系统轻松抵达王国的任何一个地方。英格兰也不是三个王国中唯一从中受益的：1790年，苏格兰修建了连接福斯河（Forth）和克莱德河（Clyde）的运河，1804 年，爱尔兰开通了从都柏林到香农（Shannon）的运河。这一切发生得很快，快得让人能感知到这种变化，在追求经济繁荣、粉碎自然障碍的过程中，这样的变化让人们生出一种战无不胜的感觉。1780 年，托马斯·彭南特（Thomas Pennant）从切斯特（Chester）前往伦敦旅行，他在斯通菲尔德（Stonefield）碰上大干线渡槽时备感惊奇：

> 壮观的运河工程和我所走的道路平行，它是东西两洋的通道，旨在令王国的两边能共享两地的物产。在其他国家，地形状况让他们能够轻松完成此类设计。埃及和荷兰都是平坦的，依靠工人的手便可完成。我们有抱负的天才则嘲弄天然障碍，困难只能激发我们的热情。我们的渡槽从一度令人艳羡的河流上方通过，河流现已沦落到仅有导航用途。我们填平谷地，我们打通山脉。40 年前的先知怎会预测到将有载重 25 吨的船在斯通菲尔德航行？可现在的情况正是如此。

在欧洲，还有三个大工程值得一提。丹麦于 1777 年启动横穿北海—波罗的海地峡的运河工程，它的成果最为丰硕。这条通道利用了伦茨堡（Rendsburg）下游河道均可通航的艾德河（Eider）和一条通往基尔（Kiel）的运河，最终于 1785 年完工。丹麦宣称将这条新航道开放给“欧洲所有国家”。在运营的第一年，共有 453 艘船通过运河，到 1789 年便增加到 1 072 艘。另外两个重大项目由西班牙完成，这进一步证明了当地经济的活力。1770 年，西班牙开始修筑从图德拉（Tudela）通往萨拉戈萨（Zaragoza）的大运河，它避开了埃布罗河

（Ebro）无法通航的河段，打通了纳瓦拉（Navarre）及北部地区与地中海的联系。除此之外，这条长 85 千米的运河还号称拥有一条长达 1.6 千米的渡槽，让运河从哈隆河（Jalón）河谷上方高高跃过。即便是吹毛求疵的约瑟夫·汤森也对他于 1786 年在萨拉戈萨看到的工程进展印象深刻。汤森表示，没有什么比 3 000 名士兵和农民建造的水闸和码头更完美了，不过他还是酸酸地补充说，由于英国运河更窄、更浅，英国人可以用便宜得多、有效率得多的方式完成同样的工作，“但这样可鄙的运河配不上西班牙人的雄心，也不符合他的宏伟想法”。第二条运河计划从塞哥维亚（Segovia）通往比斯开（Biscay）湾，这条运河的建设在同一时期取得良好进展，但法国革命战争导致它陷入停顿。

在欧洲其他地区，由于地形复杂，加之缺乏资本和专业技术，政府在这方面的相关利益也不够，因此各地的水运能力由变化无常的大自然决定，大自然时而赐予水源，时而截断水源。葡萄牙的塔霍河只有里斯本上游的几千米河段能够通航，再往下便会被岩石和瀑布挡住去路。17 世纪末，有家荷兰工程公司提出建议，希望能够通过曼萨纳雷斯河（Manzanares/Mançanares）打通塔霍河前往马德里的水路，却遭到断然拒绝，拒绝方自满地评论道：“就算上帝愿意让这两条河流通航，他也不愿依靠人类的帮助。”缺乏内河航道也是哈布斯堡君主国在经济近代化进程中面临的重要问题。除去维也纳新城（Wiener-Neustadt）的短航道和几项非常小的工程，这个国度没有运河。从地图上看，人类似乎没必要努力，大自然已经给它提供了欧洲最大的河流多瑙河，这条河自西北方向流入，宽深的河道在这个国家绵延 1 000 多千米，最后从东南方向流出。可惜，在匈牙利大平原上，多瑙河两岸是广阔的沼泽带，这让河流实际上无法通航。春季的洪水周期性地冲毁河岸，产生了沼泽，导致多瑙河干流在多数时候都无法用于运输重型货物。要克服这些障碍，就得兴修排水工程、开挖运河，但马札尔贵族缺乏完成上述事业的雄心和资源。

此类约束在俄国影响更大。运河建设所需资源种类繁多，而俄国只有劳动力供应充足。即使如此，由于俄国的资源产地与输出地位置不佳、距离遥远，因此水运在俄国的地位比在欧洲其他地方更重要：俄国的面包篮在人口最多的南部地区，最大的铁矿位于乌拉尔山脉（Urals）东麓，大部分木材产自北部，而最好的港口位于西部或南部边境。因此，根据阿卡狄乌斯·卡汉（Arcadius Kahan）的说法，在俄国内河航道上工作的人数在 18 世纪翻了将近两番，从 6 万人增长到 22 万人。到了该世纪末期，俄国已经开辟了通向黑海北岸的道路，完全控制了亚速海。叶卡捷琳娜大帝在 1783 年兼并了克里米亚（Crimea），并在 1787—1791 年的对土战争中成功地保住了战利品，从而控制了 4 条向南流动的东欧大河：德涅斯特河（Dniester）、布格河（Bug）、第聂伯河（Dnieper）、顿河（Don）。长时间的经济发展让俄国经济开始自北向南重新定位，短短几年间，已有港口便得到扩大，新的港口也开始出现。1786 年，黑海上有 80 艘船悬挂俄国国旗，10 年后这个数字翻了一番。但这并不仅仅是经济变动，还是地缘政治的转折点，它的重要性可以与英国在控制全球海洋的斗争中击败法国相提并论，因为俄国从此把巴尔干和地中海都视为利益攸关的地区。俄国由此在 1798 年卷入法国革命战争和法兰西第一共和国的崩溃，也由此卷入了 19 世纪 50 年代的克里米亚战争，以及将奥地利势力逐出意大利和德意志的斗争，并且，人们至少有理由认为俄国因此加入了第一次世界大战。

这种前瞻性推断也许不太实际，但水道与强权政治间的相互作用还有更具体的案例。例如，腓特烈大帝清楚地意识到，1740年吞并西里西亚也让他控制了奥得河，由此掌握了这一地区的经济、战略主导权。波兰在1772年第一次遭到瓜分，其中相当引人注目的是普鲁士借此控制了维斯瓦河下游地区。腓特烈大帝在《从胡贝图斯堡和约到瓜分波兰的回忆录》（*Memoirs from the Peace of Hubertusburg to the Partition of Poland*）一书中满意地写道，新近攫取的土地令他能够控制波兰的粮食贸易，因此“普鲁士这个国家不会再害怕短缺和饥荒了”。

海关与税卡

运输业在不列颠诸岛享有的一个重要优势是当地没有内部关税壁垒或税卡（收费公路除外）。在欧洲大部分地区，海关和税卡无处不在，尤其是在现金难以流入的乡村，过路商人成了诱人的目标。当商人们越过边界，进入某座城镇、越过某条河流、走过某座桥梁、爬上某个山口或者通过其他什么要点的时候，常会遇到有人收费。例如，莱茵河是世界上最好的天然水道之一，即使在铁路和高速公路的时代到来后，河上依然到处是驳船。然而在旧制度时代，人类轻蔑地拒绝了大自然的赠礼。在巴塞尔（Basel）和鹿特丹之间至少有38处海关，由19个不同当局管理。普法尔茨（Pfalz）选帝侯拥有其中7个关口，科隆选帝侯也有5个。因此，在科隆购买200袋盐得花上400塔勒（taler），当这批货物被运到美因河畔法兰克福（Frankfurt am Main）

时，其价格已上升到 712 塔勒，而在差价当中，关税占到了 3/4。这还没算上每行船几千米就被迫停下来接受检查、估价、征税所浪费的时间。德意志西部的这种情形算不上特殊：皮尔纳（Pirna）和汉堡之间的易北河上有 35 个关口。由于神圣罗马帝国权力分崩离析和根深蒂固的政治、宗教分歧，关税同盟几乎毫无前景，反例倒是有：1777 年，黑森–卡塞尔方伯与科隆市之间的争端导致莱茵河全面停航 3 个月之久。

政治上的统一也不能保证贸易自由。在哈布斯堡君主国里，不仅各省边界上有税卡，每个省份内部也都设有税卡，设立税卡的有君主、等级会议、修道院，甚至还有个人。行省高级官员往往是现行体制的主要受益者，极度缺乏改革热情，就连废除最糟糕的异常税卡并引入标准化度量，也得依靠约瑟夫二世（Joseph II）及其开明官僚的钢铁意志。1775 年，约瑟夫二世废除了西部领土（奥地利世袭领地、波希米亚和摩拉维亚）上的所有内部税卡——征收养路费的税卡除外。即使如此，蒂罗尔（Tyrol）、德意志西南部领地和奥属尼德兰依然例外。约瑟夫二世也想在匈牙利和特兰西瓦尼亚（Transylvania）废除内部税卡，但匈牙利贵族以拒绝缴纳原本应当上缴的直接税份额抗拒此举，这意味着东部领土仍被排除在外。当地依然处于“殖民地”地位，成了食品和原材料的廉价来源地和制成品的强制市场。意大利也出现了类似的有限的经济统一举动，托斯卡纳在 1783 年废除了内部关税壁垒，10 年后，教皇国也采取了同样的举措。

当然，神圣罗马帝国和哈布斯堡君主国是尤为碎片化的。然而，法国或西班牙的状况也没有什么不同，这样的国家看起来是统一的，但实际上就是把几个世纪以来兼并所得的独立领土聚合在一起。卡斯蒂利亚、巴斯克（Basque）地区、纳瓦拉、阿拉贡（Aragon）和安达卢西亚都是独立支配海关收入的邦国，因此，从海外进口的制成品往往比国内的便宜得多。这种状况同样适用于法国，在国内贸易方面，它根本就不是一个王国。组成王国的省份可分为两类。第一类省份［诺曼底、皮卡第（Picardy）、法兰西岛（Île de France）、香槟（Champagne）、勃艮第（Burgundy）、波旁（Bourbonnais）、讷韦尔（Nivernais）、贝里（Berry）、奥尔良、图赖讷（Touraine）、普瓦图（Poitou）、欧尼斯（Aunis）、安茹（Anjou）和曼恩（Le Maine）］在某种意义上是统一的，货物可以从其中一个省自由移动到另一个，只需在离开或进入时缴纳一次关税。但是，法国还存在第二类数目可观的省份［阿图瓦（Artois）、佛兰德、布列塔尼、吉耶讷（Guyenne）、圣通日（Saintonge）、朗格多克、普罗旺斯（Provence）、多菲内（Dauphiné）和里昂］，在这类行省里，同类省份之间的贸易或与任何其他类型省份交易均需缴纳关税。此外，3 个新近吞并的省份［阿尔萨斯（Alsace）、洛林（Lorraine）和弗朗什–孔泰（Franche-Comté）］享有与外国自由贸易的权利，却与法国其他省份存在关税壁垒。

西班牙和法国也都受到各种各样的税卡折磨，设立税卡的有王室、领主和市政当局。有些税卡的确是打算收钱办实事的，比如用税金养护某条公路或桥梁，但大部分税卡往往沦为欺诈旅行者的工具。科尔贝在 1679 年给地方监政官发出指示，要求他们着力改革手段恶劣的税卡（péages），但此举效果甚微。4 年后，利摩日监政官报告如下：

> 税卡与日俱增，结果，货物要从上利穆赞（Limousin）运到下利穆赞，就得在 16 里格（约 77 千米）的路段里缴纳十七八种

不同费用。而且更重要的是，领主们并未按法律规定竖立招牌通告关税，而是从过路人身上拿走他们所喜欢的东西，导致过路人为避免货物被没收和上法庭而被迫缴纳费用，所以，他们是根据个人喜好来收费的。

其后的几次尝试根除了最恶劣的违规收费。1729—1782年，仅朗格多克省就关闭了154个税卡，但直到革命爆发，仍有许多税卡在继续运作。可想而知，通行费和关税会对贸易造成负面影响。皮埃尔·布瓦吉贝尔（Pierre Boisguilbert）在1696年表示，普罗旺斯有许多能够在巴黎市场上卖出高价的天然产物。唉，可他又补充说，人造障碍的泛滥成灾让原本不超过四五个星期的行程生生拖延到三个半月。沃邦在他写于1707年的《王国什一税案或普遍征税案》（*Project for a Royal Tithe or General Tax*）中也抱怨说，由于敲诈勒索的存在，将产品运往市场得碰上很多麻烦，耕种者宁愿农作物烂在田里。

税卡抑制内部贸易也就罢了，不同形式的货物税税率之间还存在极大的差异。盐是法国人人都需要，但人人都无法自产的一种商品。然而，这个国家被分为6个不同的地区，拥有6种不同的盐税（gabelle），结果盐的价格从“重税”地区的每担*62利弗尔（包括法兰西岛在内的12个中部省份）波动到“豁免”地带［阿图瓦、佛兰德、埃诺（Hainaut）、贝阿恩（Béarn）和纳瓦拉］的每担5利弗尔。亚当·斯密认为，“英国繁荣的主要原因之一”是税率统一且没有内部关税壁垒。他还补充说，要是能把这两点推广到爱尔兰和殖民地，那

* 担（quintal）：法国旧重量单位，1担≈49千克。

英国还会更为繁荣。然而在法国，“各省实行各自的税法，不但需要在王国边界部署许多稽征人员，还要在各省边界加以部署，以此阻止某种货物的输入，或对该货物课以一定额度的税。这样一来，国内贸易就要受到相当程度的妨害”。再加上上文已讨论到的其他约束，这样的差别制造了很大的贸易障碍。据估计，在18世纪中期，将一批价值500利弗尔的葡萄酒从上加龙省（Haut-Garonne）的米雷（Muret）运到巴黎，考虑到运输费用、通行费、关税和货物税，途中需要花费501利弗尔。

只要同一种商品在两个相邻地区存在价格差，就会出现走私；价格差越大，利润率越大，从事走私的人数也就越多。1786年，约瑟夫·汤森在穿越法国的途中写道：“有位贝里的贵族告诉我，有条小河从他的城堡边流过，小河一边的盐价是40苏（sol）1蒲式耳*，另一边则是40利弗尔1蒲式耳，也就是相差20倍。因此，不少于2 000名步骑兵驻扎在河岸上稽查走私分子。”走私是法国当时的主要职业。奥尔文·霍夫顿（Olwen Hufton）依靠对资料的详尽掌握，在她的经典研究著作《18世纪的法国穷人》(*The Poor of Eighteenth-Century France*）中信心十足地认为，走私者的数量肯定高达数十万，甚至可能超过100万。一个孩子带上几磅**盐穿过某条盐税边界，就能赚到和农业劳工每日收入相当的酬劳，走私者人数庞大也就不足为奇了。就连狗也可以用来偷运贵重物品，这激怒了当局，促使他们转而训练自己的犬类密探用于缉私。更危险的是，法律显然是十分荒谬的，走私所涉及的人也为数众多，所以走私并不耻辱。像“芒德兰”（Mandrin）

---

* 1蒲式耳 ≈ 36升。

** 1磅 ≈ 0.45千克。

和“卡图什”（Cartouche）这样的走私犯反倒成了民间英雄。

邮 政

无论是在海洋、河流还是运河，同陆上旅行相比，水上旅行都享有不计其数的优势，但它也有一个严重的缺点——速度缓慢。远洋航行的人有时或许能发现从后方吹来的风加快了航行速度，但在多数时候注定得面对难以动弹的无风状况或艰难的迎风调向。在内陆水道上，驳船只能以挽畜的速度也就是步行速度前行。当阿瑟·扬从威尼斯前往博洛尼亚（Bologna）时，他先是乘船过海，后是沿运河前行，扬发现：“在这段航程中，所有语言的力量都不能让我表达出我希望记录下来的想法。我把这段消磨掉的时间列为有生以来经历过的最恶心的日子，而且这绝对是我离开英格兰后最糟糕的一段时日，但我别无选择：陆路已是臭名昭著，或者说极难通行，连一辆四轮马车（vetturini）都没有；就连那些资金足够乘坐公共马车旅行的人也选择水路。”廉价却慢得要命的驳船相当肮脏，脏到扬在 200 千米行程的多数时候选择步行。即使在较为宜人的荷兰运河上，对于不耐烦的英国人来说，这种令人抑郁的缓慢也是不可忍受的。18 世纪末，詹姆斯·米切尔（James Mitchell）评论道：“这种旅行模式可说是荷兰人做事方法的一个好例子；它节约金钱，但要付出高昂的时间代价……荷兰人一个小时走 5 千米，英格兰人一个小时可以走 9 ~ 13 千米，这可以说是两国精神和精力之间的区别。”

到了这个时候，米切尔和他的同胞们心目中对陆上旅行已经有了一个标准，而他们发觉，荷兰驳船远达不到这一标准。上文已经提到，由于收费公路的出现，大不列颠境内的陆路旅行速度得以快速提升。而到了18世纪80年代，另一种创新——邮政马车——进一步加快了旅行速度。在此之前，信件由被称为“邮递小子”的信使沿主要邮路来回传递，一位不满的顾客将信使定义为“骑在疲惫老马上的懒散小子，极度缺乏抵御劫匪的能力，甚至有可能与劫匪联手”。这位顾客是巴斯的剧团经理约翰·帕尔默（John Palmer），他相信自己可以干得更好。帕尔默的朋友威廉·皮特（William Pitt）自1783年12月起担任首相，皮特于1784年授权他经营从布里斯托尔到伦敦的定期邮政马车业务，马车装载着信件和乘客，下午4点出发，第二天早上就抵达首都。此举提高了速度和可靠性，它的成功促使马车邮政业务在随后两年里扩展到更多的城市。1786年，从爱丁堡到伦敦的旅行时间从3天半缩短到60个小时。曾有人认为是铁路和工厂制度的结合使人们对时间产生了更加组织化的态度。然而事实上是邮政马车迫使人们细化到以分钟为单位考虑时间的。例如，从伦敦前往格拉斯哥（Glasgow）的乘客会得知他们有35分钟的晚饭时间，不多也不少，也就是从下午4点36分持续到5点11分。如果他们在布丁上耗费了太多时间，等到马车出发的时候就会被扔在车后。所以，正如戴维·兰德斯（David Landes）所述，“铁路时代”到来时，旅客们“已经做好了心理上和计时上的准备”。

信件促进了客运，反之亦然，这体现出物质和符号层面交流间的共生关系。正是在17、18世纪，交通运输方面出现了质的飞跃；也正是在17、18世纪，邮政业务出现了质的飞跃。在欧洲大陆，由图尔恩和塔克西斯（Thurn and Taxis）家族经营的邮政业务占据领先地位，这个幸运但也锐意进取的家族是最早颁发于16世纪初的皇家特许状的受益者。虽然皇家邮政总管的职位是世袭的，但这并非挂名的闲职，因为要面临来自诸多德意志诸侯的竞争，而来自勃兰登堡-普鲁士和萨克森的竞争尤为激烈。到了18世纪末，这两个邦国的邮局数目已经分别达到了760和140。那时候，图尔恩和塔克西斯的邮政网络已经稠密到没有一个德意志社区距离邮局步行的路程超过半天了，邮政组织得也相当好，信件能够在24小时内传递150千米，也可以传递到整个欧洲。从1750年到法国革命战争爆发，据估计该家族共获得2 550万古尔登*（大约相当于现在的255万英镑）的利润。虽然这个家族在1867年不得不屈从于国有化的压力，当时俾斯麦的新北德意志邦联接管了图尔恩和塔克西斯组织的最后残余，尽管在晚近时期出现了鲁莽之举，但图尔恩和塔克西斯家族就算不能跻身世界上最富有的家族之列，也仍属于德国最富有的家族。

一般而言，法国的中央集权程度更高。“王家邮政业务”早在1477年便已建立，不过，直到1719年，巴黎大学才最终放弃了自行经营邮政业务的古老权利。官方原本只想把邮政作为公务往来渠道，但亨利四世在1603年授权王家信使可以携带私人信件，从此，官方开始利用邮政增加收入。到了1671年，著名通信者塞维尼（Sévigné）侯爵夫人致信女儿道：“我非常羡慕那些动个不停的邮政小伙，他们带着我们的信来来回回，一周里没有一天不带上信；他们总是在外头，白天里的每个小时都在。这是何等光荣的人！他们多么有用，邮政又是多好的发明啊！”到了1763年，邮政业务已得到充分发展，这让某位居约（Guyot）先生能够出版一本专门讲述邮件往来的《书信指南》（*Guide des lettres*）。

---

* 古尔登（Gulden），14—19世纪在德意志地区使用的金属货币，也译“盾”，与荷兰货币“盾”系同一词源，拼写也相同。

到大革命开始时，法国有 1 320 个邮局，它们已经做好准备，将在传播发生在巴黎和凡尔赛宫的真假故事上发挥重要作用。

英格兰两地间的距离更短，人口密度更大，城市化程度更高，公共领域也尤为早熟，有更好的邮政发展条件。具有代表性的是，斯图亚特王朝首先将邮政视为资金来源。当约克公爵在 1685 年即位为詹姆士二世后，他每年从邮政业务利润中抽取 4.3 万英镑的巨额资金，这既是由于他兄长的慷慨，也是发送信件的数量的体现。从中获利的不是只有詹姆士二世，他的兄长有许多情妇，其中有位克利夫兰（Cleveland）女公爵［原名芭芭拉·维利尔斯（Barbara Villiers）］每年从中拿走 4 700 英镑。后来，女公爵还将这笔钱归于她（和查理二世）的儿子格拉夫顿（Grafton）公爵的名下，而后代代相传至 19 世纪末期，最终改为一次性支付 9.1 万英镑，这揭示了英国政治文化对私人财产的尊重。

两个新生事物对创建全国性（先是在英格兰本土，后来遍及大不列颠和爱尔兰）的象征层面交流网络帮助尤为巨大。第一个是伦敦的威廉·多克拉（William Dockwra）发起的个人行动，他着手建立了仅用于伦敦的私人邮政体系，在 11 千米半径内以每件 1 便士的价格收发邮件。他把上百个酒馆、咖啡馆和商店当作收发站，由于白天里几乎每小时都有邮件收发，因此他能够提供比当今任何邮政业务更快的服务。毋庸赘言，约克公爵认为这侵犯了他的垄断权，迅速采取法律行动将其关闭。然而，多克拉的事业充分透露出人们对邮政的需求（和邮政的盈利能力），官方邮局不得不提供替代品。第二个是拉尔夫·艾伦（Ralph Allen）在 1720 年之后建立的将城镇横向联系起来的“交叉邮政”体系，这使得各城镇间的联系不必经由通过伦敦的主干线中转。到了 18 世纪 50 年代，这一体系已将整个英格兰及威尔士大部分地区包括在内。有理由相信，当乔治三世于 1760 年即位时，高效的每日邮件业务不仅存在于大多数主要城镇和首都之间，也存在于各个主要城镇之间。

之前谈道路时，我们提到了从北到南递降的梯度，这一规律不适用于邮政。尽管去西班牙存在相当的困难，但自 16 世纪起，它便有了良好的邮政业务，这是因为哈布斯堡王朝需要与其遥远的帝国进行沟通。意大利也拥有哈布斯堡的遗赠，这让邮件能够以尚算准确、安全的方式在半岛上往来。1746 年之后，意大利还成为连接奥斯曼帝国的邮政线路的出发点，这条邮政线路起始于那不勒斯，途经奥特朗托（Otranto）、拉古萨［Ragusa，现名杜布罗夫尼克（Dubrovnik）］、萨洛尼卡（Salonika），直至伊斯坦布尔（Istanbul）。俄国也有基于东方模式的悠久邮政传统。在这个廉价劳动力供应充裕的国度，18 世纪 60 年代就有 1.3 万人在从圣彼得堡到莫斯科的邮政线路上工作。一代人之前，外交官弗里德里希·克里斯蒂安·冯·韦伯（Friedrich Christian von Weber）在两个城市之间发现了 24 座驿站，并且对它们的效率印象深刻："这种极大的便利，加上费用的廉价，让**彼得堡**、**莫斯科**和**阿尔汉格尔**[*]之间的沟通变得极为轻松。"然而在其他地方，物质层面的沟通问题（路途遥远、道路极少）与符号层面的沟通问题（民众文盲）阻碍了邮政的发展，那里只存在最基本的邮政业务。哪怕从莫斯科向几个主要省份中心发送一份公函，也需要几周而非几天时间，即便是在邻近主要邮路的社区，人们的生活也不会受到周边地区以外消

* 此即白海港口阿尔汉格尔斯克，西欧人在近代常将其称作阿尔汉格尔（Archangel）。

息的影响。

书信写作是种可以教会的技能。17 世纪晚期，教人写信的手册和套话集越发受到欢迎，有兴趣的英国通信者可在其中找到关于如何在爱情或商业关系中提出请求的建议。例如，“W.P.”有本出版于 1678 年的《飞快邮件附新选书信集及补充：含各种情况下各类诙谐、讨喜的爱情和商业书信案例》（*A Flying Post with a Packet of Choice new Letters and Complements: containing a Variety of Examples of witty and delightful Letters, upon all Occasions, both of Love and Business*）。18 世纪指南书中最成功的作品是塞缪尔·理查森（Samuel Richardson，1689—1761）* 于 1741 年出版的那本，换句话说，他在动手撰写自己那几本出色的书信体小说之前就出了这么一本书。这本书通常被简称为《亲密书信》(*Familiar Letters*)，其完整标题则揭示了他的野心：《在最重要场合写给特定朋友和为特定朋友而写的信件，不仅指导写作亲密信件的必备风格与格式，还指导如何根据人类生活中的共同关切来公正、审慎地行事》（*Letters written to and for particular friends, on the most important occasions, directing not only the requisite style and forms to be observed in writing familiar letters; but how to act justly and prudently, in the common concerns of human life*)。理查森以 172 封书信为模板，提供了各种各样的建议，其中既有实用性的，也有道德性的，例如“致一位通常匆忙做生意的年轻商人，建议他既要**勤勉**，也要讲究**方法**”，或者“来自一位绅士，他努力劝说一位富有的老寡妇不要嫁给一位非

---

* 塞缪尔·理查森，英国作家，他的书信体小说《帕梅拉》（*Pamela*，创作于 1740 年）轰动一时，还著有《克拉丽莎》(*Clarissa*，创作于 1747—1748 年）、《查尔斯·葛兰底森爵士的历史》(*The History of Sir Charles Grandison*，创作于 1753 年）等书信体小说。

常年轻放荡的绅士”。

书信写作的盛行在很大程度上要归因于邮政的进步。若是写信人对信件传递没有信心，塞维尼夫人就不会给女儿写 1 700 封信，霍勒斯·沃波尔（Horace Walpole）也不会给德芳（Deffand）夫人写 1 600 封信，也不会给通信 44 年却未曾谋面的霍勒斯·曼（Horace Mann）爵士写 800 多封信。横跨欧洲（和大西洋），邮政创造了网络，越来越多的知识分子可以利用这个网络交换意见、信息和闲话。媒介也对信息产生了影响，当时，长距离的交往变得相对直接了，这激发出更为亲密、主观的写作风格。事实上，歌德曾将多愁善感书信的泛滥归咎于图尔恩和塔克西斯的卓越邮政业务。

第二章

人

1798 年，欧洲两端出版了两本关于欧洲人口的重要著作。比较权威的一本是奥地利启蒙运动顶尖政治学者约瑟夫·冯·索南费尔斯（Joseph von Sonnenfels，1732—1817）的《治国指南：关于我们时代的状况和概念》（*Manual of the Domestic Administration of States, with Reference to the Conditions and Concepts of our Age*），在书中，他对传统智慧——规模巨大且不断增长的人口是一件好事——进行了总结。事实上，他甚至断言，人口增长应该被当作“政治科学的首要原则”，理由相当充分：它能够推进公民社会的两个重要目的，物质享受和实体安全。在索南费尔斯看来，人口规模越大，国家的农业生产力就越高，抵抗外敌和国内异见分子的能力也越强。他的论点之一是有越多的人承担国家的开支，个人要分担的税负就越轻。这种基于常识的分析方法得到了以下信条的支持：自古典时代起，世界上的人口就一直在衰减。索南费尔斯和绝大部分同时代人，包括伏尔泰和孟德斯鸠都坚信这一点。孟德斯鸠沮丧地评论道：“要是人口的这种衰减不能停止，一千年里世界就将变成一片荒漠。”

同一年里，年轻的英国学者托马斯·马尔萨斯（Thomas Malthus）在《论影响社会改良前途的人口原理》（*An Essay on the Principle of Population as it Affects the Future Improvement of Society*）中提出了大相径庭的观点。他当时32岁，年龄差不多是索南费尔斯的一半，然而他对未来的看法至少要比索南费尔斯悲观两倍。他主要关心的是，怎样反驳威廉·戈德温（William Godwin）和孔多塞侯爵（Marquis de Condorcet）等进步论者关于人类可完善性的信念。马尔萨斯的两个前提是“对维持人类的生存来说，食物是必要的”和“两性间的激情是必要的，而且将差不多保持现在的情形”。然而，由于“人口的力量始终会超过土地出产人类衣食的力量”，这两条自然法则的效力并不相等。一对夫妇可以生下若干子女，他们的子女又可以生下若干子女，因此人口以几何级数增长，而农业只能以算术级数扩展。换言之，资源的增长数列（1, 2, 3, 4, 5, 6, 7, 8）无力支撑人口的增长数列（1, 2, 4, 8, 16, 32, 64, 128）。所以必然的结果是，不管早晚，当人们在这种矛盾所强加的“天花板”上撞得头破血流时，人口的膨胀将自然停顿。痛苦和“恶习”（马尔萨斯牧师指的是避孕）加在一起，会迅速修复平衡。

从长远看来，他们两人的观点都被证明是错误的。然而在1798年，两种观点好像都言之成理。在索南费尔斯的有生之年（他生于1732年），他所属国家的权力和繁荣的增加都同人口的增长齐头并进。约瑟夫二世（索南费尔斯侍奉过的四位皇帝之一）阐明了一条核心的公理：“在我看来，我政策的主要目的，也是所有政治、财政甚至军事当局都应该多加注意的，是人口。也就是说，保持和增加臣民的数量。国家的一切优势都源自尽可能多的臣民数量。”然而在欧洲各地，周期性的生存危机支持了马尔萨斯的悲观预测，特别是可能促成了法国大革命的歉收。要是马尔萨斯活得再长一点（他去世于1834年），他也许会带着些许冷酷的得意看到“饥饿的四十年代”的悲惨状况，特别是导致爱尔兰的人口在短短5年里从840万下降到660万的“马铃薯饥荒”和随之而来的大规模移民。这种矛盾暗示18世纪晚期在这方面正处于新旧时代的交替点上。我们将会看到，就人口而言，1648—1815年这一时段在很多方面都更接近15世纪而非20世纪，虽然它同样具备许多现代特点。

数　字

不难认识到为什么人口统计学是这么有争议的历史研究分支。一方面，人口统计学家有机会将数字计算到小数点后几位，造成数据精确的假象；另一方面，在19世纪和20世纪实行人口普查之前的任何时段，证据都相当零散，所以在描述结果时，“估计”甚至“猜测”之类的词好像都精确过头了。看起来，学者要么得做出关于国家总人口数的大胆陈述，要么得对小型社区人口状况进行微观“重建”，然后在这样的微观基础上，靠想象建立宏观结构。特别是在缺乏通信手段、识字率极低、几乎或完全没有日常行政管理的地区，如17世纪晚期被哈布斯堡王朝“再征服”之后的匈牙利，我们对于事实上的人口规模一无所知。然而，对理解这一（或者别的任何）历史时期来说，人口发展相当重要，所以必须努力尝试搭建某种结构，尽管用来搭建结构的稻草和砖都很不充足。

我们可以从总结概括一些欧洲国家自17世纪中期到18世纪晚期最可靠的人口估算数值（见表2）开始。

表 2　1650—1800 年欧洲各国的人口（单位：百万人）

	1650	1700	1750	1800
欧洲		110	140	190
奥地利–波希米亚	4.1	4.6	5.7	7.9
比利时	2	2	2.2	2.9
荷兰共和国	1.9	1.9	1.9	2.1
英格兰 & 威尔士	5.6	5.4	6.1	9.2
法国	21	21.4	25	29
德意志 *	10	15	17	24.5
匈牙利 **		3		9.25
爱尔兰	1.8	2.8	3.2	5.3
意大利	11.3	13.2	15.3	17.8
波兰	3	2.8	3.7	
葡萄牙	1.5	2	2.3	2.9
普鲁士			3.6	6.2
俄国	7	15	19	37
斯堪的纳维亚	2.6	2.8	3.6	5
苏格兰	1	1	1.3	1.6
西班牙	7.1	7.5	9.1	10.5
瑞士	1	1.2	1.3	1.7

主要资料来源：Jan de Vries, *The Economy of Europe in an Age of Crisis 1600—1750* (Cambridge, 1976)

这些统计数据都是近似值，但也有粗略程度之分。比如说，1650 年英格兰的数据要比俄国的准确得多，后者可能完全是错误的。以国家为单位的数据一定程度上也存在误导，原因是任何国家都存在很大的区域差异。例如在西班牙，边缘省份，特别是加泰罗尼亚、巴伦西亚、加利西亚，其人口增长比卡斯蒂利亚的中部省份快得多。在法国，埃诺、弗朗什–孔泰和贝里等省份的人口增速最快，巴黎盆地、

* 此即最后被包括在 1871 年德意志帝国疆域之内的神圣罗马帝国各区域。

** 此处包括特兰西瓦尼亚。

布列塔尼、中央高原、西南部和南部地区增速中等，诺曼底则最慢。在德意志，人口稀疏的东部的人口增长率要比人口相对稠密的西部高得多，这不足为怪，事实上我们将会看到，德意志内部移民的数量相当大。

尽管有种种限制条件，我们还是能看出总体状况。表 2 按年代顺序展现了一个过程：先是停滞或缓慢的增长（1650—1700），然后是普遍而适度的增长（1700—1750），再然后是更加迅速的膨胀（1750—1800）。可是只有放到更宏观的时间框架里，它的真正意义才能够凸显。14 世纪中期“黑死病”造成了灾难性的人口损失，15 世纪晚期人口开始逐渐恢复，这种增长的势头在 16 世纪一直延续。然而 1600 年左右，“天启四骑士”去而复返，给欧洲许多区域造成了猛烈的冲击，带来了战争、瘟疫和饥荒，在人口方面造成了毁灭性的后果。比如说，1599—1600 年大瘟疫袭击了卡斯蒂利亚，而这只是一连串疫病的开端，到 1650 年时，这一区域的人口因此下降了 1/4。在 17 世纪上半叶的普遍人口衰减中，只有英格兰与荷兰共和国幸免于难。所以 1650—1800 年的发展既代表着恢复，又代表着重新开始增长。可是，我们所讨论的时段之后发生的事情要比之前发生的重要得多。虽然马尔萨斯提出了警告，但 18 世纪下半叶的人口增长并没有遭到生计所需资源增长缓慢的抑制。19 世纪时欧洲的人口反倒继续增长，而且速度越来越快。

在地理方面，就像表 2 反映的那样，欧洲的人口分布重心从地中海区域转到了西北部。将国家按照区域分组可以看得更清楚（见表 3）。

表 3　欧洲的人口（单位：百万人）

区域	1600	1700	1750	1800
I. 地中海区域 *	23.6	22.7	27.0	32.7
指数	100	96	114	139
II. 中部 **	35.0	36.2	41.3	53.2
指数	100	103	118	152
III. 北部和西部 ***	12.0	16.1	18.3	25.9
指数	100	134	153	216
总计	70.6	75.0	86.6	111.8
指数	100	106	123	158

资料来源：Jan de Vries, *The Economy of Europe in an Age of Crisis 1600—1750* (Cambridge, 1976)

著名荷兰经济史学家扬·德弗里斯编制了表 3，他提了一句，本来应该加上第四个区域——东欧，包括波兰和俄国——然而没有足够的数据。

欧洲人口重心的这一转移至关重要。在中世纪晚期和文艺复兴时代，掌控着欧洲的是地中海区域。在制造业、贸易和银行业方面，地中海区域的城市异常出色；在文化方面，意大利各城邦创造了能够同古希腊相提并论的文明；在政治方面，哈布斯堡王朝的西班牙分支创造了一个“日不落帝国”。然而到 18 世纪时，在欧洲北部人的眼里，南部俨然成了博物馆，他们欣赏这一区域过去的成就，但更轻视那里的现状。一名英国观光者在 1778 年表示，罗马曾经属于“一个充满了英雄和爱国者的国度，然而现在它落到了宇宙中最缺乏阳刚之气、最迷信的人们手里”。我们将会看到，地中海区域的人口相对衰减，既

* 西班牙、葡萄牙、意大利。

** 法国、瑞士、德意志。

*** 英格兰、苏格兰、爱尔兰、低地国家、斯堪的纳维亚。

是一系列更大问题的表现，也是其诱因。

婚姻和生育

关于欧洲世俗人口的增长，一种可能的解释是，女性的婚龄提前导致其生育力上升。女性平均婚龄下降五六岁，就可能意味着生育子女的数量增加50%。事实上，托尼·里格利（Tony Wrigley）曾经提出，1750—1800年英格兰3/4的人口增长都是婚龄下降造成的。在英格兰结婚当然很容易，男孩的法定婚龄是14岁，女孩则是12岁，也不需要去教堂举行仪式，在见证人面前交换誓言，甚至只是交换有意结婚的声明然后发生性关系，都被看作有效的结婚手续。然而和欧洲北部和西部别的区域一样，在英格兰，实际婚龄往往在性成熟之后很久，人们的平均婚龄是24.5岁到26.5岁。虽然在18世纪下半叶的英格兰，婚龄确实下降了，但里格利提出，它带来的影响可能被女性更早停止生育抵消了。

婚外生育没能抵消晚婚——在英格兰，只有1/8的女性结婚时不到20岁——的影响。按照21世纪的标准，婚外生育率低得惊人：在大部分欧洲国家，婚外生育率都不到5%，通常在2%以下，英格兰就是如此（现在联合王国的婚外生育率超过30%）。在法国乡间，婚外生育率仅有1%，在巴黎也不过4%～5%。然而毫无疑问，在18世纪的进程中，婚外生育率上升了。到1789年，在人口超过4 000的法国城镇里，婚外生育率达到了4%，在发展程度更高的城市里达到了12%～17%，在巴黎则达到了20%。同一时期在德意志，婚外生育率也出现了上升，从2.5%增长到11.9%。然而，这些数字体现的不算明显的生育力增长，对整体状况的影响可能相当小，哪怕所有非婚生子女都能够长大成人。而实际上正如我们所见，非婚生子女特别容易夭折。

在那些教堂、行业工会或庄园主能够实行强有力的社会控制的欧洲地区，晚婚的决定通常是由上而下强加给人们的。然而在北欧、西欧和中欧，它通常是人们对经济状况做出的自愿反应。人们似乎普遍认为，要是一对夫妇不能独立养家糊口，就不应该结婚，也正是在这些区域，终身未婚的女性数量最多。在欧洲西北部，10% ~ 15%（有些区域甚至达到25%）的女性保持独身，这对人口增长的抑制效果比晚婚更加显著。在东欧和南欧，女性独身的比例要小得多，她们也没那么不情愿接受在大家庭中的从属地位，这相应降低了婚龄。在任何地区，嫁妆都是个问题，对女儿过多的父亲们——比如《傲慢与偏见》中的贝内特（Bennet）先生——来说更是如此。已故的英国社会史学家罗伊·波特（Roy Porter）并不觉得威廉·坦普尔爵士（1628—1699）的这段文字过于愤世嫉俗："我们婚事的订立和其他常见的讨价还价没有多少差别，只不过是基于对利益或收益的考量，同爱和尊重毫无关系。"波特为支撑这一概括而列出的报纸公告显然十分讲求实际，考虑到它们的宗教背景，这种感觉更加明显：

婚事

圣阿瑟夫（Asaph）的主教大人，同拥有3万英镑的奥雷尔（Orrell）小姐结婚。

约克的牧师罗杰·韦恩德（Roger Waind）先生（大约26岁）

同林肯郡一位超过 80 岁的女士结婚，他将因此获得 8 000 英镑现金、可以终身享用的 300 英镑年金和一辆四马大车。

天主教会的成员必须独身，因此没有举行此类婚事的资格。然而通过成立为贫穷女孩提供嫁妆的机构，比如意大利的婚事基金会（monti di maritaggio），天主教会为人口增长做出了微小的贡献。为了防止陷入贫穷，人们普遍决定“无土地，不结婚”，大批男女注定只能独身或守贞。在信奉天主教的欧洲，最常见的庇护所是修道院或女修道院。不得不变成基督新娘（而非男人的新娘）的未婚女孩也必须给女修道院提供一笔嫁妆，然而钱数明显少得多。我们往往想象不出 18 世纪欧洲的修道院有多么欣欣向荣。18 世纪中期左右，至少有 1.5 万家男修道院和 1 万家女修道院，总共收容了大约 25 万人。伏尔泰不屑一顾地概括了这些人对社会的贡献：“他们唱歌，他们吃喝，他们消化。”同伏尔泰大多数反教会的嘲弄一样，这是非常不公平的，因为许多修士和修女勤奋工作，扮演着各种各样要求颇高的社会角色。然而有一件事他们不能做：生育。

修士和修女们通常不会生育（极少情况下除外），虽说可能暗中进行性活动。事实上，如果 18 世纪那些越发下流的反教会文学可信，那么他们沉迷的可能只有这件事。已婚夫妇被明确鼓励（虽然并非被强制要求）进行性行为，但性行为并不总能造成生育。由于缺乏直接证据，避孕是人口统计学中迷雾重重的一个领域。然而在这个领域，人们达成共识的程度非同寻常。记述科利顿（Colyton）、日内瓦、贝桑松（Besançon）、鲁昂的文献在这点上是一致的：计划生育得到了普遍实行（特别是在精英当中），规模也越来越大。试举一例，1642—

1792 年鲁昂的生育率一直呈现下降态势，只在 18 世纪中期出现过短暂的中断。由于女性停止生育的时间提前，甚至完全没有生育（同一时段内，完全没有子女的家庭比例由 5% 上升到 10%，翻了一番），每个家庭生育的子女数由 1670 年的 8 个下降到 1800 年的 4 个，减少了一半。

由于任何形式的避孕都遭到新教徒和天主教徒的强烈谴责，所以相关技术几乎没有留下什么证据。在售的草药和（或）巫术方子有很多，然而它们的效果很可疑。避孕套更加可靠，但绝非不出差错。据说它是由一位名叫孔东（Condom）的医生发明的，意在限制查理二世私生子女的数量，虽然这个词更可能源自 condus（拉丁语，意为“容器”）。19 世纪 30 年代橡胶硫化法发明以前，人们仅有的材料是布料（渗透性太高）或动物肠衣（敏感度太低）。虽说当然有人使用避孕套（如詹姆斯·博斯韦尔），但他们的目的可能是预防疾病而非避孕。1744 年，一位英国匿名诗人写道：

> 要是没有收效不错的安全套的友善协助，
> 就不要尝试她提供的欢愉。

人们总是设法将避孕套说成其他国家的发明，可见它有多受轻视，英国人叫它“法国信”，法国人却叫它“英国外套”。另一种做法不那么麻烦，但避孕失败的可能性更高，那就是在阴道中塞一块海绵，性交后用注射器或坐浴盆的方法洗掉残留的精液。文学证据表明，法国人特别喜欢这种组合，直到相当晚近的时候，在别国游客那里，无处不在的坐浴盆还带来了许多误会和欢笑。

避孕的唯一可靠方法是禁欲，更确切地说，是避免在阴道内射精。人口统计史学家很容易赞同这一点：人们用到的技术中，最有效、最流行的是性交中断法。可惜它招来了棘手的神学争议。不以生育为目的，完全为享乐而交欢，这是可以接受的吗？男人提前将阴茎抽出，这难道不是俄南*的罪过吗？1662年的英国国教会公祷书指出，上帝设立婚姻是出于三个理由，一是“生育子女”，二是“防止犯罪，避免淫乱，让不具备守贞恩赐的那类人可以结婚”，三是“在顺境和逆境中相互陪伴、帮助和安慰”，这该如何解释？虽说存在上述问题，但性交中断法依然广为流传，许多非常流行的痛斥它的小册子充分证明了这一点。《论俄南罪或可憎的自渎罪过及其对两性造成的所有可怕后果》（*Onania; or the Heinous Sin of Self-Pollution, and all its Frightful Consequences, in both Sexes, consider'd*）在1710—1760年印刷了20版，该书作者觉得这种方法的伦理道德地位无疑是完全不可接受的。一名读者写信来说明他和妻子完全养不起更多孩子，所以这么做时良心毫无不安，却得到了直率的回复：他正在犯“可憎的罪行”。在神学光谱的另一端，关于近代早期夫妇们能用到的全部避孕技术，没有谁总结得比萨德侯爵**更好了，包括他自己喜欢的解决办法。在《闺房哲学》（*Philosophy in the Boudoir*，1795年出版）中，他通过两个主要的放荡人物之口，向天真少女解释怎样避免怀孕：

---

* 《圣经·创世记》38: 9—10：“俄南知道生子不归自己，所以同房的时候，便遗在地，免得给他哥哥留后。俄南所作的在耶和华眼中看为恶，耶和华也就叫他死了。”——作者注

** 萨德侯爵（Marquis de Sade，1740—1814），法国贵族，撰有《索多玛120天》（另译《放纵学校》）、《闺房哲学》等多部色情著作，因制造一系列社会丑闻而多次被捕入狱或被送入疯人院。施虐癖（Sadism）即因他而得名。

德·圣安热（de Saint-Ange）夫人：一个女孩怀孕的风险，只和允许男人侵略她阴部的频率成正比。让她小心翼翼地避开这种品尝愉悦的方法吧，取而代之，让她随便用手、嘴、胸脯、屁股……

多尔芒塞（Dolmancé）：……骗走繁衍的权利，违反愚人们所说的自然法则，真是最迷人的。大腿和腋下有时候也能给他提供休憩之地，他可以把种子撒在那里，没有怀孕的风险。

德·圣安热夫人：有些女人把海绵塞进阴道里，拦截精子，阻止它们钻进会怀孕的地方。有些女人迫使情人用上"威尼斯皮"做的小袋子，用本国话来说就是避孕套，精液会充满那里，但不会流出来。然而在所有寻欢作乐的可能性当中，屁股毫无疑问是最美味的一种。

死亡：饥荒

萨德侯爵显然是一厢情愿，鸡奸很大程度上依然是种非常小众的爱好，这不光是由于一旦被发现就会遭受异常严厉的处罚（见后文第101—104页）。当然，它似乎没有对旧制度下欧洲的生育力数据产生任何能够辨别的影响。避孕技术的累积效应减少而非增加了欧洲的人口。某些地区存在的早婚趋势当然产生了相反的结果，然而这不能充分解释人口数量的增加。人口统计学家因此得出结论：建立在生育力基础上的各种解释是不充分的。他们将注意力集中到了死亡率的下降，特别是17世纪"三大杀手"——饥荒、战争、瘟疫——的减少甚至消失上。

21 世纪的日常生活与近代早期生活相差最大的或许是在食品价格方面。尽管被视为理所当然，也毫不引人注意，但是基本食品价格的稳定与低廉是现代世界的一大好处。媒体的关注偶尔会造成骚动，例如，有报道称巴西的糟糕气象条件导致速溶咖啡的价钱上涨了若干便士，然而总的来说，人们每年常规的购物开支是可以预料的。此外，对大部分人来说，食品开支在薪金中所占的比例并不高，并且还将进一步下降，这是全球劳动分工的必然结果，而全球劳动分工又源自快速而廉价的运输。然而，近代早期家庭最大的单项开支是食品，最大的焦虑也源自歉收。在蒸汽动力将北美大平原的无限生产力开发出来之前，大部分食品都是当地土生土长的。我们在第一章里已经提到，在交通要依靠四足动物的时代，运输主要作物——谷物——十分困难，运输超过几千米，利润就没了。

雪上加霜的是，人们对谷物和天气依赖到了危险的程度。1648—1815 年，对天气的过度依赖导致了两种问题。第一种是宏观的：大量证据表明，17 世纪晚期属于约一个世纪前开始的漫长“新冰期”。若将 1920—1960 年这段时间当作比较的基准，则 17 世纪下半叶的平均气温要低 0.9° C，而 17 世纪 90 年代要低 1.5° C。这听起来可能并不多，然而对农业生产力似乎造成了严重的抑制。第二种气象问题是短期的，多雨的冬季或春季，甚至收获时节突然出现的冰雹，会给农作物产量带来毁灭性的影响。要知道，近代早期的耕作者并不选种，只是将前一茬农作物的种子留一部分用来播种，所以他们栽培的品种适应性并不好，无法充分利用土壤和生长条件，甚至在不错的年成，收成也可能低到只有种子的四五倍，他们没有用于收获、打谷或晾干的机械设备，通常也不具备防水的仓储条件。

所以在欧洲，特别是在北欧、西欧和中欧，生产食物的农民们清楚，饥馑之年不是“会不会来”，而是“什么时候来”。饥馑之年到来时，在春天就会看到迹象：庄稼生长缓慢、根部腐烂。关于歉收逼近的谣言四下流传，物价开始上涨，手头宽裕者匆匆忙忙囤积食品。有谷物可卖的人——贵族和教会地主、谷物商人和比较富有的佃农——那时不会将货物投入市场，而会等待价格达到周期性的峰值。甚至在平常年景，暮春和初夏在消费者（及其政府）的日程表中都是一段艰难时日：前一年的谷物储备即将耗尽，新一茬农作物却还没有收上来。这扇“焦虑之窗”在法国被叫作“缺口”（la soudure）。要是当年的收成看上去不怎么样，价格就会开始飞涨。然而这还没完，大部分农民耕种的土地面积小，不足以自给，还需要充当购买者进入市场，来弥补差额。为了筹措必需的现金，他们要依靠劳动或某些制造业活动，如纺纱织布。然而就在升高的谷物价格让此类附加收入越发不可或缺时，由于消费者现在不得不把绝大部分收入花在食品上，他们对手工制品的需求也会下降。

歉收之年的秋季到来时，一大批人会发现自己被排除在市场以外，这批人的数量还在不断增加。为了活下去，他们以恶劣的食物维生，消耗掉自家的谷种，乞讨，犯罪，无所不为。幸运、年轻、健康、有胆量的人或许能熬过冬天，然而如果第二年的收成同样不好，灾难还是会到来。1693 年 5 月，法国博韦主教辖区的一名低级官员指出，谷物价格的迅速上涨造成了严重的困难局面。11 个月后，他再次留下了文字记录，描绘了令人痛心的场景：

> 街道和广场上以及城镇和乡村里出现了无数可怜人，他们因

饥饿而虚弱，处境悲惨，因贫穷而垂死，没有面包。他们没有工作或职位，所以赚不到买面包的钱……为了延长一点生命、多少缓解一下饥饿，绝大部分没有面包的可怜穷人就去吃不干净的东西——猫肉、被剥皮的马肉（它们被丢在粪堆上）、宰牛时流出的鲜血、厨子抛到街道上的牲畜下水。其他可怜人吃的是用水煮过的草根和药草，还有这类荨麻和野草……可是还有人会挖出在春天种下的豆子和谷子……这些都让人们身体里出现了腐败，恶性热等传染性的致命疾病开始流行……这甚至袭击了富有、不缺吃穿的人们。

这一连串事件在人口上产生的影响不难想象，我们只需要将现在我们都知道的“非洲之角”饥荒的可怕景象换到欧洲背景下，就可以明白了。最明显的是，结婚率和生育率骤降，死亡率特别是婴儿死亡率飙升。据估算，在1692—1694年惨不忍睹的大规模死亡事件中，280万人丧命，相当于法国总人口的15%。在西欧、北欧、中欧和东欧，17世纪90年代都出现了极具毁灭性的灾难。在芬兰，1696—1697年的饥荒至少造成1/4（可能多达1/3）的人丧命。在苏格兰，1695年的歉收之后是1696年的几乎绝收，1697年的收成稍有好转，然而1698年又普遍歉收。在阿伯丁等受灾最严重的郡，死亡率达到了20%。罗伯特·西博尔德（Robert Sibbald）爵士评论：“谁都可能在穷人脸上看到死神。”只有英格兰与荷兰共和国逃过了这场大屠杀，原因可能是它们的农业体系更加平衡，但更可能是相对出色的水路交通让剩余产品可以更好地流通，自外界输入补给。

1660—1663年、1675—1679年、1693—1694年、1708—1709年，

整个欧洲都出现了歉收，其间还发生了多得多的地方性饥荒。状况随后有所好转。1709 年后法国没有再发生饥荒，虽然有不少年头出现了严重的短缺，特别是 1788—1789 年。1741—1742 年、18 世纪 70 年代早期和 18 世纪 80 年代晚期都出现了大范围的生存危机。17 世纪晚期，地方性的灾难时有暴发，例如 1763 年时西西里岛出现了歉收，成千上万人饿死，社会秩序崩溃。出于之前讨论过的原因，食品短缺在欧洲不可能绝迹，直到交流手段的改进使得在"新世界"的平原上种植谷物成为可能。然而就算如此，同之前相比，18 世纪也出现了明显的进步。我们在后面的章节里将会看到，人们将这种进步归因于农耕方式的改善和政府行动效率的提高等。气象条件的逐步改善也可能促进了生产水平的提高。不管怎样，饥荒次数和严重程度的下降，必然是造成 17 世纪和 18 世纪在人口统计史上有显著差异的一个原因。

死亡：战争

17 世纪前 50 年里出现了人类历史上最糟糕、持续时间最长的一些流血事件。在国内，派系争斗变成了内战；在国外，欧洲几乎没有哪里不受哈布斯堡家族和波旁家族之间的划时代争斗影响。这导致了巨大的人口灾难。1652 年，一份关于遭到"投石党运动"（1648—1653 年的法国内战以该名为人所知）影响的巴黎周边区域状况的报告被呈交给教会当局，报告中记载道："大小村落遭到废弃，神职人员不知去向，街道染上了腐尸的恶臭，死尸倒卧在光天化日之下，房屋缺门少窗，什么都沦落成了粪坑和马厩，最重要的是病人和垂死之人没有面包、肉食、药品、炉火、床铺、亚麻布、衣物，也没有教士、医生、外科大夫或任何能够安慰他们的人。”然而巴黎盆地的居民算是幸运的，至少吞噬他们的那场冲突持续时间比较短。那时候在东部，整整一代人在成长过程中除了战争的恐怖外一无所知。“三十年战争”（开端是 1618 年 5 月 23 日发生于布拉格的“扔出窗外事件”）期间，军队在中欧一次次肆意破坏。免遭战火的只有高山地区和北欧的一两片幸运之地。

当时的人对这一点毫无疑问：此次战事异常残忍，就算用近代早期战争的可怕标准来衡量也是如此。关于士兵的劫掠、强暴、杀戮，文学作品［例如格里美豪森（Grimmelshausen）的《痴儿西木传》（*Simplicissimus*）］和视觉艺术［例如雅克·卡洛（Jacques Callot）的《战争的苦难》（*Les Misères et les Malheurs de la Guerre*）］都给出了令人痛心的证据。围绕着战争造成的伤亡的具体数字，后来的学者展开了长久而激烈的争论。19 世纪的德意志民族主义历史学家心情迫切，认为外国人将他们的国家推回了黑暗年代，多亏普鲁士，国家才终于开始走出黑暗。这种叙事在 20 世纪后半叶激起了强烈的反响，各种关于“凄惨”情境的描述都出现了。然而，公众舆论好像还是更赞同 1943 年金特·弗朗茨（Günther Franz）首先提出的数据：城镇人口下降了 1/4，乡村人口下降了 1/3。但这些数据是国家范围内的平均数，就区域而言，有的是零损失，有的则超过 50%。

战争结束后，德意志人口的恢复一定程度上显然仅仅是恢复而已。一旦军队离开，自然的恢复正常的能力就回归了。汉斯·博斯哈特（Hans Bosshardt）体现了幸存者让人吃惊的男子气概和生育能力，他在 80 岁时结了第 4 次婚，新娘是他 20 岁的教女。这位新娘给他生了 3 个孩子，最小的孩子出生那年，这个孩子同父异母的 66 岁兄长刚好去世。精力充沛的汉斯最终于 100 岁离世，他的遗孀改嫁后在生育上再接再厉。不幸的是，事实证明战争并未彻底消失。17 世纪 70 年代，路易十四力图扩展法国的东部边疆，战争卷土重来。普法尔茨刚刚自“三十年战争”中恢复过来，就在 1674 年被蒂雷纳（Turenne）子爵的部队祸害了。普法尔茨选帝侯卡尔·路德维希（Karl Ludwig）要让路易十四亲自为破坏三十年的重建（rétablissement）成果负责，然而这并没能阻止法国军队在 17 世纪 80 年代屡屡前来。1689 年对海德堡（Heidelberg）、曼海姆、沃尔姆斯（Worms）、施派尔（Speyer）和这一区域其他许多城镇的系统性摧毁（也获得了官方的批准）代表着军事史上一个不祥的新开端。1693 年法国人回来了，这一次将海德堡烧成了白地。路易十四毫无歉意，铸造了一面奖牌，以“海德堡摧毁者”自夸。

17 世纪下半叶，一次次遭受人口挫折的不光是倒霉的德意志人。在东南欧，奥斯曼土耳其人控制多瑙河谷的又一次尝试，以及紧随其后的奥地利对匈牙利的“再征服”，都造成大片领土无人居住。在东北欧，斯堪的纳维亚国家、波兰和俄国对波罗的海区域掌控权的漫长争夺同样造成了周期性的大规模人口减少。例如在 1658 年，波兰军队开进丹麦，驱逐瑞典人。接下来的事情很好地诠释了这条古老格言：对平民来说，盟友和敌人一样可怕。日德兰半岛南部传回的报告称：“波兰人把我们赶出了家园，残忍地对待我们，拿走了我们所有的东西——牲畜、谷物、任何财产，因此许多人注定要死于饥饿。在马尔特（Malt）地区，每片教区只有两三人或四个人活下来，不少倒卧在屋子里的尸体被狗吃掉了。”马尔特镇的教区牧师确认了这条糟糕的消息，还补充道，他辖下的教民几乎死光了，房子也给烧光了。有报告称，死亡率高达90%。地方法院得到的消息是："以上帝真理的名义，众所周知，这场阴沉而不幸的战争和严重的瘟疫降临到我们头上之前，克里斯蒂安·延森（Christian Jensen）牧师的教区和教民们生龙活虎……那时候在弗乌灵（Føvling）教区有45座农场和7处宅地，现在只剩下不到6座农场和3处宅地……其他农场都相当荒芜。"

可见，战争还没有失掉它的獠牙。然而从1648—1815年（至少是1648—1792年）的长时段来看，它的破坏力的确在逐渐下降。这不是因为战争的频率降低了，恰恰相反，18世纪的每个年代（可能除了20年代）里都出现过一场欧洲列强间的大战。原因不如说是这样的：军队更守纪律，补给也更充分。一个又一个国家开始确立对武装力量的掌控，其原因后文将会探讨。对任何不幸遭遇它的人来说，战争都依然是可怕的苦难，可是冲突的持续时间确实变短了，涉及的地理范围也小了。腓特烈大帝宣布，希望将平民隔绝在战争之外，让他们察觉不到战争正在进行。他当然失败了，实际上腓特烈大帝自己承认，从人口统计学的角度来看，"七年战争"对普鲁士来说是同"三十年战争"不相上下的灾难。然而，17世纪上半叶的无政府状态并没有回归。难以想象，瓦伦斯坦*手下的军官会和"七年战争"中的普鲁士尉官一样观察到：

> 我们始终不缺面包，肉类经常还有剩余。确实我们经常找

---

* 阿尔布雷希特·瓦伦斯坦（Albrecht Wallenstein），1583年9月24日出生于波希米亚，"三十年战争"中神圣罗马帝国的军事统帅，麾下军纪极坏，有"蝗虫"之称，后因遭维也纳宫廷怀疑通敌，1634年2月25日遇刺身亡。德国文学家席勒据其生平创作了名剧《瓦伦斯坦》。

不到咖啡、糖和啤酒，哪怕出高价，摩拉维亚偶尔也会没有葡萄酒。但是在波希米亚，我们有很多当地酿造的葡萄酒，特别是1757年在梅尔尼克（Melnik）营地时。打仗时是个什么情况你是知道的：要是真想舒舒服服过日子，就该留在家里。

另一边能领到的生活物资也差不多，奥军中的一名英国志愿兵甚至觉得，战友没有开小差的原因是“军饷不低、服装不错、吃得不差”。因此，迈克尔·霍华德（Michael Howard）爵士用“狗”打比方来描述18世纪的战事很有道理：

可以认为，欧洲文明的卓著成绩之一，就是让这么多世纪来撕扯着手无寸铁民众的“狼群”变成了训练有素的听话的猎犬——有的简直成了贵宾犬。

弗里茨·雷德利希（Fritz Redlich）也持相同观点，虽然措辞比较平淡。整理完1500—1815年军事掠夺的总账，他的结论是：“在关于劫掠和战利品的观点、态度上，18世纪出现了根本性的变化。”稍后我们将看到，法国大革命的大群军队在欧洲横行时，旧时代的糟糕状况又恢复了。然而，另一位“天启骑士”当时遭到了制约，甚至丧失了力量。

死亡：瘟疫

我们可以回想起，马尔特处境悲惨的居民抱怨的不光是“阴沉而不幸的战争”，还有随之而来的“严重瘟疫”。有些受害者是被波兰士兵杀死的，有些可能是饿死的，然而绝大多数死于瘟疫。这是死亡的第三个（也是最主要的）原因，它经常同另两者一起出现——因饥饿而衰弱的身体更容易遭到病菌的侵袭，散播流行病的经常也是军队。在之前提到的对“三十年战争”期间德意志人口损失的研究中，京特·弗朗茨指出，死于暴力的人数要比原本估计的少得多，主要的杀手是瘟疫。

在 21 世纪，流行病既是罕见的，又得到了人们充分的认识，因此我们很难想象那个流行病司空见惯、完全没有得到认识的时代。由于我们的平均预期寿命达到了 75 ~ 80 岁（取决于性别和地理位置），而且还在劲头十足地延长，可能达到甚至超过 100 岁，所以我们能够漠视死亡，将它看作发生在别人身上的事情。当平均预期寿命在 25 ~ 40 岁（仍取决于阶级、性别和地理位置）时，死亡就是近在眼前的可怕之事了。1650—1675 年，英格兰的死亡率上升了，平均预期寿命在 17 世纪 80 年代时缩短到最低点——大约 30 岁，后来在 1700 年延长到了 37 岁，18 世纪中期延长到了 42 岁。就算如此，聚集在坟墓边听教士朗诵 1662 年英国国教会公祷书的内容“我们活着，却近乎死”时，英格兰的送葬者们明白，教士说的是实情。这些令人恐惧的词句出版 3 年后，“伦敦大瘟疫”在不到一年里可能杀死了 8 万 ~ 10 万人，而当时伦敦城的总人口还不到 50 万。我们能够通过一系列当时的文献追踪瘟疫的发展状况，其中最有价值的是塞缪尔·佩皮斯（Samuel Pepys）的日记。死亡人数增加得如此迅猛，就连天生热情洋溢的佩皮斯也受不了。1665 年 7 月 26 日他写道：“疫病这星期传进了我们教区，无论哪里都非常热。我开始考虑将事情都理清楚，祈祷上帝能让我安排好身体和灵魂。”两天后他去了达格纳姆（Dagenham），发现那里的人们异常害怕来自伦敦的访客传播疾病，因此他大叫：“上帝呀，看到这里的人全活在恐惧中会让人疯掉的。”第二天他回到了首都，因头疼而“特别害怕”。8月中旬，他写道：“人们在死去，现在大家似乎愿意在白天把亡者抬出去埋葬，晚上的时间已经不够用了。”8月26日，他的医师去世了，这让他格外惊恐。凡此种种，不一而足。

好运气和天生的高昂情绪让佩皮斯撑过了夏末和秋天的黑暗岁月，此后死亡率开始下降。就连焦虑情绪也没能阻止他沉溺于两项最着迷的爱好——赚钱和拈花惹草。在那年的最后一天，他沾沾自喜地写道：“我从没像在这段瘟疫时期一样开心过（此外，我也从没赚过这么多钱）。”这是英格兰最后一场腺鼠疫大流行，给能够追溯到14世纪中期“黑死病”的一系列事件画上了句号。瘟疫的性质现在已经相当确定。各种跳蚤（印鼠客蚤）的叮咬传播了杆菌，这些跳蚤通常寄生在老鼠身上。杆菌变得异常活跃时，老鼠就开始死亡，跳蚤需要另找宿主好继续吸血。它们最可能选择的是在老鼠附近生活的人类。遭到跳蚤叮咬以后，通常有3—6天的潜伏期（也可能短到36小时或长到10天），然后染病者会被寒战、呕吐、剧烈头痛、四肢疼痛、眩晕、异常畏光、高烧（大约40°C）折磨，体内的细菌入侵淋巴结，在颈部、腹股沟造成一处或多处肿胀（“腺鼠疫”即因此得名）和内出血。50% ~ 75%的病人会在大约两周内最终因呼吸衰竭而死亡。肺鼠疫和败血症鼠疫不那么常见，致死率却更高。和腺鼠疫不一样，它们能够在人群里轻易传播。

简而言之，瘟疫涉及杆菌、跳蚤、老鼠和人类之间的四角关系。不幸的是，17世纪的欧洲人对这种关系全然无知，所以没什么办法打破它。他们同感染源近距离生活在一起，不知不觉促进了瘟疫的周期性流行。詹姆斯·赖利（James Riley）出色地概括了近代早期社区的恶劣卫生状况：

> 居住区里满是死水、水汽腾腾的沼泽、恶臭的垃圾坑，大街小巷都非常狭窄，空气凝滞，脏物遍地，陋室和豪宅都不通风，死者没有完全同生者相隔离。我们现在可以看出，致病微生物（和传播这些致病微生物及其他病原体的活个体）在居住区里活得很好……可想而知，在这种环境下，跳蚤、虱子、家蝇、蚊子、啮齿动物等充当疾病活载体或活个体宿主的小动物和昆虫必然数量惊人。那是这些微生物的黄金年代。

我们通过简单的统计数据，就能够对瘟疫造成的破坏有所认识：1656年，那不勒斯损失了约一半人口，热那亚损失了60%；1721年，马赛（Marseilles）和普罗旺斯地区艾克斯（Aix-en-Provence）人口损失了一半；1743年，卡拉布里亚的雷焦（Reggio di Calabria）损失了一半，而墨西拿损失了70%；1771—1772年，莫斯科损失了5万人（约20%）；等等。然而，这些僵硬的数字背后，是伴随悲痛和苦难的深刻经济、社会、文化、心理裂痕。这里举一个例子就足够了。1647年，巴伦西亚出现了第一例瘟疫患者，安东尼奥·多明格斯·奥尔蒂斯（Antonio Dominguez Ortiz）所说的“近代早期袭击西班牙的最严重灾难”开始了。瘟疫从那里经阿拉贡和加泰罗尼亚传到巴利阿里（Balearic）群岛和撒丁岛，所到之处人口锐减。在巴塞罗那，人们采用一切可能的措施防止染病者进入城市，却毫无效果。1651年元旦后不久，那里出现了瘟疫。到瘟疫势头开始减弱的晚夏，已经有 4.5 万人丧生。制革工人米克尔·帕雷（Miquel Parets）目睹了这场瘟疫的全过程，留下了一份他家庭受到的惨痛影响的记录。他连着失去了妻子、才出生的女儿、三个儿子中的两个：

> 她妈妈去世后的第二天，上帝把我们的小女儿也带走了。她就像个小天使，有一张洋娃娃般的小脸，清秀、快乐、温和、安静，所有认识她的人都会爱上她。不到 15 天后，上帝又带走了我们的大儿子，他已经工作了，是个很不错的水手，我上了年纪以后要靠他赡养。然而这我说了不算，上帝决定把他们都带走。上帝清楚自己在干什么、为什么要这么干，他清楚怎样对我们最好。他的意志实现了。所以不到一个月，我的妻子、较年长的两个儿子、小女儿都死了。我和 4 岁大的加布里埃洛（Gabrielo）活了下来，这个家里数他的脾气最难缠。

在巴塞罗那等地，瘟疫暴发导致社会秩序崩溃——情况尚好时，健康的人想方设法出城，富人力图拿钱买路绕开检疫管制，罪犯利用法律和秩序的崩溃肆意妄为。在各地，遗产继承的加速让财产所有权更加集中了，幸存者得到的奖赏可能相当丰厚。最大的受益者是教会——事实上它不可能遭受损失，瘟疫暴发时的期望和结束后的感谢都会带来捐赠。人们坚信，全能的上帝可以阻止瘟疫，这种信念在建筑学上的证据在天主教欧洲依然广布，形式包括小教堂、雕像、多种献给“瘟疫主保圣人”——圣罗科（St Rocco，同样是狗和爱狗者的主保圣人）和圣塞巴斯蒂昂（St Sebastian，同样是弓箭手的主保圣人）——的还愿物。就算瘟疫确实降临了，最终也会消失，证实上帝的无限慈悲。所有这些纪念物中，最壮丽的当然是安康圣母教堂，它是一座宏大的巴洛克式教堂，建在威尼斯大运河入口处，为的是庆祝 1631—1632 年大瘟疫的结束。在视觉上最宏伟的是维也纳格拉本（Graben）大街上的“瘟疫柱”，1679 年的瘟疫之后，皇帝利奥波德一世（Leopold I，1658—1705 年在位）下令竖立了它。

对瘟疫降临的最盛行解释是，这是上帝的愤怒。因此最盛行的防病手段是通过宗教仪式让上帝息怒。1720 年在马赛，贝尔桑斯（Belsunce）大主教带领市民狂热地进行圣心祭典，开展悔罪游行。在巴塞罗那，米克尔·帕雷记录道：

> 无法用词句描述巴塞罗那举行的祈祷和游行，成群悔罪者和拿着十字架的少女走过整座城市，虔诚祈祷。街道上挤满了人。许多人非常热诚，举着蜡烛大喊道：“上帝，怜悯我们吧！”看到这么多人聚在一起，看到这么多光着脚的小女孩，谁的心肠都会软下来。人们能看到教士、修士、修女开展了这么多游行，拿着这么多十字架，进行了这么多祈祷。没有一家教堂或修道院不在室内外开展游行。

这全然无效，帕雷不得不写道：“然而我们的罪过让上帝震怒，游行越多，瘟疫传播得就越广。”

另外两种技术也被用于避免或阻止瘟疫。各种巫术或草药效果最差。1709—1713 年，一波又一波瘟疫袭击俄国，彼得大帝下令点燃杜松进行烟熏。要是找不到杜松，他就下令使用马粪，“或者其他难闻的东西，烟对付疾病是非常管用的”。然而，大多数政府当局对流行病的认识很不充足，所以不清楚隔离疾病暴发区域和病人的必要性。比如说，大部分意大利城市号称拥有公共卫生机构（sanità），一出现疾病的迹象，这类机构就会采取行动，拒绝来自疫区的旅行者入内或对其进行隔离，封闭感染者的居所，建立传染病院，处理尸体，等等。可叹的是，绕开规章制度的途径实在太多：感染者逃跑了，病人被藏起来了，遭到污染的衣物没有被烧掉而是被二次利用，瘟疫控制者收受贿赂。由于需要输入给养，因此哪座城市都不可能同外部世界全然隔离，市政当局禁止公开集会的禁令也经常因神职人员的悔罪游行而变成一纸空文。

可是 1648—1815 年，瘟疫的确从欧洲退散并逐渐消失了：瘟疫最后一次折磨英格兰是在 1665 年，中欧是在 1710 年，法国是在 1720—1721 年，乌克兰是在 1737 年，南欧是在 1743 年，俄国是在 1789—1791 年。关于这一点，出现了多种解释。可能是由于喜欢同人类生活在一起的黑鼠（*Rattus rattus*）被没那么友善的褐鼠（*Rattus norvegicus*）替代了，也可能是由于所有鼠类都进化出了更强的对鼠疫杆菌的免疫力，因此跳蚤不怎么需要抛弃它们寻找人类宿主了。越来越多的民居用石材替代木材、板条、胶泥，这可能创造了一个没那么适合啮齿动物生存的环境。另一种假设是，鼠疫杆菌本身演化成了一个致死性更低的类型。在美国学者詹姆斯·赖利看来，“回避和防治的医学”对所有传染病的衰减都做出了重要贡献。他特别提到了排水、洗涤、通风、丧葬、熏蒸、垃圾填埋方面的进步，制造垃圾的产业、垃圾场的重新选址，以及水井卫生状况的改善。若干欧洲国家采纳了更加有效的检疫规章。最重要的是哈布斯堡君主国，自奥斯曼土耳其人那里夺回匈牙利以后，君主国出台了严格的规章，以将瘟疫携带者拒之门外。自亚得里亚海到喀尔巴阡山脉、在巴尔干半岛上绵延 1 900 千米的漫长边界变成了宏大的防疫封锁线。对希望自东向西穿越边界者来说，检疫隔离期在未出现瘟疫时是 21 天，有瘟疫传言时是 42 天，关于瘟疫的传言得到证实时是 84 天。警卫们会奉命射杀任何试图逃避规章者。法国政府采用了同样严厉的手段，以控制 1720 年出现在普罗旺斯的疫情。

这些都不是瘟疫的频率和严重程度下降的充分理由，这种下降也不是欧洲人口增长的充分理由。不怀好意的大自然特别喜欢这种伎俩：瘟疫势头慢慢减弱的同时，其他疾病的势头渐盛。流感、伤寒、斑疹伤寒、痢疾、婴儿腹泻、猩红热、麻疹、白喉都导致了死亡率的升高。在 18 世纪，最大的杀手是天花。这种病毒由空气传播，通过口鼻进入体内，然后在内脏中繁殖，引起高烧和皮疹（后来会变成水疱和脓疱）。幸存者中运气好的人皮肤上会留下麻点（这是脓疱干燥后出现的），运气没那么好的人会失明、失聪或瘸腿（这三者中的任意两种也可能同时出现）。大约 15% 的感染者会丧失性命。死亡率有时非常高，1703—1707 年，冰岛有 1.8 万人丧生，而当时冰岛全国人口一共才 5 万。1661—1745 年在都柏林，上报的死亡案例中有 20% 被归因于天花。据英国王家学会秘书詹姆斯·朱林（James Jurin）估算，1680—1743 年，天花杀死了伦敦总人口的 1/14。在朗格多克的洛代沃（Lodève），1726—1751 年的天花暴发让人口死亡率升高了将近 200%。

这段时间里死于天花的著名人物包括：萨克森选帝侯约翰·格奥尔格四世（Johann Georg IV），他坚持同垂死的情妇吻别，因而染病；皇帝约瑟夫一世，他于 1711 年早逝，享年未满 33 岁，这导致西班牙王位继承战争的形势出现了决定性的转变；法国国王路易十五，据传是遭他强暴的农家少女把瘟疫传给了他；巴伐利亚选帝侯马克西米利安三世·约瑟夫（Maximilian III Joseph），他于 1777 年早逝，这加快了巴伐利亚继承战争的爆发。这些例子表明，天花无疑是民主的，在宫殿和茅舍中都大开杀戒。它的破坏力可能不如鼠疫，却更加普遍。伏尔泰在《老实人》中说，要是两支各 3 万人的军队在战场上遭遇，2/3 的士兵会是麻脸。指认罪犯时，人们会提到他们天花疤痕的位置和严重程度，如果罪犯脸上没有疤痕，人们会觉得更值得一提。18 世纪欧洲每年因天花而死的总人数通常认为是 40 万，不过这必然是非常粗略的猜测。1800 年时，德意志的安斯巴赫–拜罗伊特（Ansbach-Bayreuth）诸侯国留下了这样的记录：4 509 人（总人口的大约 1%）死于天花。作为一种始终存在的**死亡象征**，天花同样引起了诗人们的注意，例如玛丽·沃特利·蒙塔古（Mary Wortley Montagu）夫人。她在 1715 年 26 岁时患上了天花，经历严峻的考验后得以幸存，然而失去了美丽。第二年她写道：

> 我变了多少！唉，我怎么变成了
> 可怕的幽灵，连自己都认不出来！
> 我的美貌呢？光彩熠熠的容色，
> 那预示将来欢愉的容色呢？
> 我曾多么喜爱端详这张脸！
> 我经常拜客迟到，就为了多看一眼！
> 为自己的美貌迷醉，鲜润的红晕浮起，
> 崭新的生活在我眼里闪闪发光！

唉！不忠实的镜子，能修复我习惯的容色吗？

唉！我怒号，美丽的容色不再！

医　药

然而，这只是黎明前的黑暗。麻脸的玛丽夫人低调陪同担任英国驻伊斯坦布尔领事的丈夫赴任。在那里，她发现土耳其农妇找到了一种通过接种预防天花的办法。1717 年，她在一封写给朋友的信里解释道：

> 说到生病，我要告诉你一件事情，为它你会想待在这里的。**天花**在我们当中是那样常见、要命，然而有了**种痘术**（他们用的是这个名字），天花在这里完全没有危害。一群老妇人以此为业，每年秋天（9 月份，天气没那么酷热了）给人种痘……她们拉帮结伙……这些老妇人会带来一只小盒子，里面装满上好的天花脓汁，问你想要挑开哪里的静脉。她马上就会用一根大针把你选好的静脉挑开（不比平日里划一下疼多少），再把脓汁搁进去，针头上能蘸多少就搁多少，然后她会把小伤口包扎起来，她就这样挑开四五根静脉。

这些有胆量的女性利用的是普遍认可的常识：得过不严重的天花后，就能对天花终身免疫。西欧可能已经有人知道了这种技术，可是让它得以普及的当然是玛丽夫人的劝导。虽然由于已经获得了免疫力，她不能亲身示范，但她做了仅次于此的好事——1721 年返回英国后，她给 5 岁的女儿种了痘。威尔士亲王立即效仿，让两个女儿都进行了接种。其他社会领袖也做出了榜样，包括奥尔良公爵、普鲁士的腓特烈大帝、玛丽亚·特蕾莎皇后、丹麦国王、俄国的叶卡捷琳娜大帝。这项工作进行得相当艰难，尤其是因为种痘并非毫无风险。1752 年时伦敦再一次出现了天花大暴发，所有死亡案例的 17% 是由天花造成的。这让各处的潜在受害者注意到了天花，结果 18 世纪下半叶的种痘率迅速上升。萨顿（Sutton）家族的成员们在乡间周游种痘，据称在 1750 年后的 30 年里给 40 万人种了痘。若干地方性研究显示了种痘术可能对人口死亡率产生的巨大影响，这些研究也强调，到 18 世纪晚期，种痘术已经从王公贵族向下推广到了平民百姓中。

18 世纪即将结束时，第二个突破性进展出现了。英国乡村医生爱德华·詹纳（Edward Jenner）发现了安全得多也不那么复杂的种痘术。他注意到，感染了牛痘——人类得上时症状会相对温和的一种疾病——的人会获得对天花的免疫力。1796 年，他给一名 8 岁男孩注射了脓汁（来自一名感染了牛痘的挤奶女工身上的脓疱）。男孩的症状只是轻度发热，但是给他注射天花病毒一阵子后，他被证明具有免疫力，且没有出现任何不良反应。在 1798 年出版的《关于牛痘接种原因和结果的调查》（*An Inquiry into the Causes and Effects of the Variolae Vaccinae*）中，詹纳公布了这一发现。到 1801 年，该书再版了两次，这种技术在赢得公众普遍接受方面进展喜人。若干欧陆国家规定强制接种牛痘，例如在瑞典，每 10 万人里死于天花的人数由 18 世纪 70 年代晚期的 278 人减少到 1810—1819 年的 15 人。在巴伐利亚，国王亲身示范接种牛痘，然后又在 1807 年强制臣民接种，该国死于天花的总人数由每年约 7 500 减少到 150，1810 年时降至 0 人。拿破仑命令手下的军人都要接种牛痘。据称，在詹纳写信给他请求释放一名英国战俘时，拿破仑这样回应："不管詹纳想要什么，都应该给他。在我的历次欧洲战役中，他是最忠诚的仆从。"

根据世界卫生组织（WHO）的说法，世界上的天花直到 1977 年才被铲除，然而从 1815 年起，它就不再是肆虐欧洲的严重杀手了。这一时期医学获得明确成功的案例非常少，而天花事实上被消灭就是其中一例。在民间偏方（土耳其农妇的"天花帮伙"）怎样同科学观察、实验（詹纳的天花疫苗）相结合，切实改善公共卫生状况、降低死亡率的问题上，它同样是个不错的案例。用来对抗天花的其他疗法则反映了近代早期人们的典型态度。这些疗法建立在希波克拉底 * – 盖伦 **（Hippocratic-Galenic）传统的基础上，这种传统当时仍然主宰西方医学，尽管——也可能是由于——它因之得名的两位创立者都是古人（希波克拉底生活在公元前 450—前 370 年，帕加马的盖伦生活在公元 129—200 年）。这种传统的核心是，人们相信健康状况取决于体内四种"体液"的相互关系。这四种体液是血液（热而湿）、黑胆汁（冷而干）、黄或红胆汁（热而干）、黏液（冷而湿）。根据年龄或一年里的节令，任何一种体液都可能占据主导地位，带来负面影响。黑胆汁过多会导致忧郁，黏液过多会导致迟钝，红胆汁太多会导致好战，等等。医师的任务就是通过排出过剩的体液，恢复理想的平衡。

所以近代早期医学偏好通便、催吐、脱水、放血之类的治疗手

---

* 希波克拉底，古希腊医学大师，为抵制"疾病是神灵降罚"的传统说法，提出了体液学说。创立了希波克拉底学派，使医学同巫术、哲学分离，奠定了欧洲医学的基础，被誉为"医学之父"。

** 盖伦，古罗马医学大师、动物解剖学家、哲学家，曾任罗马皇帝马可·奥勒留（《沉思录》作者）的宫廷医师。在体液学说的基础上结合柏拉图、亚里士多德哲学，提出了血液运动理论和四种气质学说，被看作仅次于希波克拉底的医学权威。

法，来分别刺激排泄、呕吐、出汗和流血。17 世纪早期，爱德华·托普塞尔（Edward Topsell）将目标界定成“清空或排光多余的体液，因为它们的邪恶特性让身体感到困扰”。这就是为什么 17 世纪和 18 世纪的大量文献中会提到，疾病一降临，理发匠兼外科医师就带着接血杯和水蛭上了门。事实上，这类医师经常被叫作“用水蛭者”，他们收取“水蛭费”，在“水蛭屋”（医院）里工作。不用说，对天花受害者来说，这些疗法都起不到什么好作用，反倒会带来不良影响。来自外国的疗法，比如“红色疗法”，让病人穿着红衣服、睡在围着红帷幕的床上、喝下红色的液体，也不起作用。然而体液学说具有很强的权威性，大部分人毫不质疑地接受了其训导。觉得自己“过度充血”时，塞缪尔·佩皮斯就放了血，相信这会改善他越来越糟的视力。事实上像普法尔茨公主这样有主见的人非常少，塞维尼侯爵夫人记载了 1670 年公主第一次进入凡尔赛宫时的情形：“她不需要医生，更不需要药物……医生出现在她面前时，她表示不需要他，她从来没服用过泻药或放过血，要是不舒服了，她就去散步，靠运动治好自己。”

在近代早期，人们能买到的医疗服务并不少，事实上简直多得过了头。大部分患者会首先诉诸家庭成员积累的以草药和巫术符咒为基础的智慧。要是家中有人识文断字，印刷出来的许多指南——如萨米埃尔·蒂索（Samuel Tissot）的《人类健康忠告》（*Avis au peuple sur la santé*，1761 年出版）或威廉·巴肯（William Buchan）的《家庭医疗》（*Domestic Medicine*，1769 年出版）——都帮得上忙。患者也可以向当地的女巫或智者、乡村教士、铁匠（如果需要正骨），甚至领主夫人求助。要是足够幸运，社区里可能会有具备特殊力量的人，比如“第七个儿子的第七个儿子”，或因“带着胎膜出生”

（例如，脑袋上粘着一块胎盘）而被认作天生治疗者的人。许多巡回推销员和江湖郎中在乡下转悠，以多尼采蒂（Donizetti）《爱的甘醇》（*L'Elisir d'amore*）中杜尔卡马拉（Dulcamara）医生的派头叫卖成药。当然也有正规的医疗人员——医师、理发匠兼外科医师、药剂师。大部分患者没必要仅仅向以上所述的某一种医疗资源求助，他们可能寻求过两三种治疗意见。

我们应该抵制任何将以上众多医疗资源划分成“科学”与“迷信”的诱惑。前者常常弊大于利，而后者常常利大于弊。1775年，什罗普郡（Shropshire）的医师威廉·威瑟林（William Withering）发现毛地黄具有强心作用，这个例证引人注目地说明了“科学”与“迷信”之间的含糊关系。他对一名患者的严重心脏病无能为力，当患者从一名吉卜赛女子处买到药茶并迅速康复后，他感到相当尴尬。威瑟林有条不紊地依次测试了药茶中的20种配料，然后分离出了毛地黄这一主要有效成分。毛地黄这种植物能够增加心肌收缩的强度、降低心率，还可以用来治疗水肿。在动物和人类身上进行广泛试验后，1785年威瑟林发表了《关于毛地黄及其医疗用途等等的报告，对水肿和其他疾病的实用性评论》（*An Account of the Foxglove and Some of its Medical Uses etc; With Practical Remarks on Dropsy and Other Diseases*），向全世界宣告了它的疗效。此后毛地黄一直得到使用。若干其他“民间偏方”也被证明有合理的科学基础，比如含有水杨酸盐（阿司匹林中的活性成分）的柳树皮茶和含有奎宁的“耶稣会树皮”（金鸡纳树皮）。人们偏爱具有实践经验的女巫而非死啃书本的庸医，这种做法很有道理。托马斯·霍布斯（Thomas Hobbes）表示：“我宁可采纳一个经验丰富、曾经待在许多病人床边的老妇人的建议，或者让她治病，也不愿意让博学多识却缺乏经验的医师给我看病。”

种痘术（人痘）、天花疫苗（牛痘）和毛地黄之类的成功案例相当少，这些成功相隔的时间也相当长。现代医学的几乎所有主题——细菌理论、全身麻醉、放射学、抗生素等等——都是 19 世纪和 20 世纪的发现。对大多数地方的大多数病人而言，1815 年的情况和 1648 年没有多少差别。然而，患者获得有益治疗的可能性增加了，这个方面出现了四项进步。第一，关于疾病的体液学说被断断续续却明确地捐弃了，取而代之的是关注身体物质结构、从机械论角度理解身体运作方式的学说。这主要是受到了笛卡儿*理论的影响，他的理性主义哲学把灵魂同肉体分割开来，因此人们在研究肉体时能够从它自身出发，使用它自身的术语。这产生的主要实际影响是尸体解剖开展得越来越多，这在解构体液理论的同时，推动了解剖学和病理学的发展。1761 年，帕多瓦（Padua）的乔瓦尼·巴蒂斯塔·莫尔加尼（Giovanni Battista Morgagni）出版了 5 卷本的《通过解剖学发现的疾病位置和原因》（*De Sedibus et Causis Morborum per Anatomen Indagatis Libri Quinque*），该书具有里程碑意义。书中详细描述了 640 例尸体解剖，在患者去世后器官的状况和生前表现出来的临床症状间建立了联系。

第二，临床训练在某些地区发展起来，这给了有抱负的医师在真正的病患床边学习医术的机会。其中最有影响力的人物是赫尔曼·布尔哈弗（Herman Boerhaave，1668—1738），他是荷兰共和国莱顿大学的医学教授，将笛卡儿的二元论应用到了生理学上。他不是临床训练

* 勒内·笛卡儿（René Descartes，1596—1650），法国著名哲学家、数学家、物理学家，被誉为“近代科学的始祖”，是二元论唯心主义者的代表，被黑格尔称为“现代哲学之父”，对其后的“欧陆理性主义”哲学产生了深远影响，对现代数学的发展也做出了重要的贡献，因将几何坐标体系公式化而被看作“解析几何之父”，代表作品有《谈谈方法》《几何》《屈光学》等。

的发明者，那可以追溯到16世纪的帕维亚，然而他的确推广了临床训练。他的诊所给18世纪医学的发展带来了至关重要的制度性影响。约翰·门罗（John Monro）将儿子亚历山大（Alexander）送往莱顿接受解剖学训练，约翰计划在爱丁堡大学创建医学院，这是其中一步，医学院于1726年按时成立，成了不列颠群岛上最重要的医学研究、训练中心，这不光是由于它同3年后建立的爱丁堡王家医院关系紧密。哈雷（Halle）、哥廷根、耶拿（Jena）、爱尔福特（Erfurt）、斯特拉斯堡、维也纳、帕维亚、布拉格、佩斯（Pest）等城市也成立了类似的临床训练机构。也许值得一提的是，给医学进步提供制度基础的不是大学，而是医院。在牛津大学，钦定医学讲座教授的首要职责是在一学期中一周两次讲解希波克拉底或盖伦的著作。对1698—1718年担任钦定教授的托马斯·霍伊（Thomas Hoy）来说，这种不算高的要求也难以达到。他更乐意生活在牙买加，指定一名代课者（此人转而指定了另一名代课者）替他上课。霍伊的情况算是典型，牛津大学的官方史书沮丧地记载道："1690—1800年，除了少数例外，在职人员在履行职责时毫无献身精神，所以稍微提一提他们就够了。"

第三个进步是由多种自发活动推动的。没有理由推测人类的本性在18世纪变得更加慷慨仁慈了，然而私人通过捐助来缓解病患痛苦的积极性显然大大增加了。不管是为了"将许多正直而勤劳的工作者还给国家"和"减轻受苦受难者的不幸"而成立的汉堡穷苦病患治疗院，是为"在巴黎得不到医院和基金会帮助的穷人所生育的合法婴儿"服务的母亲慈善协会，还是意在救济伦敦穷苦疝气病患的国家疝带协会（其职责不言自明），人们能够获得的医疗照顾大大增加了。这种现象在大不列颠好像格外普遍，虽说可能只是因为我们对此所知更多。

“自愿捐助医院运动”对医学特别重要，它之所以被这样命名，是因为我们讨论的医院都是有爱心的个人创办的。第一家是1720年建立的威斯敏斯特医院，后来是伦敦的圣乔治医院、伦敦医院和米德尔塞克斯医院。各郡至少还建立了30家医院，其中包括剑桥（Cambridge）特兰平顿（Trumpington）大街上的阿登布鲁克（Addenbrooke）医院，它建立于1766年，所用资金来自圣凯瑟琳学院一位前司库的遗赠，这笔钱“被用来雇请员工、添置设备，以在剑桥镇上替穷人买下或创建一家小型医院”。

第四，接受正规教育且拥有合格证书的执业医师人数明显增加了。这些人可以分成三大类。处在金字塔尖的是内科医生，他们接受学术训练，拥有官方执照，享有最高的社会地位，收取最高的诊费。药剂师和理发匠兼外科医师则大不相同，他们通常以行会的形式组织起来，被看作手艺人。顾名思义，理发匠兼外科医师的主要职能是理发，这类人可以开展简单的医疗业务，如拔牙、切开脓疮、正骨，然而通常没有胆量越出自己的限度。前文指出的进步——关于人体的机械论观点和与之相伴的解剖学发展——相应地让理发匠兼外科医师拓宽了视野，他们的理发职能也遭到了削弱。1745年，伦敦外科医师行会自理发师行会中分出，1800年接到了一份王家特许状，改名为王家外科医师学会，完成了上升到专业地位的过程。在法国，针对外科医师的传统手艺训练终结于1768年。各地都出现了内科医师与外科医师训练合流的趋势，后者的地位随之上升。

1648—1815年，几乎没有决定性的医学创新出现，然而医学方面的改变，特别是在对人体运作方式的认知方面，可能比之前1 000年还要多。因此，用威廉·赫伯登（William Heberden）1794年时表露的对未来的乐观看法来结束这一节应该挺合适的：

> 一想到这里，我就高兴：传授治疗艺术的方法越来越符合理性和自然的要求，迷信和错误的哲学造成的错误逐渐减少，和依赖观察、经验的所有其他学科一样，医学知识不断增加。现在的医师掌握的若干最重要的实践原则，是从前最有能力的医师——包括希波克拉底，甚至埃斯科拉庇俄斯*（Aesculapius）——都完全不知道的。

女性、性和性别

1703年，萨拉·埃杰顿（Sarah Egerton）出版了一本题为《若干场合下的诗》（*Poems on Several Occasions*）的诗集，其中收录的一首叫作《竞争》(*The Emulation*)，开头几行如下：

> 习俗这个暴君呀，我们为什么必须遵守
> 你强加给我们的傲慢统治？
> 自生命破晓到躺进坟墓，
> 任何情况下可怜的女性都遭到奴役，
> 保姆、家庭教师、双亲、情郎，
> 为了爱她必须这样，根本逃不掉这种痛苦。

* 此为古希腊神话中的医神，司治疗、医药。

接着最后、最致命的奴役降临了：
对她专横无礼的丈夫
法律会替他的恶劣行径辩护，
所有男性联合一致，来让妻子心怀敬畏。
摩西第一个责难我们的自由，
他写下《五经》时已经成婚。
把我们当成奴隶是明智的，他们清清楚楚地知道，
要是除去了禁锢，很快我们就会同样回敬他们。

她通过亲身经历获得灵感，充满感情地写下了这几行诗。由于在14岁时（她在自传中是这么说的）早熟地写下了一首长篇讽刺诗《女性支持者》（*The Female Advocate*），她出身中产阶层的父母给了她这样的处罚：将她送出伦敦，让她在白金汉郡乡下同亲戚们一起生活，然后强迫她同一名律师缔结了无爱的婚姻。丈夫去世后，她才从这种奴役状态中解脱，后来却回到了火坑——1700年前后，她嫁给了一名比她大20岁的鳏夫。不管托马斯·埃杰顿（Thomas Egerton）牧师能带给她多少物质利益［他是阿兹托克（Adstock）的教区牧师］，都不足以抹去她对亨利·皮尔斯（Henry Pierce）——她爱慕的一名下级教士——的记忆。这对不睦的夫妇一早就试图离婚，却迫于法律障碍，在恶名昭彰的糟糕婚姻中苦苦挣扎。另一位女诗人玛丽·德拉瑞维尔·曼利（Mary Delarivier Manley）见证了一场“滑稽的战斗”，埃杰顿夫妇都使用了暴力，丈夫揪妻子的头发，妻子冲丈夫丢吃的。1720年第二任丈夫去世后，萨拉仅仅享受了3年舒适且如希望中一般平静的寡居生活，就在53岁时去世了。

在这段小传里，我们能够看出近代早期欧洲女性会遭遇的一些（但绝非全部）问题：父母专横、包办婚姻、无爱婚姻、不能离婚。可怜的萨拉至少有文学才能，留下了她自己愤恨的记录。她的声音并不孤单。就在她写下以上诗句的同一年，玛丽·查德利（Mary Chudleigh）出版了《若干场合下的诗》，其中收录的《致女士们》（*To the Ladies*）一诗开头几句是这样的：

妻子和用人是一样的，
只是称呼不同：
命中注定的结打下那一刻，
什么，什么都不能将它解开，
她说出**服从**这个词的那一刻，
男人就根据法律成为至高，
然后所有善意都给搁到了一边，
什么都留不下，除了身份和骄傲。

对她来说，扮演“身份和骄傲”角色的是乔治·查德利（George Chudleigh）准男爵，德文郡的一名乡绅，他虽然让她生了六个孩子，却只有两个活过了婴儿期。尽管她从未直接批评丈夫，我们却可以颇有把握地推断，此人实在不算理想。两年前（1701年），玛丽夫人写下《女士们的辩护》（*The Ladies' Defence*）一诗，对名叫约翰·斯普林特（John Sprint）的非国教派牧师的布道做出回应，此人在布道中鼓吹妻子要完全顺服丈夫。她在引言中指出，造成婚姻不幸的最主要原因是“父母强迫子女违背意愿结婚，男性相信自己拥有随意处置子女的权利，而且他们觉得征求子女同意有失身份”。这首诗展现了三个男人（其中有一位是英国国教会的牧师）和一个女人的讨论。男性阵营的主要代言人是人如其名的约翰·布鲁特*(John Brute)爵士，在他看来，“那些最坏的瘟疫、名叫我们妻子的复仇女神”可以（而且应该）被粗暴对待：

是的，要是我们乐意，就可以惩罚妻子，
这是聪明人的特权：
她们只是傻子，必须被这样对待。

女性的代言人梅利莎（Melissa）进行了同样有力的反击，将男性形容成傲慢的暴君、自满的伪君子、残暴成性的禽兽、放纵的酒鬼、懒散的酒色之徒、“脑袋空空的花花公子或者令人作呕的小丑”——这里列出的只是她所起绰号的一部分。没提名字的牧师给了约翰爵士强有力的神学支持，他耐心地向梅利莎解释了将男性同女性区别开来的巨大鸿沟：

你们肤浅的心智别的什么都装不下，
你们被创造出来，为的不是脑力劳动；
那些富有男子气概的辛苦活儿该由我们承担。
我们，像远古巨人一样高高屹立，
好像连天空都不放在眼里，

* 布鲁特（Brute）一词意为“残暴者”“畜生”。

而你们这些可怜的卑微虫豸在下面匍匐，
在我们高尚的理性看来，比蛹虫还不如。

由于夏娃的罪过，人类被逐出了伊甸园，因此他断言，只有继续奴役她的后继者才是正确的。梅利莎回答，女性的任何智力限制都是男性造成的：

我们因遭到男性的轻视而处境艰难，
我们还被禁止知道那些能让我们有价值的东西；
被阻止接触知识，被自学校里驱逐，
变成最忙于繁衍的傻瓜。

约翰爵士马上说，女人不该读书（可见梅利莎的抱怨的确有理），因为“书是亡国的根源，生命的瘟疫 / 要是被一名妻子学习，它就两者皆是”。这次讨论会的第四名成员威廉·洛维尔（William Loveall）爵士是单身汉，热衷于通过吹嘘猎艳过程中获得的“战利品”来证实自己是异性恋。他告诉梅利莎，女性应该仅仅因美丽而满足，不要用无法理解的事情去打扰她们自己漂亮的小脑瓜。面对布鲁特的厌女症、牧师的神学理论和洛维尔的傲慢，梅利莎只能盼望在来生过上公平的日子。

萨拉·埃杰顿和玛丽·查德利有多大代表性，我们不得而知，但的确有不少能说明风尚的例子。在《关于婚姻的一些反思》（*Some Reflections upon Marriage*，1706 年出版）中，玛丽·查德利的笔友玛丽·阿斯特尔（Mary Astell）写道：“如果说所有男人生来自由，那为什么所有女人生来就要充当奴隶？”如同等待民族学家发现的“被湮没的民族”，这一时期的大部分欧洲女性是“睡美人”（借用威廉·洛维尔爵士的意象），她们对千百年来压抑的怨恨只能通过文学来表达。我们很容易看出，她们的确普遍满腹苦水。所有欧洲国家的法律体系都歧视女性。至少在这方面，近代早期罗马法的传播带来了退步，原因是它对女性的态度是以这种假设为支撑的——她们的身体和精神都很弱。《查士丁尼法典》* 明确地指出了女性的“脆弱、低能、不负责任、无知”。这类空洞的容器当然不能被赋予拥有财产的权利。因此女性嫁人时带去的一切都被当成丈夫的财产，只有当丈夫去世后，她才有希望赢回控制权，甚至这时她仍可能不是地产的第一继承人。她未婚的女儿往往会被冷落。即使一处地产并没有被正式“限嗣继承”（保证地产完整无缺代代相传的一种法律策略），男性继承人也通常（甚至必然）享有特权。就像在简·奥斯汀（Jane Austen）的《理智与情感》（*Sense and Sensibility*, 1811 年出版）中，亨利·达什伍德（Henry Dashwood）的女儿们在父亲死后发现，财产都归父亲的前妻所生的儿子继承，她们只能指望父亲的继承人出于好心替同父异母的妹妹“做点事情”。亨利·达什伍德没预料到，儿媳在一章的内容里就成功地将两个女孩能拿到的财产从每人 1 000 英镑降到了一个子儿没有：

> 我敢说，他说的是胡话。十有八九那时他已神志不清了。要是神志正常的话，他就不可能想出这种事，居然会求你从自己孩

* 《查士丁尼法典》又称《查士丁尼民法大全》，是在东罗马帝国皇帝查士丁尼主持下于529—565 年完成的法律和法律解释的汇编，共包括《法典》、《学说汇纂》、《法学总论》（又译《法学阶梯》）、《新敕》四部分。它奠定了后世法学尤其是大陆法系民法典的基础，影响深远。。

子手里拿出你的一半财产。*

我们可以认为，在这种情况下，简·奥斯汀并没有偏爱自己的同性，她将范妮·达什伍德（Fanny Dashwood）塑造成贪得无厌的女性，让范妮说出了自己那善良却软弱的丈夫的最坏想法。

埃杰顿、查德利、达什伍德等人都能读会写，她们相当幸运，因为女性的一大不利条件就是缺乏教育。在欧洲各处，男性的识字率都更高，虽然有零星证据表明，女性的识字率也在上升。例如在萨克森选帝侯国，在宗教改革的影响下（它强调所有信徒都需要直接接触上帝之道），到 1580 年时，大约一半教区都获得许可建立了面向男童的德语学校，然而只有 10% 建立了面向女童的学校。到 17 世纪晚期，这两个数字分别上升到了 94% 和 40%。别处的比例就没这么好了，例如在大革命前夕的法国，大概 65% 的男性会签名，而只有 35% 的女性会。此外，在设有面向女童的学校的地方，人们也越来越倾向于让女孩专注于缝纫和编织等实用科目，让她们为在家庭中将要扮演的角色做好准备。在一封公布于 1655 年、写给两所英国大学的信里，纽卡斯尔（Newcastle）公爵夫人玛格丽特·卡文迪什（Margaret Cavendish）恳求她的男性尊长不要藐视女性在智力上的努力，免得“我们因沮丧而像白痴一样失去理性”。女性严重缺乏自尊的后果是：

> 我们放弃所有汲取有益知识的努力，仅仅忙于杂乱、琐碎的事务。它不光夺走了我们的艺术才能，还剥夺了我们进行更高层

* 此处译文引自：简·奥斯汀著，武崇汉译，《理智与情感》，上海译文出版社，2011 年，第 6 页。

次思考的能力，因此女性变得像蠕虫，只能生活在无知的迟钝世界里，只有良好教育的滋润才能让我们偶尔透透风，而我们这些被养在自己家里的鸟儿很少能获得这样的滋润。

在后面的章节里，我们将会看到，对女性来说，18 世纪发生的知识变化是把双刃剑。一方面，沙龙的发展给一些享有特权的个人提供了赢得实质性影响的机会，小说的出现也给了她们一种非常适合描绘所处世界的文体。然而，启蒙运动的态度实际上比人们所期待的要含糊得多。人们对物质世界及其法则理解得更透彻了，但未必会因此用更加平等的眼光去看待生活在其中的人类。18 世纪晚期，女性可能不再会被当作女巫处以火刑，却照样被高高在上的男性当作弱者加以保护。梅里·威斯纳（Merry Wiesner）指出，“科学革命”不仅没能摧毁“女性劣等”的传统信条，还可能通过对理性、秩序、掌控、机械过程等“男性”特质的偏爱，将“女性劣等”这一想当然的观点更深地植入了欧洲文化。进步知识分子——例如第三代沙夫茨伯里（Shaftesbury）伯爵和大卫·休谟（两人都始终单身）——发展了关于“礼貌”的一些新思路，然而这些也不能带来平等。替近代商业城市社会及其文明话语的优越性辩护的人们可能会呼吁更加殷勤地、慷慨地对待女性，却同样假定，她们应该继续顺从占主导地位的男性。在 1792 年的《替女性权利辩护》（*Vindication of the Rights of Woman*）中，玛丽·沃斯通克拉夫特（Mary Wollstonecraft）以出色的文才，激烈地反对了这种居高临下的善意。

在大卫·休谟和孟德斯鸠看来，女性天生低男性一等，然而绝大多数欧洲女性可能对此毫不关心，因为她们是目不识丁农妇的目不识丁的女儿。对她们来说，最重要的是攒出足够的钱，好吸引一个丈夫。刚过10岁甚至更早，她们就离开家庭去寻找工作。她们从事的主要是家政服务。在卢瓦尔河以北的法国，充当女佣的乡下女孩占了城区人口的13%。一个家庭只要境遇稍有改善，最先要添置的奢侈品就是用人。我们需要运用一下想象力，来体会在公共设施被引入、电能得到利用以前，日常生活中的所有苦差事——打水，在城镇里经常要排长队；每天去市场采买所需的物资；清理炉灶，让火一直点着；倒夜壶；清洗、压平和熨烫衣物；拿起和敲打地毯……如此种种，周而复始，让人精疲力竭。要是一切顺利，在辛苦十几年后，她们就能攒下足够的钱，回到村里嫁人。然而有些女佣碰到了麻烦——不明智地怀上了孩子，或者倒霉地生了病。穷困离要命的赤贫仅一步之遥。

除了充当用人，选择另一条路的女性越来越多。在18世纪，许多国家的乡村制造业扩张非常迅速，我在下一章将深入讨论。为了规避城市行会限制竞争的行为，企业家越来越倾向于把纺织业中无须多少技能的生产流程，特别是纺纱，“转到”农民家中。有时，女人们会被集中到一栋建筑或“工场”中。随着工业化的发展，越来越多的女人从乡村来到大型城市，因为那里有制造业：里昂、尼姆（Nîmes）、图尔（Tours）和意大利北部的丝织业，法国和低地国家的花边制造业，英格兰北部的羊毛纺织业和棉纺织业。纺织是让人联想到底层女性的活动：在阿姆斯特丹，因拉客而被捕的女性会被送到感化院（Spinnhuis，直译即“纺织屋”）从事矫正劳动；在里昂，因丝织业周期性经济萧条而失业的女性被迫卖身，她们聚集在砖窑附近取暖。不管在哪里，面临贫困的威胁时，充当妓女都是最后的出路。虽然数据肯定不精确，但是据估计在 18 世纪中期，伦敦有 1 万名妓女，而巴黎的妓女人数是伦敦的两倍，对巴黎 1/13 的女性来说，卖身是部分甚至全部收入的来源。毋庸置疑，其中存在悬殊的等级差异，最顶端是嫁给王公贵族的交际花，往下是水准不一的妓院中的妓女，底层则是露天接客的街头流莺。1763 年 5 月，詹姆斯·博斯韦尔就遇到了一名街头流莺："在干草市场底下，我碰见了一个强健、快乐的年轻女子，我拽着她的胳膊，带她去了威斯敏斯特大桥，然后戴好"整套盔甲"（指安全套），在这座高贵的建筑物上和她交欢。我们办事的时候，泰晤士河就在下面流淌，这种怪念头让我觉得特别好笑。"

"老姑娘"（spinster，它的另一个意思是"纺织女"）这个词显示，纺织业中的工作机会同样将未婚女性带进了城镇。在人们通常早婚的东欧，这种女性不算多，然而在约 10% ~ 15% 的女性终身不嫁的西北欧，某些地区确实有多达 1/4 的女性一直独身。在乡村，所有农民都需要一个打理家事的妻子，在城市化程度最高的社会，女性独身率也最高。凭着在英格兰乡间四处骑行而赢得的权威，威廉·科贝特（William Cobbett）评论道："只需看一眼就能明白，在世人当中，农夫是最不能没有妻子的，要是真的没有，那他就不可能干好自己的活儿。"农妇需要照顾家畜，种植蔬菜，将农产品带到市场上，处理乳制品，腌制小菜，替全家贮存过冬的食物，等等。特别是在相对贫穷的地区，男人被迫在一年里的大多数时间漂泊在外寻找工作，因此女人就需要下田耕种。阿瑟·扬没见到什么男人，误认为男人在家里无所事事，而他们的妻子却在辛苦劳作。

这段时间里，上述互相依存的关系并没有改变，女性的从属地位也没有改变。然而，有些人，特别是美国学者托马斯·拉克尔（Thomas Laqueur）富有想象力地指出，人们看待女性身体的视角出现了剧变。自公元2世纪和盖伦时代开始，人们普遍认同的生物学公理是男女两性的性器官相同，区别在于女性的藏在体内，所以阴道是反转的阴茎，阴唇是包皮，子宫是阴囊，卵巢是睾丸。由于解剖和观察的进步，人们逐渐意识到，事实上男性和女性的差异相当大，足以构成两个非常不同的性别。这让拉克尔做出了优雅简洁的评论："我们所知的性别，是在18世纪的某个时候被发明出来的。"当然，这并不意味着女性的平等地位也同时得到了确立。恰恰相反，自然科学现在能够给旧有的偏见以更权威的支持。当然对绝大多数欧洲人而言，《圣经》给这种歧视提供了最可信的理由。《圣经》中有大量歧视女性的内容，圣保罗在《以弗所书》5:24中的这句话将这种歧视讲得最为明确："教会怎样顺服基督，妻子也要怎样凡事顺服丈夫。"

有一点确实发生了改变，那就是对女性性欲的普遍态度。过去人们猜测，女性对性爱更加热衷，因为她们能够体验多重高潮。17世纪晚期最流行的性爱启蒙读物是尼古拉·德·韦内特（Nicolas de Venette）的《夫妻恩爱或婚床之乐：关于人类繁衍的若干讲座》（*Conjugal Love, or The Pleasures of the Marriage Bed Considered in Several Lectures on Human Generation*），该书于1686年首先以法文出版，随后被翻译成多种语言，书中明确地指出："女性的欲望要比男性热烈得多，正如麻雀由于太热、太容易被爱欲影响而不会长寿一样，女性寿命更短，她们具有毁灭性的热度一点点将自己耗尽。"虽然韦内特那颇具独创性、杂糅了（错误）信息和性欢愉的作品在18世纪被继续印行，这种刻板印象却慢慢发生了改变。现在，值得尊敬的女性是被动的，甚至是冷淡、天性纯洁、守贞的，男性则被描绘成在性爱上精力充沛的掠食者。男性的滥交即便没有得到赦免，也会被看作事物的自然规律，被人们顺理成章地接受，“男孩就是男孩”之类语带怜悯却不含反对之意的格言越来越流行。

虽然在18世纪，精力充沛的女性不少，但她们大多藏在色情小说的书页里。如果说妓女是最古老的职业，那么色情小说也一定是最古老的文学体裁之一，只比宗教文学晚一点点。从17世纪晚期开始，后文谈到的公共领域扩张和小说整体发展促成了色情文学创作的井喷。17世纪50年代，《女子学校，又名女士哲学》(*L'École des filles ou la philosophie des dames*）和《女士学院》(*L'Académie des dames*）出现在巴黎，随后成了经典。这标志着引领色情书籍风尚的地区发生了变化，法国取代了意大利，其地位一直保持到今天。这两本书很快在欧洲流行开来，由于人们对其中描述的活动需索无度，因此它们传播得越发迅速。1668年2月9日，塞缪尔·佩皮斯在日记中写道：“我出门去了斯特兰德街，到我的书商那里买下了这本空虚、流氓的《女子学校》(原文如此)。我买的是平装本，故意没要装帧更好的版本，因为我决心一读完这本书就烧掉它，它不会出现在我的藏书清单里。要是它被搁到了那里，就是对其他书的侮辱。”翻译几乎立刻跟进。比如说，1683年出版的《修道院里的维纳斯，又名身穿罩衣的修女》(*Vénus dans le cloître ou la Religieuse en chemise*）在同年就可以买到英译本。出于不能充分解释的理由，色情书籍的出版存在周期性的浪潮。18世纪40年代是色情书籍的好时候，出版了一大批书，包括佚名的《沙特勒看门人东·布格史话》(*Histoire de Dom Bougre, portier des Chartreux*，1741年出版)、狄德罗的《冒失的首饰》(*Les Bijoux indiscrets*，1748年出版)、阿尔让(Argens)侯爵的《哲人泰蕾兹》*(*Thérèse philosophe*,1748 年出版)、约翰·克莱兰(John Cleland)的《范妮·希尔》**(*Fanny Hill*,1748—1749 年出版)。除了最便宜的版本,这些书都因有合适的插图而增色。那个世纪是色情文学浪潮发展的顶峰,萨德侯爵的众多著作可谓色情文学的极致:《朱斯蒂娜》(*Justine*,1791 年出版)、《闺房哲学》、《朱丽叶》(*Juliette*,1798 年出版)。他题目最恰当的一本书《索多玛 120 天》(*The 120 Days of Sodom*)写于 1785 年,然而在 1904 年才得以出版。

不管是在哪里创作的,17 世纪和 18 世纪的所有色情文学都是男性写来愉悦男性的。女性通常不是被描述成欢乐、放荡且完全享受男性关注的生物[莫尔·弗兰德斯(Moll Flanders)、范妮·希尔、泰蕾兹、朱丽叶],就是被描述成无瑕的天真少女,她们相当羞怯,却在见到诱惑她们的男性时非常热切。在法国小说中,首先引诱她们的最可能是教士或修士。在《哲人泰蕾兹》(它是整个 18 世纪最成功的色情小说之一,被萨德誉为"唯一表明了目标而不提到怎样实现的作品")一书中,同名女主角偷偷观望着她的朋友埃迪斯(Eradice)同一名方济各会修士进行"灵性操练"。一开始是冥想,接着用桦木条笞打埃迪斯的裸背,最后自背后插入,迪拉(Dirrag)神父告诉他毫不起疑的受害者,这是他碰巧拥有的"圣方济束腰带的一点残余"。泰蕾兹这样记录他们祈祷活动的高潮:

---

* 此书中译本名为《泰蕾丝说性》,收录在时代文艺出版社 2002 年 1 月出版的《沦落风尘的村姑》一书中。

** 此书中译本名为《芬妮·希尔:欢场女子回忆录》,由译言·古登堡计划出版发行。另有名为《芬妮希尔:一个欢场女子的回忆录》的译本,由八方出版股份有限公司于 2006 年出版。

"你的心灵舒适吗，我的小圣人?"他问道，流露出一声叹息，"至于我，我看到天堂之门打开了，恩典足够带我上天，我……"

"哦，神父!"埃迪斯叫道，"这种快乐穿透了我!哦，对，我感觉到了天堂的极乐。我觉得，我完全灵肉分离了。插呀，神父，插呀!把我身体里不纯洁的东西都根除掉。我看……到了……天……使。再深一点……现在使劲……啊!……啊!好……圣方济!不要抛弃我!我感觉到了束……束……腰带……我不行了……我要去了!"

换言之，不管一名女性可能多么虔诚，男性性器官的吸引力都是不可抵御的，特别是在这被看作宗教圣物的时候。能说明色情文学源自男性的另一条线索是，描绘两名女子交欢的场景大受欢迎。在反教会的法国色情小说世界里，此类场景几乎总是出现在女修道院里，这发展成了一个次级文学类型，狄德罗的《修女》(*La Religieuse*)是这类文学的代表。

至于男同性恋者，17世纪晚期，同性恋亚文化在欧洲主要城市发展了起来，可能在较小的城市也有。在伦敦，宫廷就是榜样，17世纪90年代时，一个小团体围绕什鲁斯伯里公爵、波特兰(Portland)伯爵等人成形了。人们普遍认为，国王威廉三世及其侍者阿诺尔德·范·凯佩尔[Arnold van Keppel，1697年受封阿尔伯马尔(Albemarle)伯爵]也参与其中，但这并不正确。在外面的街道上，同性恋俱乐部、小酒馆和露天的"巡游地"数量激增。到1709年，它们已经多到足以吸引低俗记者内德·沃德(Ned Ward)的目光。在关于伦敦和威斯敏斯特各俱乐部的报道中，他写道:

> 这城里有一帮特别的、**搞鸡奸**（sodomitical）的可怜虫，他们自称**娘娘腔**（Mollies），堕落到没有了任何男子气的举止或男子汉的行为。他们更情愿将自己想象成女子，模仿一切在习俗上归于女性的小小虚荣，说话、走路、聊天、礼仪、哭泣、责骂都受到了影响，效仿一切柔弱娇气的做法。连下等女子的放荡都学来了，他们互相诱惑，毫不庄重地肆意妄为，做出种种可鄙、永远不应该得到名字的兽行。

1725年，巴黎的警察编了一部“大备忘录”，其中记载了113个声名狼藉的“下流之人”的名字，包括洛热（Lorges）公爵和替他拉皮条的仆人、一些别的仆人、库阿特（Couatte）神父、维拉尔（Villars）侯爵（维拉尔元帅的儿子）、维拉尔-布朗卡（Villars-Brancas）公爵、昂特拉格（Entragues）侯爵、于米埃尔（Humières）公爵，还收录了他们情人的名字和互相起的昵称。研究了上述全部警察记录的莫里斯·勒韦（Maurice Lever）发现，所有阶层都有代表，不过，歌剧界、戏剧界乃至整个艺术界人士占的比重少得让人吃惊。他的结论是，这个世界相当独立，它是一个有着自身准则、行话、规范、姿态、对手的社会。他们喜欢“巡游”的区域是杜伊勒里宫（Tuileries）和卢森堡花园的某些部分，要是天气恶劣不适合户外活动，他们可以在附近的旅馆租个包间。在荷兰共和国［它给世界贡献了“巡游”（cruise，荷兰语 kruisen）这个动词］，这种事情发生的地点就太多了：公厕、阿姆斯特丹市政厅、海牙附近的林地、小酒馆（如海牙的“小海豚”或阿姆斯特丹的“大蛇”）、无数公园和教堂、海牙大教堂的塔楼，甚至是荷兰法院召开会议的大楼底层。

鸡奸者（当时的人多喜欢使用这个词）进了法院就会碰上大麻烦。同欧洲别处相比，荷兰共和国对他们的迫害更猛烈也更残忍。1676 年之前，迫害其实并不存在，在 1731 年真正爆发狂热之前也只是零星发生，1731 年后，人们“非同寻常地、意外地发现了亵渎行为”，而这样做的动机可能是在造成大破坏的洪水之后寻找替罪羊。荷兰法院确信存在全国性的同性恋网络，决定“将这种恶行连根拔起”。在仅仅两年时间里，75 人遭到处决，数百人仓皇流亡才幸免于绞刑。最让人震惊的一幕出现在格罗宁（Groning）附近，当地乡绅鲁道夫·德·梅普舍（Rudolph de Mepsche）以鸡奸的罪名逮捕了 30 多名农民（其中有成人也有孩子），处死了其中 22 人。后来在 1764 年、1776 年、1797 年都发生了迫害。1791—1810 年，阿姆斯特丹几乎年年发生迫害。1730—1811 年，尽管引入的《拿破仑法典》已将同性性关系除罪化，仍有大约 200 人遭到处决，还有人数大致相当的人被判处长期单独监禁。

在法国，死刑相对少，时间间隔也长，场面却非常惊人，足以吸引公众的注意。1661 年 11 月在巴黎市政厅广场，43 岁的雅克·肖松（Jacques Chausson，曾担任海关官员，此时失业）和 36 岁的前同事雅克·波尔米耶［Jacques Paulmier，别名法布里（Fabri）］被绑上火刑柱活活烧死（也就是没有先行扼死），罪名是对 17 岁的奥克塔夫·德·瓦隆（Octave des Valons）进行同性性侵。审问过程中，他们在酷刑威胁下透露，曾经替贝莱（Bellay）侯爵和贝勒福雷（Bellefore）男爵招揽过年轻男性。警察没有对这些供述采取进一步行动，然而两人被处死之后，一首叫作《肖松和法布里诉冤》的歌谣在巴黎街头被人传唱：

要是我们烧死所有

跟他们同样行事的人，

那么，呀，在很短很短的时间里

许多法国贵族

和重要的教士

都要去见造物主了。

1725 年，巴黎警察局长勒努瓦（Lenoir）估算，首都里有两万个“声名狼藉之辈”。一代人以后，在警察那里挂过号的人数据称增加了一倍。除此之外，《无畏报》（*Gazette cuirassé*）补充，要是将所有同性性活动积极参与者的姓名印发出来，就会比《百科全书》——对开版达到了 28 卷——的卷数还要多一倍。然而，18 世纪在巴黎因鸡奸被处决的 7 人中，5 人也被宣判犯有盗窃和谋杀罪，另一人则只是模拟像遭到焚烧。1750 年，让·迪奥（Jean Diot）和布鲁诺·勒努瓦在巴黎市政厅广场被处以火刑，此前他们被逮到在蒙托尔格伊街（the rue Montorgueil，巴黎最热闹的街道之一）正中性交（当时喝醉了）。人们对判决如此之重普遍表示惊讶。埃德蒙·巴尔比耶（Edmond Barbier）律师在日记中透露了这样的观点：对他们处以重刑的用意在于遏制最近迅速传播的恶习。尽管法律的真正威力只是偶尔临头，但同性恋者要承受不间断的骚扰，“巡游地”那里有不少密探，准备诱捕在求欢时缺乏警惕的人。仅 1749 年，密探们就逮捕了 234 人，大部分被捕的人在监狱里待的时间不长，但经历很不愉快，人格受到了侮辱，更不用说后来遭受的社会排斥了。

要是不幸被抓，英国的男同性恋者会面临差不多的命运。17 世纪 90 年代之后，由于一系列意在改善公共道德的“改良社团”的成立，这种风险大大增加。第一个受害者是喜欢冒险的爱德华·里格比（Edward Rigby）上尉，他被 19 岁的威廉·明顿（William Minton）坑害了，后者则是受了“礼仪改良协会”中的托马斯·布雷（Thomas Bray）的教唆。当里格比在铁圈球街（Pall Mall）上的乔治客栈（George Tavern）包间里进行同性性活动时，明顿大喊“威斯敏斯特！”这个约定的暗号，等在隔壁的一名法院工作人员、一名巡警、两名助手当即破门而入。对里格比的判决相当典型——戴枷示众三次，每次两小时，罚款 1 000 英镑，一年监禁。他后来的生涯成了“流浪汉小说”的素材。逃往法国以后，他改宗天主教，成了海军军官，1711 年在同英国的海战中被俘，被带到梅诺卡岛（Minorca/Menorca）上的马翁港（Mahon）。他在那里越狱潜逃，偷偷搭上一艘热那亚的船，回到了法国。

根据伦敦报纸《飞邮报》（*The Flying Post*）的说法，1698 年 12 月 20 日，里格比上尉在铁圈球街戴枷示众时“看上去非常愉快”。要是如此，他必定是个硬汉，因为这种折磨真的非常严酷。1810 年 9 月 27 日，被宣判犯有鸡奸罪之后，6 个人在草市街（Haymarket）被处以枷刑，他们是在之前官方突然搜查维尔（Vere）街上“白天鹅酒馆”里一家男妓馆时被抓的。自伦敦中央刑事法庭到草市街的路边，观者如云，多达数千人，并且都决心以言辞和投掷杂物的方式来表达义愤，有份报纸称：“用言语不足以表达一路上人们对这些怪物的普遍憎恶之情。”因此，抵达实际的戴枷示众地点时，乘着敞篷马车的犯人们已经满身污垢。而在那里，“至少 50 名妇女获准站在（示众地点前的）圈里，不停向他们投掷烂泥、死猫、臭鸡蛋、土豆、整桶整桶的粪血内脏（是一些屠夫自圣詹姆斯市场带来的）”。但至少他们活了下来。第二年，“白天鹅团伙”的另两名成员被公开绞死，观者如云，其中包括坎伯兰（Cumberland）公爵（乔治三世之子，后来的汉诺威国王）、塞夫顿（Sefton）伯爵和雅茅斯（Yarmouth）伯爵，有流言称，他们都是遭到处决之人的主顾。

跟牵涉其中的人数比起来，死刑算是很少的了，各种形式的检举也一样。在伦敦，一名在公共场合寻求满足的同性恋者是有可能不被察觉的，要是他小心谨慎，运气够好，又出身上层的话，那就更容易躲开了。一个名叫约翰内斯·威廉·冯·阿兴霍尔茨（Johannes Wilhelm von Archenholz）的德意志访客在1789年写道：“很少能看到一个人因这种罪行而遭到定罪和惩罚，这不是因为被指控犯罪的人少，而是因为他们非得尽最大可能做好防范后，才会屈从于这种野蛮的欲望。”1730—1830年，伦敦中央刑事法庭只审理了70起鸡奸案。更常见的危险是，男妓会试图敲诈勒索以增加收入，例如，又名“胖菲莉斯”（Fat Phyllis）的查尔斯·沃恩（Charles Vaughan）会打扮成女子，参加化装舞会或去戏院。1790年，他犯下了诈取卡夫（Cuff）牧师财物的错误，立刻被后者扭送至地方法官处。

人们对同性恋流行感到恐慌的时候，总喜欢怪罪外国人，这没什么可奇怪的，国别偏见由来已久：14世纪中叶，议会向爱德华三世请愿，要求驱逐外国工匠和商人时，一项指控就是他们带来了“糟糕得连名字都不该有的恶习”。有首名叫《女子对维纳斯的抱怨》（*The Women's Complaint to Venus*）的歌谣同1698年爱德华·里格比上尉的戴枷示众有关：

英国好人的面孔多么开心呀
直到穆西厄（Mounsieur，原文如此）* 自法国来
教给佩戈（Pego）一支舞
调子是老索多玛 ** 的拥抱
然而现在我们完全过时了：
可怜的妓女可能得去当修女
因为男人们掉转枪口
把激情转移到彼此身上。

在荷兰共和国，人们宣称，在 1713 年为签订《乌得勒支和约》而举行的谈判之前，他们完完全全不知道同性恋的存在，是前来谈判的西班牙和法国使节将它带了进来。此后它被称为“天主教恶习”，这属于敌基督的大阴谋，敌基督设在罗马的总部也是“变童之母”。

我们现在能够接触到的关于同性恋的认识主要来自审判记录、警察报告和讽刺性的小册子，因此实际情况肯定没有那么离谱。女性之间的同性性关系尤其如此，露出文献“水面”的只是冰山一角。来自非虚构世界的证据只可能偶尔被人发现一丁点，例如在奥尔良公爵夫人的书信中，1685 年时她提起，在曼特农（Maintenon）夫人（路易十四出身寒微的妻子）于圣西尔（Saint Cyr）创立的女修道院学校里，

有些年轻女士彼此相爱，她们被逮到犯了各种各样下流的错

* Monsieur，法文意为“先生”，这里原文误作 Mounsieur。

** 索多玛（Sodom），《圣经 · 旧约》中因多行不义（包括同性恋）而被上帝毁灭的罪恶之城，鸡奸（sodomy）一词的来源。

误。曼特农夫人差点哭瞎了眼睛，她将所有圣徒遗物展示出来，以驱走纵欲的恶魔。她还派去了一名教士，进行反对淫荡的说教，然而他提到的那些东西任何端庄的女士都听不下去。她们全都离开了教堂，而犯人们忍不住偷笑。

就惩罚而言，被迫倾听布道好像严苛了一点。缪拉（Murat）伯爵夫人亨丽埃特·德·卡斯泰尔诺（Henriette de Castelnau）要幸运些，她是出了名的同性恋者，大约同一时间，她被流放到了一座偏远的城堡，受官方监视。在别处，这很大程度上是一项深藏不露的恶习，不被提及也不宜提及，只在当事女子决定炫耀这种关系时露头，18世纪80年代在英格兰，张扬的埃莉诺·巴特勒（Eleanor Butler）（“高挑、富有男子气概”）和萨拉·庞森比（Sarah Ponsonby）（“柔弱、白皙、美丽”）就是这样做的。人们表达对女同性恋的观点时，所用的言辞同谴责男同性恋时一样极端。在1700年的一篇论述中，卢多维克斯（路易吉）·马里亚·西尼斯特拉里·德·阿梅诺［Ludovicus (Luigi) Maria Sinistrari de Ameno］神父指出，就女性之间的同性性关系而言，膨大的阴蒂应当作为定罪的证据，酷刑和火刑都是合理的。这种极刑好像非常少见，几乎不存在，不过在1721年，一名以男子方式生活的德意志女子在巴伐利亚遭到处决，罪名是和她的同性爱人发生关系，两人过着某种形式的婚姻生活。

移　民

我们在第一章里已经知道，在近代早期的欧洲，人员流动不算容易。有些迹象表明，1648—1815 年人口压力相当大，因此出现了大规模人口流动。大部分流动是自西向东的，自人口稠密、人口过剩问题越来越突出的区域流向人口稀疏的广阔地带——普鲁士、俄国，以及威廉·麦克尼尔（William McNeill）所说的位于多瑙河流域和本都山区的"欧洲草原边疆"（黑海以北和黑海西北的欧洲）。回顾了一系列统计信息后，德奈什·西拉吉（Dénes Szilágyi）得出结论：17 世纪晚期到 18 世纪晚期，匈牙利王国（包括特兰西瓦尼亚、克罗地亚-斯拉沃尼亚*）的人口翻了一番多。这是总体情况，小区域内的变化更大。例如，18 世纪，巴奇-博德罗格县（Bács-Bodrog）的人口由 3.1 万增加到 22.7 万，而巴纳特（Bánát）地区由 4.5 万增加到 77.4 万。这类变化大多是由移民造成的。1683 年，土耳其人在维也纳城下遭到了划时代的挫败，随后撤退到巴尔干半岛，这让移民成了可能。1690—1691 年，可能多达 10 万名塞尔维亚人向北迁移，来到了塞尔维亚北部现在名叫伏伊伏丁那（Vojvodina）的地区，这是巴尔干历史上规模最大的一次移民。大部分移民来自西边，但没有这么集中。人们自洛林、普法尔茨、黑森和士瓦本（Schwaben）前来，农民到此寻求土地，工匠则是寻求职位。他们同时受到"推力"和"拉力"的作用——"推力"是故乡的人口压力，特别是在不实行分产继承的地区；"拉力"则是地主们急于招募人员填充空荡荡的地产，因此向他们提供了免费或廉价的土地。

在这一宏大的重新定居计划中，哈布斯堡当局也扮演了重要角色。为了保护新赢来的领土，当局在匈牙利南部边疆划出了一片准军

---

* 斯拉沃尼亚（Slavonija/Slavonia），大体相当于今克罗地亚东部地区，哈布斯堡时期此地曾设立边屯区，大量招募塞尔维亚、克罗地亚农民屯田，与斯洛文尼亚并非一地。

事地带。当局随后决定让克罗地亚人、塞尔维亚人、罗马尼亚人在那里进行军屯，将他们组织成若干个团，赋予他们人身自由，给他们免费的土地，以此充当他们抗击土耳其人的报偿。18 世纪时，玛丽亚·特蕾莎和约瑟夫二世都在神圣罗马帝国的西部地区组织了招募活动。1782 年，普法尔茨的一名目击者记载道：

> 在所有镇子、村落或小村庄，印刷出来的告示都被传来传去。约瑟夫二世皇帝的奖赏被看得很高，整片地区的人好像都想移民。众多家族（包括过得不错的）走上了移民之路，道路拥挤不堪，看起来，谁都想离开。

自设立在凯撒斯劳滕（Kaiserslautern）、茨韦布吕肯（Zweibrücken）和沃尔姆斯的代理机构出发，奥地利招募人员在这一区域巡游，替 1781 年的特许状打广告——它承诺免除赴加利西亚（通过对波兰的瓜分，最近归入帝国）定居者的强迫劳役捐税，白给他们 40 轭土地，他们能拥有信奉新教的自由，10 年内免服兵役，得到足够旅途所需的补助金。横越欧洲的旅途危险艰难，不少人又回去了，破了财却长了见识。然而足够的人留了下来，永久地改变了中欧和东欧很多地区的人口和民族结构。2.7 万多名德意志人更是大胆无畏，他们响应俄国叶卡捷琳娜大帝类似的诱人号召，在伏尔加河沿岸定居下来。1914 年时，他们的人数增加到 60 万左右。

不管奥地利人做了什么，普鲁士人都能做得更好。1685 年 10 月 18 日，路易十四签署了《枫丹白露敕令》，废除了 1598 年的《南特敕令》以及在特定区域给予法国新教徒一定程度宗教宽容的规定。这一天主教的夸耀行动造成约25万名胡格诺教徒迁出法国。他们大多前往两个最大的“难民方舟”荷兰共和国与英国，可还有很大一部分向东而去。路易十四废除《南特敕令》以后仅仅11天，勃兰登堡大选帝侯腓特烈·威廉就签署了《波茨坦敕令》，邀请胡格诺教徒到他的领地定居，表示要是这些人确实前来，就可以获得各种物质奖励。约1.4万人响应了他的号召，不过这些移民对发展缓慢、人口稀少的新家的贡献堪比数倍于此的人。1689年，出现了又一股胡格诺教徒的迁移浪潮，当时路易十四的军队摧毁了普法尔茨，导致在这里寻求庇护的流亡者向东逃难。在决定逃离法国的胡格诺教徒中，年轻人的比例高得出奇，所以他们到达目的地后，那里的人口出生率大大提高了。1720年时，1/5的柏林居民是胡格诺教徒（或祖辈是胡格诺教徒）。

各地纷纷采用促进移民的政策，还出现了一个新词：人口政策（Peuplierungspolitik）。它成了勃兰登堡–普鲁士的一贯政策。1732年，腓特烈·威廉一世国王自觉仿照祖父的榜样，欢迎2万多名被大主教撵出萨尔茨堡的新教徒来到他的领地。他特别渴望让人们重新在东普鲁士定居，因为在1709—1710年的瘟疫中，那里有约1/3的居民丧生。腓特烈·威廉可能是他那个时代（甚至任何时代）最蛮不讲理的统治者之一，然而他本能地明白，该怎样做出姿态。第一批来自萨尔茨堡的难民快到柏林时，他带着整个宫廷去迎接这些人，咏唱圣诗、同他们一道下跪，感谢全能上帝的神圣恩典。这被证明是一条非常出色的公关妙计，通过语言和形象向欧洲其他区域打了广告，确立了普鲁士第三大“难民方舟”的地位。当时有人说，法国是君主们的避难所［英格兰的詹姆士二世、波兰的斯坦尼斯瓦夫一世·莱什琴斯基（Stanisław I Leszczyński）]，而普鲁士是受压迫民众的避难所。

他儿子的统治延续了他的许多特点。在腓特烈大帝漫长的统治时期（1740—1786）里，大概 28 万到 30 万名移民进入了普鲁士，吸引他们的因素有很多——免费的土地、牲畜、设备和种子，人身自由，宗教宽容，开始几年还无须承担兵役、税款、劳役捐税。根据京特·弗朗茨精确得可疑的数据，这些移民带来了 6 392 匹马、7 875 头牛、20 548 只绵羊、3 227 头猪、200 万塔勒现金。大部分移民在奥得河、内策河（Netze）、瓦尔特河（Warthe）* 周围的土地上定居，由于排水工程的建设，这些土地得到了复垦，不过还有大约 1/4 移民是各种工匠，在城镇里定居。腓特烈大帝满意地宣称，他已经“在和平年代赢来了一个省”。这项成就具有重要意义。克里斯托夫·迪佩尔（Christof Dipper）已经指出，基于国家自身资源的人口再生是个漫长、不确定的过程，因此能够吸引移民的国家才会做到最好。

胡格诺教徒或萨尔茨堡居民遭到驱逐这类著名的事件非常少见。大部分移民是由有利可图的前景这一“拉力”，而非迫害这一“推力”造成的。大部分移民的流动也并未超出国界。哈罗德·坦珀利（Harold Temperley）观察到，哈布斯堡君主国与其说是单一国家，不如说是一整个大洲，这种描述对俄罗斯帝国甚至更加恰当。难怪东部的这些庞大的多民族聚合体中出现了最高的人口增长数据记录。1719 年的俄罗斯帝国第一次人口普查和 1762—1763 年的第三次人口普查之间，俄国欧洲部分的人口增长率是 33.8%，西伯利亚诸省的人口增

* 瓦尔特河即今波兰境内的瓦尔塔河（Warta），内策河即今波兰境内的诺泰奇河（Noteć），系瓦尔塔河第一大支流。

长率恰好是欧洲部分的两倍。全国范围内的最高增长数据当然出现在新的首都圣彼得堡，仅仅两代人的时间里，它就由沼泽地变成了大都市。1750年时，那里的人口已经达到7.5万，而且依然在高速增加。俄国还存在大量季节性移民，据一名旅行者估算，由于贵族们拖家带口返回了庄园，春天时莫斯科的人口减少了5万。18世纪晚些时候，特别是在1768—1774年的战争获胜后，大批人口涌向南部肥沃的无主土地。这些土地是通过《小凯纳尔贾*条约》赢来的，对逃亡农奴格外具有吸引力。

再往西，移民们跨越的距离没那么长，但人数要多得多。北欧、西欧和中欧大部分地区不实行把农业人口束缚在主人们地产上的农奴制。在不列颠群岛，吸引移民的最强"磁体"是伦敦，在18世纪的西方世界，伦敦的人口增长举世瞩目：人口自1600年的约20万增加到1700年的约40万，再增加到1720年的约60万和18世纪末的近百万。在18世纪早期，出生率和死亡率的失衡让英国首都变成了"人口黑洞"[朱利安·霍皮特（Julian Hoppit）语]，这一增长率只可能通过大量移民（每年约7 500人）来实现。出于很多原因，伦敦是一座独特的城市：不设防，从未遭到外国军队占领，是由私人而非公共财富修建的，没有规划，受宫廷和教会的影响极小，很大程度上实行自治，还有，用约翰·萨默森（John Summerson）爵士的话来说，是"欧洲最不独裁的城市"。它在英国人政治、社会、经济、文化生活中的重要性无与伦比，超出了其他任何欧洲国家的首都。巴黎的居民数量一直约占法国人口总数的2.5%，然而伦敦的居民数量在1600年时已

---

* 小凯纳尔贾，英文多写作Kuchuk-Kainarji，即今保加利亚锡利斯特拉省凯纳尔贾。

经占到了英国人口总数的 5%，1650 年时占到了 7%，一个世纪后增加到了 11%。此外，交通便利、工作机会过剩意味着在那里或长或短旅居的人在总人口中所占的比重会更高。据托尼·里格利估算，英格兰成年人口的 1/6 曾在生命的某一阶段体验过首都的生活。伦敦居民非常清楚他们的特殊地位。爱德华·张伯伦（Edward Chamberlayne）在 1687 年的自夸相当典型，他说，伦敦是“现在整个欧洲（或许整个世界）最大、人口最多、最漂亮、最富饶的城市，巴黎与罗马加起来都比不过”。

在国土面积更大、地理状况更复杂的法国，移民模式相应地更加多样。一般来说，移民模式可以分成三种：季节性的，包括每年离开几个月的情况，临时性的，包括离开几年但最终回到家乡的情况，还有永久性的。就区域而言，西北部和中南部之间存在显著的差异，前者人口相对稳定，后者人口流动规模较大。资源贫瘠的多山区域（如中央高原、阿尔卑斯山区和比利牛斯山区）不得不将过剩的人口向下输送到城市和平原区域，让他们去寻求额外的收入。季节性移民通常是已经成家的农村男青年，他们拥有或租赁一小片耕地，缺乏技能或至多算半熟练工，相当贫穷。这些人要找的活儿通常和农业有关，比如收割、采摘水果或伐木，不过他们也经常在建筑行业工作。到处都有这类普通人。据估计，1810 年时约有 20 万名季节性移民在法国内部流动，还有 80 万人要靠他们养活。

这种凑合将就的经济对资源匮乏的村落中的可怜居民来说意味着什么？奥尔文·霍夫顿在对 18 世纪法国穷人的研究中给出了解释。她重现了多姆山（Puy-de-Dôme）地区的圣让多莱尔（Saint-Jean-d’Ollères）村里的村民们年年为谋生而展开的挣扎。每年 10 月，200

名成年男子都会离开村子去砍伐木材。第二年夏天他们会回来，在自己的田里干一阵子活，然后再次离开，去普罗旺斯采收橄榄。与此同时，数量差不多的另一群人（但是带着 100 个孩子）在 11 月离开，到贝里找梳麻活儿干。要是没能找到活儿，他们就继续往巴黎走，在找得到工作的任何地方干活，或者乞讨。无论如何，家乡的食物短缺都意味着他们直到下一个复活节才能回去。干完了农活，他们接着前往普罗旺斯，去采摘喂蚕的桑叶，这种活儿一直可以忙到秋天，那时劳作周期就又开始了。村中的 300 个孩子一年里大部分时间也在路上奔波，充当烟囱清扫工，数量不明的一批成年人要充当小贩和（或）乞丐，勉强糊口。就连上了年纪的人都有自己的一份活要干，在蹒跚前往镇子里乞讨之前，他们要在田里播种。长期在家中度日的社区成员只有幼童和他们的母亲。

在法国的道路上苦苦奔波寻找工作，必然又吃力又压抑。选择移民终极形式，也就是前往欧洲以外的世界的人要多得多。漫长而艰巨的海上航行把勇敢无畏的移民带往有着飘忽不定未来的遥远土地，关于那片土地，他们所知甚少。在这一时期，很多移民横越了大西洋。1630—1700 年，约有 37.8 万名不列颠群岛居民前往北美洲。其后更加稳定繁荣的一个世纪里，移民的步伐减缓了，虽然如此，截至 1800 年还有 25 万人离开。据信 1745 年的詹姆士二世党人叛乱失败以后，4 万名苏格兰高地居民移居国外。大量德意志人也选择了移民，其数量存在多种估算，应该介于 10 万人到 20 万人之间。到 1800 年，宾夕法尼亚似乎有 1/3 的人具有德意志人血统。自伊比利亚半岛向中南美洲的移民浪潮多次出现，但数据非常粗略。普鲁士大科学家、旅行家亚历山大·冯·洪堡（Alexander von Humboldt）

在 1800 年估计，西属美洲的总人口是 1 690 万，其中 320 万人是白人，只有 15 万名是半岛人（peninsulares），即第一代西班牙人。实际上，根据约翰·林奇的说法，半岛人的真正数量要少得多，介于 3 万人到 4 万人之间。甚至在墨西哥（到那里的移民人数一度最多），半岛人也只有约 1.4 万人，而那里的总人口是 600 万，其中 100 万人是白人。大概 25 万名荷兰人也在 17—18 世纪移居国外，主要前往东南亚。

不情愿离开欧洲的好像只有法国人。早在 1535 年，他们就在北美洲创立了落脚点，然而大概 100 年过去了，魁北克只有 65 名法国居民，加拿大其他区域也只有 100 名。在科尔贝的积极指引下，17 世纪中期，法国人向北美迁移的步伐加快了，到 17 世纪 80 年代，已经有 1.2 万名法国居民永久移居北美。然而 1600—1730 年，移民的总数仅仅达到 2.7 万人。始于 1750—1775 年的额外人口压力可能造成移民人数迅速增加，然而 1759 年时，法国人在魁北克被沃尔夫（Wolfe）将军击败，加拿大落入英国人手中。这场战败确保了英语（而非法语）变成世界通用语言，或许也在一定程度上破坏了法国国内政治的稳定性。典型的移民是同故国状况明显格格不入的年轻男子。比如说，1785 年 5 月 12 日，约翰·邓拉普（John Dunlap）(他负责了《独立宣言》的印刷）给生活在蒂龙郡（CO. Tyrone）斯特拉班（Strabane）的内兄弟去信，颂扬“新世界”的优点：“上了年纪还有家室的人要是移民，日子会相当艰难。然而渴望自由、快活的爱尔兰年轻人应该离开家乡来到这里来，越快越好。在世界上任何别的地方，良好表现和勤勉都不可能带来像在美洲一样丰厚的报偿。”因此可以说，英国人将异见分子“出口”，在离本土近 5 000 千米的地方以美国独立战争的形式承受了革命的苦痛。19 世纪 20 年代，西班牙人同样在拉丁美洲解放运动中承受了革命的苦痛。然而，法国大革命是一场发生在法国的革命。

第三章

贸易与生产

贸　　易

约瑟夫·帕尔默（Joseph Palmer）在1775年到访波尔多，他被深深震撼了：

> 波尔多之美，没有几座城能比，它似乎拥有广泛商贸往来所赋予的一切富饶。它优雅地坐落在加龙河（Garonne）畔……直线延伸3千米以上的码头，以及一列常规建筑物，实在叫人眼红，宽阔河道中水流湍急，大小船只来往贸易，更叫人艳羡。

12年后，四处游历的农学家阿瑟·扬证实了这一正面评价。在比较英国国内状况与他在法国看到的状况时扬不说法国好话是出名的，因此他的印象尤为权威："我听说了许多，也读到了许多，但这个城市的商业、财富和壮丽都大大超出了我的预期。巴黎没法跟伦敦比，但利物浦（Liverpool）也没法跟波尔多比。"乘船过河时，扬又补充说：

“加龙河的景色很好，目测有伦敦泰晤士河的两倍宽。我觉得，停泊在河里的大船数目让它成了法国必须吹嘘的**最华丽**的水上景观。”

由于这座城市的建筑表明18世纪是其全盛时期，今天的任何一位访客都能发现证实上述描述准确性的视觉证据。王家广场（Place Royale）尽管极为壮丽，却并非最具特色的地点，因为法国其他城市也有类似的地方。同样的说法也适用于大教堂对面的崭新大主教宫殿。最能体现波尔多繁荣的则是由维克托·路易（Victor Louis）设计、建于1772—1780年的大剧院（Grand Théâtre）。大剧院的特殊之处并不在于其大小，因为它虽然非常大，却不及那不勒斯的圣卡洛（San Carlo）剧院或米兰（Milan）的斯卡拉（La Scala）剧院。大剧院是独立建筑物，这也不算特别，因为腓特烈大帝在柏林椴树下大街*(Unter den Linden）上的剧院早在至少一代人之前就具备这一特点。波尔多剧院之所以独特，是因为它实际上是三座建筑物，不仅有剧院，还有音乐厅和阶梯。将阶梯视为同等重要的建筑空间看似不合情理，实际上却没那么过分，因为门厅、阶梯与观众席的大小相当。阶梯让波尔多上流社会有机会互相展示华丽，既看别人，也被人看到。维克托·路易意识到，剧院里的观众和舞台上的歌手是同等重要的表演者。在为国王修建的剧院里，王家包厢是其主要建筑特色，而在为波尔多这样的商业大都市修建的公共剧院里，门厅、阶梯和其他公共房间才是特色所在。阿瑟·扬必定充分领会了这座城市的商贸与文化间存在的紧密联系，他写道：

* 椴树下大街，旧译“菩提树下大街”，也有人音译为“林登大街”，始建于1647年，因街道两旁多种植椴树得名，是柏林最主要的林荫道之一。

这座剧院大约在10年到12年前建成，在法国，它是迄今为止最为壮观的剧院，我从未见过任何能够望其项背的剧院……男女演员、歌手、舞者、管弦乐队等诉说着它的财富与奢侈。有人向我保证，从巴黎来的当红女演员一个晚上能拿到30～50路易（louis）……每天晚上都有若干剧目上演，和法国其他地方一样，周日也不例外。盛行于当地商人中的生活方式是高度奢侈的。他们的房屋和机构开支都很大。这里有大型娱乐活动，其中许多还是在（银）盘上表演的。巨额赌博则是糟糕得多的事情；还有些可耻的记载说商人们出钱包养剧院的歌女、舞女，这对他们的信用毫无益处。

这种显眼的炫耀源于商业。1717—1789年，波尔多的贸易额年均增长4%，从1 300万利弗尔增长到将近2.5亿利弗尔，增长到几乎20倍，它在法国贸易总额中的份额从11%上升到25%，城市人口也翻了一番，从5.5万增加到11万。尽管商业繁荣部分归功于欧洲其他地区的葡萄酒销量有所增长，但商业繁荣的主要源头是西印度殖民地——瓜德罗普岛（Guadeloupe）、马提尼克岛（Martinique），以及最重要的圣多曼格岛（Saint Domingue），它是世界最大的蔗糖产地。在圣多曼格岛上，蔗糖产量从1714年的7 000吨增加到1789年的8万吨。此外，依靠发展富裕起来的并不仅仅是商业巨头，因为波尔多的整个经济都是由其主导产业塑造的。例如：有700～800人受雇于造船场，300～400人在制绳场工作，300人被蔗糖精炼场雇用，等等。

我们将会看到，整个欧洲经济在18世纪都有所发展，但是国际贸易是最生动的成功案例。原始动力可能来自欧洲之外。在17世纪的最后25年里，伊比利亚国家治下的太平洋地区出现了明显的发展趋势，马尼拉和阿卡普尔科（Acapulco）的海关收入说明了这一点，在1720年之前的50年中，收入增长了2600%。与此同时，中国人口的明显增长创造了相应需求，吸引了越来越多的英国、荷兰商人。他们把黄金从中国带回欧洲，巴西矿业产出又迅速增长，这都有助于缓解长期的铸币短缺问题，也让欧洲货币得以维持稳定。在北美、加勒比地区和远东，停滞了一个世纪的欧洲殖民扩张再度启动，而登上舞台的是能够自我维持的扩张。从1740年到1780年，世界贸易总额增长了1/4到1/3。事实上，用阿兰·米尔沃德（Alan Milward）的话说："18世纪中叶是近代历史上最显著的贸易扩张阶段之一。"从18世纪第二个十年到18世纪80年代，法国的对外贸易量翻了一番，对外贸易额增长了4倍，而在同一时期，法国殖民地贸易额惊人地增长到原先的10倍。

冰冷的统计数字则揭示了这一巨大浪潮的人力成本，例如，法属西印度群岛的奴隶在18世纪从大约4万人增加到1789年的大约50万人，而在同一时段，每个奴隶的价格还翻了两番，可见当时对奴隶劳工的需求。所有的航海大国都卷入其中。葡萄牙与荷兰进口的奴隶人数超过自己殖民地所需，它们便将多余奴隶出售给贪婪的西班牙、法国业主。英国人可能是最为活跃的国家集团，保罗·兰福德（Paul Langford）指出，奴隶制是"不列颠帝国的核心制度之一，奴隶贸易是英格兰人的主要贸易之一"。奴隶制当然还是利物浦繁荣的基石，1750—1780年，当地奴隶贸易船出港航次接近2 000次，相比之下，同期的伦敦只有869航次，布里斯托尔只有624航次。

跨大西洋贸易提供了十分惊人的统计数据，但欧洲贸易的核心还是在欧洲内部。雅各布·普赖斯（Jacob Price）曾评论，传统“贸易地图”的持久性是值得注意的，贸易主干道源自波罗的海，经低地国家延伸到比斯开湾和伊比利亚半岛，分支则延伸到挪威、不列颠诸岛和地中海。在16世纪，虽然跨洋航线加入了到美洲和远东的航线，但波罗的海—加的斯航线依然是船运的大主顾。在1660年，这条航线是由荷兰人主导的。尽管——或者说正因为——脱离西班牙统治的斗争长达80年（直至1648年才结束），但荷兰人已建立起规模、复杂性和繁荣程度都着实惊人的贸易体系。一个简单的统计数字就可以说明他们在欧洲贸易中的优越地位：1670年，荷兰商船总吨位为56.8万吨，超过了法国、英格兰、苏格兰、神圣罗马帝国、西班牙和葡萄牙的**总和**。荷兰贸易的基础是波罗的海诸国，尤其是波兰—立陶宛生产的巨量剩余谷物，其中大部分是黑麦。这些谷物几乎都被运往荷兰共和国，80%的运量由荷兰船舶承担。随后，大约40%的谷物从荷兰输出，供给欧洲诸多地区，尤其是本地产出不足以供养本地人口的南欧地区。充足的基本食物供应让荷兰农民能够专注发展最适合其土壤、气候的农业分支，即牲畜、乳制品、蔬菜、大麦、啤酒花、烟草、大麻、亚麻、油菜籽（用于生产灯油）和各类染料来源（茜草、淡黄木犀草和菘蓝）。沿着荷兰人无可比拟的水上航道，这些经济作物及其制成品被运往遍布北欧、西欧各地的市场。在贸易额方面更重要的是“贵重商品贸易”，荷兰人从南欧收集到诸如香料、糖、丝绸、染料、水果、葡萄酒、白银之类的商品，将它们带回北欧各地，到了17世纪60年代，这一贸易分支产生的利润已达到波罗的海大宗货物贸易的7倍之多。它还提供了许多原材料，为共和国繁荣的制造业门类奠定了基础，这些门类包括：细布、丝绸、棉花、精炼糖、烟草、皮革、木器、挂毯编织、陶瓷、铜器和钻石切割。

技术因素可以在一定程度上解释荷兰的优势。著名的"笛形船"*［被英格兰人称作"长笛船"（fluteships）或"飞船"（flyboats）］是在16世纪末被首次引入航海的，一亮相便形成了强大的竞争优势。阿姆斯特丹造船场采用标准化设计和节约劳力的设备，尽量增加了笛形船的承载能力并缩减了成本。据估计，一艘载重250吨的英国船，其建造成本要比它的荷兰对手高出60%。作为专门用于大宗货运、无须充当战舰的船，笛形船的运营成本低得多，所需的船员也少得多——载重200吨的船只需10名船员，类似吨位的英国船则需要30人。结果，荷兰货船能够以低于其他国家竞争者1/3到1/2的报价提供服务。依靠这样的优势，荷兰人在运输业占据了主导地位。到了17世纪下半叶，他们主宰了波罗的海，将当地弄得就像荷兰殖民地一般。例如，瑞典的哥德堡（Gothenburg）港口由荷兰人建造，归荷兰人所有，让荷兰人运营，荷兰语甚至是该港口的官方语言。阿夫朗什（Avranches）主教在1694年写道：

> 或许可以说因为荷兰人是铜矿业的主人，他们在某种程度上就是瑞典王国贸易的主人。这些铜矿的承包人总是缺乏现钱，而且在瑞典找不到什么现钱，这样就得把货物抵押给阿姆斯特丹的商人，让商人预付他们急需的现款。焦油和沥青产业也是一样，阿姆斯特丹的某些商人已经从国王手中买到了大部分承包权，此外还支付了可观的预付款。结果，这类商品和其他多数商品在阿

* 笛形船（fluyt），一译平底船、货船、飞船，其名称可能源自类似长笛的船只外形。参见：林伟盛，荷兰东印度公司在大员的船舶与货物转运 [J]，国史馆馆刊，2015，45 : 17。

姆斯特丹的售价比在瑞典还便宜。

荷兰人强行要求他们的船在通过分隔北海与波罗的海的海峡时享有最惠待遇，因此丹麦的主权也受到了严重影响。

荷兰商业的第二大分支是由渔业支撑的。荷兰的鲱鱼产业被称为“大渔业”并非无故。每年6月底到12月初，由捕鲱船［buizen，眼红的英格兰人称其为“巴士船”（busses）］组成的特设船队跟随鲱鱼群从设得兰群岛（Shetlands）前往多佛尔海峡，一路上捕捞到大量渔获。这些鱼经过盐渍处理，被装进桶内运回马斯河（Maas）一带的港口，以便转手输出。事实证明，天主教欧洲地区的人们是特别好的顾客。* 鲱鱼季过后，捕鲱船南下比斯开湾或葡萄牙，大量收购加工鲱鱼所需的优质盐。就总产值而言，大渔业可以与英格兰纺织业争夺“欧洲最大的单一商业门类”的称号。北海的鳕鱼捕捞业和北极的捕鲸业就没那么重要了，但也有利可图。北极的捕鲸业在17世纪80年代达到巅峰，当时，荷兰人每年派出240艘捕鲸船，带回高达6万吨将要变成灯油和肥皂的鲸脂。

荷兰人也利用了东方的资源。在16世纪的最后一年，有许多船从香料群岛返回阿姆斯特丹，船上一共装载了27万千克胡椒和11.3万千克丁香，除此之外还有许多好东西。这趟贵重货物贸易的利润超过100%，众人纷纷跟上。3年后，各类公司被合并起来组建了荷兰东印度公司后，欧洲历史上最大的贸易事业之一起步了。在其巅峰时期，即17世纪末，它是世界上最富有的公司，拥有150艘贸易船

---

* 在天主教会规定的“四旬斋”等斋戒期间，天主教徒不得吃肉，但可以吃鱼，鲱鱼因此成为天主教徒的重要食物。

和 40 艘战舰，雇用了 2 万名水手、1 万名士兵和将近 5 万名文职人员。荷兰人要在东南亚占据主导地位，就得先从葡萄牙人手上把它夺过来，他们表现出不可抗拒的干劲和侵略性，赶走了一个又一个香料岛屿的控制者。截至 1660 年，荷兰人已经占据了科钦（Cochin，位于印度西海岸）、马六甲（Malacca，位于马来半岛西海岸）、印度尼西亚（包括苏门答腊岛和爪哇岛）、婆罗洲（Borneo，今加里曼丹岛）、西里伯斯岛（Celebes，今苏拉威西岛）、摩鹿加群岛（Moluccas，今马鲁古群岛）、新几内亚西部、台湾岛和锡兰（Ceylon，今斯里兰卡）。葡萄牙人在东方只剩下南印度的果阿（Goa）和中国的澳门。后来，英国人尝试强行挤入获利丰厚的香料贸易，遭到荷兰人激烈回绝，这样的回绝不消说也是残酷的，1623 年臭名昭著的“安汶岛屠杀”尤为残暴。40 年后，约翰·德赖登（John Dryden）还极力张扬此事，以此为发动第二次英荷战争争取支持。

荷兰共和国的总人口只有大约 200 万，然而荷兰商人似乎出现在世界各地，以地名的形式留下他们的名片，合恩角（Cape Horn）、布鲁克林（Brooklyn）、新西兰、范迪门角（Van Diemen）、斯匹次卑尔根群岛（Spitsbergen）都是典型案例。1625—1667 年，纽约是被称作“新阿姆斯特丹”的荷兰殖民地。荷兰人甚至在南美、加勒比地区、南非以及东方海域都有了驻地。1667 年，皇家海军测量师威廉·巴滕（William Batten）爵士向塞缪尔·佩皮斯评论荷兰船队的无所不在：“上帝啊！我觉得荷兰人是魔鬼拉出来的！”其后不久，他的同胞查尔斯·戴夫南特（Charles Davenant）补充说：“荷兰人的贸易向远方极力扩展，可以说只有全能的主在创世之初设下的约束才能限制他们。”环球贸易复合体的基础是阿姆斯特丹的金融机构。与城市同名的银行建立于1609年，它很快甩开了传统领导者威尼斯与热那亚，成为欧洲金融市场的中心。不久，一家贷款银行也加入了市场。再加上于1609年搬入崭新豪华建筑的股票交易所，多家银行让荷兰商人有了经营生意时的先发优势。其他任何地方都不可能像阿姆斯特丹那样轻松、快速、廉价地提供信贷，其他任何地方都不可能有阿姆斯特丹那样的货物保险能力。阿姆斯特丹金融机构做事颇有条理，在登记保险单时还用上了印刷表格。它们提供的保险服务十分优越，在1672—1674年的第三次英荷战争中，就连英国船队也在阿姆斯特丹投保。对所有欧洲商人来说，阿姆斯特丹的账单是支付外贸资金的公认方式。17世纪中叶，正是由于这种制度性基础，当和平于1648年恢复时，荷兰人得以占据有利地位，迅速建立起乔纳森·伊斯雷尔（Jonathan Israel）所说的“世界贸易主导权”。

荷兰人的主导地位将持续很长时间。直至18世纪中叶，荷兰人依然主导着运输业：在1767年驶入波罗的海的6 495艘船中，有2 273艘（35%）属于荷兰。然而，这样的数据掩盖了严峻的衰退，衰退既是相对意义上的，也是绝对意义上的。此时，许多开往波罗的海的荷兰船已是来自弗里斯兰（Friesland）和瓦登群岛（Wadden Islands）的小船，荷兰的大宗货运船数量大为减少。比如说，霍伦（Hoorn）的大宗货运船队吨位从17世纪80年代的1.07万拉斯特*降至18世纪30年代的1 856拉斯特，又继续下滑到18世纪50年代的1 201拉斯特。标志着荷兰共和国“黄金时代”结束的决定性时段似乎是18世纪的第二个25年，当时“贵重商品贸易”衰退，渔业崩溃。衰退范围越

---

* 拉斯特（last），近代欧洲容量、重量单位，因货物、地区差异而时有变化，1拉斯特载重大约相当于2吨。

来越大，造船业开始收缩，在阿姆斯特丹以北的赞河（Zaan）河畔，造船场数目从1690年的40多家降到18世纪30年代的27家，到了1750年只剩23家。只有殖民地物产的转口贸易有所发展，但即便在这一层面上，相对于法国、英国完成的大规模扩张，荷兰也处于相对衰退之中。

荷兰共和国在17世纪与欧洲整体发展趋势相悖，实现了人口、财富的增长，而在欧洲其余国家开始普遍发展的时候，它却面临衰退。从1600年到1650年，荷兰人口从140 ~ 160万增加到185万 ~ 190万，随后便陷入停滞，到了1700年，人口可能略有增加，达到195万，人口增长停滞却成了18世纪的标志。第一次可靠的人口普查于1795年进行，普查共录得人口207.8万。更为严重的是人口分布问题。就在欧洲城市人口不断增加的时候，许多荷兰城市却经历着去城市化，正如表4所示：

表4　1688—1815年荷兰城市人口变迁

	1688	1720	1732	1749	1795	1815
阿姆斯特丹	200 000	220 000	220 000	200 000	200 000	180 000
莱顿	70 000	65 000	60 000	36 000	31 000	28 500
鹿特丹	50 000	45 000	45 000	44 000	57 500	59 000
哈勒姆	50 000	45 000	40 000	26 000	21 000	17 500
海牙	30 000		38 000			38 000
米德尔堡	30 000			25 000	20 146	13 000
代尔夫特	24 000	20 000	20 000	13 910	14 500	12 850
豪达			20 000		11 700	
恩克赫伊曾	14 000		10 400		6 800	5 200
赞丹	20 000			12 500	10 000	8 974

资料来源：Jonathan Israel, *The Dutch Republic. Its rise, greatness and fall 1477—1806* (Oxford, 1995)

哈勒姆和莱顿尤为突出的数据，体现了曾让这两个城市成为欧洲最繁荣社区的细布产业陷入崩溃的结果。在莱顿，细布年产量从1700年的2.5万匹下降到18世纪30年代后期的8 000匹。

荷兰共和国蒙受了与其他诸多享有先发优势的经济体同样的命运：它的扩张是如此迅速，它的财富是如此惊人，以致注定会招惹别的国家带有忌妒的敌意。当时盛行的正统经济观念认为，世界上的金银货币或者说“现钱”的数量是有限的，因此，一个国家在繁荣发展时只能以牺牲他国为代价，这样的信条导致敌意更容易滋生。马修·德克尔（Matthew Decker）爵士在1744年总结道：“因此，如果不列颠的出口超过进口，外国人就必须用贵金属付账，国家就会富裕起来。但如果不列颠的进口超过出口，我们就必须用贵金属付账给外国人，国家就会贫穷下去。”此外，鉴于某国实力往往与其拥有的现钱有关，政府是有责任通过促进出口、减少进口的对应手段统制经济的。以英国议会为例，它在1651年、1660年和1696年通过了《航海法案》（Navigation Acts），要求所有往来英国殖民地的贸易均需由英国船舶承运，所有殖民地出产也都只能运往英国港口。法国人的态度与此类似。1670年，科尔贝在他为路易十四准备的一份报告中写道：

> 在整个欧洲流通的货币总量是固定的，来自西印度群岛的白银则会不时增加货币总量。事实说明，要是（王国内部）流通的白银只有1.5亿利弗尔，而我们又要增加2 000万、3 000万或5 000万流通量，就必须在同一时段内从各个邻国拿走同样的货币数量。

和英国人一样，科尔贝紧盯着荷兰人，他在同一份报告中宣称，往来于法国港口的贸易曾有9/10由荷兰人操纵。他们带进法国的货物要远多于带走的货物，法国人得用硬通货付账，“这让他们变得富足，却让我们这个国度变得贫穷”。为了纠正这一状况，1662年，由外国船舶运输的货物每吨均需征税50苏，其结果是：“我们业已看到法国的船舶数量每年都在增长，过了七八年，荷兰人就几乎被排除出港口间的贸易了，（现在的）贸易是由法国人操持的。水手、航运人员的人数增加，金钱被留在国境之内，这些都是难以估量的好处。”每当某个欧洲政府施行类似科尔贝的重商主义政策，荷兰人就会受到不利影响。例如，瑞典人在1724年通过了《物产法案》(Produktplakatet)，只允许携带本国物产的外国船舶进入瑞典港口。这导致运费和物价上涨，同时伤害了瑞典商人和瑞典消费者，但对荷兰人伤害更甚。

英国人和法国人还都以发动战争的方式直接打击荷兰商业，前者在1652—1654年、1665—1667年和1672—1674年对荷兰开战，后者则是1672—1678年、1689—1697年和1702—1713年对荷兰开战。在上述所有冲突中，荷兰人都证明他们能够发出远远超出自身体量的猛击。1667年掠袭梅德韦河（Medway）或1673年三度大破英法联合舰队的战绩表明，就连1∶14的人口劣势也是可以克服的。但从长远来看，战争之神总是站在部队规模更大的一方。数十年连续不断的战争必然导致过度劳损，这最终耗尽了共和国的资源。尤为重要的是，偿还累积债务、维持武装力量所需的税负给荷兰经济造成了结构性损害。在1678年，荷兰国债为3 800万盾，到了1713年就上升到1.28亿盾。早在1659年，乔治·唐宁（George Downing）爵士就惊奇地发现：“虽然他们的正常税收已经和与西班牙交战时一样重了，可人们还乐意缴纳特别税，真是奇怪。”他又举出例证补充道：“据我估计，在一家普通旅馆吃道肉菜，就得以各种各样的方式缴纳 19 种货物税。很离奇，却是真的。”格雷戈里·金（Gregory King）在 17 世纪末估计，尽管荷兰共和国的人口不到英国的一半，它却能获得更多的财政收入，这是因为普通荷兰纳税人缴纳的税金相当于英国人或法国人缴纳的三倍。

这些针对消费征收的高额间接税导致工资相应上涨，竞争力相应下降。莱顿织布工的工资是边界对面南尼德兰工人薪水的两倍，是毗邻的列日（Liège）主教侯国（当时是神圣罗马帝国的一个独立诸侯）的三倍。难怪到了 1700 年，荷兰人的传统顾客们已在着手寻找其他地方更为合算的供应商了，顾客们也发现用自己的船运输货物更为便利。其他的造船国迟早会缩小与荷兰的技术差距，建造自制版笛形船，发展自己的商船队，摆脱荷兰中间人，这都是不可避免的。以普鲁士与波尔多的直接贸易为例，其贸易额从 18 世纪 40 年代到 18 世纪 80 年代翻了一番。普鲁士人在军事上表现出了活力，这样的活力在商业中也显而易见。斯德丁（今波兰什切青）的商船从 1751 年的 79 艘增加到 1784 年的 165 艘，而且船也越来越大：载重超过 100 拉斯特的商船从 1751 年的 2 艘增加到 1784 年的 78 艘。在波罗的海地区，斯堪的纳维亚与汉萨同盟间的运输业竞争愈演愈烈，瑞典人在哥德堡发展出可与荷兰匹敌的鲱鱼捕捞业，挪威人则取代荷兰人，成为该地区主要的鳕鱼供应商。18 世纪中叶，荷兰的鳕鱼捕捞业已经缩水成不到 17 世纪 90 年代的 20%。到了 18 世纪 70 年代，荷兰人在波罗的海谷物贸易中所占份额仅仅略高于 40%，而约一个世纪前，荷兰人是垄断这一贸易的。荷兰人在捕鲸业中的传统优势地位受到了挑战：

1721 年，有 355 艘船在格陵兰周边海域参与捕鲸，其中大部分——251 艘——依然是荷兰船，但此时已有 55 艘来自汉堡，24 艘来自不来梅（Bremen），20 艘来自法国和西班牙的比斯开湾港口，5 艘来自卑尔根（Bergen）。

随着欧洲其他国家从“三十年战争”中恢复过来，并着手发展自己的商业，它们对荷兰转口贸易的需求减少了。这并不意味着在黄金年代发展出的大型贸易联合体在 18 世纪陷入了崩溃。几个重要部门还在持续扩张，至少在绝对数量上有所发展。荷兰商人依然在拓展新领域，例如东印度地区利润丰厚的咖啡生意，表现出他们昔日的进取与活力。然而，荷兰国内无疑出现了从制造业和商业转向金融业的现象，人们尤其倾向于给外国政府提供贷款。鉴于许多政府愿意支付 5% 以上的利息，将积累的资本投入银行业是相当明智的举动。因此，荷兰共和国成了查尔斯 · 威尔逊（Charles Wilson）所说的“食利经济体”，即便不大能算是欧洲经济里的寄生虫，也是较为被动的玩家。

在与荷兰逆向而行的国家中，俄国的成功相对而言最引人注目。1660 年时，它还是个偶尔出现的偏远原料供应国，到了 1815 年，它已崛起为一个贸易大国。彼得大帝在 1700—1721 年的“北方大战”中取得胜利，他的胜利给俄国带来了波罗的海东部地区的控制权，其中包括了纳尔瓦（Narva）、里加（Riga）和雷瓦尔*（Reval）的港口，更不用说还有他新建的圣彼得堡。后者要到 1703 年才建立，可到了 1722 年，它的货物吞吐量就高达阿尔汉格尔这个俄国原先的主要港口的 12 倍之多。俄国牢牢捍卫“通向西方的窗口”，它与西欧的贸易

* 此即今爱沙尼亚首都塔林（Tallinn），雷瓦尔系其德文旧名。

从1726年到1749年翻了一番。叶卡捷琳娜大帝在南方的吞并成果同样重要，不过这经常遭到忽略。1774年的《小凯纳尔贾条约》给俄国带来了在黑海边的立足点，使俄国商船有权在黑海上航行；1779年的《艾纳勒卡瓦克协定》* 则增加了俄国商船可以穿过海峡驶入地中海的权利；俄国在1783年吞并了克里米亚，还在1787—1791年的战争中加以巩固，这让黑海北岸落入俄国控制；1807—1812年的战争又令俄国几乎扩张到多瑙河三角洲。1772年、1793年和1795年三次瓜分波兰，则让俄罗斯帝国的边界向西推进了500千米以上。

地缘政治状况的变化要过很长时间才能落实到商业层面。18世纪的大部分时间里，俄国继续被西方，尤其是被它的主要顾客大不列颠视同殖民地，即原料供应地兼制成品市场。英国人知道俄国人缺乏各类商业基础，便在1734年的贸易条约中要价极高且绝不松口。虽然1766年的后续条约修订了其中义务较为繁重的条款，但基本剥削要点仍维持不变。事实证明，实现经济成熟是一个漫长的进程：1773—1777年，俄国所有港口平均每年仅有227艘俄国船入港，在载重超过200吨的船中，仅有12 ~ 15艘是真正的俄国船。相比之下，在同一时期进入俄国的1 748艘船中，超过600艘是英国船。然而，当一支舰队自波罗的海扬帆起航，行经北海，于1770年6月24—26日在爱琴海上的切什梅大败土耳其人（这是海战史上最具压倒性的胜利之一），俄国已成为海上大国的事实便尽人皆知了。它打算以此取得商业红利，因而随后便在各个贸易中心设立外交代表。在接下来的10

---

* 《艾纳勒卡瓦克协定》，1779年俄土两国在伊斯坦布尔的艾纳勒卡瓦克宫（Aynalıkavak）签署，故而得名。该宫殿于17世纪建成。英文、法文、德文文献常将该宫殿写作Ainali Kawak，本书作者亦不例外。

年中，俄国任命了16位总领事和30位领事，他们的负责范围遍及波罗的海、北海、大西洋和地中海。18世纪的最后20年，俄国商业快速发展，南部地区新港口带来的机会促进了发展，在南部，赫尔松（Kherson）于1778年建立，塞瓦斯托波尔（Sevastopol）于1783年建立，敖德萨（Odessa）于1793年建立。在1794年，共有406艘俄国船从俄国港口出航，这依然低于英国船的数量1 011艘，但已清楚表明俄国正在建立值得一提的商船队。从1775年到1787年，俄国商船数量增加了8倍。对外贸易也出现了惊人的增长，正如表5所示：

表5　俄国对外贸易总额（金额以千卢布为单位）

年份	总量	进口	出口	净出口
1772	31 253	15 563	15 690	127
1782	40 301	19 242	21 059	1 817
1787	48 867	22 753	26 114	3 361
1792	78 218	37 521	40 697	3 176
1794	85 004	39 530	45 474	5 944
1795	90 424	36 652	53 772	11 893
1796	109 519	41 879	67 640	25 761

资料来源：Isabel de Madariaga, *Russia in the Age of Catherine the Great* (New Haven and London, 1981)

俄国的商贸发生了世纪性的转型，俄英关系的变化很能说明问题。当1766年的贸易条约即将于1786年期满时，英国人惊讶且沮丧地发现他们无法以旧日的条件续约。这没什么可讶异的，叶卡捷琳娜大帝在1780年即已显露了她的意图，当时，她组建了武装中立同盟，这是一个非交战国的联合组织，尽管名为武装中立，实际却针对英国的海上霸主地位。俄国人明白他们已拥有自己的商船队和贸易机构，因此产生了自信，事实证明，怀有这种自信心的俄国人是固执的，贸易条约就此失效了。1787 年 1 月，俄国人与法国人签署了贸易协议，这令英国人感到更为震惊。此举给伤害加上了侮辱意味，一个重要原因在于它既有重大的战略影响，也有严重的政治影响。皇家海军和英国商船都非常依赖俄国的造船原料，这不仅包括制备桅杆和木板的木材，还包括沥青、焦油、树脂、松节油等木材衍生物，以及用于制作帆布的亚麻和用于制作绳索的大麻。现在，既然俄国已经通过黑海打通了与地中海的直接贸易联系，那么可怕的事情便有可能发生——这些“海军军需”可能会提供给英国的死敌。

相应进程其实已经开始了。1781 年，一位名为安托万（Anthoine）、以伊斯坦布尔为基地活动的法国商人前往赫尔松、圣彼得堡和华沙，调查此类方案的可行性。他随后前往凡尔赛，向法国当局报告状况。1783 年 4 月，随着在美洲进行的战争告一段落，法国外交大臣韦尔热纳（Vergennes）伯爵呼吁海军部长卡斯特里（Castries）加快项目进程，以免英国人采取反制措施。安托万正式获得经赫尔松向法国出口海军军需的独家权利，并从阿姆斯特丹的一家银行得到了 10 万利弗尔贷款。1784 年，一位制作桅杆的能手前往赫尔松与安托万会合，协助他挑选合适的桅杆。安托万还与波兰要人波尼亚托夫斯基（Poniatowski）公爵*签了合同，让后者提供 300 根桅杆的用材。到了 1786 年，又有 263 根桅杆运抵马赛。很难估计这番贸易到底产出了什么。与法国人的期望相比，实际运来的桅杆尺寸小、质量差，安托万对给自己捞好处更感兴趣，对增进国家利益则没那么在乎。土耳其与俄罗斯在 1787

* 波兰、俄国等东欧国家的公爵头衔（波：Książę，俄：Князь）常被英译为 Prince，本书亦是如此，译者根据名从主人原则依旧将其译为公爵。

年夏季爆发的战争使项目骤停。1793年，叶卡捷琳娜大帝取消了贸易协议，以此作为对法国处决路易十六的回应。

尽管这种弑君行为并非主要原因，但它还是促使大不列颠参与了法国革命战争，从而导致法国海外贸易陷入濒死的痛苦。可早在那场致命危机之前，法国的贸易就已出现了损伤迹象。法国商人在18世纪初奋力夺取了黎凡特贸易的控制权，但到了18世纪80年代，他们发觉英国、德意志和奥地利的竞争者们带来的廉价纺织品正在抢他们的生意。截至1783年，法国商品的市场份额已经下降到40%左右。那一年也是北美殖民者最终取得胜利，让英国人承认他们独立的年份，这原本也该是殖民者的法国顾问兼盟友进入他们商业王国的年份，实际状况却并非如此。法国商业体系僵化，过于依赖受保护的殖民地贸易，当中又特别依赖转口贸易，仅后者便占到18世纪80年代出口总额的1/3以上。更具体地说，这一商业体系过度依赖圣多曼格，殖民地贸易总额的3/4、大部分转口货物都源于此地，它还吸纳了法国将近2/3的海外投资。在1791年8月的奴隶大暴动将圣多曼格这只金鹅骤然斩首之前，那里就因过度开发导致的土地贫瘠和奴隶价格上涨而相当虚弱了。此后，法国人再也没能控制这个岛屿。

这一事件本身就足以令波尔多的贸易额在不到一年内下降1/3了，但更糟糕的事情还在后面。国民公会于1793年2月1日向大不列颠和荷兰共和国宣战，此后英国皇家海军统治了海洋，令法国的海外贸易实质上陷入崩溃。汉堡商人洛伦茨·迈尔（Lorenz Meyer）于1801年从波尔多发回报告：

波尔多辉煌不再……殖民地的破坏与丢失已经消灭了商贸，

破坏了这座法国第一城的繁荣。这种状况是随处可见的。股票交易所里依然到处是商人，但大部分人只是出于习惯才过来。做生意是罕见的现象。唯一没有消失的商业门类是国内的葡萄酒生意。

1789 年，法国对汉堡的转口贸易货物（主要是蔗糖和烟草）价值 5 000 万利弗尔。而在 1795 年（这个年份已经好于前两年了），法国仅仅向汉堡输出了 291 桶蔗糖，而且主要是由中立国船只运输的，在此期间，英国人则输出了 25 390 桶。也正是在这一年，法国外贸总额下降到 1789 年的 50%。革命前的 7 年中，海外贸易在法国全部经济活动中的比重从 25% 下降到 9%。就算在 1815 年，它也只达到了 1789 年的 60%。这种衰退对法国腹地的制造业也产生了相应影响。以马赛为例，其工业产值从 1789 年到 1813 年下降了 3/4。

18 世纪的重大教训是，商业的关键在于航运和保护航运的能力。这是法国人有时不愿领会又时常不能领会的教训。事实上，凡尔赛有时可以听到鼓吹海军和商业利益的声音，在科尔贝漫长的首席大臣任期（1661—1683）内尤其如此，但在更多的场合下，这样的声音还是被陆军盖过了。在争夺稀缺资源的激烈竞争中，法国的传统和地理条件都对陆军有利。法国人好几次努力建立一支能够与荷兰人（后来是英国人）匹敌的海军，却总是陷入迟疑。因此，所有决定性的海上交战都以法军的失败告终。法国失败的原因在于法国商船队相对弱小。尽管法国人口是大不列颠的 3 倍，法国在大西洋和地中海也都拥有漫长的海岸线和优良的港口，但它的商船队规模从未超过大不列颠的一半。约翰 · 哈巴卡克（John Habbakuk）爵士将这种失败描述为这一时期经济史中“最不寻常的特征之一”。在 1767 年，有 203 艘船从波罗的海经松德海峡驶往法国港口，有 299 艘反向而行，但其中只有 10 艘是法国人的船。因此在战争时期，当法国动员舰队的时候，只能从大约 5 万名熟练海员储备中征召人员。英国这方面的人数则是法国的两倍以上：1801 年的人口普查记载皇家海军里有 13.5 万名海员，商船队里有 14.4 万名海员。

那便是耶拿桥（Pont d'Iéna）和奥斯特利茨车站（Gare d'Austerlitz）坐落在巴黎，特拉法尔加广场（Trafalgar Square）却位于伦敦的缘故。“第二次百年战争”始于 1688 年光荣革命，终于滑铁卢（Waterloo），我们不应夸大交战双方的反差。这并不是基于土地的法国贵族政权与基于商业资本的英国资产阶级政权间的简单对抗。1629 年之后，法国贵族获准拥有船只参与海外贸易，1701 年之后，特许贵族可以参与一切形式的批发生意，而且不会因此丧失他们的贵族身份。许多贵族参与了贸易。法国历史学家居伊·肖锡南-诺加雷（Guy Chaussinand-Nogaret）写道：“从 1770 年起……贵族阶层开始大规模地参与大型海外贸易公司，有时候还组建海外贸易公司。”西非公司成立于 1774 年，旨在开拓卡宴（Cayenne）殖民地并供应奴隶，在它的 24 位股东中有迪拉斯（Duras）公爵、赛瑟瓦尔（Saisseval）侯爵、朱米亚克（Jumilhac）伯爵、沙特勒韦（Chartreuve）修道院院长、弗雷塞尔维尔（Fresserville）伯爵、梅尼尔格莱兹（Mesnilglaise）侯爵、格里尼翁（Grignon）侯爵、布拉尼（Blagny）伯爵和罗什德拉贡（Rochedragon）侯爵。另一方面，英国议会直至 1815 年仍由大地主把持。这一时期的英国贵族拒绝商人或金融家进入贵族行列。在约翰·坎农（John Cannon）看来，运营这个国家的贵族们是“人类历史上最排外的精英统治阶层之一”。

然而，两国之间仍然存在重要的差异。法国政府所在地是凡尔赛宫，它是完全由人工创造出来的，是按照仅仅一个人的吩咐在一块绿地上被建造起来的。英国的首都伦敦是一座庞大的港口兼金融中心。即便英国王室的重要性有时候曾被低估，但它在规模、宏伟程度和声望上都是无法与法国王室相比的。我们将在后文看到，伦敦还是一个高速发展的公共领域中心，人们在这个公共领域里可以捍卫、运用商业利益。“外交政策的优先”往往会有影响。1688 年荷兰执政来到英国，后成为英王，他创造出“海上强国”的概念，这是一个天然同盟，纽带在于英、荷两国共同对抗法国的绝对主义与天主教，捍卫自由、新教和贸易。17 世纪 90 年代，两国成功遏制了路易十四的野心，并在西班牙王位继承战争中取得了诸多胜利，这似乎表明整个世界的权力平衡已转入英—荷轨道，特别是转入这一轨道中的英国部分。丹尼尔 · 笛福在写于 1726 年的《英格兰生意人指导大全》(*The Complete English Tradesman*) 中宣称：“我国不仅是一个贸易国，而且是世界上最大的贸易国。”他的补充或许更具争议：“我们的气候是世界上最适宜人居的气候。”这种得意扬扬的论调不断重现。爱德华 · 扬（Edward Young）较为知名的身份是《夜思》（*Night Thoughts*）的作者，他在 1730 年发出欢呼，声称整个世界都齐心协力让英国富裕起来：

> 华丽岛！何等的浪潮奔涌，
> 何等的溪水流淌，何等的风儿吹拂，
> 何等和煦的太阳照耀，何等的雨水浇灌，
> 可奔涌、流淌、呼吸、照耀、浇灌都是为你？

每一颗心都怦怦直跳，想要看到
每一块土地的每一个季节如何在你的海岸上融合？
……
旁人买卖或许凭自己的兴致，
不列颠，大海的美丽女儿，
为**贸易**而生，要耕耘她的田地——波浪，
还要收割每片海岸的作物：
一块小小的土地！可让她自豪吧，
上帝赐下了**世界**，那时也**赐下水面**。
不列颠！看哪，宽广的世界：
固体空间不到一半，
流体则占据三个部分；海上的帝国！
为什么？因为贸易。**海洋**涌动
是为着贸易，为着种种贸易：
为了**贸易**，**海洋**为你奔涌。

10 年后的 1740 年，詹姆斯·汤姆森（James Thomson）在《阿尔弗雷德》（*Alfred*）中表达了同样的观点，作者借隐士之口，让他在最后一次劝导中告知遭遇围攻的撒克逊国王：

我看到你的商业，**不列颠**，执掌世界：
所有国家为你效劳，外国的一切洪流
都要低头，向**泰晤士河**纳贡。

英国人认为，他们相辅相成的四大成就——权力、繁荣、新教和自由——都是由商业保障的，因此商人也享有很高的地位。1722年，理查德·斯梯尔（Richard Steele）在戏剧《觉醒的恋人》（*The Conscious Lovers*）中借西兰（Sealand）先生之口道："我了解市镇和世界——请允许我说，我们商人是一种绅士，是最近这个世纪从这个世界成长起来的，你们这些拥有地产的人总是觉得自己的地位远高于我们，可你我一样体面，也几乎一样有用。"约翰·盖伊（John Gay）在《忧伤的妻子》（*The Distress'd Wife*）中的表述更为有力："（商人的）名字是耻辱吗？哪儿的行当这么体面？是什么能够扶持我们国家的每个人？是商业。国家的荣耀、信用和权力依赖于什么？商业。王国政府的光辉和尊贵得益于谁？商业。"丹尼尔·笛福同意他的看法："英格兰人的贸易创造了绅士，让这个国家到处都有绅士。"除了上述文学例证外，瑞士旅行者塞萨尔·德·索叙尔（César de Saussure）的权威意见也可以作为补充，他于1727年评论道："在英国，商业不像在法国和德意志一样被人瞧不起。这里的良家子弟乃至有身份的人都可以成为商人而不受轻视。我曾听说有贵族的长子因奢侈放荡的举止而让家庭陷入贫困，最后幼子成为商人复兴了家业的事情。"英国过去的政治理论中有条公理，认为良性政体有赖于市民的人文精神，这种精神的维护者是有地精英，他们的独立自主确保了自身的德行。此时则出现了新的看法，人们更愿意将商业社会视为全然合法的私人交际空间，而非腐败巢窟。

最后，还是地位问题让1660—1815年的英国商业有别于法国商业。在法兰西，商业虽然重要，但它不过是种种国家特质中的一种而已。在大不列颠，商业却至关重要。这个国家商业成功的速度极快，竟引来与贸易毫无关系也毫无共鸣的观察者们的广泛关注。第四代奥福德（Orford）伯爵霍勒斯·沃波尔曾告诉与他通信的霍勒斯·曼："你再也认不出自己的国家了。你离开的时候，它是个自给自足的清静岛屿。现在你将发现，它成了世界的首都。"举足轻重的托利党人塞缪尔·约翰逊（Samuel Johnson，1709—1784）博士意识到："自古以来，还没有哪个行当能够吸引人类这么多的关注，也没有什么商业成果能让人们以如此大的好胜心追逐。"这也引发了许多负面评论，以来自约翰·布朗（John Brown）的评论为例，他在1758年写下了长达80页的粗野之语——《对时代举止和原则的判断》(*An Estimate of the Manners and Principles of the Times*)，表示过度的贸易和源自贸易的财富带来了柔弱、不虔诚和颓废。这类主观印象背后是一些令人印象深刻的统计数据，例如，商船队的规模从1702年的3 300艘（26万吨）增长到1776年的9 400艘（69.5万吨)，几乎增加了两倍。货物进口贸易额从1700年的大约600万英镑发展到1770年的大约1 220万英镑，同期的出口额则从647万英镑增长到1 430万英镑，翻了一番还多。要是这些观察者能够活到18世纪末，他们还会有更多赞扬或批评的理由。凯恩（Cain）和霍普金斯（Hopkins）业已确定，1697—1800年，英格兰和威尔士的出口额年均增长率为1.5%。18世纪80年代棉纺业起飞之时，出现了真正可观的加速发展，1780—1800年，出口额年均增长率达到了5.1%。到1801年，出口份额在国民收入中的比重已有显著增长，达到了18%，比1783年翻了一番。本章开头提到约瑟夫·帕尔默对波尔多壮观景象的艳羡，要是他能够在1818年游览伦敦，就会发现那里有绵延6.5千米的造船厂、1 100艘帆船、3 000艘驳船、3 000名船夫和导航员、4 000名码头工人，以及（使人不快的）1.2万名税务官。这时，伦敦已是巨大的贸易中心，它让英国不仅成为世界工厂，也成了世界的仓库［博伊德·希尔顿（Boyd Hilton）语］。

都　城

变化吸引了当时人的眼球，也吸引了历史学家的眼球。伦敦与利物浦、南特与波尔多、汉堡与但泽、圣彼得堡与塞瓦斯托波尔这样的商业中心具备现代化的活力，看起来像未来的城市，它们也的确是这样的城市。然而对大多数市民来说，给他们提供生计的并非商人。1660—1815年，典型的城市经济并非港口经济，而是宫廷经济。这是都城（Residenzstadt）*的黄金时代，居住在城墙之内的人们——统治者和他的官员、教士与廷臣——是“都城”存在的理由。上述特权集团形成了一个强有力的经济集团，他们在城市里花费从乡村以税收、地租、司法费用等形式榨取的金钱。农民被迫付出的牺牲让都城得以繁荣。在当今这个后工业化的世界上，家政服务虽然并未消亡，却也趋于边缘化，而在近代早期的欧洲，它却是城市里的主要工作来源。举例来说，约翰·佩策尔（Johann Pezzl）对18世纪80年代末的维也纳进行了社会调查**，他在调查中鉴别出了至少一打“侯爵”的家庭雇员，即那些享有侯爵（Fürst）***头衔的权贵所维持的家仆。最为富有的侯爵家族包括利希滕施泰因（Liechtenstein）家族、艾什泰哈

---

* Residenzstadt系德文词，意为“都城”“国都”“京城”，其字面含义为居住的城市。

** 调查结果收录在他的著作《维也纳素描》（*Skizze von Wien*）中。详见：Johann Pezzl, *Skizze von Wien Wien, 1786—1790*, vol. 2, pp. 59—60.

*** 德语中的Fürst存在多种含义，此处意为低于公爵（Herzog）、高于伯爵（Graf）的侯爵，也可泛称拥有领地的诸侯。英文中则常将Fürst译作Prince，本书亦是如此。

齐（Esterházy）家族、施瓦岑贝格（Schwarzenberg）家族、迪特里希施泰因（Dietrichstein）家族和洛布科维茨（Lobkowitz）家族，每位侯爵每年要花费30万～70万古尔登。在这一精英阶层之下是大约70名伯爵，每人每年花费5万～8万古尔登，接着是50名左右的男爵（Freiherr），这些人的家庭支出大约在2万～5万古尔登之间。佩策尔从位于中间的伯爵阶层中选取了一个有代表性的家庭，来说明为何城里有大批仆人：

> 女主人需要使唤一两名贴身女仆、一名贴身男仆、一名洗衣妇、两名用餐侍女、一名另加的女孩、一名门卫、一名信差和三名普通侍从。
>
> 男主人需要一名秘书、两名贴身男仆、一名听差男仆、一些猎人、一些信差、一些骠骑卫兵、两名普通侍从。
>
> 宅邸的一般勤务需要有一名大管家、一名侍者、两名清洁女工、两名家仆、一名门卫。
>
> 厨房里有一名大厨、一名糖果师傅、一名馅饼师傅、一名烧烤师傅，还要有常见的厨房帮工、厨房搬运工、洗碗工、厨房女仆等等。
>
> 马厩由一名马厩长、一名骑师、两名乘车的车夫、两名骑马的驭手、两名骑马护卫、两名马夫、四名马童等照管。

这是一种文化，在此之中地位意味着一切，排场决定着地位，而排场只能依靠“规模相称”的仆从队伍来维持。所以佩策尔补充道：“据估计，维也纳的男女家仆总数是2万，实际数目只多不少。”在他写下这些话的时候，维也纳的总人口大约是 22.5 万。在这些直接依靠贵族生活的仆人之外，几乎所有从事贸易、零售或生产的人都是都城关联体的一部分。特权阶层的奢侈消费创造了相应的经济，即奢侈品贸易和（将劳动力吸引到维也纳的）奢侈服务的网络。同时期的作者伊格纳茨·德·卢卡（Ignaz de Luca）在调查中记录如下：“城里的绝大多数贵族是廷臣或公务员。整体而言，贵族阶层拥有巨额财富，能够随意花费，这对劳动人口而言可谓恩赐，尤其是在维也纳这样一个有着大量作坊主、工匠和其他劳工的地方。”大卫·休谟在 1768 年有过略带酸味的评论，他说这座城市“完全是由贵族以及仆从、士兵和教士组成的”。

即便是近东河谷文明中形成的第一批城市，也在某种程度上是由“依靠租金过活”的食利者阶层定居下来维系的。而我们所描述的这个时代的特别之处就在于，食利者阶层在欧洲许多地区占主导地位，原因之一是各国宫廷的地点固定了下来，到了 17 世纪末，宫廷已经不再到处巡回。曾有位被派驻在法国国王弗朗索瓦一世（1515—1547 年在位）宫廷的疲倦的大使抱怨道：“在我整个出使期间，宫廷就没有在同一个地方连续待过 15 天以上。”而在路易十四（1643—1715 年在位）治下，宫廷已在凡尔赛停驻下来，迅速将一块绿地变为一座都城暨全国第十大城市。直到皇帝斐迪南二世（1619—1637 年在位）统治时期，维也纳才成为哈布斯堡君主国的固定首都，直到 1683 年土耳其人围城失利、威胁最终解除后，维也纳才由边境要塞变为都城。此后，像圣卡尔教堂（Karlskirche）或欧根亲王的夏宫“美景宫”（Belvedere）这样的标志性建筑在古老的要塞之外陆续建成，这显示了统治阶层的信心——土耳其人再也不会成为威胁了。截至 1720 年，维也纳城及其周边地区已修建了不少于200座各类豪宅，到了1740年，这个数字又翻了一番。这时，这座城市开始以哈布斯堡君主国的"首都"(Haupt-und Residenzstadt)为人所知。

宫廷立于这些都城的中心位置，这是王权与贵族特权的交会之地。宫廷是"表现"场所，统治者的权威通过排场和仪式展现出来；它又是娱乐场所，上流社会人士可以在此宴饮、跳舞、赌博、参加舞会、欣赏歌剧和芭蕾舞，通常会玩得很开心；它还是谈判场所，中心与边境、首都与外省可以在此达成协议。它既是冲突场所，也是解决冲突的场所。欧洲的大地主权贵们不再试图以在自己庄园另立权力中心的方式挑战君主。在英格兰的玫瑰战争（1455—1485）、法兰西的投石党战争（1648—1653）、"三十年战争"（1618—1648）和拉科齐·费伦茨二世（Rákóczi Ferenc II）领导的匈牙利起义（1703—1711）——仅在此列出其中几场较为重要的动乱——结束后，统治者与特权阶层都形成了新的社会政治联盟。无论新的宫廷话语如何提升了王室的形象，这都不是绝对主义对贵族政治的简单胜利。在此可以借用约翰·亚当森（John Adamson）引人注目的隐喻，在宫廷里，"权威的外壳掩盖着各式各样的'权力门厅'，它们半是补充，半是竞争"。从16世纪中叶到17世纪末，关于宫廷应该怎么组成，欧洲各地发展出了亚当森所说的"期望的标准化"。

我们将在后续章节看到，在这一时期的大多数欧洲国家，宫廷都在政治和文化中扮演了主导角色。我们在此需要强调它的经济角色，特别是要在脑海里牢记宫廷事业的庞大规模。奥利维耶·沙利纳*曾

---

* 奥利维耶·沙利纳（Olivier Chaline），法国历史学家，生于1964年，1992年获得巴黎高等师范学校博士学位，2001年起任教于巴黎四大（索邦），主要研究欧洲近代史。

就凡尔赛写道："它远不仅仅是从王国各个省份召来的大贵族的聚会，而是整个社会的一个微缩版本，有着自己的教士、士兵、官员、商人和家仆。"在路易十四统治末期，凡尔赛共有1万名宫廷人员，这让他的宫廷成为整个王国内除军队外——军队本身也在宫廷里拥有强有力的代表——的头号雇主。此外，在太阳王或他的同类周围还环绕着许多行星，每颗行星又都拥有自己的卫星。

许多宫廷人员身着教士服装。都城有强烈的教会氛围，在天主教国家尤为明显。事实上，公开表现的虔诚便是上文提到的"期望的标准化"之一。高级教士和宗教机构都能在宫廷里引起某位王家赞助者的关注。事实上，教会在很多地方都处于都城经济的中心。罗马最为明显，它既是圣彼得继承人的圣座所在地，也是他世俗领地的首都。罗马还是长久以来主宰着神圣枢机团和由神圣枢机团产生的教皇职位的大贵族家族所偏爱的居所，那些最惹人注目的豪华宅邸（palazzi）的名字便说明了这一点：阿尔铁里（Altieri）、博尔盖塞（Borghese）、基吉（Chigi）、科隆纳（Colonna）、埃斯特（Este）、法尔内塞（Farnese）、菲亚诺（Fiano）、潘菲利（Pamphili）、鲁斯波利（Ruspoli）、夏拉（Sciarra）等等。由于几乎每个天主教修会都认为有必要在罗马维持一个分支，结果当地共有240所男修道院和73所女修道院。罗马城的总人口在1740年是14万，而修会人员和教区神父加起来就占了7%，全城大约1/3的不动产也归各个修会所有。

罗马还有两个可以夸耀的资产，它们吸引游客从欧洲各处成群结队地赶到这里住宿，哪怕只是短期住宿。第一个资产是它作为天主教世界首都的地位。虽然基督徒朝圣不像穆斯林朝觐那样有很强的义务性质，但前往罗马及其众多教堂和圣徒遗迹朝圣对虔诚的教徒依然有强烈的吸引力，在天主教会的禧年，教徒对朝圣尤为热忱。据说在1650年有70万人完成了朝圣之旅。只可惜这些人还是去早了几年，没能赶上贝尔尼尼*设计的环绕圣彼得广场的宏伟柱廊完工，它足以同时容纳10万名朝圣者。第二个资产是追寻文物的新时尚。每年都有成千上万的欧洲富人去探寻这个大陆的文化财富，对他们来说，游览古典时代遗址，尤其罗马的遗迹是必不可少的。塞缪尔·约翰逊博士曾表示，“一个没有在意大利待过的人总会感到自卑，因为他不曾看过一个人应当看到的东西。旅行的主要目的就是欣赏地中海的海岸”，因为“我们所有的宗教，所有的艺术，几乎一切令我们高于野蛮人的东西都来自地中海边”。既然这时的旅行已经安全得多、轻松得多，对自认学识有成的年轻人来说，前往自己在古典学教育中透彻研读过的地点旅行就成了必备之事。约瑟夫·斯彭斯（Joseph Spence）于1732年陪同米德尔塞克斯（Middlesex）伯爵旅行，没有人能够比他说得更好了：

> 身处罗马的乐趣之一，就是你不断地看到那些读史时心向往之的大事件发生的地点。**这**是尤利乌斯·恺撒被布鲁图（Brutus）捅死的地方，他倒在那座雕像底部，发出了最后一声呻吟；**这里**曾站立着抵抗高卢人，保卫卡皮托山（Capitol）的曼利乌斯（Manlius），他后来企图成为僭主，就在**那里**被人从**那**块岩石上扔了下去。

虔诚的朝圣者在数量上仍然占优，但拥有购买力的是世俗游客，

---

* 吉安·洛伦佐·贝尔尼尼（Gian Lorenzo Bernini，1598—1680），意大利建筑家、雕塑家，巴洛克艺术的主要代表者之一。

尤其是那些又有钱又好骗的英国人——他们在这两方面名气都不小。游客们也会涌向威尼斯。那里有美丽的环境与建筑，性开放（特别是狂欢节期间）也是出了名的，还有高品质的公共娱乐，尤其是歌剧，这些因素结合在一起，吸引着从欧洲各地前来的高消费游客。

享乐成分最少的则是军事占据主导地位的特殊类别都城。柏林无疑是这类的代表，每个前往那里的访客都会震惊于身着制服的士兵无处不在。当腓特烈大帝于1740年即位时，这座城市的平民有68 961人，包括随军家属在内的驻军总数则达到21 309人。等到他于1786年逝世时，“如同项链一般”的军营——有位观察者如此评论——已经环绕着这座城市，平民人口与驻军人数分别增加到113 763和33 635。圣彼得堡紧随其后，它在1789年的人口是218 000，其中包括55 600名士兵及士兵家属。

维也纳、罗马、威尼斯或圣彼得堡这样的大城市是都城经济占有重要地位的最显著例证，但它们的数量远不及遍布欧洲各地的无数小型都城。都城最为出众的地区是神圣罗马帝国这个由世俗诸侯、教会诸侯和仅仅在名义上臣服于皇帝的帝国自由城市组成的松散混合体。不管确切头衔如何（统治者的头衔多种多样），每一位统治者都支配着一个宫廷、一座都城。有些都城非常小，以歌德、赫尔德（Herder）、维兰德（Wieland）等许多名人定居的魏玛为例，它在18世纪末仅有7 000人左右。按照这个时代的标准，神圣罗马帝国只有两座真正的大城市——拥有17.5万人的柏林和拥有22.5万人的维也纳。它们的共同点是在经济上都依赖统治者。美因茨（Mainz）是中等规模都城的典型，它是与城市同名的大主教兼选帝侯的首都，在18世纪80年代有大约3万人，其中1/4左右是贵族、教士、官员、各类政府雇员，以及他们的家属。选帝侯的花费对经济造成了可观的间接影响。宫廷需要食品、饮料和娱乐，选帝侯宫殿和政府建筑需要养护，各类政府机构则需要约 1 000 种不同的商品。法国的入侵浪潮始于 1792 年，此后，宫廷、贵族和教士都离开了，他们在经济上的重要地位在这时显现出来。美因茨尽管是地位相当重要的法军驻扎城市，也成了托内尔山（Mont Tonnerre）省的省会，但人口还是下降了 1/3，仅仅略高于 2 万。离开美因茨的好几千人追随他们的生活来源，流亡到弗兰肯（Franken）地区和巴伐利亚地区的宫廷。

能够提供居住地的并不仅仅是国王或诸侯的首都。每一座能够吸引食利者定居在城墙之内的城镇都多少算是一座都城。这适用于像巴斯或巴特皮尔蒙特（Bad Pyrmont）这样的温泉疗养地，也适用于图卢兹或基辅（Kiev）这样的行省中心，同样适用于巴利亚多利德（Valladolid）或昂热（Angers）这样的宗教中心。这就难怪昂热在 1789 年后成为反革命的中心。这座城镇在 1793 年被旺代（Vendée）叛军攻占后，一位当地神父在布道时讲述了教士阶层的善行，声称他们“一手接受，一手给予。他们是乐善好施的虹吸管，汲取水后将水分配出去，滋润土地……教士阶层本身就是在救济。他们的财产属于人民”。神父发现教堂会众很快就接受了这样的说法。历史学家在解释为何法国大革命招致国内外民众的广泛敌意时，应当更关注实际的经济利益因素，而不是只看社会阶级、意识形态和文化。

生　产

手工业行会依然是最普遍的制造业组织形式，人们对于利益的看法即便没有遭到行会的操纵，也必定受到它的强烈影响。行会的漫长寿命在很大程度上是由于它肩负繁多的任务，质量监控、社会行为规范、社会福利、地位维系、宗教热忱和集体娱乐只是其中的几项。当然，行会的核心就是在特定社区内垄断特定商品的生产。在 18 世纪的多数时候，大部分欧洲城镇里有抱负的制造业从业者都得加入某个行会。一般而言，受训者先得当三年学徒，然后作为满师学徒工离开城镇，前往一个又一个别的城镇，从各类雇主处收集行程证明。这样的游历通常持续至少两年。返回家乡城镇后，他还是不能立刻申请进入师傅行列。首先，他得作为满师学徒工再工作大约两年，然后才有资格将其学徒出师的作品提交给行会，作品若能通过，再缴纳一笔可观的费用，他就能成为工匠师傅。这只是大致情况，实际进程可能会长得多或短得多，特别是在申请人与现有师傅关系密切的时候。毋庸赘言，这个漫长而复杂的程序让行会可以控制师傅的人数，管理学徒出师作品的章程则是尤为有力的控制武器。

和其他许多享有垄断权力的组织一样，手工业行会也天然具有僵化倾向。到了 18 世纪，许多行会都表现出全然消极的保守姿态，坚守遭到现实冲击的既有做法，墨守成规，怀疑创新，仇视竞争，敌视外国。行会尤其在意将成员资格局限在“自己人”当中。近代早期的价值体系优先考虑的是荣誉，而且行会师傅们也像所有权贵或高级教士那样坚定捍卫自己在社会等级中的地位。因此，申请加入行会的人必须是男性合法婚生子，并且属于正确的宗教派别。与“不光彩的行当”接触会造成污染，这为排斥诸如刽子手、屠夫、制革匠、理发师兼外科医师、牧人、乐手、演员、小贩、乞丐等外人之子提供了充足的理由。奇怪的是，公务员的后代也会被排除在外，至少在德意志境内是这样。值得注意的是，在工场工作的工人后代同样受到了排斥。僵化执行此类章程也许有公报私仇的成分。例如，勃兰登堡有个织布匠在 1725 年被逐出行会，因为他妻子的祖母据说是牧人后代。有个被人指认和当地刽子手一起喝酒的补鞋匠也遭受了同样的命运。

比这些间或发生的歧视举动更严重的是，工匠师傅用将竞争降到最低程度的方式维持垄断，给进取与创新造成了沉重负担。在法国，盘剥最为严重的是学徒出师的阶段。满师学徒工往往需要制作一件十分精巧的作品，需要给被指派去评判作品品质的评审委员会成员送礼，在这之后，要是他顺利通过评审的话，还得给行会交一笔入会费。在巴黎，蒸馏酒匠人进入行会需要缴纳 800 利弗尔，药剂师入会则需要 1 000 利弗尔。然而，行会现有师傅的子孙时常可以被免去若干要求，有时甚至是全部要求。对制成品尺寸和质量琐碎而细致的规定扼杀了创新，妨碍人们适应不断变化的市场环境。举例说，1782 年引入多菲内地区的新规定包括了 265 个段落。新商品并不被当作机遇，反而被视为威胁。以印花棉布为例，1686—1759 年通过的一系列条例都对它加以禁止。斯特拉斯堡市议会在 1770 年表现出的态度堪称典型，它阻止了一位棉纺织业主在贸易业立足的尝试："要是生产者同时成为商人，那就会扰乱所有商业秩序，还会违反规定何人可在城市从事贸易的明智法规。"当开明的改革者杜尔哥（Turgot）于 1776 年建议路易十六立即废除行会时，他满怀激情地历数此类弊端。他指出，行会对昂贵且无用的学徒出师作品要求过多，许多有才能的工匠不得不离开法国去外国工作。行会认为它们确保了产品品控，杜尔哥则将其斥为一派胡言："在那些自由贸易已经长久立足的地方，自由从未产生任何负面影响。居住在郊区和其他幸运地点的工人并不比住在巴黎的干得差。全世界都知道行会的检查体系是骗人的。”他最后总结说：“陛下，我认为，行会的毁灭是您可以赐给人民的最大好处之一。”然而在推进必要的立法工作之前，杜尔哥就因一次宫廷阴谋而下台了。他的工作得留给革命来完成。

其他政府经常采取措施打击行会里的陋习。在神圣罗马帝国，1731 年的《帝国贸易法令》（Imperial Trades Edict）既列出了针对行会的全面控诉，也提出了改革方案。该法令第十三条第一段显示出，行会在运作时还保留着某些近代之前的理念：

> 在某些地方，硝皮法制革匠和鞣皮法制革匠［原文为红制革匠（Rothgerber）和白制革匠（Weissgerber），系两个使用不同材料和技术的制革行当］就加工狗皮过程以及他们之间存在的其他无用分歧互相争吵，而且，那些不用处理狗皮的人说要处理狗皮的人是不光彩的，还会说在此类地方工作的学徒就该受到他人惩罚。类似的是，要是某个工匠砸死、打死或溺死了猫狗，甚至只是碰到了猫狗的尸体，就会有人找碴，剥皮匠甚至会跳出来，用匕首之类的威胁工匠，要他破财免灾。

值得注意的是，这部法令是在着力恢复此前的措施，那些措施可以追溯到 1530 年、1548 年、1577 年等年份，而且法令承认，“总体而言，这些非常有益的规定的效果并不尽如人意，甚至逐渐出现了其他弊端”。鉴于执行状况取决于帝国的各个诸侯，实际成果微乎其微。在大部分地方，行会根深蒂固，任何从根本上挣脱行会的尝试都会造成社会混乱和政治动荡。尤其是在 17 世纪中叶的困难年头，统治者不得不与各式各样的团体打交道，其中也包括行会。此外，行会在某些行业中表现出了惊人的韧性甚至活力，它们远非“颓废”、“濒死”或“过时”——这里仅举出三个经常用以形容18世纪行会的形容词——行会依然在不断涌现。不论在哪里，只要政府认为社会和谐与生产管理比生产力更重要，行会就能找到朋友。因此在1789年后的动荡时代里，甚至到了1848年之后，世人还能看到又延长了寿命的行会。

就像硝皮法制革匠和鞣皮法制革匠知道杀死猫的方法不止一种，对付行会的方法也不止一种。在欧洲大陆的君主国，特别盛行的方法是给受宠的实业家特许权，允许他们在行会体系之外活动，生产特定商品，通常是奢侈品。让-巴蒂斯特·科尔贝定下了步调，此人于17世纪60年代掌管法国的经济政策。1662年，他花费4万利弗尔买下了“坐落在巴黎圣马塞尔郊区（Faubourg Saint-Marcel）的一栋大房子，人们通常称它为戈布兰家（Gobelins）的房子”。科尔贝在屋子里安置了许多由画家夏尔·勒布伦（Charles Le Brun）统一指导的挂毯工坊。其后不久，就有了“超过800名挂毯织工、雕塑家、艺术家、金匠、绣花工，以及制作一切辉煌壮丽的产品的工人”。他们的第一个任务很有代表性，那就是完成由勒布伦设计的描绘路易十四功绩的一系列巨幅挂毯。为了体现王室经济实业与王室排场的完美结合，其中一件挂毯描绘了“国王路易十四访问戈布兰制造场”。其他类似的实业紧随其后，其中规模最大的是制镜业和制皂业。

我们将在后续章节看到，“凡尔赛项目”取得了极大的成功，欧洲其他国家的大部分君主都觉得必须效仿法国。这种模仿固然有跟风的成分，但重商主义的考虑也是推动力之一，君主们希望以减少贵重物品进口的方式扩大贸易顺差。在欧洲大陆各地，行会之外的制造业机构纷纷出现，它们享有政府的支持，并得到各类财政与金融特权作为奖励。以美因茨选帝侯国为例，该国境内建立了生产丝带与穗带、棉布、铅笔、巧克力、金银项链、帽子、丝绸、手术器械、纸牌、缝纫针、西班牙面条、肥皂、羊皮纸、化妆品、塔夫绸、印花棉布等等商品的机构。我们很难评估上述实业以及其他地方存在的类似实业的总体效果。它们是提供了本不存在的资本与实业，从而促进了经济发展，还是以扼杀竞争的方式阻碍了发展？当然，其中许多实业都是短命的，它们在一场场危机间摇摆，只能依靠进一步追加资本维持下去，一旦王室的资金用完，它们就会垮掉。像迈森（Meissen）瓷器或宁芬堡（Nymphenburg）瓷器这样的成功案例相当罕见。另一方面，也有人为王室提供的补助金辩护，他们指出补助的金额相对而言不算高。就连路易十四也不过在1667—1683年给制镜业预支了284 725利弗尔，在1665—1685年给制皂业预支了大约40万利弗尔而已。他在20年里给享有特权的制造业发放了共计约1 600万利弗尔的补助金，这个金额听起来相当可观，不过，考虑到同一时段内法国每年的国内生产总值大约是15亿利弗尔，这也就显得没那么多了。而且，19世纪进入全面工业化的地区中也有许多可能曾在18世纪得到特别待遇。

虽然这些奢侈品工业的产品现在会陈列在宫殿的墙壁上，也会放在博物馆的展示柜里，但当时它们对整体经济的影响还很小。颠覆了行会在制造业中主导地位的主要力量是农村产业的扩张，特别是纺织业，但也包括手套、丝带、袜子、鞋子、帽子等商品的生产，它们不仅是满足当地需求的小规模生产，还拥有庞大的外销市场根基。这里的主要人物是商人资本家，这些人以“包出”的方式协调各道工序。

商人资本家买下原材料并将其送到劳工家里，先是交给纺纱工，然后交给织工，最后交给漂洗工和染匠来把布匹变为成品。商人在“计件工作”基础上付工资，并设法找到布匹交易代理人，将产品投入市场。这一体系具备多方面的优点：它利用了廉价的农村劳动力——随着人口的增长，劳动力供应越来越多；它将对固定资本的需求降到最低；它使农民除了获得小块土地的出产外，还有机会在天黑后或农闲时节赚到外快；它让妇女、儿童、老人这些非熟练工也能为家庭收入做出贡献；它促进了劳动分工；它还规避了行会的一切规章制度，尤其是对品质的控制和对企业规模的限制。

外包劳动人数众多、发展迅速，极好地证明将生产外包给农村劳动力符合时代的需求。在普属西里西亚，亚麻布产量在1755—1775年从8.5万匹增长到12.5万匹，织机数量从1748年的19 810台增加到1790年的28 704台，截至1790年，从事亚麻布产业的已超过5万人。表6显示了1768—1779年这短短11年里，波希米亚地区亚麻、棉、羊毛纺织工人数量的可观增长。

表6　18世纪60、70年代波希米亚纺织工人数量的增长

纤维种类	1768	1776	1779
亚麻	79 520	100 454	229 400
棉	7 267	6 451	6 410
羊毛	22 590	30 996	37 943

资料来源：James Van Horn Melton, *Absolutism and the Eighteenth-Century Origins of Compulsory Schooling in Prussia and Austria* (Cambridge, 1988)

据梅尔顿估算，下奥地利制造业的从业者人数从1762年的19 733增长到了1783年的94 094。18世纪发展起来的其他许多“工业区域”也有类似数据。这类快速发展的地方，意大利有伦巴第的宽阔带状地区，它位于米兰以北的山区，从奥斯塔山谷*延伸到加尔达湖（Lake Garda），还有热那亚周围的海岸地区和阿尔诺河（Arno）以北的托斯卡纳地区。在伊比利亚半岛，有位访客在 1770 年将加泰罗尼亚描述为“位于西班牙核心的小小英格兰”，到了 18 世纪 90 年代，加泰罗尼亚已经拥有兰开夏郡（Lancashire）以外规模最大的染匠和织工群体。法国有布列塔尼、曼恩、皮卡第和朗格多克。南尼德兰有佛兰德和特文特（Twente）。神圣罗马帝国有下莱茵、威斯特伐利亚、巴登、符腾堡、西里西亚和南萨克森。哈布斯堡君主国有波希米亚、摩拉维亚和上下奥地利。英格兰有兰开夏郡、约克郡的西区（West Riding）、科茨沃尔德（Cotswolds）和东盎格利亚（East Anglia）。鉴于每个织工操作的织布机都需要 25 名辅助人员（其中包括 6 名纺纱工）以维持材料供应，制造业的从业人数是相当可观的。漂白行业在埃尔伯费尔德（Elberfeld）和巴尔门（Barmen）——下莱茵地区贝格（Berg）公国里的两个邻近城镇——的扩张是包出制侵蚀行会地位好例子。漂白行业原本由行会垄断，但人们充分利用伍珀河（Wupper）将加工转移到周边地区，相关企业从 1690 年的 15 家增加到 1774 年的 100 家，再到 1792 年的 150 家。在结束与行会的不可避免的斗争后，政府于 1762 年解除了所有生产限制。

在概述农村制造业的发展时，我有意避免使用有争议的“原始工业化”这个概念。这个概念由其支持者于 1972 年首次提出，旨在解释从传统形式的制造业到工业革命的突破，认为原始工业化导致了人

---

* 奥斯塔山谷（Valle d'Aosta），位于意大利西北角，毗邻法国、瑞士，通用意大利语和法语。也有人将其音译为“瓦尔道斯特”，或根据意大利语地名译作“瓦莱达奥斯塔”。

口增长、农业商业化、资本积累、剩余劳动力的产生、劳工无产阶级化和大市场的形成。其后出现的批评将原始工业化这个概念批得体无完肤。有人指出，这种现象起源的地区佛兰德是极为特别的，只有英格兰以及欧洲大陆上的一两块小飞地能够与其相提并论。希拉格·奥格尔维（Sheilagh Ogilvie）是原始工业化概念最有力的批评者，他总结说：

> 在 18 世纪欧洲的其他地区，管辖原始工业的是传统机构（就像农业一样）：行会、商人组织、拥有特权的城镇、农村村社、封建地主。关于原始工业化的大量研究表明，影响工业发展情况的主要因素是制度，而不是原始工业存在与否。

从企业家的角度来看，外包劳动最主要的缺陷是无法控制劳动力。劳工按照自己的节奏，在想要劳作时才不受监督地工作。当家庭收入达到一定水准时，就算市场和商人呼吁提供更多的商品，劳工也会出现好逸恶劳的倾向。有个对策是将生产集中到某一中心，工资由计件发放变为计时发放。它需要以建筑物形式存在的更大规模的固定资本，且更容易受到市场波动的影响，但它也的确令工人在监督下持续工作。事实证明，这类“工场”在 18 世纪是抓住市场机遇的有效做法。据估计，1800 年的欧洲德语区有大约 1 000 家工场，其中 280 家位于哈布斯堡君主国（下奥地利 140 家、波希米亚 90 家），220 家位于普鲁士，170 家位于萨克森，150 家位于维特尔斯巴赫（Wittelsbach）家族领地［于利希-贝格（Jülich-Berg）、普法尔茨、巴伐利亚］。其中有些单位在某一中心地点雇用了大量工人，举例说，18 世纪 80 年代，林茨的官营羊毛工场雇用了102名染匠和精整工，奥格斯堡的印花棉布公司雇用了350人，柏林的王家纺织场雇用了大约400人。就连奢侈品工场的工人人数也很多，迈森工场和柏林工场在1750年都有400人左右。引人注目的是，位置越偏东，由贵族大亨拥有、经营的这类大企业也就越多，他们可以在自己的庄园里弄到原材料和廉价的农奴劳动力。哈布斯堡君主国最大的个体经营者是海因里希·弗朗茨·冯·罗滕汉（Heinrich Franz von Rottenhan）伯爵，他在自己位于波希米亚的庄园里建立了两家大型棉纺工场和一家冶铁工场。尽管国家直接控制其中一些大企业——如柏林的库房（Lagerhaus）工场，它为普鲁士军队生产制服——但这在数量上只占总体的6%。另一方面，还有难以计数的私营业主从制造业中积累了巨额财富，奥格斯堡的“印花棉布大王”许勒（Schüle）、美因河畔法兰克福的博隆加罗（Bolongaro）兄弟（烟草），以及克雷菲尔德（Krefeld）的冯·德·莱恩（von der Leyen）家族（丝绸）便是其中几个典型。工场的集中化现象并没有局限于西北欧：1779年，巴塞罗那的9家毛纺场雇用了3 000人，而在俄国，也有许多工场的劳工数以千计。

一场“工业革命”？

关于19世纪初欧洲制造业单位规模的增长，我们实际上还可以列出连篇累牍的证据，为免乏味，这里就不补充太多了。更值得注意的问题是：数量增加了，质量是否也出现了相应的变化？换句话说：是旧体制下生产的商品更多了，还是发生了结构性的改变？直到相对晚近的时候，这个问题的答案都是“发生了结构性的改变”。在19世纪和 20 世纪的大部分时间里，人们都认为，英格兰“工业革命”始于 18 世纪下半叶，就像法国大革命开始于 1789 年一样确定。它们时常被人凑成一对，作为现代世界开始的标志，埃里克·霍布斯鲍姆（Eric Hobsbawm）在他仍然深受欢迎的《革命的年代》（*The Age of Revolution*）中就是这么做的。霍布斯鲍姆也为他“双重革命”中的经济一重给出了相当传统的定义：

> “工业革命爆发”这个说法有什么含义？它意味着在 18 世纪 80 年代的某个时候，人类社会的生产力有史以来第一次摆脱了枷锁。从此以后，生产力持久迅速地发展，而且——直至目前为止——人员、商品和服务都处于无限度增长之中……经济起飞了。

然而，“法国大革命”这个说法从一开始就被同时代人使用，人们接受“工业革命”这个说法所花的时间则要长得多。它在 19 世纪 20 年代以法文形式 révolution industrielle 首次得到运用，也是法国权威经济学家热罗姆·阿道夫·布朗基（Jérôme Adolphe Blanqui）率先宣布了这一现象的世界历史意义，他在 1831 年写道：“当时，工业状况的变化比有社会生活以来的任何时期都更剧烈。”而且，另一个法国人——历史学家保罗·芒图（Paul Mantoux）——提供了工业革命之于现代社会重要性的经典历史学陈述：

> 现代工厂制度起源于 18 世纪后 1/3 时段的英格兰。世人从一开始就感受到了它的影响，它也产生了极为重要的成果，因而

大可以将它比作一场革命，不过可以肯定地说，很少有政治革命会产生如此深远的影响。

海峡对岸的观察者或许比受到工业革命直接影响的人们更具洞察力，因为在英格兰，这个说法直到很久之后才流行开来。在不列颠图书馆的目录里，数以百计标题中含有“工业革命”的图书出版于 20 世纪，但这样的书只有几本出自 19 世纪，没有一本出自 18 世纪。虽然弗里德里希·恩格斯（Friedrich Engels）在初版于 1845 年的《英国工人阶级状况》（*The Condition of the Working Classes in England*）中频繁使用该说法，但这部著作要到 1886 年才从德文译成英文。1884 年，阿诺德·汤因比（Arnold Toynbee）的《英格兰工业革命讲稿》（*Lectures on the Industrial Revolution in England*）在他身后出版，从此，“工业革命”成为美国史学研究的核心概念，在很长时期中不断被人提起。

工业革命首先重塑了英格兰，而后改变了欧洲大陆，最后扩展到世界上大部分地区，这样的观念一旦确立就很难改变。人们消耗了多如海水的墨水进行争辩，讨论工业革命究竟是令工人阶级坠入“彻底的兽性状态”［理查德·奥尔蒂克（Richard Altick）语］的坏事，还是让日益增长的财富流入最刻薄的磨坊主手中的好事，但它的实际存在还是被普遍接受了。20 世纪中叶，认为世界经济史上发生过一场影响人类一切活动层面的革命（就好像是普罗米修斯与普洛透斯结合起来）的观点又焕发了生机。在《经济增长的阶段》（*The Stages of Economic Growth*）一书中——它的前身是作者于 1959 年在剑桥大学发表的一系列演讲，整理出版后成了畅销书——沃尔特·惠特曼·罗斯托（Walt

Whitman Rostow）用航空比喻总结了工业革命发生时的状况：起飞（take-off）。

> 起飞是妨碍稳定增长的旧障碍物和阻力最终被克服的时期。促成经济进步的力量过去只能在有限的时期和地方带来现代活动，现在则扩张开来，并开始支配社会。增长成为社会的常态。复利似乎成了社会习惯和制度结构的一部分。

很少有源自经济学的术语能够如此流行。几乎在罗斯托著作出版的同时，亚历山大·格申克龙（Alexander Gershenkron）的《经济落后的历史透视》（*Economic Backwardness in Historical Perspective*）也出版了（1962年），这本书提出了另一个影响力很大的工业化模型，也促使人们接受了"起飞"这个术语，不过，格申克龙本人更偏爱较为灵活的比喻——大冲刺（great spurt）。在20世纪五六十年代的繁荣时期，"起飞"这样的转折点曾发生在过去，也可能出现在未来的信念风行一时，它鼓励政治家们创造出了"技术革命的白热化"[哈罗德·威尔逊（Harold Wilson）语]或"大跃进"这样的口号。就连1973年的赎罪日战争（Yom Kippur War）之后七八十年代的经济停滞也未能扼杀这个概念，八十年代末信息技术的快速发展反倒催生了"第三次工业革命"这样的概念，第一次工业革命基于煤和铁，第二次基于化工和电力。因此，"起飞"仍然和以往一样重要。

然而，不同的声音始终存在。就像托克维尔这样的政治学家强调旧制度的法国和革命后的法国之间存在连续性一样，也总有历史学家在经济发展问题上做出同样的强调。虽然罗斯托声称英国经济在 1783—1802 年起飞了，可他也承认从登机口到飞机跑道得滑行很长一段时间，不过还有人认为它从没上过天，甚至认为它其实根本就不是一架飞机。他们并不把工业化视为一场革命，而是将它看作一个演化进程，且认为用机械来比拟这个进程并不恰当，倒不如将它比作以中等速度生长——介于生产缓慢的橡树和速生莱兰柏之间——的生物。他们还特别提醒人们注意“工业革命”这个概念含义不固定，从马克思主义者到西方资本主义的辩护者（罗斯托的《经济增长的阶段》一书副标题就是“非共产党宣言”）都能利用。例如，迈克尔·福雷斯（Michael Fores）就抱怨它“是一个见风使舵的学术概念，各个作者想让它是什么意思，它就是什么意思”。已故的龙多·卡梅伦（Rondo Cameron）说得最尖刻，他给一篇文章冠以挑衅的标题“工业革命——一个用词错误”，继而断言：“或许从没有一个源自经济史学家辞典的术语像‘工业革命’这样为大众所接受。可那是不幸的，因为这个术语本身没有任何科学根据，而且还传达了关于经济变化本质的极具误导性的看法。”

这一争议产生了大量的学术文献。鉴于它涉及历史变迁甚至历史解释本身性质这样的本质问题，该争议永远都不可能得到解决，自然也不会在这里得到解决。然而，哪怕只是简要回顾 1815 年之前的若干关键经济领域也是有必要的。在极为重要的沟通领域中，支持“渐进论”的论据很充分。正如在第一章提到的那样，这个时代已经出现了许多改进，虽然其中没有一个具备革命性，但累积效应足以令当时的人们相信发生了真正重大的变化。我们可以在此回顾 1784 年的往事，当时，61 岁的德意志作家弗里德里希·卡尔·冯·莫泽将速度视作他经历过的最大发展。他怀旧地回想起与德意志民族特性——缓慢思考、缓慢行动——完美契合的悠闲旅行步伐。是德意志人的邻居法兰西人在快速地思考、行动、行军、射击、狩猎、吃饭、走路、旅行。可他注意到一切都已经变了，不久前他在新建的大道上的那次旅行表明，现在德意志人也在冲来冲去，旅程快得“我都不能好好听、好好看了”。

我们不免会想，1798年去世的莫泽假如见到了铁路，会有何感想。有人推测人体无法忍受高于每小时48千米的速度，莫泽也很可能这么想。通常认为，铁路时代的开端是1825年第一条定期客运线的开通，当时，一列由蒸汽机车拉动的火车开始往返于斯托克波特（Stockport）和达灵顿（Darlington）之间，不过，铁路时代并不是像晴天里的惊雷那样突然到来的。有必要在轨道和蒸汽机车之间划出一条明确界限。轨道被定义为可以沿着路轨拖曳轮式车辆的平行道路，它的巨大优势在于能够极大地减小摩擦，因此在动力一定的前提下，拖动的载荷物也可以成比例地增加。动力可以是人力，也可以是畜力或机械力。木轨早在1500年左右就开始用于德意志境内的矿山，大约100年后也出现在英格兰境内。铁取代木材后，轨道的承重能力大大增加了。1768—1771年，理查德·雷诺兹（Richard Reynolds）在什罗普郡特尔福德（Telford）附近的煤溪谷（Coalbrookdale）大型冶铁厂引进了铸铁路轨，还在路轨内侧加上了凸缘以提高稳定性。后来的铁轨由可锻铸铁制成，凸缘则被转移到车轮上。煤溪谷工厂内的铁轨长度最终超过了32千米。

这些早期的铁路通常是纯粹的私人事业，由矿业公司出资、修建、运营，但在18世纪结束之前，一些由马匹拉动车辆的公共铁路也出现了，比如从克洛伊登（Croydon）到旺兹沃思（Wandsworth）

的货运线和从斯旺西（Swansea）到曼布尔斯（Mumbles）的客运线。18 世纪 90 年代末，理查德·特里维西克（Richard Trevithick）在实验基础上首次将蒸汽动力投入应用。到了 1804 年，他已能在格拉摩根郡（Glamorganshire）佩尼达伦（Pen-y-Darren）铁厂里的轨道上展示一台蒸汽机车，它能够以每小时 8 千米的速度拉动 10 吨矿石和 70 名乘客。技术上的事常常是这样，一旦有了先行者，其他人就迅速跟进，跟进最快的是约翰·布伦金索普（John Blenkinsop），他制造的重达 5 吨的蒸汽机车"萨拉曼卡号"（Salamanca）在 1812 年能够以每小时 6.5 千米的速度在平地上拖动 90 吨煤。威廉·赫德利（William Hedley）也制造过蒸汽机车，不过他更为知名的事迹是在 1813 年获得了一套平滑轮轨系统的专利。当然还有乔治·斯蒂芬森（George Stephenson），他建造于 1814 年的"布吕歇尔号"（Blücher）是第一辆成功运用凸缘车轮的黏着式机车，能够以每小时 6.5 千米的速度将 30 吨煤拉上山坡。简而言之，"铁路时代"早在 1815 年之前就已经开始，经过相当长的时间后才得以成熟，说这是"革命"的确有些不恰当。

"铁路"涉及铁轨和蒸汽动力两个方面，这两方面的发展也是渐进的。早在公元前 8 世纪，不列颠地区就已普遍使用铁器。人们发现，如果使用木炭将铁矿石加热到高温并保持通风，就能形成一个金属固体块（"铁坯"）。重新加热后，金属可以被捶打成某种形状，这就是"熟铁"。如果向矿石中加入额外的碳，那么熔点就会降低，人们可以将液态铁注入模具当中，这就是"铸铁"。15 世纪时，有人开发出一种能够利用加热、压缩后的气流提高温度的炉子，这就是"鼓风炉"。熔化的铁水流到模具里面，模具则由一条主通道和若干条与主通道成直角的较短通道组成，样子像一头母猪正在给它的猪崽喂奶，如此产生的铸铁也被称作“生铁”(pig iron，直译为“猪铁”)。被称为“提纯”的后续创新则让人们可以利用氧化去除杂质，留下半固态的可锻铸铁。

这个时代出现了两大创新。英格兰的铁产量在 18 世纪初期下降了，这并非由于需求不足，而是因为缺乏制造木炭的木材。贵格会教徒亚伯拉罕·达比（Abraham Darby）经过多次实验，最终于 1709 年成功用焦炭取代木炭炼铁。焦炭是矿物煤在隔绝空气的状况下加热到某一高温后的残留物。由于焦炭中含有丰富的碳，它可以作为加热剂和铁矿石所需的必要添加剂替代木炭。另一方面，由于焦炭是一种比木炭稳固得多且更结实的物质，它在炉内能够承受的铁矿石重量也远大于木炭，因此人们可以建造比从前大得多的炼铁炉，从而产生相应的规模经济效益。达比设在煤溪谷的鼓风炉很快就达到每座每周生铁产量高达 10 吨的水平。由于煤炭资源当时几乎取之不尽，而且许多都靠近地表，因此，木材短缺对制铁的抑制就被消除了。

第二个重大创新旨在应对生铁产量的提高和“提纯”缓慢、不足间的不平衡。1784 年，亨利·科特（Henry Cort）成功申请了“搅炼”工序的专利，它使用反射炉将生铁转化为可锻铸铁。反射炉使用热空气和气体加热金属，不让金属与燃料直接接触，从而避免了污染。搅炼过程包括在炉床上搅拌熔融的生铁，这让循环流通的空气能够除去铁中的碳和其他杂质。再加上科特在前一年取得的另一项专利——一套以更高效的方式制取条形铁的工艺，他的发明促进了铁产量的快速增长，让它在随后 20 年中翻了两番。大不列颠的生铁产量从

1740 年的 17 350 长吨[*]先后增长到 1788 年的 68 300 长吨、1796 年的 125 079 长吨、1806 年的 258 206 长吨。在经济领域著述颇多的谢菲尔德（Sheffield）勋爵于 1786 年预测道："不夸张地说，科特的发明成果比占据北美 13 个殖民地对大不列颠更加有益，因为它会把铁贸易的主导权交给这个拥有巨大航海优势的国家。"在 1750 年，英国的铁进口量是国内铁产量的两倍，但到了 1815 年，这种关系已经扭转过来，出口量已是进口量的 5 倍之多。应当指出的是，虽然铁产量增长很快，钢依然是非常稀少的金属。有人在 18 世纪 40 年代发明了一种在坩埚内制钢的技术，但钢还是非常昂贵，应用也仅限于刀具制造。廉价的钢要到 19 世纪中叶才能上市。

铁路的第二个组成部分——蒸汽动力——的发展也是渐进的。需求再一次推动了创新。这一回是因为随着地表矿层日益枯竭，煤矿不得不挖得越来越深，由此产生了用水泵排水的需求。1702 年，沃里克郡（Warwickshire）有座矿山用了 500 多匹马操作水泵。托马斯·萨弗里（Thomas Savery）在 1698 年发明了第一台机械泵。这台巧妙装置的主要部分是一个充满了蒸汽的巨大金属容器。将冷水倒在金属外壳上，就能使内部的蒸汽冷凝，从而产生真空，将矿井中的水抽出。该装置取得了专利权，被人称为"矿工之友"，但它基本没有实用性，因为交替冷却、加热的过程十分低效，锡焊的接缝也无法持续应对蒸汽压力，事实证明这是极为致命的缺陷。托马斯·纽科门（Thomas Newcomen）于 1705 年发明的"大气热机"就比"矿工之友"有效得多，它使用冷凝蒸汽产生的部分真空来移动汽缸内的活塞。这台机器

---

* 1 长吨 ≈ 1 016 千克。

也有明显的缺陷：它动作很慢，对煤的需求又很大，它的热效率只有1%，换句话说就是每消耗100单位的煤炭，才有1单位是实际上用于抽水的。然而，矿井口的人们几乎不用考虑煤的成本，纽科门热机在短短几年内就被引入了大不列颠的几乎所有大型矿山，18世纪中叶，仅纽卡斯尔煤田一地就有50多台投入使用。

来自格拉斯哥的仪器制造商詹姆斯·瓦特（James Watt）找到了一种能够避免冷热循环的方法，而冷热循环正是此前的蒸汽机效率低下的原因，于是，真正的突破到来了。瓦特在修理格拉斯哥大学的纽科门热机模型时发现了一种能将生成的所有蒸汽都利用起来的方法："我想到，既然蒸汽可以膨胀，它就能冲入真空，要是在汽缸和排气管之间打通联系，它就会冲进排气管，在管里冷凝，不会导致汽缸冷却。"1769年，瓦特取得了"一种减少火机的蒸汽与燃料消耗量的新方法"的专利，与伯明翰（Birmingham）的制造业大亨马修·博尔顿（Matthew Boulton）建立了合作关系，开始生产实用的蒸汽机，他的蒸汽机不仅被应用于煤矿，也被应用于其他各类生产。瓦特的后续改进，尤其是18世纪80年代初发明的双向蒸汽机进一步提高了效率。有人认为这是一个真正划时代的时刻，这不无道理，因为这是人类有史以来第一次拥有完全不受地点约束的动力来源。卡尔·马克思在《资本论》中充分阐述了这个观点：

> 直到瓦特发明第二种蒸汽机，即所谓双向蒸汽机后，才找到了一种原动机，它消耗煤和水而自行产生动力，它的能力完全受人控制，它可以移动，同时它本身又是推动的一种手段；这种原动机是在城市使用的，不像水车那样是在农村使用的，它可以使

> 生产集中在城市，不像水车那样使生产分散在农村，它在工艺上的应用是普遍的，在地址选择上不太受地点条件的限制。瓦特的伟大天才表现在1784年4月他所取得的专利的说明书中，他没有把自己的蒸汽机说成是一种用于特殊目的的发明，而把它说成是大工业普遍应用的发动机。*

马克思是在19世纪中叶写作的，那时，瓦特诸多发明的全部意义都已有目共睹。而在瓦特自己所处的时代，人们就没有那么激动了。截至1800年，英国各地运行的各式蒸汽机有1 000台左右。以产生的马力而论，传统能源，尤其是对毛纺业依然十分重要的水力还是远远超过了蒸汽机。彼得·马赛厄斯（Peter Mathias）曾做过估算，即便在1800年，风力的贡献依然要大于蒸汽动力，此外，后者中仍有大约50%由纽科门式蒸汽机产生。

冶金和蒸汽动力的发展情况都不足以支撑工业革命的概念，只剩下纺织业了，更确切地说，是棉纺业。棉纺业没有冶铁业那么古老，但也已存在了很长一段时间。公元900年左右，棉花从埃及传到了欧洲。18世纪，欧洲的棉花主要是从巴西、加勒比诸岛、中东和印度进口的，地中海沿岸和东大西洋的葡属、西属岛屿也有少量种植，直到1784年，第一批来自美国的棉花才运抵欧洲。在了解18世纪末若干创新的意义时，有必要理解为何棉花既具有吸引力又很麻烦。棉花的优点在于平展、空心，有自然的卷曲，纤维较长。因此，它将舒适性与强度、耐用性结合了起来。棉花的严重缺点则是与其相关的产业

---

* 此处译文引自：《马克思恩格斯全集》（第23卷），人民出版社，1972年9月，第414—415页。

都属于高度劳动密集型。在植株上生长的“棉铃”得先收获，再轧花（将籽实与纤维分开），接下来清棉、粗纱（拉伸、加长、加捻）、粗梳（混合、拉直并使纤维自然平行），之后才能纺成纱、织成布。亨利·霍布豪斯（Henry Hobhouse）在他的经典研究《变革的种子》（*Seeds of Change*）中很好地描述了这一过程：

> 种出好棉花是件相对容易的事，但挑选 100 磅棉铃需要 2 个工作日，轧花在最好状况下也得 50 个工作日，动手舀水、清棉、粗梳又要 20 个工作日。上述所有努力只能产出大约 8 磅的可纺棉花，接下来的纺纱需要 25—40 个工作日。因此，典型的棉纱每磅需要花费 12—14 个工作日的劳动。即便其中有一些是较为廉价的童工或青少年劳力，这种无趣的工作成本依然高昂，代价依然不可避免。与 1 磅棉花相比，在同一时期将 1 磅羊毛从原料纺成纱线至多只需要 1—2 个工作日，亚麻是 2—5 个工作日，丝绸则是大约 6 个工作日。

就像霍布豪斯简要补充的那样，“难怪棉布是 1784 年的奢侈布料”。只有机械化才能把它变成大众消费得起的布料。这一进程断断续续，原本主要为其他织物设计的一些发明也做出了贡献。比如，约翰·凯（John Kay）于 1733 年发明的“飞梭”——它让织工的生产率翻了一番——原本是为羊毛设计的。然而，“飞梭”也要求纺纱速度相应加快，这就促进了机械纺纱装置的发明。刘易斯·保罗（Lewis Paul）和约翰·怀亚特（John Wyatt）的滚筒纺纱机于 1738 年取得专利权。詹姆斯·哈格里夫斯（James Hargreaves）在 1764 年发明了珍妮纺纱机，并于1769年获得专利权。理查德·阿克赖特（Richard Arkwright）于1769年发明水力纺纱机，塞缪尔·克朗普顿（Samuel Crompton）于1779年发明“骡机”（之所以被称为骡机，是因为它结合了珍妮机与水力机的功能）。上述发明一起带来了生产率的大幅提高、规模经济效应的出现、质量的提高，以及纱线成本的急剧下降。变化幅度大到了甚至能够吸引诗人眼球的地步，以约翰·戴尔（John Dyer）为例，他在1747年的《幸福的贫民习艺所与良好的工业效应》（*The Happy Workhouse and the Good Effects of Industry*）中写道：

接下来向我们展示
新设计的循环机器，
它拉着、转着一条线，绕成了圆锥形状
不用毫无必要地以手乏味苦干。
一只看不见的轮子隐于地板下，
它为这台和谐机器的每个部分
提供必要的动力。有个人专心致志地
俯视着这台机器，他说：梳完的毛，
平稳地绕在那些圆筒上，
圆筒轻轻转，毛线绕上去
直立的锭子快快转，
转出一条长长的平滑细绳。

到了1800年，极细纱的生产成本已经降到20年前的1/4。棉花从种种创新中受益最大，因为它坚韧的构造适合早期机器的粗糙技术，因为时尚层面开始出现转向轻质面料的长时段变化，因为通往温暖气候带的出口市场已被打开，因为穿着内衣成了所有阶层的习惯。据悉尼·波拉德（Sidney Pollard）估计，一名手工纺纱的劳工需要工作超过5万小时才能产出45千克棉纱，克朗普顿的骡机在1780年生产等量棉纱需要2 000小时，而在18世纪90年代中期引进的助力骡机仅需300小时。换言之，劳动生产率在18世纪提高了150倍。英国进口的棉花总量从1750年的113.5万千克上升到1787年的近1 000万千克，而且到了1787年，大部分棉花都由机器清理、粗梳、纺纱了。按原棉消费量计算，1785年的棉纱产量是1760年的11倍，1827年的产量则是1785年的11倍以上。

当时的人明确感觉到有些重大事情已经发生了。约翰·艾金（John Aikin）在1795年写道："棉花生产迅速而惊人的增长，或许在诸多贸易国的历史上都是绝无仅有的。"然而，要说这是革命，还得加上许多限定条件。虽然飞梭等发明带来了大有希望的生产率的增长，织布却未能跟上纺纱的步伐。埃德蒙·卡特赖特（Edmund Cartwright）于1785年取得了"动力织机"的专利，尽管他后来还做过改进，但因为纱线反复断裂，仍然无法解决将速度与连续性结合起来的问题。到1815年为止，英国只有大约2 400台动力织机投入运行。机械织布是19世纪的现象。塞缪尔·利利（Samuel Lilley）也曾指出，珍妮机、水力机、骡机这样的机器并不能与发明合成染料或无线电报这样的技术突破相提并论。他补充道："工业革命早期——大约到1800年为止——在很大程度上基于使用中世纪技术并将它们发挥到极致。"哈格里夫斯、阿克赖特等人所做的就是将传统手纺车的不同部分以新的方式组合起来。还有人指出，从纯粹定量角度来看，棉花对全国经济的贡献并不大。彼得·马赛厄斯的数据显示，在18世纪60年代，棉花业相关产值还不到经济总量的半个百分点，在18世纪80年代依然低于1个百分点。在1770年，棉花给国内生产总值贡献了60万英镑，可羊毛贡献了70万英镑，皮革也贡献了50万英镑。

在所有与英国工业革命相关的产品中，棉花是在欧洲大陆上扩散最早、传播最快、分布最广的产品。不管我们从诸多地区性研究中搜集到的下列信息有多么冗长乏味，它们都会让人在一定程度上体会到棉纺业在1815年时已经无所不在：1763—1785年，鲁昂的棉纺厂数目增长了1800%，博尔贝克（Bolbec）的增长了800%；在阿尔萨斯的米卢斯（Mulhouse），印花棉布产量从18世纪50年代的3万匹增加到18世纪90年代的12万匹；法国人在1786年进口了500万千克原棉（英国人同期进口了大约800万千克）；在18世纪的最后25年里，位于米兰西北方向的加拉拉泰（Gallarate）、布斯托阿西齐奥（Busto Arsizio）和韦尔切利（Vercelli）开始加工棉花；在蒙扎（Monza），有人于1795年开设了使用骡机的棉纺工场；在俄国，棉布产业始于张伯伦与卡曾斯家族（Chamberlain and Cousins）于1755年开设的工厂，其后便迅速扩展开来；1782—1786年，布拉格新建了10家棉纺厂；截至1792年，加泰罗尼亚的棉纺业雇用了8万人；在奥属尼德兰，安特卫普、布鲁塞尔、梅赫伦（Mechelen）和图尔奈（Tournai）出现了棉纺厂；在阿尔萨斯，棉花工业各部门的工人在1806年共有25 026名，也就是说，这个省份将近一半的工人都受雇于棉花工业；1811年的鲁尔河省（Roër，法国吞并莱茵河西岸时新建的四个省中最靠北的一个）共有6.5万人——约占总人口的10%——在2 500家工厂里工作；1815年，整个欧洲的棉纺业共有150万个纱锭，其中法国有100万锭，萨克森有 25 万锭，瑞士有 15 万锭。此类信息还有很多，但这些已经足够了。

这类企业有不少是以外包方式组织起来的，其中许多与其说是机械化工厂，不如说是手工工场。虽然如此，有大量证据表明英国技术已经走向了欧洲大陆。有些企业家到大陆上寻找财富，其中就有发明飞梭的约翰·凯，他未能维持住自己的专利权，之后便前往欧洲大陆。法国当局拨给他 3 000 利弗尔，并开出 2 500 利弗尔的年薪让他去诺曼底巡行，教当地工人如何使用他的发明，凯的三个儿子则在巴黎的一家工场里制造飞梭。机器可以仿制，可以靠贿赂操作人员得到机密，技术也会通过工业间谍活动扩散。1785 年便有一个案例，当时兰开夏郡抓获了一个名叫巴登的德意志间谍，他打算招募机器操作工，被处以 500 英镑的大额罚款。截至 1815 年，从比利时到俄国的整个欧洲都有了当地版本的珍妮机、水力机和骡机。

为什么英国人会在该领域占得先机？这不能用单一原因解释，因为很难找到一项特征是英国经济独有的。优越的自然与人工交通条件？荷兰共和国在这方面绝不比英国差。原因在于商业和金融专业知识的积累，完备的货币市场，先进的商业化农业，灵活的社会结构，宗教宽容，以及对战争损害具备较好的免疫力吗？荷兰人在这些方面至少可以与英国人打个平手，其他几个欧洲国家也至少可以声称在某些领域与英国相当。原因在于原材料尤其是煤矿和铁矿（这是荷兰人所缺乏的）供应充足吗？然而比利时和德意志中西部若干地区也享有同样的优势。其他优势也是一样。要达到临界点，或许就得把上述所有优点都结合起来。

只看经济的供给侧可能也是让人失望的一个原因。英国人在需求方面是十分特别的。尼尔·麦肯德里克（Neil McKendrick）曾在一本具有开创性的研究著作中坚定地指出："18 世纪的英格兰出现了一场消费革命。数量空前的男男女女享受了获得物质财富的体验……消费革命是工业革命的必要对应物，是供求平衡关系的需求侧为适应供给侧剧变而产生的剧变。"过去被视为奢侈品的东西现在成了"维持体面的物品"，过去维持体面才需要的则成了必需品。麦肯德里克、约翰·普拉姆（John Plumb）爵士、罗伊·波特和约翰·布鲁尔（John Brewer）的著作都阐明了 18 世纪的不列颠，尤其是 18 世纪的英格兰是如何越来越被改变了经济的消费欲望控制的。正如普拉姆观察到的那样，"消费之音在西方资本主义社会中越来越强"，而且，"积极消费是成功资产阶级社会的核心"。顾客不分阶级，总是对的，这样的观念深入人心，亚当·斯密于 1776 年在《国富论》中承认："消费是一切生产的唯一目的，而生产者的利益，只有在消费者的利益需要其保证的情况下才应当加以注意。这个原则是……完全不言自明的。"说到底，正是了解到热切的消费者们渴望购买商品，达比们和阿克赖特们才提出了满足市场需求的方法。戴维·兰德斯评论道："令英国经济有别于其他国家的……是对赚钱机遇的异常敏感和热忱回应。这是一个不论集体还是个人，都对财富和商业着迷的民族。"当然，欧洲大陆上也有消费者，特别是在低地国家和城市中心，但没有任何地方的消费者会像英国消费者那样人数众多、信心十足。

英国人自满地观察着欧洲大陆的发展，因为他们知道，模仿就是最诚挚的奉承。英国人可以在 1815 年摆出一副恩赐姿态，因为他们知道英国经济和欧陆经济之间原本就存在差距，刚刚结束的持续 22 年的战争则让差距大得难以逾越。这一事态的缘由我们会在后续章节里讨论，不过我们可以在此用一个问题收尾：大不列颠的工业革命是否伴随着甚至先于法国的政治革命发生？埃里克·霍布斯鲍姆这样的马克思主义历史学家对此毫不怀疑：

> 如果发生在18世纪80年代前后的那场突如其来的根本质变都不算革命，那么“革命”一词就不是我们通常理解的那个意思了……革命本身，革命的“起飞阶段”，或许能定在1780—1800年这20年间的某个时候（这已经尽可能精确了），与法国大革命同时代，而又稍稍早于法国大革命。无论如何，工业革命都很可能是自农业和城市发明以来，世界历史上最重要的事件。而且，它从英国发端。

虽然霍布斯鲍姆喜欢认为保守主义（也就是非马克思主义）历史学家自然不喜欢任何与革命有关的东西，但在工业革命这一点上其实并没有什么意识形态因素。美国经济史学家戴维·兰德斯也同样确信18世纪末在英国发生的事件具有革命性，他几乎重复了霍布斯鲍姆的措辞：“我们用‘工业革命’表示的技术变革是自轮子发明以来最激烈的革新。”另一方面也不可否认的是，将大不列颠视为“旧制度”的学者看到的并不是革命性变化，而是连续的发展。乔纳森·克拉克（Jonathan Clark）以其典型的犀利笔锋写道：“‘工业革命’……不是一个事件，也不是一种现象，而是一个很久之后才被用于纪念前现代性与现代性之间所谓分水岭的历史学术语：在法国，大革命终结了旧制度，在英格兰，也应该有个工业革命来做同样的事情。”

经济史学家提供了充足的统计学证据来支持克拉克的观点。他们把工业化的起始时间越推越早，将工业化产生的影响越推越晚。正如戴维·坎纳丁（David Cannadine）所述，工业革命“几乎写满了英国近现代史”。唐纳德·科尔曼在1989年，即法国大革命两百周年之际，总结了当时的状况：

如果主要以当时数据或精巧的当代重构形式存在的证据大致正确的话……那么1830年以前的经济增长似乎是缓慢的，人均产出和人均收入都没有出现显著增长，值得注意的经济、技术变化也相当有限。到了19世纪中叶之后，经济才出现了比较大的变化，可即便到了那时，与其说是发展出了更高的生产力，倒不如说是出现了从农业到工业的结构性转变。简而言之，人们越来越强调连续性，认为革命观点暗含的间断性没有那么重要，甚至是错误的。

我们如何解决这个争议？矛盾的是，支持克拉克反对工业革命概念论点的一个论据也许可以从另外的角度解读，成为解决问题的线索。克拉克的那个论据出自制造业业主、社会改革家罗伯特·欧文（Robert Owen）于1815年出版的专题论述：

三四十年前，在这个国家从事贸易、制造和商业的人在帝国的知识领域、财富领域、影响面或人口中都只占有微不足道的比重。

在此之前，英国基本上是农业国。但从当时到现在，国内外贸易的增速不同凡响，已经把商业提升到了前所未有的重要地

> 位，它从未在任何国家取得过这么大的政治权力和影响力。这一改变主要源于将棉花贸易引入该国的机械发明。
>
> 这一制造业现象引发的直接效应是不列颠帝国的财富、工业、人口和政治影响力快速增长；而且，也正是依靠上述成果的帮助，在面对或许有史以来世界上最可畏的军事力量、最**邪恶**的大国（法国）时，帝国才得以与其斗争 25 年。

克拉克认为该说法表明欧文主要将英国的**商业**繁荣视为其生存的关键。这的确如此，但它也将商业转型和机械发明联系了起来，认为这个国家的商业转型“主要源于将棉花贸易引入该国的机械发明”。就像当时的大部分人一样，欧文并不会如计量经济学家一般严格区分各类财富创造形式。他所看到的就是英国经济开始快速发展，快到足以被称作革命的地步，尽管他并未使用“工业革命”这一术语。他环顾四周，看到有人在短短几年内从赤贫变为巨富。按照 1780 年兰开夏郡某人的记载，不到 10 年内就有“原本全部家当不到 5 英镑的穷人拥有了马车和仆人，成了一座庄园的领主，还买下了一块价值 2 万英镑的地产”。值得注意的是，欧文还把这种物质繁荣与政治稳定、军事胜利联系起来。到了欧文出版他那本小册子的年份，始于 1688 年光荣革命的“第二次百年战争”终于在滑铁卢战场以有利于英国的方式结束了。正如我们将在后续章节所见，这场冲突的最后阶段（1793—1815 年）极大地增加了英国对其古老敌手的经济领先优势。对因军事胜利而得意扬扬的英国人来说，这不仅是一个国家的胜利，还是以自由、新教和繁荣——令他们国家伟大的三块基石——为基础的整个文化的胜利。换言之，更为广泛的综合发展在一个世纪内令英国从经济、政治都趋于边缘化的海外岛屿变为整个世界的主人，而当时的人们在经济上体验到的根本性转变只是整体发展中的一部分而已。如此看来，商业与制造业的变革的确有资格被称为“革命”。工业化改变了世界，它的确始于大不列颠，也的确始于这一时期。

第四章

农业与乡村世界

生产力问题

现代世界和旧制度世界的最大区别在于农业和乡村的相对重要性。21 世纪初，英格兰只有不到 40 万人——总劳动人口的 1.7%——从事农业。此外，绝大部分居住在乡村的人每天都要进城上班，他们的外表也是城市化的。乡村居民消费的食物几乎都不是本地生产的，大部分还是从海外进口的。而在 1700 年的英格兰，大约 80% 的人口居住在乡村，其中超过 2/3 直接在土地上劳作，其他人员的收入也大多间接来自农业。英格兰的农业不仅要提供几乎所有供国人食用的食品，还要产出这个国家工业所需的原材料（羊毛、皮革、兽脂、茜草、啤酒花等等），为许多城镇居民提供季节性的工作，创造维持该国制造业部门所需的资本与信贷。而且，除了少数像伦敦、布里斯托尔这样的大都会外，大部分“城镇”看上去都更像是村庄，它们的存在就是为了服务当地农业经济。如果欧洲最为商业化的经济体之一都是这种状况，那么农业在东欧和中欧那些彻底乡村化地区的主导地位更是可想而知。尽管经济权力平衡开始转移的征兆已零星出现，但到了1815年，乡村依然占据着和1660年一样的王者地位。

从人类历史的起点开始，乡村为王的状况便一直存在。然而，农业（有组织地耕作土地）主导地位的起源要晚近得多。值得一提的是，智人（*Homo sapiens*）的存在时间是文明的10倍（如果尼安德特人也算人类的话，那就是20倍）。公元前1万年左右，栽培作物、驯养动物才开始为仅能勉强维持生存的狩猎采集活动提供补充。这一变化的重要性怎么说都不为过。人类有史以来第一次能够生产并保存剩余产品，这就让文明的出现有了可能。主导、控制、利用这颗行星的第一步也是巨大的一步就此迈出。

早期的农学家遭遇了一个尖锐的问题，而这个问题在1万年后依然尖锐，那就是，尽管有序耕作能够提高产量，土地肥力却会很快耗竭。如果人们要取得有价值的收获，要么就得在新的土地上播种，要么就得让旧的地块定期休耕。正是处理这个根本性问题的方式决定了1660—1815年的欧洲农业模式，这在很大程度上取决于人口的密度和土地的可利用性。在人口密度较低、可利用土地面积较大的地区，耕种者能够使用堪称挥霍的用地方式。在芬兰，几乎无人居住的大片森林让人们能够以4年为周期用烧垦方式耕作。第一年，剥开树皮让树木脱水。第二年，烧毁干燥的树干，让灰烬留在地上被大地吸收，这一吸收进程会贯穿整个第三年。最后，在第四个年头将种子撒进已相当肥沃的土壤里，这样产出率可达10∶1到20 ∶1，也就是说，每次的收获量是播种量的10到20倍。这一成就以现代标准（东盎格利亚的农场小麦产出率是80 ∶1）来看并不大，但正如我们后文所见，这在18世纪是很了不起的成绩。然而，这种同样被应用于瑞典和俄国北部的“刀耕火种”耕作法也存在缺陷，它不仅导致森林被大规模砍伐，也很快耗尽地力，让人们不得不抛弃耕地——弃荒时间常常长达几十年。在俄国南部的草原上，人们也采用了类似的方法，他们把作物种在天然草场上，但此后产量很快便会下降，这时就只能任凭耕地恢复为草原。

在定居化程度较深、人口较为密集的地区，这种农业是不能实行的。欧洲大部分地区已发展出这样一种耕作模式：将社区的可耕地分为互相交替的两块，其中一块耕作，另一块就“休耕”。根据土壤的自然肥力状况，“两圃制”的耕地会每隔一年休耕一年，“三圃制”的耕地则要每三年休耕一年。换言之，任何时候都会有 1/2 或 1/3 的可耕地不种植作物。以法国为例，三圃制已在卢瓦尔河以北的肥沃产粮区牢牢确立起来：第一年种植小麦或黑麦，第二年种植大麦或燕麦等春季播种的谷物，第三年休耕。而在条件不那么有利的南方地区，就必须使用两圃制，事实上，像山区或奥弗涅（Auvergne）高地这样土地贫瘠、气候恶劣的地方，还不得不进一步延长休耕期。在伊比利亚半岛各地，尽管有人偶尔尝试推行三圃制，但土壤条件决定了两圃制在此占据主导地位，位于欧洲另一端的斯堪的纳维亚也是如此。

由于不论何时都至少有 1/3 的耕地处于休耕状态，生产力就相应较低，耕种土地所需的人口比例则相应较高。阻碍进步的部分原因要归于纯粹的无知。在知道植物会把土壤里的无机氮化合物合成为蛋白质之前，人们不可能意识到需要给土壤补充至关重要的氮。事实上，氮元素本身直到 1770 年左右才被人类发现。然而，18 世纪的耕作者还是可以观察到使用肥料能够增加土地肥力，减少休耕的需要。那是因为动物会将它们食物中的大部分氮通过体内排泄系统排出去（其中也包括其他肥田成分，特别是磷和钾)。不过，1 长吨的畜肥中仅含 4.5 千克氮，这就需要大量的动物粪便。如果此类天然成分可以合成，人们就可以普遍运用价格低廉又供应充足的肥料，但那应该算是 19 世纪的发展成就了。汉弗莱·戴维（Humphry Davy）爵士曾于 1813 年向英国农业委员会做过一系列演讲，后来结集出版为《农业化学基本原则》（*Elements of Agricultural Chemistry*)，他的研究对象还处于相当初级的发展阶段。正如他向听众们抱怨的那样："农业化学尚未获得正规、系统的形式。能干的实验者们在不久前才开始研究农业化学，相关学说还没有被汇集到任何一部基础论述当中。"

近代的耕作者并没有帝国化学工业（ICI）或巴斯夫（BASF）公司那些以产业化规模生产硝酸盐肥料的工厂，不得不依赖牲畜或（如果这些人较为进取且没那么娇气的话）人类生产的"夜肥"。然而，耕作者到头来却发现自己受困于"休耕的恶性循环"。休耕导致生产力低下。可由于绝大部分欧洲人都依靠谷物维持生存，他们不得不把大部分土地用于耕种，那就必然意味着只有一小部分土地可以作为牧场饲养牲畜，这反过来又限制了能够利用的粪肥量，该状况迫使土地需要每两三年休耕一年，恶性循环回到了生产力低下的起点。

突破休耕的恶性循环

这个循环是可以突破的，事实上在西北欧的许多地区，它在 1700 年之前就被突破了。首先的突破是在休耕地上种植非但不会耗尽地力，反而能够补充珍贵的氮，从而恢复肥力的作物。这种技术被德意志人称为"夏播"（Besömmerung)。根据土壤和气候条件，人们在夏播时尝试过多个植物品种，包括豌豆、巢豆（一种果实像大豆的豆科蚕豆属植物，存在诸多种类）、马铃薯、驴食草（*Onobrychis viciifolia*，一名“红豆草”）和荞麦，但其中最有效的还是各类根用作物（芜菁、芜菁甘蓝、饲料用甜菜）和人工牧草，特别是苜蓿。苜蓿是最有效的，因为它们可以作为饲料贮藏、使用，在冬季还可以养活更多的牲畜。尤其值得一提的是，根茎和干草可以用来促进圈养牲畜的发展，继而促进粪肥收集和收益最大化，减少休耕需求。换言之，恶性循环不仅可以阻止，还可以逆转。

从“夏播”到设计出完全消除休耕的轮作之间只有一小步。佛兰德地区早在 14 世纪就已发展出精细的步骤，不过这样的早熟只是个特例。直到 17 世纪末，过去采用的敞田制（open-field）才发生显著变化。在 1700 年的英格兰，“诺福克”（Norfolk）四圃轮作制已经开始从它得名的起源郡传播到邻近的几个郡。这种做法要求在头一年种植冬播作物，通常是冬小麦，第二年种植芜菁，第三年种植像大麦这样的春播作物，但还要套种苜蓿和黑麦草，到了第四个年头，就让牲畜去地里吃草或收割草料，也可以两者兼而为之。要想维持氮含量从而保持生产力，就必须在生产谷物和饲养牲畜之间达到最佳平衡。和其他许多经济进展一样，低地国家是发展的先驱，不过英格兰人往往认为他们才是先驱。理查德·布拉德利（Richard Bradley）在他出版于 1726 年的《农牧业与园艺业概论，包括一套新的蔬菜栽培体系，配有许多观察和实验图解》（*General Treatise of Husbandry and Gardening; Containing a New System of Vegetation: Illustrated with Many Observations and Experiments*）中骄傲地宣称：“提高土地肥力和农学研究十分有助于让我们国家的声望超过其他任何国家。”尽管欧洲西北角的农业变革必定最为普遍，但同时代的记载表明神圣罗马帝国的许多地区也实现了消除休耕：以勃兰登堡为例，有位富有进取心的少校约阿希姆·弗里德里希·冯·克莱斯特（Joachim Friedrich von Kleist）在18世纪下半叶引入了新的轮作方法，让他的庄园价值翻了一番多。爱尔福特的腹地享有“德意志的菜园子”的美誉，那里的克里斯蒂安·赖夏特（Christian Reichardt）称，自己已发展出一套周期长达18年的谷物–蔬菜轮作制度，它消除了休耕需求，也无须时常施肥。托马斯·彭南特于1765年行经美因茨选帝侯国，他对当地的状况记载如下：“我在前往哈瑙（Hanau）途中穿过了平坦的富裕乡村，那里长满了印第安谷物（玉米）、甜菜、菜豆、卷心菜和马铃薯。”就连在阿尔卑斯山以南，也能找到像波河（Po）谷地那样的生产力与周围不同的孤立区。维琴察（Vicenza）附近也可列入孤立区，当地于18世纪中叶开始建人造草场，很快就让谷物产量翻番。类似的还有位于西班牙南部的巴伦西亚周边地区，约瑟夫·汤森于1787年在当地发现了复杂的轮作制度。

见过轮作提高生产力效果的农业改革者再看到传统耕作方式，可能会变得极为愤慨。阿瑟·扬或许是其中最为博学多识的，也必定是其中语调最为激烈的，他曾在英格兰、法兰西和意大利深入旅行。扬发现法国的农业有许多值得羡慕之处，不过顺带一提，吸引他赞赏目光的还是佛兰德、阿图瓦和阿尔萨斯这样的边缘地区。他一再惊叹于这个国家自然物产的丰富多样。然而，他也经常为人类因无知而浪费上帝慷慨赐予之物感到惋惜：“有些富裕地区的土壤好得不能再好，休耕实在对不起这样的地。”在皮卡第、诺曼底、博斯地区（Pays de Beauce）或库沃地区（Pays de Caux），“宝贵的土壤上满是乞丐和野草”。扬热心于自己的工作，接着补充道：

> 因人们无知而导致野蛮轮作蔓延到布列塔尼、曼恩和安茹等地，这样的事数不胜数。他们经营农业的一般特点是修剪、焚烧已经地力耗尽的田地，任其荒芜，等到地力恢复后，再连续种上几茬作物，让地力再次耗尽。要让这些省份改换面貌，只需改变轮作方式。

在洛林和弗朗什-孔泰，三圃制的“悲惨惯例”是“耕作者的一种耻辱”。扬在前往圣尼茨（St Neots）的路上发现，剑桥旁边就有“大不列颠最糟糕的农牧业”，他的标准是在东盎格利亚看到的农业状况。扬于1771年出版了四卷本著作《农夫贯穿东英格兰之旅：对旅途行经王国各郡的记录，对农业状况的调查》（*The Farmer's Tour Through the East of England. Being The Register of a Journey through various Counties of this Kingdom, to enquire into the State of Agriculture*），该书以可观的细节描述了当地农业。尽管扬并未使用“革命”一词，但他描述的实际上就是一场革命。他观察到在过去两代人时间里，诺福克的农业发生了意义尤为重大的转型。他将转型原因归结为以下7个因素：

> 圈地
>
> 使用泥灰土（一种主要由黏土和石灰中的碳酸盐混合而成的土壤，形成了疏松的松散团块，作为肥料很有价值）
>
> 新的轮作制度

芜菁

苜蓿和黑麦草

长期租赁

“乡村基本上已被分割为各个大农场”

阿瑟·扬如此愤慨是正确的吗？消除休耕真的如此简单，使这么多土地无法耕作的原因仅仅是无知吗？正如我们将要看到的那样，文化、地理、政治、社会、经济力量形成了错综复杂的关联，让欧洲大部分地区的农业被“锁死”在低生产力循环里。无知必然起到了一定的作用。最为丰饶的地区往往也最有创造力，这并非偶然。识字的耕作者会发现获取大量涌现的文献资料越来越容易，伏尔泰的讽刺话“人们已经写出并出版了许多与农业相关的有用作品，每个人都在读这些书，只有农民除外”，也越来越背离实际。的确有许多满怀善意的农学家以传教般的热情传播生产力的福音。在意大利，一座名为献身农业学院（Accademia dei Georgofili）的农学院于1753年在托斯卡纳创立，在诸多创办农学院——创办之后常常还会出版期刊和小册子——的倡议中，这是第一个付诸实施的。意大利的第一个农科教授职位则于1765年在帕多瓦设立。阿瑟·扬在1789年遍游意大利，途中，农学家同行塔尔蒂尼将自己的一本《佛罗伦萨农业期刊》(*Giornale d'Agricultura di Firenze*)赠给扬，可惜扬似乎没什么兴趣，把书搁下了*。不过他还是自满地补充道：“一位西西里的农学教授受他的君主派

* 阿瑟·扬原文为：“20日，一早根据约定去见了西尼奥雷·塔尔蒂尼（Signore Tartini），我感谢他的关注，这不仅是因为我和他就自己最喜欢的主题聊了天，还因为那几本他写的书——他将著作赠给了我，在其他书里，《佛罗伦萨农业期刊》因为没什么帮助就被搁下了。”见：Arthur Young, *Travels During the Years 1787, 1788, and 1789*, London, 1792, pp. 236—237.

遣（这是个明智的举动）前往英格兰接受农业教育，在我看来，这是人类精神史上的一个新纪元。”德语世界同样成果丰硕：1803 年，有位任教于普鲁士奥得河畔法兰克福（Frankfurt an der Oder）大学的农学家编了一份农学参考书目，其中包括超过 6 000 条图书名目。

农业发展的障碍

然而，知道应该做什么、应该怎么去做只是第一步，而且这绝非最艰难的一步。让我们设想一下，一个以传统三圃制耕作的法国农民发现了“夏播”的好处，决心在他的那份休耕地上种植芜菁。然而，芜菁刚刚破土而出，他就得面对堪称农业进步中最大障碍的村社耕作结构。社区里的每个成员，不论是贵族还是平民，都有权在休耕地上放牛，也都有权在收获后的耕地和收割完第一批草料的草地上放牛。这种权利在法国被称作“共同放牧权”(vaine pâture)，任何存在敞田的地区都有类似的做法。“共同放牧权”和“通行权”（parcours，即两个或多个相邻村社互相给予的共同放牧权）都是村社经济的一部分，一切决定都要集体做出，包括种什么、何时播种、在哪里播种、何时收割、以何种方式收割等等。我们不需要太多想象就能意识到这种制度的内在惰性。就像只能以其最慢成员的速度前进的船队，以村社形式组织的农业始终在传统的马尾藻海（Sargasso Sea）上停滞不前。

让我们回到想象中那个怀着进取心的法国农民，他给自己村落农业的静止风帆带来新动力的努力很快就会受到惩罚，他将被迫走上木板，然后掉进海里摔死。为了防止邻居的牛过来吃芜菁，他显然应该建道篱笆将自己的地块封闭起来。邻居很可能直接推倒篱笆，也可能诉诸法律。换言之，任何希望与传统决裂的耕作者都不仅需要知识、进取心和勇气，还需要当局的支持。当局不可能看不到共同放牧权对生产力的阻碍，这一权利被农学家们斥为“野蛮的”“不开化的”，以及——最富有 18 世纪中叶贬义修饰词特点的——“哥特式的”。在丰富多样的谴责声中，法国重要农学家亨利–路易·迪阿梅尔·迪·蒙索（Henri-Louis Duhamel du Monceau）的下列论述特别具有权威性：

> 很难想象，如此野蛮、如此阻碍农业进步的习俗还会在某种程度上获得法规许可，甚至得到地方官员的鼓励，至少他们也是睁一只眼闭一只眼。然而，事实是确凿无疑的。捍卫这一习俗（公共放牧权）的人居然还断言它对促进牛只数量增加是绝对有必要的。这是多么奇怪的错误！我们难道能够认为增加牛只数量的方法就是设法剥夺我们为它们提供足够食物的机会吗？根据经验，2 法亩* 苜蓿地再加上少许普通草料，就足以供 4 头公牛或母牛维持 6 个月的生存，维持同等数量的牛只又需要多少法亩残株？要是没有其他的食物，只能吃残株的公牛和母牛状况会很糟。这种习俗绝不会有利于牛只数量增长，反而是增长的真正障碍：这太明显了，根本不用证明。

对于像迪阿梅尔·迪·蒙索这样有抱负的改革者来说，英国似乎指明了未来的方向。梅斯高等法院的一位地方法官评论道：“要不是

---

* 法亩（arpent），也有人音译为“阿邦”。法亩是法国旧制度时期的面积计量单位，随时间、地点、用途不同而存在多种大小不一的算法，1 标准法亩约合 4 221 平方米，1 水面法亩或森林法亩约合 5 107 平方米。原文见：H.L. Duhamel du Monceau, *Elements d'agriculture*, Paris, 1763, vol. 2, pp. 380—381.

英国人让我们明白土地竟能出产这么多，我们或许还不会意识到这种做法是不好的。要不是他们的农业状况让我们相形见绌，我们或许还会像父辈那样认为公共放牧权并非束缚。”

那么，为什么普罗米修斯的力量还没有释放出来呢？法国于 1840 年进行了第一次可靠的农业普查，结果表明有 27% 的土地仍在休耕，仅有 6% 的土地被用于人造牧场。在之前的 100 多年里，地方和全国范围内都出现了一些主动改良的做法，其中最有希望的行动由名字就堪称奢侈的布尔代耶伯爵（comte de Bourdeilles）亨利–莱昂纳尔–让–巴蒂斯特·贝尔坦（Henri-Léonard-Jean-Baptiste Bertin）推动，他于 1759—1763 年担任王国财政总监。布尔代耶伯爵计划让村社里的每个成员保留自己土地的 1/5 不用负担公共放牧，而是用来种植人工牧草，并用沟渠或树篱封闭起来。这份计划后来被送交地方监政官和农业协会征求意见，这一步骤花费了大量时间，却未能产生确定的结果。法国在国家层面从未提出过此类立法。相关工作留给了高等法院、等级会议和地方监政官，以便他们在能力范围内尽量开展工作，然而，事实证明他们的努力虽然不可忽视，但还不够。有种信念阻碍了立法工作，那便是认为公共放牧权这样的村社权利是一种合法的财产形式，18 世纪 80 年代初的财政总监纪尧姆–弗朗索瓦·若利·德·弗勒里（Guillaume-François Joly de Fleury）说：“公共放牧权的确立很大程度上要归因于约定俗成，此种权利既然已构成属于村社居民的某种财产形式，便不可能再加以干预。”另一个影响力较大的顾虑在于人们知道废除村社架构并引入个体主动性对于在乡村社会边缘挣扎求生的人们来说是不公平的。正如时常发生的那样，要令生产力在整体上有所发展，就只能让无数的脆弱个体付出代价。正如贝尔坦自己所述，“在保护部分受苦人和农业的整体利益之间是难以抉择的”。考虑到受苦人的社会暴力潜能和国家所掌握的有限警察权力，国家在通常情况下不加干涉也就不足为奇了。迪阿梅尔·迪·蒙索对公共放牧权这样的弊端备感愤慨，但他也不认为英国那种强制推行法令的方式能够适用于法国——在法国，这还得靠自愿行动完成。

法国政府不愿或不能（也可能既不愿也不能）推进废除村社权利的做法，因此也不能批准具有进取心的耕作者将自己的土地圈起来，这正说明绝对主义政权实际操作范围有限。反倒是在立宪的、议会制的英国出现了真正有效的行动，这是因为英国议会代表了这个国家大地主的利益。一旦威斯敏斯特做出一项决定，就会体现在某一议会法案当中，随后由以治安法官身份行事的那些地主同类强制执行。在大不列颠进行的许多圈地活动都是受到影响的所有地主磋商一致的结果，事实上，要是表示同意的土地所有者不到4/5，议会一般会拒绝采取行动，但只要有了可执行的法案，圈地进程就会加速。虽然第一条圈地法案早在1604年就已获得通过，但从该年到乔治二世即位的1727年，不利的经济条件将这一阶段通过的圈地法案总数限制在50份以内。然而到了该阶段末期，金钱嗓门变大了。1722年，罗伯特·维纳（Robert Vyner）得知圈地让林肯郡威瑟恩（Withern）地区的地租从每英亩*2先令6便士（相当于12.5新便士）上涨到13先令4便士（约相当于67新便士），这几乎可以肯定是个特例，但即便是更为常见的地租上涨40%也已经非常诱人了。18世纪下半叶，随着农产品与工业制成品间的“剪刀差”越拉越大，潮水般的圈地法案从议会奔

---

* 1英亩≈0.004平方千米。

涌而出，冲走了传统的农业景观。根据保罗·兰福德的说法，1750—1810 年英国通过了将近 4 000 份圈地法案，影响到了英格兰和威尔士境内大约 20% 的土地。这让富裕的地主们变得更加富裕：1776—1816 年，莱斯特（Leicester）伯爵托马斯·科克（Thomas Coke）的地租收入整整翻了一番。

换言之，要想击穿传统村社经济的稠密灌木丛，就得有一柄锋利而沉重的立法工具。在普鲁士则出现了另一种方法，国王是幸运的地产主，拥有全国 1/4 到 1/3 的农地，这让王国政府能够在一定程度上控制乡村经济，特别值得一提的是腓特烈大帝，他在利用这一优势时从不迟疑。在最大限度地提高生产力的其他诸多计划外，他还于 1769 年颁布了一条旨在鼓励圈地的基本法令。在欧洲北部的其他地区，理性化的发展案例——时常源自低地国家——是将敞田里的狭窄条状田地合并为完全封闭的地块。这一进程在 18 世纪下半叶沿着波罗的海海岸推广，瑞典于 1749 年通过的《田地合并法案》(Field Consolidation Act) 是重要的里程碑。在丹麦，采取行动的基本上是以一系列农业委员会形式存在的上层意志，1757 年后，这些农业委员会确立了若干地方性圈地法律，1768 年，它们被土地整体利用取代，它既鼓励圈地，也积极在旧制度内部进行合理调整。圈地从丹麦向南蔓延到石勒苏益格-荷尔斯泰因（Schleswig-Holstein)，那里采取行动的主要是关注市场的自由农民。在奥属尼德兰，政府颁布了若干鼓励瓜分公地、合并个人土地的命令，在埃诺，此类命令于 1757 年下达，布拉班特是 1772 年，那慕尔（Namur）则是 1774 年。

在打破了“休耕的恶性循环”的地方，谷物产量大大增加了。这是每一个耕作者的梦想，因为谷物可以磨成面粉，面粉可以用来烤面包，而面包是大部分欧洲人偏爱的主食。然而，欧洲许多地区的土壤和气候都不适宜种植谷物，因此居民必须用其他形式的食物应付。阿瑟·扬观察到，“法国有许多人只能吃到很少的黑麦，而且吃不到小麦”，他进而总结，“因此，如果认为这里提到的土地都种着小麦和黑麦，那就大错特错了”。在他描述的替代作物中有一种可追溯到狩猎采集时代的古老食物——栗子［欧洲栗（*Castanea sativa*），不要和马栗（*Aesculus hippocastanum*）混淆，后者的果实虽诱人，却不可食用］。在扬穿越法国的旅途中，他一再提到栗树（人称“面包树”）的美丽和无所不在，特别是在利穆赞、拉马什（La Marche）和朗格多克的部分地区，那里的人“大量食用栗子”。在1787年6月前往利摩日的路上，他注意到“所有田地上都有栗树，这给穷人提供了食物”，他还在另一场合补充说栗子“相当于爱尔兰的马铃薯”。对法国南方相当一部分地区来说，栗子的重要性是显而易见的，事实上，有位朗格多克历史学家在18世纪70年代表示，只有栗子才能让塞文山区（Cevennes）和维瓦赖山区（Vivarais）变得适合人类居住，因为当地的谷物供应实在有限，光靠谷物连现有人口的1/4都无法维持。

新的作物

有些引进时间较晚的农作物分布比较有规律。按照时间先后顺序，排在最前面的是玉米，即所谓的“印第安谷物”，它是由哥伦布及其后继者从美洲带回来的。作为食品，玉米具备诸多优点，尤其是它产量高（产出率可达40：1），能适应土地减少休耕或将两圃制改为三圃制的做法，根部也很长——这让玉米能够深深扎根在土壤内，减少对表层土壤的消耗。17 世纪末，玉米已经在意大利北部和法国西南部牢牢生根，到了 18 世纪中叶，它在西班牙和葡萄牙都变得相当常见，1800 年时，它已传播到黑海沿岸地区。此时，玉米已经远远不只是边缘化的新奇作物了。在法国，图卢兹主教区 1774 年收获的各类谷物中有 15% 是玉米，阿尔比（Albi）主教区 1786 年收获的谷物中则有 20% 是玉米。在大约同一时期的伦巴第，据估计有 10% 的耕地被用来种植玉米。然而，玉米不可能成为欧洲农业问题的万能药方。由上文提到的地区可见，玉米茁壮生长的最佳环境是阳光充足的温暖地区。此外，它还是一种劳动密集型的农作物，在营养价值方面也不及其他谷物，它的蛋白质（还有麸质）质量不好，烟酸含量也低，因此过于依赖玉米的人容易得糙皮病等因缺乏烟酸导致的疾病。18 世纪的种植者不会知道它在营养上存在局限，也不知道它缺乏烟酸，但他们可以毫不费力地看到玉米的其他缺点。按照莫里斯·加登（Maurice Garden）的说法，玉米并未给 18 世纪的法国带来可观进步，在 1750 年之后甚至可能带来了倒退。水稻的分布因其对环境的特殊需求而更受限制，它几乎完全被局限在北意大利，虽然维系了当地繁荣的稻米出口贸易，但代价是让疟疾成了地方病。

至少就潜力而言，最重要的新作物是马铃薯。它是 1565 年从其南美原生地引种到西班牙和意大利的，在 1587 年之前就已传到低地国家——这一年，教皇使节在他的菜单里列出了马铃薯。一年后，它传入德语世界，大约在 16 世纪 80 年代的某个年份传入英格兰，在 16、17 世纪之交传入法国。直到 18 世纪中叶，马铃薯才传到斯堪的纳维亚和东欧。尽管马铃薯很早就被引种，但它花了很长时间才站稳脚跟，毕竟它早期品种的外观和触感都很难吸引人。然而，马铃薯能够弥补上述缺点的优势实在是太大了，因此它最终还是被人们接受了，先是进入园艺业，继而进入农业。每个园丁都知道马铃薯是特别的，因为它易于培植，不需要太多照料，很快就能成熟，而且最重要的是产量还特别高。马铃薯在厨房里也很受欢迎，因为它不需要多少准备工作（不必像谷物那样脱粒或碾磨）就可以被轻松地以多种方式烹调，此外还既可口又耐饥。据荷兰经济史学家斯利赫尔·范巴特（Slicher van Bath）所述，18世纪每英亩的马铃薯产量是小麦产量的10.5倍、黑麦产量的9.6倍，虽然马铃薯热量较低，但产量足以弥补热量的劣势。该统计数据还可以用另一种方式阐述，即马铃薯的净热量值是谷物的3.6倍。亚当·斯密在《国富论》（1776年出版）中坚定地指出："马铃薯田的产量不亚于稻田的产量，而比麦田的产量大得多。在1英亩土地上生产1.2万磅马铃薯和生产2 000磅小麦相比算不上什么优异的成绩。"他还在评论中指出，由于马铃薯种植从园圃转移到农田，过去三四十年中的马铃薯价格下降了一半。更具争议的是，他冒险提出了这样的观点：以马铃薯作为日常食物是有好处的，这一点可以从伦敦劳工和妓女（"也许是英国属地里最强壮的男子和最美丽的女子"）的好体格上看出来，要是将他们与斯密的那些以燕麦粥为主食、发育不良的苏格兰同胞相比，这种好处就更是显而易见了。

与其他多数主食相比，马铃薯不易受到恶劣天气影响。正如我们在第二章所见，对近代欧洲人而言，问题不在于是否会出现歉收，而在于何时会出现歉收。村庄如能在歉收发生时转而依靠马铃薯，就能免遭饥饿威胁。英格兰人约翰·福斯特（John Forster）在一本出版于1664年的小册子中宣称，马铃薯是食物短缺发生时"简便可靠的应对方法”。当然，要是过度依赖马铃薯，一旦病害发生也可能会出现灾难，比如 19 世纪 40 年代在爱尔兰发生的惨剧，但马铃薯在 18 世纪的确是救星。仅仅这个理由就足以让政府热心推广马铃薯种植。不过，由于至今尚不明确的原因，推广的努力在法国收效甚微，只有位于该国边缘的多菲内地区和比利牛斯地区的若干孤立区域例外。就连王室在凡尔赛享用马铃薯的消息和玛丽·安托瓦内特（Marie Antoinette）王后胸前佩戴马铃薯花束的图片也不足以克服人们根深蒂固的偏见，薯条（pommes frites）要到 19 世纪才会出现在法国人的菜单里。以图卢兹为例，罗伯特·福斯特（Robert Forster）发现当地农民因为害怕马铃薯会污染猪肉，甚至都不敢用它喂猪。勃艮第人发明了马铃薯的法国称呼“土果”（pomme de terre），但他们也以马铃薯会导致麻风病为由禁止人们食用。利摩日曾盛行一种说法，认为马铃薯的紫色花朵是一种致命的颠茄类植物，当地监政官、开明的重农学派人士杜尔哥于 1761 年尝试破除偏见，他在公开场合食用马铃薯，让坐在他旁边的农民看到自己没有中毒。当然，有偏见的不仅仅是法国人。1770 年，遭受饥荒折磨的那不勒斯人拒绝触碰作为礼物送来的一船马铃薯。普鲁士科尔贝格（Kolberg）的市民告诉腓特烈大帝：“这东西无臭无味，连狗都不吃，对我们能有什么用呢?”因为《圣经》中没有提到马铃薯，所以俄国农民也不信任它，认为它会导致霍乱，政府强制他们种植马铃薯时甚至引发了骚乱。

尽管存在普遍的偏见，但到 1815 年为止，马铃薯已经对不列颠诸岛、低地国家、北欧和神圣罗马帝国许多地区的饮食产生了重大影响。不同寻常的是，爱尔兰农民这回成了引导进步的先锋。最近一位撰写马铃薯历史的学者拉里·朱克曼（Larry Zuckerman）写道：“没有一个欧洲国家比爱尔兰拥有与马铃薯更漫长、更亲密的合作关系。爱尔兰人是第一批接受马铃薯的欧洲人，他们在17世纪就将它作为大田作物，爱尔兰人也率先对马铃薯表现出热忱，他们在18世纪就将它作为主食。”法国农学家迪阿梅尔·迪·蒙索在18世纪60年代写作时发现英格兰消费的马铃薯“令人吃惊”，可要是和“极度喜欢马铃薯，就算吃很多也毫无怨言”的爱尔兰人相比，英格兰人的热情也就不算什么了。爱尔兰人的“懒床”栽培技术让六口之家可以依靠仅仅1英亩土地的出产过活。爱德华·韦克菲尔德（Edward Wakefield）在1809—1811年游遍了爱尔兰，据他估算，像这样的六口之家每人每天平均要吃掉2.5千克马铃薯。爱尔兰人的不列颠主人有所保留，但他们也在本书所述的这一阶段末期向马铃薯投降了。威廉·科贝特将马铃薯视为奴役的标志（“这个恶毒的根茎……这个悲惨的根茎”），他在1818年怒斥道：“赞扬马铃薯、食用马铃薯成了时尚。人人都加入称颂马铃薯的行列，整个世界要么喜欢马铃薯，要么装作喜欢马铃薯，反正实际效果都一样。”

欧洲大陆虽然只有零星的证据，但它也清楚表明欧洲人越来越愿意尝试马铃薯。早在1700年之前，佛兰德、布拉班特和威斯特伐利亚的许多地方就有了马铃薯；到了1715年，弗兰肯也有了马铃薯；18世纪20年代，它传入勃兰登堡；18世纪30年代，它传入特里尔选帝侯国的摩泽尔河河谷。在普鲁士的库尔马克省（Kurmark），马铃薯产量从1765年的5 200吨增加到1779年的1.9万吨，1801年又继续增加到10.3万吨——到了这时，马铃薯已经成了大田作物。18世纪70年代初期的谷物歉收也为多样化种植提供了强劲的动力。伟大的德意志农业科学家阿尔布雷希特·特尔（Albrecht Thaer，1752—1828）回忆道："直到 1771 年和 1772 年，才开始有人支持让马铃薯充当大田作物，那个时候，所有谷物的收成都不好，随之而来的饥荒让人发现从马铃薯——恰恰是此前只被视为奢侈品的马铃薯——中可以得到和面包一样适宜、充足的养分。"

农奴制与农民的负担

欧洲农民之所以不情愿接受农业创新，不热衷于提高土地生产力，一个重要原因就在于他们知道不管自己产出了多少剩余产品，其中很大一部分都会落入领主之手。我们如今生活在一个税负看似沉重的时代，但这个时代的税收至少还是简单透明的，因而我们很难意识到旧制度下需要缴纳的税不仅总额度高、门类多，还毫无条理。冒着过度简化的风险，我们可以将受益方分为三类：国家、领主和教会。其中第一个可以留在后续章节讨论，但应当指出的是，在绝大多数欧洲国家，17 世纪上半叶"破门劫夺"的岁月已经过去了，取而代之的是更有秩序、更易预测的索取。我们将会看到，尽管乡村的动乱并未完全消失，但王室的税收很少成为暴动者的主要目标——那个"特权"是留给领主的。概括一个省份的领主地租情况已经很难了，更不用说一个国家乃至一整个大洲的情况了，但要想稍微理出一点头绪，还是得处理这个棘手的问题。

在欧洲东部边缘和西部边缘之间的诸多地区，可以说地主拥有三类土地：靠雇用或强征的劳动力经营的土地，出租给他人以换取现金、实物或获得部分产出的土地，并不"属于"他——这里的含义是他不能随意处理——但他可以行使领主权利、收取地租的土地。这样的领主权利有的只和名誉有关，旨在强调领主在村社里的至高地位，比如说领主有权坐在教堂里某条长椅上，但也有兼具名誉与经济因素的权利，比如独吞某个鸽舍的养护权，或是领主独享的狩猎权和出于狩猎目的圈占猎场的权利——这两点特别不得人心。最后还有一部分赤裸裸的经济权利，比如说这类土地不论何时转手，领主都有权从中收取费用。对法国农民来说，最后提到的那种领主权利尤为难办，在该国多数地区，土地交易税占到购买价格的1/8左右，而在洛林部分地区可以占到1/4或1/3，在奥弗涅甚至可以高达一半。在神圣罗马帝国，土地交易税要低一些，以符腾堡为例，当地这项税率仅有2%。如果继续向东，这个税种就很罕见了，只有普属西里西亚和哈布斯堡君主国的德语省份是例外，当地的税率在3%～10%之间。领主垄断了碾谷、酿酒、蒸馏的权利，还有权以低于市场价的价格预购农民的产品，这也是赤裸裸的剥削。有些特别要求既古怪又难办。在匈牙利，领主第一次领圣餐、领主结婚以及领主被土耳其人俘虏后需要付赎金的时候，农民都要被迫缴纳特别地租。这类地租除了会增加农民的经济负担外，还因其性质凸显出了个体农民及其家人的从属、依附地位。在奥地利和巴伐利亚实行的“家仆强制劳役”（Gesindezwangdienst）是一种特别冒犯人的劳役，要求还在青春期的孩子给领主当家仆服役数年。更为普遍的现象是领主——通常由其管家代劳——召集并主持村民会议，告诉村民应当做什么。中央政府需要通过领主来完成诸多职能，尤其是征兵和收税。

对神圣罗马帝国易北河以东部分、波兰、俄国，以及哈布斯堡君主国的波希米亚、摩拉维亚、匈牙利地区的农民来说，最繁重的负担既非名誉性的，也非经济性的，而是与肉体直接相关的，需要以强制农业劳动的形式履行。被迫在王家大道上工作［劳役（corvée）］或替领主运输货物在西欧和中欧都是普遍现象，但东欧“强制劳役”（robot，多种语言里都有这个词，但都源自斯拉夫语言里的“劳动”）的性质及内容与中西欧的劳役有本质性的差别。这是两种控制方式和两种经济间的对比，能够最好地概括两者对比的是两组相互对立的德语合成词：领地制（Grundherrschaft）与庄园制（Gutsherschaft），领地经济（Grundwirtschaft）与庄园经济（Gutswirtschaft），这里的 Grund 意为土地，Gut 意为庄园，Herrschaft 意为领主统治，Wirtschaft 意为经济。在德意志西部、南部和中部，领主制度与经济制度都是以土地为基础的，在东部则以庄园为基础。在前一类地区，农民根据土地出产向领主缴纳现金或实物地租，而在后一类地区，农民因为生于某一庄园就要缴纳现金、实物地租并服劳役，实际上就是农奴，因为他未经领主许可不能离开庄园、不能结婚、不能自行选择职业，每年还要在领主的自营地上无偿劳动若干天。这种强制劳役尽管在不同地区存在颇多变种，但基本上都是相当繁重的。以勃兰登堡的诺伊马克（Neumark）省为例，每周有 3 天服劳役被认为是较轻的负担，每周有 4 天、5 天乃至 6 天服劳役才是正常的。

东、西欧之间存在这样根本性的差别并不难解释。古老的格言“城市的空气让人自由”（Stadtluft macht frei）在正反两方面得到验证。农奴制在城市化的西欧消失得最早，在东欧乡村——旅行者可以一连几周碰不到任何像城镇的地方——不但保留下来，还周期性地焕发出新的生机。它最近一次复兴发生于 17 世纪的大破坏之后，当时，人口减少和西欧对谷物的需求结合在一起，促使领主将他们的农民束缚在庄园里。与这一社会经济解释紧密联系的是社会政治考量，东欧土地贵族的权力要比西欧土地贵族大得多，东欧中央政府的权力则相应较弱。就算统治者认为自己有责任干预，以保护其臣民免遭领主蹂躏，他们实现良善愿望的实际能力也是相当有限的。因此，卡尔六世在1723年发出的虔诚期盼——匈牙利各州会站在被压迫的农奴一边介入事态——只停留在纸面上，一代人后（1751年），玛丽亚·特蕾莎的类似指示结果一样。按照开明贵族拜尔泽维齐·盖尔盖伊（Berzeviczy Gergely）的说法："地主把农奴视为耕种土地的必备工具，认为这些动产或是他从自己父母那里继承所得，或是购买所得，或是奖励所得。他要求农奴缴纳地租并为他从事强制劳役，还把农奴视为可以根据他自身利益随意处置的人。"

统治者和领主争夺农奴的剩余产品。随着财政压力增大，特别是军费开支日益增加，保护农奴免遭领主压榨似乎对统治者有利。重农主义者魁奈（Quesnay）有句用大写字母写出的醒目格言，"**农民穷则王国穷**"，这本该是个不言自明的道理。然而，事情并没有这么简单。统治者的确需要农民缴纳赋税、填满军队队列，但也需要农民的领主管理乡村、为军官团提供人手。只有那些拥有足够多接受过充分教育的普通人的地方才能摆脱贵族，但那时并不存在这样的地方。就当时的状况而言，统治者需要达成某种平衡。腓特烈大帝在他的专题论述《论政府的形式与君主的职责》（*On the Forms of Government and the Duties of Sovereigns*）中以其特有的透彻阐述了这一困境。他的前提是立法者必须设身处地，站在最贫困臣民的立场上，然后向自己发问，问自己最希望纠正何种弊端。在许多欧洲国家，农奴制名列弊端清单首位，"在一切处境中，它都是最不幸也最有悖人性的"。然而，尽管废除"这种野蛮习俗"似乎只需要下决心行动，可在现实世界里，还有其他一些需要考虑的对抗性因素，其中包括土地所有者与耕作者之间契约的神圣性，过于轻率的行动可能导致农业崩溃的危险，以及向贵族提供赔偿的必要性。

当腓特烈大帝在1777年写下那几行文字时，他可以从自己的一生，尤其是从1763年在波美拉尼亚遭遇的挫折中汲取经验教训。当时，他向该省的高级民政官员发出了下列明确指示：

> 无论在什么地方——不管土地属于王室、贵族还是城市——都要立刻彻底废除农奴制。要让这项国王陛下为了全省福祉考虑而颁布的法令立刻得到执行。应当向所有反对者礼貌地解释法令的价值，但迫不得已也可以动用强制措施。

这道法令最奇怪的地方是，腓特烈大帝竟然认为它能够执行下去。鉴于"七年战争"刚刚结束，波美拉尼亚容克们做出的牺牲本该在他的脑海中占据重要地位。容克们抗议这一废奴计划时怀着强烈的愤怒，这是有原因的。当时有人估计，这个省份的每个贵族家庭都可以宣称至少出了一位在军中效劳的军官，容克们的抵制是强有力的。他们还认为领主和农民间的关系不是真正的农奴制（Leibeigenschaft），这种关系依靠的是"自愿且诚实"的契约，领主有义务"供养、维持包括儿童和仆人在内的农民家庭，即便在农民因为事故残疾或年老时也要继续供养，为农民提供房屋、马厩、耕地、牛和园圃，给家仆支付公平的薪水，建造并养护拥有居住和经济用途的主要建筑物"。他们进一步指出，这种福利还有一个相当重要的好处，就是将农民约束在"适当的位置上"，而切断把互尽义务的领主与农民结合起来的纽带会导致无政府状态。腓特烈并没有坚持推行这道法令。

腓特烈的谨慎是有理由的。约瑟夫二世于18世纪80年代末坚持推行针对他治下诸多贵族的法令，后果并不愉快。对约瑟夫来说，农奴制、庄园制与庄园经济都是不可接受的，原因有以下几个方面：第一，这一制度将很大一部分人口交给地主统治，这些人就算有再多财富、再多特权，也不过是私人的而已，而这有悖于现代国家所主张的主权。第二，等级制度下的人身依附概念与约瑟夫所持的人类天生平等信念不符。第三，领主对农奴的控制使他们对农奴收入的剥削比例过高，这就让国家拿不到应得份额。第四，农奴制让领主能够滥用权力进而导致社会动乱，因为农奴只能依靠他们唯一可以支配的武器——暴动。第五，对人员流动的限制导致制造业和商业部门缺乏劳动力。最后，上述所有限制也导致国家征兵更为困难。

母亲玛丽亚·特蕾莎皇后于1780年逝世后，约瑟夫二世终于能够完全掌控自己的领地了，于是，他迅速投身到废除农奴制的事业当中。从1781年开始，约瑟夫采取了一系列措施，令所有农民有权不经领主许可结婚、迁徙、自行择业。儿童为领主充当强制性家庭仆役的义务也被废除了。这套措施向着解放农奴迈出了一大步，但没有触及棘手的领主裁判权问题和强制劳役问题。约瑟夫的注意力集中在特兰西瓦尼亚于1784年爆发的农民起义上，起义波及范围很广，高峰时期武装暴动者多达3.6万人，仅胡尼奥德州（Hunyad）一地就有62座村庄和132栋贵族居所被焚，4 000人——大多数是贵族及其家人——被以“最可怕的方式”杀害。对起义爆发原因的调查证实了约瑟夫长久以来的想法：哈布斯堡王朝是僵化的，四肢只能偶尔对大脑的指示做出反应。他的愤怒反应生动呈现出致力于改革的18世纪末期君主的形象：

> 我已深知索拉特（Szalat）庄园的农奴多年来一直以最迫切的方式抱怨公职人员和地主的压迫和残酷行为，我反复呼吁，要求对申诉进行调查和处理，唉，到目前为止这都是徒劳的。我的确已经指派过多个调查委员会，但他们反而让农奴所受的虐待比以往更重了。有人替官员掩饰，各种弊端从未在根本上得以解决。当然，状况可以在一段时间内得到控制，可要是人们被压迫得太过分，弦绷得太紧的话，它迟早都会断。

甚至早在“霍尔扎*叛乱”爆发之前，约瑟夫就启动了一个激进的改革方案。他从一个简单的首要原则出发：“土地与土壤是自然赋予人类用以自立的，它是一切事物的唯一来源，也是一切事物的唯一归宿，历经时代剧变，土地的存在保持不变。因此无可争辩的真理是，土地应当只能供国家所需。”此外，“自然的正义”要求一切土地不论所有者地位如何都应获得平等对待。约瑟夫曾发问，有人认为曾存在一个只有领主而没有农民的时代，农民出现后只能在某些特定条件下获得土地，这难道不是“愚蠢的偏见”吗？事情的真相是，原始的平等已经被特权和不平等取代，而这正是掠夺的结果。

---

* 霍尔扎（Horja），又作霍里亚（Horia）、霍雷亚（Horea），本书英文原文采用较为罕见的霍尔扎写法，原名瓦西里·乌尔苏·尼古拉（Vasile Ursu Nicola），生于1731年，卒于1785年。霍尔扎系特兰西瓦尼亚阿普塞尼（Apuseni）山区教堂乐手兼木工，曾于1779年后多次率领代表团前往维也纳向约瑟夫二世呈递请愿书，抗议地方当局和贵族的迫害，但收效甚微。1784年10月，霍尔扎领导特兰西瓦尼亚农民、工匠和教士以约瑟夫二世的名义发动起义，12月战败被俘，次年2月被处以分尸酷刑。参见：Beales, D. *Joseph II Volume 2, Against the World, 1780—1790*, Cambrigde: Cambridge University Press, 2009, pp. 264—270.

是时候扫除这些弊端了，这样国家和它的全体成员才能平等受益。为此，他宣布在土地平等征税的基础上建立一套全新的制度。由于土地类型、肥沃程度和地理位置不同，土地价值存在差异，土地税由基于脱粒谷物市场价格的10年平均净收益（也就是扣除种植成本和种子）决定。无论是商业税、工业税还是货物税，所有其他形式的税收都要废除。

这不仅仅是税收改革，也涉及重建农村关系。过去，不幸的农民被束缚在庄园里，被迫以支付各种地租和从事各种劳役的形式尽可能多地为领主出力，这样就几乎没有什么可以留给政府主导的机构或财政了。只要农村经济依然建立在以个人为核心的依附关系基础上，地租依然以实物而非现金形式缴纳，政府工作人员——不论是税吏还是征兵军士——就无法触及大部分人口。因此，约瑟夫下令将包括强制劳役在内的多种与领主有关的义务用一笔现款代替。他深信这样就可以将哈布斯堡君主国受制于偏见的强大潜能释放出来，为国家服务。正是这种将财政改革和“租佃”（urbarial）改革（亦即调节领主和农民间的关系）结合的做法，令约瑟夫二世的方案显得极为激进，也极富争议。

1784年的特兰西瓦尼亚起义并没有改变约瑟夫的想法。他极为坚定、顽固地推行《税收与租佃条例》。就连大多数高级官僚的激烈反对都没有让他犹豫。约瑟夫知道这些人都是因腰包受损而抱怨的领主，这些抱怨反而促使他继续推进改革。1785年，他开始进行作为新制度必备前提的土地大清查，还发布定期的长篇抨击，开展调查访问。1789年时，约瑟夫知道自己命不久矣，完全表现出了莱辛笔下恨不能未来就在今日实现的当时人的急躁，认为推行新制度的时机已经成熟了。具体的执行措施和之前制订的草案之间多少有些差别：土地价值现在基于6年里的平均总收入。农民将保留总收入的70%，剩余的30%中，12.5%归国家，17.5%归领主。后一份额将包括所有的地租和劳役，其中就有教会什一税和强制劳役。政府高官霍泰克（Chotek）伯爵拒绝在1789年2月10日的法令上签名，还坚持要求约瑟夫批准自己的辞呈。面对霍泰克的批评，约瑟夫表示，要是某个农民的收入在过去被剥夺了1/3以上，那么这个农民就已经遭到了极不公正的对待，必须加以纠正。可事态并未如此发展。正如我们将在后面章节所见，到了这个时候，哈布斯堡君主国已经由于内部动乱和对外战争几乎陷于崩溃，就连顽固到病态地步的约瑟夫也不得不承认必须取消这个激进计划。还要再过50多年时间，等到1848—1849年的革命浪潮之后，农民才会最终得到解放。

在俄罗斯帝国，农民等的时间更长，他们要一直等到1861年，而且即便到那时，“解放”的果实也会很快让以前的农奴失望。俄国是特殊的，而其最根本的特殊之处就在于它的地理位置。由于气候原因，在诺夫哥罗德（Novgorod）和圣彼得堡间的泰加林（taiga）地区，农作物生长期仅有短短4个月（5月中旬到9月中旬），在莫斯科附近的中部地区是5个半月，在草原则是6个月。相比之下，西欧的农作物生长期有8～9个月。生长期的短暂阻碍了个人主动性的发挥，令合作和资源集中受到重视。农作物产量也因此保持在较低水准，19世纪的平均产出率也只有3∶1到4∶1，或者说和400年前是同一水平。因此，俄国的农业在丰年足以维持耕作者的生活，但并不能产生足以供应重要城市地段的剩余产品。圣彼得堡魅力的背后是农村经济占据绝对主导地位的现实，全国仅有3%的人口住在城镇。而且，即便这个数字也有误导性，因为大部分“城市居民”都是地主和食用自产粮食的农民。

另一个地理方面的决定因素是空间。只要看一眼欧洲地图，就能看出俄国处于另一个数量级。例如在 1800 年，从俄国西部国界到乌拉尔山脉（传统意义上的欧洲边界）的距离比从俄国西部国界到爱尔兰西海岸的距离还长。在这片广阔的土地上，光是传递信息就相当艰巨了：即便在德意志和瑞典专家于 17 世纪下半叶建立邮驿系统后，来自莫斯科的公函要传到基辅也可能耗时长达两周。远离主干道的村社，也就是大部分村社，都处于政府沟通范围之外。然而，考虑到来自西方的掠夺者（波兰人、瑞典人）和来自南方的掠夺者（蒙古人、土耳其人）反复入侵俄国，俄国对强大中央政权的需要仍然高于一切。为了抵抗入侵，俄国发展出了一种被理查德·派普斯（Richard Pipes）称为“双头政治”的政治制度，沙皇在中央行使绝对权力，但为了换取税赋和兵役，还要将乡村分包给贵族。这套政治制度中如同钢丝绳般贯穿始终的是从属原则：贵族从属于沙皇，农民从属于贵族。高官米哈伊尔·斯佩兰斯基（Mikahail Speransky）在 1805 年评论称，俄国只有两个阶层：“君主的奴隶和地主的奴隶，前者被称为自由人，但也只是比后者自由罢了。”即便到了 19 世纪，贵族不论级别如何，在给沙皇写信时也都必须以“你卑微的奴隶”这一固定用语结尾。

我们不免得出结论：农奴制之所以在俄国延续最久，是因为它是对基本生存状况的回应。用派普斯的话说，它“并不是一种特殊状况，而是将全部人口和国家捆绑到一起、包罗一切的制度的组成部分。与古代世界或美洲的奴隶不同，俄国农奴并不是居住在自由民当中的非自由民，也不是公民中的希洛人*，而是一个不容任何人支配其时间和财产的社会系统的一员”。但在俄国有多种情况。俄国农民并不都是农奴，俄国农奴和农奴也不一样。西蒙·狄克逊曾写道：“农民占到人口的 90% 以上，而这个庞大的比例掩盖了农民那随时间而变动的多种多样的法律地位。”农民的地位在很大程度上取决于其主人类别。彼得大帝于 1723 年进行的普查表明，有 56% 的农奴属于贵族，21% 属于国家，14% 属于教会，还有 9% 属于沙皇本人。在劳役（barshchina）和可用货币或实物支付的代役租（obrok）之间，我们也需要做出区别，虽然这两类义务之下还有许多子类。杰尔姆·布卢姆（Jerome Blum）曾记录过 44 种不同的劳役类型。在农奴从事制造业或商业活动的地方，地主更喜欢收取代役租，而在拥有城市或出口市场、存在农产品输出需求的地方，地主会更倾向于劳役。在后一种状况较为普遍的南方“黑土”地区，劳役制与代役制的实行比例已经上升到大约 3 ∶ 1，在森林密布的俄国腹地则是大约 55 ∶ 45。在本书描述的大部分时段里，各种形式的地租似乎有所上涨，直到大约 18 世纪中叶才稳定下来。当然了，还有为数众多的农奴根本就没有土地，只能作为契约奴仆在领主家中全职工作。英国人威廉·图克（William Tooke）曾于 18 世纪末在俄国旅行，跟随着贵族家庭的闲散奴仆人群令他感到震惊：“或许可以毫不夸张地断言，一个俄国贵族家庭里的家仆数量相当于欧洲其他国家同一级别贵族家庭的五六倍，在圣彼得堡，有些大宅子里的男女仆役数目可达 150 人甚至 200 人。”家务农奴似乎特别容易遭到身体层面的虐待。西蒙·狄克逊引述过詹森派神父

* 希洛人（helot），一译“黑劳士”，指古典时代希腊斯巴达城邦的国有奴隶，后也引申为各类农奴或奴隶。

雅克·朱贝（Jacques Jubé）于18世纪30年代初访俄时目击到的场景，当时，有个年老的仆从因为一个非常小的冒犯举动就被主人踢踹面部和腹部，然后还不得不匍匐在地上赎罪。

在欧洲各地，越来越多的同时代人物开始对农奴的不幸命运深表同情。农奴制作为反人类的罪行和反生产力的罪行，招来了软心肠和硬心肠的一致谴责。就算改革的尝试时常并不认真实施或并未付诸实施，但早在1789年之前，就有人感觉这一体制已经奄奄一息了。只有在俄国，农奴制的活力似乎并未衰减。将农奴制确立为主导性社会制度的决定性步骤是彼得大帝于1705年引入了征兵制度，并于1719年开征人头税［字面意思是“灵魂税”（podushnaya podat）］。领主惩罚农奴的权力越来越大，农奴的处境也进一步恶化了。叶卡捷琳娜大帝时常表达对农奴制的敌意，她在原则上无疑是真诚的，但用米歇尔·孔菲诺（Michael Confino）的话说，她主导了“贵族的黄金时代和农奴制的顶峰”。在她漫长的统治时间（1762—1796）里，只有六个领主曾因虐待农奴而受到处罚。亚历山大·尼古拉耶维奇·拉季谢夫在1790年发表了《从圣彼得堡到莫斯科旅行记》，这本书并没有描述他所亲历的某次行程，因而严格来说该书属于虚构，但它对沿途状况的记载是符合实际的。他的主要谴责对象是农奴制，因为这一制度侵犯了自然权利，腐蚀了农奴和农奴主，而且在经济上也存在缺陷：

> 奴役他人这种野兽般的习俗起源于亚洲的炎热地带，是一种堪称野蛮的习俗，一种象征着铁石心肠和完全没有灵魂的习俗，它已经迅速地在地球表面传播开来。而我们斯拉夫人，光荣（slava）之子，无论名声还是行为都是尘俗中的光荣之辈，竟陷入

了无知的黑暗，接受了这种习俗，因而落后。而让我们蒙羞的，让过去几个世纪蒙羞的，让这个理性时代蒙羞的，是我们直到今天都让它保持不变。

拉季谢夫为自己的愤慨付出了沉重代价，他被判处死刑，在死牢里待了一个多月后才减刑为剥夺贵族身份并流放东西伯利亚 10 年。他在那里待了 6 年，直到叶卡捷琳娜大帝去世为止。尽管他之后获准返回俄国的欧洲部分，但是他一直没有从自己所受的煎熬中恢复过来，最终于 1802 年选择自杀。

虽然访客们知道欧洲其他许多地区也存在农奴制，但他们在俄国遇到的农奴制还是尤为繁重、尤为令人反感的。即便把西欧人在看待东欧时普遍存在的居高临下（de haut en bas）倾向放在一边，俄国依然有许多令人不悦之处。出使彼得大帝宫廷的英国使者查尔斯·惠特沃斯（Charles Whitworth）爵士记载如下："农民就是标准的奴隶，服从于领主的专断权力，可以和各类动产一起转手，而不能占有任何财产。"事实上，从 1649 年开始，将农奴与其所属土地分开出售在法律意义上就是违法行为，但这种做法仍在继续，18 世纪一再发布的诸多禁令就表明了这一点。莫斯科的报纸继续打出把农奴"按家庭"或"按个人"出售的广告，有的广告甚至把他们和日用器皿一起打包出售。一个充当帮厨的女农奴可以值 50 卢布，而一个"漂亮的农奴姑娘"能卖出前者的 10 倍身价。事实上，18 世纪末、19 世纪初，以农奴为妾就很盛行。农奴乐队和农奴剧团也很流行。波将金（Potemkin）公爵曾花 4 万卢布从拉祖莫夫斯基（Razumovsky）元帅手中买下一支农奴乐队。就连小地主也可以将农奴培训为乐手，让他们白天或是在田里干活，或是在家里工作。这是一种明智的投资，因为农奴乐手不仅可以在晚上给家人带来娱乐，还是一种适应市场的资产，在必要状况下可以出售。不管这样的表演有多么出色，农奴表演者都由主人随意操弄，还会受到体罚。卡缅斯基（Kamensky）伯爵在他的私人剧院耳房里挂上了大鞭子，要是表演未能达到预期效果，他就会在幕间休息时鞭笞演员，这样的举动可能并非典型，但肯定可以作为象征。另一位剧团主人在文献资料中仅被称作“B”，他每到演出时都在耳房里踱步，用话语和手势指责舞台上的人们。有次在表演《狄多与埃涅阿斯》（*Dido and Aeneas*）时，女主角演得不好，他激动不已，竟然冲上舞台，掌掴了女主角，在幕间休息时又痛打了她一顿。

这些私人所有的农奴团体主导着 18 世纪的俄国戏剧与歌剧，说明了俄国的特殊性。扬科娃（Yankova）公爵夫人回忆说：“在我们那个时代，人们认为由主人亲自邀请（去剧院）才是较为文雅的，去任何人都能买票进去的地方就不文雅。的确，我们的亲密友人哪个没有自己的私人剧院呢？”奥兰多·菲格斯（Orlando Figes）在他那部颇具启发性的俄国文化研究著作中记载如下：18 世纪末到 19 世纪初，173 座贵族庄园拥有剧院，300 座贵族庄园拥有农奴乐队。俄国的戏剧与芭蕾并非诞生在圣彼得堡与莫斯科的宫廷或公共剧院，而是产生于库斯科沃（Kuskovo）的舍列梅捷夫（Sheremetevs）家族的宏伟宅邸，它实际上是座培养农奴乐手和演员的学院。这个家族拥有的庄园土地面积总计约 8 000 平方千米，农奴人数可能多达百万，比最富裕的英国权贵还要富裕，他们足以负担成为文化界领袖的开支。

农奴制对经济的影响并不像乍看上去那么简单。在易北河以东的德意志地区和哈布斯堡君主国，人们通常认为将农奴束缚在领主庄园妨碍了经济发展，因为农奴会被排除在资本主义进程之外，既不能充当该进程中的劳动者，也不能成为消费者。比如说，在约瑟夫二世于1781年授予农奴迁徙自由后，他们才能离开土地参与城市制造业。另一方面，俄国的农奴实际上有可能被迫成为产业工人。从彼得大帝统治时期开始，俄国政府就会把村庄整体“指派”或“分配”给制造业企业，企业往往距离农奴原先的住所很远，位于乌拉尔的冶铁工场尤其如此。在彼得统治的最后一年（1725年），仅冶金工业就分到了5.4万名农奴。大部分此类企业都是国营的，但私人企业家设法获得征召劳动力权利的新闻也时有出现。18世纪中叶，俄国跃升为欧洲头号产铁国，取代瑞典成为英国市场的主要供应者，所以就这个古怪的意义而言，或许可以说农奴制正被用于推动经济进步。

然而，农奴制对农业的影响毫无疑问是负面的。不用对人类心理有什么敏锐感知，人们就能意识到被强迫的劳动者不会怀着热情从事工作。匈牙利人齐奇·卡罗伊（Zichy Károly）感慨道：“我的庄园位置非常好，它位于四座城镇附近，我的村庄就在多瑙河岸边，靠着最繁忙的道路，我的管家很好，土壤品质是一流的，然而我的所有收入都花在了管理上。我只能依靠在自己庄园土地上养殖的1.1万只羊获取收入。我还能指望从虚弱的挽畜、糟糕的耕犁和农奴的木车上赚到什么吗？”要是再加上农奴的“敌意”所导致的低效，他的认识就更完整了。越来越多的聪明领主，特别是普鲁士的领主开始意识到放弃农奴的强制劳动、放弃领主和农奴间的一切相互义务反而对领主有利，更好的做法是在必要时雇用或解雇自由劳动力。约阿希姆·弗里德里希·冯·克莱斯特少校——前文已经提到他成功地适应了市场环境——就在季节基础上雇用按日计酬的劳工，因为他发觉剥削雇工要比剥削依附于他的农民容易得多。越来越多的贵族庄园（Rittergüter）转入平民手中也加速了这一发展进程。拉季谢夫已经看够了愠怒的俄国农奴缓慢而迟疑的劳作，因而体认到如下事实："遵循这种（自利的）本能，一切对自己利益有好处的，一切在未受强迫的情况下所要做的，我们都仔细、勤奋、很好地去做。另一方面，一切并非自愿做的，一切不为自己利益所要做的，我们都以粗心、懒惰、极尽失误的方式应付。""像在领主土地上劳作一样"是"怠工"的同义词。

农奴制不仅仅意味着怠工，它也是农业社区结构的重要组成部分。正如我们所见，就算在农民在法律意义上拥有自由的地方，他们也是集体劳役（servitudes collectives）的自愿受害者。他们被束缚在土地上或受到领主的压迫——也可能两者兼而有之——时，为了获得集体安全而聚集在一起的愿望就要强烈得多。在俄国，农奴制与村社或米尔*——这是个含义丰富的妙词，也可以表示"和平""世界""宇宙"——结合到了一起。米尔由村社中每个家庭男性户主选举产生的村庄长老组成，管理几乎一切与农民有关的事务：确定每年的耕作日期，决定种什么作物、何时种植、如何种植，在敞田上分配地块，征税，强制执行村社的基本纪律。豪克斯特豪森（Hauxthausen）男爵在他写于19世纪40年代的著作中评论道："我们到处都能看到村社的权力，看到人们表现出对村社的服从。"他指出在日耳曼语系或罗曼语系中不存在任何一句赞美村社优点的谚语，这样的谚语在俄语里却有很多，下文便是例证：

---

* 米尔（mir/мир），意为村社。"村社"一词在旧俄文中写作міръ，也意为世界、宇宙，"和平"一词在旧俄文中写作миръ，两词在俄国革命后的文字改革中均改作мир。

唯有上帝能够指导米尔。

米尔是伟大的。

米尔是澎湃的巨浪。

米尔的脖子和肩膀都很宽。

把一切都扔到米尔身上，米尔也能扛住。

米尔的眼泪是流淌的，但它也锋利。

米尔叹气，磐石就会迸裂。

米尔啜泣，森林就有回响。

树木在森林里倒下，木屑在米尔里飞行。

米尔的一根线头成了裸身者的衣裳。

世上的每个人都和米尔不可分割。

属于米尔的东西也属于母亲的小儿子。

米尔所决定的必须通过。

米尔对国家的防务负责。

这不是一个有利于变革的组织结构。持反对态度的弗里德里希·克里斯蒂安·冯·韦伯在1720年写道："他们的思想极为黑暗，他们的感官受到奴隶制的高度迷惑，即使有人教给他们最明确的农牧业改进措施，他们也没有放弃旧方法的打算，并认为没有人能够比自己的先祖更了解农牧业。"匈牙利自由派人士拜尔泽维齐·盖尔盖伊更有同情心，也更有洞察力：

农民对所有上等人都表现出天生的不信任，甚至对那些无须对农民苦难负责的上等人也是如此，他们认为自己有权用诡计从

> 那些依靠高贵身份享有诸多便利的上等人手中获取好处……他们对一切行政和司法当局也同样不信任。说到底，是谁组成了这些当局呢？是农奴主和那些与农奴主有关系的人。一切创新，尤其是那些源于领主的创新，都遭到农民的憎恶；他们之所以顽固反对，是因为深知领主的利益与自己相悖。农奴怀疑创新是领主打算以牺牲农奴为代价增进自己利益的工具。

拜尔泽维齐补充说，农奴竭尽所能地逃避自己的封建义务，他们仅仅派去最弱小的家庭成员、最虚弱的挽畜和最差的设备。

什　一　税

国家和领主索取了名目繁多的现金、实物和劳役地租，这还不够，第三个掠夺者群体——掠夺方式较为简单但更令人生厌——以神职人员的形式出现了，他们向农民索要土地出产的1/10。和生活中其他许多令人不快的事情一样，它享有《圣经》的支持，特别是《创世记》第28章第20—22节：

> 雅各许愿说，神若与我同在，在我所行的路上保佑我，又给我食物吃，衣服穿，使我平平安安地回到我父亲的家，我就必以耶和华为我的神。我所立为柱子的石头也必作神的殿，凡你所赐给我的，我必将十分之一献给你。*

---

* 本书中引用《圣经》的部分，均参照和合本汉译文。

《利未记》第 27 章第 30—32 节的命令更明确：

> 地上所有的，无论是地上的种子，是树上的果子，十分之一是耶和华的，是归给耶和华为圣的……凡牛群羊群中，一切从杖下经过的，每第十只要归给耶和华为圣。

在当中的一千年里，这一简单的承诺 / 要求被分解成无限的复杂事物。就理论而言，不论属于最高统治者、最富有的教士还是最卑微的农奴，所有土地都要缴纳什一税，路易十四在凡尔赛征地修建新宫殿的园林时，也不得不向在当地征收什一税的领主支付补偿金。然而，旧制度下没有什么东西是简明的，更不用说还是在法国。一些渴望在教会内部确立特殊地位的修会取得了豁免权，普罗旺斯的贵族则把他们缴纳的什一税税率降到远低于平民的地步。有人根据词源和雅各的许愿料想什一税税率就是 10%，但实际税率并非如此，有些时候的确可能是 10%，但多数情况下是多于或少于 10%。不同作物、不同地区的税率都可能存在差异，甚至同一教区里的不同农田都有不同。在加龙河畔阿让（Agen）附近的拉塞佩德（Lacépède），谷物的什一税是 1/10，亚麻是 1/13，葡萄酒是 1/20。西南部有些地方的什一税税率非常高，孔东地区（Condomois）高达 1/8，洛林 1/7 也不罕见，税率最高的是布列塔尼的某些愚昧地区，那里征收的什一税是 1/5，甚至还有重到难以置信的 1/4。另一方面，南方许多地区，特别是多菲内和普罗旺斯的什一税很轻。还应当注意的是，在领主统治最深入的地区，什一税最轻，反之亦然。皮埃尔 · 古贝尔估计全国范围内的粗略平均税率应当是 7% ~ 8%。

和税率一样多种多样的是什一税的征税对象。虽然可以说谷物收获总得交什一税，但一致性也就到此为止了。木材、天然草场和挽畜几乎都是免税的，但葡萄酒、年幼的牲畜和人工草场并非如此。生产者有很多机会逃税，什一税所有者的手段也很多，因为摩擦和诉讼不断，在苜蓿或根茎植物这样的新作物出现时，情况就会特别严重。诉讼唯一不变的受益方是律师。这方面最臭名昭著的就是佛兰德的“五点”争议，关于该争议的诉讼持续了“数个世纪”，1789 年的革命才最终为其画上句号。征收什一税是一项繁重的工作，所以大部分什一税所有者都把他们的权利出租给专业人士（往往是粮食经销商），这丝毫无助于改善什一税的名声。而且，在耕作者缴纳的所有地租中，什一税是优先的，农民要先付清领主的什一税份额，才能把收成归仓。由于农产品价格在 18 世纪多数时候都呈上涨态势，什一税几乎始终以实物形式存在，不会被折算成现金征收。

要是农民上缴的什一税被留在他们的教区里并被用于维持当地教士和教堂建筑的开销，那么农民或许会更配合一些。但税收大头一般都落入教会诸侯囊中，主教区和修道院得利尤为突出，甚至连平信徒也能分得一些。谢斯迪约（Chaise-Dieu）的本笃会大修道院就享有 300 多个教区的什一税。而在教区教士当中，只有 1/10 能够独享他所在社区的什一税。1789 年，一份来自沙隆（Châlons）附近欧奈欧普朗什（Aulnay-aux-Planches）的抗议书向三级会议抱怨道：“什一税是宗教强加给这一地区的沉重负担，但我们自愿缴纳。要是我们看到什一税能够按照上帝和人类指派给它们的目的被正常使用的话，我们会更乐意缴纳。”布卢瓦（Blois）附近鲁容（Rougeon）教区的居民更为愤慨：“我们看到教区的教士们陷入匮乏、不幸、穷困，这让我们苦恼，与此同时，我们还看到无数的修士、托钵修士、神父和大教堂教士拿走我们的什一税，却不给我们的教士留下应得的份额。这些执掌生计的家伙冷漠地看待我们的教堂，那里没有祷告书，没有法衣，处于崩溃状态，脏得就像马厩一样。”没有人知道法国的教会以什一税的形式从平信徒手中搜刮了多少财富，同时代人的估计从 0.7 亿利弗尔［来自拉瓦锡（Lavoisier）］到 1.33 亿利弗尔［来自德·沙塞（de Chasset）］不等。阿尔贝·索布尔（Albert Soboul）提供的数据是，在旧制度的最后几年里，教会每年搜刮的什一税有 1.2 亿利弗尔。

新教国家的什一税同样普遍、繁重、令人憎恶。英国的什一税一直存在到 1836 年的议会法案将其废除为止。实际上，由于什一税所有者——其中 1/3 是“不当得利”的平信徒——将新作物纳入了自己的征税罗网里，什一税还出现了确实无疑的复兴。1697 年发自萨里郡（Surrey）戈德尔明（Godalming）的报告称，“谷物、苜蓿、驴食豆，以及高地上所有草料的什一税”都以实物形式缴纳，此外以实物形式缴纳的还有“豌豆和其他豆类……园圃、果园、果树，以及不论在田野还是其他地方的灌木的什一税。还有啤酒花、亚麻、大麻、菘蓝、藏红花、油菜籽等各种植物的什一税，以及各种小什一税”。马铃薯尽管被列为可以征收什一税的作物，但它还是发展兴隆，这可以在某种程度上证明它的利润率。什一税是沉重的负担，就像阿瑟·扬在他出版于 1768 年的《农夫给英格兰人民的书信》（*Farmer's Letters to the People of England*）中抱怨的那样：

> 农产品的 1/10 是相当可观的税收。一个农夫给一块农田充分施肥，花费很大代价排水，让它休耕一年，播上小麦种子，收

获作物，支付两年的地租后，还得交出他这一切金钱与劳力换来的农产品中的1/10，这样的负担非常沉重，沉重到英国的现存税收中没有任何一个能够与其相比。

教俗法庭一般会站在什一税所有者一边。据估计，威斯敏斯特厅在1782年记录的有关什一税的诉讼有700件，其中660件的判决有利于教士一方。而在前一年，有位富有进取心的肯辛顿（Kensington）教区牧师赢得了向他的教区内生长的外来水果——这些水果是供伦敦富裕居民食用的——征收什一税的权利。塞缪尔·韦斯利（Samuel Wesley）在重建了自己位于埃普沃思（Epworth）的牧师住宅后，做的第一件事就是建立什一税谷仓来储存他的谷物。然而，耕作者并不会让什一税所有人的日子太好过。收获时节有首传统歌谣唱道：

我们骗了牧师，我们还要再骗，
凭什么牧师要拿1/10？

搜刮什一税可能是不愉快的，但它带来的报酬非常可观。几乎每个英国村庄都还能以兴建或扩建于18世纪的“老牧师住宅”为傲，它的辉煌为什一税的价值献上了富有说服力的颂词。

农民的抗争

土地所有者与土地耕作者争夺利益的斗争遍布整个欧洲，随着人口压力的增加和农产品价格的上涨，这样的斗争越发激烈。在17世纪，农民更有可能诉诸直接行动，特别是在饱受战争蹂躏的国家拼命筹集足够的收入以渡过难关的时候。在这类“财政战争”中，乡村社区的其他成员——领主、教士乃至附近城镇的居民——往往会与农民联合起来开展防御，反抗中央的掠夺行为。哪怕是在投石党运动结束之后，大规模的乡村暴动仍然困扰着路易十四当局：1662 年，布洛涅地区的 6 000 名农民拿起武器反抗征税；1664 年，贝阿恩也有同等数量的农民抵制征收盐税的尝试——贝阿恩原本是豁免盐税的省份；1670 年，增税导致朗格多克北部维瓦赖山区 5 000 名暴动者发动反抗；1675 年，有支叛军控制波尔多达 4 个月之久，而 1.6 万名正规军不得不前去对付布列塔尼的一场暴动。凡此种种不胜枚举。然而到了 1700 年，主要针对王家税吏、由大型武装团伙发动的乡村骚乱已经少得多了。

这并不意味着法国乃至整个欧洲的乡村都成了克洛德·洛兰（Claude Lorraine）画作中描绘的那种田园风光。倒不如说是农民转移了敌意，他们此时对准的是另一个目标——领主。较之此前的直接行动，农民更倾向于运用司法手段提出申诉并谋求补偿。随着国王的控制力度（特别是通过地方监政官达到的控制力度）及其宫廷权威日益增加，申诉变得越来越有吸引力。达尼埃尔·罗什观察到：“国家的发展赋予农民抗议权，也给了他们利用这一权利的新理由。”易北河以东也有同样的现象，在那里，“容克们不忠实的仆人”［借用威廉·哈根（William Hagen）富有开创性的文章的标题］也充分运用了自己越发强大的抗议能力。1787 年 7 月，普鲁士国王腓特烈·威廉二世（1786—1797 年在位）发布了一份宣言，并要求把这份宣言“特地”传达给“下层人”，宣言称，国王“怀着高度不悦”看到“地主和受地主支配的村民之间的诉讼和争端数量近来日益增加”。然而，他并不打算彻底消除这种“放肆的诉讼激情”，反而想将其引导到正轨上去。事实上，腓特烈·威廉二世抓住机会，向想要滥用权威的领主们发出一则警告：

> 但是，如果哪个庄园主滥用了他的权利和领主裁判权，错误地要求村民提供正当份额以外的劳役和费用，以此骚扰受自己支配的村民，或者他侵犯了村民的财产或特权，又或者他犯下法律严禁的其他勒索罪行，或是暴力虐待其属民；那么，这种破坏朕对贵族信任的错误行为就不仅需要受到国家法律的惩罚，还会招致朕最深切的不满，令朕蒙羞。

当约阿希姆·弗里德里希·冯·克莱斯特少校打算在他的施塔韦诺夫（Stavenow）庄园不合法地——至少在庄园农民看来并不合法——提高劳役地租时，农民成了他勇敢顽强的对手。克莱斯特虽然控制了领主法庭，却只能获得暂时的优势，因为农民们雇来一位律师，把官司打到了柏林的王国法庭。经过 30 多年的争执，这起诉讼最终于 1797 年完结，农民们取得了胜利。正如我们前文所见，这场持续斗争并未妨碍克莱斯特推动农业创新，让他的庄园价值翻倍。

在王国司法机构缺席或不被信任的状况下，农民还会采取其他抗争策略。这些不满领主权威的弱者有许多抗争方法，包括消极抵抗、搪塞、怠工、假装听不懂、无声对抗。当形势不利于反抗、地主的压迫无法忍受时，反抗权威的行为时常会演变为犯罪。例如，那不勒斯王国最南端的卡拉布里亚省就盛行社会边缘的盗匪行为。在 18 世纪的最后几十年里，地主竭力侵犯村社权利，农民竭力逃避领主裁判权，双方的争端造成严重破坏，一场近似于“农村阶级战争”［乔治·坎代洛罗（Giorgio Candeloro）语］的动乱肆虐全省。亨利·斯温伯恩（Henry Swinburne）在18世纪70年代末行经卡拉布里亚时注意到：

> 当一家人中的父亲承受缴纳税款的重负，深陷饥饿和穷困的境地时，他就会上山（va alla montagna），也就是躲进丛林里，在那里，他会遇到同样的受害者，他会变成走私者，变成歹徒、强盗和刺客。

1783年的可怕地震导致4万人死亡，200多个村庄被毁，对许多常年受苦的农民而言，这是压垮他们的最后一根稻草。政府计划以征用教会财产的方式减轻社会动荡，可是，征用来的教会土地并没有出售给当地耕作者，而是被卖给了中产投机客，计划最终事与愿违。雪上加霜的是，关闭修道院破坏了一个重要的传统慈善来源。到了1787年，匪帮活动就已激增到几乎无所不在的地步，也对政权构成了实质性的威胁。以格罗泰里亚（Grotteria）的达戈斯蒂诺（D'Agostino）为例，他在这一年组建了强大的匪帮，足以统治从卡坦扎罗（Catanzaro）到雷焦的整个卡拉布里亚海岸，直至政府大举出兵才被镇压。在1798年法军入侵、鲁福（Ruffo）枢机主教和“圣忠派”（Sanfedisti）发起反革命运动后，法律和秩序彻底崩溃，土匪活动进入了极盛时期。在涌现出来的诸多土匪中，有个名叫米凯莱·佩扎（Michele Pezza）的家伙，他别名“魔鬼大哥”（Fra Diavolo），是欧洲历史上最著名的匪徒之一，此人在多部文艺作品中成为主要人物，包括奥贝尔（Auber）写于1830年的一部歌剧、大仲马写于1861年的一部小说，以及劳雷尔与哈迪（Laurel and Hardy）演出的一部制作于1933年的电影。

“魔鬼大哥”这样的土匪首先是罪犯，其次才是反抗社会不公者，而且，说他们反抗不公通常很牵强。他们的受害者往往是自己的同类。然而从农村贫民的角度来看，他们需要找到一个世俗救星，给自己一个获得充足土地和社会正义的希望，这样的需求极为迫切，以致有些不堪造就的人选也被美化成了英雄。用埃里克·霍布斯鲍姆的话说，18世纪是“土匪英雄的黄金时代”。这是一个人口增加导致乡村社会压力加剧的时代，一个国家对乡村控制能力尚不确定的时代，一个物质沟通相当原始的时代，但也是一个象征形式的沟通已然有所发展的时代，神话宣传能够以文字、图像和歌曲的形式传播。所以，这也是一个见证了斯捷潘·拉辛（Stepan Razin，俄国人）、尤罗什·亚诺希克（Juro Jánošík，匈牙利斯洛伐克地区人）、别名卡图什的路易–多米尼克·布吉尼翁（Louis-Dominique Bourguignon，法国人）、别名安焦利洛（Angiolillo）的安杰洛·杜卡（Angelo Duca，那不勒斯人）、迭戈·科连特斯（Diego Corrientes，西班牙人）、罗贝尔·芒德兰（法国人）、别名申德尔汉内斯（Schinderhannes）的约翰内斯·比克勒（Johannes Bückler，莱茵兰人）、“罗布·罗伊”麦格雷戈（“Rob Roy”MacGregor，苏格兰人）、别名切片机的马蒂亚斯·韦伯（Matthias Weber，莱茵兰人）、迪克·特平（英格兰人）出现的时代，也是一个罗宾汉（Robin Hood）崇拜大为复兴的时代。上述所有人以及未提到的其他人或多或少符合“侠盗”身份，霍布斯鲍姆将其定义为“出身农民的叛逆者，被领主和国家视为罪犯，却依然留在农民社会当中，被自己人当作英雄、勇士、复仇者、正义斗士来崇拜，或许还会被当作解放领袖，无论如何，他们都是值得敬仰、帮助和支持的人”。

正是这种神话构建让这些人变得有趣。历史学家已经无情剥去了人们一厢情愿地给他们加上的厚重迷人的外衣，揭示出他们其实是不光彩的罪犯，但这并非当时人的看法。阿尔让松侯爵（marquis d'Argenson）曾慨叹罗贝尔·芒德兰在18世纪50年代给法国农村造成混乱的能力：“不幸的是，人们都站在叛匪那边，因为他们向人们认为富得过了头的总包税人开战，而且以较低的价格卖给人们货物。因此，必须参加这场战争的官员不情不愿，而且总说他们有多不幸。”芒德兰构建受人欢迎的名声的一个重要资产就是他的罪行显然没有受害者，因为他的主业就是利用我们此前（见前文第38—43页）已然审视过的混乱内部关税体系开展走私的。芒德兰的基地设在多菲内，他组织了大范围、宽领域的走私活动，走私的货物包括皮革、毛皮、烟草、火药、铅弹、各种织物，以及农产品，走私范围从奥弗涅延伸到普罗旺斯，从萨伏依蔓延到勃艮第。他的团伙在巅峰时期据称雇用了大约300人。芒德兰于1755年被捕，后来在瓦朗斯被公开处以车磔，以震慑旁人，而他作为法国版劫富济贫罗宾汉的名声却像野火一般通过小册子、木刻和民谣传播。阿尔让松悲观地评论道：“整个国度都在支持走私者。”

正如我们将要在后文看到的那样，随着旧制度跌跌撞撞地走向终结，造成社会影响的农村犯罪达到高峰，但在18世纪的大部分时候，法国的各类警察武装还是能够遏制这个问题的。在国家实质上不具备控制力的欧洲边远地区，农村才可能爆发真正意义上的大规模抗争。值得注意的是，17世纪晚期的最大规模暴动发生在顿河与伏尔加河周边地区，波兰和俄国的农民往往会逃到那里去。这场暴动由一个名叫斯捷潘·拉辛的哥萨克领导，他在1667年组建了一个武装团伙，主要由一无所有的无地移民组成。随后3年里，这个团伙先是袭击俄国人和波斯人的据点，然后集中袭击俄国人的据点。到了这时，拉辛的军队已规模可观，达到7 000人，随着他攻占伏尔加河三角洲的阿斯特拉罕（Astrakhan）、察里津（Tsaritsyn，也就是后来著名的斯大林格勒）和萨拉托夫（Saratov），其军队规模也迅速扩大到2万人。当拉辛抵达辛比尔斯克（Simbirsk）时，他的军队已经推进了800千米，业已完成前往莫斯科的一大半行程。然而，沙皇阿列克谢一世（Alexis I）的政府到了此时已有足够时间组织反击。1670年10月，尤里·巴里亚京斯基（Yury Baryatinsky）公爵指挥的军队粉碎了拉辛规模庞大却缺乏训练的武装群体，迫使拉辛所部退往顿河哥萨克的土地。拉辛本人在1671年4月被效忠政府的哥萨克送交当局。他在红场上被公开处决，身体遭到了肢解。然而，拉辛的起义并没有和他一起死去，直至同年12月，起义军的最后一个据点阿斯特拉罕才落入当局手中。

一个世纪后，一场规模更大的农民起义在类似地区爆发了，它有着和拉辛起义同样的原因，也产生了同样的结果。此次起义的领袖自称是彼得三世——他在1762年的宫廷政变中遇害，这在某种程度上展现了俄国政治生活的特殊性。继承彼得皇位的是他的遗孀叶卡捷琳娜二世，但她对皇位的掌控并不稳固。这不仅是因为人们认为她默许了除掉丈夫的行动，也因为他们生于1754年的儿子帕维尔*至少和叶卡捷琳娜一样有资格继承皇位。事实上，虽然不乏挑战——叶卡捷琳娜治下出现过26位皇位觊觎者，其中16人自称彼得三世——但

* 帕维尔，即后来的俄国皇帝帕维尔一世（Pavel），统治时间为1796—1801年，一译“保罗一世”。

她仍然一直统治到1796年。其中显然最具威胁的是一位名叫叶梅利扬·普加乔夫（Emel'yan Pugachev）的顿河哥萨克，他曾在俄军服役，参加过“七年战争”和1768年后的俄土战争。普加乔夫于1771年逃离军队，而后靠着自己的小聪明过了两年流浪生活，直到1773年又出现在亚伊克河*河畔。在那里，他发现与河流同名的哥萨克军在上年的一场兵变（也由一个僭称彼得三世的人领导）中遭遇残酷镇压，此后便处于狂热的动乱状态之中。

我们不能确定普加乔夫的追随者中有多少人真正相信他的宣言，认为他就是彼得三世，或许到底有多少人相信根本无所谓。普加乔夫是个文盲，而且很容易做出荒谬的断言，比如他说自己的“教父”彼得大帝（死于1725年）曾赐予他一把信赖之剑，但那些最接近普加乔夫的人似乎都没有被蒙蔽。真正重要的是暴动者意识到他们有必要合法化暴动，在对付邪恶的篡位者和她那些缺德的顾问时，还需要诉诸传统权威。民间传言彼得三世之所以被废黜，是因为有人要阻止他颁布解放农奴宣言，这让他的形象极具吸引力。事实上，彼得的确在解放教会农奴的道路上迈出了最初的几步，这有助于解释为何农奴群体中出现了一些最为热忱的普加乔夫的支持者。而普加乔夫宣言的核心主题就是自由——“从河源到河口的自由，土地和土地出产的自由”，宗教自由，免于纳税的自由，免于征兵的自由，再加上更多的物质诱惑，比如免费的土地、食物［每年发放12俄石（chetverti）或70蒲式耳的粮食］、武器，甚至金钱（每年发放12卢布）。虽然普通农民积极支持普加乔夫，但这场起义实际上

---

* 亚伊克河（Iaik），帝俄政府在镇压普加乔夫起义后将其更名为乌拉尔河，该名沿用至今。亚伊克河哥萨克军也同时更名为乌拉尔河哥萨克军。

还是一场边缘人发动的起义，这些人包括口袋里一无所有而心中却有极多怨恨的逃亡者，对俄国政府日益加剧的干涉感到厌恶的哥萨克，生活方式同样受到俄国政府威胁的鞑靼（Tartar）和巴什基尔（Bashkir）牧民，将叶卡捷琳娜视为敌基督的旧礼仪派信徒，以及被“分配”到乌拉尔地区工厂里的农奴——他们转身对付自己的主人，乐意为普加乔夫的军队制造武器和弹药。

这些人在一起，的确有爆发的能量，而且，俄国军队此时仍未结束与奥斯曼土耳其人那场始于1768年的战争。普加乔夫的第一份宣言于1773年9月17日宣读，1774年9月15日，有人将他出卖给当局，其间相隔几乎一整年。在此期间，他数以万计的追随者横扫了几乎和不列颠诸岛面积一样大的土地，他们一路上抢劫、强奸、杀人，最终杀死了1 572名农奴主及其家人、237名教士和1 067名官员，实际人数应该还要多。这场暴动多数状况下并非有组织的军事作战，而是一系列掠夺行动。例如，普加乔夫的主力军在1774年8月吊死了24名地主和21名官员，杀死了数不清的其他居民，洗劫了一切能抢到的东西，以此庆祝夺取萨拉托夫。随后，主力军转向南方，朝察里津推进，但留下了29个武装团伙进一步破坏周边地区。看起来普加乔夫和此前活动在类似地区的斯捷潘·拉辛一样，无法意识到在全国范围内发动全面农奴起义的潜力，因而并没有朝西北方向的莫斯科进攻，而是向南返回哥萨克地区和“他的人民”那里。也有可能是俄国人与土耳其人于1774年7月缔结和约的消息已经传到，这让普加乔夫确信进一步扩大作战区域的军事行动不再可行。

在伏尔加河和顿河周边的荒地上，帝国当局的命令只能偶尔得到执行，而且通常只能在正规军支持下执行。喀山总督区包括6个省份，人口约 250 万，但整个总督区里只有 80 名官员和可以忽略不计的军队。所以，有些事件在治安较好的国家只能造成短暂骚动，在俄国则会因官方太过懈怠而演变为全面起义。两年时间内，在这个不大对头的地方就冒出过两个造反的“彼得三世”，普加乔夫是第二个。就死亡人数和破坏程度而言，普加乔夫起义是 18 世纪最大规模的农民起义，有其独特之处。起义的核心是被剥夺权利者的狂怒。一名来自乌拉尔地区、信仰东正教旧礼仪派的工厂农奴指出了这一点：“我们没有费心了解普加乔夫是谁，也不打算去了解。我们之所以奋起，是为了走上顶端，代替那些折磨我们的家伙。我们希望成为主人，选择自己的信仰……我们要是取得了胜利，就会拥有自己的沙皇，得到想要的等级和地位。”当报复压迫者的机会出现时，起义者必定要抓住机会实施报复。据估计，仅在起义的收尾阶段，就有大约 1 000 名贵族、官员、军官、教士（包括男人、女人和儿童）惨遭酷刑、强奸和谋杀。不用说，帝国军队也以同样方式报复。根据判决，普加乔夫会在公开场合被肢解，但让围观人群失望的是，早在肢解之前，他就已经被斩首了。

贫穷与富足

顿河–伏尔加河地区与欧洲其他不安定地区有一大共同点：人口压力。戴维·穆恩（David Moon）做过估算，从 18 世纪 20 年代到 19 世纪中叶，顿河哥萨克的男性人口从 2.9 万增加到了 30.4 万，当然其中相当一部分增加来自移民。正如我们在第二章所见，这是一个在全欧洲普遍存在的现象，也在各地产生了类似的结果，最普遍的一个结果就是，需求超过了供给，食物价格相应上涨。在发达的现代世界，由于陆路和水路上都有大宗货物运输工具，还出现了全球性的农业经济，因此人们可以通过将食物从过剩地区输送到稀缺地区快速消除这种不均衡状况。而在四足动物时代，这种做法的效果是相当有限的，而且也只能局限于那些存在水路交通的地区。各地不得不自己想办法。所以，以前的荒地被开垦成农田，许多地方将草场改为耕地，有的地方则采用新作物和新技术以提高生产力。事实证明，农业体系各方面的弹性都不够，因此，各地食物价格的上涨速度也比其他货物和服务（尤其是制成品和工资）快。18 世纪 70 年代初，欧洲大陆的普遍歉收导致了价格猛涨。以托斯卡纳为例，粮食价格从 1763 年之前的每袋 12 里拉（lire）上涨到 1771 年的 18 里拉、1783 年的 20 里拉和 1790 年的 23 里拉。在图卢兹，根据罗伯特·福斯特提供的数据，1780—1787 年的粮食价格比 1740—1747 年上涨了 67%。

食品开支增加，其他开支增长滞后，出现了“剪刀差”，能够低买高卖的团体处于极为有利的地位。在受益者中居于首位的是那些拥有足够土地生产余粮的人。而在这些精英人士中居于首位的无疑是大地主，不过，对他们的描述还得等到后续章节。受益者中也有处于这种欢乐境地的普通农民。然而，受益者需要从一开始就拥有一个重要的条件：要想赢利，耕作者就必须处于市场所能触及的范围内。如果余粮不能被售出，那么生产也就没有意义了。约翰·帕金森（John Parkinson）在 1793 年到过西伯利亚的托博尔斯克（Tobolsk），他说当地的农民“只打算生产足够自给的谷物，就算他们能生产出更多，也没办法处理”。靠近市场则会创造出生产更多谷物的强烈动机。例如，莱茵兰的莱茵河就促进当地发展出了繁荣的专业化农业，旅行者

J. K. 里斯贝克（J. K. Risbeck）在 1786 年报道如下：

> 来自土地的回报不同寻常，这个地区的谷物在莱茵河周边的广大地区很受欢迎。这里还生长着大量的水果和蔬菜，长得很好的芦笋和卷心菜是大部分普通人的食物，德意志就数这里的人最喜欢这两样食物，也只有这里能供应这么多这样的食物。运载新鲜卷心菜和腌制卷心菜的大船把货物运输到莱茵河下游，甚至运到荷兰。克龙贝格（Kronberg）小城坐落在离主干道有两小时行程的地方，它每年和荷兰的苹果、果酒、果醋、栗子（这座城市拥有大片栗树林）的贸易总额达到 8 000 古尔登。这里的所有村庄都在果园里，俯瞰着下方的大面积粮田。

同年，在欧洲另一端，约瑟夫·汤森发现巴塞罗那周边的菜园子也种了多种植物："巴塞罗那周边地区耕作状况良好，那里盛产葡萄、无花果、橄榄、橘子、丝、亚麻、大麻、角豆、水果、小麦、大麦、燕麦、黑麦、菜豆、豌豆、野豌豆、巢豆、玉米、小米，还有各种莴苣、卷心菜、花椰菜，以及其他可食用的蔬菜。"

农民的困苦形象以图片形式和口头形式流传甚广，因此我们容易忘记，状况再糟的村社往往也有几个富人［这种有钱有势的人在法国被称作村里的公鸡（coqs de village）］，这些人运气好或是有进取心，能够利用经济状况得利。在说德语的地区，遍及各地的民俗博物馆里满是各种可以追溯到本书所述这个时期的人工制品——绘有图案的箱子和橱柜、家具、钟表、厨房器具和衣物，这些证明了农民的康乐生活，更不用说还有无数保存至今的华丽住宅了。18 世纪晚期，也很容易找到农民生活富足的逸闻证词。1763 年 1 月，尽管“七年战争”事实上还在进行，伦多夫（Lehndorf）伯爵却在日记中记下了参加马格德堡附近奥特斯莱本（Ottersleben）“一位富农的婚礼”的情形。来客有 300 多人，所幸食物供应相当慷慨：42 只阉鸡、36 舍菲尔（Scheffel，约 440 加仑或 2 000 升）用于制作点心的小麦粉、价值 150 塔勒的鲤鱼、2 头牛、14 头牛犊、价值 150 塔勒的白兰地等等。新娘的嫁衣值 3 000 多塔勒，嫁妆值 1.4 万塔勒。伦多夫还补充道：“这些富裕的农民仍然享有其古老特权，是大教堂的属民。我在此类农村庆祝活动中度过了一段愉快时光。看到这些人满足于他们的命运，享有舒适的生活水准，我特别开心。”在巴伐利亚南部、黑森林、霍恩洛厄（Hohenlohe）平原、黑森与图林根（Thuringia）部分地区、石勒苏益格–荷尔斯泰因、莱茵河谷、摩泽尔河谷以及北海沿岸也能找到对农民富足生活的类似记载。最后再举一个例子。在德意志境内北海岸边的迪特马申（Dithmarschen）地区，伦登（Lunden）村的哈姆斯（Harms）牧师在回顾 18 世纪的最后阶段时表示：“那时候，好年成和粮食的好价钱给沼泽地居民的生活注入了新的活力。房子越来越阔气，家具越来越精致，马车越来越豪华，衣服越来越精细，生活方式越来越优雅，表达方式越来越动人，鼻子变高了，手变嫩了，而且手上总是满满一把硬币。”

这是那种吸引眼球的农民，他们当然只是少数。绝大部分农民连养活自己和家人的粮食都不够，却还要留下用于出售的“余粮”。对他们而言，剪刀差是一种刑具。食品价格上涨，劳动力市场人满为患，实际工资水准有所下降。大不列颠的食品价格从 1760 年到 1795 年上涨了 30%，可同期的工资只上涨了 25%。当时的人注意到了这种状况：约翰·豪利特（John Howlett）在1786年坚定地表示“劳动力价格并没有和必需品价格成比例上涨”。在法国，两者间的差距拉大了，根据埃内斯特·拉布鲁斯（Ernest Labrousse）的数据，生活成本从1730年到1790年上涨了62%，而工资仅仅上涨了26%（不过应当注意到他的数据最近受到了质疑，有人提出了一个更为现实的数据，认为实际工资水准下降了10%）。西班牙（加泰罗尼亚除外）似乎受到了最严重的影响，粮食价格从1750年到1800年翻了一番，但工资仅上涨了20%。上述数据以及来自其他地区的数据都有其缺陷，但它们的确都表明，对那些被迫出卖劳动力以进入市场换取商品的人来说，生活水准正在下降。

有多少农民没有土地，依靠充当农业劳工为生？鉴于各国、各省乃至各村的比例都不尽相同，这里没法给出简单的答案。乔治·勒费弗尔（Georges Lefebvre）在《法国大革命的降临》（*The Coming of the French Revolution*）中指出利穆赞的无地农民占总人口的20%，诺曼底达30% ~ 40%，凡尔赛周边地区可达70%，滨海佛兰德则达75%。西班牙的无地农民在中部和南部地区特别常见，全国范围内的平均比例应当在总人口的1/4到1/3之间，但在从马德里经拉曼查（La Mancha）向南延伸到格拉纳达（Granada）和穆尔西亚（Murcia）的广阔条状地域可达2/3，在人口稠密的安达卢西亚高达80%。值得注意的是，大不列颠号称拥有商业化程度最高的农业体系，也拥有最高比例的农村无产者。无产者数量增速高于农村经济增速，他们讨价还价的余地小了。戴维·戴维斯（David Davies）在写于1795年的《农牧业劳动者情况》（*The Case of Labourers in Husbandry*）中评论如下：“每当需要劳动力时，总会有十分充足的劳动力，这导致劳动力价格一直位于合理水准以下，后果就是人们普遍察觉到依靠救济的穷人人数在增加。”英国的第一批可靠数据要到1851年才得以汇总，当时的数据表明只有30多万人自称“农场主和牧场主”，他们雇用150万名劳动者在平均面积略大于45公顷的农场上耕作，这一数字要远高于欧洲大陆任何一个地方的数字。

英格兰的人均收入高于欧洲其他地区，值得骄傲，但不太光彩的是，那里的农村普遍贫困，且受到周期性骚乱的破坏。约翰·史蒂文森（John Stevenson）证实暴动在近代早期的英国相对罕见，直到17世纪末才有所抬头，“但在18世纪，食品骚乱成为突出问题，骚乱日渐增多，到了19世纪上半叶才逐渐消亡”。以歉收和（或）贸易萧条为特征，状况尤为糟糕的年份是1727—1729年、1739—1740年、1756—1757年、1766—1768年、1772—1773年、1783年、1795—1796年、1800—1801年，以及1810—1813年。与欧洲其他地区一样，这种不稳定状况源于缺乏弹性的农业体系中的价格波动。据估计，绝大部分英国人仍然严重依赖面包，每人每天至少要消费0.5千克面包。表7是牛津郡（Oxfordshire）班伯里（Banbury）一个八口之家的年度开支总结，它表明了面包在工人的预算中是多么重要：

表7　1750年左右的家庭年度开支

	英镑	先令	便士
面包（每周30千克）	27	6	0
租金	2	12	0
燃料	2	12	0
其他	2	12	0

我们已经习惯了一个食品价格变化缓慢到几乎无法察觉的世界，

因而很难体会穷人对价格突然暴涨的敏感程度。即便是在大不列颠这样交通状况（相对）优良的国家，这种波动也可能是相当剧烈的。食品价格取决于收获状况和粮食储备状况，在任何一个年份里都可能存在剧烈波动。对近代欧洲政府来说，春末夏初是尤为危险的时段，那时候，上次收获后的储粮即将耗尽，而新的庄稼还没开始收割。当时，消费者对有人囤积谷物应对进一步涨价和有人将谷物转移到外地大发横财的消息过度敏感，甚至敏感到了偏执的地步。塞缪尔·杰克逊·普拉特（Samuel Jackson Pratt）在他的诗歌《同情》（*Sympathy*）中很好地描绘了这种恐惧：

> 马车载着沉重的货物低声呻吟，
> 它们的黑暗轨迹沿着道路曲曲折折；
> 车轮跟着车轮，可怕的车队缓缓而行，
> 他们载着一半的收获，去往要去的地方……
> 秘密的行程，就像夜晚一样
> 掩盖了意图，依然避开阳光……
> 当那可怜的农夫，离开他的床，
> 看那巨大的谷仓，空得跟棚屋一样。

正是这种恐惧在1789年引燃了法国农村。大不列颠倒是从未发生过这样广泛而密集的暴乱，但当粮食稀缺、粮价高企时，任何带有中间商牟利气息的作为都会招致大量的群众性抗争。这一回，《圣经》是站在穷人一边的："囤粮不卖的，民必咒诅他；情愿出卖的，人必为他祝福。"（《箴言》第11章第26节）爱德华·汤普森

（Edward Thompson）于 1971 年发表过一篇很有影响力的文章，他在文中表示，推动英国群众抗争的不仅是饥饿、恐惧或贪婪，还有对合理性的强烈意识，以及采取直接行动强行确立“道义经济”、维持社会规范与义务的传统架构的决心。因此，他们并不是直接掠夺农场主、磨坊主或粮食经销商的粮仓，而是强制要求以他们看来公平的价格出售粮食。就算英国群众的“道义经济”很大程度上归因于其创造者的贵族式决心——在每一场不管多么暴力的平民行动中都要看到好的一面——它的确在许多次食品暴动中起到了有据可查的作用。

农业与农民的地位

大多数同时代人都不大羡慕农村穷人，17 世纪晚期流行的农民形象是极度悲惨的。1684 年，一位躲藏在笔名“来自瓦尔堡（Wahrburg）的维罗安德罗（Veroandro）”背后的教士用如下文字斥责农民：

> 农民确实属于人类，但他们没那么优雅，比其他人粗野。人们只需观察农民的举止和姿势，就会发现将农民和有规矩的人区分开来有多么容易……他们言行中的可憎之处，每个人都看在眼里……在吃饭的时候，他们不用餐具，而是把手直接伸进碗里……几乎可以说，对待农民就该像对待干鳕鱼一样：要敲打得恰到好处，才能呈现最好的状态。此外，亲爱的农民只有在一种情况下才是最容易被控制的，那就是给他们沉重工作压力的时候，因为到了那时他们就会有纪律、受管束。要是主人容许农民

> 显得神气又优雅，他们就总想成为主人。只有和农民一起生活了很久的人才能充分意识到他们有多么顽固。有一点可以肯定，那就是不管说多少正确的事情都不能改变一个农民，他唯一能理解的就是以体罚威胁为支撑的坚定语言。

按照重印了这份控诉书的古斯塔夫·弗赖塔格（Gustav Freytag）的说法，这位作者是一名教士。也许他在向教区居民征收什一税时遇到过麻烦。即便并非典型，此人也绝非独唱。一位18世纪初的巴伐利亚法学家以农民“介于毫无理性的野兽和人之间”为由，坚定捍卫在等级会议中不设农民代表的做法。作为他那个时代最著名的文学评论家，约翰·克里斯托夫·戈特舍德（Johann Christoph Gottsched）在1751年提出，不应将农民作为文学主题，因为他们在政治上所受的压迫太重，在经济上所受的剥削太多，在文化上也有太多的局限性。这类观点并不只在德意志境内有。法国人让·沙普·多特罗什（Jean Chappe d'Auteroch）在1761年的俄国之旅期间多次提到他遇到的农民，认为他们浑浑噩噩，醉酒，放荡，这些人喜欢胡闹、欺诈成性、不诚实、残暴、懦弱、暴力、愚蠢，而且缺点还有很多。

这幅黑暗的画面在18世纪变得明朗起来。借用约翰·加利亚尔多（John Gagliardo）一项杰出研究的标题，农民正在从“贱民变为爱国者”。这一转变之所以能够实现，依靠的是公共举措与个人行动的结合。正如我们在前一章所见，17世纪后期的官方经济学方针以科尔贝的方针为代表，主要关心的是促进国内制造业和对外贸易的发展。人们逐渐认识到这种“重商主义”的局限性，开始关心农业。用腓特烈大帝的话说，人们开始意识到“农业在人类活动中居于第一位，没有农业就没有商人，没有廷臣，没有国王，没有诗人也没有哲学家。唯一真实的财富形式是由土地产出的。开垦荒地就是战胜野蛮”。当腓特烈大帝在1775年致伏尔泰的信中写下上述话语时，他所表达的观点在某种程度上已经成为真理，其中一个重要原因是重农主义者为它提供了理论基础。欧洲统治者们一个接一个地摆出大力宣传的姿态，以体现农业和农民现已获得当得的关注。例如，当玛丽亚·特蕾莎皇后来到艾森施塔特（Eisenstadt）附近的莱塔（Leitha）山区，捋起袖子帮助人们采摘葡萄的时候，相关部门花了好一番心思确保她的臣民能够得知此事。更有名的类似事件与她儿子约瑟夫二世有关。约瑟夫在1769年与腓特烈大帝会面，他在赴会途中让马车停到摩拉维亚的斯拉维科维茨*村外，然后从一个名叫特尔恩卡（Trnka）的农民手中接过耕犁，犁出了好几条垄沟。这次做样子的政治活动取得了难得的成功，有助于约瑟夫二世确立“农民的上帝”这一声誉。这一事件得到了适当的纪念，先是当地人立起一块简单的纪念碑，碑上刻有“用糟糕的德文写的铭文”，然后是“一块非常好的大理石基座，大理石上刻有表现这一事件的浅浮雕以及用捷克文、德文和拉丁文书写的三篇铭文”。拉丁文本由当地权贵利希滕施泰因侯爵委托他人撰写，被卡尔·冯·青岑多夫（Karl von Zinzendorf）伯爵斥为“既无味又不雅”。很快就有许多描绘这一场景的印刷品出版，不到一年，约瑟夫用过的那把犁就被公开展出并

* 斯拉维科维茨（Slavikowitz），即今捷克共和国南摩拉维亚州斯拉维科维采（Slavíkovice），本书英文版误作Sclavikowicz。见：D. Beales, *Joseph II Volume 1, In the Shadow of Maria Theresa, 1741—1780*, Cambrigde: Cambridge University Press, 1987, p. 338.

被尊为圣物。这么做的君主不止他一个。从英国的乔治三世（“农夫乔治”）到俄国的叶卡捷琳娜大帝，差别极大的君主都标榜自己对农业的热情。

当时，农业与农民在公共领域引起了极大关注，这也促使君主关心农业。欧洲各地的图书馆里有许多探讨农业的 18 世纪书本，这些书怀着不同程度的愤慨描述了当时农业的低效，或务实或空想地讨论怎样才能改进农业。关于农业话题的无数期刊和旨在启蒙农民的诸多期刊既反映了争论，也促进了争论。尽管许多刊物是短命的，但人们对农业和农民的兴趣已经强到足以维持庞大的刊物数量，还能使其保持增长的地步。不知疲倦的阿瑟·扬创办的《农业年鉴》（*The Annals of Agriculture*）在 1784—1806 年出版了数目可观的 46 卷。作为公众和私人间桥梁存在的是诸多旨在促进农业发展的协会。大批机构在 18 世纪创立，从以下这些创立于 1800 年之前的机构看，各地的人们都很关注农业：都柏林王家学会（1731），托斯卡纳农业协会（1757），雷恩（Rennes）农业、贸易与艺术协会（1757），伯尔尼（Bern）经济学会（1759），图尔财政区王家农业协会（1760），巴黎财政区王家农业协会（1761），图林根农业协会（1762），奥尔良财政区王家农业协会（1762），鲁昂财政区王家农业协会（1763），克恩滕（Kärnten）农业协会（1764），策勒（Celle，位于汉诺威）农业协会（1764），为鼓励俄国农业与建筑业而设的帝国自由经济学会（1765），曼彻斯特农业协会（1768），维罗纳农业、贸易与艺术学院（1768），威尼斯共和国农学院（1768），帕多瓦农艺学院（1768），丹麦王家农业协会（1769），尚贝里王家农业经济学会（1772），阿姆斯特丹农业促进会（1775），巴斯与西英格兰农业、艺术、制造业与贸易促进会

（1777），爱丁堡高地协会（1784），都灵农业协会（1785），法国王家农业协会（1788），康沃尔（Cornwall）农业协会（1793），彼得伯勒（Peterborough）农业协会（1797），赫里福德郡（Herefordshire）农业协会（1797），还有纽瓦克（Newark）与诺丁汉郡（Nottinghamshire）农业协会（1799）。其中一些是官方机构，都灵农业协会就由撒丁国王维托里奥·阿梅代奥三世下令设立，命令要求协会“根据既适合陛下的美好领地又与其多变自然特性相符的法则，主要致力于增进陛下领地内土地耕耘的公共利益”。另一些则完全是私人创立的，以伯尔尼经济学会为例：约翰·鲁道夫·奇费利（Johann Rudolf Tschiffeli）在当地报纸上刊登广告，寻找对推动农业进步有兴趣的志同道合的公民，该学会由此成立。这些机构组织有奖征文竞赛，在会刊上发表论文，组织分发种子和推广新技术，建立自己的示范农场以宣传先进农业的优势。

人们对农业兴趣骤增，农民的地位也相应提高了。对这一时期最有影响力的经济学家亚当·斯密来说，农业并不是他的主要关注点，但他也对那些耕种土地的人评价较高，因为农业“比大部分机械行业对从业者的技能和经验要求更高”。尽管人们普遍认为农民是“愚昧无知的代表”，但斯密指出普通的农业劳动者事实上在技巧和理解力上拥有很大的潜能：“每个因为职业或好奇心与农村下层人和城市下层人交谈过的人都知道农村人事实上比城里人优越多少。”欧洲各地都有人持这类观点。在叶卡捷琳娜大帝的鼓励下，一群开明贵族于1765年成立了俄国自由经济学会，该学会的第一个行动就是组织一场以“什么对社会最有用——一个农民应当拥有土地还是仅拥有动产，他对衍生出的种种财产应当拥有多少权利？”为主题的征文竞赛。赢得头奖的是来自亚琛的学者（不过他的名字听起来不像德意志人）贝亚德·德·拉贝（Beardé de l'Abbaye）。拉贝认为农民是国家繁荣的根基，对国家而言，再贫穷的农民也比没用、没教养、贪婪的权贵有价值，农民应当得到解放，获准拥有一切形式的财产。组成学会的贵族地主认为他们应当把头奖授予这篇谴责现状的文章，这多少说明了一些问题。然而，学会还是以 16：12 的投票结果通过了不予出版的决定。

对设法提高农业和农民地位的农学家而言，这一时期最具原创性、最有影响力的思想者中，有一位给了他们有力的支持，这就是让-雅克·卢梭（Jean-Jacques Rousseau）。1749 年，卢梭顿悟，城市文明尽管有着肤浅的魅力，却已将人类与其自然的乡村根基分离，这是使徒保罗改宗般的经历。他认为只有在自发、未受破坏、自然的农民世界里才能发现真正的美德。卢梭在理论概述、自传、小说乃至写于 1752 年的歌剧《乡村占卜者》（*Le Devin du village*）中向易于接受此类观点的大众传播了自己的领悟。那部歌剧的情节简单明了：庄园女主人的魅力诱惑了牧羊人科林（Colin），他因此忽略了自己的牧羊女科莱特（Colette）。绝望的科莱特求助于令歌剧得名的乡村占卜者。占卜者告诉科林，科莱特已对他冷淡下来，这激起了科林的忌妒心，从而实现了两人的和解。虽然《乡村占卜者》取得了巨大的成功，但卢梭受众最广的著作可能是他的书信体小说《朱莉或新爱洛伊丝：居住在阿尔卑斯山麓一个小镇中的两位恋人间的往来书信。由让-雅克·卢梭编纂出版》（*Julie, or the New Héloïse: letters exchanged by two lovers, living in a small town at the foot of the Alps. Collected and* *published by J. J. Rousseau*)*，此书初版于1761年。伏尔泰或许说过他宁愿自杀也不想读它，但几十次再版和翻译表明伏尔泰已经跟不上欧洲大众读者的脚步了。事实上，这本书可能是“整个18世纪的畅销书纪录保持者”［约翰·洛（John Lough）语］。农民在这本书中被称作“最有用的社会阶层，事实上也是唯一真正不可或缺的社会阶层”，他们幸福的自然状态只有在遭到“其他阶层横暴对待或用恶习败坏时”才会毁坏。耕种土地并依靠耕作成果生活是人类唯一真正自然的行为，人类也只能在农业中发现真正的快乐。所以，只有农民才能成为真正完整的人。

进一步探讨农民阶层对高层文化的滋养就偏离本章主旨太远了。简单说，18世纪下半叶的所有艺术门类都见证了乡村世界及其价值观蒸蒸日上的地位。不过，问题在于，庚斯博罗（Gainsborough）的画作或海顿（Haydn）的四重奏虽然审美价值很高，但往往美化了农村的形象，实际上，乡村图景是暗淡的，而且年复一年暗淡下去。约翰·豪利特对英国农村大众贫困化有段评论，当本章的结尾正合适（英国可能拥有当时最繁荣的农村经济）：

> 我不禁想到，我们对我国穷人恼人行为的抱怨中的确存在一些特别不合情理之处。在过去的40年里，我国的房租和地租上涨了800万到1 000万，我国农场主和手艺人的财富也出现了相应比例的增长，我国商人和制造业巨头的财富几乎无限度地膨胀。我们的这一切都源自那些亲手劳作、汗流满面的人，我们难

---

* 此书中译本名称、版本众多，存在“新爱洛伊丝”“新爱洛漪丝”“新爱洛绮丝””新爱洛依丝“等多种译法，有商务出版社版、译林出版社版、上海译文出版社版等多个译本。

道应该吝惜一年200万的资助吗？难道我们要以压迫穷人为乐，把他们压榨致死，然后再残忍而荒谬地将这些人的命运都归咎于他们的恶习和放荡吗？

第二部分

权　　力

第五章

统治者与他们的精英

两场处决与两次行刺

1793年1月17日，星期五，上午10点，国民公会在召开了持续超过36个小时的会议后，宣布了刚刚结束的投票的结果。国民公会激烈争论的事项在于是否应当通过对路易·卡佩（Louis Capet）——他原先被称作“法兰西人的国王”——的判决。票数十分接近：在出席投票的721名代表中，有361人赞成无条件判处死刑——仅仅以一票多数通过。宣布判决的任务落到了吉伦特派（Girondist）最伟大的演说家皮埃尔·维克蒂尼安·韦尼奥（Pierre Victurnien Vergniaud）身上：“我以国民公会的名义宣布，判处路易·卡佩死刑。”路易辩护组中资历最深的人物名字很长，叫克雷蒂安-纪尧姆·德·拉穆瓦尼翁·德·马勒泽布（Chrétien-Guillaume de Lamoignon de Malesherbes），他将消息带给了这个死囚。当访客哭泣着走入囚室时，路易那一丝从轻发落的希望也破灭了。路易还打算宽慰马勒泽布，向他保证说：“我反复思索，在我统治时期，是否做过什么该让我的臣民以哪怕最轻微的程度责备我的事情。啊呀，德·马勒泽布阁下，我以最诚挚的真心向你发誓，作为一个将要出现在上帝面前的人，我总是以人民的福祉为念。”路易竟然会认为“人民的福祉”是主要问题，多少说明他始终没能领会1789年后的法国究竟发生了什么。路易先是抱着他的律师，然后在房里来回踱步，接着恢复了平静，准备面对死亡。他的第一步是派自己的仆人让-巴蒂斯特·克莱里（Jean-Baptiste Cléry）前往圣殿塔（Temple）监狱——路易从1792年8月起就被关在这座可怕的要塞里——的图书馆，取来一本大卫·休谟的《从尤利乌斯·恺撒到1688年革命的英格兰史》（*The History of England from the Invasion of Julius Caesar to the Revolution of 1688*，又译《英国史》），此书初版于1754—1762年，以8卷本形式刊行。

路易寻找的段落开头是这样的：“国王在宣判和处决之间还有3天时间。他十分平静地度过了这一阶段，主要是在读书和祷告。”这里提到的国王当然是查理一世，也就是残缺议会*下议院于1649年1月1日建立的特设最高法庭所称的“查理·斯图亚特”（Charles Stuart）。事实上，在提名参与审判的135名委员中，只有67人出现在1月27日的投票现场，通过了“所谓的查理·斯图亚特，作为暴君、叛国者、谋杀犯、公敌，应当被处以斩首死刑”的裁决。这一裁决是在一次审判后做出的，而在这次审判中，查理的表现显然比他一个半世纪后的法国同行坚定得多、神气得多。查理的敌人将审判地点设在威斯敏斯特厅，并且特意安排了分层的座位，以尽可能多地容纳观众，而这正合查理的意。1月20日，查理不发一言便取得了第一场“胜利”，听

---

* 残缺议会（Rump Parliament），对1648年12月6日被清洗后的英格兰长期议会的称呼，因起初仅存50多名议员，此后到会议员也仅有200余人，不足法定人数而得名。

到宣读的指控时，他当即回以嘲弄的笑声。他还做出了非口头的蔑视举动：戴着高顶帽出现在大厅，以示他并不承认法庭权威。他还拒绝提出抗辩，这让待审的法官们手足无措，从而挫败了他们的谋划：法官们本想让公众听听被动员起来的33名目击证人的证词。

审判的过程就和开端一样狼狈。就连最忠于议会党的人也不得不承认他们的对手让主审法官约翰·布拉德肖（John Bradshaw）和公诉人约翰·库克（John Cook）看上去既笨拙又愚蠢。查理竭尽所能表现得强势。他毫不费力地表明自己只是被“议会中的一小部分人”迫害，上议院——构成“议会中的国王”三位一体体制的第三部分——拒绝对他进行审判，下议院声称拥有“人民”的支持，但这也不实，因为它征询过的人民还不到1/10，而且，审判他同时违反了普通法和上帝的律法，根据普通法，国王是不可能做错事的，根据上帝的律法，难道《圣经》没有明确规定绝对服从的义务吗？无论是哪一边的人都熟读《圣经》，他们应该知道《圣经》中圣保罗的指令：“凡掌权的都是神所命的。所以抗拒掌权的，就是抗拒神的命；抗拒的必自取刑罚。做官的原不是叫行善的惧怕，乃是叫作恶的惧怕。”（《罗马书》第13章第1—3节）

但查理的目标并不仅限于证明法官的无能。他知道这样的国家审判只可能出现一种裁决（有罪）和一种判决（死刑），便着手为后世子孙制订一套计划。查理在君主权威方面毫不妥协，他既援引神学支持，又强调君主权威之古和对手激进立场之新，令君主权威显得十分合理：“我的权威是上帝所托付的，这是古老、合法的世袭权威，我决不会违背这项托付，我也不会对新的非法权力做出回应。”更重要的是，查理强调他才是英格兰人民的真正卫士：“不管你们如何僭称，我还是更能代表他们的自由。如果没有法律依据的权力可以创造出法律，并且改变王国的根本法律，那么我就不知道英格兰还有哪个臣民能够保证自己性命无虞，能够保证自己的一切财产安全。”查理在一段特别令人难忘的发言中将贵族式的满不在乎与民粹主义结合起来，他宣称：“对于控诉，我还是不急于下定论，我代表的是英格兰人民的自由。”

1649年1月30日，查理带着宗教和自由的双重诉求前往刑场。新建的断头台就在白厅宴会厅的窗外，他走向那扇窗户时，要是他抬头望向天花板，就会看见鲁本斯神化他父亲詹姆士一世的巨幅湿壁画。查理也即将得到另一种神化。众所周知，他当时穿了两件衣服，以免自己冷得发抖，让人以为他在害怕，他表现得平静、体面、勇敢，由此而来的神话代代相传。难怪安德鲁·马弗尔（Andrew Marvell）会写出如下诗句：

他行事不像常人，丝毫不失体面
在那重大的时刻，
他用那敏锐的目光
打量斧头的边缘。
他不用言语亵渎神明，
也不徒劳为自己的公义辩白，
而是低下他那漂亮的头颅，
如同在床上安眠。

只有当时在查理身边的人听到了他的遗言，这些话公之于众后，引发了强烈的共鸣。他借自我否定打出漂亮一击：承认上帝报应是正当的，但这并不是因为自己犯了指控者所控的罪行，而是因为他容许议会在 1641 年给自己忠诚、无罪的仆人斯特拉福德（Strafford）下了不公正的死刑判决。查理重申，自己致力于君主制下的自由，把自己描述成“人民的殉道者”：“和其他任何人一样，我的确希望人民获得自主与自由；但我必须告诉你们，人民想要获得自主与自由，就必须拥有政府和保障他们生命、财产的法律。这不意味着他们可以来分享政府的权力，阁下，这根本是与他们毫不相干的事。臣民和君主是截然不同的。”克伦威尔（Cromwell）与军队所期望的并不仅仅是处决一个人，而是要消灭一整套政治体制，事实证明，这却成了保王党人的“重大宣传胜利”［戴维·L. 史密斯（David L. Smith）语］。正如一位观察者的记录所述，在斧头砍下去之后，人群中并未爆发出胜利的欢呼，反而出现了“我从未听过的叹息，但愿今后再也不要听到”。

不能亲临处决现场的人很快就能看到许多相关资料。印刷品用图像表现事件，包括国王走向断头台的最后步伐，至关重要的那一刻，刽子手高举砍下的头颅，围观者涌上前用手帕蘸国王的鲜血，等等。出版商源源不断地为有读写能力的人提供常配有图片的文字记载，荷兰共和国那些开拓进取的出版商表现得尤为突出。在所有这类纪念册中，最成功的是《国王肖像：神圣的国王陛下在孤独与痛苦中的肖像》(*Eikon Basilike: The Portraiture of His Sacred Majesty in His Solitudes and Sufferings*)，该书把图像和文字结合了起来。斧头砍下的当天，预先准备好的图书就开始发售，一周之内，小贩们就将首印的 2 000 册悉数卖掉。它号称是国王本人的作品，不过埃克塞特（Exeter）主教约翰·高登（John Gauden）也在将国王的想法转化为精练的文字上扮演了重要角色，这本书制造了 17 世纪出版界的轰动事件。尽管价格高昂——起初定价为15先令，但1649年时，它已再版38次，更不用提还有8个欧洲大陆版本。截至1660年，它已被译为拉丁文（不止一个译本）、荷兰文、法文、德文、丹麦文，拥有20个外文版本。或许值得一提的是，当查理委派他的牧师将这本书译成拉丁文时，国王表示自己希望“以通用于世界多数地区的语言将它传递给整个世界”。对急急忙忙的读者来说，还有节选和摘要版本；对喜欢诗的读者来说，甚至还有一个韵文版本。第一版和其他许多较为昂贵的版本都配有一幅卷首插图，该图将国王描绘为一名殉道者，他头戴荆棘冠冕，象征他在这个尘世所受的痛苦，可他仍然坚定地仰视着正在一旁等待他的永恒荣耀。这卷书共有28章，包含3个目标：合法化国王此前的行为，提出保王党人的未来纲领，通过祈祷和沉思开展虔诚教化。将以上三者结合起来的，就是查理以致威尔士亲王公开信的形式立下的政治遗嘱。和同一时期的其他文书一样，它揭示了17世纪中叶欧洲政治话语中必不可少的宗教属性。正如查理所述：“君王的真正荣耀在于发扬上帝的荣耀，维护真正的信仰和教会的美德。”在提及上帝、国王灵魂和圣公会之后，该文书才考虑到“繁荣所系的下一个关键”。这就是“公平正义”，是王国的那些既定法律，它们令人民成为臣民而非奴隶，维持国王的至高权力和人民的“纯真自由，这种自由也就是享受产业成果和他们赞成的法律所带来的权益”。

这本巧妙的出版物将坚定与大度结合，将决心与宽容结合。难怪保王党的宣传册作者们会对它不吝赞美之词，他们一拥而上，宣传这座“一本书铸就的永恒伟大纪念碑，它比埃及金字塔更高”，而“只要读一读这本书，就能深感我们失去了一位高尚、优秀的君王”。它有助于保障君主主义依然作为英格兰政治中的民粹力量和大众力量而存在。护国公克伦威尔的共和主义和他的共和国从此刻起越发处于守势。它也有助于将英格兰君主政体维持下去，使其通过在查理那两个儿子笨拙执掌下经历的考验和忧患。查理二世和詹姆士二世本该好好注意、学习并用心领会他们父亲的建议："保持真正的虔诚、美德和荣誉原则，你就永远不会缺乏王国。"

然而到了 1793 年，虔诚、美德和荣誉已经不再够了。路易十六表明他充分拥有上述三者，但还是丢掉了王国和头颅。当然，后人不可能确定他的悲惨结局是在何时注定的——或许是在 1791 年 6 月 21 日，他打算逃离革命，却在瓦雷讷*被捕；或许是在 1791 年 10 月 1 日，全新的国民议会就在那一天召开；或许是在 1792 年 4 月 20 日，法国对外宣战；或许是在 1792 年 11 月 20 日，他藏在杜伊勒里宫保险柜里的密谋文件被人发现了。可以肯定的是，等到 1792 年 12 月 3 日国民公会决定审判路易的时候，就只可能有一种判决结果了。路易本人也知道这一点。他在与自己的首席辩护人马勒泽布的首次交谈中告知后者："我可以肯定他们会让我去死，他们想这么干，也办得到。那没什么关系。让我们就像我还能取胜一样关注我的审判吧；事实上，我将会取胜，因为我会留下毫无污点的记忆。"

路易以冷漠、平静的态度迎来了他的最终考验。他于 1792 年 12 月 11 日在国民公会受审，他在应对指控时显得疲惫、屈辱，但他保持了出名的好胃口：返回圣殿塔监狱后，他吃掉了六块肉排、一整只鸡和"几颗鸡蛋"。然而，路易此时犯下了第一个错误：他同意进行审判并请求指派律师，这就认可了国民公会有权审判自己。因此，当

---

* 瓦雷讷（Varennes），旧译"发棱"，全名为瓦雷讷-昂纳戈讷（Varennes-en-Argonne），位于法国东北边境的默兹省。

路易的辩护律师德·塞兹（de Sèze）指出1791年宪法明确规定“国王的人身神圣不可侵犯”时，他的辩护事业事实上已经被路易背弃了。卢梭曾说，自然法至多只能作为辩论点应用到某一个人，但巧妙地诉诸卢梭也没有奏效。国民公会的代表们事实上既是起诉人又是法官，所以路易的状态堪称独一无二，他“既没有公民的权利，也没有国王的特权”，可是，路易已经赞成建立基于人民主权、由一院制立法机构行使权力的政治制度，这种集起诉人、法官于一身的状况正是该制度意料之中的结果。按照查理一世的标准，路易十六是个妥协乃至顺从的模板。或许正是因为路易缺乏那种高傲的斯图亚特式轻蔑，所以他才会在自己生命的最后阶段留下一个较为寻常的形象。这在某种程度上可以说是“双帽记”：查理在整个审判期间始终都以轻蔑的态度戴着高顶帽，路易则在1792年6月17日软弱地戴上了弗里吉亚自由帽*，他希望以此安抚攻入杜伊勒里宫的群众。

在等待断头台的召唤时，阅读大卫·休谟的《英国史》虽然不能告诉路易如何求生，却的确向他展示了应当如何去死。和查理一样，路易努力地避免表现出恐惧。他在自己生命的最后一个晚上像平时一样享用了大餐：这一回是煎鸡、糕点、煮牛肉和大头菜泥，还喝下了红酒和配有甜点的一杯马拉加（Malaga）葡萄酒，然后就睡了个好觉。1793年1月21日早晨，路易5点起床，6点听了拒绝宣誓的爱尔兰教士亨利·埃塞克斯·埃奇沃思·德·费尔蒙特（Henry Essex Edgeworth de Firmont，拒绝宣誓在这里的含义是拒绝按照《教士公民组织法》宣誓效忠法国宪法）的弥撒，领了圣餐，然后等待国民公

---

* 弗里吉亚帽（bonnet phrygien），又称“自由帽”，系法国大革命时期流行的帽尖前凸的红色锥形小帽，相传它在罗马时代是释放奴隶的标志，法国大革命时期则成为自由象征。

会使者的到来。按照埃奇沃思所述，路易毫不动摇地坚信自己的无辜和救赎，他说："我的上帝，我现在有了自己的原则，这是多么快乐啊！要是没有它们，我会去到哪里呢？有了它们，就连死亡对我来说都显出甜蜜。是的，天堂里有一位不可腐蚀的法官，他会知道如何赐予我此间俗人不愿给予的公正。"然而，在路易得到最终的奖赏之前，他还得面临一场漫长的考验，因为派来的马车花了一个半小时才通过拥挤的街道——四列士兵队伍维持着秩序，载着他从圣殿塔赶到革命广场（原先名为路易十五广场，后来又改名为协和广场）。路易注视着自己的祈祷书，他可能根本就不知道巴茨男爵（Baron de Batz）和另外四人发动了营救国王的堂吉诃德式尝试。上午 10 点，路易抵达了高高的断头台，随着埃奇沃思低声说出宽慰心灵之辞，刽子手桑松（Sanson）剃掉了死囚的头发。路易随后打算发表一篇演讲，他先是用一声喊叫让持续不停的鼓声寂静下去。不过，路易只来得及说出下列话语："我无辜而死。我宽恕我的敌人，愿我的鲜血对法兰西人有用，能平息上帝的怒火……"说到此处，已有人匆忙告知鼓手们恢复击鼓。路易很快就被绑在木板上，伴着埃奇沃思神父盖过鼓声的吼叫"圣路易的子孙，升天吧"，他成了约瑟夫-伊尼亚斯·吉约坦（Joseph-Ignace Guillotin）医生的发明——断头台——的最佳广告。

事实证明，革命党在完成恐怖进程方面要比他们的议会党先驱者更彻底。后者把查理一世的脑袋缝在身上，埋在温莎（Windsor）的圣乔治礼拜堂里，路易的遗骸则被直接运到马德莱娜（Madeleine）公墓，放在一口敞开的木棺里，盖上两层生石灰后深埋，墓穴随后立刻被填埋。法国革命者与其说是在摆脱一位邪恶的国王，不如说是要消灭君主政体本身。在他们看来，路易十六之所以有罪，与其说是因为他犯下了叛国罪行，不如说，他作为君主统治国家本身就有罪了。圣朱斯特（Saint-Just）精辟地指出：“没有人可以无辜地统治。”从这一点看，杀死国王是一个仪式性的净化举动。革命者认为自己正在用从死亡国王的鲜血中升起的不死鸟般的共和国神话取代具有魔力的君主权威神话［克利福德·格尔茨（Clifford Geertz）语］。一份革命报纸称：“1793年1月21日，法律的刀刃让路易·卡佩流血，这洗雪了我们1 300年的耻辱。”然而事实证明，路易的双重理想——罗马天主教和君主制——并没有被生石灰消解。不管旺代反革命分子背后的动机有多么复杂，他们还是选择自称“天主教与王家军队”。如果说共和制的不死鸟确实是从路易首级滴下的鲜血中飞入天空的话，那作为它对立面的君主制也同样如此。

我们将要看到，从查理一世和路易十六二人显然十分类似的命运中，可以了解到有关这一时期政治本质的诸多内容，不过，我们先要提一句，对君主而言，刺客的匕首和刽子手的斧头同样危险。1757年1月5日，路易十五在凡尔赛宫逃过一劫，罗贝尔-弗朗索瓦·达米安（Robert-François Damiens）的匕首刺到了国王的第四肋和第五肋之间，只往里插了7厘米深，因而没有触及重要器官。审讯人员不愿相信达米安独自行事，立马就用上了烧红的铁钳和其他刑具逼迫他吐露同伙的姓名。达米安不愿回答也不能回答，不过，就算他真如自己所说是个小人物，那也是个“有些十分重要的大人物也知晓的小人物”［戴尔·范克莱（Dale van Kley）语］。他向拷问人员透露的唯一动机就是愤怒，他对人民的不幸处境感到愤怒，对国王支持那些“不拒绝让富人领圣餐”的主教和教士感到愤怒。最后一项批评让他被列为詹森派的支持者，詹森派是与伊普尔的詹森（Jansen，1585—1638）主教有关的教会改革运动，詹森强调上帝的恩典是白白赐下的，反对耶稣会的主导地位，他的这些观点在法国尤其流行。鉴于巴黎高等法院一直都是詹森派的温床，法官们迅速决定撇清与达米安的关系，提出实际上是耶稣会怂恿他犯下如此罪行的。在审讯达米安时，法官们裁定此人应当受到和 1610 年成功刺杀亨利四世的拉瓦亚克（Ravaillac）一样的恐怖刑罚，以此表明他们与刺客毫无瓜葛。从令人不适的判决书细节中，我们可以清楚看到 18 世纪中叶的法国司法态度：

> 前述的罗贝尔–弗朗索瓦·达米安已被裁定犯下了非常卑鄙、非常恐怖、非常可怕的弑君罪行。前述的达米安被判处在巴黎教堂的正门前接受惩罚。他要赤身裸体地乘着翻斗小车前往那里，手上还要拿一支重达 1 千克的燃烧蜡炬。他要在那里跪下表态，宣布自己犯下了非常卑鄙、非常恐怖、非常可怕的弑君罪行，他伤害了国王……他会要求悔改并乞求上帝、国王和法庭原谅他。完成上述举动后，他将乘同一辆小车到河滩广场（Place de Grève），接着被送到断头台上。然后，他的胸部、手臂、大腿和小腿会依次受刑。他的右手将手持犯下前述弑君罪的匕首被处以火刑。受刑的身体部位会被洒上熔化的铅、沸腾的油、燃烧的沥青，以及熔化的蜡和硫黄。然后，四匹马会将他分尸。他的四肢将被扔到刑柱上，他将被焚骨扬灰。所有属于他的财产、家具、房屋，不论在何处，均应被查抄，并交给国王。处决之前，前述的达米安将被要求交代他的同伙的姓名。

实际上，真正的行刑状况比文字所表明的更为可怕。事实证明，四匹马并不足以将达米安分尸，再套上两匹马也不够，因此，刽子手被迫用一柄斧头砍断了依然连接着肢体的部分。受刑人始终保持清醒，他一再发出尖叫："我的上帝，怜悯我！耶稣，帮助我！"而且，根据一位观察者的描述，他在躯干被扔到火刑柴堆上时还活着。但愿达米安能从在场教士的基督教慈善之举中找到安慰，这位教士"虽然年事已高，还是不吝为受难者提供安慰"。这还不够，当局随后要求达米安的孩子以及年迈的父母"离开王国，永远不可回国，违者将不拘手续、不经审判被处以绞刑"。

在海峡对岸，弑君的传统也会偶尔闪现。乔治三世就躲过了两起想要取他性命的谋杀，第一起发生于1786年，当时玛格丽特·尼科尔森（Margaret Nicholson）认为自己才是合法君主，就在国王于圣詹姆斯宫下马时试着用甜点刀去刺杀他。后来，是乔治的及时干预才让她不至于被在场人群私刑处死，他喊道："这个可怜的家伙是疯子！不要伤害她！她没有伤到我！"刺客被关进了一所疯人院，在那里度过了42年的余生。1800年，詹姆斯·哈德菲尔德（James Hadfield）在德鲁里巷剧院（Drury Lane Theatre）发动了更像样的刺杀，此人是陆军老兵，在1794年的鲁贝（Roubaix）会战中头部受过8处刀伤。他的手枪子弹差点命中目标，最后打到了王家包厢的一根柱子上。哈德菲尔德的痴呆症以宗教错觉的形式出现，他特别坚信要是自己被国家政权处死，就会导致基督的第二次降临。我们永远都不会知道他是否正确，因为政府拒绝服从他的意志，反而将他囚禁起来（他的囚徒生涯持续了41年）。这两个插曲的唯一影响就是让英国公众有机会广泛宣传他们对国王的忠诚。在德鲁里巷剧院，谢里登（Sheridan）迅速给"上帝保佑国王"加上了临时写就的一节歌词，而这么做的绝不会只有他一个，迈克尔·凯利［Michael Kelly，此人曾于1786年在维也纳扮演莫扎特《费加罗的婚礼》里的唐巴西利奥（Don Basilio）一角］在狂喜的听众面前唱出了歌词：

避开潜在的敌人，
避开刺客的攻击，
天佑国王！
他的辖境延长，
为不列颠捍卫，
我父、我王、我友，
天佑国王！

要是哈德菲尔德瞄得更准些，大不列颠的历史必定会有所不同。而瑞典的状况就是如此，1792年3月16日，贵族阴谋家雅各布·约翰·安卡斯特伦（Jacob Johan Anckarström）在斯德哥尔摩歌剧院的一场假面舞会上命中了国王古斯塔夫三世（Gustav III）。尽管安卡斯特伦在近距离开火，可也只是勉强成功，因为刺杀目标在中枪之后又活了14天，最终死于坏疽。这一事件有名，主要是因为它是威尔第（Verdi）歌剧《假面舞会》（*Un Ballo in Maschera*）剧情的基础，不过，剧本作者安东尼奥·索马（Antonio Somma）写出的情节，只有发生刺杀这一点是与实际相符的。历史上的安卡斯特伦绝对不是因国王与他的妻子通奸而一怒之下行刺（古斯塔夫三世是同性恋，这种通奸是不可能的），真正促使他行动的是政治上的敌意。然而，真实的情况也非常戏剧化，很像歌剧情节。古斯塔夫提前接到警告说，有人想要谋害他的性命，但他依然坚持参加舞会，还偷懒到没有戴上全套面具掩饰身份。抵达歌剧院后，他在王家包厢里站了一刻钟观赏舞蹈，将自己暴露在刺客的枪口下，然后，国王对自己的侍从埃森（Essén）男爵说：“他们已经丢掉了一个命中我的好机会。让我们下去吧，假面舞会看起来既活泼又欢乐。让我们看看他们到底敢不敢杀我！”一语成谶，受了致命伤的古斯塔夫迅速将此事归咎于他极为厌恶的法国革命者：“我肯定，绝对是雅各宾派出的这个主意。瑞典人还不至于懦弱腐败到谋划出这样的罪行。”

古斯塔夫错得很厉害，至少他说有雅各宾派参与是错了。谋杀他这一事件并不具有什么革命性，不过是又一起贵族政变而已，这是近代欧洲解决政治冲突的常用手段。这并不是达米安或尼科尔森夫人那样疯狂的个人行动，而是仔细谋划、涉及人数众多的刺杀，最终被捕的密谋者有 40 余人。9 年后，瑞典的邻国俄国发生了更为重大的暗杀事件。1801 年 3 月 23 日，午夜过后不久，一群近卫军军官冲入圣彼得堡的米哈伊尔宫，与沙皇帕维尔一世在他的卧室里对峙。此后的状况非常混乱，一个重要原因是许多袭击者当时已经喝醉了。他们宣称的目的是迫使沙皇让位给他的儿子亚历山大，不过有人问过密谋团体的首领要是沙皇不同意该怎么办，首领坚决表示做煎蛋先得打破鸡蛋。帕维尔本打算躲起来，却被人从藏身的帘幕后拖了出来，然后遭到辱骂、殴打，最后被活活勒死，他想要祈祷片刻的可怜请求也被无视了。消息很快就传到亚历山大那里，他总是宣称支持政变的前提条件是不能伤害自己的父亲。没有多少人相信亚历山大的说辞，相信官方死因“中风”的就更少了。

由于关于此事的大部分证据都出现在事件发生后很久，这个肮脏片段的真实过程永远都不可能确定了。可以肯定的是有大批陆军军官参与此事。在已确认的 68 名密谋者当中，有 2/3 来自贵族化的近卫团，而近卫团的主要职责是保护沙皇的生命安全。对此，一位愤世嫉俗的俄国贵族评论道："用暗杀缓和暴政——这就是我们的大宪章。"这绝不仅仅是一句讽刺，因为这种状况在俄国不仅由来已久，也有着光明的未来。1762 年 6 月，帕维尔自己认定的父亲彼得三世就在皇后叶卡捷琳娜纵容的一场政变中被废黜，然后也被勒死了。而在帕维尔的后继者中，尼古拉一世（Nicholas I）还得在 1825 年即位时挫败一场军事政变图谋（十二月党人起义），亚历山大二世在 1881 年遇刺身亡，亚历山大三世躲过了几次暗杀图谋，最后在 1894 年自然死亡，最后一位沙皇尼古拉二世则在布尔什维克革命后被杀，死于 1918 年。

虽然大部分统治者是老死或病死的，但是他们的统治地位相当不稳固，在那些通常与"绝对主义"联系起来的国家尤其如此。在法国的最后十位国王中，有两人被暗杀（亨利三世在 1589 年，亨利四世在 1610 年），一人被处决（路易十六在 1793 年），一人死于狱中（路易十七在 1795 年），一人曾被流放（路易十八在 1815 年），两人逃离法国（查理十世在 1830 年，路易・菲利普在 1848 年）。就算将这两个弑君高发期分隔开来的那段长时段也没有看上去那么平静。路易十三发动了三场针对新教徒臣民的战争，还挫败了以他的弟弟奥尔良公爵加斯东（Gaston）为首的人搞的大阴谋。他的儿子路易十四从未忘记 1651 年 2 月 9—10 日的那个夜晚，当时，叛乱成性的巴黎暴民冲入他的房间，看他是否还在首都，是否依然是他们的人质，他不得不在王宫里假装睡着了。尽管暴民们随后就离开了，还是满可以肯定这位年幼的国王（当时年仅 12 岁）被这样的体验吓坏了。当然，他的政治导师们已经受到了足够的恐吓，因此立刻向反对派做出了政治上的让步。次日，国王下达命令，让三位投石党（Fronde）领袖出狱（fronde 意为“投石”，这场叛乱后称“投石党运动”），这三人都和国王关系很近，分别是孔代亲王（prince de Condé）、孔蒂亲王（prince de Conti）和隆格维尔公爵（duc de Longueville）。我们之前还提过，路易十五在 1757 年的一次暗杀中侥幸保住了性命。

本书所述这个时期（1648—1815）的开端特别动荡。1648 年，当高等法院联合抵制王室政策的时候，投石党运动就开始了，支持叛乱的人们在巴黎王宫周围建立了 1 000 多座街垒。在葡萄牙、加泰罗尼亚和那不勒斯，反抗西班牙统治的起义正在蔓延，还有丹麦、波兰和莫斯科国*的动乱。1649 年，查理一世被砍了头。1650 年，一场政变导致奥兰治家族当时尚为婴儿的族长不能在荷兰共和国扮演任何政治角色。早在这场大动乱浪潮开始之前，杰里迈亚·惠特克（Jeremiah Whittaker）就在 1643 年向下议院欢欣鼓舞地表示：“这是动荡的日子，这样的动荡是普遍的。”颇为进取的罗贝尔·芒泰·德·萨尔莫内（Robert Mentet de Salmonet）于 1649 年出版了一本英国内战史，他用了偏静态的比喻，将他所处的时代称为“铁的时代”，这个时代将因“发生伟大而古怪的革命而闻名”。

路易十四与绝对君主制

长期来看，以政权更迭方式解决冲突很少能够成功，这一点已

* 莫斯科国（Muscovy），系俄国的前身，在本书对应时段则是一种对俄国的旧称和贬称。

经得到了证实。在上文列出的各类起义中，只有葡萄牙争取独立的斗争可以说是实现了目标。实际上，对各地的君主制分子来说，动荡的17世纪40年代只是黎明前最黑暗的10年，威权主义政府的新时代即将出现，历史学家常将它描述为“绝对主义时代”。法国率先引领潮流，1651年9月7日，路易十四在他13岁生日后的两天就被宣布正式成年。一年多后，他于1652年10月21日以胜利者姿态进入巴黎。路易的首相枢机主教马萨林（Mazarin，又译马扎然）于次年2月重回巴黎，而他正是投石党人的主要目标，这充分表明内战以保王派的明确胜利告终。一位无名艺术家将路易十四描绘为“朱庇特，投石党的征服者”，画中他穿得就像罗马皇帝一样，四周环绕着赢得的战利品，他脚踏戈耳工之盾，用手持的雷电挫败了戈耳工的巨大阴谋，这以视觉艺术形式表现了保王派的胜利。在这幅画的远景里可以看到伏尔甘和他的助手们正在忙于准备新的雷电，以备朱庇特使用。1654年6月7日，路易十四在兰斯（Reims）大教堂加冕，耀武扬威地为这一进程带来了胜利结局。苏瓦松（Soissons）主教在入城时向国王致意：

> （所有臣民都匍匐在）您面前，陛下，主的受膏者，至高者的儿子，羊群的牧人，教会的保护者，地上所有国王之首，上天选定和指派的执掌法兰西权杖、令鸢尾花的光荣与声威向四面八方延伸之人，您的荣耀将远远超过所罗门，从极地延伸到极地，从恒星延伸到恒星，让法兰西成为宇宙，宇宙成为法兰西。

路易在加冕式中被抹上了圣油（在这一场合，圣油需要从空中运输，因为在场的人太多了，没法拿进教堂），据说，493年左右，当圣雷米（Saint Rémy）给出身墨洛温（Merovingian）家族的法兰克人国王克洛维（Clovis）施行洗礼时，圣灵应圣雷米的要求从天上带下了这圣油。这件“第八圣事”* 让国王成为“行奇迹的王”(roi thaumaturge)，也就是成为全能的主已赐予其神奇治愈能力的王，他因此高于其他一切生灵。两天后，路易仪式性地触摸了 2 000 多名“瘰疬”（一种颈部皮肤的结核感染病症，如今可以使用抗生素轻松治愈）病人并说出祝愿：“国王触摸了你，愿主治愈你。”为体现王权的神圣，他还领了两种圣餐，而这通常是教士的特权。

加冕式意味着特权阶层推动法国走向混合体制的努力彻底失败了。17 世纪中叶的斗争结束后，法兰西并没有像英格兰一样出现君主立宪政体，反而出现了（至少在形式上）一直持续到 1789 年的绝对君主政体。加冕式的神圣性质表明，绝对君主制倚赖的最重要基础是如《圣经》所示的上帝话语。前文引用过《罗马书》中的一节，它尤为坚定地陈述了世俗权力的神圣起源。罗马人本身的案例也可以被拿来支持绝对君主制，因为他们的法律原则也包括“取悦君王的便拥有法律的权力”（quod principi placuit legis habet vigorem）或“君王不受法律约束”（princeps legibus solutus est）。一位 16 世纪的法学家用简练有力的法语将前者意译为：“国王愿意，法律就愿意。”（si veut le roi, si veut la loi.）

这种立法从属于国王意志的状况，我们似乎可以将它视为专横暴政或同时代人所说的“专制主义”。然而，绝对君主制的拥护者们相当认真地坚持下列观点：合法行使不受约束的权力与暴君反复无

---

* 天主教会规定了七件圣事，即圣洗、坚振、圣体、告解、终傅、神品和婚配。

常的行为之间存在本质上的不同。有人指出，法国国王享有立法垄断权，任何其他个人或组织都无法对此发起挑战，但国王也受到神圣法律——不管是以《圣经》形式明确出现还是以自然法形式含蓄出现——的约束。例如，“十诫”就要求国王尊重真正的宗教（除了我以外，你不可有别的神），尊重臣民的生命（不可杀人），尊重臣民的财产（不可偷盗……不可贪恋人的房屋，也不可贪恋人的妻子、仆婢、牛和驴，并他一切所有的），尊重契约和正当司法程序（不可做假见证陷害人）。路易十四在宗教事务方面最能言善辩的喉舌波舒哀（Bossuet，1627—1704）主教认为，“国王的权力是神圣的……上帝确立诸多国王作为他的执行者，并通过他们统治国家……王位并不是人的宝座，而是上帝自己的宝座”，但这并不意味着国王可以随意行事：

> 绝对主义和专横的政府不是一回事。绝对是就约束而言的，指不存在能够强迫君主的权力，从这个层面来说，他不必依靠任何人类权力。但并不能由此推定政府就是专横的，因为除了一切都服从于上帝裁决外……帝国内部还有（固有的）法律，所以，一切违背上述裁决和法律的做法在法律意义上都是无效的，而且也总有补救的机会。

波舒哀所指的法律是王国的“基本法”。下列三者可以相当确定地被定为基本法：萨利克继承法，它排除了妇女、私生子和异端信徒的王位继承权；王国领地不可分割，没有国王能够割让疆土；维持天主教信仰。较为模糊的则是“王国的准则”（maximes du royaume），这是由法律、习俗和原则构成的一个整体，它不完全是基本法，但同样具有限制性。不确定性和分歧的空间相当大，到了18世纪，随着高等法院的投石党精神开始复苏，不确定和分歧变得尤为突出。阿尔让松侯爵在他1753年的日记中记录了高等法院向路易十五提的抱怨，法院方面声称，在公正的君主政体里，国王必须遵守基本法，而后又貌似正经地评论道："我们接下来要做的就是确切了解什么才是基本法。"然而在路易十四治下，败者脑海中投石党运动的败状依然太过鲜活，说不出此类无礼的话语。勃艮第监政官在1660年对马萨林评论道："来自高等法院的声音已不再中听。"

对国王和他的辩护士来说，在理论上提出绝对权力是一回事，将它付诸实施则完全是另一回事。跟近代早期多数君主不同，路易十四的决心和言辞同样优秀。马萨林死于1661年，而路易随后就迈出了关键一步。他召开御前会议，告知掌玺大臣塞吉耶（Séguier）："阁下，我已将自己的大臣和国务大臣一齐带到你面前，我要告诉你，在此之前我情愿让已故的枢机主教处理我的事务。可现在是时候由我亲自统治了。"路易的确做到了。至关重要的是，他证明了自己拥有维持君主独裁政体运转的必备品质：才智、能力和绝对的个人魅力。路易主宰了王国的最高议事会，即"楼上会议"（Conseil d'en haut），将大贵族排除在外，在这些大贵族中，最引人注目的是那些血管里的波旁家族血液浓到足以激发出独立政治野心的"血亲亲王"。路易不可能忘记孔代亲王的背叛，孔代亲王不仅领导了第二次投石党运动，后来还把自己可畏的军事技能借给西班牙军队使用，以此对抗法国。所以，他选择的大部分重臣都来自"穿袍贵族"——他们因出身法律行业而得名。路易曾为训导王太子而准备了一份回忆录，他在书中告知王太子：

> 我对提拔身份较为高贵之人不感兴趣。最重要的是，我必须树立自己的声望，让公众从我提拔之人的等级知道我的意图并非与他们分享权力。我希望他们只获取我乐于给予的东西，而不要去劳神费力有什么非分之想，而这对出身高贵的人来说是相当困难的。

最受路易青睐的三个穿袍贵族家族是科尔贝家族（内政事务、商业和海军）、勒泰利耶（Le Tellier）家族（陆军）和菲利波（Phélypeaux）家族（外交），不过所有的大臣家族都是由路易创造的。在这些人当中，活动范围广并取得重大成就的让-巴蒂斯特·科尔贝（1619—1683）脱颖而出。此人的最大成就是改革了千疮百孔的国家财政，这为路易统治前半段的军事胜利和领土扩张提供了财源。然而，科尔贝既不渴望成为黎塞留或马萨林那样的首相，也没有获得成为首相的许可。路易十四曾告诉他的孙子："不要被人管治，你要成为主人；永远不要有什么特别喜欢的人，也不要有首相。"路易这话其实是在总结自己的实践。科尔贝对自己儿子的谨慎建议则是："只要你还活着，在未经国王明确批准时，就永远不要以他的名义发布任何东西。"

路易就这样垄断了核心决策。而在议事厅外，他也同样专横。法国最接近议会的机构是三级会议，它上次开会还得追溯到1614年，而路易根本就不想召开它。法院以令人困惑的"巴力门"*之名为人所知，而在1673年，它和其他"高等法院"一道被剥夺了仅有的政治武器，当时，根据路易的指示，它们需要首先传达国王的敕令，然后

---

* 高等法院，音译为巴力门（Parlement），这个法语词与英语中的议会（Parliament）是同源形近词，法语中一般也使用Parlement称呼英国议会。

才能发表批评意见。同样的指示也被发到了各省的三级会议，现在，它们需要先交税，再发牢骚。塞维尼夫人在1671年从布列塔尼发来报告："三级会议不会开多久了；要做的只是询问国王想要什么，然后一言不发，会议就结束了。"那时，国王垄断王国内部合法军力的计划进行得很顺利。在黑暗的内战中，大贵族自行经营他们麾下的兵团，就像是经营私人军队一样，不过这样的日子已经永远过去了。勒泰利耶曾在1643年向枢机主教马萨林发出感慨："军队已经成了一个共和国，有多少中将就有多少个省或区。"在研究该时期的历史学家中，最近有人［约翰·林恩（John Lynn）］用"陷入无纪律、劫掠和兵变的最低谷"来描述投石党战争中的法军状况。而等到路易于1667年向西班牙开战，发动他治下的第一场战争时，他的军队在很大程度上已经成为他自己拥有的军队，而且只属于他一个人，甚至像孔代亲王和蒂雷纳子爵这样的前投石党人也承认军队隶属于国王。孔蒂亲王和永河畔的拉罗什亲王（prince de La Roche-sur-Yon）——都是国王的亲戚——曾未经许可就前去帮助利奥波德一世皇帝对付土耳其人，路易知道后立刻没收了他俩的军团。王家军队在国内和国外都被投入使用，路易曾于1665年派出一支军队前往奥弗涅地区，给负责终结当地贵族"谋杀、绑架、强奸和勒索"罪行的法官补充了必要的力量，表明了军队在国内的用场。

在将意志强加给自己的王国时，路易最有效的工具是"监政官"，亦即那些成为"国王在外省代表"的外省官员。他们的全称"司法、公安和财政督办"（intendants de justice, de police et de finances）表明了其权力覆盖范围之广，这里的"公安"指的是一切与公共利益有关的事务。监政官最早由黎塞留在1635年后派出，目的是加快筹措与西班牙开战所需的资金，虽然在投石党运动期间该职位曾被废除，但到了 17 世纪五六十年代，监政官最终以常设职位形态回归。等到布列塔尼于 1689 年最后一个被任命了监政官后，全国共有 33 位监政官，另有大约 700 名被称作“次级代表”的助手为他们提供支持。人们曾经认为这种“被派去执行国王命令的委员”代表了一种决定性突破，它标志着国家从权力扩散到各个组织的等级国家走向中央集权化、权力由官僚行使的现代国家。监政官的确是由国王独家任命的，其职位也是不能买卖的，国王同样不准他们在拥有既得利益的地区任职，而且监政官会定期调动，以免他们产生可能与中央身份认同相抵触的地方身份认同。监政官权力极大，以致一些有社会地位的评论者认为这些人才是王国的真正统治者。出生于苏格兰的金融家约翰·劳（John Law）曾在 1720 年短暂出任财政总监（这是科尔贝担任过的职务），他告诉阿尔让松侯爵：“阁下，要不是亲眼所见，我永远也不会相信在我执掌财政时发现的状况。你应该知道法兰西王国是由 30 位监政官统治的。这里的统治者既不是高等法院，也不是三级会议或地方总督，我也许可以补充说甚至不是国王或大臣，只是那 30 个人……外省的幸福与苦难都取决于他们。”

路易十四创立了中央集权、官僚化的现代绝对主义国家，这种观点由来已久。在宣传这一看法的人中，最有影响力的或许是亚历克西·德·托克维尔（Alexis de Tocqueville），他在初版于 1856 年的《旧制度与大革命》(*The Old Regime and the Revolution*) 中指出，早在 1789 年之前，“法国政府权力就已经十分集中，极其强大；事实上它的活动范围也堪称惊人”。之所以有这种观点，很大程度上是因为法国人有种特殊的目的论，将国家视为人类历史上的伟大教化力量，当国家

（或超国家）里有许多开明的法国官僚时尤其如此。在更看重矛盾或特异之处的英语界历史学家中，这种观点获得的支持较少。他们指出，与其说路易十四将自己视为法兰西国家的元首，倒不如说他把自己当作波旁家族的首领。尽管他很可能在临终时说过“我要走了，但国家永存”，但是他的行动王朝性质更强。他尽力偏袒自己众多的私生子女，甚至到了将他们列入合法王位继承人名单的地步，这显然证明他将家族放在首位。在更高层面上，当西班牙的最后一位哈布斯堡国王于1700年逝世后，路易决心代表他的孙子争夺西班牙的全部遗产，这与国家的理性（raison d'état）关系甚微，倒是和增进家族财富有着莫大联系。

路易提升私生子地位的做法激怒了法国的大贵族。某位圣西门公爵（duc de Saint-Simon）对他的王权发出了最口无遮拦的攻击：“这是对整个国家的蔑视……侮辱了所有血亲亲王……就其程度而言，是最莽撞、最可耻的大逆罪……比大逆罪还要黑暗、严重、可怕……”也正是他指责路易十四确立了“卑劣资产者的统治”。就算科尔贝成了塞涅莱侯爵（marquis de Seignelay），还把三个女儿都嫁到了公爵家；就算勒泰利耶的儿子兼继承人成了卢瓦侯爵（marquis de Louvois），另一个儿子跃升为兰斯大主教；就算菲利波家族包括了蓬查特兰伯爵（comte de Pontchartrain）和莫勒帕伯爵（comte de Maurepas），这对圣西门来说根本就不重要。在他看来，他们的新贵族身份和执笔穿袍贵族的出身没什么大不了的。在特罗洛普（Trollope）的《巴切斯特塔》* 中，乌拉索恩的索恩小姐（Miss Thorne of Ullathorne）虽无贵族头衔，

* 《巴切斯特塔》（Barchester Towers），又译《巴切斯特塔院》《巴塞特修道院》。

却能凭借她可以追溯到诺曼征服之前的谱系鄙视暴发户库西伯爵夫人（Countess de Courcy），索恩这么做，正是出于同一种心态。

那么，路易十四真的是在与（打扮成穿袍贵族的）资产阶级联合起来对付大贵族吗？将大贵族排除出议事会似乎有这样的考虑。然而，将决策权集中到国王个人手中并不意味着剥夺他那些贵族巨头的官位委派、声望乃至权力。王室随从、宫廷和陆海军的扩张反倒拓宽了大贵族的发家途径。许许多多战争也让“佩剑贵族”的武力荣誉准则空前兴盛。就像路易于 1695 年对旺多姆公爵（duc de Vendôme）评论的那样：“你很了解战争这一行在所有行当中的地位，要是投身战争的人表现出色，他获得的荣誉就无以复加，要是表现低劣，身上的耻辱和恶名也会无以复加。”路易带头树立了榜样，他直至 1692 年还亲自率领自己的军团参战，在“步枪射程范围”内下达“他的命令”。路易周围还有其他几位血亲亲王，包括孔代亲王、波旁公爵、沙特尔公爵（duc de Chartres）和孔蒂亲王，协助他们的还有国王的另一名私生子曼恩公爵和亨利四世两个私生子的后裔——旺多姆公爵和他的弟弟旺多姆骑士。勃艮第公爵当时年仅 9 岁，被豁免参战，这是个证明波旁王室前线作战惯例的例外。按照这种“高贵义务”（noblesse oblige）的范例，像圣西门这样拥有古老系谱的贵族不该在国务大臣的位置上执笔终老，他们巴不得率军出生入死（圣西门的军事生涯最终归于失败时，他是相当伤心失望的）。在 1692 年的稍晚时段，奥坎库尔修道院（abbé de Hocquincourt）院长因他的兄弟奥坎库尔侯爵战死，便请求路易准许他去指挥现已失去团长的团。这次战死的人中包括奥坎库尔家的三个兄弟，他们在 18 个月内相继成为该团团长，但这显然并没有吓到院长。尽管——毋宁说是因为——战争中存在风险，但是大贵族还是认为他们在与当权者合作和投身军队中所得到的利益远多于挑战当权者。同样，路易十四看到，他本人以及其他波旁王族成员与大贵族合作，得到的利益远多于和大贵族对抗。这意味着路易会把最好的军团都留给大贵族：截至1691年，至少有3 000名贵族在精英部队中服役，换言之，在所有服役于法军的贵族中，至少有10%身处上述部队。

贵族对军队的控制并没有被其他人取代，而他们在外省也没有远离权力。传统的权力中心——省督、高等法院和三级会议（在拥有三级会议的省份）——不仅继续存在，而且一直都很重要。为数众多的区域研究业已表明，监政官落实国王意志的程度与他和地方机构关系的和睦程度成正比。以勃艮第监政官为例，要是他和主导地方的孔代家族关系不好，就会很快面临贪多嚼不烂的困境。亨利·弗朗索瓦·达盖索（Henri François d'Aguesseau）于1717年成为法国掌玺大臣，根据此人的记载，他那担任过朗格多克监政官的父亲"从一开始就意识到，行省的福祉有赖于那些为地方政府提供了精神和动力的重要人物——省督、监政官和三级会议主席——之间关系的完美和谐"。这里提到的省督是亨利四世的私生子韦纳伊公爵（duc de Verneuil），比起处理政务，他对狩猎和"炫耀外表"更感兴趣，因而对监政官的权力并不构成威胁。不过这里提到的三级会议主席是纳博讷（Narbonne）大主教德·邦齐（de Bonzy）枢机，此人的地位相当重要，老达盖索是不能掉以轻心的。

"绝对主义"是否真的如许多历史学家极力主张的那样，只是一个神话？"绝对主义"当然是个后来才出现的说法，要到19世纪30年代才被人发明出来。然而17世纪的人对"绝对权力"的确有清晰的概念，对路易十四确立的绝对权力也有清晰的认知。压制高等法院是个核心问题，它无疑标志着国王大大强化了对立法的垄断地位。至少路易十四是这么看的。他认为自己在位初期面临的问题之一就是“高等法院依然拥有篡夺来的权力，并且乐于使用这种权力”，他又解释了为何自己必须处理这一问题：

> 在我的幼年时代，高等法院地位过高给整个王国造成了威胁。有必要贬抑它们，这样才能防止它们过去犯下的罪行在未来重演。高等法院的权力已经膨胀到人们将其视为可以与我的权力对抗的地步，不管它们的意图有多好，其权力都造成了非常有害的后果，妨碍了我最伟大、最有用的措施。

地方上的人敏锐地意识到路易十四管理政府的手段的确与过去不一样，而“绝对权力”就是描述它的最好方式。有多位法官曾负责在奥弗涅地区确立王权，修道院院长弗莱希耶（Fléchier）记述过其中某位的活动，这为“绝对权力”提供了很好的说明：

> 大约就在这个时候，勒佩尔蒂埃（Le Pelletier）先生从上奥弗涅回来了，他带来了不利于居住在高地的贵族们的诸多证据。他坚持要求继续举行巡回审判，以免他在气候恶劣状况下冒极大危险展开的调查无果而终。他当然是以绝对的国王授予他的全部权力行事的，他对司法的阐述令人们心中恐慌。他一个人就足以令山区陷入混乱。他将法律推行到此前从未承认法律的地区，将恐惧带进了从前处于司法范围之外的地区。他在罪行丛生的地方运

用严苛的法律：他进入了最坚固的城堡，打开了最隐秘的仓库，把省里最高傲、最有权力的人押送到克莱蒙（Clermont），让他们在那里写下关于自己行为的供状。

1665年10月23日，当狂暴的拉莫特·德·卡尼亚克子爵（vicomte de La Mothe de Canillac）在克莱蒙被处决时，他很可能会赞成将路易十四的权力视为绝对权力。在那之前5年，当马赛的市民感受到路易威权之手的全部力量时，他们也很可能赞成上述观点。当时，马赛城内的对立派系间爆发了骚乱，国王随后派出多达6 000人的军队，彻底终结了这个自称的共和国自1486年首次归法国统治以来所享有的政治自主。很快，国王自己也赶来了，他让人在中世纪的城墙上打出象征性的缺口，拆除了城门，用石头建起了崭新的巨型堡垒——圣尼古拉堡，王家军队则驻扎在堡垒里，震慑着动荡不安的马赛人。自治政府也被国王任命的军政长官取代了，当地贵族则被排除在权力圈外。接下来的10年里，作为自觉的绝对主义工程的一部分，马赛得到了重建和扩大。科尔贝曾委任尼古拉·阿努尔（Nicolas Arnoul）为管理桨帆战舰的监政官，并让他监督城市重建进程，阿努尔对自己的目的说明如下："除了让国王伟大和城市幸福外，我没有任何目的。马赛将会变成另一座城市……一座无法抵抗主人，但也不会遭到外部敌人攻击的大城……它将怀着为主人服务、为主人的伟大服务、为居民的安宁服务的原则……开始新的生活。"

在实际上和理论上，在感知与现实这两个层面上，绝对君主制都是一种明晰可辨的现象。当然，它绝对不是无所不在的制度，也不是极权制度。按照今天的标准，国王和他的大臣们打算做的并不算多，而且不少事也没有成功完成。考虑到当时物质形式的和象征形式的交流状况都相当原始（本书其他部分也讨论过这一点），这一点也不奇怪。在法律、法制、度量衡乃至语言的极大差异面前，就连法国革命者竭尽全力推进的标准化努力都遭遇了挫败，有些差异甚至一直存在到了 20 世纪。然而，我们还是可以得出这么一个结论：路易十四的确在他的王国里实现了立法垄断和强制性垄断。另一个结论也成立：路易十四创造了一种绝对主义政治文化，后文第九章分析的凡尔赛工程会为此提供例证。哪怕是修正派历史学家中的极端修正派，当他站在凡尔赛宫的镜厅里，站在夏尔·勒布伦的画作《路易十四亲政》下方的时候，恐怕也很难坚称"绝对主义是一则神话"。关于这个论题，最睿智的话出自彼得·伯克（Peter Burke）的《制造路易十四》（*The Fabrication of Louis XIV*）："礼仪、艺术和建筑均可被视为表达自我主张的手段，是在以其他方式继续战争和外交。"

哈布斯堡君主国的绝对君主制

哈布斯堡君主国也存在类似的推动力，一连几代君主都致力于确立更强大的控制力。然而，他们遇到的问题显然要比法国还严重。法国无疑不是一个统一的民族国家，只是个由不同时期兼并而来的省份组成的聚合物，但它也永远不可能被描述成"一个由令人昏乱的异质元素组成的有轻微向心力的黏结团"，那是罗伯特·埃文斯概括哈布斯堡君主国的多元化时说的话。我们只要念一念约瑟夫二世的头衔，就能很好地体会这个君主国的多元化程度：

约瑟夫二世，罗马皇帝，匈牙利、波希米亚、达尔马提亚、克罗地亚、斯拉沃尼亚、加利西亚、洛多梅里亚使徒国王，奥地利大公，勃艮第、施泰尔、克恩滕、克赖恩公爵，西本彪根大公，摩拉维亚藩侯，布拉班特、林堡、卢森堡、盖尔登、符腾堡、上下西里西亚、米兰、曼托瓦、帕尔马、皮亚琴察、瓜斯塔拉、奥斯维茨与扎托尔公爵，士瓦本侯爵，哈布斯堡、佛兰德、蒂罗尔、亨内高、基堡、格尔茨与格拉迪斯卡侯伯，神圣罗马帝国藩侯，布尔高、上下卢萨蒂亚藩侯，那慕尔伯爵，温迪施边区、梅赫伦领主，洛林与巴尔公爵，托斯卡纳大公。*

为了防止万一漏写某个头衔，这样的清单通常会以“等等”的套话结尾。哈布斯堡的属地包括今天的比利时、卢森堡、荷兰、德国、奥地利、捷克共和国、斯洛伐克、波兰、乌克兰、罗马尼亚、匈牙利、塞尔维亚、黑山、克罗地亚、斯洛文尼亚和意大利的全境或部分

---

* 洛多梅里亚（Lodomeria），德文写作 Lodomerien，其名称源于乌克兰西部沃伦（Воли́нь）地区，但在哈布斯堡帝国时代已无实际对应疆域。

施泰尔（Steyr），英文作 Styria（施蒂里亚），大体相当于今奥地利施泰尔马克（Steiermark）州及斯洛文尼亚东北部。

克赖恩（Krain），英、意文名为 Carniola（卡尼奥拉），斯洛文尼亚文名为 Kranjska（克拉尼斯卡），大体相当于今斯洛文尼亚西部、南部地区。

西本彪根（Siebenbürgen），系特兰西瓦尼亚的德文名，意为“七座城堡”。

奥斯维茨与扎托尔（Auschwitz und Zator），系波兰境内的公爵领地，1772 年奥地利参与第一次瓜分波兰后宣称获得此头衔。奥斯维茨现名奥斯威辛（Oświęcim），二战期间曾设有集中营。

亨内高（Hennegau），英文作 Hainaut（埃诺），大体相当于今比利时埃诺省及法国北部省（Nord）部分地区。

格尔茨与格拉迪斯卡（Görz und Gradisca），该侯爵领地因两座主要城市格尔茨和格拉迪斯卡得名，两城现属意大利，分别名为戈里齐亚（Gorizia）和格拉迪斯卡-迪松佐（Gradisca d'Isonzo）。

侯伯（Prince-Count/Gefürsteter Graf），神圣罗马帝国头衔，名为伯爵，但地位与侯爵相当。

关于约瑟夫二世的头衔，译者除根据英文版原文翻译外，也参考了本书作者引用的德文原书，详见：Johann Georg Jacobi , *Trauerrede auf Joseph den Zweyten*, Wien, 1790.

地区。正如哈罗德·坦珀利爵士所论，哈布斯堡君主国并不像是一个国家，倒像是自己形成了一个大洲。

法国或许已经“差异大到了荒谬的地步”［费尔南·布罗代尔（Fernand Braudel）语］，其中一个重要差异就是语言，法国有两种明显不同的法语（奥克语和奥依语）、四种外部语言（巴斯克语、布列塔尼语、弗拉芒语、德语），以及多达30种互相无法交流的方言，然而这种多样性与哈布斯堡王朝需要努力解决的语言万花筒比起来，就算不上什么了。暂且不算奥属尼德兰说法语和弗拉芒语的居民，可以确认的主要语言族群有5个：说德语的人口聚居在奥地利和阿尔卑斯诸省，在波希米亚、匈牙利的城镇和特兰西瓦尼亚也有不少；意大利语使用者在南蒂罗尔（但这在当时包括——现在也同样包括——一个“拉丁人”少数群体，他们说一种类似于瑞士罗曼什语的拉丁语）、米兰、帕尔马、皮亚琴察和托斯卡纳形成了一个相对同质化的集团；讲马札尔语*的在匈牙利和特兰西瓦尼亚；操罗马尼亚语的在特兰西瓦尼亚；最后还有使用各种斯拉夫语的人。最后提到的这个族群还可以被细分成三个部分：拥有持久存在的文化身份意识和书面语言的部分，比如波希米亚和摩拉维亚的捷克人，或加利西亚的波兰人；拥有尚处胚胎阶段的独立身份意识，但没有明确民族自觉意识的部分，如匈牙利王国的克罗地亚人和塞尔维亚人；还有那些因文盲而被忽视的“湮没民族”，比如加利西亚的罗塞尼亚人（或乌克兰人）、匈牙利北部的斯洛伐克人，他们的存在得等到19世纪才会被民族学家发现。此外，在加利西亚、匈牙利、波希米亚

* 马札尔语（Magyar），又称匈牙利语，是马札尔人（匈牙利人）的主要语言。

和摩拉维亚还有人数颇多的说意第绪语的犹太少数群体。这还不够，拉丁语通常在学术和宗教讲话中使用，在匈牙利，它也被用于行政和司法。实际情况比这个分类还复杂，因为各个地区之内，语言也是混杂的。特别是在波希米亚、摩拉维亚和广阔的匈牙利王国与特兰西瓦尼亚等地，有着不同文化和语言的群体带着不同程度的相互仇视生活在一起。

截至1648年，哈布斯堡王朝已经成功击败了存在重叠的两个群体：新教徒和“世袭领地”上的贵族。世袭领地也就是主要说德语的核心领土［上、下奥地利，福拉尔贝格（Vorarlberg），蒂罗尔，施泰尔，克恩滕和克赖恩］和“圣瓦茨拉夫王冠领地”（波希米亚、摩拉维亚和西里西亚）。这并不是一个可以预知的结局，因为16世纪晚期时，奥地利贵族主要是新教徒，皇帝马克西米利安二世（1564—1576年在位）也同情新教。关键的日期是1620年11月8日，当时，一支由巴伐利亚人、西班牙人、瓦隆人、德意志人、法兰西人（其中还有笛卡儿）和奥地利人组成的多民族天主教军队击溃了波希米亚起义军。尽管花了很长时间，但联手的天主教和王室权威最终还是被强加到了世袭领地上。次年6月，27名波希米亚贵族和市民在布拉格旧城广场被公开处决，处决景象被人以画作形式记录下来，以便给时人及后世子孙留下恐怖警告。大学校长扬·耶森斯基［Ján Jesenský，亦作扬·耶塞纽斯（Jan Jessenius）］的舌头在斩首前被拔了出来，钉在了垫头砧上。1624年，官方宣布天主教为唯一合法宗教，3年后，依然不信奉天主教的波希米亚贵族和市民接到命令，要么改宗正确的信仰，要么移居国外。据估计，有20%左右的波希米亚、摩拉维亚贵族（大约85

个家族）和 25% 左右的市民选择了流亡。在白山*会战后的几年里，共有约 15 万人流亡国外。

17 世纪中叶的纷乱年代结束后，王朝、教会和大贵族的三角同盟出现了，哈布斯堡君主国在其后一个多世纪里都依靠这一同盟。要是一个贵族想在这个快速变动、充满政治和宗教斗争的世界里飞黄腾达，他就得做事稳当，运气好，是个天主教徒，并忠诚于哈布斯堡家族。由于从失败者手中抄没的土地数量很大，足够用于再分配，效忠者的酬劳是相当丰厚的。除了属于王室和教会的庄园，波希米亚有大约 3/4 的土地在 17 世纪 20 年代换了主人。主要的受益者是大贵族。在 16 世纪中叶，乡绅阶层的庄园总面积已经超过了大贵族，可在 100 年后，大贵族拥有全部地产的 60%，而乡绅仅有 10%。第一次世界大战后，终于轮到当年的胜利者被新生的捷克斯洛伐克没收土地了，金斯基（Kinsky）家族失去了 6.9 万公顷的土地，利希滕施泰因家族失去了 16 万公顷，舍恩博恩（Schönborn）家族和施瓦岑贝格家族各自损失了超过 20 万公顷——而这仅仅是他们在波希米亚和摩拉维亚的地产。有这么多土地，难怪他们对哈布斯堡恩人如此忠诚。1732 年，卡尔六世皇帝在布拉格附近狩猎时意外命中了亚当·弗朗茨·冯·施瓦岑贝格（Adam Franz von Schwarzenberg）侯爵。尽管受了致命伤，这位不幸的侯爵却能在断气之前喘着气说出“为我的君主献出生命永远是我的职责”这样的话。

主宰了哈布斯堡君主国的新三方同盟在建筑上得到了呈现，从布拉格的街景中就能看出：被大举扩建皇家城堡和宫殿，位于宫

---

* 白山（White Mountain），捷克文写作 Bílá Hora，意为白山，这座山位于捷克共和国布拉格市，即作者前文提到的 1620 年 11 月 8 日会战发生地。

殿隔壁的大主教府邸，耶稣会规模宏大的克雷芒学院（Collegium Clementinum）以及由耶稣会士控制的大学，巴洛克风格的教堂和修道院，查理大桥上的圣人雕像，还有不胜枚举的贵族宅邸［切尔宁（Černín）、施特恩贝格（Sternberg）、马丁尼兹（Martiniz）、施瓦岑贝格、洛布科维茨、克拉姆-加拉斯（Clam-Gallas）、戈尔茨-金斯基（Golz-Kinsky）、凯泽施泰因（Kaiserstein）、考尼茨（Kaunitz）、科洛弗拉特（Kollowrat）等等］。布拉格是仅次于维也纳的中欧都城。

白山会战结束后，皇帝斐迪南二世的首要事务就是增进天主教的利益，他认为自己的胜利要归因于教会。不过，紧随着这场信仰变革的还有一场政治变革，它体现在波希米亚的新体制上。尽管等级会议并没有被废除，它却失去了创设法律的权力，选举国王的权力也被正式取消，代之以哈布斯堡家族始终宣称属于自己的王位世袭权。哈布斯堡宫廷现已最终固定在维也纳，这座城市里的波希米亚大臣官署则牢牢掌控着行省的决策。然而，等级会议依然主导着政治生活，在至关重要的税收领域影响尤为显著。由于缺少职业化的官僚阶层，而哈布斯堡王朝又忙于其他地区的事务，这种状况的出现是必然的。

17 世纪下半叶到 18 世纪，波希米亚、摩拉维亚和西里西亚的大贵族依然相当兴盛。哈布斯堡的宫廷、军队和外交团体都在扩大，创造出了既有利可图又地位尊崇的就业机会。然而，低于精英阶层的人们依然抗拒着维也纳的统治。1720 年，皇帝卡尔六世打算让波希米亚等级会议承认《国事诏书》，认可他的女儿玛丽亚·特蕾莎为他的继承者，可大部分贵族都以拒绝参加投票的方式表达了他们的敌意。20

年后，当卡尔六世逝世、巴伐利亚选帝侯宣称自己应当拥有波希米亚王冠时，敌意用更激烈的方式表现了出来。1741 年 12 月 19 日，自称为国王的选帝侯在于布拉格举行的仪式上获得了超过 400 名波希米亚等级会议成员的效忠。波希米亚的主要贵族家族——包括金斯基、加拉斯、柯尼希斯埃格（Königsegg）、科洛弗拉特、克拉里（Clary）等家族——大多派出了效忠代表，连布拉格大主教［某位冯·曼德沙伊德（von Manderscheid）伯爵］也到了现场，他们公开宣布背弃哈布斯堡家族。在波希米亚本地工作的官员与在维也纳或军队中效劳的官员之间存在鲜明的差别。后者中的大部分（351 人中的 302 人）宣誓忠于玛丽亚·特蕾莎，而前者中的大部分（132 人中的 114 人）效忠来自巴伐利亚的僭位者。

只有剑才能够决定命运，事实证明，哈布斯堡家族仍拥有更有力的武器。1742 年末，巴伐利亚军队和他们的法国友军已被赶走，不过，全面冲突还是间歇性地持续到 1748 年《亚琛和约》缔结为止。这时，波希米亚已被纳入一个更大的改革项目，这一改革由弗里德里希·威廉·冯·豪格维茨（Friedrich Wilhelm von Haugwitz）伯爵操持，他是一个改宗天主教的西里西亚人。他的改革始于 1749 年，把国家确保安全的初始职能集中在君主一人手中。要想维持一支庞大的常备军（起初有 10.8 万人），就需要依靠磋商让等级会议允许长期增税，要是无法通过磋商解决，那就只有强迫等级会议同意。教士和贵族此前享有的免税权也被废除了。新的中央机构将波希米亚和奥地利大臣官署合并起来，地方机构则将代议机构和财务机构合并起来*，中央机

* 省级地方机构称“代办和财务署”（Representation und Kammer），掌管行政和财务，取代了等级会议的多数职能。

构那老气、巴洛克式的名字“公共及宫廷事务督导部”（Directorium in publicis et cameralibus）掩盖了一场结构性的转变：它将等级会议掌权变为君主掌权。在世袭领地上还建立起了最高法院（Oberste Justizstelle），它制度化了国王的最高司法权力。这一切都通过来自上级意志的一条法案实现，借用彼得·迪克森的惊人之语，这相当于一场“政变”。

尽管波希米亚的忠诚在1741年动摇了（下一章将谈到，18世纪80年代末还会再发生一次动摇），但在这一时期的多数时段，波希米亚的历史还是显示出哈布斯堡王朝与特权阶层间的传统同盟仍是相对有效的。而在组成这个君主国的另一个主要王国匈牙利，状况就大不相同了。乍看上去，土地、财富和权力集中在少数权贵手中的状况在匈牙利更为明显，该国的大部分财富都掌握在50个拥有土地的家族手中，似乎它按照类似轴线发展的机会可能还要更大一些。实际情形却要比波希米亚复杂得多。在1526年的莫哈奇（Mohács）会战中，匈牙利的最后一位雅盖隆（Jagiellon）家族的国王在与土耳其军队的交锋中战死，从那时起，哈布斯堡家族就在名义上统治着整个匈牙利王国，可是，他们实际能够统治的土地只相当于宣称拥有的1/3，这是一条新月状的地带，从匈牙利西南部延伸到东北部。而在剩余部分当中，由匈牙利中部构成的1/3归土耳其人直接统治，东部的1/3则形成了特兰西瓦尼亚公国，由一位土耳其人的附庸统治。在17世纪八九十年代的大规模“再征服”结束后，根据1699年的《卡尔洛维茨和约》（Peace of Karlowitz），哈布斯堡王朝在事实上和法律上都统治了包括特兰西瓦尼亚在内的整个王国。第二场战争发生于1716—1718年，以《帕萨罗维茨和约》（Peace of Passarowitz）告终，它又给王国增添了泰梅什堡的巴纳特*、塞尔维亚北部和瓦拉几亚西部，不过，这几个新得的战果大多又在 1739 年丢失了。

正如我们所见，匈牙利拥有异乎寻常的多样性。马札尔贵族是匈牙利地理意义和象征意义上的中心，他们是抵御每一次哈布斯堡整合尝试的基石。这些人的强烈分离主义倾向源自历史、文化、宗教、经济和地缘政治。自从他们的祖先在 896 年首次越过喀尔巴阡山脉突入多瑙河下游地区以来，他们就一直在设法控制这片土地。在随后上千年的起起伏伏当中，即便处于最糟糕的低谷，他们也从没有忘记过去的独立王国，更从未丧失复兴王国的雄心。不论抵抗成功与否，一再出现的入侵者——德意志人、蒙古人、土耳其人——都周期性地强化了斗争意识，这似乎与激烈的民族主义密不可分。雷蒙德·蒙泰库科利（Raimund Montecuccoli）伯爵曾于 1662 年告知利奥波德一世皇帝："匈牙利人极为憎恶德意志人，连流露出倾向于德意志的匈牙利人都一起憎恶。"匈牙利人的语言使其文化得以保持完整，任何略微考虑过学习马札尔语的人都能知道，它是一种极其难学的语言，从起源来说，它甚至都不属于印欧语系，而是属于乌拉尔语系，只和爱沙尼亚语、芬兰语有亲缘关系。马札尔贵族也依靠宗教与维也纳保持疏离。在他们的两个大敌当中，哈布斯堡家族是罗马天主教徒，土耳其人是穆斯林，所以大部分马札尔人选择了新教——特别是加尔文宗和慈运理宗。只有莫哈奇会战后未被土耳其人征服的那些部分感受到了反宗教改革的全部威力，因而成为天主教主导的地区。匈牙利人拥有一种不无道理的信念，认为哈布斯堡王朝把匈牙利当成殖民地来对

---

* 泰梅什堡的巴纳特（Bánát of Temesvár），Bánát 意为军政府辖区，vár 意为城堡，泰梅什堡是该区域的中心。

待，把它作为廉价食物、原材料的剥削来源和来自君主国其他部分的高价制成品的倾销地，这种信念引发了怨恨。1740年西里西亚市场丧失，1772年第一次瓜分波兰进一步导致市场动荡，此后，这种怨恨越发强烈。

波希米亚人也由于历史、语言、文化和物质利益等方面的原因与他们的哈布斯堡统治者之间存在分歧。马札尔人之所以更难对付，是因为他们的组织能力。从很久以前开始，匈牙利王国就被分成大约50个州（comitatus），贵族们定期召开州议会（congregationes），以此进行统治。马札尔贵族在州议会获得了政治经验、组织技能、自信和团队精神，也正是学到的这些东西让他们变得如此难以对付。每当其他地方的麻烦牵制哈布斯堡王朝时，匈牙利和特兰西瓦尼亚的马札尔人都会迅速抓住时机。当土耳其人在1683年向维也纳进军时，信仰加尔文宗的特兰西瓦尼亚公爵奥保菲·米哈伊一世（Apafi Mihály I）向他们提供了帮助，与奥保菲信仰相同的特克伊·伊姆雷（Thököly Imre）也伸出了援手，他曾被苏丹穆罕默德四世任命为附属于奥斯曼帝国的"上匈牙利国王"。刺入哈布斯堡血肉里的马札尔刺即便算不上致命，也一再造成剧痛。特克伊的继子拉科齐·费伦茨二世在自己的回忆录中写道："要知道，一个世纪内就进行了至少五场战争，可以说战争是连绵不断的。"他自己发动的反叛始于1703年，可以说是第六场战争。随着《索特马尔和约》(Peace of Szatmár）的签订，此次反叛于1711年9月30日以失败告终，当时，指挥哈布斯堡军队的匈牙利大贵族帕尔菲·亚诺什（Pálffy János）伯爵和指挥叛军的匈牙利大贵族卡罗伊·尚多尔（Károlyi Sándor）伯爵签署了协定。这一协定令拉科齐感到气馁，他选择了流亡。

由于西班牙王位继承战争仍有相当一部分战场鏖战正酣，哈布斯堡军队还得在南欧和西欧投入重兵，虽然如此，他们还是再次取胜。考虑到当时的环境，哈布斯堡给出的条件已经相当慷慨了：全面大赦、归还抄没的财产、终结宗教迫害、保证尊重包括贵族免税在内的传统体制。在 1741 年的黑暗岁月，这样的宽厚产生了慷慨的红利。当时，绝望的玛丽亚·特蕾莎怀抱 6 个月大的儿子兼继承人约瑟夫，前往普雷斯堡［或者按照匈牙利人的叫法称作波若尼（Pozsony）］向等级会议发出个人呼吁。等级会议成员用拉丁语回应，喊出："为我们的国王*玛丽亚·特蕾莎付出生命和鲜血！"（vitam et sanguinem pro Rege nostro Maria Teresia!）他们答应派出 10 万名士兵，事实上派来了 5 万人出头，然而这已经足够让局势转向她一边。正如她后来给小儿子马克西米利安·弗朗茨（Maximilian Franz）的书信所述："要是善待这个民族并表现出慈爱，就可以完成任何事情……你将目睹这一点，并为我过去曾经享有、现在依然能够获得的有利条件而惊讶。"

玛丽亚·特蕾莎是在 1776 年写下那些文字的，此时距她去世还有 4 年。在她整整 40 年的统治中，特蕾莎表明宽厚行事并不一定就是软弱行事。她以牺牲特权阶层的利益为代价，增加了中央政府在岁入中的分配份额，却并没有导致与特权阶层关系的疏远。至于丢失西里西亚，在第一次瓜分波兰中夺得的加利西亚行省只是个很不够的补偿。可就算未能筹集到收复西里西亚所需的资源，她至少还是在一个尤为危险的时代里大体完整地保住了君主国。本书下一章将审视约瑟

---

* 书中与英译文一同给出的拉丁文原文将玛丽亚·特蕾莎的头衔写作 Rege，是国王 Rex 一词的单数夺格，因此根据原文译作国王。玛丽亚·特蕾莎的头衔是匈牙利国王（Rex Hungariae），而非女王（Regina），伏尔泰曾对此评论称："他们总是把国王的头衔给女王。"见：Michael Yonan，*Empress Maria Theresa and the Politics of Habsburg Imperial Art*, Penn State University Press, 2011, p. 29.

夫二世在18世纪80年代遭遇的失败，在这场失败的反衬下，特蕾莎的成就之大清晰可见。

勃兰登堡–普鲁士

“宽厚行事”并不是那种一般会和哈布斯堡君主国的大敌——勃兰登堡–普鲁士——联系起来的形象，在政治发展层面，这对死敌的共同之处却超乎人们想象。勃兰登堡就算不是“一个由令人昏乱的异质元素组成的有轻微向心力的黏结团”，其领土也零散地分布在欧洲北部，从西边靠近荷兰国境的克莱沃（Kleve）到东边梅默尔河（涅曼河）畔的蒂尔西特［Tilsit，现名苏维埃茨克（Sovetsk），属于俄罗斯联邦］，跨度超过1 000千米。即便勃兰登堡没有哈布斯堡那般的宗教多样性，它的异质化程度也到了足以给统治者带来问题的地步。纵然它的确拥有较大的共同身份意识潜力，可1648年的勃兰登堡在很大程度上依然是个独立省份的聚合物。1650年，勃兰登堡等级会议就以邻近的东波美拉尼亚省是“异国”为由，拒绝为选帝侯在该省施政捐献资金。哈布斯堡君主国和勃兰登堡在1648年的主要区别在于地位。尽管勃兰登堡选帝侯是有权选举皇帝的德意志精英诸侯团体中的一员，可就掌握的资源而言，他还是落后于其他世俗诸侯（萨克森选帝侯、普法尔茨选帝侯、巴伐利亚选帝侯）。

勃兰登堡迅速崛起，很快就能挑战哈布斯堡君主国在德意志的霸权的地位，随后又能够与任何一个大国争夺欧洲霸权，因此，撰史者往往带有勃兰登堡必然崛起的意识——要是撰写历史的人是普鲁士爱国者或德意志民族主义者或两者都是，这种意识就更为突出了。然而，实际情况更有可能是，开始了中央集权进程的“大选帝侯”腓特烈·威廉（1640—1688 年在位）并没有一个长期的计划，而是对眼下的紧急状况不断做出反应。欧洲北部的大平原从北海海岸延伸到乌拉尔山脉，对任何一位其领土位于大平原上的统治者而言，缺乏天然疆界都意味着机遇与威胁一样大。腓特烈·威廉的前任格奥尔格·威廉（Georg Wilhelm）竭力想在“三十年战争”中置身事外，曾于 1630 年给自己刚刚在波美拉尼亚登陆的妹夫瑞典国王古斯塔夫·阿道夫（Gustav Adolf）派去一名使者，请求他尊重勃兰登堡的中立。古斯塔夫·阿道夫刻薄地回复说，在善与恶（新教与天主教）的生死斗争中，勃兰登堡是无权置身事外的。

他或许还可以补充说，要么成为捕食者，要么成为猎物。腓特烈·威廉决心让他的选帝侯国摆脱猎物的地位。那就意味着要征集军队，征集军队意味着筹集资金，筹集资金又意味着克服等级会议的抵制。选帝侯设法在 1643—1644 年相当费力地拼凑了一支 7 800 人的军队，这让他能够在“三十年战争”的最难熬时期享有一定的独立行动空间。在最终的和平协议中，腓特烈·威廉得到了奖赏。虽然未能索得西波美拉尼亚和至关重要的奥得河口令他伤心失望，可他毕竟保住了贫穷的东波美拉尼亚，还得到了三块世俗化的侯爵主教领地［卡明（Kammin）、哈尔贝施塔特（Halberstadt）和明登（Minden）］以及马格德堡大主教区的继承权，他最终于 1680 年得到了这个既富庶又具备重要战略意义的地区。腓特烈·威廉此时正处于上升螺旋当中：他掌握的兵力越多，就越能从等级会议榨取钱财，他能榨取的钱财越多，能招募的兵力也就越多。神圣罗马帝国在 1654 年做出了决定，承认诸侯有权征税以维持必要的驻军和要塞，这有利于腓特烈·威廉。此外，国际形势动荡，对于各省等级会议的抱怨——腓特烈·威廉正在非法征税——皇帝只能装没听见，这也为他提供了进一步的帮助。

腓特烈·威廉显然没有一个“绝对主义”议程，也就是说他显然不希望完全摆脱等级会议。他总是倾向于走谈判和妥协的道路。然而，他有时也会采用暴力手段，特别是在对付尤为顽固的东普鲁士等级会议的时候。1662 年，腓特烈·威廉宣称自己会这么对付他们最棘手的领袖——柯尼希斯贝格*市民希罗尼穆斯·罗特（Hieronymus Roth）：“明天审讯（他），后天判刑，周二或周三处决。”事实上，罗特从未出庭受审——可能是害怕法庭把他无罪开释——而是被直接关进牢里，关到他在 16 年后死亡为止。克里斯蒂安·路德维希·冯·卡尔克施泰因（Christian Ludwig von Kalckstein）伯爵受到了更为残酷的对待，他虽然逃到华沙避难，可还是遭到绑架，被偷偷带回勃兰登堡处决。两年后，军事行动终结了柯尼希斯贝格的抵抗。

“大选帝侯”腓特烈·威廉于 1688 年逝世前，已经实现了自己的三个主要目标：创建了自己的中央政府、自己的财政体系和自己的常备军。他还强迫等级会议接受了上述三者。在 17 世纪中叶那极度凶险的年代里，他也完好地保存了自己分散的零星领土。人们或许会问，他是如何在其他胸有大志的专制君主——例如斯图亚特王朝的君主——受挫的地方取得成功的？部分原因在于勃兰登堡等级会议的经济地位要虚弱得多，这也是该地区的自然贫困和“三十年战争”所造成破坏的综合产物。因此，在 1683 年和 1686 年谈判达成的协定中，是选帝侯清偿了等级会议的债务，这与其他君主的状况恰恰相反。瑞

---

* 柯尼希斯贝格（Königsberg），一译哥尼斯堡、柯尼斯堡，意为“国王的山丘”，即今俄罗斯联邦加里宁格勒州加里宁格勒。

典军队和帝国军队曾在选帝侯国内四处横行，人们关于这个恐怖时期的记忆不会轻易消逝，所以，需要一支强大军队的论据拥有持久的说服力。

要是容克贵族自己承担了主要税负的话，他们本可能更为坚定地抵制日益增加的税负——腓特烈·威廉治下的人均税负大约翻了两番。而事实上，大部分直接税由农民缴纳，大部分间接税——特别是新设立的货物税——则是由城镇负担的。腓特烈·威廉在1653年的协定（Rezess）中正式承认贵族地主有权处置农奴，而只要他保护贵族的这一权力，贵族们就准备好任由他处理国事，哪怕心怀不满。然而，这并不是统治者简简单单地用保证贵族在地方上的绝对权力来换取自己在中央的绝对权力。二者并非对立，而是结成了不断变化的联盟，有对抗，更有合作。容克也并非明确的输家，因为加强国内稳定、强化抵抗外敌能力、扩张领土和扩大军队规模既对选帝侯有利，也对容克有利。实际上，最近有位研究容克的历史学家［（埃德加·梅尔顿（Edgar Melton）］已经得出结论："霍亨索伦绝对主义的胜利与贵族在地方和行省层面权力和活动的增长是携手并进的。"

人们曾认为勃兰登堡-普鲁士的霍亨索伦君主可以分为两类，要么天赋出众（"大选帝侯"腓特烈·威廉、腓特烈·威廉一世、腓特烈大帝、威廉一世），要么或蠢或疯，又蠢又疯（腓特烈一世、腓特烈·威廉二世、腓特烈·威廉三世、腓特烈·威廉四世、威廉二世）。腓特烈一世的不幸之处在于，他被夹在两位成就极高的君主之间，还得到了自己孙子某些极其轻蔑的评价。较为晚近的传记作者注意到腓特烈一世取得了两大具有重要政治影响的成就，对他的态度较为友善。第一大成就是他令勃兰登堡成为文化受到尊重、鼓励的国家［文化国家（Kulturstaat）]，国家声望因此大大上升。他实现这一成就的方式既包括在哈雷创立一所新的大学（这所学校迅速成为神圣罗马帝国最负盛名的大学之一），也包括创立诸多文化机构。在这些机构当中，最为重要的是创立于1697年的艺术学院和创立于1700年的科学院，前者旨在成为“一所像罗马和巴黎的学院那样的艺术高等学校或艺术大学”，后者的首任院长正是莱布尼茨（1646—1716）。

更为重要的成就是他将勃兰登堡选帝侯国升格为普鲁士王国。按照海因茨·杜赫哈特的说法，神圣罗马帝国里有“一股称王浪潮”，腓特烈一世此次取得国王地位只是针对这股浪潮的必要回应。在此之前，萨克森的腓特烈·奥古斯特于1697年被选为波兰国王，从而实现了最为壮观的升格。而当斯图亚特家族里的最后一位新教徒死去后，在重要的新教选帝侯中位列第三的汉诺威选帝侯也会成为英国国王，从而获得国王头衔。所以，腓特烈于1701年1月18日宣布他即日起成为在普鲁士的国王腓特烈一世，不过是个必要的回应罢了。幸运的是，皇帝利奥波德一世需要他提供军事和外交上的支持，因而承认了这个几乎可以说是单方面的宣称。为了增强公信力，腓特烈一世竭尽全力确保伴随柯尼希斯贝格加冕式举行的节庆活动配得上最伟大的君主。马车队把宫廷人员从柏林运到加冕式现场，整个车队需要3万匹马。他的猩红加冕袍上镶嵌着钻石纽扣，每颗都价值3 000杜卡特，而且光是为他自己和王后制作王冠和后冠的花费就超过了为供应加冕式全部费用开征的新特别税的总额。腓特烈一世的确是自行加冕的，这比拿破仑要早一个多世纪，事实上，当他在柯尼希斯贝格城堡的一个房间里完成加冕典礼后，国王夫妇才前往大教堂，由为该场合特意挑选的两位主教（一位属于加尔文宗，一位属于路德宗）行涂油礼。

称自己为国王并打扮得像国王当然不等于创建一个王国。莱布尼茨声称“命名就使事物本质完备”，腓特烈大帝则讥笑自己的祖父创建了“一种两性体，与其说像王国，不如说像选帝侯国”，相比之下，莱布尼茨的说服力要弱一些。然而，霍亨索伦家族的首领现在已经是“在普鲁士的国王”（之所以称作“在普鲁士的国王”而非“普鲁士的国王”，原因在于西普鲁士依然归波兰统治），因此能够坐上欧洲君主的贵宾桌——虽然在桌上的位次并不高。尽管腓特烈一世的儿子兼继承者腓特烈·威廉一世（1713—1740 年在位）对这个不算太高的国际地位感到满意，他在国内却将自己所得的遗产转化为通往大国地位的跳板。他把普鲁士军队的规模翻了一番多，军队总人数到他统治末期已约 8.1 万，他完全依靠普鲁士资源供给军费，其金库里还积累了约 870 万塔勒的巨额战争经费，由此，他完成了上述转化。腓特烈·威廉一世从未拔出他已铸就的宝剑，而是——按照他儿子腓特烈在《我的时代的历史》（*History of My Own Times*）中所说——“通过上述手段默默地走向伟大，而且没有唤起其他君主国的忌妒”。在此进程中，他消除了等级会议方面的最后一丝政治独立，创建了能够容许普鲁士与天然体量数倍于己的对手交锋的行政架构。

关于腓特烈·威廉，汉斯·罗森贝格（Hans Rosenberg）曾做过颇有见地、可能有些慷慨的评价，认为他是“一个危险、粗俗、暴躁却又精明的神经过敏者，为豪迈的妄想所困，可还是霍亨索伦家族产生的最卓越的行政改革家”。在他身上，高度的虔诚往往和极度的残暴一同出现，例如，他有一天先是把一名渎职官员绞死在他的办公室前面，还强迫大小官员观看行刑，然后却接见了一群来自萨尔茨堡的宗教难民，还让他的整个宫廷都跪下感谢主这回把受难者拯救了出来。有一回，他视察东普鲁士，法庭已通过了对市政委员冯·施拉布特（von Schlabuth）的囚禁判决，请国王确认判决有效，腓特烈·威廉一世却告诉这名囚徒他应该被吊死。冯·施拉布特不明智地尖刻答道："人们不会吊死普鲁士贵族。"腓特烈·威廉一世的回应是让人在冯·施拉布特工作场所的庭院里竖起一个绞刑架，第二天就将他绞死了。可在那之前，国王又去了教堂，在听到关于宽恕美德的布道时流下了眼泪（"怜恤人的人有福了，因为他们必蒙怜恤。"——《马太福音》第 5 章第 7 节）。他对贵族阶层整体的态度谈不上恭维，比如，他说克莱沃和马克（Mark）的贵族是"笨牛，但和恶魔一样恶毒……诡诈又虚假，他们就像野兽一样喝酒——别的什么都不懂"，老马克的贵族是"坏人，不听话的人，根本不做好事，在履行对君主的义务时总是粗暴又胡闹"，而马格德堡的贵族"和那些来自老马克的人差不多，只不过还要糟糕一些"。

除了恐吓、苛责他治下的贵族外，腓特烈·威廉一世也有更具建设性的举措，那就是重组中央政府部门。这主要包括将负责管理庞大王室领地［奥托·欣策（Otto Hintze）提出，王室领地占可耕地总面积的 1/3，这是普鲁士大臣赫茨贝格（Hertzberg）伯爵在 1785 年的说法］的机构和负责征税的机构合并起来，组建了"总执行局"，或者按官方说法是"财政、军事与王室领地最高总执行局"，该部门于 1723 年开始运转。它的四个部门既包括地区性部门，也包括专业化的特定部门，尽管在现代人看来它无疑很奇怪，但相对而言，它标志着普鲁士迈出了将诸多省份合并为单一国家的重要一步。尽管部门主管实际上能够行使可观的独立权力，但他们严格来说还是国王实现自身意志的工具。腓特烈·威廉一世在他们发来的报告上潦草地写下旁注，以这一形式将旨意传达下去，他的旁注是以旁人无法仿效的半通不通的法文、德文和拉丁文混合行文写成的。相当著名的一件事就是腓特烈·威廉一世在来自卡尔·特鲁克泽斯（Karl Truchsess）伯爵的一份文档上写下了自己的政治目标："我将实现我的目的，将巩固（意大利文：stabilirai）我的主权，把我的王冠加固得如同铜铸的岩石（法文：rocher de bronze）。"这种政府风格也得到了其继承者的效仿，被同时代人称作"内阁政府"（Kabinettsregierung），但这样的"内阁政府"和英国内阁天差地别，在普鲁士，"内阁政府"意味着指令出自国王密室、不受其他任何人干扰的政府。

这种政府形式有些古老，腓特烈·威廉一世对受过专业训练的官僚的支持则要现代一些。从 1723 年开始，他引入了最后需要考试的省级机关见习生在职培训制度。1727 年，他在哈雷大学和奥得河畔法兰克福大学设立"官房学派"（cameralism，一种应用政治学）教席，还发出特别指示，称其主要任务是培养官员，这也体现出惊人的前瞻性。在这一时期，一种明确可辨的官僚制度出现了：它是混合产物，与社会出身、英才统治、反贪、等级制度、学术训练与任命、中央指导与监督都有关联。这一制度在具体运作中还需要加上许多限定条件，因为人们必定可以在普鲁士发现裙带关系、腐败、阻挠、无能，以及任何时代公共部门都少不了的弊病。已故的贝蒂·贝伦斯（Betty Behrens）对 18 世纪的法国和普鲁士做过虽然遭到忽视却相当重要的比较研究，她在著作中给出了最明智也最权威的意见：

> 不管幕后可能发生怎样的争吵、对抗和不公，它（普鲁士官

僚机构）都是一个单一组织，有一条明确的指挥链，其触角遍布霍亨索伦领地。不管其中某些成员有多么保守、多么蓄意阻挠，其他许多人终归还是获得了……高度的专业技能与专业知识。

随着黑格尔将官僚机构命名为从市场和自身利益压力中解脱出来的、能够在不受社会分层腐蚀的状况下意识到社会需求的“普遍阶级”，这一进程也就臻于圆满。

对冯·施拉布特市政委员或冯·卡特（von Katte）中尉（他因参与王储逃离其父暴虐管制的密谋而在1730年经审判后被处死）来说，腓特烈·威廉一世的普鲁士似乎不可能成为适合贵族的土地。然而，正如我们将在下一章审视军队时所见，普鲁士实际上给贵族提供了很多获取利益的机会。而在内政中，贵族县长们（Landräte，它的单数形式是Landrat）持续主导地方行政也说明了这一点。霍亨索伦家族的属地里约有80名县长，他们构成了中央政府和地方地主间的重要接口。不管普鲁士政府打算在地方上做什么小事，都需要由县长来完成。是他们负责监督征税、给行经本县的部队提供补给、调节农民和地主间的关系、推进农业改良、防灾减灾、搜集信息、公布政府法令。早期的县长根本不是王权的工具。东普鲁士省督博古斯瓦夫·拉齐维乌（Bogusław Radziwiłł）公爵就在1660年抱怨该省的县长们“对国防漠不关心”，而且是“波兰人的真正邻居”，他之所以这么说，是要抱怨这些人目无政府，一向不服从。即便“大选帝侯”腓特烈·威廉已经用自己的权力强行控制了县长，有位普鲁士显贵还是抱怨说“君主必须随时随地与这些县长就自己的权利进行谈判，哪怕连面包也要谈；只要这种状况持续下去，选帝侯就还是名大于实的统治者”。在1689年，那种描述可能是夸张的，而在腓特烈·威廉一世治下，他已经彻底解决了此类问题。到了此时，县长一定程度上是国王的人，一定程度上也是贵族的人，他们自然倾向于后一角色，但还得留心保持贵族利益与国王利益的平衡。这种两栖品质意味着他们非常适合作为中间人活动，确保两者之间保持适当的平衡。

1740年和腓特烈二世（自从在对抗哈布斯堡君主国的头一场战争中取得胜利，他就被称为“大帝”）即位标志着普鲁士（和欧洲）历史的分水岭，因为他用父亲打造的武器发起了攻击。可就国家政治架构而言，变化少得令人吃惊。就算有什么改变，也是他一感觉总执行局有必要增添部门，就给它加上额外负担，1740年多出了商业和制造业部门，1746年多出了西里西亚部门，等等，这让他继承的政治制度变得更加不连贯了。而且，他着重引入的变化反而有利于贵族开倒车。腓特烈二世立刻推翻了自己父亲采取的一切有损贵族利益的措施，事实上，他给总执行局发出的第一批指示中就包括停止追讨被贵族占用的王室土地。

不论是原则还是实践，腓特烈二世在他统治时期都一直忠于该纲领。著于1752年、并不打算出版的《政治遗嘱》包含了他内心最深处关于政府的想法，他将支持贵族提升到了普遍政治真理的高度：“君主应当把保护贵族视作其责任，贵族是他王冠上最华贵的珠宝，是他军队的光彩。”其他社会群体可能会比贵族富裕一些，但没有一个能够在勇气或忠诚上超过贵族。就实践而言，这意味着他终结了自己父亲倾向平民的做法。腓特烈政府部门中的贵族可能没有通常认为的那么多，但他的确喜欢将贵族拔擢到高位上，在中央的总执行局如此，在地方省份的“军事与王室领地管理委员会”也是如此，不过他还是恢复了等级会议提名重要县长职位候选人的权力。腓特烈二世不仅确认了普鲁士国家的公共机构是为贵族提供外部救济的工具，还尽其所能保护贵族的私人财产。粮食价格和土地价格不时急剧上涨，对容克而言，这既是充满机遇的时代，也是风险极高的时代。对那些肆意挥霍、不思进取或运气不佳的贵族来说，数量越来越多、越来越富有、越来越贪婪的平民对他们构成了威胁，平民想要一座容克庄园——一块贵族地产（Rittergut）——并依靠庄园获得社会影响力。再没什么比腓特烈二世 1750 年 12 月 29 日写给科克采伊（Cocceji）的信更能体现他的社会保守主义了，他在信中惊慌地注意到属于旧贵族家庭的庄园正在被转入新贵之手。国王下令此后除非得到他本人的明确许可，不然任何贵族庄园都不得被转手给其他阶层。这一禁令在 1762 年又得到了重申。（可以预见这种试图扭转经济大潮的做法必然失败：到了 18 世纪末，已有超过 10% 的容克庄园落入平民之手。）怀着同样的看法，腓特烈二世也鼓励贵族家庭按特定顺序限定地产继承，让它能够免遭遗传事故影响，但这同样没有取得成功。

在“七年战争”中，军官团的极高伤亡率破坏了许多容克家庭，法国、瑞典、奥地利和俄国入侵者也摧毁了许多容克庄园，在战后的黑暗日子里，腓特烈二世更为具体的施政是给予贵族援助。他采取了各类干预措施：强行宣布暂停破产程序两年，为农场修缮设施和补充仓储提供现金补助，设立农村信贷机构（Landschaften）来提供简便易得的低息抵押贷款。毋庸赘言，绝大部分军官是贵族，腓特烈二世晚年时，军官里约九成是贵族。

腓特烈二世的普鲁士是绝对主义的，因为国王实际上垄断了立法权；它也是专制的，因为内阁政府仍在运转；它还是贵族的，因为普鲁士偏袒贵族。但整座大厦的根基是为国效力的需求，君主和贵族都得服从国家。腓特烈二世不仅宣布他是“国家的第一仆人”，也以行动说明了自己这话的含义。军官或政府官员的生活不可能很愉快，因为没有人知道国王下次会在何时何地出现，是去检查、讯问、演讲、鼓励、叱骂，还是偶尔给予赞美和奖励。当然，在国王去往他们领地的途中，普鲁士官员们总有互相预警的方法和手段，他们当然只会告诉国王他希望听到的东西，国王的领地广阔又相隔遥远，他当然也只能涉足其中的一小部分。更为重要的是，腓特烈二世为自己创造了一个不知疲倦、无私奉献的尽忠职守形象。对自上而下的普鲁士改革而言，这有助于延续改革的生命力，使改革在其自然寿命结束后还能持续几十年之久。腓特烈手下的一名官员留下了关于国王日常工作的描述：

> 他一大早就开始处理外交事务。他已读过来自大使们的公函，这些公函以密码写成，此时已经解密，现在，他开始向秘书口述对每一份公函的答复，不论重要与否，他都从第一件答复到最后一件，答复经常长达数页。随后，他向另一位秘书口述对一切有关内政事务信件的回复、对财政管理委员会报告的回复、对军队监督官报告的回复。他已经在其中某些报告的页边写下了笔记。在此期间，另一位秘书准备重要性较低的信件和私人请愿书的摘要。摘要随后被放在国王面前，他用寥寥数语决定每件事务。

他从不给自己放假。随着国家的扩张，他掌握每个细节的能力达到了极限，结果，政务处理变得杂乱低效。尤为值得一提的是，居于国王和官僚之间的秘书掌握了大量权力，却不用负什么责任——这是创造专断政府的经典配方。然而，他的榜样作用还是有助于在由他领导的普鲁士精英中创造出服务精神，而所有的王室男性成员都必须到军中服役。从腓特烈二世1763年发给负责西里西亚的大臣恩斯特·冯·施拉布伦多夫（Ernst von Schlabrendorf）的指示中，我们多少可以看出他对军役是何等重视：

> 让我一次说清楚，我不会出售头衔，更不会用贵族庄园换钱，这是在贬低贵族。贵族地位只能用剑、用勇气、用其他出色的举止和工作获得。我只容许那些随时能够为我提供有用军役的人成为封臣，只会挑选那些表现特别优秀、工作尤为突出的人进入贵族阶层。

俄　国

当腓特烈二世在1763年写下上述那些话时，他或许并不知道彼得大帝早在一代人之前就已抢先写出同样意思的话："朕只会把贵族等级赐予那些为朕和祖国效劳的人。"腓特烈二世想必知道彼得大帝早已培养出强调军役的贵族阶层，即便按照普鲁士的标准，俄国贵族对军役的重视也是十分突出的。与其说彼得大帝打算稀释甚至废除莫斯科旧贵族，倒不如说他着手将旧贵族的定位转向为国效力。在此过程中，他重塑了贵族的教育、训练、职业甚至外表。他任凭波雅尔

(boiare)[*]、侍臣（okol’nichii)、侍膳（stol’niki）之类的传统头衔消亡。截至 1718 年，仅有 6 位波雅尔还在世，最后一位波雅尔死于 1750 年。彼得大帝制定了一套源自西方的头衔，用男爵、伯爵、公爵等取代了传统头衔，并建立起基于国家军政和民政的新等级制度。这套等级制度在 1722 年正式定型，彼得在那一年发布了主要基于普鲁士、丹麦和瑞典模板的“官秩表”。官秩表中共包括 14 个等级，一等是最低级别[**]，全表包括 262 个不同职位：126 个陆海军职位，94 个政府职位和 42 个宫廷职位。这并不是一种英才政治，因为现存的贵族仍然享有优待，达到八等的平民也会获得世袭贵族身份。虽然传统等级社会依然得以延续，但是在现在这种社会里取得成功就要靠表现了。彼得大帝公开以炮兵上等兵的身份进入军队，以此自上而下地树立了模范。约翰·佩里（John Perry）于 1716 年出版了关于俄国的第一手记载，他评论道：

> 彼得自己在海军和陆军里都担任职务，他就像是另一个人一样，在那些职位上工作并按部就班地晋升，（彼得希望）让自己的领主们看到的是：他期盼他们能认识到自己和子孙为国效力是绝佳之事，并能逐步有序地获得升迁。

一代人之后，另一位外国观察家——亨宁·弗里德里希·冯·巴

---

* 波雅尔（боярин，复数为бояре），一译领主、大贵族、大臣，10—17 世纪古罗斯和俄国大封建主，由 9—10 世纪东方斯拉夫部落的王宫亲兵首领演变而来。波雅尔作为大公附庸在大公军中服役，但对世袭领地享有完全统治权。从 15 世纪起，领主成为俄罗斯中央集权国家服役人员的一种高级官职，仅有领主有权参加领主杜马。

** 此处原文有误，一等是官秩表中的最高级别。见：*Табель о рангах всех чинов, воинских, статских, и придворных*, Москва, 1722, С. 1—8.

塞维茨（Henning Friedrich von Bassewitz）伯爵——在文章中呼应了佩里的看法，他坚持认为彼得大帝并没有任何平等意识：“（他）心中所想的并不是让贵族阶层沦落。与此相反，他全心倾向于给贵族灌输一种渴望，让他们有一种除了依靠出身，还依靠功绩来有别于普通人的渴望。”另一方面，地位现在由等级而非门第决定——拥有三等官位的公爵低于拥有一等官位的男爵。对贵族来说，并不存在可以选择退出的条款：从 1710 年起，年满 10 岁的年轻贵族都要接受定期检查，其中通过体质与智力资质测试的人会被送到武备学校学习，直到 5 年后可以全职服役为止。几乎可以说，俄国贵族不再享有私人生活了。以彼得大帝在 1716 年发布的命令为例：“朕已从意大利得到消息，威尼斯人表示希望接收我国人员参与海军训练；今天，法国人也做出了回应，说愿意接收我国的受训人员。因此，应立刻在彼得堡各校挑选富裕贵族的孩子，将他们带到雷瓦尔上船。应当派出 60 名学员。20 人去威尼斯，20 人去法国，20 人去英国。”

这的确是一个与我们迄今为止所讨论过的任何国度都截然不同的世界。这里有个很大的悖论：彼得大帝的至高目标是让他的国家更接近西方，但他把自己的国家推得离西方更远了。当然，俄国的“西方化”的确取得了多方面的进展。1710—1721 年，俄国征服了瑞典帝国的波罗的海诸省，获得了著名的“通往西方的窗户”。那时，人们已经不会再重复路易十四的外交失误了，路易十四在 1657 年给彼得大帝的祖父米哈伊尔·费奥多罗维奇（Mikhail Fedorovich，即米哈伊尔一世）沙皇写了一封官方信件，却不知道后者在 12 年前已经死了。一支俄国军队于 1716 年在梅克伦堡越冬，对西方造成了尽可能直接的冲击。将首都从莫斯科搬到新建的圣彼得堡，这绝不仅仅是把俄国精英阶层向西强行搬迁600千米，因为随之而来的还有同样自上而下的文化转型。胡须、长袍和胸前的十字架消失了，假发、法式时尚和消遣出现了。这座新城市有德国式的名字（因此，它在1914年战争爆发之际换了个俄国名字，改称“彼得格勒”）和荷兰式的布局。正如杰弗里·霍斯金（Geoffrey Hosking）所论，它并不打算成为新罗马，而是要成为新的阿姆斯特丹。彼得大帝在某次访问西方期间，于1697年在海牙让戈弗雷·内勒（Godfrey Kneller）爵士给他画过一幅肖像，如果将这幅肖像和他父亲沙皇阿列克谢·米哈伊洛维奇（Aleksei Mikhailovich，1645—1676年在位）的肖像进行对比，我们就能充分看出彼得大帝在上流社会造成的文化变革。阿列克谢的肖像更像一位主教而非君主，彼得的画像则完全是一位闯劲十足的世俗武士君王，除了唇上的细八字胡，没有其他面部毛发。虽然这最后一个细节看上去微不足道，可要知道，东正教信徒认为胡须是敬畏上帝的人的标志，要是没有胡须，人进入下一个世界时就会遇到障碍甚至遭到拒绝。

这种比较所揭示出来的世俗化还有多种表现形式，其中最明显的就是沙皇从牧首手中夺取了俄国教会的控制权。这一变化也体现在仪式上，在原先的教徒列队行进中，沙皇是作为上帝和上帝教会的卑微仆人参与的，而在世俗凯旋式中，沙皇本人跃升为崇拜的中心。这相当于行进的凡尔赛。在上述场合念诵《圣经》经文“奉主名来的是应当称颂的，高高在上和散那！”（《马太福音》第21章第9节）的人也从牧首变为沙皇，这也绝妙地象征了这种世俗化的转变。比如说，俄历1696年9月30日，彼得大帝在莫斯科组织了一次盛大的入城式，以庆祝他在亚速击败土耳其人，仪式包括穿过一座古典样式的凯旋拱门，赫拉克勒斯和马尔斯的巨型雕像护卫在拱门两侧，门上还饰有恺撒的格言“到，见，胜”（veni, vidi, vici）。彼得大帝还自比君士坦丁大帝——并不是君士坦丁改宗基督教的一面，而是君士坦丁作为强大征服者的一面。对抗瑞典的胜利战争以《尼斯塔德和约》告终，缔结和约后，参政院正式给彼得加上了他已使用很久的罗马帝国的头衔——“皇帝”（Imperator）。

这似乎是远离了俄国的拜占庭、希腊遗产，转向了罗马与文艺复兴的模板。类似的“西方化”举措还有彼得大帝时常强调的要为某一抽象概念效劳，而非为他个人效劳。他多次提及“祖国”“俄罗斯”“公共利益”“公共福利”“全民族利益”，以及尤为重要的“国家”。在过去，最接近 state、état 或 Staat* 的俄语词 gosudarstvo 指的是属于沙皇的一块特定土地，就像 gosudarstvo Sibiri（沙皇领地西伯利亚）中的这个词一样，不过“国家事务”（gosudarstvennye dela）一词倒是从 17 世纪中叶就开始使用了。彼得大帝打算将非人格化的国家与沙皇个人区别开来，以此将国家概念推进一大步。就算彼得大帝从未使用过“国家的第一仆人”这种说法来描述自己的角色，他所做的也相当接近了，例如，他从一份法令草案中删除了士兵的正确效忠对象是“沙皇陛下的利益”这种套话，而代之以“国家的利益”。俄历 1709 年 6 月 27 日，彼得大帝在波尔塔瓦（Poltava）击败瑞典军队，取得了他所有军事胜利中最大的一场胜利，据说彼得大帝在此战前夕讲过：“不要认为你们武装列阵是为彼得而战，这是为托付给彼得的国家而战。”

到此为止还是很西方化的，然而还有反方向的力量，要将俄国拉过乌拉尔山并拉回亚洲，这种力量可以说更大。彼得大帝推动改革时

* 上述三词依次为英语、法语、德语词，均意为“国家”。

动用了强制力，结果适得其反。他的新首都便是一个典型案例，它由征发过来的数以万计的劳工建成，这些人的状况比奴隶好不了多少，建筑地点位于蚊虫滋生的沼泽，许多人病死在那里。汉诺威人 F. C. 韦伯（F. C. Weber）是英国使馆的秘书，他记载称当局并没有给工人准备任何衣物、食物和住宿，其结果是“根据计算，此次死亡的人数接近 10 万，因为在那些被战争弄得荒无人烟的地方，就算有现钱也不可能弄到什么补给”。作家尼古拉·卡拉姆津（1766—1826）总的来说很崇拜彼得大帝的功绩，他和韦伯一样认为圣彼得堡是“世界奇观”，但就连他也说这座城市的基石是“泪水和尸骸”。就算在城市建立后，强制措施也没有削弱。为了让城里住满人，有 1 000 名拥有超过 100 户农奴的贵族奉命在彼得堡修建住宅，建房经费由贵族自行承担，但建筑样式需要遵照当局制订的规划。由于房屋修建速度较快，地点也不适宜，新的宅邸往往还没建好就塌了。腓特烈大帝的朋友阿尔加罗蒂（Algarotti）伯爵讥笑道：“他们的墙壁无一例外全开裂了，看着很快要塌。有话说得好，其他地方的废墟是自己形成的，圣彼得堡的废墟却是人工修建出来的。”彼得大帝极为关注细节，给新来客们赠送小游艇，要求他们在每周日下午上游艇展示自己的航海技能。参加舞会、晚宴和沙龙之类的社交活动既有强制性，也有严格的规范约束。难怪陀思妥耶夫斯基会把它称作“世界上最理性、最有规划的城市”。

彼得大帝可以把他的贵族赶出莫斯科，但他能够把莫斯科国赶出贵族的内心吗？他真的打算这么做吗？彼得大帝亲自树立的榜样表明他的态度是矛盾的。即便按照最粗鲁的欧洲君主标准（比如说普鲁士的腓特烈·威廉一世），彼得大帝的举止也达到了粗鲁的程度，只是表现方式不同。外国观察者以夹杂着恐惧和嘲讽的态度报道了他宫廷里的荒诞行为，比如说“悲伤之杯”，这个名字起得相当合适，因为它是指卫兵把成桶的生酒带进来，然后廷臣们被迫用长柄勺舀酒喝。线人会禀报任何不当举止，而在沙皇本人于午夜时分抵达并发布解散信号之前，任何人都不得离开现场。他对儿子阿列克谢的迫害说明他有些错乱。彼得大帝时常欺凌他，羞辱他，还告诉他应该“像对待坏肢一样”断绝父子关系，这就难怪阿列克谢会打算放弃皇位继承权，逃到哈布斯堡君主国避难。1718 年，彼得大帝以善待阿列克谢的许诺诱使他回国，随后便以被琳赛·休斯（Lindsey Hughes）称为“第一场俄国公审”的方式对待他。阿列克谢在圣彼得堡的彼得保罗要塞里接受审讯，一再遭受酷刑，直至仁慈的死亡令他解脱为止。阿列克谢被父亲毒死、闷死乃至扼死的谣言立刻传播开来，这多少表明了彼得可怕骇人的形象。腓特烈王储打算摆脱父权专制时，腓特烈·威廉一世也残酷地对待了王储，可相比之下，就连他的手段也是宽容和公正的模范了。

当阿列克谢不明智地告知彼得大帝他准备回俄国时，他在信中的签名是“你最卑微、最无价值的奴隶，不配享有儿子之名”。这并不仅仅是一番套话。一再震撼到同时代人的是俄国社会关系的奴性本质。它并不是彼得大帝创造出来的，但的确被彼得大帝处处采用的恐怖手段强化了，也被他的《官秩表》制度化了。鉴于俄国并不存在团体结构，也没有群体认同感，人们只能追求个体利益。再加上彼得严格使用强制手段，培养出一种奴性和服务精神，这种十分特别的贵族品质赋予俄国一种可能拥有西方外表、本质上却越发背离西方的政治文化。这种现象时常被同时代人记录下来，即便考虑到其中包括的种种偏见与无知，其被记录的频率之高也到了让人必须严肃对待的地步。剑桥大学耶稣学院院士爱德华·丹尼尔·克拉克（Edward Daniel Clarke）曾于18世纪末在俄国境内旅行，他的印象能代表许多人的印象，克拉克写道："或许很多人不知道，跨过区区一条小河沟，一条将瑞典和俄国两国隔开的小河沟，走过仅仅一座桥，就让旅行者从高贵、体面的世界进入悲惨、屈辱的世界。"当然，英国旅行者尤其喜欢这种彻头彻尾的贬低，但那些夸张的语言也道出了事实，克拉克谈到俄国社会的奴性时说："不论贵贱贫富，他们都一样对上级奴颜婢膝，对下级高傲残酷。"

在现任君主死亡时有序传承权力堪称君主国最根本的问题，彼得大帝未能解决这一问题，这再明显不过地反映了他在使俄国西方化时遭遇的挫折。"国王已死，国王万岁！"在理论上当然都很好，可谁将成为新的国王？在西欧，这一问题是由长子继承制度解决的，可在东欧，波兰是选举国王的君主国，俄国的长子继承原则与其说是法律，倒不如说是习俗，它仍然存在不确定性。因此，彼得同父异母的兄长沙皇费奥多尔三世（Feodor III）于1682年去世后，混乱局面就出现了。尽管彼得当时只有10岁，还有一个异母兄长伊万，彼得却被宣布为唯一的沙皇，部分原因在于生理和心理都有问题的伊万不能胜任沙皇角色，但主要原因在于伊万的母系亲属怀有野心。"射击军"（streltsy）诸团起事后，伊万和彼得都成了沙皇，作为摄政行使权力的却是索菲娅（Sophia），她是伊万的姐姐、彼得的异母姐姐。直到索菲娅在1689年被推到一旁、可怜的伊万最终于1696年去世后，彼得才真正掌握了大权。

彼得大帝在大部分情况下都十分坚决果断，按理说，他也会在这个至关重要的领域采取坚定的西方化导向。可他不仅没有这么做，还在实际行动时背道而驰。他仅有的儿子阿列克谢先是被剥夺了继承权，后来又在审讯中被谋杀。彼得大帝于1722年颁布了符合自己意志的新继承法："朕认为，颁布法令使现任统治君主始终有权指定他看中的继承人，并在此人举止不当的情形下取消其继承权是好的，这样就会约束他的子孙后代，使其不致陷入恶行。"然而，彼得大帝于3年后逝世，死前并未指定任何继承人。随后发生的事情就预示了未来可能出现的状况。彼得大帝资格最老、最亲近的同伴缅什科夫（Menshikov）公爵把丧偶的叶卡捷琳娜皇后带到近卫军面前，让他们支持由她继位的动议。随后，所有人都前往讨论继承事宜的枢密院。枢密官倾向于由同样名为彼得的沙皇之孙继承皇位，但进入房间的近卫军军官迅速终止了讨论。随着他们士兵的鼓声向外界发出信号，叶卡捷琳娜迅速被宣布为彼得大帝的继承人。从某种意义上讲，这一插曲有助于宣传俄国社会的流动性。缅什科夫据说是个卖饼小贩的儿子，不过他实际上是个军士的儿子，依靠和沙皇的友谊跃升为这片土地上最富有的人物，他也是第一个获得公爵这个崭新世袭头衔的人。就叶卡捷琳娜而言，她生于一个立陶宛农民家庭，1702年被俄军带走时正在给马林堡*的一位路德宗牧师当帮厨。此后，叶卡捷琳娜在包括缅什科夫在内的一个又一个军官之间转手，最后落到了沙皇怀里，已婚的彼得大帝最终在1707年娶了她。

是彼得大帝赋予了近卫军各团这种政治角色。正是他认定近卫军应当以半卫队半治安的武装力量形式固定部署在圣彼得堡，也正是

---

* 马林堡（Marienburg），即今拉脱维亚阿卢克斯内（Alūksne）。

彼得赐予近卫军精英地位——就连下级军官也获准自行进入宫廷。谢苗诺夫斯科耶团、普列奥布拉任斯科耶团和骑马禁军团几乎卷入了1725—1825年的每次继承，仅有一次例外（帕维尔一世继位），有人说这些人是“18世纪帝俄的核心”（杰弗里·霍斯金语），也有的说他们是“贵族统治阶级的政治智囊团”[伯纳德·佩尔斯（Bernard Pares）语]。考虑到近卫军与罗马帝国禁卫军的类似之处，或许可以说这也代表了某种形式的西方化，但这就比较牵强了。罗马禁卫军的确在公元193年将皇帝头衔卖给了狄第乌斯·尤里安（Didius Julianus），而俄国近卫军实际上至少从未像罗马禁卫军一样出售过皇帝头衔。有些矛盾的是，对俄国近卫军和罗马禁卫军而言，支持绝对权力都符合这些军方皇帝制造者的利益。彼得二世（1727—1730年在位）的短暂统治结束后，这种情形又在1730年的俄国重现了。最高枢密院的大贵族们邀请库尔兰公爵夫人安娜（彼得大帝异母兄长伊万的女儿）继位，条件是她要与最高枢密院分享权力。可是，她抵达莫斯科（它在安娜前任君主治下短暂恢复了首都地位）后采取的第一个行动就是拜访近卫军各团，宣布她自己才是近卫军官兵的团长并亲手给他们送上伏特加。双方都不希望看到大贵族享有权力，所以，安娜在两周之后就背弃了她曾答应的条件。当时正在俄军供职的普鲁士人克里斯托夫·赫尔曼·冯·曼施泰因（Christof Hermann von Manstein）男爵解释了为何专制沙皇和近卫军军官会形成天然同盟：

> 我很怀疑这个帝国——更确切地说是大贵族——日后究竟能否实现自由。人数极多的俄国小贵族将始终给它造成巨大的阻碍，比起君主一人的权力，他们更害怕一群大贵族的暴政。

曼施泰因说得很对。一位自喀山去信的贵族如此评论让安娜掌权的政变："几十个权力强大的专制家族去取代一个专制君主，这是万万不可的，要是真的发生这种事，我们贵族就要彻底衰落了。"随着时间的流逝，随着彼得大帝的强制统治日益松弛，这一同盟也日益巩固。1736年，义务为国效力的年限从终生减少到25年，要是一个贵族家庭已经出了两个在军中服役的儿子，就可以留下一个儿子经营庄园，不过，即便是那些留在家里的人也必须学会读写，以便在政府需要人手时充当公务员。然而，土耳其战争导致该法令的执行时间有所推迟，要求退出现役的浪潮也导致官方部分废止了这项法令。直到彼得三世（1762年在位）统治的短暂时期，贵族才最终免于强制服役。尽管正如一位贵族所述，他们以"难以想象的快乐"欢迎此举，参政院甚至要求为沙皇造一座纯金雕像，但法令不起眼的细节部分照样显示了若干限制，较为重要的是军官不得在战时退役，政府官员退休也需要获得沙皇的许可。法令还坚定地指出，不愿意志愿服役的人将被逐出宫廷，无法获得皇室的青睐。

曾有人认为这份法令不仅是沙皇和贵族关系史上的一个分水岭，也堪称整部俄国史的一个分水岭。理查德·派普斯就认为"1762年法令的重要性怎么说都不为过……君主政体仅靠这一份法令就创造出了一个庞大、享有特权、西方化的有闲阶层，这样一个阶层在俄国历史上闻所未闻"。较为晚近的评价则要冷静一些，这些评论认为，此举既是对现有实践的法律化规范，也是承认让贵族为国家工作已不再需要动用强制手段。就算的确有些贵族从军队或政府转向地方各省，这也没有改变沙皇当局本质上的专制特征和贵族本质上的奴性态度。法令显然没有影响到以政变更迭政权的模式。发布法令4个月后，彼得三世就被废黜了。他实在是愚不可及，竟糊涂到疏远近卫军的地步，还将他们蔑称为“耶尼切里”*，此外，彼得三世让他的远房亲戚荷尔斯泰因的格奥尔格亲王**凌驾于现任近卫军指挥官之上，在军中引入了普鲁士式惩戒并坚持要求亲自率军发动针对丹麦的无意义战争。皇后叶卡捷琳娜当时的情人格里戈里·奥尔洛夫（Grigori Orlov）随即率军发动政变，叶卡捷琳娜自称女皇叶卡捷琳娜二世，彼得三世随后便被杀害，凶手可能是格里戈里的弟弟阿列克谢。

在一连好几年的时间里，叶卡捷琳娜二世的权力都是摇摇欲坠的。她深知自己是依靠一场政变上台的，也很可能被另一场政变赶下台。一直虎视眈眈的人中就有她的儿子帕维尔，帕维尔生于1754年，他完全有理由期待在成年后接管母亲的政权。像哈布斯堡君主国的玛丽亚·特蕾莎和约瑟夫二世那样实行共治也是一个备选方案。1764年，一队怀有叛意的军官差点就成功救出了伊万六世，自从彼得大帝的女儿伊丽莎白在1741年取代伊万并将其废黜后，他就一直遭到囚禁。虽然看守遵照现成的命令迅速将伊万扼死，可普鲁士大使还是有充分依据预言：“叶卡捷琳娜女皇的统治显然不过是世界历史上的短暂插曲。”此外还冒出了一连串僭称皇帝的人物，1762—1774年，至少有12个人自称俄国皇帝，他们的宣称多种多样，包括彼得三世、伊万六世、英国乔治二世和俄国女皇伊丽莎白的儿子、伊丽莎

---

* 耶尼切里（Janissary），又译雅内萨里、禁卫军、近卫军、苏丹亲兵，系奥斯曼土耳其帝国的常备军，本意为“新军”，原为基督徒男童经训练后组成的苏丹卫队，后演变为直属于苏丹的近卫部队，进而成为以武力控制政局、阻碍变革的保守势力，1826年兵变失败后被彻底解散。

** 格奥尔格·路德维希·冯·石勒苏益格-荷尔斯泰因-戈托夫亲王（Georg Ludwig Prinz von Schleswig-Holstein-Gottorf），常被简称为“荷尔斯泰因的格奥尔格亲王”，是彼得三世的远房堂叔。生于1719年，卒于1763年，1741—1761年服役于普军，获中将军衔，1762年随彼得进入俄军，获元帅军衔。德意志诸国的皇帝、国王、公爵、藩侯、侯爵之子均可被称作亲王（Prinz）。

白之女等等。而叶卡捷琳娜二世却始终保持高度独裁，直至1796年逝世为止。她之所以能这样，是因为从未忘记自己的权力根基。因此，她没有取消彼得三世对贵族的解放，但也没有实施他解放农奴的计划。她还用协商来缓和专制。1766年12月，她颁布了一份人称“大圣谕”（Bol’shoi Nakaz）的宣言，表示要于次年夏天在莫斯科成立一个委员会。俄历1767年7月30日，委员会在克里姆林宫开幕，与会代表共有574人：政府机关代表38人、贵族大会代表162人、城镇代表206人、自由农民大会代表58人、非基督徒社区代表56人、哥萨克代表54人。农奴的缺席引人注目，他们被认为由其主人代表。

委员会的名称“新法典草案编纂委员会”显示了它的表面目的。它也让女皇能够通过非农奴臣民为这一场合准备的谏书更加清楚地了解他们的渴望和抱怨。叶卡捷琳娜二世最权威的现代传记作者伊莎贝尔·德·马达里亚加（Isabel de Madariaga）认为，此次立法实践中搜集到的信息“对后续立法来说堪称无价之宝”。实际状况可能的确如此，但委员会的主要目的也可能是巩固叶卡捷琳娜二世的皇位：她早在丁尼生（Tennyson）之前就知道“不定的宝座是夏天的海冰”。通过将贵族代表从帝国各地带到莫斯科，她让大贵族想起了沙皇与小贵族的传统联盟。她把贵族当作一个阶层，使其与来自社会其他部分的大量代表对抗，以此让后者更坚定地从属于她个人，并向前者表明他们并非俄国社会的唯一力量。她仅靠召集委员会并令委员们郑重承认她在位，就合法化了1762年的政变，并减少了对将她送上帝位的人的依赖。委员会完成立法工作后，她以土耳其战争作为便利借口，将法典弃之不用。像伏尔泰这样仰慕叶卡捷琳娜的法国人怀着赞许之情将她比作来库古*和梭伦**，把《圣谕》誉为“本世纪最漂亮的纪念物”，比起这些阿谀奉承叶卡捷琳娜二世的小圈子中人，外国驻俄使节消息更灵通，想法也没那么天真，他们对委员会的真实目的并不抱任何幻想。英国大使报称：“依靠此类足以令俄国人眼前一亮的措施和其他相近的手段，女皇陛下的权力日益增长，已经到了令这位审慎的女君主认为，自己已经强大到足以驯服把送她上宝座的近卫军的地步。”

委员会从未讨论过宪政问题，也不打算讨论这一问题。叶卡捷琳娜二世坚持认为唯一适合俄罗斯帝国的政府形式是专制政府。《圣谕》的第二章对此有十分明确的说明：

> 9. 君主是绝对的。因为只有以他一个人为中心的政府才能以与如此庞大的国家相称的活力来行事。
>
> 10. 庞大的国家产生了将绝对权力授予统治者的需要。有必要迅速解决边远地区事务，以弥补遥远距离所造成的延误。
>
> 11. 任何其他形式的政府不仅会损害俄罗斯，还会最终导致它彻底毁灭。***

---

* 来库古（Lycurgus），斯巴达立法者，生卒年代与生平事迹说法不一，是否真有其人也存在争议。传说他曾实行改革，颁布了政治、军事、教育等多方面的立法，史称《大瑞特拉》（The Great Rhetra），被认为是斯巴达古代制度与传统的开创者。

** 梭伦（Solon），雅典政治家，出生于贵族家庭。公元前 592 年获得全权实行政体改革，打击了氏族贵族势力，为雅典民主政治奠定了基础。

*** 本书原文与《圣谕》1768 年伦敦英译版相同，但伊莎贝尔·德·马达里亚加业已指出该英译版与《圣谕》俄文、法文官方版本存在一定差异，兹据官方版本译出。参见：Isabel de Madariaga, *Russia in the Age of Catherine the Great*, New Heaven and London, 1981, pp. 151—153, 609. *The Grand Instructions to the Commissioners Appointed to Frame a New Code of Laws for the Russian Empire*, London, 1768, p. 71. *Полное собрание законов Российской Империи. Собрание Первое*, СПб., 1830, Т. XVIII, С. 193—194.

不过，就像18世纪的其他任何一位专制君主一样，叶卡捷琳娜二世深知指导要比实施容易得多。她在统治初期倾向于继续依靠由军役贵族组成的官僚机构，从中央发号施令。她在委员会听到了地方贵族要求加强对地方事务控制的声音，这给她留下了深刻印象，普加乔夫叛乱（见前文第223—225页）暴露出的弊病也令她惊恐，于是，叶卡捷琳娜二世在1775年着手对行政制度进行重大改革。以合理分配人口为基础，她设立了41个较小的省级行政单位来取代原有的25个行省。更重要的是，她将广泛的司法、行政职责下放给由本省大会选出的贵族。这似乎带来了某种程度的自治，但服役依然是通行口令，因为没有服过兵役或服役期间未能升任军官的贵族都无法参加职位竞选，甚至不能在大会上投票。10年后，《俄国贵族权利、自由和特权诏书》正式让贵族关系定型了，但并未淡化专制。它确认了彼得三世在1762年的解放，但也插入了一个重要限制条件："每当俄国专制政府需要时，每当公共利益需要贵族服役时，每一位贵族都有义务在专制政府第一次召唤时不惜劳力和生命为国效力。"

国家仍然需要贵族，而贵族也仍然需要国家。彼得大帝没能说服贵族放弃分割遗产并转为限定继承，因此，在俄国，家族财富的波动很大。但有一种方式可以让贵族保持财产安全，那就是去军队、行政或外交部门效力，这与其说是为了薪水（当然，要是升到顶层的话薪水也相当可观），倒不如说是为了皇帝恩宠可以带来的土地和农奴赏赐。地位上升的事常有，缅什科夫从赤贫变为巨富的不寻常之处只在于其暴富之快。具备典型俄国特征的是，皇帝的慷慨程度不应当由赏赐的土地面积来衡量，而应当根据农奴人数来判断。例如，叶卡捷琳娜二世大帝先后赏赐出了40万名农奴，将农奴赠给宠臣、高官，甚至把赏赐作为慈善之举，她曾把200名农奴赠予一位将军的遗孀，因为此人的亡夫在镇压普加乔夫暴动时表现出色。对于需要财富、贪求财富的人来说，这种服役与报酬的结合创造出了迥异于任何西方社会关系的依附关系。

叶卡捷琳娜二世于俄历1796年11月5日去世，她的儿子帕维尔没碰上什么麻烦就顺利继位了。她似乎是想跳过帕维尔直接将孙子亚历山大指定为继承人，可她还没完成此举就被致命的中风打倒了。这种俄国政治史上不寻常的正常时期没有持续多久，帕维尔只统治了不到5年，就在近卫军军官发动的一次政变中被杀。从政治角度来讲，俄国依然非常独特。叶卡捷琳娜二世喜欢向愿意听的人保证俄国并非专制国家，而是与其他任何国家一样的君主制国家，可孟德斯鸠的断言更具说服力："莫斯科国曾打算摆脱它的专制，但它并不能摆脱。"尽管这些话是在叶卡捷琳娜二世夺位前10多年的《论法的精神》中首次发表的，可它们在1796年依然适用，或者说，它们实际上在1815年，甚至在俄国历史上发生此类事件的任何时间都适用。最后一句话我们可以交给英国外交官乔治·马戛尔尼（George Macartney）爵士*来说，他曾与俄方重新商讨贸易条约，1765—1767年都待在俄国：

> 专制主义只能在野蛮的国度里蓬勃发展，可俄国的伟大和版图都要归功于她的专制主义；所以，如果君主受限，俄国就会在道德和文明上有所进步，但也要相应丧失自己的权力和国力。

---

* 此人即1793年率团访华的英国使节马戛尔尼勋爵。

西班牙与意大利

以21世纪初的观点来看，马戛尔尼的预测或许有许多值得一提之处。甚至早在叶卡捷琳娜大帝开始向西、向南大举扩张之前，俄国的“伟大和版图”对整个欧洲来说就是显而易见的了。那时，欧洲权力的地理分布已经发生了世纪性的转移，这一点同样很明确。本书涉及的时间段始于1648年，当时英格兰因内部动乱而丧失了大国资格，勃兰登堡还是个三等列强，正挣扎着从“三十年战争”所造成的破坏中恢复过来，而且正如我们所见，法国国王甚至都不知道俄国沙皇的名字。等到马戛尔尼于18世纪60年代中期访问俄国时，英格兰（或者说大不列颠，1707年英格兰与苏格兰合并后应当将该国称作大不列颠）已成为主宰贸易、殖民和海洋的大国，普鲁士面对有史以来最强大的同盟之一，成功地守住了它的西里西亚战果，以此确认了它所声称的大国地位，俄国则主宰了欧洲东半部。两个横跨大陆中心纬度的大国——法兰西和哈布斯堡君主国——仍然是无可否认的一等列强，但已开始显露出疲态。可在南方，两个曾经在16、17世纪主宰欧洲甚至世界的大帝国陷入了急剧衰退，那便是西班牙帝国和土耳其帝国。近年来，许多秉持修正观点的著作让传统上认为的“西班牙衰落”或“奥斯曼衰落”显得没那么严重了。美洲的西班牙帝国诚然在18世纪达到了它的最大版图，然而这种扩张在制图学上的成就要多于实际成就，它所涉及的也不过是随手清理些微不足道的东西。

在权力自南向北转移的诸多原因中，政治绝非其中最不重要的一个，而且，尽管看起来或许有些肤浅，但统治者的个人素质也至关重要。西班牙便是个很有说服力的例子，它显示出既无能又长寿的国王会犯下多少错误。费利佩四世（1621—1665 年在位）在赞助艺术家——其中最著名的是委拉斯开兹（Velasquez）——上倾注了大量的智慧与热情，要是在政治上的投入能够与在艺术上的投入等同，他或许会对自己那江河日下的帝国做更多的调整。奥利瓦雷斯伯爵–公爵（Count-Duke Olivares）于 1643 年倒台后，对他最具影响力的知己便是阿格雷达（Ágreda）女修道院的神秘修女玛丽亚（Sor María），两人之间的来往信件有 600 多封，这很能说明他的政治眼界。费利佩几乎在每封信中都恳求玛丽亚为他、他的家族和他的王国（按照这个顺序）祈求上帝。可他最后给国家留下了最具破坏力的打击，费利佩直到死亡前 4 年才成功生出一位继承人——不过他在生育非婚生子方面并未遭遇任何困难，有人认为他共有 8 个私生子。他的儿子于 1665 年以卡洛斯二世（1665—1700 年在位）之名继位，但卡洛斯是个可怜人，生理和心理都不健全。按照约翰·埃利奥特（John Elliott）爵士富有特色的阴郁断言，卡洛斯是"一个衰落王朝的最后苍白遗物，留给他掌控的不过是一个破碎君主国毫无生机的尸体，那是往日伟大帝国的黯淡遗迹"，他的统治则是"堕落的可悲景象"。

或许"退化"是个更适合用在这里的词。卡洛斯的父亲当然是哈布斯堡家族成员，而他的母亲奥地利的玛丽安娜（Mariana）也是，玛丽安娜的父母——斐迪南三世皇帝和玛丽亚·安娜公主——同样属于哈布斯堡家族。起初和玛丽安娜订婚的是费利佩四世之子巴尔塔萨·卡洛斯（Baltasar Carlos），此人是费利佩四世和第一任妻子所生，可巴尔塔萨·卡洛斯于 1646 年去世，她不得不转而嫁给死者的父亲，费利佩本该当上公公，此时却成了丈夫。他们的第一个孩子玛加丽塔（Margareta）嫁给了另一个哈布斯堡家族成员，此人正是玛加丽塔的舅舅利奥波德，斐迪南三世之子。类似情况还有不少。在这个不断沉降的基因池里，哈布斯堡家族还能保持漂浮已经是个奇迹了。换言之，卡洛斯二世成为呆小病患者兼家族分支的最后一位成员绝非偶然。他的画像虽然比真人好看，却仍然相当怪异，这为因家族利益而走火入魔会产生何种后果提供了视觉例证。[他的奥地利亲戚们似乎对此有所领悟。利奥波德一世在娶了两位哈布斯堡亲戚也安葬了两位哈布斯堡亲戚后，转而向维特尔斯巴赫家族求亲，娶了普法尔茨–诺伊堡（Pfalz-Neuburg）的埃莱奥诺拉·玛格达莱娜（Eleonora Magdalena）。他们的两个儿子约瑟夫一世与卡尔六世在追求远交方面走得更远，都娶了不伦瑞克的韦尔夫家族的公主。]

卡洛斯二世在整个童年期间都像个婴儿一样需要被人抱在怀里，即便在成年后，他也时常不能走路或无法说话。卡洛斯二世的无能创造出了权力真空，他的母亲则乘虚而入，为太后提供顾问建议的先是她的耶稣会告解神父德意志人尼塔尔（Nithard），后来则是声名狼藉的安达卢西亚冒险家费尔南多·德·巴伦苏埃拉（Fernando de Valenzuela）。君主权威出现了内爆般的崩溃，尤为惊人的表现是1677年奥地利的唐胡安·何塞（Don Juan José）的干政事件，他据说是费利佩四世的私生子之一，不过这种父子关系还存在争议。此人在加泰罗尼亚集结了一支军队之后便朝马德里进军，沿路呼吁摄政太后驱逐巴伦苏埃拉并答应由他自己担任她的首相，是为“兵谏”（pronunciamento）。这样的干政事件在西班牙历史上还是头一回，但远不是最后一回，1936年7月17日，佛朗哥（Franco）将军也发起过“兵谏”（但愿这是最后一次）。在这个软弱无能的政权统治下，权力出现了有利于地方精英的碎片化离心倾向：“这并非由信念产生的联邦

主义，而是失能导致的联邦主义。”（埃利奥特语）

而在中央，残存的王权已落入由大贵族主导的咨议会手中，实际运作咨议会的是一个紧密联结的贵族精英集团，他们都在贵族化的寄宿学院（colegios mayores）接受过教育。从纸面上看，它很像是一个组织合理的官僚体系，事实上，有位研究费利佩四世统治时期的历史学家将当时的西班牙描述为“世界上第一个真正的官僚国家”[R.A. 斯特拉德林（R.A. Stradling）语]。费利佩四世本人当然是竭尽全力证明了这一赞许实至名归，他辛辛苦苦地长期独自在桌上堆积成山的文牍中工作，还曾向他的修女知己吹嘘道：

> 玛丽亚修女，请相信不论工作有多少，我从不拒绝接受。就像任何人都会告诉你的那样，我一直坐在这里，坐在这张椅子上，手上拿着纸和笔，阅读、审阅咨议会给我传来的成堆的问题，还有从外国发回的公函。我立刻就最紧急的问题做出决断，总是尽力让我的决断符合理性的需求。至于那些更重大、更复杂，因而需要更仔细分析的事务，我会交付给不同的大臣，这样，在听取他们的建议后，我可以选择最好的政策。可是说到底，只有我一个人才能做出决断，因为我承认这是只属于我的职责，也理解这是只属于我的职责。

奥利瓦雷斯于1643年失宠后，费利佩四世（像后来的路易十四那样）宣布他将亲自管理政府，可他未能持续付出亲政所需的努力。而在他儿子治下，连国王掌权的幌子都不存在了。法国财政专家让·奥里（Jean Orry）在卡洛斯二世死后评论道：“各个咨议会统治着这个国家，也由它们分配王国的一切职位、一切恩宠和一切收入。”西班牙在理论上仍然是一个绝对主义君主国，可在实践中，它就像中央和地方的精英们联合经营的一家企业。关于这一点，约翰·林奇说得很好：“到了17世纪末，马德里庞大且看似活跃的官僚机构已不是绝对主义的工具，也不是中央集权的手段，而是君主和臣民间的中介，它与贵族、教士、包税人、城市寡头和其他与王国政府合作而非服从于它的地方利益集团打交道。”

卡洛斯二世于1700年去世，这引发了一场通常被称作“西班牙王位继承战争”的欧洲大战，可在西班牙境内，它是一场内战，带来了种种相应的恐怖。波旁家族的王位候选人费利佩五世取得了胜利，这也是卡斯蒂利亚的胜利和加泰罗尼亚的失败。事实上，它是所有边缘省份的失败。哈布斯堡王朝末期的宽仁手段消失了，取而代之的是牢固得多的掌控。巴塞罗那沦陷后，当地有一整个城区被毁，还建起了一座庞大的要塞，这可以作为边缘地区命运的象征。新的统治者在1707年的“新计划”（Nueva Planta）中宣布了他的意图，他要求彻底扫除过去妨害马德里绝对主义统治的一切特权和制度：“阿拉贡王国、巴伦西亚王国，以及它们的全体居民发起了叛乱，违背了承认我为合法国王和领主时立下的效忠誓言，有鉴于此，他们丧失了曾享有的一切权利、特权、豁免权和自由。”中央集权制是那个时代的风尚，费利佩五世随后称：“我的愿望是令西班牙诸王国都服从同样的法律、惯例、习俗和公断，每一个臣民都同样服从卡斯蒂利亚的法律——这些法律值得高度赞赏，为全世界广泛接受。”

取代咨议会的是按照法国模板以官僚化形式组织、由国务大臣负责的政府部门。伴随着这一结构性重建进程，社会变革到来了。在哈布斯堡家族治下，按照1683年威尼斯人科尔纳罗（Cornaro）的说法：“权力完全落在大贵族手中。他们以家族联系和私人利益为纽带绑在一起，既不关心公众福祉，也不在乎王国利益。大贵族的权力增长极多，国王的权力也衰退极多，在此情形下，就算国王打算以绝对主义的专制方式统治，我也怀疑他能否成功。”费利佩五世取得的决定性军事胜利令大贵族们身处困境，靠着自己的大庄园（latifundia），他们仍然富有，仍然拥有权势，却丧失了此前享有的“贵族共和制”。法国大使博纳克（Bonnac）在1711年说：“总体而言，天主教国王陛下对西班牙大贵族的看法是，这些人只要不在职，就无力造成危害，因为他们遭到属民的憎恨和小贵族的厌恶。”从18世纪整体来看，国务会议的成员中，将近1/3是新贵族，超过1/3是没有贵族头衔的律师或军官，只有1/3是大贵族或其他拥有古老谱系的贵族。与其说这代表了什么“资产阶级”夺权，倒不如说是“用官僚制度的贵族化革新了贵族政治”[I. A. A. 汤普森（I. A. A. Thompson）语]。1711年后，西班牙还以监政官体系为模板，引入了一个由中央任命和指导官员的网络，这同样让人想起法国的做法。

有人希望王朝的改革能够将西班牙带回16世纪的美好时光，那时它主宰着欧洲，创建了日不落的帝国，可这样的希望很快就落空了。一个世纪后，西班牙在国家体系中的地位要说还有什么变化，那也是变得更弱了，而且连其殖民帝国也开始崩溃了。当然，这在很大程度上要归因于西班牙人几乎无力控制的政治、经济权力结构的变迁。然而，西班牙人在君主方面依然运气不佳。这个问题在一定程度上可以归因于持续的近亲结婚，因为哈布斯堡王室和波旁王室在上个世纪不断通婚：路易十四的母亲来自哈布斯堡家族（费利佩三世之女），他本人则娶了表妹玛丽亚·特雷莎（Maria Theresa/María Teresa，费利佩四世之女）。不论原因如何，就算西班牙波旁王朝的第一代国王相较于前任的确表现出了进步，这种进步就本质而言仍不算大。费利佩五世受制于两种（有时相互抵触的）激情：性和宗教。费利佩五世的异常勃起症状十分严重，可他又十分敬畏上帝，于是竟到了任由王后摆布的地步。他的祖父路易十四曾给过他一个可靠的建议："国王们暴露在公众眼中，要是让他们的妻子占据主导地位，就会受到格外的嘲笑。你眼前有前人的榜样。王后是你的第一臣民。鉴于她的这一属性，作为你的妻子，她应当服从你……你从一开始就要强势。"然而，他的第一任妻子萨伏依的玛丽·路易莎（María Luisa di Savoia）只需禁止他上床两个晚上，便足以制服费利佩，让他颤抖着表示屈服。他的第二任妻子伊莎贝尔·法尔内西奥（Isabel Farnesio）使用了同样的武器，收效则更为显著，此外，她还操持西班牙外交政策为自己的两个儿子争取利益（鉴于费利佩五世和玛丽·路易莎已经有了两个儿子，他们不大可能继承西班牙王位）。她最终成功地让自己的孩子与欧洲的每一个重要天主教君主家庭缔结婚姻——从葡萄牙到萨克森，只有巴伐利亚例外。

费利佩五世癫狂般地从卧室冲进忏悔室，又从忏悔室赶回卧室，如此制造出的紧张状况导致他出现周期性的崩溃症状，这种症状以极度抑郁、偏执和害怕带着弥天大罪死去的形式表现出来。当费利佩五世于1717年首次出现严重崩溃时，法国大使报告如下："国王由于过度使用王后，显然日趋衰弱。他已经彻底精疲力竭。"约翰·林奇简练地补充说，大使觉得没有必要评论王后的状况。每当发作，费利佩就卧床休息，拒绝起身、穿衣、洗澡，甚至不顾自己的生理机能，最终一连几天乃至几周躺在自己的粪便上。当费利佩五世在1737年再度发作时，他竟找到了不可思议的解脱方式，那便是这个时代的歌剧明星——阉人歌手卡洛·布罗斯基（Carlo Broschi），此人更为人所知的名字是“法里内利”（Farinelli）。法里内利在国王卧室隔壁吟唱咏叹调，声音深深打动了国王，竟到了让他请求歌手再唱一次，并许以任何形式报酬的地步。机敏的王后为此做了合适的预备工作，法里内利此前正是应她的邀请来到马德里的，他恳求费利佩五世从床上起身，重新承担作为国王的义务。事实证明，法里内利的治疗非常成功，他成了国王夫妇的密友，也成了这个国家的文化霸主。可他还得付出高昂的代价。到了这时，国王的状况纵然多少稳定下来，可他已是日夜颠倒：中午起身，晚上处理公务，早上5点吃“晚饭”，上午8点上床休息。法里内利不得不适应国王的节奏，一年后，他哀叹道：“我从来的那天起，就做着同样的例行事务，每天晚上为国王和王后歌唱，而他们就像第一天听我唱歌一样。我向上帝祈祷，希望他能让我在这种生活方式下保持健康，我每天晚上都要唱八九个咏叹调。我从不休息。”

费利佩五世在位46年。事实证明，卢维尔侯爵（marquis de Louville）早年的预言“他是一位现在不统治也将永不统治的国王”并不算太离谱。就算他的两位王后具有坚强的性格，她们也没有填补权力真空所需的能力，要是考虑到她们的卧室/病房义务，甚至可能连必要的时间都没有。真正填补权力真空的是一系列宠臣，其中第一个便是乌辛斯亲王妃（princesse des Ursins），圣西门公爵认为她的驱动力源自“像男子一样渴求名声与权力”，她也有许多施展的机会。1714年，伊莎贝尔·法尔内西奥一到西班牙就粗暴地免去其职务，取代她的是来自帕尔马的朱利奥·阿尔贝罗尼（Giulio Alberoni）枢机主教，之后是荷兰冒险家扬·威廉·里珀达（Jan Willem Ripperda）。里珀达过山车般的经历高度概括了西班牙政府在第一代波旁国王治下的不稳定性质：王后的庇护让他成为一位公爵，一位西班牙大贵族；王后取消庇护则让他沦为囚犯，继而成为逃犯。里珀达体验了值得写成“流浪汉”冒险小说的多次历险，包括改宗伊斯兰教（他此前已从加尔文宗改信天主教）和率领摩尔军队在北非对付西班牙人，他最终于 1737 年在贫困中死去。1726—1736 年，何塞·德·帕蒂尼奥（José de Patiño）成了事实上的首相，他是一位虽然保守却讲求实效的管理者，给西班牙带来了一定程度的稳定。

费利佩五世的统治时间差一点就大大缩短了，因为他在 1724 年不切实际地将王位让给自己的儿子路易斯（Luis），“以便在我的余生中集中精力应对死亡，并为我在另一个更为持久的王国里获得救赎而祈祷”。这一年的晚些时候，新国王死于天花，费利佩五世勉强重新承担起国王义务。至少，这场突然死亡让西班牙不会再有另一个怪物，这说的与其是状况不明的路易斯国王，不如说是他当时年仅 15 岁的王后路易莎·伊莎贝尔（Luisa Isabel），此人也是波旁家族的成员，而且人们认为她的父亲奥尔良公爵把梅毒遗传给了女儿，她的古怪行为包括粗言秽语和赤身裸体地在宫殿周围跑来跑去。当费利佩五世最终于 1746 年逝世时，事实证明西班牙是“改变越多，就越是保持原样”（plus ça change, plus c'est la même chose），因为他的儿子费尔南多六世（Fernando VI）性格酷似父亲，同样在肉欲和灵魂狂喜间做着痛苦的抉择，并完全受制于他的葡萄牙妻子玛丽亚·芭芭拉（Maria Bárbara）——虽然王后以丑陋闻名，威廉·考克斯（William Coxe）有些失礼地断言：“她相貌平平，体态中原有的优雅已消失在肥胖当中。”费尔南多六世的精力不如其父充沛，他为人懒散，对处理政务漠不关心，让王后管事。法国大使对新君主的统治评论如下：“是芭芭拉继承了伊莎贝尔，而不是费尔南多继承了费利佩。”

不过，不管是谁继承了谁，新的统治都标志着一定程度的进步。费尔南多六世的精神状态虽然不够稳定，但他并没有其父那么狂躁，症状也较易控制。王后也没有以所居的国家为代价去追求她个人的王朝目标，她不像伊莎贝尔·法尔内西奥那么自私，还比她更有才干。尤为值得一提的是，王后是有天分的音乐家，她会演奏也会作曲，还是富有鉴赏力的艺术赞助人。多梅尼科·斯卡拉蒂（Domenico Scarlatti）自 1719 年起就是玛丽亚·芭芭拉的室内乐师，一直在这个职位上干到 1757 年逝世为止。王后还继续赞助法里内利，让他不用忍受前任国王治下的古怪工作条件。而在选择大臣方面，她也表现出了比伊莎贝尔·法尔内西奥更好的判断力，最著名的两位大臣是恩塞纳达（Ensenada）和卡瓦哈尔（Carvajal）。即便这两人之间存在诸多削弱国力的派系斗争，西班牙还是取得了意义重大的进展，它实施了税制改革和军队改革，在外国专家的帮助下加快了公共工程建设，缩小了与欧洲北部的技术差距。玛丽亚·芭芭拉于 1758 年 8 月逝世后，她的重要性更是显露无遗，她的死亡让原本挣扎在神志失常边缘、只能勉强控制自己的费尔南多六世国王彻底陷入痴呆。国王悲痛得不能自已，他把自己关在马德里附近堪称简陋的比利亚维西奥萨–德奥东（Villaviciosa de Odón）城堡，漫无目的、不停地在城堡房间周围踱步，拒绝别人给他洗澡、穿衣或喂饭。西班牙政府及其帝国陷入停顿之中，一年之后，死亡给这位痛苦的鳏夫带来了慈悲的解脱，西班牙政府与帝国才恢复运转。

费尔南多六世的异母弟卡洛斯三世自1735年起统治那不勒斯，他抵达西班牙后，便展示了个人性格在决定某个18世纪国家命运时的重要性。与此前94年的惨状相比，这个“波旁侏儒里的巨人”（约翰·林奇语）带来了西班牙急需回归的常态。他身心健全，和蔼可亲，既有男子气概又不会过度痴迷于性事（他在婚内生了13个子女），既虔诚又非宗教狂热分子，作为统治者，他带着开明、果断的声望来到西班牙。正如我们将在后面章节考察“开明的绝对主义”时所见，他虽然在传统社会和政治限制下处事，却仍是一位活跃的改革者。就政府结构而言，卡洛斯三世起初是纯粹的绝对主义者，亲自做出所有重要决断。西班牙必定不存在什么约束他行使权力的宪政障碍，就像卡斯蒂利亚议会（Cortes）谦卑地告知国王时所说的那样：“哦，陛下，这个王国不仅准备好向您宣誓忠诚，以正当形式效忠，而且还要执行陛下提出的任何主张。”1766年的骚乱（见下文第405—406页）促使国王改变了导向，他疏远了像埃斯基拉切（Esquilache）那样具有那不勒斯或西西里背景的顾问。卡洛斯三世统治的第二阶段有两位主要人物，大贵族阿兰达伯爵（conde de Aranda）和小贵族何塞·莫尼诺（José Moñino），后者更为人所知的名字是弗洛里达夫兰卡伯爵（conde de Floridablanca）。两人间不可避免的个人对抗反映出了西班牙贵族两端之间的社会斗争。尽管卡洛斯三世直到逝世之前都充分控制着政权，但政府的个人化程度已经有所降低，部门化程度则有所提高。国务大臣们越发频繁地在人称“政务会”（juntas）的临时委员会中碰头讨论政策，甚至可能已经发展出了某种意义上的集体责任感。

卡洛斯三世在法国革命爆发前一年去世，这场革命将迫使西班牙面临种种难以应对的挑战。统治者和他们的精英以缓慢且不充分的方式毫无规律地适应着时局。就算大贵族们已经从 17 世纪的显赫地位上滑落下去，就算“拥有头衔的贵族比以往任何时候都重视能力、尽心公务”（I. A. A. 汤普森语），但他们显然还是缺乏在革命时代取得成功乃至求得生存所需的爱国主义。而且，就算西班牙的社会政治组织已经摆脱了 1700 年左右的垂死状态，但它还是相当僵硬的，只能断断续续地回应中枢发出的神经冲动。一个不祥迹象是，随着将领人数的快速增加，军队在公共事务中的影响越来越大：在 1788 年，西班牙有 47 位中将，4 年后，中将人数竟增加到 132 名。而在其他方面，路易十四在 1701 年的评论仍然适用，这番话是他对新任驻西班牙大使马尔桑伯爵（comte de Marsin）说的：“国王的权力一直是绝对的。人民渴望得到拯救，却非常驯服。内部分裂的大贵族不受欢迎，他们没有什么党徒，担心自己可能会被赶出马德里，为此感到惊慌，而且懒惰到了不足以构成威胁的地步。”

★

在拼合成意大利半岛的诸多邦国中，统治者与精英间的关系多种多样。不过，这些国家有一个共同特征，那就是它们在整个世纪都变化甚微，或者说至少在 18 世纪 90 年代法军入侵之前变化甚微。教皇诸国（Papal States）或许是政治停滞的最极端例子，“诸国”（States）这个复数形式用在这里是极其恰当的，因为它是 15 个省份的聚合物，还包括位于那不勒斯王国的两块飞地和位于法国的两块更遥远的飞地［阿维尼翁（Avignon）和孔塔韦奈桑（Comtat Venaissin）］。从表面上看，教皇国是一个选举君主制政体，由选出来的教皇统治，受到神圣枢机团的控制，而实际上，后者早已放弃了任何正式控制职能。用法国历史学家路易·马德兰（Louis Madelin）的话说，罗马已经沦为被无能专制统治的贵族共和国。教皇的言辞和教皇的权力之间的确存在差异，正如本笃十四世的评论"教皇指挥，枢机不服从，人们自行其是"所说。他的军队、警察和法院都成了被人奚落的对象。孟德斯鸠1728年曾对罗马进行长时间的访问，他在那里结识了几位枢机主教，其中就包括未来的克雷芒十二世，访问结束后，孟德斯鸠写道："基督的教皇很伟大，作为君主却很渺小。"

既然教皇国的圣部看上去像"一个门外汉几乎通不过的迷宫"[（汉斯·格罗斯（Hanns Gross）语］，那似乎连概述一下它也没什么意义了。高层的状况也不甚清晰，因为有三个强力大臣：教廷国务卿，他既是外交大臣也是内政大臣；总管枢机，他的职责涵盖财政、农业、商业和公共建筑部门；总财务官，他并不从属于总管枢机，而是直接对教皇负责。同样值得一提的是，罗马这座城市十分依赖存在于城墙之内的天主教会中央机构。据估计，100多名阁员的随从及家属总数就大约有8万人之多，或者说是总人口的一半左右。为了获得教皇的豁免，世界各地的忠实教友给罗马发来了无穷无尽的请愿书，而城里的居民中就有许多是靠请愿书赚钱的律师。虽然似乎难以置信，但有人曾估计每140名居民中就有一个律师。

对罗马城和教皇国的人民来说，至少他们的统治者的地位意味着他们能够享有稳定的政治。而在其他地方，变幻莫测的国际关系导致了动荡的局面。西西里就是个极端案例，哈布斯堡家族西班牙支系的统治一直持续到该支系于1700年断绝为止，随后，波旁家族的费利佩五世在西班牙王位继承战争期间统治此地，接下来是皮埃蒙特的维托里奥·阿梅代奥二世统治了近7年，奥地利的卡尔六世统治了近15

年，这里又在1735年重归波旁家族的西班牙支系，由卡洛斯三世统治，卡洛斯三世在1759年登上西班牙王位后将西西里传给他的第三子费迪南多（Ferdinando）。不管费迪南多有多少缺点，至少他带来了连续性，其统治一直持续到1825年。在17世纪下半叶，西西里的精英们受益于卡洛斯二世那"仁慈的分权主义"（约翰·林奇语）。然而，即便是他那微弱的掌控也可能在紧急状况下出于某种目的而收紧，不过收紧速度相当缓慢。17世纪70年代中期，官方花费4年时间才得以平定墨西拿暴动，其中一个重要原因就是当局经过为期一年的努力都未能组建一个地方民兵团，只得动用西班牙团、德意志团甚至土匪来提供镇压所需的强制手段。当秩序最终于1678年恢复时，重回墨西拿的副王桑蒂斯特万（Santisteban）伯爵给战败的叛军施加了极为严厉的惩罚，以至于墨西拿人口在10年之内减少了50%。桑蒂斯特万决定将市政厅夷为平地，在旧址上犁地并撒上盐［"亚比米勒整天攻打城，将城夺取，杀了其中的居民，将城拆毁，撒上了盐。"（《士师记》第9章第45节）］，此举体现了镇压的文化基础。曾在1674年召唤市民暴动的大钟被熔化，改铸成卡洛斯二世践踏叛乱的多头蛇的铜像。

西西里的另一个特别之处是有议会，这是18世纪意大利仅有的三个议会之一，另两个位于教皇国的安科纳（Ancona）边区和威尼斯的弗留利（Friuli）省。然而，议会的雄心与成就都相当有限。议会的三个部门都由特权阶层主导，而他们可能是在变革中损失最重的人群，因此，议会就像制动器，让已然沉睡的政治继续停滞。由于议员们把大部分时间花在点心上，维托里奥·阿梅代奥二世将它贬称为"冰激凌议会"。鉴于绝大部分选票都被控制在几个结有姻亲关系的家族手中，表决程序只是个形式。一辆马车通常就能运送所有需要出席的代表，只要两三次会议就能完成整个议程。维托里奥·阿梅代奥二世至少还花了一年时间去了解他的新领地，而卡洛斯三世只在返回那不勒斯之前在岛上待了一周，还留下了一座自己的雕像，出于经济考虑，这座雕像是把他前任国王的雕像熔化后另铸的。

西西里也许代表了落后的最低点（可以说它现在仍是意大利最落后的地区），在半岛的另一端，皮埃蒙特则展现出较多的活力，因此，19 世纪的民族主义历史学家们将它呈现为业已注定的意大利统一者，视其为"南方的普鲁士"。这在一定程度上源于该公国在卡洛·埃马努埃莱二世（Charles Emmanuel II，1638—1675 年在位）公爵的长期统治期间臣服于法国。常备军的建立与扩张、决策的集中和官僚机构控制力的增强即便并非法国人一手导演，也是在效仿法国。到他统治末期，督政官网络已然出现，这说明皮埃蒙特人走在了他们邻居的前面。随后的两位长寿继承者维托里奥·阿梅代奥二世（1675—1730 年在位）、卡洛·埃马努埃莱三世（1730—1773 年在位）继续贯彻这一绝对主义政策。它既是公国持续致力于最大化利用资源、增强国际地位的结果，也是其原因。18 世纪中叶时，常备军已经扩大到 4 万人，1796 年增加到 7 万人，再加上有利的战略地位，维托里奥·阿梅代奥二世根据 1713 年的《乌得勒支和约》成了西西里国王。1720 年，维托里奥·阿梅代奥二世被迫把这个王国让给卡尔六世，作为补偿，他又成了撒丁国王。

只有在了解到皮埃蒙特-撒丁最终"统一"了意大利之后，人们才能产生探究一个世纪之前发生过什么的兴趣。这一时期意大利最进步、最具主动性的政府行动是由哈布斯堡家族奥地利分支的一位成员发起的，这在某种程度上表现出了该地区的政治颓废。皇帝弗朗茨一世在1765年逝世后，其遗孀玛丽亚·特蕾莎将他的托斯卡纳大公国交给了小儿子利奥波德（后来的神圣罗马帝国皇帝利奥波德二世）作为“次子领地”（secundogeniture）。事实证明，利奥波德是这个世纪最聪慧、最开明、最有成效的改革者之一。他意在使国家中央集权化、合理化和标准化的许多举措很常见。他的创新之处在于关注人民在政府中的参与度，通过改革市政委员会，他让地产主和纳税人都能参与其中。这一计划在1772年始于沃尔泰拉（Volterra），1786年时已经扩展至整个公国。利奥波德还打算用民兵取代正规军，他的这一尝试就没那么成功了，事实上还遭遇了彻底失败，可此举也表明他正在努力寻求将一个自上而下的威权主义国家变为公民（而非臣民）为自身事务承担责任的国家。

他为托斯卡纳设计一部宪法的计划就更有意思了。在私人书信中，他一次又一次地清楚表明自己不同意兄长约瑟夫对待政治的粗暴方式，斥之为“专制主义”。利奥波德曾于1779年在维也纳长期居留，在返回托斯卡纳的路上，他给自己的大臣弗朗切斯科·马里亚·詹尼（Francesco Maria Gianni）寄去了一份宪法草案，其目的在于找到一个能够让统治者和人民为共同利益而共同工作、能够抵制专制主义的权力架构。事实上，按照利奥波德最权威的传记作者亚当·万德鲁什卡（Adam Wandruszka）所述，他执着于守护公国、对抗专制政体。这在一定程度上源于他对奥属尼德兰乃至匈牙利传统政体的崇拜，但也可以看出更多的现代影响。他深入阅读了英法两国的启蒙理论书籍，其作者包括洛克、孟德斯鸠以及诸多重农主义者，他也对美国革命进程表现出同情和浓厚兴趣。利奥波德与本杰明·富兰克林（Benjamin Franklin）有过书信往来，还拥有一本宾夕法尼亚宪法的法文译本。

利奥波德宪政理论的根基是对社会契约的信仰，他从中推导出所有公民都享有平等的幸福、福利、安全、财产和自由权利，只有在需要尊重他人自由时才应当受到约束。因此，统治者永远都只不过是人民的仆人，人民有权监督立法与行政。每个国家都应当拥有一部基础性宪法作为根基，它可以让公民代表和大众持续不断地监督行政部门。这种安排有利于统治者，因为它可以防范腐败和宗派主义，而且，人们感到统治者有合法性，就会生发出拥戴、信任、参与感、自我牺牲等正面情感。它将协助统治者行善，防范其作恶。利奥波德还想设立省级议会和全国议会，将选举权赋予25岁以上的全体有产男性。议会还享有批准征税和年度预算的关键权力。利奥波德私下里手写的备忘录给出了他推崇宪政的有力证据：

> 现有的政府制度已经不再可行……每个政府都必须拥有一部宪法……让行政权执掌于一人之手、立法权掌握在全国代表手中的有限君主制是最好的……国家不仅有权批准与税收相关的法律，也有权批准其他所有法律，无一例外。

现在已经无法估计这一方案是否有可能取得成功了。事实上，约瑟夫二世告知利奥波德要废除托斯卡纳原先享有的准自治地位，并将此地重新纳入哈布斯堡君主国，就此令方案陷入停顿。当利奥波德本人于1790年继承其兄帝位后，他光是处理破碎的遗产就已经手忙脚乱了，更不用提还有法国大革命，可是，正如我们将在后文所见，利奥波德的短暂统治表明他真诚地致力于托斯卡纳宪政事业。

大不列颠

通常认为，描述波旁王室流亡者的警句“什么都没有学会，什么都没有忘记”是塔列朗说的。而在1660年，这句话也适用于回国的斯图亚特王室。和他们的法国后继者一样，斯图亚特王朝跌跌撞撞地设法让一任君主完成了统治，只是在更为愚蠢的王弟挥霍掉最后一丝残留的善意后才再度踏上流亡之旅。在前后发生的两场相似的逃亡中，詹姆士二世在1688年逃到法国避难，查理十世则在1830年逃到英国。相似之处到此为止，因为英国从长期的政体危机中产生了一个政治解决方案，它在被反复修正后沿用至今，法国则经历了又一个王朝、两个帝国和五个共和国——迄今为止是五个。1688—1689年解决方案的长寿与它本质上的保守特性关系密切，它与其说是一次妥协，倒不如说是将过去曾经奏效、看起来也值得保留的东西汇聚到了一起。迈克尔·奥克肖特（Michael Oakeshott）曾拿航海打过一个著名的比方，用以解释政治上的成功，而英国的状况便为这个比方提供了强有力的支持：

> 在政治活动中，人就像是在无边无际的无底大海上航行，没有避风的港口也没有下锚的地方，没有出发地也没有指定的目的地。航海事业就是要保持平稳漂浮。海既是朋友，也是敌人。航海技术就在于利用传统行为方式资源，让每一个不友善的场合都变得友善。

载着英格兰政治国家的船在1688年起航了，《国民权利与自由和王位继承宣言》描述了它的构造，其更为人所知的名字是《权利法案》。威廉三世和玛丽女王必须先行签字同意这份文件，然后才能获准登上人们眼中詹姆士二世业已放弃的王位。制定这部法案的议会在序言中明确阐述了他们的合法性来源："上议院神职贵族与世俗贵族和下议院集会于威斯敏斯特，合法、充分、自由地代表王国人民的所有等级……"他们不是从一张白纸着手，而是在进行古老意义上的革命——恢复在有野心的暴君开始"颠覆和消灭新教与王国法律、自由"之前的正确秩序。这也巧妙地总结了革命者的目标：确保再也不会有人试图把天主教和绝对主义强加给英格兰。在这两个恶魔当中，前者的威胁更大，需要被明确驱逐出去，因此颁布了如下法令：

> 任何人若与罗马教廷或罗马教会和解或共融，或信仰教皇宗教，或娶了教皇信徒，均不得且永远无资格继承、拥有或享有本王国、爱尔兰、所有属地，或它们中任何一部分的王位和政府，也不能在这些地方享有、使用或行使君主的任何权力、权威或管辖权。

为了预防日后出现对国家法律和自由的侵犯，君主不得暂停法律的执行，不得干涉司法或陪审团，不得挑选议员或蔑视议会，不得在未经议会批准时维持常备军或征税。至关重要的是，议会此后要定期召开、频繁召开，1694年的《三年法案》进一步巩固了这个要求，规定议会每年举行一次年度会议，每三年举行一次大选。狡诈又坚定的威廉三世设法让议会放松了围绕着他的一些限制，但对战争经费的庞大需求还是迫使他基本上受到议会的掌控。这一解决方案以其持久性证明了保守和自由只是看上去矛盾，其本质并不矛盾。在18个世纪以及之后的世纪里，对它的赞美之辞堆积如山，大卫·休谟的下列文字可以作为代表："它令人民原则占据优势地位，让英格兰政体的性质超越了一切争议……我们在这座岛屿上享有的政府制度即便不是最好的，至少也是人类有史以来最完备的自由制度。"

虽然进行光荣革命的人们对天主教问题的立场一致，但在不信奉国教的新教问题上，他们的意见就有颇多分歧了。新教问题最后以妥协告终，在1689年的《宽容法案》中，当权的圣公会事实上承认它再也不能指望根除清教了。一方面，英格兰仍然是一个设立国教的国家，一切公职和大学都只对圣公会教徒开放；另一方面，不信奉国教的新教徒（如浸信会、公理会和贵格会教徒）即便不参加圣公会宗教仪式也不会受到惩罚，而且可以建立自己的教堂和学校。其后，有组织的非国教徒数目迅速增加：截至1710年，官方已颁发了3 900份非国教聚会场所的开放许可证，英格兰和威尔士当时有大约40万名非国教新教徒。伦敦的非国教聚会所数目是圣公会教区教堂的两倍之多。尽管非国教徒照样得忍受各种形式的歧视，其中最为繁重的是继续缴纳教会经费，并向从未到访的教堂缴纳什一税，但不管圣公会的主导地位有多么令人不快，它至少不是罗马天主教。

类似的想法也有助于让英格兰精英或多或少地保持团结。君权神授、世袭继承、教会不可抗拒君主这些受到托利党珍视的原则已经破裂，但毕竟威廉三世和玛丽不是詹姆士二世，这对大部分托利党人多少算是安慰，让他们勉强接受现实。詹姆士二世在其短暂统治期间野蛮践踏个人和团体财产权，这极大地限制了向"水上国王"献上颂词的詹姆士党。尽管关于詹姆士党的威胁有许多巧妙的夸大之辞，但不变的事实是，在苏格兰高地以外，社会各个阶层对詹姆士党的支持都微不足道，即便在缺乏吸引力的乔治一世于1714年继承王位后也是如此。乔治一世最大的资产就是他的新教信仰。“老僭位者”认定伦敦并不值得他做弥撒后，也就把无价的优势交给了对手。由于英格兰天主教社区规模很小，国家政治在本质上还是归国教徒掌握，斯图亚特王室现在只能期望在西班牙或法国的帮助下夺取他们声称拥有的王位了。所以，新教与爱国的联系日益紧密，天主教与叛国的联系也相应紧密起来。到了这时，斯图亚特王朝复辟就意味着外来入侵。詹姆士三世的次子亨利成为一名天主教神父，接着又成为枢机主教后，斯图亚特王朝复辟的成本就太高了，只有一小部分人数日益稀少的詹姆士党死硬分子还坚持此事。

光荣革命用宽容不从国教新教徒、压制天主教徒的手段解决了曾在17世纪对英格兰造成严重破坏的宗教问题。同样的手段也在爱尔兰实施，但那里的状况却与英格兰大相径庭，因为天主教徒占爱尔兰总人口的3/4（而英格兰的天主教徒仅占大约2%）。可是，天主教徒于1690年在博因河（Boyne）河畔遭遇决定性失败后，他们就身处绝望境地了：“它再一次证明了斯图亚特王朝从爱尔兰夺回英格兰的努力既给爱尔兰人带来了灾难，也给他们自己带来了灾难。”［基思·费林（Keith Feiling）语］天主教徒被排除在爱尔兰议会之外，还要受到一系列法律的限制。例如，他们在1695年被禁止持有武器，也不能拥有价值5英镑以上的马匹；1697年，天主教主教和正规神职人员也被放逐；同样是在1697年，天主教徒基本被禁止继承新教徒的土地，也不可能将自己的土地完整地交给继承人；1703年，天主教徒丧失了购买土地或长期租用土地的权利，还被迫将自己的土地平均分配给所有继承人。正如上文这些措施所示，占据支配地位的新教徒深知控制局面的关键在于土地所有权。17 世纪 90 年代，沾染了叛国罪名的天主教地主被大面积没收土地，这就创造出了崭新的盎格鲁-爱尔兰新教精英群体。1640 年，天主教徒占有爱尔兰 59% 的土地，1688 年便下降到 22%，1703 年更跌至 14%。为免人们对爱尔兰的从属地位产生疑问，英国议会在 1719 年通过了一部法案，它名为《为了更好地确保爱尔兰王国从属于大不列颠君主的法案》，更为人所知的名字是《宣示法案》，清楚地体现了英国议会的优势地位。

在苏格兰，情况就完全不同了，因为那里的长老会曾是威廉三世的热忱支持者。詹姆士二世在苏格兰没法说自己是逊位的——他是被废黜的，苏格兰“等级大会”既然废过一次国王，就很可能再废一次。威廉三世不仅要承认这一事实，还必须放手让苏格兰议会重整这个国家的教会。结果就是长老会成为苏格兰的官方教会，圣公会则丧失了体制内地位。此后 10 多年里发生了剧变，这再度体现出苏格兰高地与低地之间的分歧就像苏格兰与英格兰之间的分歧一样深。这种分歧在国内戏剧化地表现为格伦科（Glencoe）屠杀，当时一群苏格兰人［坎贝尔家族（Campbells）］根据一个苏格兰人［约翰·达尔林普尔（John Dalrymple）］的命令杀死了另一群苏格兰人［麦克唐纳家族（Macdonalds）］。英格兰和苏格兰的政治精英都意识到——前者比后者更早——只有两国联合才能终结一个多世纪以来导致两败俱伤的周期性动荡。而且，苏格兰不愿在继承问题上跟随英格兰，这样一来，就可能有一位支持詹姆士的国王出现在边界以北，带来可怕的战争。1707 年 1 月，《联合法案》得以通过，该法案第一条便显示出对国家符号重要性的深刻把握：

> 苏格兰与英格兰这两个王国应当自下一个 5 月 1 日起永远合并为一个名为大不列颠的王国，前述联合王国的旗帜图案应如女王陛下所定，圣安德鲁十字与圣乔治十字应根据女王陛下认为合适的方式交叉，用于海洋和陆地上的一切国旗、船旗与军旗。

为了给这个注定在苏格兰不受欢迎的药丸包上糖衣，英格兰谈判人员提出了许多具有吸引力的让步条件，在经济方面的尤为突出。苏格兰人放弃了独立的立法机构，作为交换，他们在威斯敏斯特获得了 45 个席位（30 名郡议员和 15 名城市议员），在上议院获得了 16 个席位，占据这 16 个议席的人选由苏格兰贵族会议从自己内部选择。没过几年，后者就成了“事实上的政府名单”(哈米什·斯科特语)。

“大不列颠联合王国”由此创立，这个王国比 17 世纪的任何时候都更加联合。在 1688 年后为期 20 年的政治重建中，事实证明贵族寡头才是大赢家。是他们控制了威斯敏斯特的议会，也是他们最早得到了重要职务的任命权。贵族寡头的数量少得惊人：英格兰在 1700 年仅有 173 位上议院世俗贵族议员，由于新设的席位弥补了绝嗣的席位，这一数目此后一直保持大体稳定，直到小皮特大举设立新议席才让议席数量在 1800 年增加到 267 个。此外，正如约翰·坎农所示，不列颠贵族向新人和新富人敞开大门的名声一定程度上是个神话，甚至直到 18 世纪末也依然如此。在 1800 年的上议院贵族中，有 113 人在 1780 年或更晚获得贵族头衔，其中 25 人设法提高了自己的贵族等级，17 人出自爱尔兰贵族，7 人出自苏格兰贵族，2 人是继承其父爵位的非长子。剩下的人员当中，只有 7 人和贵族不存在某种家庭联系，只有 1 人是真正自力更生的：银行家罗伯特·史密斯（Robert Smith），第一代卡林顿勋爵（Lord Carrington）。

史密斯跃入上议院得归功于受他操纵的两个“口袋选区”米德赫斯特（Midhurst）和文多弗（Wendover），史密斯明智地将这两个选区交给威廉·皮特处置。那也是许多有抱负的贵族在争取首相关注时采取的手段。在皮特提出的第一批封爵人员中，就有选区贩子托马斯·皮特（Thomas Pitt），他成了卡姆尔福德勋爵（Lord Camelford），控制着老萨勒姆（Old Sarum）和奥克汉普顿（Okehampton），还有爱德华·埃利奥特（Edward Eliot），他握有圣杰曼斯（St Germans）、格兰庞德（Grampound）、利斯卡德（Liskeard），在其他几个康沃尔选区也拥有影响力，这批人中来头最大的詹姆斯·劳瑟爵士（Sir James Lowther），由于对威斯特摩兰（Westmorland）、坎伯兰和萨里这三个郡的选举影响极大，他直接晋升为伯爵［朗斯代尔（Lonsdale）］。正是劳瑟用他在威斯特摩兰郡的口袋选区阿普尔比（Appleby）把威廉·皮特在 1781 年送进了议会。劳瑟的独特之处在于给予门客自行处事的全权，只要求门客在“与我们的处事方针出现较大分歧”时辞职。一般而言，他认为“自己”的人“不需要对除了我本人以外的任何人负责”。就连劳瑟的弟弟，在投票厅选择了错误方向后也得辞职。

通过这种方式，上议院贵族对下议院施加了很大的影响，而且影响力还在增加。就在上议院这个机构的重要性日益下降之际，贵族议员的影响力却在日益上升，这颇为讽刺。有许多统计数据可以证实这一点：例如在 1780 年，52 位上议院贵族控制了 113 个席位，换言之，1/4 的上议院议员控制了 1/5 的下议院议员。此外还要考虑到下议院有许多人是上议院贵族的亲戚。在 1784 年大选产生的议员中，有 107 人是不列颠贵族或爱尔兰贵族的儿子，还有 26 人是他们的孙子，1 人是曾孙，12人是侄子或外甥，此外有84名准男爵（他们享有世袭的“爵士”头衔，但不能在上议院落座），16名准男爵之子，11名准男爵之婿。难怪约翰·坎农得出这样的结论：“18世纪的下议院很有凝聚力，成员有共同的价值观与信心，也正是这种凝聚力让他们成为人类历史上最为排外的统治精英之一。”

在不列颠高层的其他领域，贵族及其亲属也越来越多。我们将在谈及高级教士的一章中看到，18世纪初，大贵族试图寻找返回圣公会高层的途径。贵族从未远离武装力量，此时更是收紧了对武力的控制。在1769年列出的102名团长当中，有43人是贵族或贵族之子，7人是贵族之孙，4人是贵族之婿。皇家海军中则存在双向进程，一方面，许多取得成功的海军将领被封为贵族［胡德（Hood）、布里德波特（Bridport）、圣文森特（St Vincent）、纳尔逊（Nelson）、科林伍德（Collingwood）、基思（Keith）、加德纳（Gardner）、甘比尔（Gambier）和埃克斯茅斯（Exmouth）］，另一方面，现有贵族的许多非长子加入了海军。圣文森特伯爵曾向乔治三世抱怨：

> 海军非常渴望获得贵族的点缀，因为它在某种程度上证明了这个军种的重要性；可海军现在充斥着贵族幼支和议员之子，他们吞噬了一切恩宠，阻塞了晋升渠道，事态已经发展到这样的地步，不管一位老军官和他儿子这**两个人**的表现有多好，这个军官之子都不会得到什么晋升机会。

在地方各郡，农业财富日渐增长，贵族在其中所占的份额也稳步上升，个别状况下甚至出现了惊人的增长：贵族拥有的耕地份额从 1688 年的 15% ~ 20% 上升到 1790 年的 20% ~ 25%。最富有的大约 20 位贵族拥有面积超过 4 万公顷的庄园。地租从 18 世纪的第二个 25 年起开始增长，在 18 世纪 90 年代快速蹿升，1815 年时可能翻了一番。那时，许多大地主受益于日益增长的工业需求，工业发展要用到他们名下庄园地下的资源，特别是煤。今天，我们依然可以看到建于这一时期的豪华宅邸点缀在联合王国与爱尔兰各地，比如基尔代尔郡（Kildare）的卡顿（Carton）宅邸［为莱因斯特（Leinster）公爵所建］、艾尔郡（Ayrshire）的卡尔津（Culzean）城堡［为卡西利斯（Cassilis）伯爵所建］，以及德比郡（Derbyshire）的查茨沃思［Chatsworth，为德文郡（Devonshire）公爵所建］，随手举三个例子，由此可见当时大地主的财富与自信。从保留至今的少数几座城市宅邸中，我们同样可以看出这一点：皮卡迪利的伯林顿（Burlington）宅邸（为伯林顿伯爵所建），铁圈球街和林荫路（the Mall）之间的马尔伯勒（Marlborough）宅邸（为马尔伯勒公爵所建），以及汉普斯特德的肯伍德（Kenwood）宅邸［为曼斯菲尔德（Mansfield）伯爵所建］。

得利最多的还是大贵族，但他们也带着乡绅们一起进入了 1688 年之后开放的应许之地。英国约有 1.5 万户乡绅，他们把土地租给佃农，依靠地租收入过上了越来越有教养的生活。正如我们将在后面章节所见，他们将大量时间投入狩猎和赛马，不过也有些人偏爱图书馆，就像简·奥斯汀于 1813 年出版的《傲慢与偏见》里的贝内特先生一样。他们以治安官的身份行事，成了国家治理的基石，梅特兰（Maitland）说他们“极具英格兰风格，可能是我国所有政府组织中英格兰风格最显著的部分”。治安官在名义上由国王任命，但实际上由郡长挑选，因此，治安官几乎都来自当地最大的土地贵族，他们负责执行法律，还有少数行政任务，如养护道路和桥梁、准许公共场所开放、监督监狱和贫民习艺所、负责总体治安和法律强制实施、设定郡内税率（如果存在的话）等等。一位治安官坐堂时就足以处理大部分轻微犯罪案件，两位治安官一起出席的“小型审判庭”（petty sessions）可以处理更严重的罪行，两位或两位以上治安官和一位法官出席的“季度审判庭”（Quarter Sessions）则获得了处理几乎一切犯罪案件的授权——仅有最严重的犯罪不在其内。治安官这个职位既没有收入，也不配备任何文书助理，它不会带来物质回报。1693 年，萨福克郡的治安官埃德蒙·博恩（Edmund Bohun）在名为《治安官：他的职业与资格》（*The Justice of the Peace: his Calling and Qualifications*）的书中发出警告：“治安官正在成为让他损失许多时间、耗掉若干经费、惹上诸多对头的行当，最后，这个带来上述不便的职业还给不了他什么，只有无利可图的些许荣誉，还得伴着诸多忌妒。”不少治安官似乎在多数时候是怠惰的，有的总是懒懒散散，还有些人，尤其是都市里打算利用职位谋取收入的“贸易治安官”，则是臭名昭著的贪腐分子。托拜厄斯·斯莫莱特（Tobias Smollett）在 1762 年出版了《兰斯洛特·格里夫斯爵士的生平与冒险》（*The Life and Adventures of Sir Launcelot Greaves*），这本书的第十一章名为“对一位当代地方法官的描述”。书中提到的地方法官是戈布尔（Gobble）先生，一名出身低微的熟练织袜工，他“通过和平庸的写手以及最低级的法律代理人交谈学会了一些法律术语”，娶了他主人的遗孀，搬到那个郡，从一位欠他钱的贵族手中获得了治安官的任命。从那时起，“对待那些给不了他称心款项的穷人，他已犯下了一千桩残酷不公的罪行”，因此“人人都讨厌他”。

戈布尔这样的人常有，《汤姆·琼斯》（*Tom Jones*）中高尚的奥尔沃西（All-worthy）乡绅那样的人也不少。治安官人数很多，所以什么样的人都有。1680 年时有 2 560 名治安官，1761 年就增加到 8 400 名。随着被招募进来的圣公会教士越来越多，治安官的素质在 18 世纪可能有所提高，到了 1800 年，圣公会教士出身的治安官约占总人数的 1/4。治安官的主要作用在于充当乡绅和贵族间的制度纽带，这个职位让乡绅成为“寡头政治的伙伴”［弗兰克·奥戈尔曼（Frank O'Gorman）语］。因为大部分下议院议员都出自治安官之列，所以将中央和地方联系在一起的正是治安官。正如屈勒味林（Trevelyan）所述：“在 18 世纪，与其说治安官处在中央的控制之下，倒不如说他们通过全国的议会季度审判庭控制了中央政府。”

贵族和乡绅主宰着议会和地方各郡，掌控行政的则是君主。1688 年的解决方案使他成为既在位又统治的国王，是他任命了大臣，也是他告诉大臣要做什么，特别是在至关重要的外交领域。威廉三世利用英格兰的资源维持他与路易十四的战争，前两位汉诺威王朝的国王则利用英格兰的资源为他们看得最重的这个德意志选帝侯国谋取利益。光荣革命梳理了困扰斯图亚特王朝的宗教、经济问题，甚至可以认为它以这种方式为更强力的君主制铺平了道路。当然，议会现在已经得定期召开了，还控制着钱袋子，然而议会是可以被操纵的。在上议院，主教、苏格兰贵族、军人、海员和廷臣构成了国王可以依赖的坚实根基，即便在最困难的时刻，这些人也一直支持他。例如，1783 年 12 月乔治三世认为让福克斯–诺思（Fox-North）政府倒台的时机业已成熟时，他只需做一件事，就是让人们知道他会把任何投票赞成政府《印度法案》的人视为敌人。罗斯伯里（Rosebery）勋爵用一段著名的文字描述了其后出现的状况：

> 不安的耳语流传开来，勋爵们十分惊恐。渴望郡长*或团长职位、星星或草莓叶**的贵族们，想有更广影响力、寻求更大用场的高级教士们，卧室里的奴仆们和密室里的爪牙们，不分僧俗，这些人的野心盖过了信念，在国王面前争宠。

在塑造下议院的过程中，王室的支持是非常重要的，选举阶段尤其如此。18 世纪中叶，王室主要通过海军部的消费能力控制了大约 30 个议会选区。尽管有人一再尝试将拿王室薪水的人排除出下议院，以削减王室影响力，但这些努力只取得了很有限的成效。在乔治三世统治的前 20 年中，即便从王室领取薪水的议员的人数下降了大约 20%，1780 年时下议院里依然有大约 200 名“被安插进来的家伙”准备去支持国王选定的大臣。此外，在正常状况下，国王也可以依靠大多数独立议员提供支持。1782 年，还不满 23 岁的小威廉·皮特在长达一个半小时的演讲中雄辩地攻击“王室的腐败影响”：“这一影响在各个时期都带来了许许多多苦难，它让智慧、活力、努力和成功无处容身，我们越强大，王室的影响就越大，但不幸的是，当我们衰落时，它却没有随之衰落。”不到两年，皮特成了首相，他充分利用王室的庇护待在这个职位上。“经济改革”的诸多措施的确减少了王室的影响，但这种影响仍然是相当重要的。

想要政治稳定，就得有一位同时获得君主和下议院信任的大臣，

---

* 郡长（Lord Lieutenant），原文作 lieutenancies，系习惯性简称。参见：John William Fortescue, *The County Lieutenancies and the Army, 1803—1814*, London, 1909, *passim*.

** 星星和草莓叶均为勋位代称。前者指将军军衔上的将星，后者指贵族冠冕上的草莓叶，如公爵冠冕上有 8 片金质草莓叶。参见：E. Cobham Brewer, *The Historic Note-book*, Philadelphia, 1891, p. 230.

前者任命他，后者支持他。君主和下议院的信任同样重要。就像福克斯和诺思在 1783 年发现的那样（而且有许多政客在他们之前已经发现了），国王的不赞成姿态是致命的，而一旦首相失去了下议院的多数支持，任何国王都保不住他的职位。重要的是，在外交方面干不好的政府，谁也救不了。乔治二世用解职、升职乃至设立贵族头衔的方式让沃波尔度过了货物税危机，可沃波尔先是反对向西班牙开战，后来又处理战事不当，就连乔治二世也保不住他了。面对英国在美国独立战争中失败的前景，乔治三世再顽固，再说什么，也不能让诺思勋爵继续担任首相了。较长的和谐阶段（1721—1742 年罗伯特·沃波尔爵士任期、1770—1782 年诺思勋爵任期、1783—1801 年小威廉·皮特任期）和较短的崩溃频发阶段都表明王室、职业政客和立法机构之间存在相互依存的关系。

上述三方都承认需要彼此，但有多需要就说法不一了。1780 年 4 月 6 日，下议院以 233 票对 215 票赞成约翰·邓宁（John Dunning）提出的“王室的影响已经有所增长，目前还在增长，应当使其减少”的动议，此时，平衡显然已陷入紊乱。矛盾的是，要是邓宁的动议失败了，反而会对他所代表的事业更有好处。正如赫伯特·巴特菲尔德（Herbert Butterfield）爵士所述：“最能体现腐败弊端的，恰恰是执行谴责腐败权力的决议的过程。”乔治三世在两年后被迫解除诺思勋爵的职务，随后又在 18 个月内接受了至少三届他讨厌的政府——罗金厄姆（Rockingham）政府、谢尔本（Shelburne）政府和福克斯-诺思联合政府，事实驳斥了邓宁的断言。一向有口才的诺思知道这一点，他告诉下议院：

在我崛起时，我是议会的产物；在我衰落时，我是它的牺牲品。我毫无关系地来到你们当中。我在这里第一次为人所知；你们让我上升，你们把我拉倒。我曾是你们意志与权力的产物，我的政治生涯本身就是证明，足以上千次推翻那种认为王室利用腐败影响摧毁了本议院独立性的疯狂断言。我的生涯难道展现出王室有过什么不正当影响吗？我的生涯岂不正是对于公众声音效力的最强有力的证明吗？

在向所谓过分强大的君主扔石头时，上下两院议员必须小心行事，因为他们清楚地知道自己的地位就像水晶一般脆弱。到了18世纪中叶，很难说议员还如1689年《权利法案》所称能够“合法、充分、自由地代表王国人民的所有等级”。这个问题已经不大清楚了。特别是在1716年的《七年法案》通过后，选举很少举行，间隔时间也变长了，许多选区都不存在竞选，人们越发认为，政治已沦为寡头的竞技。尽管地方各郡选区的名声要好于城镇选区，据称也会开放一些，但那里的席位也时常被提前瓜分，以避免竞选带来的代价。1768年，沃里克郡的一名不动产保有者抱怨说60多年来郡里才举办过一次竞选，而且“在那时，两三个贵族、几个绅士就觉得自己足够……去替你们提名、选择代表了”。竞选没有为参与者追求胜利设置任何限制，参与者无论采取何种策略都不会被视为卑劣。用食物和饮料款待选民、公然贿赂和恐吓都是惯常发生的事情，而且公开投票助长了这种状况。威廉·贺加斯（William Hogarth，1697—1764）在创作于1755年的《一场选举娱乐》（*An Election Entertainment*）这幅画中给出了或许有些夸张但极为生动的描绘，这幅画根据前一年的牛津郡选举所作。在两位辉格党候选人给他们的支持者提供一场喧嚣宴会之际，他们的托利党对手正在外面开展游行，举着一尊标有“不要犹太人”的模拟像。两党都将“自由”一词作为本党口号的一部分，辉格党在后面加上了“和忠诚”，托利党则加上了“和财富”。在众多配角中，贪吃的教士相当显眼。画面前景中，一份名为《反贿赂、反腐败法案》（An Act against Bribery and Corruption）的文件掉在地上无人过问。在画面右侧，一位卫理公会信徒拒绝了贿赂，这让他的妻子大为气愤，她伸手指着孩子们的破烂衣服。

这些竞选事务可能花费很大。据说乔治·扬（George Yonge）爵士继承了 8 万英镑，他的妻子带来了 8 万英镑的嫁妆，政府也给了他 8 万英镑，可在霍尼顿（Honiton）的六次竞选就将他的财富吞噬殆尽。在被发现的无数异常状况当中，将某一选区的在册“自由民”带回来投票（即便他们已经迁居王国的其他地方）的现象值得一提。一名海军军官得知许多水手得到了返回考文垂家乡给政府候选人投票的特别假期后，他匆忙让这些人转乘一艘开往几内亚的船，帮了他的朋友波特兰公爵一把。为现状辩护的人主张议会代表的是财产而非人民，但不管他们怎么说，像老萨勒姆这样没有居民的选区却有两位议员，伯明翰、曼彻斯特、利兹、谢菲尔德这四座快速发展的大城市却根本没有议员，这样的反差都越来越刺眼。一批改革者在 1780 年指出，英格兰和威尔士的选民总人数约为 21.4 万，但选举制度极不平等，仅仅 6 000 人就是“129 个选区占多数的投票者，他们选出了 257 名代表，这在英格兰议会下议院占据多数，事实上代表了超过 500 万的人民”。

然而，改革并未在本书所述的这一时期到来，它要一直等到 1832 年才到来。主张改革的人面临一个无法逾越的障碍：唯一能够以宪政方式改革议会的机构就是议会本身，但上下两院的议员都是现有体制的极大受益者。改革者最接近成功的时刻是1782年，当时，小皮特关于调查委员会的动议以141票对161票遭遇失利。次年，当小皮特再度尝试时，他遭到了149票对293票的惨败。小皮特本人指出了原因所在：改革者内部存在分歧，全国范围内的支持也不够。法国大革命给改革者带来了致命一击，大革命后，法国陷入无政府的暴力状态，用反对派辉格党人威廉·温德姆（William Windham）的话说，绝大多数人因此认为，最好别在飓风季考虑修房子的事。许多人为攻克巴士底狱欢呼，但1792年的"九月屠杀"也让他们无法忍受。1792年5月，自由派改革者塞缪尔·罗米利（Samuel Romilly）爵士说，不管怎么说，法国大革命都是"有典有册以来发生过的最光荣、对人类最有益的事件"；而9月时，他在致一位法国记者的信中写道："在这样的怪物中维持一个自由政府，无异于在非洲森林里建个老虎共和国。"对有些人来说，1793年1月处决路易十六是转折点，威廉·柯珀（William Cowper）写道："我告诉你法国人干了些什么。他们居然能让我为一位法兰西国王哭泣。因为他们，我现在居然一想到'自由'这个词就恶心。"就本章关注的主要问题而言，法国革命的结果是让英国贵族比以往任何时候都更紧密地团结在一起。查尔斯·詹姆斯·福克斯（Charles James Fox）拒绝放弃他对法国新政权的支持后，他党派里的要人们便在波特兰公爵的率领下选择脱党，加入了小皮特的全国团结政府。

为了让这个国家的其余人员跟随政治家行动，有必要继续使用自由之类的词。司法系统的介入让小皮特最糟糕的做法也不至于看上去像是暴政，这帮了政治家一把。很少有贵族——实际上是很少有英格兰人——会比第三代斯坦诺普（Stanhope）伯爵更激进，他被凯瑟琳·麦考利（Catherine Macaulay）称赞为“爱国者、哲学家，人类普遍权利的坚定朋友”。然而，就算对法国大革命的支持毫不动摇，他还是在1792年年初告诉法国友人：“我们已经是自由的了……英格兰现在是欧洲最富裕、最繁荣的国家，而且是最快乐的国家——只有气候除外。”大约与此同时，福克斯致信菲茨威廉（Fitzwilliam）伯爵，指出他俩有三点意见分歧：宗教自由，他们关于这一问题的分歧微不足道；废除奴隶制，这一点福克斯不打算妥协；“第三点就是议会改革，关于这一点，真相与其说是我持有支持改革的什么有力论点，倒不如说是我受到此前的宣言和连贯性的束缚。除了以现有选举模式产生议会，还能有更好的方案吗？我对此并不怀有什么希望。”正如此语所示，法国大革命成了英国精英武器库里最强有力的兵器。国内对革命的支持足以促进团结，可又不到威胁到现有制度的程度。用本节开始时所引迈克尔·奥克肖特的航海比喻来讲，不列颠的国家之舟在法国大革命创造的湍流中扬帆航行，就算遭遇了一些麻烦，也不过是要偶尔鞭笞几个反叛者或是调整几下风帆罢了。最大的动乱是由1798年的爱尔兰暴动导致的，它带来了1800年的《联合法案》。“大不列颠及爱尔兰联合王国”的创立至少在短期和中期内让两国关系稳定了下来。它也表明宗主国精英有能力利用一群当地人对付另一群当地人。早在1792年，爱尔兰总督威斯特摩兰伯爵就对小皮特评论道：“新教徒时常宣称他们宁愿合并也不愿把选举权交给天主教徒。天主教徒则呼吁宁愿合并也不愿忍受现有的屈服状态，值得你思考的是，在这一场合下，怎样才可能让双方的暴力都有利于英格兰。”

神圣罗马帝国

在与梅菲斯特（Mephistopheles）签订契约之后，歌德笔下的浮士德的第一站就是莱比锡的奥尔巴赫（Auerbach）酒馆，他到的时候，一群学生正在那里狂饮。其中一个名叫弗罗施（Frosch）的唱道：

> 亲爱的神圣罗马帝国，
> 怎么才不会分崩离析？

他的朋友布兰德（Brander）回应说：

> 呸！陈腔滥调！政治歌曲
> 不堪入耳！你们得每天早上感谢上帝，
> 使你们不必为罗马帝国操劳心思！
> 我不是宰相，也不是皇帝，
> 至少我认为这是很大的恩赐。*

这一场景是歌德一首诗歌初稿的一部分，在成年后的大部分时间里，歌德不时修改这首诗，所以他写出这个场景可能是在18世纪70年代早期或更早。经常有人提出弗罗施的问题，但是很少有人能够回答。人们往往倾向于嘲笑而非分析，照搬伏尔泰的话："这个聚合物曾被称作神圣罗马帝国，它仍然如此自称，可它既不神圣，也不罗

---

* 此处译文引自歌德著，董问樵译，《浮士德》，复旦大学出版社，2001年12月第2版，第109—110页。

马，更不是帝国。”直到 20 世纪末，各类历史学家还在重复负面评价。杰弗里·巴勒克拉夫（Geoffrey Barraclough）初版于 1946 年的《现代德国的起源》（*The Origins of Modern Germany*）一个很好的例证。在讨论帝国最后一个半世纪的章节中，他谴责帝国文化是“法兰西和意大利文化的奴性模仿者”，只体现了“德意志精神的枯竭”，它的政治是“石化的”，至于德意志，它“幸存下来，但没有生机”，它的“狭隘的绝对主义的唯一目标就是自我颂扬”。巴勒克拉夫总结称：“历史学家对这个僵化帝国的唯一兴趣是探究它的终结过程。”

然而，只要想想帝国的长寿，我们就该知道没那么简单。任何延续上千年的机构都会有值得称道的地方。荒谬外表之下有一个稳定的核心，特赖奇克（Treitschke）这样的民族主义历史学家带着嘲弄注意到了。以希尔德斯海姆（Hildesheim）侯爵主教的老年士兵为例，他们帽子上的胆怯题词读作“主啊！在我们有生之年赐予和平吧！”；或以霍恩洛厄亲王为例，他在改建后的魏克斯海姆（Weikersheim）住宅之外立起了 4 位伟大世界征服者的塑像——尼努斯*、居鲁士、亚历山大和恺撒——打算以此展示自己的荣耀。帝国最持久的要素是把德语世界的精英们纳入其政治进程。这一点是通过各邦代表出席帝国议会（Reichstag）实现的，1683 年以后，帝国议会不再不定期地在各地巡回召开，而是在雷根斯堡固定召开。它分成 3 个议院。第一议院由 9 个选帝侯组成（美因茨、特里尔、科隆、波希米亚、萨克森、普法尔茨、勃兰登堡、巴伐利亚的选帝侯和 1692 年之后的汉诺威选帝侯）。第二议院也是最大的议院，由诸侯组成，包括 34 个教会诸侯以及两张由

* 尼努斯（Ninus），传说中征服亚洲大部分地区的亚述国王，并无实际对应人物，相关传说系古希腊时代出现，此后广为流传。

大约 40 座修道院共享的集体票，还有 60 个世俗诸侯和 4 张由 100 多个帝国伯爵共享的集体票。第三议院由 51 个“帝国自由市”组成，它们是只服从于皇帝权威的自治共和体。

帝国议会的确很不寻常。自其制度结构在 14、15 世纪确立以来，世界变了很多。就帝国等级而言，美因茨大主教选帝侯比勃兰登堡选帝侯重要，虽然前者在 18 世纪末统治的臣民仅仅略多于 35 万人，军队也只有 2 800 人，而后者作为普鲁士国王，统治的臣民数量是前者的 20 倍，军队规模更是百倍于前者。虽然帝国自由市中包括像美因河畔法兰克福和汉堡这样的大型商业中心，但也有许多不过是村庄而已。奇怪的例子再多，也不能改变这个事实：帝国议会的确容许遍布帝国的地主和城市精英参与政治。在过去大约一代人的时间里，像卡尔·奥特马尔·冯·阿雷廷（Karl Otmar Freiherr von Aretin）男爵、卡尔·黑特（Karl Härter）、格奥尔格·施密特（Georg Schmidt）这样的德国历史学家以非常仔细的研究说明了帝国议会的事务对皇帝和诸侯来说有多么重要，对欧洲各个主要国家来说也是如此，它们都在那里妥善安排了代表。此外，雷根斯堡还是活跃的政治公共领域中心，是中欧地区最重要的信息交流场所，小册子、印发的法令和报纸从那里传到帝国各地。

帝国议会是最重要的机构，但它绝对不是唯一的帝国机构。在它之外还有两个帝国法院——帝国高等法院（Reichskammergericht）和帝国最高法院（Reichshofrat），还有将地区内部各个诸侯国聚集起来的“管区”（Kreise），以及一支帝国军队。按照现代国家的标准，这远远不够。克劳斯·爱泼斯坦（Klaus Epstein）甚至讽刺说“描述神圣罗马帝国的体制就等于是在批评它”。资金匮乏意味着帝国高等法院虽然按照设想应当有 50 名助理法官，实际上助理法官却从未超过 18 名，有时还更少，结果到 1772 年累积了 61 233 个案件。约瑟夫二世一向很有冲劲，但他随后的改革尝试还是在既得利益集团那里碰了壁。另一方面，组成帝国的各个部件都是被帝国法律捆绑在一起的。而正如几位有抱负的僭主以自身为代价发现的那样，帝国法律也是会得到执行的。以符腾堡为例，专制的摄政者弗里德里希·卡尔（Friedrich Karl）就在帝国介入后于 1693 年被解职，这给公国等级会议带来了“不小的安慰”。1770 年，帝国最高法院解决了同卡尔·欧根（Karl Eugen）公爵相关的久拖不决的争端，判决结果对公爵的对手非常有利。正如研究这一事件的历史学家詹姆斯·范恩（James Vann）所述，帝国“显示了它惩戒君主、保护其臣民的自由的能力”。这标志着一连几任公爵企图摆脱宪政约束的努力遭到了决定性失败，也让查尔斯·詹姆斯·福克斯评论说欧洲只存在两个宪政，即大不列颠的宪政和符腾堡的宪政。

福克斯又错了。若是将宪政理解为存在普遍公认的让政府完成任务并解决矛盾的框架结构，那么神圣罗马帝国的每一个组成部分都有某种形式的宪政。人们通常认为旧制度下的德意志人是非政治性的动物，他们满足于在软弱诸侯的手下过毫无雄心的生活。事实恰恰相反。得益于权力的分散，大部分德意志人比其他任何地方的欧洲人——包括英国人在内——都更接近权力，也都更为活跃地参与行使权力。不论参与途径是大部分诸侯国里依然存在的等级会议、管理帝国自由市的市议会、教会邦国的主教座堂教士团、较大邦国中的官僚机构，还是乡村议事会（Kreisräte），德意志人都是活跃而爱争吵的参与者。这里的政治形式从来都不是民主的，也总是受到限制，时常是寡头政治或贵族政治，可权力的确分散到了社会底部。可以肯定地说，其他任何欧洲国家都不能让一个农民在一代人时间里成为诸侯。在南德的帝国修道院里，这却是可以发生的，在那里，农民的儿子被选为修道院院长是很常见的。在世俗方面，还应该提一下构成“帝国骑士”的350多个家族，这些贵族地主在帝国议会中并无代表，只是皇帝的臣民。在他们的庄园里——总共有大约1 500座庄园，占地面积约1.3万平方千米，人口约35万——他们行使政府和行政的大部分职能，这又一次说明，在帝国各地，国家与公民社会的界限并不清晰。这里我们可以借用弗兰克·奥戈尔曼对英国乡绅的评论，说帝国骑士是“寡头政治的合作伙伴”。正如其中一些最大的帝国骑士家族——舍恩博恩、施塔迪翁（Stadion）、梅特涅、格赖芬克劳（Greiffenklau）、冯·德·莱恩——的名字所示，许多家族成员或是寻求为帝国效劳，或是打算在教会邦国谋得有俸圣职，以此为来自庄园的收入提供补充。

权力的碎化与扩散令整个帝国越来越保守，甚至趋于停滞。最根本的问题是，主权、中央集权、权力最大化这样的现代概念与帝国的权力结构格格不入。有人在1756年告诉年轻的约瑟夫二世：

> 尽管帝国内部邦国的性质迥然不同，但德意志帝国并没有瓦解成一群国家的集合［普芬多夫（Pufendorf）曾将它描述为国家体系（systema civitatum）］，而是一个单一的国家，它唯一的领袖是皇帝，它的成员是帝国等级会议（Reichsstände，也就是一切出席帝国议会的人）、封臣和全体臣民，它的主权部分由皇帝独自行使，部分在选帝侯的赞成下行使，但在大多数场合都需要预先告知帝国等级会议全体并获得其一致批准，在帝国，每一位诸

侯都以完全的自由和权威统治其邦国，但也要遵循帝国的法律与习俗。

这不太明确，但也没法说得更明确了。正如宪政专家约翰·雅各布·莫泽（Johann Jakob Moser）在1766年所论，“德意志是以德意志的方式统治的”，是由基本法律、条约、特权乃至口头传承的传统组合起来进行统治的。

这个特权集团博物馆受到了诸多威胁。自从哈布斯堡王朝在15世纪末16世纪初组建起一个世界帝国后，神圣罗马帝国就被定期卷入哈布斯堡君主国的内部冲突。就在其他欧洲国家，特别是英格兰和法兰西创建民族国家时，最重要的德意志王朝却突然背道而驰。这和新教改革一起带来了旷日持久的内部痛楚，这种痛楚与其他许多事物一道摧毁了帝国自由市的公民文化，促进了诸侯们的呈现型文化。正如我们将在后面章节所见，1648年《威斯特伐利亚和约》签订后，路易十四及其瑞典仆从反复大举入侵的道路就敞开了。外国君主取得帝国领土，或是帝国诸侯取得外国领土，这样的事情比以往任何时候都要多：瑞典–波美拉尼亚，荷尔斯泰因–丹麦，萨克森–波兰，茨韦布吕肯–瑞典，汉诺威–大不列颠，更不用提各类组合中最大的那个奥地利–匈牙利了，哈布斯堡王朝直至17世纪末才彻底控制了匈牙利的所有属地。

在这些帝国之外的关系中，最具决定性的是勃兰登堡选帝侯逐步取得了普鲁士公国。此举始于1525年，当时最后一任条顿骑士团大团长霍亨索伦的阿尔布雷希特（Albrecht von Hohenzollern）把他的国家世俗化了；在1660年，“大选帝侯”腓特烈·威廉完全拥有了公国主权。腓特烈·威廉的儿子于1701年取得了“在普鲁士的国王腓特烈一世”的头衔，他的曾孙腓特烈二世则清楚展现了此举的隐含意义。腓特烈二世于1740年夺取西里西亚，在随后23年里挫败了一切对手，保住了西里西亚，从而开启了德意志人相互争夺帝国内部主导权的斗争。法国的衰落极大地帮助了他。在过去，那些对抗哈布斯堡霸权的德意志诸侯都自然地转向凡尔赛寻求支援。可随着法国与英国的殖民地争夺越发激烈，法国的资源更加分散，帝国内部的真空开始扩大。即便腓特烈大帝——在他那三场西里西亚战争中的第一场结束后，同时代人给了他“大帝”这个绰号——没有进去填补真空，其他诸侯也会这么做的。

腓特烈大帝沉重打击了神圣罗马帝国。他早年从启蒙运动中汲取了清晰（但微薄）的养分，加上他的成长过程很不愉快，于是，他反对自己的父亲和父亲所代表的一切，其中就包括帝国那“过时、空想的体制”。他将帝国议会蔑称为“幽灵……君主派到那里的代表就像是对着月亮狂吠的护院狗”。一出可以追溯到第三次西里西亚战争——它更广为人知的名字是“七年战争”——的小插曲戏剧化地展现了普鲁士人对待神圣罗马帝国的粗暴新方法。1757年10月14日，一位名叫阿普里尔（April）的帝国议会公证人在雷根斯堡向勃兰登堡代表冯·普洛托男爵（Baron von Plotho）递交了正式命令，宣布因去年入侵萨克森的行为，男爵的主人已被帝国剥夺公权。* 这样的措辞很是严厉，甚至带有侮辱性。冯·普洛托男爵不为所动地接过了命令，把它塞进阿普里尔的

* 将腓特烈二世剥夺公权（the ban of the Empire/Reichsacht）系当时的普遍说法，但实际上此动议并未在帝国议会获得通过。参见：Tim Blanning, *Frederick the Great: King of Prussia*, Allen Lane, 2015, pp. 323—324.

衬衣里，然后让自己的仆从把这位不幸的公证人扔下楼梯。不用说，这一插曲很快就传遍了整个帝国，越传越夸张。仅仅 3 个星期后，腓特烈大帝就在罗斯巴赫（Rossbach）会战中消灭了敌军，敌军主要由法军组成，但其中也包括相当数量的帝国军队。此战胜利，既是德意志人击败其世仇的胜利，又是帝国的失败。法军指挥官苏比斯（Soubise）亲王抱怨说，他所谓的盟友对交战没什么兴趣，其中尤以新教徒为甚，他们的认同感“完全在普鲁士一方”，这可不是好兆头。

腓特烈大帝已经强大到足以将普鲁士确立为一个主权国家，但是他还没有强到能够让其他诸侯追随他的地步。帝国的组成部分可以分成五类：1、具备地区以外影响力的主要世俗诸侯（普鲁士、巴伐利亚、普法尔茨、萨克森、汉诺威、符腾堡、巴登、黑森-卡塞尔、黑森-达姆施塔特以及其他若干诸侯），2、较小的世俗诸侯，3、教会邦国，4、帝国自由市，5、帝国骑士。只有第一类里的邦国才可能立志成为帝国以外的独立国家，这一类中还有些邦国对普鲁士充满敌意，特别是汉诺威和萨克森，它们是普鲁士在争取北德意志主导权时面临的两个主要对手。从第二类到第五类都意识到它们很容易被第一类中的掠食者吞并，所以，它们要生存，就必须维持帝国。因此在正常状况下，它们会在帝国议会里用金钱、人员和投票支持哈布斯堡皇帝。

因此，即便面对着像腓特烈大帝这样野心勃勃又冷酷无情的君主，皇帝也能够维持帝国的完整。然而，当约瑟夫二世开始他那不得安宁的皇帝生涯时，状况发生了急剧变化。很有必要解释一下哈布斯堡君主国与神圣罗马帝国之间的区别。哈布斯堡君主国的统治者是约瑟夫二世的母亲玛丽亚·特蕾莎，她在父亲卡尔六世皇帝于 1740 年逝世后继承了君主国。她的遗产包括属于哈布斯堡王朝的所有世袭领地，西起奥属尼德兰，东抵特兰西瓦尼亚，北起波希米亚，南抵米兰，其中一些领地位于神圣罗马帝国内部，但并非所有领地都是如此。在帝国之外的领地里，最重要的是匈牙利王国及特兰西瓦尼亚公国。因为玛丽亚·特蕾莎是女人，所以她不能像父亲一样当选神圣罗马帝国皇帝。腓特烈大帝入侵西里西亚让长久的空位阶段变得大为混乱，此后，选帝侯们于 1742 年选择了一位出身维特尔斯巴赫家族的巴伐利亚选帝侯继承帝位，称卡尔七世，这是 3 个世纪以来选出的第一位非哈布斯堡家族皇帝。仅仅 3 年后，卡尔七世就去世了，此后常态某种程度上得以恢复，玛丽亚·特蕾莎的丈夫洛林的弗朗茨·斯特凡（Francis Stephen）被选为皇帝弗朗茨一世。他们的儿子约瑟夫二世于 1764 年被选为“罗马人的国王”，这给了他在父亲死后自动继承帝位的权利，而弗朗茨的确在第二年去世了。换句话说，约瑟夫二世从 1765 年起就是当选的神圣罗马帝国皇帝，但在哈布斯堡君主国里只是他母亲的共治者。玛丽亚·特蕾莎于 1780 年逝世后，他才完全控制了神圣罗马帝国和哈布斯堡君主国。

约瑟夫起初认真履行皇帝职责，可他改革帝国最高法院和帝国高等法院的努力失败后，他就认输了，事实上放弃了帝国。这很难说是一个晴天霹雳。在他祖父卡尔六世统治时期（1711—1740），帝国首相府（Reichskanzlei）和奥地利宫廷总理署（Hofkanzlei）就发生过争夺主导权的斗争，前者处理他作为神圣罗马帝国皇帝时的利益，后者处理他作为哈布斯堡君主国统治者时的利益。关键问题在于卡尔六世应当把何种利益放在首位。他应当首先将自己视为有义务以公平态度对待帝国所有成员的神圣罗马帝国皇帝吗？还是说，他应当优先考虑自己作为哈布斯堡君主国——其利益经常与帝国利益相悖——世袭君主统治的土地？在一个国家构建越发迅速的世界，不得不说，第二个选择看起来更有说服力。但约瑟夫二世的改变幅度太大了。1778 年时，他甚至开始考虑，放弃皇帝头衔从而彻底切断与神圣罗马帝国的联系，是不是有好处。

约瑟夫二世并不是一个喜欢折中的人。他放弃让神圣罗马帝国运转的努力后，马上以激烈的态度反对帝国，毫不掩饰自己对帝国机构和成员的蔑视。帝国部门是“尊贵权力的鬼魂”，它的业务是“可恶的”，帝国政体是“恶毒的”，诸侯是毫无骨气的无知之徒，任由他们那些卖弄学问、贪赃枉法的大臣摆布。至于神圣罗马帝国的显贵人物美因茨大主教选帝侯，约瑟夫二世在写给自己派驻美因茨的使节特劳特曼斯多夫（Trauttmansdorff）伯爵的信中说：“鉴于我刚刚做了耶稣受难节的复活节告解，业已宽恕了所有侵犯过我的人，我就不能动什么复仇念头了，只能蔑视一个傲慢的十足蠢蛋。”

18 世纪 70 年代，特别是 1780 年左右他的母亲去世后，约瑟夫二世致力于为自己的奥地利谋求利益，而且采取了似乎有意疏远尽可能多的德意志诸侯的方式。细说他复杂的帝国政治手段就太乏味了，举两个例子足以说明问题。第一，约瑟夫二世在 1782 年取消了开给神圣罗马帝国各地大臣和其他公职人员的所有支出。尽管这些“补助金”是几乎不加掩饰的贿赂，但它们是在各个德意志宫廷给哈布斯堡影响力的齿轮上油的重要润滑剂。结果，约瑟夫二世一下子就把帝国里那些最具影响力的政治人物从朋友变为敌人，还切断了重要的信息来源，而这么做只是省了一些钱而已。第二，他于次年单方面废除了主教诸侯在哈布斯堡君主国境内的所有教区权利，还没收了教区里的所有教产。

神圣罗马帝国皇帝如此肆无忌惮地违犯帝国法律，就连那些因历史和自身利益与帝国部门绑定在一起的帝国成员也感到脚下的地开始摇动。这时，帝国的自我调节机制又一次开始运作，而帮助居然来自腓特烈大帝。此时，原本是猎场看守的奥地利已变为偷猎者，而普鲁士偷猎者可以——事实上是不得不——变为看守。腓特烈大帝意识到自己可以通过帝国的古老结构实现诸多目的，可这只有在现状得到接受、各宗教派别之间也维持公平的状况下才能实现。随着诸侯同盟（Fürstenbund）的组建，腓特烈大帝在 1785 年获得了奖赏。这是一个旨在正面对抗约瑟夫二世帝国政策的联盟，尤为反对他尝试用奥属尼德兰交换巴伐利亚。腓特烈大帝能够招揽到两位最为重要的诸侯（汉诺威选帝侯和萨克森选帝侯）和数量更多的二等诸侯，这反映出奥地利在帝国内部的影响力陷于崩溃。腓特烈大帝的最大收获或许是那个“十足蠢蛋”美因茨大主教选帝侯，德意志教会资历最高的教士，神圣罗马帝国的宰相。他的变节极具象征意义，同时代的人都看到了这一点。不过约瑟夫二世并没有被吓到，他继续以同样的方式行事，一直持续到他 1790 年去世为止。考尼茨侯爵是在约瑟夫二世手下长年受害的外交大臣，他的帝国政策被皇帝像公牛闯进瓷器店一样弄得一团糟，难怪当有人通报约瑟夫二世的死讯时，考尼茨侯爵的评论竟是“太谢谢他了”。

在一个“国家”变为政治话语的“主导名词”的世纪，神圣罗马帝国是过时落伍的，与时代格格不入。它不是一个国家，也永远不可能成为一个国家，倒更像是一个维持法律与和平的组织（eine Rechts-und Friedensordnung）。因此，神圣罗马帝国是不能用现代国家的标准来衡量的。它并不打算进行中央集权，也不打算最大限度地利用资源、尽可能建立庞大的军队或征服其他国家的领土。帝国面对上述问题时的失败让它在19世纪的大国政治世界里蒙受了羞辱，自然也饱受蔑视，可这也确保它在1945年之后得到了远多于此前的理解。至于同时代的人物，少数人和约瑟夫二世一样对帝国怀有敌意，有些人倾向于本节开头歌德笔下弗罗施所表达的那种深情嘲弄，也有数目惊人的人意识到纵然神圣罗马帝国弊端众多，它还是有许多值得称道之处。在对帝国为数众多的夸奖中，以下文字因其作者克里斯托夫·马丁·威兰（Christoph Martin Wieland，1733—1813）的智慧、客观与经验而受到人们的喜爱：

> 从选举产生的领袖（皇帝）到帝国自由市滨湖哈默斯巴赫（Zell am Hammersbach，黑森林里的一个小社区）的市长与市政当局，每一位德意志统治者或大或小的权力都在各方面受到法律、传统以及其他诸多方式的制约。统治者若参与任何形式的侵犯财产、荣誉或个人自由的非法活动，帝国体制都会为受害方提供保护，对弊端加以补救。

重要的是，德意志与帝国在威兰笔下就像是同义词一样。从15世纪末期起，帝国的全称就是“德意志民族神圣罗马帝国”。神圣罗马帝国的多中心结构与1871年创立的德意志帝国的中央集权形成了鲜明反差，以至于前者塑造民族认同的能力被忽视了太久。弗里德里希·卡尔·冯·莫泽在1765年发表专著，论述德意志民族精神源于帝国体制。他所说的能代表许多人的想法：“我们是同一个民族，拥有同一个名字，在同一位领袖治下生活，通过我们的体制、权利、义务和法律团结在一起，而这又是为了共同追求自由。”他接着感叹，可惜这样的爱国主义不像在法国、英国或荷兰共和国那样盛行，但他坚持认为德意志人是自由的，而这种自由可以起到恢复民族感情的作用。

讽刺的是，1792 年法国革命战争爆发，开启了帝国历史的最后一个阶段，而此时，帝国制度的运作状况却是有史以来最好的。在 18 世纪 90 年代，诸侯和人民都表现出了让旧制度得以运作的能力。尽管人们很关注一小群与法国入侵者合作的德意志人，即所谓“德意志雅各宾派”，但帝国并没有从内部崩塌的危险。更需要提防的是，奥地利与普鲁士或许会结为同盟，像此前瓜分波兰一样分割德意志。两国在 1790 年差点开战，此后在 1791 年达成和解，并在 1792 年一同向革命的法国开战。埃德蒙·伯克（Edmund Burke）在他的《关于法国事务的思考》(*Thoughts on French Affairs*）中预言：

> 只要这两个诸侯保持冲突，德意志的自由就是有保障的。但是，如果它们一直保持相互谅解，确信在同步等比例扩张中获得的利益比在相互斗争中获得的更直接、更确定，也就是说，要是它们认识到，与其靠不让对方掠取其他邦国的旧方针保障安全，不如分赃得利，那么从那一刻起，德意志的自由就不复存在了。

伯克既是对的，又是错的。他认为要是奥地利和普鲁士赢得了 1792 年的战争，它们就要获取“补偿”，前者用奥属尼德兰来交换巴伐利亚，后者攫取更多的波兰土地，从这个意义上讲，伯克是对的。但伯克没有料到，它们并未取得胜利，而且两国间的关系很快就被激烈的相互指责伤害了。普鲁士在 1795 年退出了战争，与法国单独媾和。真正终结了帝国的举动是革命者决心将法国的边界外推到莱茵河，用让教会邦国世俗化的方式补偿扩张中受到影响的世俗诸侯。这一切花了很长时间，主要原因在于奥地利人实际上相当坚韧。直到1806年，最后一位神圣罗马帝国皇帝弗朗茨二世才退位，变成了奥地利皇帝弗朗茨一世，这个头衔是他在1804年为自己创造的。约瑟夫二世若看到这一幕，该有多么欣慰。根据前文确定的分类，法国革命者和后来的拿破仑所做的事情实际上就是让帝国各部分中的第一类吞并第二类至第五类。拿破仑对他的动机直言不讳。1807年，曾担任帝国最后一任宰相的卡尔·特奥多尔·冯·达尔贝格（Karl Theodor von Dalberg）前往圣克卢（Saint Cloud）觐见拿破仑，建议他恢复帝国制度。达尔贝格的话被打断了。拿破仑轻蔑地说："我告诉你一个秘密。德意志的小诸侯希望获得保护以对抗大诸侯，可大诸侯喜欢按照自己的意愿统治，但是，我希望从德意志获得的不过是人员与金钱，而大诸侯能给我这些，我就应当不去触动大诸侯，而让无足轻重的小诸侯随遇而安。"在这个大国政治的美丽新世界，像神圣罗马帝国这样的软性政体是没有存在空间的。至于拿破仑摧毁它是否明智就是另一回事了。

第六章

改革与革命

国　家

18 世纪中叶，德·韦里神父（abbé de Véri，1724—1799）在日记中写道："现在，巴黎社会里已经没什么人敢说**'我为国王效劳'**……谁要是这么说，就会被当成凡尔赛宫的男仆头子。**'我为国家效劳'**才是最常用的。"政治权威与效忠对象已不再是个人。这种倾向还得到了某些君主的亲自鼓励。并无证据表明路易十四说过"朕即国家"，但他的确在撰于 1679 年的专题论述《论国王之道》（*Sur le métier du roi*）中写道："国家的利益必须放在首位。"当然，他又加了一句关于个人的话："当一个人为国家效力时，他实际上也是在为自己工作。国家的繁荣确保了个人的光荣。统治者让国家富足、有声望、有实力，也是在增添自己的荣耀。"随后的几代人说得更明确。腓特烈大帝时常宣称他不过是"国家的第一仆人"。约瑟夫二世刚过完 20 岁生日，就在 1761 年写下的第一份备忘录中对腓特烈大帝的说法表示了赞同："一切都是为国家而存在的；国家这个词涵盖了一切，因此，生活在国家里的所有人都应当一同增进国家利益。”意味深长的是，俄国的叶卡捷琳娜大帝并没有说过任何这种类型的话，她只是提了一个含糊的承诺，要让自己为“公众利益”而努力。“国家”这个词并没有出现在她于1766年颁布的《圣谕》当中。

国家成为18世纪政治话语中的“主导名词”，相关的铺垫很早就开始了。昆廷·斯金纳（Quentin Skinner）在他的经典著作《现代政治思想的基础》（*The Foundations of Modern Political Thought*）中展示了构成现代国家概念的各个要素是如何在13世纪末到16世纪末逐步形成的：

> 原本的观念是，统治者要“维系他的国家”，意思只是维护他自己的地位而已，后来，就成了统治者有义务维系一个独立于他自身的法律和宪政秩序，也就是国家的秩序，这是一个决定性的转变。该转变的结果之一是国家而非统治者的权力被设想为政府的基础。这样一来，我们就能用明确的现代词汇为国家的概念下一定义：国家是其领土内司法和立法权力的唯一来源，是其人民应当效忠的唯一对象。

在那三个世纪中形成了三个重要公理：一、政治逐渐发展为独立于神学的领域，二、人们开始认为任何政治实体里的最高当局都独立于教廷或神圣罗马帝国这样的国际性组织，三、当局也垄断了境内的立法和效忠。

宗教改革和反宗教改革导致教派倾轧，在与其相关的贵族派系斗争的助力和怂恿下，已经到了失控的地步，看来每一个政治实体内部都需要单一的权力中心。经历过法国宗教战争的让·博丹（Jean Bodin，1530—1596）和经历过英格兰内战的托马斯·霍布斯（1588—1679）发展出了一套成为现代国家基石的主权理论。国家“在国民整体范围内对其公民及臣民”行使“最高、绝对、永恒的权力”（博丹语），国家在两种意义上是非人格化的，它的存在既独立于正在统治之人，也独立于正受统治之人。因此，国家可以要求统治者和被统治者都绝对忠诚于它。这一“观念革命”（斯金纳语）意味着，尽管人们还是臣服于某个具体的人，但其效忠的真正对象是一个抽象实体。并不是每一位欧洲君主都能够察觉到这个巨变并做出应对。1766 年 3 月 3 日，路易十五在巴黎高等法院会议厅发表了一通严厉训斥，这通训斥表明将国家视为君主领地集合的旧观点依然流行，他参加的这次会议后来被称作“鞭笞会议”（séance de la flagellation），路易十五发言的内容如下：

> 我不允许我的王国内有这样的组织，它让互尽义务与责任的天然纽带堕落为抵抗的阴谋，我也不会在王国引入只会扰乱和谐的虚伪机构。地方行政官员不是一个团体，也不是王国的三个合法等级之外的另一个等级。地方官是我手下负责行政的官员，他们代表我行使真正的国王职责，也就是将公正赐予我的臣民……主权只归于我一人……我的宫廷因我一人而存在，其权力为我一人赋予。权力的多少取决于我。他们只能以我的名义行使权力，绝不允许他们用权力来反对我。只有我有权立法。这一权力不可分割。我的宫廷中的官员并不能制定法律，只能记录、发布、执行法律。公共秩序也出于我一人，那些从前胆敢与君主分离的国

家权利与利益都必须归于我，完全留在我的手中。

他不断使用物主代词（“我的王国”“我的臣民”“我的宫廷”），说明他认为王权立于个人，甚至为个人所有，这种观念与客观国家的概念从根本上相悖。

博丹、霍布斯及其后继者的理论无疑远远超出了对现有实践的反映或是反对。如果觉得黑格尔的格言“一旦思想世界发生了变化，现实的改变也就不远了”有些过，那么我们至少可以说，忽略意识层面的政治进程研究是乏味的。另一方面，我们也有可能在物质世界中发现促进事态走向同一方向的变化。第一章中讨论过的交流条件大大改善就是个很好的例证。当人类中的大部分成员都局限在出生的社区及其周边范围之内时，权力关系显然会是直接的、个人化的。我们可以做出肯定的推测：时至今日，居住在亚马孙雨林深处自给自足的部落仍然没有多少国家概念（尽管基督教传教士一到那里就会强烈建议他们发展出一种国家概念）。可一旦领主们开始在远离领地的城镇或宫廷里消磨很长时间，一旦他们的属民开始作为工人四处流动，或是被征入中央集权化的军队，人们就不得不以相应的抽象方式直面政治权力了。正如欧根·韦伯（Eugen Weber）所示，直到19世纪末期，农民才真正变为法国人，即便如此，这个长时段进程也必定在1648—1815年加速了。仅仅在法国这一个国家，革命和拿破仑战争就导致几百万人离开他们的出生省份，向着欧洲的四角进军。溶解封建世界的其他重要因素——城市化和资本主义——也导致了同样的结果。

在不那么直接的意义上，军事的发展对国家的发展起到了强有力的促进作用。正如奥托·欣策所论：“战争是现代国家全部政治活动中的巨型飞轮。”或许是因为他们总在研究战争方面的史料，军事史学家属于史学家这一行里最好斗的那群人，他们决心坚定，寸土不让。然而，他们似乎能就军费的增长贯穿了整个近代早期这一点达成共识。这可能是因为有数据支持。法兰西国王查理八世在1494年率领一支仅有2万人的军队攻入意大利；等到1559年《卡托-康布雷西条约》(Treaty of Cateau-Cambrésis）签订时，即便不包括海军，交战双方各自也都能够部署五六万陆军了。这些数字还在增长。法国于1635年直接介入“三十年战争”时，能够集结大约12.5万人。在西班牙王位继承战争中，路易十四的军队在最多时有将近40万人，不过，这个数字存在颇多争议，也很不精确，一大原因在于官方数据和实际服役的士兵人数之间存在很大差异。与其用所有其他欧洲国家的无趣统计数据轰炸读者，倒不如让表8提供一个有用的综览：

表8　1632—1786年欧洲各国军队人数

年份	法国	荷兰共和国	瑞典	俄国	奥地利	英国	普鲁士
1632		70 000	120 000	35 000			
1640							4 650
1653							1 800
1661	48 900						
1678	280 000						45 000
1679	130 000						
1680				200 000			
1688						53 000	30 000
1690	338 000	73 000	90 000		50 000	80 000	
1697						90 000	
1710	360 000	100 000		220 000	100 000		39 000
1717	110 000						
1725				215 000			
1738	115 000						

续表

年份	法国	荷兰共和国	瑞典	俄国	奥地利	英国	普鲁士
1740	160 000			240 000	108 000		80 000
1756	330 000	39 000		344 000	201 000		143 000
1760							260 000
1778					200 000	100 000	160 000
1786	156 000						194 000

资料来源：Jeremy Black, *A Military Revolution? Military change and European society 1550—1800* (Basingstoke, 1991), p. 7

直至18世纪40年代，“奥地利”军队都很难与神圣罗马帝国军队区分开来。西班牙王位继承战争开始时，它有大约10万人，“七年战争”开始时翻了一番，在1787年对土战争打响时则增加到30多万人。军队规模和国家地位携手并进的论点不完全是赘述。然而引人注目的是，那些未能效仿勃兰登堡-普鲁士获得完全主权的中等规模德意志邦国军力锐减。值得重复的是，普鲁士跃升为大国的主要受害者是萨克森，萨克森的军队在“强者”奥古斯特（1694—1733年在位）治下达到巅峰，当时约有3万人，1792年时降至区区6 000人。在此期间，巴伐利亚军队的人数也减少了一半。

在这些数字之外，还应该加上海上大国的海军所需要的人力。皇家海军的统计数据质量最好，它表明在17世纪末的“九年战争”中，载入战舰簿册的海员最多时有48 514人，在西班牙王位继承战争中有47 647人，在奥地利继承战争中有59 596人，在“七年战争”中有86 626人，在美国独立战争中有105 443人，在法国革命及拿破仑战争中有147 087人。法国海军的数据难找得多。1686年的花名册上有59 494人，这可能是法军记录的最高数字。马蒂娜·阿塞拉（Martine

Acerra）和让·梅耶尔（Jean Meyer）在研究大革命及拿破仑战争中法国海军的权威历史著作中认为，海军总人数从未超过5万。西班牙海军在18世纪30年代末首次制定海军登记规则时大约有2.5万人，到18世纪90年代增加到6.5万人，不过并非所有在册人员都能实际服役。虽然这些数字看上去没有陆军那么庞大，但要知道，建造、装备、维持一支舰队的开支要远大于集结一支陆军。水兵火力比步枪手强，训练开支比步枪手大得多，招募水兵的难度也大得多。阿塞拉和梅耶尔指出，荷兰海军在整体上之所以从未被法国海军甩得太远，是因为荷兰受过训练的水手要多于法国，而水兵正是从水手中征召的。换言之，限制海军规模的主要因素并非财政。

招募、供养、部署这些庞大的群体自然会导致国家权力相应扩张。我们业已看到统治者与精英间的关系怎样受到了这一进程的影响。我们在后面章节还会考察这一进程的财政方面，而在这里审视的则是其意识形态方面。我们选择的案例是勃兰登堡-普鲁士，因为在那里这一进程既快速又相对彻底，而且可以看出尤为明晰的痕迹。腓特烈·威廉一世于1722年立下了政治遗嘱，堪称对传统王朝的最动人表述。原文有许多词用了怪异的拼法，此处的译文就不复现了，但译文还是保留了原文几乎不加句读的风格：

> 我亲爱的继承者应当非常清楚所有快乐的统治者都始终心存上帝不养情妇虽然婊子或许是更适合她们的称谓要过敬畏上帝的生活上帝会赐予这些统治者现世与后世的一切恩典所以我恳求我亲爱的继承者过一种纯粹敬畏上帝的生活并做敬畏上帝的事为他的国家和军队树立不滥饮不贪吃的楷模滥饮和贪吃会导致下流的

生活，我亲爱的继承者也一定不能在他的领地和行省内容许歌剧芭蕾假面舞会演出而应当对这种东西心怀恐惧因为它们是不敬奉上帝的恶魔般的东西且极大地增加了撒旦的殿堂和帝国的势力。

还有许多这类的话，但凭这些足以把握腓特烈·威廉一世政治思想的特征了。尽管他的儿子腓特烈大帝肯定没养过情妇，但他不养情妇恐怕不是出于遵从父命或对基督教的虔诚信仰。在腓特烈大帝本人的政治遗嘱中，他将基督教贬低为“一种古老的形而上学的虚构物，充斥着无稽之谈、自相矛盾和荒谬，它产生于东方人狂热的想象，然后传到我们欧洲，在这里，有些狂热分子拥护它，有些阴谋家装作信仰它，还有些傻瓜真的相信它”。

腓特烈·威廉一世的想法是说教性质的，关注一时一地的事，也是虔诚的，腓特烈大帝的思想则在理性、普遍、世俗的层面上考虑问题。腓特烈大帝为了让自己的权力具备合法性，就宣称存在一种社会契约，根据这一契约，自然状态下的居民将足够的权力授予主权者，让他对外保障国家安全、对内维持社会秩序。到了18世纪中叶，这样一种概念已经没有什么原创性了，但一个尚为小国的落后国家的统治者宣扬这种思想，的确是新鲜事。腓特烈大帝在写于1777年的《论政府的形式与君主的职责》中就宗教宽容展开了讨论，给出了最清晰的阐述：

可怜人迫于武力威胁会说出一些话，然而，他内心深处并不认可，因此，迫害者实际上一无所获。而只要回顾社会的起源，就能明确看出，君主无权控制公民的思考方式。只有疯子才会觉得，那时的人们会朝人群中的某个人说：之所以把你抬到我们之上，是因为我们喜欢当奴隶，我们赋予你权力，是让你可以随意支配我们的思想。他们说的应该是：我们需要你去维护我们希望遵守的法律，去明智地统治我们，去保护我们；至于其他方面，我们需要你尊重我们的自由。这一协定一旦达成便不可更改。

这当然是对社会契约论的一种威权主义阐释，授予的统治权既不可变更，也没有条件，臣民没有抵抗的权利，但它的确给统治者施加了为整体利益服务的约束。在刚刚引述的这段话之后，腓特烈大帝给出了清晰的说明：

这些就是君主总体上应当尽到的义务。君主永不应忽略这些义务，因此，他应当时时铭记在心的是自己和最卑微的臣民一样是人。也许他是社会的第一法官、第一将领、第一大臣，但这不是为了让他放纵自己，而是要让他履行与这些职务相关的义务。他只是国家的第一仆人，需要诚实、明智、毫无私心地行事，仿佛随时需要向自己的公民同胞交账。

腓特烈大帝常常说“国家的第一仆人”。这个短语成了他政治体系的主旋律。即位前一年，腓特烈大帝给伏尔泰写过的一封信，信中他用一个鲜明的比喻来描述统治者的角色：统治者就像人体里的心脏，它从每一个组成部分吸收血液，再将血液压送到国家这个身体最遥远的末端；他得到人民的忠诚与服从，报之以安全、繁荣和一切有利于社群福祉的事物。腓特烈大帝对全体的这种责任感让他不至于被人斥为在实行专制主义。人民认为专制权力的本质在于专横、任性，听凭运用权力之人一时的兴致。当时的人之所以指责俄罗斯帝国与奥斯曼帝国是“东方专制主义”，其原因便在于此。普鲁士国王的绝对权力则是有限的，社会契约（特别是法治）对它施加了约束。尽管腓特烈大帝的确偶尔会滥用他的绝对权力，专断行事，但他忠诚于自己的开明政治思想，言行相当一致，因此，当时若有人说普鲁士人生活在专制政体下，普鲁士人便会愤怒反驳。

普鲁士人的这种信念受到了腓特烈大帝漫长的统治期间改革的鼓舞。康德（Kant）在他写于 1784 年的论文《何谓启蒙？》（*What is Enlightenment?*）中称，这是“启蒙的时代，腓特烈的世纪”，尤为重要的是，腓特烈大帝进一步扩大了普鲁士驰名已久的宗教宽容，放松了书报审查，改革了民法与刑法，这为康德的说法提供了例证。大约从 18 世纪中叶起，类似的改革也出现在了欧洲其余部分，包括西班牙、葡萄牙、托斯卡纳、俄国、丹麦、瑞典、哈布斯堡君主国以及神圣罗马帝国的许多邦国。对于它们在整体上是否称得上“开明的绝对主义”，争论颇多。对某些历史学家（特别是受马克思影响的历史学家）而言，这一概念的两个组成部分之间存在根本矛盾，因为他们在本质上将启蒙思想视为资产阶级意识形态，将“绝对主义”视为一种封建残余。也有人认为，只有“绝对主义”，没有“开明”，任何开明特征都不过是巧合或装点门面。

启蒙思想是资产阶级思想这种观点其实很容易驳倒。反面的证据太多了，特别是关于启蒙思想家及其受众出身的证据，那样的观念只能说是一种信条。而说到权力与意识形态之间的关系，问题就比较多了，因为这涉及需要谨慎对待的个人动机问题。当叶卡捷琳娜大帝将孟德斯鸠与贝卡里亚（Beccaria）的思想拿来编纂她的《圣谕》时，她是真的打算用他们的启蒙原则作为未来立法的根基吗？或许她只是想要获得谄媚的哲学家们的喝彩？又或许两者都有？如果两种动机都有，那么各占多少，是五五开，六四开，还是其他什么比例？虽然这种探讨并非毫无意义，但最好还是把它留给各人自己判断。有一点时常被用概念否认事实的人们忽略，却很重要：即便是叶卡捷琳娜大帝、腓特烈大帝或约瑟夫二世这样的专制君主，也不是独来独往的。他们都或多或少地依赖自己的大臣，而且不仅在执行自己的政策时依赖，在其他方面也是如此。

不过，一旦人们将视野扩大到范围更广的决策者身上，启蒙运动的影响就几乎不可否认了。作为若泽一世（José I，1750—1777 年在位）的首相，庞巴尔侯爵（Marquês de Pombal，1699—1782）在葡萄牙取得的成就便是一个好例子。侯爵既是葡萄牙国内的博学院（Academia dos Ilustrados）的成员，又是伦敦的王家学会会员——庞巴尔曾于 1739—1744 年在伦敦担任驻英大使。后来，他从伦敦前往维也纳，在那里成为由格哈德·范·斯维滕男爵（Baron Gerhard van Swieten）领导的启蒙团体的一员，男爵不仅是玛丽亚·特蕾莎皇后的私人医生，还就政治、文化等范围广泛的事务给她提供顾问意见。返回葡萄牙后，庞巴尔随即在这个可能是欧洲范围内教权化程度最高的国家［我们将在讨论马夫拉（Mafra）巨型宫殿修道院的后续章节中看到这一点］主持了激进的世俗化改革，其中包括在 1759 年驱逐耶稣会会士。在神圣罗马帝国，官僚时常是大学教授，大学教授也时常是官僚，启蒙知识分子和实际处理政务的政客之间有亲密关系的现象尤为常见。约瑟夫·冯·索南费尔斯就是一个这样的典型人物，他是维也纳大学的政治学教授，撰写过许多启蒙主义著述，著名作品有《没有偏见的人》（*The Man without Prejudice*，1773 年出版）和《论废除酷刑》（*On the Abolition of Torture*，1775 年出版），他还是宫廷总理署的高级行政官员、审查委员会的成员、视觉艺术学会会长、共济会和光明会的会员。索南费尔斯也为有才干的知识分子享有的社会流动性提供了一个良好的例证，因为他的祖父曾是勃兰登堡乡村里的一个拉比。这是来自欧洲两端的两个案例，实际上我们还可以随意举出更多的例证。

此外，批评“开明绝对主义”的人把注意力集中到政策上很可能弄错了对象。人们不必等到后现代才发现，在政治中，风格可能比实质更重要。不管统治者个人的启蒙程度多么有限，不变的事实是，在大部分国家，绝大多数受过教育的人认为康德是对的，认为自己的确生活在一个启蒙时代。下面这段作者不明的回忆材料选自封存在“时间胶囊”里的一份文档，1784 年，它被放进哥达（Gotha）圣玛格丽特教堂（St Margaret's Church）尖顶的圆球里，直到 1856 年才被发现：

> 我们在这地上度过的日子是 18 世纪最幸福的一段时光。皇帝、国王和诸侯慈爱地从他们那令人生畏的高处走下来，他们鄙弃夸示与炫耀，成了人民的父亲、朋友和伙伴。宗教脱去了教士的外衣，以纯粹的虔敬形式出现。启蒙大步前进；我们成千上万的兄弟姐妹，原先不问世事，现在则为社区做出了贡献。宗派仇恨和宗教迫害趋于消亡，慈善和思想自由占了上风。艺术与科学繁荣发展，我们对自然的运转状况有了深入的了解。工匠的技术水准已接近大师水准，有用的知识传遍了各个阶层。这就是我们时代的真实写照。要是你们站得比我们更高、看得比我们更远，

请不要带着傲慢鄙视我们，而要从我们业已给出的写照中意识到我们已在多大程度上改进并巩固了你们的祖国。为你们的后代做同样的事情吧，愿幸福。

有种做法后来被称作“姿态政治”，腓特烈大帝堪称个中大师。1740 年，他刚登上王位，就公开将流亡国外的克里斯蒂安·沃尔夫（Christian Wolff，1679—1754）召回国内，沃尔夫在今天很难算是家喻户晓的名字，可在当时，他被视为启蒙运动中独一无二的伟大哲学家。腓特烈大帝就此向欧洲知识界宣布自己国家的文化身份发生了巨变，此外，他也以一种知识分子能够欣赏的方式为他们提供了工作。那一年的早些时候，沃尔夫赠给腓特烈大帝一本关于自然法的最新著作，腓特烈大帝写信感谢此举，把这本书夸上了天，还写下了能够完美概括“开明绝对主义”的下列语句：“哲学家应当成为世界的老师，成为君主的老师。他们必须有逻辑地思考，我们必须有逻辑地行事。他们必须以自己的判断力教育整个世界，我们必须以自己的实践教育整个世界。他们必须发现，我们必须将他们的发现转化为实践。”

约瑟夫二世经常因他的固执、傲慢和迟钝被斥为脱离现实的统治者，但是，他的确知道该如何捕捉公众的情绪。他的母亲于 1780 年去世，这让他独享了对领地的控制权，此后不久，约瑟夫二世便颁布了一套新的书报检查章程：“不论批评对象是谁，不论其身份高低，甚至包括君主在内，只要不是诽谤，批评都不应当遭到禁止，批评者为保证可信而附上自己名字的作品尤其不应当禁止，因为每一位热爱真理之人都应当为得知真相而感到欣喜，就算真相是通过令人不舒服的批评途径传到他那里的，他也该感到欣喜。”人们很快发现约瑟夫二世的自由大厅里还有一些房间依然大门紧锁，比如标有“色情”的那间房，可是，他的态度在哈布斯堡君主国乃至欧洲其余国家是前所未有的，他的姿态导致了轰动效应，尤其是他对人身攻击似乎并不介怀：“要是诽谤源于傲慢，那么作者应当遭到鄙视；要是源于精神缺陷，那么他应当得到同情；要是仅仅源于敌意——那么朕就该宽恕这个白痴。”

这种姿态令约瑟夫二世获得了哈布斯堡君主国知识界的爱慕，他浮夸的激进主义则在特权阶层中引起了厌恶。18 世纪 80 年代的制度冲突将君主国带到了崩溃边缘，可这一冲突中实际上是可以避免的，特别是教会与国家的冲突。被人称作“约瑟夫主义”的改革运动并非始于国家对教会的攻击，而是始于教会**内部**的一场运动，是**由**教会进行的自我革新。这种革新在约瑟夫二世出生前很久就开始了，目的是摒弃天主教中的“巴洛克式虔诚”，它要用简朴代替炫耀，用艰苦代替富足，用节俭代替放纵，用节制代替淫荡。正如这一概要所示，它受到了詹森主义的强烈影响，起了主要作用的是富有影响力的摩德纳人（Modenese）改革家洛多维科·安东尼奥·穆拉托里（Lodovico Antonio Muratori，1672—1750），他最重要的著作《基督徒的虔诚正道》（*Della regolata devozione dei cristiani*，1723 年出版）有过 20 个不同的德文翻译版本，其中 8 个是在维也纳出版的。改革者的关切点在于将教会内部的权力从教皇、耶稣会士和正规修会手中转移到主教和教区神父手中，玛丽亚·特蕾莎皇后也秉持这一观点。在主教们的改革与国家的改革之间，克里斯托夫·安东·冯·米加齐（Christoph Anton von Migazzi）伯爵提供了个人纽带，他是穆拉托里的信徒，并于 1757 年成为维也纳大主教。

直到约瑟夫二世在1780年成为唯一统治者之后，这一联盟才开始破裂。约瑟夫二世迅速引入了对新教徒和希腊正教徒的宽容，排除了任何形式由外部势力行使的对自己领土内教会土地的管辖权，不论行使者是教皇还是帝国的诸侯主教，解散了所有在他看来“全然无用”的宗教修会（也就是大部分修会），并根据自己的基本准则“教会必须对国家有用”新建了国立“神学总院”，对教士进行再教育。约瑟夫二世还引入了对犹太人的宽容，但同时强调他不希望看到他们的人数增加，并着重说明他的主要目标是让他们对国家更有用。此外，约瑟夫二世说话方式毫不妥协，似乎对惹人生气乐在其中。虽然约瑟夫二世生前死后都是虔诚的天主教徒，但在他那些较为保守的同时代人看来，他更像个极具破坏性的背教者。1782年春季，庇护六世（Pius VI）不顾一切踏上前往维也纳的旅途，向约瑟夫二世抗议，这既戏剧化地告诉人们可能存在分裂，也让君主国的普通人能够展示自己忠实于传统崇拜形式。他们还受到米加齐枢机主教的鼓励，米加齐正越发激烈地抵制约瑟夫二世的改革。

哪怕最躁动不安的高级教士也不可能对君主国的稳定构成真正的威胁，不管他对教士及他们的教民影响有多大。可当约瑟夫二世把消除不平等的注意力转移到世俗特权上时，事态就截然不同了。应当记住的是，特权并不是贵族的专利，而是渗透到了社会，特别是城镇社会的每一个角落和毛孔里。再没有什么地方的特权比奥属尼德兰地区的特权更普及了，为了简便起见，下文将把这一地区称作“比利时”。约瑟夫二世与比利时臣民间的关系一直不怎么样。1781年，他唯一的一次访问以双方互不理解告终；1784—1785年，他让斯海尔德河向国际贸易开放的笨拙尝试失败，这让约瑟夫二世确信比利时人不值得帮助，让比利时人确信约瑟夫二世无能；与此同时，他还拿比利时当筹码，想在交换巴伐利亚的事上赌一把（这也没什么好结果），结果彻底疏远了比利时人。然而，让比利时人最终从怀有敌意变为公然暴动的还是他的激进改革方案。1787 年 1 月 1 日的宣言对政治、行政和司法架构都进行了根本性的改革，它导致布拉班特等级会议先是提出抗议，后是发动抗税斗争，而布拉班特正是比利时各省中最重要的一个。

省督们以让步避免了全面暴动。约瑟夫二世则狂怒地声明自己不像他们那样“软弱”，还想收回他们的让步，可见他既固执，又缺乏政治敏感性。布拉班特和埃诺的等级会议在 1788 年 11 月又发动了一场抗税斗争，约瑟夫二世则发布宣言作为回应，表示将两地特权视同作废，将两地政制视作无效，将两地人民视为不法分子。1789 年春季和初夏，又一批时机差到不可思议的改革措施激起了比利时人的怒火，在邻近的法国和列日的革命榜样的鼓励下，异议分子拿起了武器。1789 年 10 月，起义军出师不利，但他们随即在 11 月卷土重来，迅速驱逐了残余的奥地利士兵，当年年底就占领了除卢森堡以外的所有省份。1790 年 1 月 11 日，联省等级会议宣布“比利时合众国”独立。

矛盾的是，地理上的碎片化原先看似是哈布斯堡君主国的弱点，此时却被证明是一种财富，因为比利时的分裂并未危及君主国的核心领土。匈牙利的动乱与比利时的动乱同时发生，匈牙利地处国家中心，这场动乱的危险程度要远高于比利时的动乱。在匈牙利与维也纳的长期争斗中，最近的一次对抗是约瑟夫对马札尔小贵族的社会、经济、政治权力发动的堪称激进的攻击。1785—1786 年，匈牙利王国在没有考虑历史先例、民族分布、地方意见的状况下被分为10个新地区。前去处理分割事务的特派员自然都是由中央指定的。同样可以预见到的是，各州的行政机关也被国有化了。所以州议会只有在选举国民议会代表时才能召开（因为国民议会从未召开过，所以州议会永远不会召开）。此外，约瑟夫二世拒绝加冕为匈牙利国王（从而规避了需要遵守传统政治制度的宣誓），将德语作为唯一行政通用语，且在处理1784年的农民起义时对农民持有同情态度，这种打破传统惯例的做法几乎颠覆了马札尔贵族的世界。最后一击则是第四章中讨论过的“税收与租佃条例”。

鉴于马札尔人的祖先曾出于轻微得多的原因就诉诸武力反抗，谋划暴动不过是个时间问题。官方在1786年破获了第一桩密谋，不过，当被告在被反复盘问下供认他打算用“10万条训练有素的狗”分发宣言，以此宣传暴动后，审讯者就不打算再认真对待他了。约瑟夫二世在这时还算是安全的。普鲁士驻维也纳使节雅各比（Jacobi）男爵在1787年观察到，不管马札尔人发出多少愤怒的嘈杂声，大贵族仍然保持驯服，新教徒小贵族的不满则被宗教宽容削弱了，农民崇拜约瑟夫二世，将他视为解放者，而且大规模的驻军也会扼杀一切动乱的萌芽。不过，雅各比也以令人扫兴的远见补充说，要是普鲁士能够在约瑟夫二世（或其继承人）与叛乱分子达成协议前出兵匈牙利支持叛军，事态就会迥然不同了。当1787年的对土战争爆发后，可能出现的状况恰如雅各比所述。早在1788年秋季，约瑟夫二世就通过情报部门的报告得知异议分子正在密谋将匈牙利变为由萨克森-魏玛公爵统治的独立国家。他也知道加利西亚（奥地利在1772年第一次瓜分波兰时夺得的省份）的波兰贵族同样渴望挣脱哈布斯堡的枷锁。即便是在君主国的核心地带，通常状况下表现温顺的说德语的省份也出现了大到无法忽略的不满喧嚣声。

即便按照哈布斯堡君主国的标准，这个国内危机也是相当严重的。普鲁士进行军事干涉的可能性越来越大，事态到了生死存亡的地步。普鲁士在1787年秋季刚刚对荷兰共和国进行了成功的军事干涉，因此，通常优柔寡断的腓特烈·威廉二世这次迫不及待地要利用极为有别的国际形势。法国已经破产，革命一触即发，而两个东方大国又被波罗的海和巴尔干地区的战争拖住了，于是，普鲁士得到了掌控欧洲的绝佳机会。1789年夏末的某个时刻，腓特烈·威廉二世决定与土耳其缔结进攻性同盟，于次年春季从北面入侵哈布斯堡君主国，同时发生的还有普鲁士支持下的匈牙利和加利西亚的暴动。倒霉的约瑟夫二世要应付的还不止这些，普鲁士又与波兰就缔结进攻性同盟进行了谈判，西班牙人和撒丁人也准备夺取哈布斯堡的意大利属地。

军队带来了拯救，在哈布斯堡君主国麻烦不断的历史上，这并非第一次，也不是最后一次。就在约瑟夫二世的众多敌人认为他们能够闻到腐肉的气息时，君主国却突然起死回生。1788年的战况虽然令人失望，但是奥军在1789年战局中却进展得非常顺利。就在巴士底狱陷落标志着法国的绝对君主制倒台时，一支奥地利军队正在塞尔维亚境内推进，另一支则在征服摩尔达维亚。10月8日，奥军以强攻从土耳其人手中夺取贝尔格莱德，战役的高潮就此到来。在这场胜利的秋季战役中，奥军夺取的土地多到了令国内外敌人开始反复思考是否应当诉诸武力的程度。约瑟夫二世在1790年2月20日逝世，这也促使他们做出按兵不动的决定。约瑟夫二世早已取消了许多最不得人心的政策，他的弟弟兼继承人利奥波德二世则加速完成了取消进程，并发誓忠实于传统秩序。与此同时，利奥波德二世还发起了一场外交攻势，以避免与普鲁士发生战争。1790 年 7 月 27 日，他通过签署《赖兴巴赫协定》（Convention of Reichenbach）实现了这一点。尽管这份协定迫使他将包括贝尔格莱德在内的全部征服来的土地都交还给土耳其人，但它容许利奥波德二世在匈牙利恢复秩序并重新征服比利时。1790 年 11 月 15 日，利奥波德二世加冕为匈牙利国王，宣誓“以永生的上帝、最神圣的圣母童贞马利亚和所有圣人之名，保护上帝的教会，保护僧俗领主、大小贵族、自由市和王国全体居民的豁免权、自由、权利、法律、特权和利益，认同古老习俗，公正地对待一切”。1791 年 9 月 6 日，利奥波德二世在布拉格加冕为波希米亚国王。直至 1918 年，匈牙利和波希米亚都是哈布斯堡帝国的一部分。

在欧洲的另一端——事实上，可以说是在西方文明的另一端——也发生了一场类似的冲突，但结果截然不同。尽管大不列颠成了“七年战争”的大赢家，战争却让它的国债总额几乎翻了一番，达到 1.47 亿英镑，它似乎举步维艰。1763 年的《巴黎和约》并不受欢迎，战后的经济萧条让任何企图在国内加税的动作都令人格外不快。政府就自然想要寻求美洲殖民地的帮助，毕竟这些殖民地从征服法属加拿大中受益最为直接。此外，众所周知的是，殖民地当时的税率要比本土低得多：根据 R. R. 帕尔默（R. R. Palmer）的估计，不列颠平均每人每年要缴 26 先令的税，而马萨诸塞每人每年只需缴纳 1 先令，纽约是 8 便士（当时 12 便士合 1 先令），弗吉尼亚则是 5 便士。总体来看，这 13 块殖民地完全可以说是人口稠密、快速发展、经济富足。在 1700 年，那里还只有 22.5 万名说英语的美洲居民，可 50 年后，这一人数就飞速增加到 200 万，而且费城已经比除伦敦之外的任何一个英格兰城市都大了。更具争议的是，美洲殖民者对自身防务不负责任、毫不热心，1763 年，庞蒂亚克（Pontiac）领导了美洲原住民暴动，而殖民地居民完全把对付暴动的问题留给不列颠人来解决。

因此，英国官方尝试让美洲人为帝国防务开支做出贡献，这始于 1764 年的《蔗糖法案》(Sugar Act) 和 1765 年的《印花税法案》(Stamp Act)，最终导致了暴动和分裂。对殖民者而言，关键的切身原则可以用一个简单的信条概括："无代表权不纳税。"由于美洲人在英国议会中并无代表，因此他们认为议会权力是不合法的，约翰·亚当斯总结如下："大不列颠的议会并不比巴黎的议会更有权从美洲殖民地收税。"矛盾的是，他们这一结论要成立，就得忽略 17 世纪 40 年代以来在英国发生的一切事件，其中也包括承认主权属于议会的国王。马萨诸塞总督弗朗西斯·伯纳德爵士（Sir Francis Bernard）在 1765 年 11 月告知陆军大臣巴林顿勋爵（Lord Barrington）："在不列颠，美洲政府被视为获得授权制定地方法规的公司，只有在议会乐意让它们存在时才能存在……而在美洲，它们自称……是完全的国家，除去与大不列颠拥有同一位国王外再没有什么依附于大不列颠之处。"一旦事态涉及主权问题，矛盾就爆发了。这体现在 1766 年 1 月的《公告法案》（Declaratory Act of January 1776）上，议会宣示自己的主权，措辞强硬程度不亚于路易十五两个月后宣示国王主权时的措辞（见前文）:

> **美洲**的所谓殖民地与种植园在过去、现在以及未来都臣属于、依附于**大不列颠**帝国的国王与议会……国王陛下运用且依靠**大不列颠**上议院僧俗贵族和下议院的建议与许可，无论状况如何，他和召开的议会在过去、现在以及未来都拥有为臣属于**大不**

列颠国王的**美洲**殖民地和人民制定对其进行约束的法律法规的全权。

让双方忍无可忍的事件发生在1773年年底，当时英国政府打算帮助处境艰难的东印度公司，准许它向美洲殖民地出售约4 500吨茶叶。美洲方面的回应是"波士顿倾茶事件"，一群异议分子装扮成美洲原住民，登上了停泊在波士顿港格里芬码头（Griffin's Wharf）的3艘船，将船上的货物扔进海里。这件事在本质上只是个小插曲，却激化了双方的态度，这很好地说明了，在政治上，象征比观念更重要。乔治三世对此毫无疑问："骰子已经掷下，殖民地要么屈服，要么胜利。"他对待美洲人的态度在许多方面都和约瑟夫二世对待比利时人的态度类似，因为他觉得自己是正确的。"我知道我在尽自己的职责，因此，我知道自己没有退路。"乔治三世在1775年7月写道。

那时，战争已经打响。还要再过8年，英国人才会在1783年9月3日的《巴黎条约》（Treaty of Paris）中承认美国独立。一些较有远见的英国政治家从战争之初便预言了这一结局，卡姆登勋爵（Lord Camden）是其中尤为突出的人物，他在1775年的辩论中指出："征服一个跨1 800英里（约2 897千米）、拥有300万人口、所有人都紧密团结在自由、公正的伟大辉格原则上的大洲，似乎是项不该鲁莽投入的事业……阁下，显然你们的军力和财力不足以完成征服美洲这一宏伟目标……可是，法国和西班牙会不会袖手旁观，任凭你们在美洲忙忙碌碌，这就很值得大人们考量了。"尽管战争开始时的公众舆论一面倒地反美，卡姆登却不是唯一一个对战争感到不快的英国人，这是一场针对说英语人民的战争，那些人也和卡姆登一样认同"伟大的辉格原则”。英国人习惯于和宗教上信仰天主教、政治上信奉绝对主义的敌人交战，所以，美洲人呼吁自由的修辞是令人极为烦扰的。而美洲人关于自己究竟是捍卫多种具体古老自由的保守者，还是为抽象自由而战的革命者，是有些困惑的，或者说至少出现了不同意见。大陆会议在 1774 年的《权利宣言》(Declaration of Rights) 中明智地将两者结合到一起，诉诸“不变的自然法，英格兰的政治制度原则，以及若干宪章与契约”。

美洲人证明了主权国家对权力和金钱的渴望只能被武力所阻止，而这样的武力还必须拥有意识形态的支撑和有利的国际环境。美洲人之所以能够走得比（例如）匈牙利人远得多，实现了完全独立而非仅仅撤销几项受人厌恶的改革，是因为美洲人的武力更强大，意识形态更具包容性，国际环境也更有利。在这些方面，英国政府的另一个大问题——爱尔兰——就更像匈牙利而非美利坚了。英国的军事资源在 1775 年之后集中到了与殖民地的斗争上，这让爱尔兰在面对内部动乱和外来入侵时格外脆弱。为了应对内忧外患，在像莱因斯特公爵和查尔蒙特伯爵（Earl of Charlemont）这样的显贵领导下，盎格鲁–爱尔兰精英们着手组建了志愿兵连队。1779 年末，已有大约 4 万人武装起来，这个已经很大的数目在此后 3 年里又翻了一番。美洲战况越来越糟，而法国–西班牙联军试图在 1779 年入侵英格兰本土——只是被糟糕的天气阻止了，爱尔兰志愿兵的政治力量有了相应增长。亨利·格拉顿（Henry Grattan）在 1780 年告诉专心听讲的爱尔兰下议院：“从没有一个爱尔兰议会能够得到人民如此高度的信任，你们现在是这世界上最伟大的政治集会。你们是一支庞大军队的领导。我们的军队不可战胜，我们公众的怒火不可抑制，将像天罚一样触及所有阶层的人。”

英国政治家至少可以认同格拉顿对爱尔兰军队的夸耀。结果是英国的一系列经济、政治让步，这就算没有终结爱尔兰的殖民地状态，也改善了它的地位。就象征性方面而言，最为重要的举措是废除了可以追溯到 1494 年的《波伊宁斯法》(Poyning's Laws)，它要求爱尔兰议会的所有决定都得经由英国批准。在物质方面较为重要的变化是撤销了对爱尔兰毛织品和玻璃器皿的出口禁令，也准许它与其他英国殖民地直接贸易。

然而，爱尔兰继续由英国统治到 1922 年为止。将它与美国和匈牙利进行对比会是很有教益的。美国同样出现了严重分裂，至少 6 万名效忠派表示他们宁愿移居他处，也不愿独立，效忠派人数甚至可能多达 10 万。新生共和国纷乱的早期岁月导致它在 1789 年引入了一部新宪法，这也证实了国家和公民社会内部都出现了深度分裂。然而，与妨碍爱尔兰人团结起来反抗英国的裂隙相比，美国内部的这些分裂只能算是裂纹。爱尔兰有超过 3 000 万名天主教徒，大约 100 万名长老会信徒和 45 万名圣公会信徒，他们只可能基于利害关系，暂时结合，也注定很快带着仇恨分手。当志愿者大国民会议于 1783 年 11 月在都柏林召开时，代表们就天主教解放问题进行了激烈的讨论，但最终还是决定反对解放。就好像有自动截止阀一样：要独立，就必须得到天主教徒的支持，而一旦天主教徒开始主张自己的权利，新教徒就改主意了。只有在天主教徒创建出自己的意识形态和组织之后，只有在国际形势有利于独立之后，独立才能取得成功。而在当时，即便是 18 世纪 80 年代初的有限成果也是承蒙美国人的好意，一位爱尔兰爱国者在 1782 年承认："爱尔兰是在美利坚的平原上获得自由的。"事实证明，那种自由只是一种妄想，因为爱尔兰与大不列颠在 1801 年合并成了联合王国。

民　族

如果说国家是18世纪政治话语中的一个主导名词，那么民族就是另一个。事实上，民族是一个更有力的动力源。因为尽管国家雄心勃勃、无所不包、异常活跃，但是它输送到政治躯体各个部分的血液却是十分稀薄的。尽管像腓特烈大帝或约瑟夫二世这样拥有坚定决心的开明绝对主义者可能会希望一生为国效力，大部分欧洲人还是很难为这样一个抽象整体付出太多热情。而民族则有很强的驱动力，因为它同时诱发了自我生长的辩证过程中的积极与消极反应。在民族主义者眼中，自己的民族每多一个优点，对立的民族“他者”就多一个缺点。这是一个双向进程，因为民族主义者认为他者既不能公允地评价其他族群，又拒绝承认自身的弱点。这或许可以称作“民族主义辩证法”，可以用简单的示意图说明：

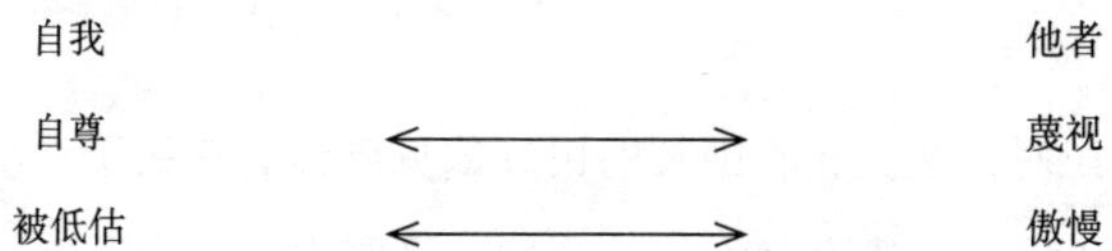

一个具体例子有助于揭开民族主义力量的这个秘密。当英国人开始摆脱漫长的内部动乱，享受国内的繁荣，并将影响力输出到国外时，他们也在竭力向别人证明本民族的文化资格。主要的受益人是威廉·莎士比亚（William Shakespeare），英国在18世纪发展出了某种莎士比亚崇拜，其中包括1737年在威斯敏斯特大教堂立了一座

莎士比亚纪念碑，当然，他本来就很有资格受到崇拜。德意志科学家兼警句作家格奥尔格·克里斯托夫·利希滕贝格（Georg Christoph Lichtenberg）在1775年访问英国时观察到："莎士比亚不仅是闻名遐迩的，还是神圣的，各处都能听到他的警句格言。"英国人有理由因莎士比亚自豪，但他们也开始贬低外国文学，特别是虚伪、做作、肤浅的法国文学。不过，众所周知的是，法国人也沾沾自喜于本民族文化的绝对优势地位，将莎士比亚这位不朽诗人的著作斥为粗俗野蛮之作。这可不是瞎猜，因为说出以下评论的正是伏尔泰，"这位戏剧诗人的最大业绩就是毁灭了英格兰舞台"，因为尽管他拥有天赋，却"毫无品味，不懂一条戏剧规则"，结果，他的"悲剧"实际上只是"怪物般的闹剧"。伏尔泰深刻地了解英国，而且在自己的《哲学书简》（*Lettres philosophiques*）里不厌其烦地颂扬了英国的诸多习俗，因此，他对莎士比亚的断言听来更为刺耳。提一句，伏尔泰对待德意志人也是如此，他在《老实人》里用像牛一样笨拙的森特登脱龙克（Thunder-ten-Tronck）男爵的形象讽刺德意志人，此男爵是"威斯特伐利亚第一等有权有势的爵爷，因为他的城堡有一扇门，甚至还有几扇窗"。

18世纪时，这类相互助长的民族偏见已经有年头了。早在中世纪，讽刺文学就在谈论犹太人的忌妒、希腊人的狡猾、罗马人的傲慢、法兰西人的贪婪、萨克森人的英勇、英格兰人的坏脾气和苏格兰人的淫荡等等了。德国学者温弗里德·舒尔策（Winfried Schulze）令人信服地指出，15、16世纪的人文主义者大大深化了这些简单的刻板印象，他们将单纯的偏见融合进了对民族历史的叙述，因为"大概每一种文化、每一种宗教都有自己的创世神话，自己的《创世记》"

[科林·伦弗鲁（Colin Renfrew）语]。海因里希·科尔内留斯·阿格里帕·冯·内特斯海姆（Heinrich Cornelius Agrippa von Nettesheim，1486—1535）是一位花了大半生时间周游欧洲的德意志人，他在写于1526年的《论科学的不定与无益》（*De incertitudine et vanitate scientarum*）中指出：

> 所有民族都有不同于其他民族的特殊风俗习惯，体现在他们的论述、讲话态度、交谈、喜爱的饮食、处理事务的方式、爱与恨或表达怨怒的方式，以及其他各种方式上。所以，要是你遇见一个人趾高气扬地朝你走来，露出凶悍好斗的表情，像公牛一样咆哮，说话粗俗，手势粗野，衣服破烂，那么你就可以立刻判断出来，他一定是个德意志人。

不寻常的是，阿格里帕在罗列欧洲其他民族的特点时用词却要慷慨得多。大部分人文主义者还是偏爱自己的民族。以理查德·马卡斯特（Richard Mulcaster）为例，他在1582年写道："我爱罗马，但更爱伦敦，我喜欢意大利，但更喜欢英格兰，我尊崇拉丁文，但我更尊崇英文……我以为，没有任何其他语言能够比我们的英语更好地表达观点，能够更简练更直白。"

在近代早期的欧洲，有君主主义、古典主义和宗教等等超越民族的力量，它们往往强大到足以淹没民族主义的声音。在许多"复合国家"，对某个地区的忠诚和厌恶比民族主义强大得多，西班牙的阿拉贡王国和卡斯蒂利亚王国之间的裂隙就说明了这一点。让民族主义得以存续并最终占据优势地位的是欧洲国家体系内民族国家的出现。在

16 世纪的英格兰，宗教改革、议会发展和击败西班牙无敌舰队这三者结合在一起，推动了民族主义的第一次急剧发展，这一时期的文艺作品也很好地体现了这一点。事实证明，在斯图亚特王朝让查理一世丢掉脑袋和让他的儿子詹姆士二世丢掉王位的诸多失误当中，相当重要的一个是未能理解民族主义的力量。国王和议会在 1688 年后再度协力，民族主义才返回了英格兰政治的中心。始于 1688 年的“第二次百年战争”则使民族主义在英格兰政治中扎下根来。

在法国，弗朗索瓦一世和亨利二世的民族王朝给法国的“宗教战争”（1562—1598）让开道路，法国展开了一段既类似却更为极端的剧情。正如我们在此前章节中所见，直到再度开打的“投石党”内战（1648—1653）结束后，路易十四才重新掌握了君主权力，将国王的事业和法兰西的利益结合起来。与英格兰不同的是，正如凡尔赛工程所示，这种结合很大程度上系于国王个人，并没有团体机构作为中间媒介。事实证明它兼具优缺点。一方面，它让路易十四通过集中资源使他的国家获得了欧洲历史上前所未有的文化霸权；另一方面，它令王室呈现型文化的运作一直都需要依赖君主的能力。

凡尔赛宫代表的自大招来了涅墨西斯（Nemesis），她是复仇女神，会扭转过头的好运，阻止放肆的傲慢。正如我们所见，很难设想还会有什么比为战争画廊（Salon of War）和镜厅（Hall of Mirrors）设计的装饰主题更加耀武扬威了。至今仍在那里的湿壁画无声地见证了路易十四的铺张和愚行。之所以说这些举动愚蠢，原因有二。第一，战局一旦有变，这些艺术品非但不能增添荣耀，反倒会让日子更不好过，因为过去的胜利同现在的失败形成了鲜明对比。在“七年战争”的黑暗时日里，这个问题尤为突出。当路易十五面对这些代表前任君主的荣耀、让人不是滋味的制品时，他会有何感想？那时，路易十四想必有点像雪莱（Shelley）笔下的奥西曼迭斯*，他残缺的面庞从沙漠中隐约出现，还带着冷淡的轻蔑："看我的功业，纵是强者，也定会颓然绝望！"

第二，凡尔赛宫工程即便在路易十四在世时也是愚蠢的，至少在外交层面如此。它得意扬扬地炫耀武力，自然引发了相应的暴力反应。需要特别指出的是，它对德意志民族主义的发展影响极大。在过去，有几种"他者"曾被用作加强德意志民族认同感的工具——意大利人、西班牙人、土耳其人乃至瑞典人。可从17世纪70年代起，法兰西人成了德意志人最主要的对立面。大批宣传册将路易十四斥责为敌基督、"撒旦的头生子"，德意志人用暴虐、好战、残酷、虚荣、渎神、通奸乃至每一种能够想象到的邪恶行径歪曲他的形象。他的罪过被人当成"基督徒里的土耳其人"一条条点出来，甚至包括他的后宫里有其他人的妻子，他夺人之妻时目无法纪，对待其他君王和他们土地时也是如此。宣传册作者们对他个人发起了攻击，但攻击范围不仅限于他这个人。法国国王的一切邪恶都被认为是法兰西这个对立民族的邪恶。法军在17世纪70年代的法荷战争期间犯下的暴行被人用文字和图像广泛宣传。路易在17世纪80年代将注意力转向帝国，他先是采取归并手段（关于这一点可见下文第678—679页），在1689年之后则转为破坏莱茵兰，而此时，德意志的公众舆论已经准备好相信最糟糕的状况了。实际上，状况的确恶化到了最糟糕的地步：关于劫掠、敲诈、纵火、恶意破坏、强奸等等战争暴行的故事都伴随着针对法兰

---

* 奥西曼迭斯（Ozymandias），希腊人对古埃及第十九王朝法老拉美西斯二世的称呼。

西民族特性的猛烈指责。法军采用的焦土方针导致海德堡被烧毁，几座莱茵地区的城镇被夷为平地，人们知道此举源于高层授意，越发愤怒。比如，据说卢森堡元帅曾发表演说，号召他的士兵抢劫、杀人、强奸。法军被指控犯下了种种暴行，比如炮击不设防城镇，破坏任何自己认为无法据守的土地，给地里撒盐让土地永远失去肥力，在井里下毒。据说，他们连胎儿和棺材里的死者都没被放过。指责的对象随后从军队扩展到整个法兰西民族。法国人在性方面的不道德尤其遭到了指责：法国没有过了青春期的处女，鸡奸是法国人的发明，梅毒是法国的主要出口产物，巴黎是个大妓院，等等。这些私德上的缺陷也反映在政治制度里。宣传册作者们声称法兰西的法兰克人起初和他们的德意志亲戚一样自由，现在却被奴役了，变得穷困了。预防国王暴政的三大壁垒——贵族、教会和法庭——已经被路易十四变为服从他专制妄想的工具。

根据可靠的反义词词典，法国人这些所谓邪恶特性的反面是单纯、慷慨、真诚、诚实、忠诚、谦逊、忠于配偶等等，那些都是德意志人的美德。在德意志人所享有的各类优势中，最重要的就是他们的自由，1684 年的一本小册子写道："太阳底下没有一个民族会比德意志人更热爱自由。"事实上，几乎每一本出版于 1648 年之后的小册子都会提到这一点。帝国等级会议有权参与帝国政府事务，特别是皇帝选举事务，正是这一权利和法治一起确保了自由。有人指出，所有民族都曾经享有同样的自由，可只有德意志人知道如何保护他们的自由，不过考虑到当时的状况，瑞士人、英格兰人和荷兰人可能也得包括在内。有张 18 世纪早期的图表名为"关于欧洲民族及其特点的简要叙述"，关于德意志人对民族差异的认知，它为我们提供了一个很好的范例，这张图表有多个栏，每一栏开头都是一个身着民族服饰的代表人物，民族特征则是根据 17 条标准——包括智力、知识、恶习、喜欢追求的事业、疾病、对宗教的态度以及娱乐活动——列出的。

德意志人对法兰西人的指责在 17 世纪 90 年代达到了巅峰，此后激烈程度有所缓和，不过，它在整个 18 世纪仍然持续影响着民族话语。主要的变化在于，德意志人对法国实力的畏惧变成了对法国衰颓的鄙视。比如法军在 1741 年 11 月至 1742 年 12 月间占据布拉格，它既被作为法军残酷行径的例证，也被当作法军虚弱无能的表现。此外，1743 年，汉诺威选帝侯格奥尔格（他恰好也是英国国王乔治二世）亲自指挥一支军队在代廷根（Dettingen）击败了法军，一本宣传册说，法军撤出德意志战区表明昔日的法兰西雄狮已经变成了小兔子。致命一击发生在 1757 年 11 月 5 日，当时，腓特烈大帝指挥的一支普军在罗斯巴赫会战中击溃了规模两倍于己的法军。尽管被击败的敌军中有相当一部分是从帝国军队单位里抽调过来的，但当时的公众舆论仍然将这场胜利视为德意志人击败法兰西人的胜利。用约翰·威廉·冯·阿兴霍尔茨的话说，它是一场“民族的凯旋”。

另一方面，“七年战争”的确标志着德意志民族主义发生了重要转向。在 17 世纪下半叶的恐法浪潮中，哈布斯堡皇帝利奥波德一世成了主要受益者。作为在西面英勇抵御路易十四入侵、在东面击败了土耳其人的皇帝，他成为德意志人心中当之无愧的英雄。问题始于 1740 年他的儿子卡尔六世逝世和后来巴伐利亚选帝侯被选为皇帝卡尔七世。尽管玛丽亚·特蕾莎的丈夫弗朗茨·斯特凡在 1745 年被选为皇帝，哈布斯堡家族依靠代理人重获帝位，但是皇帝的位子已经失去了神秘的光环，权威也永久地衰落了。更糟糕的事情还在后面。

考尼茨侯爵在1756年策划了“同盟洗牌”（renversement des alliances），这或许是个外交胜利，它在政治上却是灾难。此举让奥地利和其世代死敌法兰西结盟，让腓特烈大帝得以作为德意志自由的救星迈步前进。传统观念认为，德意志民族的代表是采用等级制度的帝国代表，这种观念仍有影响力，但已开始让位于新观念，新观念认为，德意志民族更多是文化意义上的，有更多普鲁士、新教、北德意志的成分。

在英格兰，恐法与自由的结合同样突出。独立的英格兰身份意识最早可以追溯到7世纪，但开启英格兰民族主义近代历程的是1688年的“光荣革命”——按照史蒂文·平卡斯（Steven Pincus）的观点，这也是“英格兰的第一场民族主义革命”。民族主义的主要推动力是“第二次百年战争”，它始于威廉三世于1688年11月5日在托贝（Torbay）登陆［11月5日当时被人看作一个特别吉利的日子，因为人们也会在这一天庆祝挫败盖伊·福克斯（Guy Fawkes）的“火药密谋”］。这是一次预示状况改善的政权更迭：查理二世只是路易十四的臣仆，威廉三世则是捶打路易十四的人。“比利国王的战争”（比利国王即威廉三世）体现了前述“民族主义辩证法”英格兰版本的所有二元对立：新教对抗天主教、英格兰人对抗凯尔特人、独立对抗奴役、自由对抗暴政、富足对抗贫穷，甚至还有健康食物（老英格兰的烤牛肉）对抗不洁的外来垃圾（淡汤、蛙腿、草叶）。

将对本民族处境的自豪和对他者处境的轻蔑结合起来，会产生出效力极大的混合物，两个例子足以说明问题。第一个例证的作者才智过人，他就是安东尼·阿什利·库珀（Anthony Ashley Cooper，1671—1713），第三代沙夫茨伯里伯爵，他影响到了国内外同时代和后世的人，他对任何带有粗俗偏见气息的失误都抱有辉格式的嫌恶。他将西班牙王位继承战争视为生死之战，在这场战争中，英格兰人捍卫自由，抵抗路易十四将“一个普世君主国，一个无知与迷信的新深渊”强加于他们身上的企图。在他看来，太阳王大肆吹嘘的文化成就已经被它们所代表的绝对主义暴政玷污了。而英格兰文化尽管存在不够优雅之处，却得到了终将胜利的自由的支持：

> 我们现在身处一个**自由**再度处于上升期的时代。我们本身就是最幸福的民族，不仅能够享受国内的自由，而且依靠我们的强大力量还能够将生机与活力赋予国外的自由。我们是为这一**共同事业**努力的**欧洲联盟**的首脑和领袖。我们无须担心会丧失这种高贵的热情，也无须害怕会在这光荣劳作中晕厥；我们反而应该像古**希腊**一样，一连数代与外国强权斗争，尽力消除**大君主**的过分行径。

第二个例证难免有一些粗俗偏见，却也具备较高的美学品质，那是威廉·贺加斯的两幅蚀刻版画，合在一起名叫《入侵》（*The Invasion*），创作于七年战争开始的1756年。在第一幅蚀刻版画中，一队法军士兵在法国海岸上一座旅馆外头集合，等待上船参与令这组画得名的入侵英格兰行动。贺加斯充分利用了符号。旅馆外面的招牌上写着“王家鞋淡汤”（Soupe Meagre a la Sabot Royale），王家鞋是种木鞋，在传统上代表贫困。瘦弱的士兵们正在用烤肉钎烤青蛙，还带着一面写有“复仇以及英格兰的好啤酒好牛肉”（Vengeance et le Bon Bier et Bon Boeuf de Angleterre）的旗帜。有位头顶剃光的修士做好了随同出征的准备，他用手指抚弄着一柄斧头，心满意足地注视着他这一行的工具——一座表现偶像崇拜的雕像、一个用于碾碎异端的车轮、精选出的酷刑器具，还有在伦敦布莱克弗赖尔斯*新建（重建）一座修道院的计划图纸。画面背景中耕地的则是妇女，因为她们的男人已经在刺刀尖的威胁下被征发到入侵舰队里去了。

第二幅蚀刻版画描绘的是，海峡另一边，一群英国爱国者正集结在一座旅馆外头，旅馆名为“坎伯兰公爵”，是用乔治二世的小儿子命名的，此人曾于1746年在卡洛登（Culloden）击败詹姆士党，还因亨德尔（Handel）的乐曲《看英雄凯旋》(*See the conquering hero come*)而为后人所知。招牌上还宣称这里每天都供应牛肉，有烤肉也有煮肉，英国士兵的强壮体格与第一幅印刷品中法国对手的消瘦形成了鲜明对比，突出了这种膳食差异。有位诱人的女招待爱慕地打量着一名英国燧发枪手的宽阔肩膀，这也说明了英军的强壮。另一位姑娘调情般拿手指挑动着一柄小刀，而那柄刀的位置恰好像是从某位后仰海员的腹股沟里凸出来的一样，这样的画面更为明显地表露了性方面的暗示。画中所有人在一起围着路易十五的讽刺画笑，画中路易十五手持绞架，嘴里说：“你抢了我的一条好船，你是海盗，你是盗贼，俺派大军过来，通通吊死你们，马尔布鲁（Marblu）。”音乐也没有被忽略。餐桌上有一张歌单，里面包括了合唱曲《统治吧，不列颠尼亚》(*Rule, Britannia*)，另一名燧发枪兵则在吹奏《上帝保佑我们伟大的乔治国王》（*God Spare Great George, Our King*）的旋律。与不愿应征的法国新兵构成极大反差的是，图中描绘了一位踮着脚尖、想要达到服兵役

---

* 布莱克弗赖尔斯（Blackfriars），该地名源于黑衣修士（Black Friars），即天主教多明我会修士的俗称。

要求的最低身高的年轻人，而在背景处还有一个连的志愿兵正在接受训练。

法兰西或凯尔特这样的他者有助于强化英格兰民族主义，英格兰民族主义的耀武扬威也激起了与之对立的民族主义。在爱尔兰，18世纪不断增长的物质、文化成就鼓舞了新教徒，他们对伦敦方面居高临下的剥削越来越不满。随着一代代人的逝去，对宗主国的忠诚逐渐让位于对爱尔兰身份的意识。这种民族身份意识甚至找到了在饮食上的表达方式。一本写于1762年的小册子告诉新任总督哈利法克斯勋爵(Lord Halifax)："这一点可以确定，我们现在已经彻底归化了，我们属于且依恋这个小岛，就像你们自己对老英格兰最深刻的感情一样……我们喜欢吃覆盆子和土豆，就像意大利人或法兰西人最喜欢吃葡萄和瓜一样，若有人提出交换，我们决不答应。"（保存至今的）城市住宅和乡村庄园表明人们对未来的信心日益增加，这种信心让人越发不满英国主人的殖民态度，英国人依然将教会、政府和军队中的所有好岗位都留给自己人，还让爱尔兰机构给英国寄生虫支付补助金。以18世纪末为例，当时有1/4的"爱尔兰"贵族与那个岛屿毫无关系。托马斯·巴特利特（Thomas Bartlett）指出，爱尔兰人深信，他们的国度正遭到外来英格兰政客的掠夺，这种有破坏作用的信念刺激了爱尔兰新教徒的民族主义。爱尔兰人知道英国人将这片土地鄙视为"泥沼之地"或"蒂格之地"*，这进一步刺激了民族主义。尽管第三代莫宁顿伯爵［the third Earl of Mornington，后来的韦尔斯利侯爵（Marquess Wellesley），也是第一代威灵顿公爵（Duke of Wellington）的兄弟］出

* 蒂格之地（Teague-Land），英国人对爱尔兰的贬称之一，源于爱尔兰人的常用名字泰格（Tadhg），蒂格是泰格的英语化变体之一。

生在米斯（Meath）郡，也对爱尔兰有深刻了解，可他依然会在1790年7月行经低地国家时致信友人格伦维尔勋爵（Lord Grenville）："列日的大部分地区是阴沉、悲惨的乡村，有点像爱尔兰最好的地方。"

17世纪的低谷（1641年的叛乱）和高峰（1689—1690年的拯救）令爱尔兰新教徒确信他们是上帝偏爱的选民。他们并不将自己视为爱尔兰的一个民族，而是视为爱尔兰的唯一民族，因为天主教徒似乎已经被永远扔进历史垃圾堆了。然而，在新教徒压倒性优势地位的平静表层之下，本土民族主义的岩浆仍然在沸腾。因为讲爱尔兰语的人中许多都不识字，直到1800年时还至少有50%是文盲，公共领域又局限在新教徒主导的城镇，所以人们要是想从像周刊或小册子这样通常被当作民族主义情感传输渠道的出版物中找到什么，几乎一定会失望而归。对过去不公的憎恶、对未来复仇的期望，这样情感虽未浮出水面，却一直在酝酿，可以从口头传述的民族歌谣和史诗中感受到，因为正如苏格兰爱国者索尔顿的安德鲁·弗莱彻（Andrew Fletcher of Saltoun，1655—1716）所述："要是一个人能够获准创作所有歌谣，他就无须在乎应当由谁制定民族的律法。"文森特·莫利（Vincent Morley）已经展现了那首名为《爱尔兰挽歌》（*Tuireamh na hÉireann*）或《肖恩·奥康奈尔之作》（*Aiste Sheáin Uí Chonaill*）的历史长诗有多么无所不在、多么受人欢迎，这表明从歌谣和史诗中探究民族主义并不是无法完成的任务。这首长诗最早于17世纪中叶在凯里（Kerry）写成，它具有成熟民族主义所应具备的全部要素：一个奠基神话［米莱西亚人（Milesians）自西班牙移居爱尔兰］、一位神话英雄［芬恩·麦库阿尔（Fionn mac Cumhaill）和他的战士团芬尼亚（Fianna）］、来自上帝的特别眷顾（圣帕特里克的到来）、文化成就（修道院）、面对外来入侵时战败的借口［“叛徒德莫德（Dermod）”只是许多借口中的第一个］，以及最为重要的外来压迫（亨利八世、伊丽莎白一世、克伦威尔等等）下深重的苦楚。到了本书所述时段的末期，经由《爱尔兰挽歌》推广的话语开始从乡村世界的客栈和集市进入城市公共领域，开始从手抄本进入印刷期刊。以岛上最流行的《爱尔兰杂志》（*Irish Magazine*）为例，它在1810年高声谴责道：“世界历史上再没有什么能够比英格兰人对爱尔兰人的迫害更残暴了，再没有什么更反文明了，再没有什么更下贱、更无耻了，再没什么更亵渎上帝了，这有悖于造物主赋予人类、令人类有别于觅食野兽的每一种性情。”正如莫利总结的那样，19世纪的爱尔兰民族主义有悠久的过去。

在中短期层面，不列颠国家还能够降伏爱尔兰民族主义，不论这民族主义从何而来。事实上，天主教徒不断主张自身权利，令当局能够更轻易地控制新教徒。1798年爆发了“可能是爱尔兰历史上最为集中的暴力事件”［罗伊·福斯特（Roy Foster）语］，导致大约3万人死亡。6月21日，反叛者在醋丘（Vinegar Hill）溃败，可是在此之前，即叛乱开始后不到一个月，同时代人就把它当作了天主教徒和新教徒之间的一场冲突。正如卡斯尔雷勋爵所论：“看上去，南方的宗教复杂性每将新教徒推离叛乱一步，就将天主教徒推得离叛乱近一步。”简而言之，不同版本的殖民地民族主义可以大大降低宗主国政权面临的任务难度。

哈布斯堡君主国的情况也是如此，那里族群多样，分而治之政策实施的机会也相应更多。当利奥波德二世在1790年2月即位时，正如我们在这一章前文所见，因为他已故兄长约瑟夫二世粗暴的改革使匈牙利到了叛乱的边缘，所以他需要尽可能获取帮助。为了说服叛乱分子悬崖勒马，利奥波德二世有效利用了手中的民族牌，让最不稳定的民族团体——马札尔小贵族——意识到他们在王国里并不孤独。一方面，利奥波德二世拿出了让步的胡萝卜，另一方面，他又挥舞着军事威压的大棒。布达佩斯原先说马札尔语的驻军被克罗地亚人的部队取代，因为克罗地亚人既有对哈布斯堡王朝的极端忠诚，也有对马札尔人同等程度的厌恶。匈牙利南部巴纳特地区的塞尔维亚人也在官方鼓励下于1790年8—9月在泰梅什堡召开了一场“伊利里亚民族大会”，大会随后便向位于布达佩斯、由马札尔人操纵的议会索取自治权。与此同时，政府密探在城市居民和农民中到处散发反对马札尔人那种由全部贵族构成民族的概念的请愿书。精心制造的谣言——秘密警察已经掌握了主要密谋者的姓名，准备杀鸡儆猴——则令马札尔小贵族更为害怕。再加上前文已经讨论过的国际形势变化，这场巧妙的战役取得了令利奥波德二世满意的结果，布达佩斯议会同意利奥波德二世在普雷斯堡加冕为匈牙利国王，而且没有给他的权力加上任何新的约束条件。利奥波德二世和其他几位哈布斯堡家族成员在1790年11月赶赴加冕式，当时他们身着匈牙利民族服饰，这是象征性的和解礼仪。

而在另一个由哈布斯堡王朝统治的重要王国波希米亚，情况就大有不同了。在那里，自从天主教军队赢得了1620年的白山会战后，捷克语就在很大程度上失宠了。由于用捷克文写作的**任何材料**都会被自动当成异端邪说，用于学术和行政的主要语言文字就分别成了拉丁文和德文。捷克语复兴是上层推动的。作为最大化利用人力资源的行动的一部分，捷克语在1752年成了维也纳军事学院的官方教学用语，维也纳综合理工学院在1754年跟进，维也纳大学则在1775年效仿，就在同一年，维也纳大学设立了一个捷克语言文学教席。在约瑟夫二世统治时期出版的捷克文教科书比此前150年的总和还要多。在布拉格，是贵族们引领着重新发现民族认同感的潮流。弗朗齐歇克·金斯基（František Kinský）伯爵是波希米亚大贵族中最显赫的人物之一，他在1773年写书为捷克语辩护，他说："作为斯拉夫人的真正子孙，我继承了这样一种成见，要是法国人的母语是法语，德国人的母语是德语，那么捷克人的母语也一定得是捷克语。"然而，他的书本身是用德文写的。金斯基也是波希米亚王家学会在1784年建立时的联合创始人之一，王家学会只是贵族们志愿创立的诸多组织中的一个，其他组织还包括捷克王国爱国经济学会（1788）、艺术之友爱国会（1796）、美术学会（1799）、布拉格音乐学校（1811）。这些贵族在将对哈布斯堡君主国的忠诚和对波希米亚的爱国意识结合在一起时并没有遇到什么问题，因为他们认同的是波希米亚祖国（česka vlast）而非捷克民族（český národ）。1783年，诺斯蒂茨（Nostitz）伯爵在布拉格建了一座剧院，他将其称作"伯爵们的民族剧院"（Gräfliches Nationaltheater），并在柱廊上写下"献给祖国和缪斯"（Patriae et Musis），这便是两种情感结合的一个例证。然而，到了本书所述时段的末期，更为坚定自信的捷克平民知识阶层开始出现，有迹象表明这种平衡之举越来越难以维持了。1818年，老派波希米亚贵族科洛弗拉特伯爵印发了一份用德文写的声明，宣布要建立"祖国博物馆"（Vaterländisches Museum）。10天后，约瑟夫·容曼（Josef Jungmann）印发了一个捷克文译本，文中将它描述为"捷克民族博物馆"（Národní české museum），还补充说建立博物馆的目的在于保护捷克语言和捷克民族。尽管还要过很多年，才会有说捷克语的农民涌入布拉格和其他波希米亚城市，进而开展具有攻击性的捷克民族主义运动，但运动的迹象在1815年时就已经出现。

正如上述案例所示，民族主义的力量虽然不可否认，却不一定会引发动乱。民族主义需要管控，而它也是可以管控的。随着民族发展成为认同、忠诚、奉献指向的另一个中心，现存政权就得调整自身以跟上民族主义的脚步。事实证明，民族主义对一些群体——在这一阶段指的就是能够读写的中等阶层——的吸引力越来越大，政权需要做的就是做出旨在吸引中等阶层的大幅调整。1776年，约瑟夫二世将他的宫廷剧院改造为“民族剧院”，这确保了他在德意志知识阶层中享有好名声：“德意志人现在拥有了一座民族剧院，它是由他们的皇帝创立的。对每一个能够感受到自己是德意志人的人来说，这是何等美好、何等伟大的想法！所有人都怀着最深的崇敬之情感谢皇帝，感谢他为德意志诸侯树立的伟大榜样。”约瑟夫二世热情地定期为剧院做出奉献。他的范例的确被人效仿了，最著名的模仿者是普鲁士的腓特烈·威廉二世，他于1786年即位后，做出的标志性举动就是把柏林宪兵市场（Gendarmenmarkt）的“法国喜剧院”改成了“民族剧院”。

在政体和民族认同有联系的国家，统治者在行事时必须特别小心。约瑟夫二世在比利时和匈牙利行事强硬，就碰了钉子。在英国，头两位汉诺威王朝君主吃亏，是因为他们是德意志人，也不了解英国的状况——乔治一世似乎连英国贵族的等级都不理解。拯救汉诺威人的与其说是他们做过什么，倒不如说是他们没干过什么：毕竟，他们不是受法国王室左右、信仰天主教的斯图亚特王室。至少，他们还能意识到不要擅自干预议会——那是英格兰民族认同的核心象征。任何一位坚持认为民族主义是19世纪现象的历史学家都应当好好思考以下文字，它们摘自1641年12月22日在下议院发表的一篇布道演说，当时，人们因爱尔兰叛乱而进行了特别禁食。布道说：

> 你们是这个民族的代表团体……你们代表了这个民族……你们站在全民族的位置上；如果你们拥护上帝的事业，那么整个民族都会拥护你们。鉴于这是一个**全民族禁食日**，尊贵的议会是**全民族议会**，所以，这份文本是**全民族文本**，适用于我们面对的状况，民族的忏悔将改变上帝对全民族的审判，让上帝保佑全民族。

感恩的下议院赠给布道者一个巨大的奉献盘，盘上刻有他的纹章和题词“这是下议院赠给神学学士埃德蒙·卡拉米（Edmund Calamy）的礼物，1641年”。他的布道在印发时的题名为《英格兰之镜》（*England's Looking-Glasse*），事实证明它非常畅销，很快就发行了5个版本。就这方面而言，随后的一个半世纪并没有发生任何改变。18世纪70年代，约翰·威廉·冯·阿兴霍尔茨在英国待了6年，此后他总结称，英国人看似过度的民族自豪感源于政治：“英国人的民族自豪感是政治制度产生的自然结果，根据这一制度，每一位公民除法律约束外无须有所依附。在他们当中，这种自豪感传播得极为深广。事实上，在了解并感受到这样一种自由制度的所有优点后，又怎么可能不认为它的价值非同寻常呢？”乔治三世在统治初期经历的问题主要源于他似乎想要扩大王室特权。1783年之后，乔治三世有能力将自己和受他庇护的小威廉·皮特呈现为宪政的保护者，表现出他们是在反对毫无道德的查尔斯·詹姆斯·福克斯及其密友，这就给国王自己带来了长时间的稳定。

1787 年，英国在荷兰共和国取得了外交胜利（见第十三章），胜利拭去了英国人在美国独立战争中的失败记忆，极大地帮助了乔治三世重建声望。1788 年，乔治三世的“疯病”短暂发作，此事令他的名誉得以彻底恢复——虽然这看起来有些矛盾。国王于次年 2 月康复后，来自全国各地的贺词如洪水般涌入，他经历了某种神化，正如纳撒尼尔·拉克索尔（Nathaniel Wraxall）所述：“那是英格兰出现过的对民族忠诚与欣悦最壮观、最普遍的展示。”以下文字摘自有将近 1 000 名“达勒姆市及其周边地区绅士、教士、地产主、公民和重要居民”签字的贺信，它极好地总结了英国民族主义的性质和这种民族主义对国王（及上帝）的认同感，因而值得长篇引用：

最仁慈、最强力的君主，

大不列颠，各岛屿的女王，诸民族的骄傲，欧洲乃至世界的仲裁者，艺术、自由与独立的养育所，她是敌人的恐怖，暴君的灾难，在我们最仁慈、最强力、最受人爱戴的君主的直接指引和仁慈、灵性的预言下，依靠伟人、杰出的查塔姆*的一位后裔和他在政府部门的可靠帮手，大不列颠不止一次从依附于人的卑微处境中崛起，达到今天权力、富足、伟大的光辉顶点，为了让君主在难以计数的赐予健康和内心欢乐的神恩下康复，为了让这些国度的政治得到救赎和安慰，要以谦卑、感恩之心敬奉全能的上帝。现在有充分理由可以说河谷再度说笑歌唱，山峦再度欢欣鼓

* 查塔姆（Chatham），此处指老威廉·皮特，第一代查塔姆伯爵，小威廉·皮特之父。

舞，赞美着上帝永恒无尽的慈悲。

全国范围内的各团体和组织一共发出了不少于756封祝贺国王康复的贺信，可见这番话并不是特例，换句话说，之前一代人时间里因7个最具争议的议题［1753年的《犹太人归化法案》（Jewish Naturalization Act）、1763年的《苹果酒税法》（Cider Tax Bill）、1769年的威尔克斯（Wilkes）事件、1778年的《天主教徒解放法案》（Catholic Relief Act）、1780年的"经济改革"运动、1783年的议会改革运动、1784年支持皮特的运动］而产生的歌颂国王的贺信加起来，还不到这次庆祝国王康复的贺信数量的一半。

当达勒姆的好公民起草这份贺信时，法兰西的公民正在列他们的陈情书清单（cahiers de doléance），以便为将在1789年5月于凡尔赛召开的三级会议做准备。尽管君主制本身尚未成为议题，但国王和民族间的分歧已然难以弥合。在过去的一个世纪里，另一种与王室并行却与之分离的合法性来源得到了发展，这就是民族。美国和法国法语遗产研究会（American and French Research on the Treasury of the French Language，ARTFL）的数据库表明，1700—1710年，"**民族**"这个词在7本不同图书中出现了45次，下一个10年里是在12本书中出现了106次，到了18世纪50年代则是在43本书中出现了990次，此后该词出现频率一直保持在这个数量级上。此外，民族也在高等法院中找到了制度基础。路易十四在处理詹森派时打算请求教皇给予帮助，这造成君主利益和民族利益之间出现了裂痕，高等法院迅速插入其间。路易十四的继承者继续执行反詹森主义政策，这让高等法院的干涉者们永久居留在裂痕当中。到了18世纪中叶，高等法院已自称“民族法院”（tribunal de la nation）、“民族委员会”（conseil de la nation）、“民族仓库”（dépôt national）和“不容侵犯的民族法律殿堂”（le temple inviolable des lois nationales）。它们实际上在推进民族主权原则，例如，雷恩高等法院就告知路易十五“是高等法院代表的民族许可支撑（complément）了法律”。在路易十五的统治末期，莫普（Maupeou）大法官试图消除高等法院的政治影响，危机随后到来，危机期间，同时代人直白地吐露了倾向，如洛朗盖伯爵（comte de Laurangais）就说：“民族才是最高统治者。它的权力和事物的本质决定了这一点。”对高等法院来说不幸的是，它们还不够民族主义。1788 年，高等法院坚称次年召开的三级会议应当分成三个不同等级（教士、贵族、平民）开会，而非成为统一的国民议会，这就表明它们依然是旧制度的附属品。正如巴黎律师雅克·戈达尔（Jacques Godard）所论：“在巴黎和整个王国，现在有三个派系：保王派、**高等法院派**和民族派。”

事情本可以朝别的方向发展。路易十五的顾问们不一定要坚持反詹森主义政策。他们不一定要在 1723 年从巴黎返回凡尔赛，让国王远离首都快速扩张的公共领域，不一定要在 1756 年赞成“同盟洗牌”，大部分法国人都认为此举与民族利益相悖，此后的军事灾难更加强化了这种想法。路易十五不是非得像自我放纵的骄奢淫逸之徒一样行事时毫不顾及自身公众形象。他不是非得压制反对派的拙劣企图，得到不负责任的暴君这种骂名，也不是非得让自己的孙子兼继承人娶玛丽·安托瓦内特女大公，从而让人们对法奥同盟的不满影响到下一任君主。就路易十六本人而言，他不一定非要把自己关在凡尔赛宫和其他宫殿里，给人们留下他只对狩猎感兴趣的印象。在 18 世纪 80 年代，当后来证明是王朝终极危机的事件到来时，路易不一定非要陷入呆滞状态，不一定非要消极等待结局。1789 年 10 月 5 日，当巴黎群众来到凡尔赛时，他们发现王室和宫廷生活在一个僵化的文化世界里，这个世界早已失去了灵魂。凡尔赛成了一个博物馆——虽然凡尔赛博物馆当时还不存在。在王朝犯下的所有错误中，未能适应日益增强的民族力量是最致命的一个。路易十四的确有可能说"朕即国家"，但路易十六不可能说"朕即民族"。那得留给三级会议的第三等级代表们，在教士和贵族的背叛者的支持下，他们于 1789 年 6 月 17 日自称为"国民议会"。

人　民

在拉动 18 世纪晚期政治的三驾马车中，"人民"是第三驾。它从一开始就以这样或那样的形式在欧洲政治话语中占有一席之地。人民这个概念过于模糊，很难评估其重要性。先看"人民"这个词的翻译问题就知道有多难了。词典会认为德语中对应法语 peuple（人民）的同义词是 Nation（国民）或 Volk（民众），但它只会给出 people（人民）这个英语词去对应 peuple。另一方面，Volk 和 Leute（大众）在英语中可以译为 people，但 Leute 在法语中则要译为 gens、monde、public（人们、众人、公众）而不会译成 peuple。在其他欧洲语言中也可以找到类似的不确定性。一个可行的推进方式是不去寻觅人民是什么，而是找到人民不是什么，最显然的一点是，人民并不属于政治上的当权派。在下文当中，人民和人民对应的形容词"大众的"（popular）将用于那些自发、自主、不受当局指导或控制的运动或事件。

仅仅由于这一原因，那些记录人民活动的人就以猜疑乃至公然敌对的方式对待他们。当时的警力就算存在也极其原始，社会结构还尤为脆弱，因此，几乎每一个有产者都害怕出现剧烈动荡。所以，在描述普罗大众时，当时人们偏爱使用的词并不是 peuple、Volk 或 people 这样的中性词，而是像 foule（人群）、Pöbel（暴徒）和 mob［暴民，亨利·菲尔丁（Henry Fielding，1707—1754）在《汤姆·琼斯》中将其定义为"各个阶层中的无德无识之人"］这样的贬义词。就最高层而言，腓特烈大帝在 1770 年写给达朗贝尔的一封著名书信中很好地展示了受过教育的欧洲人的精英心态。他让后者想象一个拥有 1 000 万人口的国家，要是从中排除所有的农民、劳工、匠人和士兵，就只剩下大约 5 万男女人口。要是将全部女性和所有愚蠢、缺乏创造力的男性都排除出去，那就最多剩下大约 1 000 个拥有活跃思维的人，而即便在这个小群体当中，也存在显著的能力差异。所以，腓特烈大帝的结论如下：教化人类（原文如此）的打算是毫无意义的，实际上还可能是高度危险的。统治者能够安全完成的任务就是满足于自身的睿智，小心地控制住暴民，任凭他们留在无知愚蠢的境地里。

即便他是国王，腓特烈大帝也太看不起人了，可他对文盲大众的鄙视与知识界是如出一辙的。我们将要看到，约翰·戈特弗里德·赫尔德对"民族"心怀极大敬意，却鄙视"街上那些从不会签字或创造，只会咆哮和毁伤的乌合之众"。摩西·门德尔松（Moses Mendelssohn，1729—1786）认为像"启蒙"或"文化"这样的词永远都不会成为平民词汇的一部分，因为"暴民基本无法理解它们"。法国思想家或

“哲学家”的精英心态也不遑多让。激进分子霍尔巴赫*有时会被描述为“民主分子”，他认为，有产公民完全不同于“人口中的愚蠢大众”，后者“未经启蒙，根本没有良好判断力，随时可能变成企图扰乱社会的煽动家的工具与帮凶”，霍尔巴赫得出结论说：“让我们永远不去改变向来极有必要的不平等。”

仅仅举出几个“盲目且嘈杂的群氓”断续尝试参与政治进程的例子，似乎就能为这种轻蔑态度提供支持。就在本书所述这个时段的起始点，1647—1648 年的巴勒莫和那不勒斯的暴动成功地从西班牙派去的副王手中夺取了权力，但几个月后就在混乱、流血、无政府状态和相互指责中溃败。在巴勒莫，是普通人自己配合异端裁判官特拉斯米耶拉（Trasmiera）发动了反革命政变，政变中，革命的“大将军”乔瓦尼·达莱西（Giovanni d'Alesi）和他的 12 名同伴被人极为残忍地杀死。然而，民众刚刚扼杀了革命，就回过头来对政府和贵族发动猛烈攻击。暴动者内部的分歧，加上巴勒莫和墨西拿之间的传统敌意，让西班牙政府最终能够收回控制权，并取消了一路做出的所有让步。同一类自我拆台的不团结状况也出现在那不勒斯，那里的暴动由渔民马萨涅洛［Masaniello，即托马索·阿涅洛（Tommaso Aniello）］领导，他先是被追随者们拥戴为大将军，然后被他们砍了头，接着又很快恢复了名誉——尽管是在死后恢复的，他的尸体被人从坟中挖出，和砍下的头颅重新合到一起，然后得到了合乎英雄待遇的葬礼。就像另一位先高飞后急坠的魅力型领袖科拉·里恩齐（Cola Rienzi）一样，马萨涅洛成了一部 19 世纪歌剧的题材，那就是《波蒂奇的哑女》

---

* 保罗-亨利·蒂里·霍尔巴赫男爵（Paul-Henri Thiry, Baron d'Holbach），启蒙思想家，以激烈的无神论和反宗教闻名。

（*La Muette de Portici*），它由达尼埃尔·奥贝尔作曲，欧仁·斯克里布（Eugène Scribe）撰写剧本。这是一部远远超过歌剧本身的歌剧，它引发了一场革命，因为人们通常认为，这部歌剧于1830年8月25日在布鲁塞尔铸币厂剧院（Théatre de la Monnaie）的上演激发了使比利时最终独立建国的起义，该剧上演也标志着一种全新的戏剧体裁——法国大歌剧——开始兴起。

一场最终被呈现为歌剧的革命或许很难引起人们的认真对待，而且，那部歌剧的女主角竟然还是个聋哑人。然而，正如赫尔穆特·柯尼希斯贝格尔（Helmut Koenigsberger）和彼得·伯克所示，巴勒莫与那不勒斯的状况没有看上去那么简单。在巴勒莫，达莱西的兄弟与副王之间达成的49部新法律（capitoli）表明参与革命的人口范围相当之广。要是说废除不得人心的税收、给予大赦是旨在抚慰普通民众的话，那么让行会参与行政管理和改革法律程序的计划则体现了对城市未来的长远规划。在那不勒斯，那些看似盲目的暴力，尤其是马萨涅洛遇刺时遭到的暴力，实际上是精心设计的合法化仪式，这既创造了社区的内聚力，也表达出了这种内聚力。

当时的人并没有能够对民众暴动做这种解释的人类学洞察力，他们的评价就没有那么宽容了。当民众掌权时，法律和秩序就会不可避免地陷入崩溃，至少当时的人是这么总结的。这就难怪“直到18世纪，民主在很大程度上仍是个被人厌弃的词”［约翰·邓恩（John Dunn）语］。在这个世纪的大部分时间里，也没有什么缘由能够改变这种态度。正如我们所见，大多数欧洲国家的人口在18世纪的第二个25年里开始持续增加，相对缺乏弹性的谷物供应承受的压力越来越大。每当歉收导致粮价涨到超出一般水平时，就会有一系列面包暴动发生。这些暴动通常以“大众税”（taxation populaire）的形式发生，也就是消费者迫使面包店主以“公平”价格出售面包。暴动者并不打算劫掠，但是他们对谷物贮藏、碾磨、烘烤、销售过程中的对错有清晰的认识。简而言之，他们将一种“道义经济”强加于人（爱德华·汤普森语）。这种对不公的本能感知也得到了《圣经》的支持：“屯粮不卖的，民必咒诅他。情愿出卖的，人必为他祝福。”（《箴言》第 11 章第 26 节）当人民怀疑不道德的生产者或商人囤积居奇时，或是当他们看到粮食被运出自己所处的地区时，他们就会变得特别愤怒。

大众的妖怪一旦离开了魔瓶，就为更具野心的反叛分子打开了道路，他们可以用这样或那样的方式引导群众运动。1766 年春季发生在马德里的骚乱就是个很好的案例，春季一向是一年中很不好过的时段，因为上年的收成即将耗尽，而当年的谷物还没有收割。1765 年，卡洛斯三世的改革派政府放松了对国内谷物贸易的传统限制，希望以此促进生产力发展。不幸的是，这恰好碰上了歉收的年头，所以当谷物价格在次年早早开始上涨后，人们很快找到了替罪羊。马德里的骚乱始于 1766 年 3 月 23 日，如一位受惊的观察者所述，发动骚乱的是“一大群最底层的乌合之众……没有固定居所、自甘堕落、败坏的可鄙下等人”。骚乱很快从马德里蔓延到卡斯蒂利亚各地，最终涉及大约 70 个社区。抗议采用了传统形式，包括打开谷仓、强迫卖方接受公平价格、解除人们眼中的贪腐官员职务、选举替代官员等等，不过也时常涉及当地特有的问题。尽管这些状况在马德里也表现得很明显，但那里还有更重要的方面。在面包暴动和煽动群众反对禁止传统宽边帽和长斗篷的法令（这是一个与公共秩序相关的措施）这一事件的背后，似乎都存在贵族和教士筹划的密谋，甚至法国大使也可能参与其中，他们目的在于反对来自西西里的埃斯基拉切首相。尽管卡洛斯三世受到了惊吓，甚至因此逃到了阿兰胡埃斯，但暴动者除了让埃斯基拉切前往威尼斯（他担任西班牙驻威尼斯大使，直到1785年逝世）外一无所获。埃斯基拉切的继任者阿兰达伯爵狡猾地让宽边帽和斗篷的搭配成为刽子手的装扮，于是，这种搭配逐渐被人抛弃了。

马德里骚乱体现了民众骚乱中的典型问题。不管他们的合法化仪式设计得多么细致，他们实际上都只有短期目标，成就也是支离破碎的。当局早晚都会重新掌控局面。在革命前的法国，规模最大、暴力程度最高的暴动是1775年的“面粉战争”（guerre des farines），它也证明了上述观点。和西班牙一样，“战争”之前的法国恰好既放松了谷物交易管制，又出现了歉收。1775年3月，一块重1.5千克的面包的价格已经从常见的8 ~ 9苏上涨到11.5苏，4月底又继续上涨到13.5苏。骚动起初集中在巴黎附近地区，然后蔓延到法国北部的一个又一个市场，骚动的支持者主要是城市贫民和土地出产不足以自给的农民（绝大多数农民）。许多暴力行为指向的是常见目标：景况较好的农民、谷物商人、磨坊主和面包店主，换言之，就是任何被怀疑囤积居奇哄抬粮价的人。尽管法兰西岛和四个邻近省份出现了短暂失控，但政府的回应相当有力——不用说也相当残酷，它出动了军队，并命令军队朝着未能及时散去的暴动人群开火。到了1775年5月底，暴动已经彻底结束。路易十六在给瑞典国王古斯塔夫三世的一封信中相当自满地写道：

> 坏收成和极少数人的邪恶意图……导致某些无赖在市场上劫掠。农民在这些人和面包价格已经有所降低的假消息——精心传

播的假消息——的诱导下，加入了这些无赖之辈，他们甚至厚颜无耻到想要洗劫凡尔赛和巴黎的市场，我不得不命令军队彻底恢复秩序，结果没碰上什么麻烦就解决了问题。我对人民做过的事极为不快，而看到他们不再受到蒙蔽，归还了拿走的东西，并对他们的所作所为感到真诚抱歉后，我又感到了欣慰。

路易十六颇有自信地了解到他的武装力量保持了忠诚，暴动分子也可以轻易被吓唬住，而且最为重要的是，这场生存危机并没有和政治变动同时发生，所以，他当时还可以相当轻松。14 年后，事态就大不一样了。

巴黎与大海之间隔着漫长蜿蜒的塞纳河，这导致在荒年给它供应谷物时会遭遇诸多困难，因此，巴黎是特别不稳定的城市。伦敦就大不一样了，作为世界上最大的海港，向它供应谷物是相当容易的。此外，它那不断扩展的广阔郊区也成了缓冲带，可以防止农村的混乱影响到都市。出于上述缘由，伦敦在 18 世纪没有发生任何面包骚动，不过，骚动在英国其他地方屡见不鲜，乔治·鲁德（George Rudé）记录过 1735—1800 年的 275 次骚乱，其中 2/3 是地方上发生的面包暴动。当然，首都也会周期性地爆发群众暴力事件，但它们针对的通常是政府政策。1733 年就发生了针对议会强行通过新货物税计划的喧闹抗议，抗议活动包括焚烧时任首相的罗伯特·沃波尔爵士的模拟像。伦敦暴动者针对的目标通常是民族或宗教上的少数群体。例如，当局在 1751 年打算让犹太人归化，两年后又再度尝试此举，这都激起了群众性的反犹浪潮。在整个 18 世纪，最具破坏性的事件是 1780 年的"戈登暴动"，它们针对的是《天主教徒解放法令》。这些暴动尽管仅仅持续了一周时间，却造成了10万英镑的损失，毁坏的财物甚至是整场法国大革命中巴黎被毁财物的10倍之多。6月7日晚上，霍勒斯·沃波尔在惊慌之中数出了泰晤士河两岸燃起的大火有36处。当局各部门最终选择通力合作，用暴力去回应暴力：285名暴动者在大街上被击毙或因重伤而亡，此外还有450人被逮捕，25人被绞死。

戈登暴动是由乔治·戈登勋爵（Lord George Gordon）领导的，他是戈登公爵的儿子，曾就读于伊顿公学。一位贵族竟领导一群平民暴徒带来了一段“恐怖时期”［约翰逊博士（Dr Johnson）语］，制造出了“火焰中的大都会，废墟中的国家”（威廉·柯珀语）。有些人认为英国政治的未来系于中产阶层，这一可怕事件支持了他们的想法，他们多少有些得意。威廉·贝克福德（William Beckford，1709—1770）以最具表现力的方式阐述了他们的态度，此人是极其富裕的蔗糖种植园园主、奴隶主、商人、金融家、伦敦市高级市政官、议员兼乡村绅士，可以说他这个人就是他所属阶层的象征。1761年11月，在于下议院发表的一次演说中，贝克福德定义了他口中的“人民的想法”：

> 我并不是说暴民，也不是说上层或下层人，浮渣或许就和沉渣一样卑鄙，至于你们贵族阶层，大概也就是1 200个贵族，他们对国家算得上什么呢？……当我谈到人民的想法时，我指的是英格兰的中等人民，是制造业业主、自耕农、商人、乡村绅士，是那些承受辛劳的人……阁下，他们是有权干预国家状况和行为的，他们对国家让人民的生活变得更轻松还是更艰难体会最深，而且，阁下，这个范围内的英格兰人民是一群天性纯良、怀有善意且十分明智的人民，他们或许比太阳底下的其他任何民族都更

了解自己的政府管理得好不好。

正如贝克福德自己的财富所示，对拥有才能、进取心和资本的中层人士而言，他所说的时代提供了前所未有的机遇。然而，当本书所述的时期在54年后结束时，浮渣依然掌控着国家，沉渣依然和从前一样艰辛。是什么出了问题呢？以约翰·威尔克斯（John Wilkes，1725—1797）为中心的煽动活动提供了一条线索，贝克福德发表演说时，威尔克斯才刚刚起步。威尔克斯是个不拘小节的下议院议员、讽刺文学家兼记者，他在1762年针对乔治三世——当时即位才两年——的主要顾问比特伯爵（Earl of Bute）发动了怀有恶意的公开攻讦。威尔克斯还暗示比特依靠勾引王太后才获得了对国王的影响力。威尔克斯似乎把英国政治中的一切元素集于一身：他依靠和伯明翰郡头号显贵坦普尔伯爵（Earl Temple）的关系得到了下议院席位，他依靠自己的新闻报道在中产阶层公共领域中自在活动，他也知道该如何去动员、操纵普通人。1763年5月，威尔克斯面对煽动性诽谤罪的指控时，在发表于民事上诉法庭的演说中以如下方式给出了自己的定位：

> 一切贵族和绅士的**自由**以及——对我来说更合情合理的——一切中下层人民的自由——它是最需要得到保护的——今天都要在我的案件中最终定下来：**英格兰的自由**是真是假，这个重要问题马上就要决定。

正是在这一场合，伦敦街头的人首次听到了“威尔克斯和自由！”的吼声。依靠诸多支持者的帮助，威尔克斯在身处政治中心的10年里取得了可观的成功——坦普尔伯爵以人身保护状（habeas corpus）将他救出伦敦塔，伦敦的工人给了他议会政治中的额外力量，他们高呼着像“威尔克斯和挑煤工永远在一起!”这样的口号威胁他的对手。可人们很快发现，他太看重私利（即便按照政客的标准）、太不负责任也太放荡不羁了，因此他无法对各个阶层都产生真正的吸引力。贺加斯作于1763年的漫画就充分暴露了威尔克斯的缺陷，画中威尔克斯以不加掩饰的讥嘲态度朝外斜瞥，他那卷成小圈的假发就像是恶魔的角。人们可以在威尔克斯身后看到他创办的传播丑闻小报《北不列颠人》（*North Briton*）的两期：第四十五期，他在这一期里攻击了国王对议会发表的演说；第十七期，他在这一期攻讦了贺加斯本人。贺加斯的做法远不只是个人报复举动，因为他对威尔克斯及其自由帽子的恶魔化展现实际上引起了许多人的共鸣。威尔克斯则很快就安居在当权派内部，于1774年成了伦敦市长，在1780年镇压戈登暴动时扮演了领导角色。当时一幅名为《新同盟》（*The New Coalition*）的著名漫画庆祝了和解，乔治三世在画中拥抱了威尔克斯，对他说：“千真万确！最值得称道的臣民和最有德行的人。”威尔克斯则答道：“我现在发现你是最优秀的君王。”威尔克斯本人曾轻蔑地说一名支持者是个“威尔克斯分子，而我从来不是”，他承认自己“一不小心成了爱国者”。

大众的支持的确帮助威尔克斯取得了两项持久的成就：司法部门认定通用搜查证并不合法，新闻界获得了报道议会议程的实际许可。更笼统地说，他展示了技艺娴熟的政客能够如何利用公共领域。威尔克斯不擅长公开演讲，他主要靠的是小册子、期刊、报纸来信、传单、民歌、诗歌和政治漫画，他用书面文字和图像触及了公共领域。

威尔克斯十分关注细节，在他的历次竞选当中，投票给他的所有人都会收到他的感恩卡片，他还有一份记录了所有可以确认为支持者的人的名单。

受18世纪60年代的威尔克斯躁动的影响，英国出现了目标同时指向下议院和君主特权的政治改革运动。1770年时，改革运动已经提出了如下需求：举行年度选举，实行秘密投票，将投票权扩大到涵盖全部有产户主，驱逐控制某地投票的人，增加郡议会议员的人数，废除腐败选区。胸怀大志的改革者们也创建了一个组织，并学会了如何动员伦敦城的利益和意见，如何利用大众的躁动，而且他们发现还可以集合首都之外的支持力量。不过改革者没能改变的是，唯一能够在制度上改革议会的机构就是议会本身。然而，议会的所有成员都必定是现有秩序下的既得利益者，现有秩序延续对他们有利。所以，议会改革所需要的是一个拥有足够强大的意识形态或特殊利益的团体，只有如此才能突破这个根本限制。

最佳候选者是一个辉格党团体，它的名字源于名义上的领袖罗金厄姆侯爵，这个团队积极寻求与公众舆论构建同盟，用罗金厄姆的秘书埃德蒙·伯克的话说："我们必须把握强有力的公众舆论，以此在内部加强少数派的影响。"伯克还在致信一本刊物时提到了他的伙伴们："他们尊重公众舆论，因此，他们随时乐意在公共的法庭上与对手交锋。"事实证明，这条通往真正宪政的诱人道路是条死胡同，因为议会内外改革者的目标有本质上的不同。罗金厄姆派辉格党人的队伍中包括了英格兰最大的一些选区贩子，其中就有他们的领袖和领袖接班人菲茨威廉伯爵。任何旨在消除腐败选区、重新分配议会席位的措施都会动摇他们的权力根基，因而也是他们不能接受的。贵族们对源于下层的自发举动也没什么好感。正如罗金厄姆侯爵本人所述："我必须说，采用向国王请愿的模式，最大的问题在于，先例在哪里。"埃德蒙·伯克同样持保留态度，他的话更居高临下。他告诉下议院："实际上，我不能说我有幸追随了人民的想法。真相是，我在根据自己想法为民众谋利的过程中碰到了它。"在一封写给罗金厄姆的私人书信中，伯克补充说："我的意思是，要让人民有一种信念，有那样一种倾向于改进或改变制度的信念，就必须有计划和管理。对公众情绪和舆论的指导都必须靠少数人。"政治当权派之外的激进分子认为，罗金厄姆派辉格党人偏爱的"经济改革"是十分可怜、极不充分的改革，糟透了。约翰·杰布（John Jebb）后来找到了一个完美的明喻："动用英格兰人民完成这一场小小改革，就像是搅动海洋来淹死一只苍蝇。"然而，杰布和他的朋友们从没有鼓动起足够多的中产阶层舆论，更不用说让这种舆论看着像是不可阻挡的力量了。是戈登暴动让许多人看到了放猛兽出笼的危险。有个名叫J. 布拉斯布里奇（J. Brasbridge）的伦敦人回忆说："我相信自己的所见所闻，从那一刻起，我成了支持忠诚和社会秩序的人。面对大众的喧哗声，我捂起了耳朵，而且，我相信自己从那时起就一直对我的国王怀有真正的热爱，对我的国家寄予善意的期望。"正如我们将在这一章后文所见，法国大革命的爆发给了议会改革和大众政治致命一击。

即便是在像大不列颠这样相对商业化的国度，人民走向民主的进程也是断断续续的，直到20世纪，那里的成年人才享有普选权，不过在欧洲各地，政治中的人民元素仍然有了可观的增加。这一点体现在公共领域的政治化过程中。这一时期公共空间的数量激增，人们交换信息、想法和批评的机会也大大增多。咖啡馆就是一个典型。欧洲的第一家咖啡馆在1645年建于威尼斯，此后50年内，咖啡馆遍及整个大洲。咖啡馆在17世纪50年代初就进入了伦敦，到了1659年，塞缪尔·佩皮斯的记录表明他已去过议会附近新宫廷广场的土耳其人头咖啡馆，还在那里听到"反对哈林顿（Harrington）先生的断言——财富不平等才是政府根基——的极好论据"。只要花一杯咖啡的钱（尽管咖啡馆也提供许多其他饮料），任何穿着得体的人都可以加入时事议题的讨论。新近复辟的查理二世对在咖啡馆里盛行的自由表达持有怀疑看法，按照克拉伦登（Clarendon）的说法：

> 他对人们在咖啡馆里随意谈论十分不满，那里成了最无耻的诽谤和流言生发的场所，一群互不认识的人在那里谈话，他们聚在一起只是为了交流，那些消息通过咖啡馆传遍了王国；他还提到了最近从那些源头扩散出来的一些谣言。

1675年年底，当局试图关闭这些充满了"懒散不满之辈"的休闲场所，却遭到激烈反对，以惨败告终。安德鲁·马弗尔有首题为《两匹马的一席话》的诗歌，这首诗很押韵，也很有智慧：

> 他们不让人民自由发言，
> 就是在教人民快快拿起刀剑。
> 让这城喝着咖啡安静叹息；
> 击败了父亲的人不会成为儿子的奴隶。

那时，咖啡馆已迅速遍及全国各地，俨然成为"一种英国惯例"

[马尔克曼·埃利斯(Markman Ellis)语]。1739年,仅伦敦一地就有551家咖啡馆。

汉堡的第一家咖啡馆出现是在1671年,巴黎是在1674年,维也纳是在1683年,雷根斯堡和纽伦堡是在1686年,美因河畔法兰克福是在1689年,维尔茨堡是在1697年,柏林则是在1721年。开设第一家维也纳咖啡馆的是位名叫库尔奇茨基(Kulchytsky)的波兰人,他在土耳其军队围城期间为奥地利充当间谍,政府出于感激,给了他开设咖啡馆的特许权。在那里,人民同样日日讨论时事。1706年,一位法国访客称"这些地方有不可思议的自由度,不仅是将军和大臣在那里被驳得体无完肤,就连皇帝也是"。一代人之后,状况也未曾改变,那时,一名观察者发现,咖啡馆里"讨论什么的都有,人们高声谈论大国君主们的行动和计划,以及一千零一件各式政治事务"。市政当局控制咖啡馆的企图并未阻止它们的持续增加:维也纳在1770年有48家咖啡馆,1784年有64家,1790年时已经有超过80家。那时,约翰·佩策尔已经可以说:"正如每个人所知,咖啡馆现在成了每一座大型城镇都不可或缺的部分。"

咖啡馆是重要的休闲中心,在那里人们可以玩纸牌、象棋和台球,玩的时候常常赌钱。通过给顾客提供报纸和周刊招徕生意的做法也很流行。塞萨尔·德·索叙尔在1727年从伦敦发出的报告中称:"在这些咖啡馆里,极具吸引力的是报纸和其他公开文件。所有英格兰人都是大新闻贩子。工匠们通常会在开始一天工作时去咖啡馆阅读最近的新闻……再没什么比听到这个阶层的人讨论政治和事关王室利益的话题更加有趣了。"阶层融合和政治论辩中的倾向都给来到伦敦的外国访客留下了十分深刻的印象。普雷沃神父(Abbé Prévost)因为一道密札*被迫逃离法国，英国的状况自然令他印象深刻，神父在1729年写道：

> 有人让我留心那几家咖啡馆，两位勋爵、一位准男爵、一个鞋匠、一个裁缝、一个酒商和其他若干同类人都坐在一张桌子边，不拘礼节地讨论着宫廷和城里的新闻。政府事务和大人物一样是人民所关心的。人人都有权自由讨论。人们在演说和写作中责备、赞成、谩骂乃至恶毒地破口大骂，而当局不敢干涉。国王本人也不能免遭批评。咖啡馆等公共场所是英格兰的自由中心。花上两个便士，你就有权读到所有支持或反对政府的文章，还能喝上一杯茶或咖啡。

英格兰的公共领域在政治化方面较为早熟，但这样的公共领域在其他国家也有。一位德意志作者在1745年将咖啡馆比作"政治交易所"，在那里，来自各个阶层大胆犀利的人聚到一起，交换信息、意见和判断。一本关于1780年维也纳状况的匿名著作表明，人们在那里的咖啡馆几乎可以讨论一切，而且对公私事务、巨额融资、文学、商贸、诉讼案件、学术问题和美术等问题的讨论时常同时进行。

18世纪，诸多社交空间进入了第一个繁盛时期，咖啡馆只是其中的一种。同样重要的社交空间有第十章会讨论到的形式多样的读书俱乐部，还有音乐协会、文学会等人们自发组建的协会，以及共济会支

---

* 密札（letter de cachet）指由国王签发、由一位国务大臣副署并盖有官方印章的信件，主要用于不经审判即逮捕某人入狱。密札是法国旧制度下的一种重要行政管理文书，17、18世纪被严重滥用，1790年被废止。参见：王觉非主编，《欧洲历史大辞典》，上海辞书出版社，2007年，第772页。

部。现代共济会是18世纪的产物，可以追溯到英格兰大支部于1717年在伦敦建立。共济会随后就从那里以令人惊讶的速度向外发展，直至18世纪晚期才告一段落，那时，每一座欧洲重要城镇都至少存在一个共济会分部。18世纪末，英格兰有超过500个共济会分部，其中140个在伦敦，由于这个数据只包括了隶属于大分部的分部，真实数字可想而知还会更高。在法国，共济会截至1789年有超过700个分部，其中大约70个在巴黎，法国的会员总数至少有5万人，也就是可能高达城市成年男性总人口的5%。

公共领域的种种活动中产生了新的合法性来源：公众舆论。公众舆论此前就在发挥作用，只是现在影响力大得多了。在英格兰，人们早已认可了让公众满意的重要性。凯文·夏普（Kevin Sharpe）在写到17世纪中叶的混乱年代时评论道，公众意见在很久之前就成了文化的仲裁者，它这时也打算进入政治领域，而且“这样一种认可不仅让政党政治合法化了，也创造出了新闻、讽刺短文和咖啡馆这样的公共领域，公众可以在这样的公共空间里参与各种活动”。约翰·洛克在他的《人类理解论》（1690年出版）中讨论了三种法律类型，即神法、民法和“舆论法”。舆论法是“嘉赏或厌恶，称赞或惩责，依靠人类心照不宣的同意，根植于世界上各种人类社会、部落和团体”。

而在欧洲大陆上，尽管帕斯卡（Pascal）早早肯定了公众舆论的地位，说过“俗话说得好，公众舆论是世界的女王”，但是公众舆论在此站稳脚跟花费的时间还是比在英国长得多。卢梭在1750年提及公众舆论时仍然称之为永恒不变的集体偏见，因为“在发现改变公众舆论的方法之前，理性、道德或法律都不能制服它”。1770年终于发生了某种程度的突破，因为雷纳尔（Raynal）在那一年发表了如下意见："在一个思考、讨论的国度，公众舆论就是政府的法则。"马尔赛（Marsais）则反问道："难道公众舆论不比对法律乃至宗教的敬畏更强大吗？"1775 年，马勒泽布在法兰西学术院（Académie française）发表首次演说时称公众舆论的时代将要到来："一个独立于一切权力、受到一切权力尊重、赏识一切才干、对一切优秀人士做出评判的法庭已经形成。在一个开明的世纪，一个每个公民都可以通过出版物向全国发言的世纪，那些散布在公共领域、拥有教育才能和鼓动天分的人——简而言之，文人——就像是身处公众集会中心的罗马和雅典的雄辩家。"卢梭也改变了论调，他在 1776 年写道："使我们生活的这个时代迥别于其他时代的一个特点是过去 20 年中公众舆论的有序和持续。"此时，合法性的新来源迅速得到了众人的认可。这里举出两个例子便已足够。1782 年，记者路易-塞巴斯蒂安·梅西耶（Louis-Sébastien Mercier）声称："在过去 30 年中，我们的思维方式发生了一场重大革命。今天，公众舆论在欧洲享有的权力已经占据了上风，已经不可阻挡……文人应当受到赞赏，因为在最近这段时间，正是他们在诸多紧要关头创造了公众舆论。得益于他们的努力，公众舆论对事态的发展产生了决定性的影响。看起来他们还在创造一种民族精神。"这时，政府高层也认识到了这个新的合法性来源。1784 年，两年前辞去财政总监职务的雅克·内克尔（Jacques Necker）出版了《论法国的财政管理》（*On the Administration of Finances in France*），他在书中称"社会的精神、对赞誉和思考的热爱已经在法国创造出了一个法庭，在那里，所有引人注目的人都必须展现自己。在那里，公众舆论就像是高踞在宝座上一样分配着奖赏和冠冕，它塑造声誉，也毁灭声誉"。内克尔显然引发了公众的共鸣，因为他的论述成了 18 世纪最畅销的著作之一，在随后5年中发行了20个版本，卖出了多达8万本。

这一切已经看上去足够明确了，可公众舆论还有一个严重问题，上一段中引用的卢梭那两条对比鲜明的评价就揭示了这个问题。他要在实为庸俗偏见的公众舆论（那种舆论应当忽略）和具有合法性、应当得到尊重的公众舆论之间做出区分。可是，究竟要由谁来决定什么是什么呢？这个人认为是偏见的东西，在另一个人看来可能只是一种意见。乔治·奥威尔曾说，最好的书就是把我们已经知道的东西告诉我们的书，这里我们不妨稍稍变换一下措辞，合法的公众舆论就是那些合乎我们自身意见的公众舆论。对启蒙知识分子来说，不幸就在于事实证明“人民”往往不仅未受启蒙，而且十分反动，“人民”似乎既可能暴动反对消除对犹太人或天主教徒的歧视，也可能为了支持“威尔克斯和自由！”而举行示威。在哈布斯堡君主国，人民不大可能欢迎约瑟夫二世强行塞进他们喉咙里的开明改革，他们欢迎教皇的可能性倒要高得多，1782年4月，有超过10万人证明了这一点。事实上，促使约瑟夫二世在其统治末期停止公共领域自由化措施的原因，就是他痛苦地意识到，公共领域并没有如他所愿传播启蒙思想，反而煽动了针对改革的守旧抗拒。正如此前和此后时常发生的那样，事实证明反动派更善于利用书面语言，其中一个重要原因就是他们的论述比他们的进步主义对手更能引起人民的共鸣。公共领域是一个中立容器，既能接受来自左翼的灌输，又能接受来自右翼的灌输。

另一方面，公共领域并不是政治异议分子的保留地。各类机构——比如说共济会分部——纷纷主动展现它们的忠诚。正如那些较为明智的欧洲统治者意识到的那样，当公共领域受到恰当的操纵时，它可以成为强劲的支持来源。腓特烈大帝证明了自己是一位公共关系

1. 从巴伦西亚到巴塞罗那途中一段新修的路，18 世纪版画，私人收藏。虽然当时在欧洲各地旅游还是又艰难又危险，花费也很大，但干线道路已经有了很大的改善

2.《抢劫马车》，弗朗西斯科·达·戈雅－卢西恩特斯作于 1787 年，私人收藏（Giraudon/Bridgeman Art Library）。道路条件好了，旅客多了，犯罪分子有了更多可乘之机

3.《路易十四在马斯特里赫特》，皮埃尔·米尼亚尔作于1673年，藏于都灵萨包达美术馆（Scala, Florence）。画作将路易十四描绘得有如罗马皇帝，他轻松驾驭抬起前腿的战马，这是他名望的巅峰

4. 凡尔赛宫景色，老皮埃尔·帕特尔作于1668年，藏于凡尔赛宫和特里亚农宫博物馆（Copyright © Photo RMN-Gérard Blot）。凡尔赛宫建在一片未开发的土地上，其精巧的人工规划象征着路易十四对自然的征服

5. 1689年，法军烧毁海德堡，木刻画，收录于J. J. 费尔泽克出版的小册子（纽伦堡，1690），藏于纽伦堡日耳曼民族博物馆（BPK, Berlin）。路易十四的军队有意制造这场大火，为的是摧毁神圣罗马帝国西部

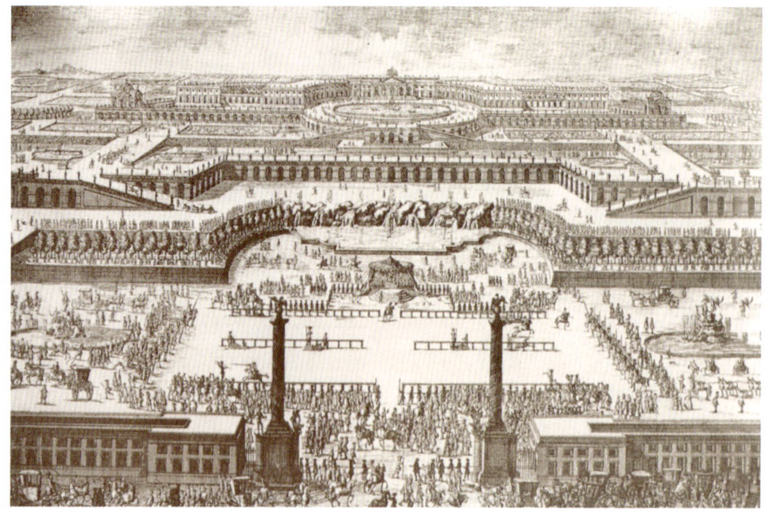

6. 约翰·伯恩哈德·菲舍尔·冯·埃拉赫设计的位于申布伦的新宫殿，版画，约翰·亚当·德尔森巴赫作于 1695 年前后（akg-images）。奥地利人建这座宫殿是为了与凡尔赛宫媲美，但资金不足，宫殿没能完全按规划建成

7. 路易十四在枫丹白露附近狩猎，亚当·弗兰斯·范·德·默伦画派，作于 17 世纪下半叶，藏于凡尔赛宫和特里亚农宫博物馆（akg-images/VISIOARS）。路易十四狩猎的场景。狩猎不仅仅是消遣，它在定义、彰显王室权威方面有重要作用

8. 1678年德累斯顿选帝侯宫里的抛狐运动，版画，加布里尔·奇尔纳作，收录于《尊贵殿下的聚会》（纽伦堡，1680）。中欧地区特别流行把狐狸等动物抛来抛去，直到它们断气

9. 1758年在内卡尔格明德的一次狩猎活动，由普法尔茨选帝侯卡尔·特奥多尔组织。画作藏于海德堡库尔普法尔茨博物馆。鹿被事先集中到猎苑中，然后被赶下山丘，赶到河里，狩猎者在舒适的亭子里向鹿群射击

10. 卡塞塔宫，版画，卡洛·诺利作，收录于路易吉·万维泰利 1756 年出版的《卡塞塔宫设计说明》(The Stapleton Collection / Bridgeman Art Library)。为卡洛七世而建的卡塞塔宫就像那不勒斯的凡尔赛宫。这座规模宏大的建筑有超过 1 200 个房间，如外观所示，它也用于办公

11. 韦尔滕堡本笃会修道院教堂的主祭台，科斯马斯·达米安·阿萨姆和埃吉德·奎林·阿萨姆于 1721 年修造 (Copyright © Achim Bednorz / bednorz-photo.de)。这是巴洛克戏剧化风格的缩影，捍卫圣母无沾成胎教义的圣乔治骑在马上，刺向代表异端的恶龙

12. 托莱多大教堂的“透明祭台”，纳西索·托梅于 1720 年修造（Copyright © Achim Bednorz / bednorz-photo.de）。透明祭台如此设计，是为了让主祭台两侧的人都能看到圣餐礼。当时的西班牙人认为它是“世界第八大奇迹”

13.《法国驻教廷大使离开罗马圣彼得广场,1757 年的罗马》，乔瓦尼・保罗・潘尼尼作于 1757 年，藏于柏林画廊（akg-images）。这位驻教廷大使是斯坦维尔伯爵，他不久后升格为舒瓦瑟尔公爵。虽然他遵循外交礼仪，在本笃十四世面前屈膝，但他并不信基督教，更不相信教皇权威

14.《阿维拉的圣特蕾莎的狂喜》，吉安・洛伦佐・贝尔尼尼创作于 1645—1652 年。位于罗马胜利之后圣母堂的科尔纳罗礼拜堂（akg-images/Joseph Martin）。圣特蕾莎梦见一位美丽非凡的天使将长矛刺入她的体内

15. 勒内·笛卡儿肖像，扬·巴普蒂斯特·韦尼克斯作于1647—1649年，藏于乌得勒支中央博物馆。这幅肖像画与贝尔尼尼的圣特蕾莎雕塑创作于差不多同一时期，却与后者形成了鲜明的对比。笛卡儿的一个重要目标是“将头脑带离感知”

16.《咖啡馆暴民》，内德·沃德作，出自《不列颠群众，又名不列颠胡迪布拉斯》(伦敦，1711)第四部分。只要付得起钱，就能进咖啡馆，咖啡馆成为人们围绕当前议题进行讨论和争斗的公共空间

17. 维也纳宫廷图书馆，1722 年，约翰·伯恩哈德·菲舍尔·冯·埃拉赫设计（photo © Achim Bednorz / bednorz-photo.de）。图书馆很华丽，但与其说它意在鼓励人读书，不如说是为了宣扬哈布斯堡家族皇帝卡尔六世的荣耀

18. 弗朗西斯·诺布尔的巡回图书馆（伦敦，1746）。廉价图书越来越多，而且，人们只需交一些费用，就能从图书馆借书，这改变了人们的阅读习惯

19.《放下工作的铁匠》，匿名作品，1772 年。铁匠放下手头的工作，听裁缝边读报纸边评论

20.《卢浮宫画展一览》，匿名作品，1785 年（Copyright © Photo RMN-droits réservés）。每两年举办一次的画展大受欢迎，公众意见成为文化的权威仲裁者。远处墙上挂着大卫的《荷拉斯兄弟之誓》

21.《入侵》，第一幅，威廉·贺加斯作于 1756 年。战争开始，法国人试图将天主教、暴政和贫穷强加给英国人……

22.《入侵》，第二幅，威廉·贺加斯作于 1756 年。在英吉利海峡的另一边，健壮、忠诚、富裕的英国清教徒表现出对法国人的轻蔑

23.《乡村婚约》，让－巴蒂斯特·格勒兹作于 1761 年，藏于巴黎卢浮宫（akg-images / Erich Lessing）。这幅画展出的那一年，卢梭最畅销的小说《新爱洛伊丝》也出版了。画作大受欢迎，体现了人们对“情感”的强烈需求

24.《荷拉斯兄弟之誓》，雅克－路易·大卫作于 1783—1784 年，藏于巴黎卢浮宫（akg-images / Erich Lessing）。这幅画是艺术总管委托创作的，展出后，被评论家和公众一致认为是 18 世纪最伟大的画作。1789 年以后，这幅画才被重新阐释为革命的号召

25. 斯特拉斯堡大教堂，版画，M. P. 戈尔贝利和 J. G. 施魏格豪泽作，收录于《阿尔萨斯古物》(米卢斯，1828)。斯特拉斯堡大教堂让歌德内心发生了极大的转变，促使他发起了美学革命

26.《画室中的卡斯帕·达维德·弗里德里希》，格奥尔格·弗里德里希·克斯廷作于 1812 年前后，藏于柏林国家美术馆(akg-images)。弗里德里希不看外部世界，只画他用自己的内心看到的东西

27.《贝多芬的送葬队伍》，弗朗茨·施托贝尔作于1827年，藏于波恩贝多芬故居（akg-images）。这一重大公众活动与36年前莫扎特的葬礼形成了鲜明对比，说明音乐家的地位发生了根本变化

28.《贫苦农民背负教士与贵族》，作于18世纪90年代前后（akg-images）

29.《阿科莱桥上的波拿巴》安托万-让·格罗作于1796年，藏于凡尔赛宫和特里亚农宫博物馆（akg-images / VISIOARS）。画中的波拿巴年轻、有才干，不太自信

30.《拿破仑》，让-奥古斯特-多米尼克·安格尔作于1806年前后，藏于巴黎军事博物馆（akg-images）。拿破仑很有才干，画中的他已到中年，显得十分自大

艺术大师。尽管他好战、黩武、高傲，也看不起德意志文化，可他还是灵巧地运用了姿态政治，也亲自积极参与公共领域，这都为他赢得了赞誉，比如，摩西·门德尔松就说：

> 我所在国度的统治者是人类有史以来最明智的君主之一，他让艺术和科学繁荣发展，使人人感知到思想自由的力量，连王国版图中最卑贱的居民也不例外。在他的光荣统治下，我发现了机遇和灵感，可以思考自身命运和同胞公民的命运，尽我所能为人类命运和上帝发表观察意见。

英国的乔治三世以截然不同的方式，在完全不同的背景下最终学会了如何在 18 世纪 80 年代初的危机中成为一位政治家。他得到的奖赏就是小威廉·皮特提供的 17 年政治稳定期。与成功者形成鲜明对比的是法国王室，法国君主政体崩溃的重要原因就是路易十五和路易十六在使自身形象现代化、令政权重获合法性方面一再失败。他们住在凡尔赛，远离公众，纵情声色，任凭路易十四的王室呈现型文化失去效力，让这要命的重负最终把他们拖进地狱。不论公众舆论的风向标指向如何，不论是指向进步还是保守方向，希望维持合法性的政权都必须根据风向调整风帆。

简而言之，到了 18 世纪 80 年代末，人民已经作为一股力量出现在欧洲政坛，不过它还是有着诸多不同指向。法国随后发生的事非常戏剧化，因此人们往往忽略此时发生在北美的重大事件。事实证明 1781 年的《邦联条例》(Articles of Confederation) 并不能令人满意，制宪会议就于 1787 年在费城召开。新的宪法在 1789 年生效，它在开头就毫不含糊地阐述了人民主权原则："我们，美利坚合众国的人民，为了组织一个更完善的联邦，树立正义，保障国内的安宁，建立共同的国防，增进全民福利和确保我们自己及我们后代能安享自由带来的幸福，为美利坚合众国制定和确立这一部宪法。"宪法第一条表示"本宪法所规定的立法权，全属合众国的国会，国会由一个参议院和一个众议院组成"。事实上，美国人所做的不过是用了英国宪法的成文版本，去掉了可能产生异议的部分，尤其是世袭君主制，并加以一定的改进，其中最显著的就是确立了联邦架构和独立的最高法院。他们业已表明民众暴动是可以取得成功的（尽管需要友邦的些许帮助），此时他们又表明兼顾多元化与大众性的政府可以带来稳定、繁荣和权力。

与此同时，回到欧洲，"人民"被赋予了一个与在美国截然不同却也声望极高的未来，这主要是通过约翰·戈特弗里德·赫尔德实现的，他将"民众"（Volk）定义为人类生存的基本单位。在所有难以被译成英语的德语词当中，Volk 是最棘手的之一。"People"似乎是最明显的选择，可 Volk 的含义远不止个人的集合体（就这个词义来说，德语里与之同义的是 Leute）。它也可以指一个通过种族、文化纽带联合到一起的共同体，就像在"德意志人民"一词中具有的含义那样，它还带有一种民粹主义的含义，就像在"大众"一词中具有的含义那样。尤为特别的是，当 Volk 被用作复合词的一部分时，它可以译作"folk"（民间的），就像在"民间舞蹈"（Volkstanz）或"民间歌谣"（Volkslieder）这样的词中具有的含义那样。赫尔德对"民众"（Volk）的信仰必然会把他推向民粹主义。任何民族的真正价值都不根植于精英的古典文化——赫尔德将其斥为华丽而庸俗的极乐鸟，极尽炫耀却毫无实质，从不触及实地——而是根植于人民大众，特别是乡村人民，他们的根牢牢扎在民族土壤和民族历史中。民间艺术、民间舞蹈和民间歌谣都不应当因粗俗而受到鄙视，而应因真挚而得到珍视。它们是“民族性的档案库”“民族性乃至人性本身的鲜活声音”，从这些民间产物中，一个人“可以学到民族群体的思考模式和它的感性语言”。这是赫尔德的重要成就——重新定位文化价值。用歌德的权威论断来说：“赫尔德教会了我们把诗歌当作所有人的共同财富，而不是少数高雅文化人的私有财产。”

法国大革命——人民、民族、国家

正如我们所见，18 世纪的最后 25 年见证了欧洲诸多地区的政治动乱。随着 18 世纪走向终结，由君主、教士和贵族主导的旧制度看起来要面对来自下层的不可遏制的挑战了。很多地方发生了反叛，因此许多研究这一时代的历史学家将其称为“民主革命时代”。然而较为细致的审视表明，许多反叛只是碰巧在表面上相似。在这些反叛当中，有的守旧性质要超过民主性质（如比利时的事件和德意志的大部分骚乱），有的中途夭折（如匈牙利和大不列颠的事件），有的与其说是革命还不如说是政变（如瑞典的事件），还有的被轻易镇压（如日内瓦、波兰和萨克森的事件）。只有一场反叛是进步、革命的，而且依靠自身努力获得了成功，那便是法国大革命。

法国大革命的独特力量源自 18 世纪 80 年代末两大危机的碰巧重合。第一个危机是因财政破产而突然降临的政治危机。1786 年 8 月 20 日，法国财政总监卡洛纳（Calonne）给路易十六呈递了一份悲观的评估意见：随着债务的累积，需要归还的年息已经相当于岁入的一半以上，而下一年的许多收入已经被预支了，就算是以高昂的利率，借贷也越发困难。政府稍后尝试了激进的改革方案，期望逃离债务的深渊，但这种尝试却使得跌入深渊不可避免。磋商或强力都不能让法国精英与当局合作。这时，精英已经将君主掌握在他们手中，他们下定决心：除非国王同意就国家治理方式进行根本性调整，不然就拒绝放弃对他的控制。在难堪的状况持续两年之久后，路易十六最终于 1788 年 8 月 8 日举起了白旗，他在当天宣布将于次年 5 月在凡尔赛召开三级会议。

旧制度或许是可以将此次危机局限在高层政治范围内的，虽然可能性并不高。将一场贵族投石党运动变为一场革命的是暴力，而暴力源自正在爆发的社会危机。18 世纪 80 年代的一系列气象灾难在 1788 年达到了恐怖的顶点，当时法国许多地区出现了歉收。随着面包价格高涨，对日用制成品的需求骤降，贫穷的劳动者在最需要被雇用的时候失去了工作机会。这两场危机从本质上讲是相互分离的，然而它们的确在 1788—1789 年冬季发生了互动。两者在 1789 年春季和夏初融为一体，对任何基于农业经济的政权来说，那个时节都是最糟糕的，因为上一年收获的谷物将要耗尽，新收的谷物却尚未进入市场。让 1789 年的状况变得更加糟糕的不仅有价格上涨的程度，还有一种有害的信念——有人正在筹划阴谋，政府大臣和谷物投机者之间已然达成了一份饥荒契约（pacte de famine），想要用饥饿迫使法国人民屈服。对饥荒的恐惧和对剥削者的憎恶强有力地结合在一起，将人民动员起来，使得整个法国都出现了暴力事件。

过去也有过很多次面包暴动，1775 年的暴动尤为突出，然而，此前从没有一次面包暴动恰好与中央的政治危机同时发生。因为三级会议恰在此时最终在凡尔赛召开了。与会代表立刻就一个问题陷入了僵持：究竟是应当分成三个等级各自坐下来投票，让教士（第一等级）和贵族（第二等级）支配平民（第三等级），还是应当组成单一机构。僵局在无效的争论中持续了好几周，最终，第三等级代表以三个关键决定斩断了戈尔迪绳结*：6月10日，他们宣布采取单方面行动，就好像自己已经成为一个独立代议机构一样，并邀请另外两个等级的代表加入其中；6月17日，他们采用了"国民议会"的名称，6月20日，他们举行了"网球场宣誓"，发誓在他们为法国制定一部新宪法之前决不容许国民议会被解散。争论到这时才的确热烈进行起来。第三等级在6月这伟大的10天中完成的业绩，实际上就是宣布了人民主权原则，并声称自己有权行使人民主权。这是法国大革命的真正起点。

就连路易十六也意识到关键时刻已经到来了，所以他拿出了最后一件武器——军队，想要展开最后的绝望尝试，准备恢复巴黎的秩序，重新驯服三级会议。正如此前时常发生的那样，他在这两方面都弄巧成拙了。一方面，他召集军队的决定让巴黎群众愈加恐惧，愈加愤怒；另一方面，事实证明这大约1.7万名在7月中旬抵达巴黎的士兵是无法派上用场的，因为国王确信要是他命令军队弹压革命群众，军队就会转而发动兵变。由于做出了不去动用军队的决定，路易十六也就做出了让自己顺从革命的决定。在革命的观察者中，安托万·里瓦罗尔（Antoine Rivarol）是眼力最敏锐的人之一，他说："军队的倒戈并不是革命的一个起因，它就是革命本身。"

---

* 戈尔迪绳结（Gordian knot），传说中弗里吉亚国王戈尔迪（Gordium）编织的难解绳结，后被亚历山大大帝直接劈开或强行解开。参见：（古希腊）阿里安著，（英）罗布逊英译，李活译，《亚历山大远征记》，商务印书馆，1979年，第52—53页。

此外，革命者也在创建他们自己的军队。他们凭直觉意识到一点：任何政权的核心都是对合法武力的垄断。1789 年 7 月 14 日强攻巴士底狱的真正重要性就在于此。巴士底狱之所以遭到攻击，并不是因为它是旧制度暴政的象征，而是因为人们认为它里面有革命方的全新准军事组织——国民自卫军——所需要的弹药。法国革命者让旧制度的军队倒戈，又创建了自己的军队，在此前或此后许多暴动者失败的地方取得了成功。革命者在完成这一任务时得到了许多不善言辞却行为暴力的法国男女的关键性支持，他们将自己的恐惧与愤怒发泄到税吏、城堡主、谷物商人和旧制度的其他代表身上。国家已经失控的想法吓坏了路易十六，他因而承认主权已经从君主手中转到了国民手中。

天生软弱的路易十六要是知道旧制度最牢固的两根柱石教士和贵族都充满了不满情绪，恐怕会更加懦弱。率先举起反旗的并不是军队中的普通士兵，而是贵族军官，在路易十四的光荣时代，法国拥有权力与威望，却在此后逐步陷入崩溃，这让军官们备感疏离。让他们忍无可忍的是法国未能阻止普鲁士在 1787 年秋季入侵荷兰共和国，这就以最耻辱的方式暴露了法国的无能。所以，第三等级的早期领袖不是资产阶级商人或制造业业主，而是像拉斐德侯爵*（marquis de Lafayette）、拉罗什富科公爵（duc de La Rochefoucauld）、米拉博伯爵（comte de Mirabeau）、拉梅特伯爵（comte de Lameth）或诺瓦耶子爵（vicomte de Noailles）这样的贵族军官。法国大革命一定程度上是一场军事政变。

---

* 一译“拉法耶特侯爵”。

得胜的革命者现在能够着手自下而上创建一个崭新的法国了。他们从一开始就想消除旧制度最根本的属性——特权。国民公会在1789年8月4日到5日夜间举行了极度激昂的会议，在这场持续了大半夜的会议上，一项又一项特权被与会人士以自由的名义扔到一边。领主权利、领主裁判权、狩猎权、出售官职、什一税以及一切让个人、团体乃至法国的地区之间产生差异的特权都被废除了，一切都让位于基于平等、英才管理和标准化的新制度。简而言之，国民议会引入了现代化。事实上，在凡尔赛决定的东西就重要性而言并不如普通人在整体上完成的事情。在法国的一个又一个地区，普通市民和农民将法律掌握在自己手中，将既成事实展现在立法者面前，让他们盖章。驱动他们的并不是对理性化的关切，而是让挤脚的鞋变得合脚的决心。

国民议会极有资格去做的一件事是阐述新法国的奠基原则。国民议会成员中包括一些极具天赋的文人，难怪它产生出了质量较高的宣言。其中最具雄辩性、最为重要的是8月26日颁布的《人权与公民权宣言》(Declaration of the Rights of Man and the Citizen)。一个大国的立法机构竟会宣布所有人都生来享有一些不可剥夺的权利，这就赋予了法国大革命独一无二的普世性。代表们宣布“人”——并不仅仅是“法国人”——享有获得自由、财产、安全、平等机遇、财富平等、免遭压迫和任意逮捕、法律面前一律平等、宗教宽容、言论自由、结社自由和出版自由的自然权利，这就向所有认为其臣民不应享有其中部分或所有权利的政权发起了挑战。通过宣传公民权概念，宣布主权属于国民，以及提出应当将立法、税收、控制武装力量、监督大臣的权利留给选举产生的议会，他们也确立了一个自由政体，这样的政体不仅与俄国这样显然处于专制的政权对立，也和像大不列颠这样整体虽然更为温和却仍不完美的政体对立。

也正是国民议会要去努力克服摧毁了绝对君主制的问题——国债。革命并没有解决这个国家的财政问题，反而让征税变得更为困难。明显的出路是直接拒绝清偿债务，可是除去正直的考虑之外，这条逃生道路还被一个简单的事实堵住了：许多与会代表本身就是旧制度的债主。国民议会最终在遍布各地的天主教会的庄园里找到了解决办法，而教会占有全国大约10%的耕地。1789年11月2日，国民议会以510票赞成、346票反对通过了所有教会财产都要由国家支配的决议。作为回报，国家将会承担给教士开薪水、给穷人提供救济的责任。尽管起初“只有”价值4亿利弗尔的教会土地被下令出售，但这场世纪性的售卖将持续到将曾是法国最大地产主的教会剥夺殆尽为止。这一进程创造出了一个得利阶层，他们对革命成功下了最大的赌注。

教会在革命中的命运体现了新秩序对理性平等的追求。在过去，法国南方的主教区太多了，北方的主教区却不够。国民议会的解决方式是，宣布全国现在的83个省（départements）今后应当各配备一名主教。它还以类似风格宣布今后应当为每6 000人设置一个教区，这一规定导致许多城镇的教区数量锐减。许多教士认为1790年7月12日的《教士公民组织法》中推行的种种创新来得太晚了，但很少有人认为主教选举应当托付给俗人，这条规定容许犹太人、无神论者乃至新教徒选择天主教的各等级统治者。在过去，教会是真正的第一等级，它既是文化中心，也为这个官方意义上纯粹的天主教国家提供了大量的社会服务。1789年之后，在理性、宽容和世俗化的名义下，教会遭到了打压和边缘化，国家则从中受惠极大。

从普遍意义上说，法国大革命永恒的伟大成就是极大地扩大了国家的能力与权力。革命者确信自然站在自己一边，他们充满自信，试图改变人类生活的每个层面。或许他们效果最持久的干预——也可以说是他们最温和的干预——是规定从今往后的基本度量单位将是“米”，1 米是从北极到赤道的距离的 1/10 000 000。在革命的最初几年里，统制经济被强调民众参与的政治文化掩盖了起来。革命者从卢梭那里得到了如下公理：人民的权力不能因代表而完全让渡出去。在像法国这么大的国家或巴黎这么大的城市采用直接民主是不可能的，因此，政治家要做的就是让人认为，他和他的事业体现了人民主权。政治家们通过一切可以使用的媒体——报刊、小册子、剧院、俱乐部、歌曲、露天演出、列队游行——以及每一种能想到的象征形式争相宣称自己的合法性，这就创造出了一种崭新的政治话语。政治斗争的语言和仪式都不仅仅是更深层次社会现实的外部表现，它们本身就是现实。它们合在一起，创造出了新的政治基准。1789 年之后，每一个希望以合法方式统治的法国政权甚至每个欧洲政权都不得不对参与型政治做出若干让步。

每当革命向左倾斜，就会催生出一波政治移民浪潮。即便如此，法国只有一小部分人口受到了影响。反革命人士需要一个能够动员大众支持的议题，否则就只能止步于有名无实的密谋。他们找到的议题是宗教。早前对新教徒的解放激起了暴力回应，在东南部地区尤为激烈，足可见宗教的力量有多大。不过，国民议会根据 1790 年 11 月 27 日的一条法令，打算强迫所有希望保留圣俸的教士对宪法宣誓效忠，这才导致了长达 10 年的社会动荡。特别是在西部地区和这个国家的非法语地区（比如讲布列塔尼语的布列塔尼或讲德语的阿尔萨斯），大部分教士拒绝宣誓，还得到了教区居民的支持。当革命政府打算强制推行它的意志时，暴力爆发了。革命者原本便认为他们受到国际性大阴谋的威胁，而 1791 年春教廷对革命及革命事业的彻底非难坚定了他们的这种认知。

革命者还知道路易十六就革命对教会的处置深感不满，革命者怀疑他根本就不喜欢革命。归根到底，可以说君主立宪制之所以在法国失败，是因为国王拒绝扮演分配给他的角色。这是一场个人的失败，因为在路易十六能够怀着坚定信心说话的少数几个场合，他都几乎被涌向自己的善意淹没了，这种状况一直持续到很晚的时候。在摸索着尝试继续控制局面时，他遇到的一个严重障碍就是他身边可畏的王后，米拉博曾称她是“王室里的唯一男儿”。玛丽·安托瓦内特是奥地利人，挥霍无度，人们还传说她与男人和女人滥交，因此，她在民间极不受欢迎。事实上，革命者是完全有理由害怕她、憎恶她的，因为她的确忙于寻求国际军事干预，要利用外力恢复旧制度。

路易十六及其家眷在 1791 年 9 月 20 日尝试逃出法国，这是法国从绝对君主制走向激进共和制的道路上的重要里程碑。此举向全世界宣告国王是他自己国度的囚徒，在过去两年中，他与新政权的表面合作并非出于真心。这第一次把共和主义直接放到了政治议程上，可它还没有终结君主制。革命政治的温和中心依然足够大，可以防止激进分子掌权。共和派的示威遭到了镇压，共和主义者的俱乐部被关闭，新宪法也匆忙被确立。新的立法机构“立法议会”（Legislative Assembly）于 1791 年 10 月 1 日首次召开，大部分议员都希望革命就此结束。

但革命并未结束，一个重要原因就在于国际态势已经开始影响法国的国内状况。战争始于 1792 年 4 月 20 日，我们之后会详细分析战争起因。我们在这里只需要知道革命者是怀着速战速决的预期投入其中的。实际上，战争拖了很久，也很艰难。对比利时的第一次袭击被奥军轻松击退，革命军士兵直接逃跑，留下了笑柄。然而，这并没有让革命者产生对旧制度军队的合理尊敬，反而强化了他们认为存在内部敌人的信念，他们决心在内部敌人摧毁革命前先将其根除。让他们忍无可忍的是盟军总司令不伦瑞克公爵于 7 月 25 日从他设于科布伦茨（Koblenz）的总部发出的臭名昭著的宣言。他还许下诺言：要是杜伊勒里宫遭到攻击或路易十六及其家眷遭到任何形式的伤害与侮辱，那么，他的军队抵达巴黎后，城市就要被付之一炬，市民将被悉数砍杀。在历史上所有效果适得其反的宣言中，这一份登峰造极，因为它恰恰造成了与预想截然相反的效果。革命群众根本没有被吓倒，而是在 8 月 10 日强攻杜伊勒里宫，消灭了把守宫殿的瑞士卫队，俘获了国王一家，并迫使立法议会裁定君主制已经告终。法国在 1792 年 9 月 22 日正式成为共和国。

革命陷入了漫长的痛苦。政治团体在后君主制时代竞相声称自己代表了自由、平等、博爱的事业，共和国的创立将激进主义放到了重要位置上。在这场竞争当中，雅克-皮埃尔·布里索（Jacques-Pierre Brissot）领导的“吉伦特派”原先居于主导地位，此时却无可挽回地被比他们更左倾的力量超越了，这股力量在巴黎街道上由马拉（Marat）这样的激进记者领导，在组织化程度更高的雅各宾俱乐部环境中则由像罗伯斯庇尔（Robespierre）这样的政治家领导。所以当国王于 1793 年 1 月受审时，布里索派不知所措，他们的对手则在这时明确要求判处国王死刑。1793 年 1 月 21 日，路易十六遭到处决，这造成革命还要再走很长一段路才能抵达它的激进极限。

战争让重回稳定变得毫无可能。尽管经历了早期的灾难，革命军之后还是打得很不错。1792 年 9 月 20 日，入侵的联军在瓦尔米（Valmy）受到遏制，当年秋天，革命军征服了比利时和莱茵兰。然而在 1792 年与 1793 年之交的冬季，数以万计的志愿兵离开前线回家，德意志各国开始认真参与战争，战局对革命军而言迅速恶化。此外，1793 年年初法国对大不列颠、荷兰共和国和西班牙的鲁莽宣战也意味着法国事实上是在和整个欧洲作战——俄国是个重要的例外。为了维持战线，国民公会（它在 1792 年 9 月取代了立法议会）于 1793 年 2 月 24 日宣布征召 30 万名新兵。

这样做的结果就是内战。在法国西部的旺代地区，革命政府的征兵——这个最近、最苛刻的侵扰——将当地原本就长期存在的消极抵抗和偶发暴力，变成了以武力摧毁新政权的普遍长期尝试。6 月中旬，“天主教与王家军队”已有大约 4.5 万人，控制了 4 个省份，准备进军巴黎。来自前线的消息也令人恐慌，奥军于 3 月 18 日在内尔温登（Neerwinden）取得大捷，重新征服了比利时，准备入侵法国。革命运势的最低谷或许是在 8 月 29 日来临的，当时反革命分子将土伦大港和法国地中海舰队交给了英国人。面对战败的前景，曾盲目乐观发动战争的布里索派已于 5 月底下台。取代布里索派的是更讲求实际的一个团体，他们准备采用一切手段平定国内动乱、赢得战争、拯救革命。新的权力中心是“救国委员会”，它在理论上只是国民公会的一个管理委员会，实际上却成了随后 12 个月中的革命专政工具。

新政权成功地击退了入侵，制服了旺代，但也付出了可怕的人员损失代价。中央政府了解并准许蒂罗（Turreau）将军派出所谓的“地狱纵队”攻入叛军所在地区，“地狱纵队”所到之处一路烧杀。没人能够知道在“平定”旺代的过程中有多少人死去。最为权威的估计是双方一共死了大约 40 万人，按比例，这一事件可以进入近代欧洲暴行的前列。在巴黎，新政权则忙于清洗左右两边的敌对分子。尽管政权领袖，特别是罗伯斯庇尔是以理性、人道和自由的语言提出他们的恐怖法律的，但是这本质上还是一种犯罪行径。只有在法治暂时失效的状况下，像公诉人富基耶-坦维尔（Fouquier-Tinville）或罗伯斯庇尔的最具魅力也最危险的追随者圣朱斯特这样的精神变态者才有机会出来，用他们的黑暗幻想危害人类。

恐怖统治在 1794 年夏季达到了顶点，那时它已经出现了严重的运转障碍。法军于 6 月 26 日在弗勒吕斯（Fleurus）决定性地击败了奥军，这表明战争已经取得胜利，对大放血的反击也就不远了。反击在 7 月 27 日（根据新的革命历法是“热月九日”）到来，国民公会夺回了主动权，匆匆将罗伯斯庇尔和他的支持者送上了断头台。恐怖已经结束了，但它那巨大的影响还会持续很久。恐怖经历在人民当中造成了十分剧烈的分化，深刻影响了此后的每一次政治危机。而在欧洲各地，这个恐怖年头的惨状让温和派推动的进步主义改革也变得举步维艰，让政治上和社会上的当权派变得更加保守，其地位也更加稳固。所以，革命的政治遗产像雅努斯（Janus）一样是双面的：一面是良性的自由主义意识形态，另一面是恶性的国家恐怖主义。很难说事实最终证明哪一面的影响力更大。

西线的胜利让法国人能够在 1795 年迫使荷兰人、普鲁士人和西班牙人退出战争，可奥地利人和英国人还在继续作战。1796 年，27 岁的拿破仑·波拿巴（Napoleon Bonaparte）将军征服了意大利，在此影响下，《坎波福米奥条约》（Treaty of Campo Formio）于1797年10月签订，为欧洲大陆带来了和平。随着法国吞并比利时、占据莱茵兰，还将荷兰共和国和北意大利编组为卫星国，法国人成为西欧和南欧毫无争议的霸主。只有英国人依然未被征服，但那已经足够让大陆回归和平，进入一段休战期了。波拿巴于1798年远征埃及，把俄国首次拉进了这场战争，也给了英国人在尼罗河海战（1798年8月1日）中歼灭法国地中海舰队、暴露法国实力脆弱一面的机会。其结果就是第二次反法同盟战争，这场战争在1799年开始，把革命逼到了崩溃边缘。

分别位于政治光谱两端的两位观察家——埃德蒙·伯克和罗伯斯庇尔——早在多年前就预测革命将以军事独裁告终。他们的预言之所以会应验，是因为为期太久的战争自然导致了国家的军事化。全民动员参与战事和对无敌公民士兵的崇拜催生了对军事价值观的美化，《马赛曲》（*Marseillaise*）就可以作为一个典型例证，它是全世界所有国歌中最军国主义、最嗜血的一首。在战争初期，巴黎政府对它的将领们保持了严格的管制——实际上，将军们死在断头台上的可能性要比与敌军交手时战死高得多。只是在热月政变和在罗伯斯庇尔倒台之后，文官们的掌控才有所放松，将军们则开始变得坚定自信。1795年10月，军人展现出了干预国内政治的能力，当时，由波拿巴将军指挥的部队“用一阵葡萄弹”驱散了一帮保王党群众，而在1797年，督政府又凭借军队的帮助发动了一场自上而下的政变。波拿巴无可争议地成了共和国最成功的将领，他也成了最有资格终结共和国的人。1799年10月，波拿巴刚从埃及回国，就立刻联合革命政治老手西耶斯

（Sieyés）密谋政变。他们在 11 月 9 日（雾月十八日）发动了政变。混乱持续了两天，督政府最终还是被推翻了，取代它的是“执政府”。

这时，波拿巴已经抛弃了早年曾赋予他雅各宾党名声的激进主义。1796—1797 年在意大利的经历让他产生了对激进政治原则的深深怀疑。事实上，他反对任何形式的政治，他想要的是这样一个政府：政策由位于中央的唯一指导意志决定，而后由职业官僚付诸实施。由于意识形态在这个国度的过度饱和状况已经持续了长达 10 年，这一观点也得到了全国的认同。伤口依然没有愈合，神经依然紧绷，只有位于政治光谱两端的极端分子才希望将左右之间的斗争进行到底。

因此，波拿巴成功的关键，就是他能够混合两种看似无法调和的理想：自由与秩序。他靠的是表面给自由、实际重秩序的手段。革命修辞背后的独裁意志远远强过任何旧制度君主的意志。为了完成功业，他利用了全民投票，全民投票很中他的意，他可以借此把自己已经决定好的事呈现为大众的选择。通往独裁的每一步——1799 年的执政府、1802 年波拿巴被任命为“终身执政官”、1804 年建立帝国——都披上了全民投票的民主外衣。一则逸闻提到有位将军告诉他的士兵，他们可以自由选择支持或反对新帝国，但第一个投出反对票的士兵会被拎出来枪毙，这就是投票的实质。一个规模庞大但实质空虚的代议制机构也以类似风格在中央被创建出来。1802 年，波拿巴对他的批评者进行了清洗，此后，民众不过是给第一执政的决定盖戳的驯服橡皮图章罢了。

新行政机构的关键人物是“省长”，每个省都设有一名省长，由于吞并比利时和其他征服成果，法国现已拥有 98 个省。这个新行政机构拥有现代官僚制度的诸多特征：分层、统一、职业化，官员领薪水且受过训练。不过，这毕竟还不是一种英才管理，因为在决定任命或提拔时看重的是对波拿巴的个人忠诚，这让它看上去更像是一种封建门荫制度。那些被选中的幸运儿必定会得到很好的奖赏，省长每年可以拿回家 2 万法郎，这是相当丰厚的薪水（相当于普通工匠年收入的大约 40 倍）。他们的社会组成既表明了波拿巴决心终结革命的平等主义，又说明了他对有产者的个人偏爱，在 1800—1814 年的 281 位省长当中，有不少于 100 人来自旧制度下的贵族家庭。

尽管有——或许正是因为——这种贵族特色，新的行政制度运作良好。可以很有把握地说，要是以有效服从中央命令为标准评定治理水平，那么法国从没被治理得像波拿巴时代这么好。每个人都喜闻乐见的是波拿巴夺权后迅速改良了公共秩序。旺代在明智的胡萝卜加大棒政策下最终被平定，罗讷河谷的宗派仇杀告一段落，各地的盗匪也遭到镇压。省长和他们的下属出色地通过了强制征兵能力的决定性考验，至少在政权初期的确如此。政府修复现有道路，修建新的大道，人们迫切需要的交通改善终于实现了。之前一连几个革命政权遭遇的另一个重大失败是财政，这个问题也得到了解决。在督政府的准备工作的基础上，受益于经济持续恢复的波拿巴建立了法兰西银行，稳定了币值，提高了岁入，使国债规模得到了控制。然而应当注意的是，尽管这代表法国的财政状况已经明显优于 18 世纪 90 年代的混乱时期，但是它仍然不够好，为了维持战争，法国与自己的大敌展开了收入竞争，可它依旧落在后面。在拿破仑战争的高潮阶段，大不列颠的人均纳税额高达对手的三倍。

为了恢复被革命撕裂的国家和大洲的秩序，波拿巴在寻求和解时拿出了他最具政治家风范的表现。他只放逐了不可和解的保王党人和雅各宾党人，并鼓励其余流亡者回国，团结到他的政权周围。正如省长名单中出现的贵族姓氏所示，这一政策取得了毫无疑问的成功。然而，他在和解上取得的最大胜利是根据1801年的《教务专约》（Concordat）与天主教会媾和。他依靠这一击从反革命分子手中夺取了最有力的吸引要素。庇护七世准备接受的条件中还包括承认已没收教会财产和教会从属于国家，这在一定程度上说明了教廷自1789年以来遭遇的灾难之大。尽管波拿巴过了头的野心最终导致了新的分裂，但在中短期层面，《教务专约》还是极大地加强了他对法国乃至整个天主教欧洲的掌控。

他的其他重要成就还包括颁布了六部法典，1804年的《民法典》是第一部，也是最重要的一部。它在1806年更名为《拿破仑法典》，将法典归在他个人名下不无道理，因为拿破仑的确主持了起草委员会的大部分会议，也给最终文本打上了明白无误的个人印记。这部法典被输出到欧洲诸多地区，它成了欧洲近现代史上最重要的一部法律文献。由于波拿巴个人的保守主义反映在事关财产、女性、家庭和地产继承的条款上，法典也时常遭到诟病。毫无疑问，这些局限性会与某些普遍人权产生冲突，然而与旧制度下法国那有着大约400部法典的混乱状况相比，《拿破仑法典》是理性与平等的模板，那些心怀感激的接受者也同样认可这一点。

对同时代和后世的人们来说，革命和拿破仑时代看上去是一个分水岭，它隔开了旧制度与现代世界。正如我们所见，这个观点颇有道理。鉴于在欧洲的诸多地区许多事情极为迅速地发生了，得出的确已经发生剧变的结论是相当自然的。然而1815年后，尘烟散尽，许多重大事项要么变化极少，要么毫无变化。1789年之前的法国社会由一群精英显贵主宰，其中一些是贵族，一些是平民，而且所有人都是富裕的地产主。1815 年后也是如此。一些贵族陷入破产或走上断头台，但有更多的贵族毫发无伤地通过了考验。天主教高级教士失去了原有的地位，公务员的数量和威望也都有所上升，但人人都说路易十八的法国酷似路易十六的法国。法国如此，欧洲其他地区更是这样。事实上，认为革命历程反而加固、延长了土地贵族对社会、政治权力的掌控，似乎更有道理。

经济也没有猛然跃入现代世界。23 年几乎未曾中断的战争扰乱了法国经济，而没有使它现代化。英国对海洋的掌控摧毁了法国经济在革命前最进步、最有利可图的部分——海外贸易。尽管制造业在大陆封锁造就的贸易壁垒后方繁荣发展，但是多数受益方的发展并不自然，等和平重新到来后，它们还是不能在英国竞争带来的无情冲击中幸存下来。1789 年时，英国工业化和法国工业化就不在一个层次上，1815 年时，二者间的差距已经扩大到不可逾越。实际上很难避免得出一个结论，那就是革命给法国经济加上了一副枷锁，法国在步入 20 世纪之后很久才得以摆脱。1815 年之后的一个世纪里，就人口而言，法国落在了美国、德国、奥匈帝国和俄国之后；就工业生产而言，法国被美国、德国和英国甩在身后；就实际人均收入而言，瑞士、荷兰、比利时、斯堪的纳维亚国家和大英帝国的若干部分也超过了法国。

真正被法国大革命改变了的是政治。革命者以惊人的速度创造了一整套新政治文化，它在理论和实践上都和欧洲最自由化的政治相去甚远。它基于国民主权原则，是一种历史短暂但前程远大的意识形态，因为它将现代政治的三个强大的抽象概念——国家、民族和人民——包进了同一个具有爆炸性的包裹当中。对大众参与的强调随之而来，这种意识形态的影响得到了进一步强化。通过选举产生的议会，以及示威、游行、私刑、俱乐部、露天表演和各类公民仪式，法国人民宣布自己已成为这个国家政治生活的主要参与者。此外，革命意识形态中所用的概念与语言被有意赋予了普世性，欧洲其他国家也不得不端坐留意法国革命。

让革命者大为失望、让旧政权大感欣慰的是，在法国之外，对革命的效仿很少超出进步知识分子的团结宣言。法国大革命曾是独特的，也依然是独特的。战争将革命带到了外部世界，而且是以破坏性的效果带去的。革命政权迸发出的力量强大到足以摧毁过去一千年中令欧洲多少得以保存完好的古老制衡体系。除此之外，西班牙和葡萄牙都在战争带来的破坏中摇摇欲坠，竟到了它们的殖民帝国土崩瓦解的地步。尽管意大利在 1815 年经历了旧制度的某种复辟，时钟却再也不能拨回去了。1796 年后，意大利的边界时常发生调整，拿破仑也创建过一个“意大利王国”，这就意味着——套用梅特涅的说法——这个国度再不能仅仅被人当作“一个地理概念”了。比利时人也经历了很多，因此，他们在 1815 年之后不会温顺地屈从于荷兰人的统治，1830 年，比利时人最终脱离荷兰，创建了他们自己的民族国家。

不过，最为重大的变化还是神圣罗马帝国这个欧洲温和中心的毁灭。在过去，虽然它时常受到内外敌人的威胁，但是它有自我调节的机制，没有一个大国有能力摧毁它。像查理五世、斐迪南二世或路易十四这样怀有大志的霸主最后都精疲力竭地选择退后。是革命军队迸发出的前所未有的力量，再加上军队政治主人的雄心和愚行，才让帝国走向最终灭亡。这并非拿破仑一个人的责任，但他必须承担绝大部分责任。他的想法是：急剧减少欧洲德语地区的政治实体的数目会让这个地区更易被操控，就短期层面而言，他是对的，可就长时段而言，他就大错特错了。他在被征服的德意志人身上施加诸多羞辱和剥削，激发了极大的报复。在1813—1815年，德意志人只索取了一部分报偿，而真正的复仇要到1870—1871年才会出现。到那时，有一件事也变得十分明确：他对德意志传统的攻击为这个国家成为全欧洲乃至全世界最富强的国度铺平了道路。

第三部分

宗教与文化

第七章

宗教与教会

罗马与教廷

18 世纪产出了无数“景观图”(vedute)，它们是提供给前来意大利“壮游”的贵族的纪念品，其中最出色的可能是乔瓦尼·保罗·潘尼尼（Giovanni Paolo Pannini）创作于 1757 年的《法国驻教廷大使离开罗马圣彼得广场，1757 年的罗马》（*The French Ambassador to the Holy See Leaving St Peter's Square, Rome of 1757*）。尽管通过描绘前景中排成一队的十辆华丽马车，概念主题得到了充分的表现，但在画布上占主导地位的却是背景圣彼得大教堂——基督教世界最宏大的教堂。它的穹顶是米开朗琪罗的手笔，正面是马代尔纳（Maderna）设计的，环绕的柱廊是贝尔尼尼规划的，这三者结合起来，在建筑学上形成了对教皇的崇高地位的肯定：他是罗马主教，至高无上的教宗，圣彼得的后继者。觐见教皇时，斯坦维尔（Stainville）伯爵［不久后升格为舒瓦瑟尔（Choiseul）公爵］在教皇接待厅大阶梯（Scala Regia，大阶梯中最宏大的一处，17 世纪 60 年代由贝尔尼尼设计）底下下车，在主人口撞见了由贝尔尼尼创作的君士坦丁大帝骑马纪念像。基督徒“真信仰”变成罗马帝国国教的胜利征途，就是从君士坦丁大帝归信基督教开始的。斯坦维尔登上楼梯顶端，进入了梵蒂冈宫里的御座厅（Sala Regia），跪拜三次，分别是在进门、走到房间中央、来到教皇御座下（他获准在那里亲吻教皇穿着便鞋的脚）时。觐见结束后，还需要照样跪拜三次，大使一路倒退着离开，完完全全不敢背朝基督在尘世的代表。

斯坦维尔伯爵在行礼如仪时脑子里有什么念头，我们对此只能猜想。他好像并不信仰基督教，更别说教皇的权威了。他在 1753 年上任时就激起了罗马教廷的反对，后者因他放纵的生活方式和自由的思想而火冒三丈。此外，他在 1757 年的觐见是为了辞行，由于路易十五的情妇蓬帕杜尔夫人（Madame de Pompadour）的恩惠，他转到了维也纳宫廷任职，罗马之外的所有人都将这看作高升。当他以事实上首相的身份回到法国时，通过说服路易十五放逐耶稣会士，他给了教廷沉重一击——所有修会中，耶稣会是最奉行教皇绝对权力主义的。他同样给 1773 年耶稣会的解散铺平了道路。教皇（克雷芒十四世）被胁迫解散一个全体成员都向他宣誓绝对听命、在过去两个世纪里是“天主教复兴中的最主要力量”[夏伯嘉（Ronnie Hsia）语] 的修会，这一事实说明了教廷在世界上的地位已经多么低下。然而在我们讨论的时代结束前，教廷的地位还会下跌不少。如果说能最好地概括教皇权力达到顶峰的一幅图景是 1077 年 1 月亨利四世身着苦修士的服饰，在卡诺萨（Canossa）的雪中赤脚站了 3 天，求教皇格列高利七世宽恕，那么教皇权力的低谷就是 1809 年 7 月 6 日庇护七世在奎里纳莱宫（Quirinal Palace）被拿破仑的军队擒获，然后被匆匆送往囚室。

在旧制度下的欧洲，表现出的权力和实际掌握的权力之间有差距不算稀奇，在今天也是这样，然而罗马教廷的这种差距格外突出。教皇和他们比较热心的支持者（“教皇绝对权力主义者”）被局限在了不容许丝毫灵活性存在的绝对话语中。虽说直到 1870 年的梵蒂冈会议，“教皇在正式解释［以宗座权威（ex cathedra）］关于信仰或道德的教义时永无谬误”才被明确规定为教条，然而它在那之前已被散播了好多个世纪。正是在我们讨论的这段时间里，自 17 世纪晚期起，“永无谬误”这个词开始被用来形容不会出错的教皇在教导方面拥有的权威。这一观点最有影响力的倡导者是出身那不勒斯的赎世主会运动创始人圣阿方索·利果里（St Alfonso Liguori），他相当长寿，生于 1696 年，卒于 1787 年。把黑格尔的话改写一下，圣灵之鸽只在历史的黄昏中起飞，原因是时代精神（另一个黑格尔式的概念）并不喜欢让个人霸占“永无谬误”的权威。

信奉教皇绝对权力主义的神学家对教皇行使的多种权力做了精细的界定，但他们像普通人一样，没能区分开个人和职位。索求这一职位的人数不断膨胀，任职者的素养也不断下滑。就算文艺复兴时期教皇们最糟糕的荒淫举动没有重现，关于人类弱点的证据也够多了，足以使得人们对“永无谬误”心怀疑虑。在反宗教改革的教皇们的朴素苦行之后，乌尔班八世（Urban VIII）的漫长任期（1623—1644）标志着奢华炫耀的复归。资助艺术的目的不再仅仅是以特伦特宗教会议规定的方式指导和传播信仰，也是为了提供乐趣。就像朱迪思·胡克（Judith Hook）指出的那样，乌尔班八世创造了“欧洲最盛大、最华丽的巴洛克宫廷”。在这个过程中，罗马被装饰一新，他出身的巴尔贝里尼（Barberini）家族也大发横财。乌尔班上任后没多久，他的两个侄子和一个姻兄弟就都成了枢机主教。由于需要维持一个世俗的不朽王朝，他的另一个侄子没有资格领受这种荣誉，却在别的方面获益不少——成了教廷军事长官、博尔戈（Borgo）总督、圣天使城堡（Castel Sant' Angelo）总督、罗马行政长官、帕莱斯特里纳（Palestrina）亲王。难怪到了乌尔班八世的教皇任期结束时，他这个侄子成了欧洲最富有的人之一。巴尔贝里尼宫——欧洲最宏大的世俗建筑之一，包括一座有 3 000 个座位的剧院——的形状就是对这种裙带关系［nepotism，这个词本身源自教皇们赠给侄子（nipote）的恩惠］的建筑表现。宗教上的权力也被用来给家族增光添彩，贝尔尼尼在圣彼得大教堂里设计的巨大祭台华盖（baldacchino）就是一例，巴尔贝里尼家族的盾形纹章装饰着它的基座，柱子和华盖上也满是金色的蜜蜂——巴尔贝里尼家族的象征。一名当时的讽刺诗人恰如其分地写道：

> 乌尔班做的这件事该写在纪念碑上
> 喂肥了他的蜜蜂，却饿坏了他的羊群。
> （Queste d'Urban si scriva al monumento
> ingrasso l'api e scortico l'armento.）

乌尔班八世也为趋炎附势进行了终极辩护。他在将枢机主教吉内蒂（Ginetti）任命为罗马教区代牧时评论道："我们任命吉内蒂为代牧，这是我们应该做的，他替我效劳了 20 年，总是和我观点一致，在任何场合都不反驳我。"

前往罗马的游客——特别是赞赏巴洛克艺术和建筑的那些——

有充足的理由感谢乌尔班八世。与他同时代的人们对他就没这么欣赏了。有一位尖酸地评价道："他更希望被看作王公而非教皇、统治者而非牧者。"可惜，他没能成功掌控贯彻这种世俗野心所需的手段。在位的最后 4 年里，他被卷入了同帕尔马公爵劳而无功的战争，这场战争的花销高到了毁灭性的地步，以至于教廷陷入了破产，其臣民开始造反。1644—1815 年有 16 任教皇，他们都是出身名门的意大利人，上任时大多年事已高。18 世纪当选的所有教皇在就职时的平均年龄大致是 64 岁，而 1721—1758 年当选的 5 位就职时的平均年龄接近 70 岁。1730 年当选时，克雷芒十二世 78 岁，按照当时的标准他已是垂垂老矣，而且其视力不断恶化。一年后他完全失明，很快卧床不起，明显缺乏在尤其艰难的 10 年里指导教廷决策所需的体力。而相对年轻的克雷芒十一世（1700 年当选时 51 岁，还在盛年）也没能使他 21 年的任期免于灾难："教廷在他这段任期里遭遇的灾难，比在宗教改革后任何一位教皇治下遭遇的都要多。"[欧文·查德威克（Owen Chadwick）语] 对于不幸的克雷芒十一世，萨伏依的维托里奥·阿梅代奥二世给出了决定性的评价："要是他从未当选教皇，就会永远受到尊敬，被认为配得上这个位子。"

教皇们都是人，也有人的一切弱点，他们有的好，有的坏，有的运气欠佳，都全力对付难解的问题，其热情程度有高有低，取得的成功也有大有小。他们在罗马有数量足够的能干的辩护者，在天主教欧洲别处还有更多，然而他们的受众不断减少，也变得没那么能听进去了。此外，最严重的损害并不是由怒斥罗马为敌基督的新教异端带来的，而是来自如伏尔泰这样的天主教叛徒，经历过耶稣会教育的打磨，这些人投出的"飞镖"再尖利不过。在《哲学辞典》(*Philosophical*

Dictionary）中，伏尔泰对教皇们的过失做出了富有其个人特色的评价："据说犯下这么多罪行以后还能幸存，就证明了罗马教会的神圣本质。然而要是这么说，哈里发们就更加神圣了，因为他们表现得更加凶暴。"尽管我们不应该将反教权主义者的偏见照单全收，像本笃十四世（1740—1758年在位）这样脾性温厚、富有才智的教皇们也大受称颂，可是不得不承认，罗马教廷严重的形象问题至少一部分是自作自受。虽然随着英诺森十二世（Innocent XII）于1692年颁布诏书，规定教皇永远不得将地产、职位或进项授予亲戚，"侄子枢机"的统治就应该结束了，但是"这个时代最坏的任人唯亲者是（18）世纪的最后一位教皇，庇护七世布拉斯基（Braschi）"（查德威克语）。

对我们讨论的这一时段中的教皇来说格外不幸的是，他们的城市吸引的世俗观光客越来越多。在过去，罗马是朝圣者的伟大目的地，而现在它成了旅游者的目标。这种转变并不绝对，因为忠实信徒照样大批前来，特别是在每25年一度的"禧年"中。罗马城的圣三一兄弟会是主要负责接待信徒的慈善团体，它在1675年给280 496名朝圣者提供了住所，1700年是299 697人，到了1750年则是194 832人。虽说有些人，比如几个世纪前的唐豪瑟（Tannhäuser）和路德，可能在回家后因他们的罗马之行而对天主教产生疏离态度，但是大部分人想必在参观中受到了启迪，坚定了自己的信仰。然而对更大范围的欧洲公众而言，能够影响舆论的是来自欧洲各地的"壮游者"，因为他们通常记录下了自己的观感，不少还得以出版。他们受过古典教育，来到这里时，他们总拿古典和当下比，也就必然感到当今的状况不如人意。最著名的例子是，古典的过去和基督教的当今之间的对照给18世纪最伟大的历史兼文学作品之一提供了灵感。爱德华·吉本

（Edward Gibbon）在他的《回忆录》中记录道："1764 年 10 月 15 日，罗马，我坐在卡皮托山岗的废墟之中沉思冥想，赤足的托钵修士在朱庇特神庙（现在是天坛圣母堂）中歌唱晚祷词，这时，我第一次有了撰写这座**城市衰亡史**的念头。"

就算其他游客没有吉本这么大的反应，也还是有很多人就像弗朗西斯·哈斯克尔（Francis Haskell）所说的那样，过来"厚古薄今"。吉本的同胞就是这样，他们一边为自己建立在新教、自由、贸易三大支柱上的巨大成就骄傲，一边强烈蔑视建基于天主教、专制和贫穷这三种互有关联现象上的文化。1740 年，霍勒斯·沃波尔自罗马给家里写信："我有幸在罗马尚存的时候见到它。多年后，罗马恐怕就不值得看了。在如今罗马人的无知和穷困当中，一切都遭到了忽略，衰朽异常，别墅全然失修，宫殿的维护状况糟糕到一半画作都因潮湿而毁掉了。"这种评价要多少有多少。新教徒的憎恨让道给了一种更隐蔽、腐蚀性更强的态度：不管是新教徒、天主教徒还是中立派，受过良好教育的人往往会鄙视罗马。在《我的时代的历史》中，腓特烈大帝对 1740 年的教皇选举是这样记述的：

> 由于出身科尔西尼（Corsini）家族的克雷芒十二世逝世，教皇位置前不久出现了空缺。教皇选举会议停滞了 12 个月，圣灵一直等待欧洲各派列强达成一致。枢机主教兰贝蒂尼（Lambertini）厌倦了这些拖延，他找到别的枢机主教，说："我建议你们做出决定：如果想要一个盲信者，就选阿尔多布兰迪（Aldobrandi）；如果想要一个有学问的人，就选科夏（Coscia）；如果想要一个丑角，我就是。"圣灵的选择落在了这位逗乐的枢机

主教身上。

这段虚构故事是对这一时期比较好的一位教皇的粗野诽谤，故事本身并没有它的流行程度和它反映出的态度那么重要。此外，腓特烈大帝在同一本书里较为审慎地判定了教皇的作用，他的见识相当敏锐，尽管采用了反教权主义的语言：

> 文艺复兴和宗教改革已经给了迷信致命一击。偶尔有些圣徒被封圣，典礼可能不会被忘记，然而在18世纪，教皇要是鼓吹建立一支十字军，就连20个衣衫褴褛的追随者也不会有。他被贬抑到了丢脸的位置——行使教士的职能，匆匆让他的亲戚与私生子发财。

这一描述非常贴切：18世纪，29位圣徒被封圣，然而他们生活的年代都早于18世纪。现在人们眼中那种因异常圣洁而必定上了天堂、可以替罪人求情的男男女女实在是太少了。夏伯嘉评论道："虽然政治上的重要性日益下降，巴洛克时代的教廷却统辖着富有英雄气概的天主教，其中满是传教士、殉道者、改宗者和活着的圣徒。18世纪的教廷却转而向内，或许是它意识到伟大的时代已经过去了。"

为什么被贬抑到"行使教士的职能"会被看成丢脸？这不仅仅是一个认为所有天启宗教都是"平民的神圣偏见"的自然神论者的嘲弄。所有教皇都继续相信，他们的职位是神圣的，不但负责属灵与教会的事务，还承担着世俗与政治的职责。在世俗权力的层级中，居于首位的是教皇，因为他是基督的代表，掌控着圣彼得之钥，可以给哪怕最伟大的世俗统治者降罪或除罪。在每年的濯足星期四（耶稣受难日前一天），圣彼得大教堂的门廊上都会举行隆重的仪式，教皇、枢机主教团和整个教廷都会到场。要先用拉丁语再用意大利语诵读《在主餐桌前》（*In Coena Domini*）诏书，列出会自动招致开除教籍惩罚（这会让罪人永远落入地狱，除非其后来得到了赦免）的众多罪行。本质上，它是对所有世俗之人——特别是世俗当局——的警告，要他们尊重教会的自主权力，因为列出的罪行包括：不服教会法庭裁决，向世俗法庭上诉；让世俗法庭而非教会法庭裁决同信仰有关的案件；让教会向世俗法庭屈服；对教会法官造成妨害；强夺教会财物，或在未经对应教会官方许可的情况下扣押教会财物；在未经教皇允许的情况下向教会收取什一税或税款；世俗法官干预涉及神职人员的经济或刑事案件；侵略、占领或强夺教皇诸国的任何部分。当然，世俗统治者经常就这些和教皇的其他要求提出异议，可是它们一直没有遭到废弃。1768 年 1 月，帕尔马公爵发现了这一点，下令罗马发出的所有信件都要经他事先核准。根据《在主餐桌前》的条款，克雷芒十三世做出回应，宣布撤销公爵的法令，他所用的语言让人想起格列高利七世：

> （它）充满了侮辱和诽谤，全是意在分裂教会的邪恶学说，目的在于将信众和他们的领袖分隔开来，从而瓦解教会的权威，让神圣秩序上下颠倒，削减罗马教廷的权利，将其置于世俗控制之下，奴役上帝自由的教会。

格列高利七世有本事动员德意志诸侯对抗皇帝亨利四世，克雷芒十三世却没有盟友。他的对手拥有各方压倒性的支持。帕尔马公爵的堂叔*——法国的路易十五——占领了阿维尼翁和韦奈桑两块教廷领地，他在那不勒斯的堂亲攫取了贝内文托（Benevento）和蓬泰科尔沃（Pontecorvo）两块教廷飞地，而他的西班牙堂亲卡洛斯三世和姻兄弟奥地利的约瑟夫二世旗帜鲜明地给出了口头支持。教皇开始了一场他不能取胜的较量，我们很难不赞同舒瓦瑟尔的犀利评价："教皇是个傻瓜，而他的国务大臣是个蠢货。"克雷芒十三世没有让步，当然，这是因为他在 1769 年 2 月 2 日就去世了。然而帕尔马公爵的敕令没有得到撤销，《在主餐桌前》也再没有得到宣告。就算这并没有标志着教皇承认自己处理世俗事务权力终结的那一刻已经到来（这一刻可能直到墨索里尼和庇护十一世于 1929 年达成协定时才到来），它也是个重要的中间节点。稍后在本章中我们将会看到，它也标志着耶稣会垂死挣扎的开始。

这一事件中，天主教世俗统治者轻蔑地对待他们的属灵领袖，而他们早就对教皇的外交主张视若无睹。近代早期最重要的国际决议——1648 年签订的《威斯特伐利亚和约》——重画了中欧的宗教地图，虽说所有天主教强国都牵涉其中，但订和约时没有征询教皇的意见。在他颁布的《对神家的热心》（*Zelo Domus Dei*）诏书中，英诺森十世提出了正式抗议，尤其对让主教辖区和修道院世俗化、大幅削减向罗马支付的钱款这两条提出异议。这毫无用处，事实上在格尔德·德特勒夫斯（Gerd Dethlefs）看来，诏书"将罗马教会从欧洲秩序中请了出去，还损害了它作为天主教国家最高仲裁者的权威"。从那以后，所有国际条约的磋商都是在不征询教皇意见的情况下进行的。

---

* 时任帕尔马公爵的费迪南多就母系而言是路易十五的外孙，就父系而言则是路易十五的远房侄子。

在结束了西班牙王位继承战争的一系列协商中，教皇的代表被排除在外，而在将那不勒斯、西西里分配给奥地利哈布斯堡家族时，教皇在传统上对这两地声称拥有的宗主权也直接被忽略了。在一次对1713—1714年进行总结的枢机主教团会议上，面对新教徒继承英国王位、汉诺威赢得选帝侯国地位、普鲁士的国王称号得到承认之类的惨败，克雷芒十一世只能发出虚弱的抱怨。

我们了解后来发生的事，因此知道就教会与国家关系的长期发展而言，此时对教皇来说消息有好有坏。我们已经读到，在整个欧洲，“国家”都是“政治论述中的主导名词”（昆廷·斯金纳语），而国家概念的核心是主权。主权的实质是它的自足性，因为“主权”的定义是“谁也不能凌驾其上的终极权威”，没有国家会容忍像教皇这样的国际性权威的干涉。张力当然始终存在，但是直到18世纪，教皇权力和威望的衰退才让权力和野心都日益增加的世俗国家完全占了上风。

好消息是，近代国家在摧毁对其主权造成妨害的各种障碍时，也替教会扫除了许多敌手，虽说要经过很长时间，教皇们才能进化出听到喜讯的必要器官。宗教改革可能是东西教会大分裂后教廷面临的最黑暗时刻，但就连宗教改革也给它留下了一线微光。天主教徒的人数虽然大大减少，但信众同罗马的联系却紧密了许多。名义上的天主教国家对教廷开展世俗化攻击时，也出现了相当类似的情况——“它提升了天主教中心的核心地位”。坚持信仰的天主教徒比放弃的多得多，对他们来说，统治者越是接受世俗主义信条，在罗马的教皇就越权威。这一点对1789年后的法国格外适用，当时它变成了欧洲历史上第一个全然政教分离的国家，但这也发生在像约瑟夫二世治下的奥地利这样的开明国家。一条条列出教廷的所有问题和缺陷以后，我们要记住的是，教皇依然在罗马，他在全世界的信众比过去任何时候都多，而且天主教徒在基督徒中所占比例也大幅上升。1769 年克雷芒十四世当选时，霍勒斯·沃波尔愉快地预测，他将是“末代教皇”。他当然不是最后一个看轻了教皇的持久权威的人。斯大林对庇护十二世（1939—1958 年在位）的抗议不加理会时，冷嘲道：“他手下有几个师?”不过，斯大林去世得太早了，他没能活到目睹教廷在东欧的权威全然盖过自己这个苏共总书记的时候，这在一定程度上是件憾事。

高级教士

罗马是欧洲最富教皇和天主教色彩的城市。它也可以说是最富神职人员色彩的，密如森林的教堂塔楼和它们的钟声是神职人员主宰地位在建筑和声音方面的持久象征。甚至今天，在世俗化和扩张已经改变了罗马城市面貌的情况下，正午时分，仍有千余座钟响起，听起来十分震撼，也深具象征意义。虽说在罗马体现得格外明显，但这种符号的震撼绝非独一无二。事实上，主导几乎所有欧洲城市——不管是新教的还是天主教的——面貌的都是教堂和其他宗教建筑。在同时代的插画中，哪怕是像伦敦和阿姆斯特丹这样的巨大商业中心都林立着指向天空的尖顶。值得注意的是，唯一一类由世俗建筑奠定基调的城市中心是以宫廷为中心的崭新的创造物，如凡尔赛或路德维希堡（位于符腾堡公国）。

至少在第二次世界大战带来破坏之前，遭到战争、火灾或其他自然灾难损毁的教堂会迅速得到重建，重建后的规模通常比之前更大。1666 年的伦敦大火以后，克里斯托弗·雷恩（Christopher Wren）

爵士收到了设计55座教堂的委托。重建工作很好地表明了政府、教士、平信徒都需要用物质方式体现对上帝的信仰，希望能够像基督那样死后复活。同样的渴望催生了将遗产赠给教会的积极性，此举持续多个世纪，让教会成了欧洲最富有的团体。此外，财产一旦落入教会之手，就很少能逃离其掌控。个人可能会将出售这片或那片土地当作权宜之计，长生不老的机构却可以永远拥有它手中的东西。结果就是财富的不断积累。在法国，全国大约10%的耕地属于教会，其中有许多是最肥沃的土地。同时代人选择相信的数字要高得多，比如说，巴黎的日记作者巴尔比耶认为这一比例要高达1/3。在那不勒斯，普遍观点是教会拥有2/3的耕地，这个数字几乎必然有所夸张。以下数字或许更可信：教会拥有的耕地比例在伦巴第是23%，在教皇诸国是20% ~ 40%（因具体地区而异）。在巴伐利亚是56%，在下奥地利是40%，这两个估计数字应当与事实相去不远。在卡斯蒂利亚，教会拥有全部耕地和牧地的1/7。在俄国，了解财富状况时更应该参照的是对人口而非土地的占有，1678年的人口普查表明，全体农奴中有大约20%属于东正教牧首、高级祭司、修道院和座堂。

18世纪大部分时间里，地租和农产品价值都在上涨，富有的教会变得更加富有。毋庸置疑，教会的财富分配得极不平等。高级教士位于顶端，享有堪比诸侯的收入。事实上在神圣罗马帝国，他们中的精英也的确是诸侯，统治着独立的世俗领地，也有代表出席帝国议会。为首的是三个莱茵河畔的大主教——美因茨大主教、特里尔大主教、科隆大主教，在帝国议会中，他们列席选帝侯议院，因此，皇帝去世时，他们能施加真正的政治影响力。另外两位大主教（萨尔茨堡大主教和贝桑松大主教）、21位主教、大约50位修道院院长则列席诸侯议院。他们中不管哪个都没能掌握在德意志扮演独立政治角色所需的资源，更不用说欧洲了，然而他们加在一起的分量就相当可观了。就居民的宗教身份而言，1648 年后的神圣罗马帝国大约是 2/3 新教，1/3 天主教，但从这些教会邦国的宗教身份看，神圣罗马帝国大致是 1/3 新教，2/3 天主教。

这种属灵与世俗权力的混合——18 世纪的批评者称之为“混乱”——最为充分地揭示了旧制度的宗教本质。比如说，美因茨大主教选帝侯被认定为德意志教会的领袖，对沃尔姆斯、施派尔、康斯坦茨（Konstanz）、斯特拉斯堡、奥格斯堡、库尔（Chur）、维尔茨堡、艾希施泰特（Eichstätt）、帕德博恩（Paderborn）、希尔德斯海姆等主教辖区均有都主教管辖权。作为世俗统治者，他的属地包括美因茨城、莱茵高（Rheingau）地区、宾根（Bingen）周边地区、自美因茨向东北延伸到陶努斯山（Taunus）的一长条领地、美因河周围的一大片地区和位于图林根的两块遥远飞地。听上去这个“群岛”支离破碎到了可笑的地步，然而要记住的是，18 世纪末它大约有 35 万人，还包括了一部分德意志最富饶的农业用地，还有许多极好的葡萄园。特里尔大主教选帝侯掌控着摩泽尔河谷，科隆大主教选帝侯［通常兼任明斯特（Münster）侯爵主教］统治着威斯特伐利亚最广阔的国土。他们享有和神圣罗马帝国世俗统治者相同的主权，其他所有诸侯主教和诸侯修道院院长也是如此。

照近代国家的标准来评判，这些具备双重属性——一半神职一半世俗——的教会国家必然不合格。19 世纪的德意志民族主义历史学家对这些“不堪一击的遗迹”（特赖奇克语）格外严厉。在这个议题上，英国人和德意志人观点一致。柯勒律治（Coleridge）用诗句表达了这种轻蔑，轻蔑中还带着愤慨，因人们普遍认为德意志“小诸侯”们将士兵卖去充当雇佣兵，来获得自我放纵的炫耀展示所需的资金。柯勒律治写道：

> 而且盟友是这些，
> 所有小家子气的德意志小诸侯，被污血滋养着
> 都是心如铁石的人血交易商！

以后很长时间，这种偏见都将存在。在描写诸侯主教们的华丽宫廷时，杰弗里·巴勒克拉夫抱怨道：“这些机构想给人一种坚固、永恒、持久的印象，而它们实际上的目的是拉大诸侯和臣民之间的距离，让后者在政治上保持服从。施派尔侯爵主教生活在布鲁赫萨尔的富丽堂皇的宫廷里，他毫不犹豫地向治下臣民宣告：‘君主的意志同上帝的意志毫无差别。’”

对信奉新教的德意志人和信教不信教的外国人而言，这些诸侯主教最讨厌的地方是他们大肆炫耀，实际权力却很小。他们根本没有建立独立国家的能力，却在欧洲建起了极宏伟的巴洛克宫廷——光是以字母“B”开头的，就有班贝格（Bamberg）、波恩（Bonn）、布吕尔（Brühl）、布鲁赫萨尔。不管信奉的是新教还是天主教，各世俗诸侯的一大野心就是将诸侯主教辖区世俗化，吞并它们变动中的领土。宗教改革之后，他们取得了部分成功，马格德堡大主教辖区的广大土地转归勃兰登堡，不来梅大主教辖区的广大土地则转归汉诺威。世俗诸侯的胃口因此更大了。神圣罗马帝国皇帝和教会诸侯之间的亲密关系再好不过地验证了“我敌人的敌人就是我的朋友”这一颠扑不破的准则。

教会诸侯不少出身“帝国骑士”，这是一批典型的旧制度贵族，他们的确切出身湮没在了加洛林王朝解体的时间迷雾中，无据可查。将他们同所有别的德意志贵族区分开来的是他们自称为“直辖于帝国”（reichsunmittelbar），也就是说直接、完全臣属于皇帝。他们没能赢得完全的诸侯地位，因此在帝国议会中没有代表，然而在其他大部分方面，他们同诸侯平起平坐。“帝国骑士”包含约 350 个不同家族，拥有大概 1 500 片面积约 1.3 万平方千米的领地，人口总数在 35 万上下。就个体而言，他们当然毫无分量，可是通过对神圣罗马帝国中很大一部分天主教会的掌控，他们能够发挥远超自己身份的影响力。大部分世俗诸侯改宗新教，坚守旧信仰的只剩了哈布斯堡家族和维特尔斯巴赫家族［还有 1697 年以后萨克森的韦廷（Wettin）家族］，这一点帮了帝国骑士们大忙。由于缺少可选之人，教会国家中的诸侯竞争不算激烈。

帝国骑士心怀感激地踏入其间，填补了空白，他们之前就已占据了若干主教座堂的圣职。他们没能成功垄断对全部主教辖区的掌控，原因是被巴伐利亚领土围绕着的雷根斯堡和弗赖辛等地由巴伐利亚贵族控制，而被奥地利领土围绕着的萨尔茨堡和布里克森（Brixen）由奥地利贵族控制。科隆的主教座堂教士团成员必须由帝国伯爵担任，而在列日，竟有一半以上教士出身平民。不过，帝国骑士占据了帝国教会（Reichskirche）中的大部分职位，而且他们一旦控制了某个主教座堂教士团，进而控制了诸侯主教的选举，就会严格限定任职条件，尽力将闯入者拒之门外。18 世纪初，帝国骑士控制了莱茵兰（除科隆外）、弗兰肯和士瓦本的诸侯主教辖区。可以理解的是，教士几乎总会投票给自己的同类，因此一连串帝国骑士登上了康斯坦茨、施派尔、沃尔姆斯、特里尔、维尔茨堡、班贝格、艾希施泰特和美因茨的主教宝座。换言之，帝国骑士通常可以在帝国议会的选帝侯议院中掌握两票，在诸侯议院中掌握更多票数。这就转变成了在维也纳的实际影响力，每位哈布斯堡皇帝——约瑟夫二世是个著名例外——都会意识到他们的好意有多重要。此外，有许多帝国骑士替奥地利效力，充当军人、外交官和官僚。拿破仑时代奥地利最高效的两位大臣施塔迪翁和梅特涅都是帝国骑士出身，分别来自士瓦本和莱茵兰。对所有骑士来说，留给他们的几十个主教座堂的圣职给他们长子以外的儿子提供了舒服的工作。对成了大主教或主教的不多几位幸运者来说，实权和财富正向他们招手。在选举皇帝时，将其他选帝侯召集到法兰克福投票的正是美因茨选帝侯，他还身兼宰相和选帝侯议院主管，核实大使递交的国书、主持关于新选举“要点”（也就是条件）的讨论、收集各位选帝侯的选票、替新皇帝祝圣和涂油的也是他。

一旦赢得主教选举，成功者的家族就永不缺财源了，因为他手握大量职位的任免权，可以按自己意愿分配。此外，成功会带来更多的成功，原因是一人或同一家族中多人掌控多片诸侯主教辖区的情况经常出现。对所有主教座堂教士团来说，每一场主教选举都会带来以贿赂的形式出现的大笔津贴，外交官们要是觉得哪位候选人和自己的宫廷最气味相投，就会帮他拉票。法国驻美因茨公使评论道：“在德意志人当中，贿赂格外盛行，特别是绝大部分主教座堂教士团成员，他们除了主要薪水，还能在各类选举中捞到不少钱。”他还厌烦地补充道：“没有金钱，就没有德意志（point d’argent, point d’Allemagne）。”教士们迟迟不决定支持哪位候选人，尽可能拖到最后一刻，替自己的选票要出最高的价钱，这种做法被说成是“等待圣灵的启示”。价钱可能很高，这反映了对大国来说，赢得教会国家依然相当重要。1780年，哈布斯堡家族付出了将近100万古尔登，来保证马克斯·弗朗茨（Max Franz）大公在科隆当选。1787年，普鲁士人花费了18万古尔登，想让他们支持的人成为在任美因茨大主教的后继者，可还是无果而终。

整个天主教欧洲都有宗教和世俗权力混合的情况，只是未必有这么明显。波兰的主教长格涅兹诺（Gniezno）大主教公认是影响力仅次于国王的人物，还会在未选出国王的空位期（通常时间很长）充任摄政。在匈牙利同他角色相当的是埃斯泰尔戈姆（Esztergom）大主教，1715年时他成了神圣罗马帝国的诸侯之一，所以之后被称作"诸侯主教长"。在法国，18世纪时有三位高级教士——迪布瓦（Dubois）、弗勒里、布里耶纳（Brienne）——当上了首相。这三人还获得了额外的奖赏，都登上了枢机主教之位。同18世纪的所有其他法国主教一样，他们都出身贵族，因宫廷的赞助而获得了这一职位，还被国王委任了有俸圣职。自1516年的《政教协定》算起，法国的130多片主教辖区的授职权都归王室所有，唯一的例外是斯特拉斯堡大主教辖区，那里的主教座堂圣职者照样享有选举权，但从来不敢在违背凡尔赛意愿的情况下行使。

在天主教宫廷里，神职人员随处可见，频繁举行的宗教仪式同样引人注目。在凡尔赛宫，正式祈祷是国王起床仪式"晨起"（lever）的一个重要部分，早餐后会进行非正式祈祷，中午会举行弥撒，狩猎后会安排晚祷，国王按照礼仪安歇，也就是"就寝"（coucher）时，会进行另一场正式祈祷。除了这种常规日程，在碰到天主教日历上的众多节日时，也会举行特殊的宗教仪式。大约200名身份各异的教士在宫廷里任职，来协助进行此类活动。地位最高的是大施赈官（grand almoner），他会参与“晨起”和“就寝”仪式，在祈祷时起引导作用，还要做饭前祷告。由于接近所有重要教会圣职授予权的源泉，凡尔赛宫成了野心勃勃的法国教士的黄金之乡。1789 年时，宫廷专职教士——不用说都是贵族出身——分享着 83 座修道院的收益，而且根本不用到访他们的财富之源。和他们一样在宫廷里活动的还有许多大主教和主教，他们更喜欢宫廷里的欢乐和资金，而非主教辖区中的辛苦工作。几乎一半主教在巴黎有住宅，有人因此嘲讽说，国家若遭遇危机，至少高卢教会可以马上凑够召开主教会议的人数。1784 年，路易十六不得不签发一份文件，命令主教们若要离开他们的会众，就必须事先得到许可。

到了那时候，旧制度下的这一等级已经很难摆脱纵情于现世享受的恶名了。对教会这一等级来说，这一恶名并非全然应得，渴望替大革命前的教会恢复名誉的教士学者们进行了认真的研究，指出许多甚至大部分主教受过良好教育，是他们辖区虔诚、勤勉、高效的管理者。在近来研究 18 世纪法国教会的历史学家中，约翰·麦克曼纳斯（John McManners）牧师是颇为权威的学者，他的结论是：“在许多方面，这都是法国教会的黄金时期。越来越多的主教——有些对自己的生活几乎没有展现出任何热忱——致力于提升手下神职人员的水准。”他是万灵学院（牛津大学的学院之一，有丰厚的捐赠收入，不教学生）的专职牧师，很有条件同法国教会生活的甘美产生共鸣，也很有条件替它谱写挽歌：“这是成熟的金秋，在树叶开始飘落、冬季降临前用丰富的色彩装点着景致。”然而他不得不点出，教会是对贵族进行额外救济的一个中心。对大多数贵族家庭非长子的儿子们来说，选择非常明确：要么军队，要么教会。在马蒙泰尔（Marmontel）《道德故事集》（*Contes moraux*）的某一篇中，一位母亲告诉自己的儿子："你父亲的财富没有想象中那么多，安顿好你哥哥以后就不剩下什么了。你只需要决定是踏上领取圣俸之路还是参军之路：一个会让你把脑袋剃光，一个会让你的脑袋被打坏；一个会让你获得圣职，一个会让你变成步兵尉官。"毫不令人吃惊的是，这吸引了未受呼召甚至没有信仰的人，比如洛代沃主教菲利波，圣西门留下了关于他的如下记述："他在宅邸中公开养情妇，把她们养在那里，直到他去世。他也毫不羞愧地表示，甚至在大庭广众之下说自己不信上帝。终其一生，他都没有因这点而遭受惩罚——然而，他姓菲利波。"正是在这个机构里，可以给路易·德·波旁·孔代亲王（Prince Louis de Bourbon Condé）找到一个收入丰厚的职位。他是克莱蒙伯爵，孔代亲王和路易十四私生女的儿子，享有5座修道院的圣俸代领权（in commendam，也就是说他可以在不承担任何义务的情况下获得收入），加起来每年有60万利弗尔，足以供养由歌剧女演员组成的情妇后宫。关于他，麦克曼纳斯写道："他最接近履行教士职责的做法，是给自己的宠物猴子麦卡锡（McCarthy）修建一座大理石陵墓。"

像艾蒂安-夏尔·洛梅尼·德·布里耶纳（Étienne-Charles Loménie de Brienne）这样的高级教士没这么离谱，却更加危险。他于1751年在索邦神学院撰写了一篇唯物主义论文，却仍能成为神职人员，第二年，他就变成了鲁昂代理主教，时年25岁。后来他在1760年成为孔东主教，在1762年成为图卢兹大主教。他曾被推荐为巴黎大主教，但路易十六反对，原因是"至少巴黎大主教必须信仰上帝"。这一挫折没能阻止他在1787年升任首相，1788年担任桑斯（法国第二富饶的主教辖区）大主教，让侄子成了自己的“副主教”（也就是最终会成为接班人），还为自己赢得了一顶枢机主教帽。革命爆发后，他投票赞成《教士公民组织法》，还买下了被充公的旧圣彼得（St-Pierre-le-Vif）修道院，然后将它世俗化，以此展现感激之情。新政权迅速左转，他方寸大乱，于候审期间死在狱中。

旧制度下的法国完全不是统一的民族国家，而是个复合体，由于数个世纪来的继承或征服，差异很大的地区被凑到了一起。结果就像不同形状砖石拼铺成的路面，固然有不对称的美感，但也叫人摸不着头脑。一个典型例子是，至少 7 名大主教都有资格宣称是法国教会的主教长。北部的主教辖区实在太大，南部的又太小——其中 6 个下辖的教区只有二三十个，还有一个（阿莱，Alais）下辖的教区只有 6 个。巴黎大主教每年的进项超过 50 万利弗尔，旺斯（Vence）主教则只能靠 1.2 万利弗尔度日。主教座堂教士团成员通常比他们投票选出的主教更加富有，以沙特尔为例，它要从庄园收入中抽出大约 35 万利弗尔供养 80 名教士。

纵览天主教欧洲，可以说高级教士最集中的地区也是最早有人定居的地区——西班牙、意大利、法国南部，根据非常粗略的统计，那里每 15 万人就有 1 名主教。18 世纪中叶，西班牙有 56 个主教辖区，而人口大概是 900 万。东欧的主教人数就要少得多。“圣瓦茨拉夫王冠领地”（波希米亚、摩拉维亚、西里西亚）上只有 6 名主教和 1 名大主教，他们要牧养的人数则超过 400 万。匈牙利的高级教士也相当少，这是因为它的大部分地区在 17 世纪晚期的哈布斯堡“再征服”以前都在土耳其人治下。在东部这些地区，根据非常粗略的统计，每 50 万人才有 1 名主教，因此，至关重要的主教职责，如坚振圣事、圣职授任、探访，很少得到履行。很难避免得出这样的结论：天主教会适应环境变化的速度实在很慢，若要它适应变化，就得有像世俗国家或法国大革命这样的妖兵天降（diabolus ex machina），将它从麻木状态中摇醒。比如说，在近代早期，哈布斯堡君主国成了欧洲主要大国之一。然而它没有正式的都主教或主教管辖结构。它的大部分国土都归神圣罗马帝国的诸侯主教——如萨尔茨堡主教、帕绍主教、雷根斯堡主教——管辖，维也纳主教辖区管辖的几乎只是城市和城郊，1717 年才被提升为大主教辖区。与之类似，西班牙首都和最重要的城市马德里没有自己的主教，归托莱多（Toledo）管辖，而第二大城市巴塞罗那的主教要服从于塔拉戈纳（Tarragona）大主教的都主教管辖权。在西班牙，最富有的主教要比最贫穷的主教富有 10 倍，这并不令人意外。然而值得一提的是，西班牙的主教大多出身小贵族，以虔诚和忠于职守著称。在罗马教廷使节看来，西班牙的主教（和法国的教区神父）是教会里最值得称赞的神职人员。

天主教会的典型优缺点在大不列颠和爱尔兰的圣公会中也表现得非常明显。共和国时期和詹姆士二世统治时期，圣公会先后在清教徒和天主教徒手中经历了艰难困苦，然而它幸存了下来，1688 年后出现了复苏。通过规定能够按照英国国教会仪式宣誓的那些人才有担任公职的资格，首先在查理二世治下获得通过的《宣誓和市镇法案》（Test and Corporation Acts）让圣公会占领了英国权力机构的制高点。有些新教中的异见者和不那么坚守的天主教徒准备好了改宗，以此来让自己符合任职要求，然而直到这项法案于 1828 年被废止，圣公会都垄断了公职。乔纳森·克拉克的观点非常值得一提：1714 年汉诺威人继承王位后的这段时期应该被描述成“圣公会占支配地位”的时期，而非人们常说的“辉格党占支配地位”的时期。

英格兰社会上层的圣公会信徒比重当然超过了之前任何时候。17世纪中叶，英国贵族中大约20%是天主教徒，还有20%是清教徒。1660年查理二世复辟，清教徒因之丧气；1688年查理二世的弟弟遭到放逐，天主教徒的热情也受到了打击。经过了后来的被剥夺财产和公权、背教、人员自然损耗，持不同立场者几乎消失了：1800年时，上议院绝大多数成员是圣公会信徒（就算他们不是真的信仰，也起码将它当作职业），只有3%的人依然坚持旧信仰。然而乍看上去，圣公会主教的贵族色彩好像要比欧洲大陆上他们的对头罗马天主教会里的薄弱得多。1800年，世俗贵族有267位（自1700年的173位上升到了这一数字），可是只有一位贵族主教——奥古斯塔斯·赫维（Augustus Hervey），第四代布里斯托尔伯爵，德里（Derry）主教。他是个证实规则的例外，原因是他在两位兄长去世后才继承了头衔。由于圣公会的主教可以结婚和生下合法继承人，教会中缺乏贵族也许有些奇怪。实际情况是，绝大多数英国贵族很富有，他们的财富建立在长子继承制和限嗣继承制基础上，让他们没有必要寻求在教会中的晋升。

另一方面，如果把贵族的弟弟和儿子们这些法律上的平民、文化上的贵族也包括在内，图景就发生了变化。虽说1740年前获得任命的绝大部分——准确地说，95.3%——主教在任何意义上都是平民，18世纪下半叶却出现了相反的趋势。1752年，关于达勒姆主教出缺一事，一名心怀不满的主教职位候选人写道：“信不信，达勒姆会落到某个贵族教士手里。这口食就是给他们留着的。我们的**贵族老爷**终于回到了进教会这条路上。我只是惊奇，他们居然好长时间没这么干了。”他说对了。达勒姆落到了尊贵的理查德·特雷弗（Richard Trevor）手里，他是布朗厄姆（Bromham）的特雷弗男爵的第四个儿子，已经当上了圣戴维（St David）主教。1740年后获得任命的76名主教中，20名是贵族出身。此外，最可能拿到教会中美缺的正是这些贵族教士，他们中的一半最终成了最显要的6名主教［坎特伯雷、约克、达勒姆、伦敦、温彻斯特（Winchester）、伊利（Ely）］之一，与之相比，平民出身者只有1/4能登上这些位置。1727年时，爱尔兰（圣公会）教会的所有主教都是平民；而1800年时，42%的主教来自贵族家庭。

我们已经看到，在德意志教会里，教会和世俗权力能够在同一位诸侯主教身上共存。就算没有那么密不可分，英格兰教会和英格兰政府之间的关系也相当密切，重要原因是2名大主教和24名主教在上议院都有议席。这是一个投票集团，在双方相持不下时足以左右大局，在1733年的货物税危机中，正是主教们投出的24票帮助罗伯特·沃波尔渡过了难关。可想而知，在上议院的主教议席出现空缺时，当时的政府会确保让自己的忠诚支持者来填补。随之而来的奖赏相当大。18世纪中叶，重要主教辖区的年产值如下：坎特伯雷7 000英镑，约克4 500英镑，伦敦4 000英镑，达勒姆6 000英镑，温彻斯特5 000英镑，伊利3 400英镑，索尔兹伯里和伍斯特（Worcester）各3 000英镑。在这个年代，亨利·菲尔丁《汤姆·琼斯》一书中的费拉马尔（Fellamar）勋爵听说索菲·韦斯顿（Sophie Western）之父的地产每年能带来3 000英镑的进项，就惊叹她是“英格兰最棒的配偶”。此外，主教们都拥有可以自己支配的职位任免权，通常持有“仁爱始于家中”的观点。巴斯和韦尔斯（Wells）主教威尔斯（Willes）是这样分派自己有权处理的美缺的：

1749 年 8 月 19 日，E. 奥伯里（E. Aubrey，女婿）：韦尔斯会吏长

1753 年 10 月 1 日，L. 西曼（L. Seaman，女婿）：汤顿（Taunton）会吏长

1755 年 10 月 31 日，亨利·威尔斯（Henry Willes，儿子）：法务执事长

1757 年 8 月 6 日，亨利·威尔斯（儿子）：教堂领唱人

1758 年 4 月 27 日，L. 西曼（女婿）：韦尔斯会吏长

1758 年 5 月 15 日，威廉·威尔斯（William Willes，儿子）：法务执事长

1760 年 12 月 31 日，威廉·威尔斯（儿子）：汤顿会吏长

1764 年 5 月 26 日，查尔斯·威尔斯（儿子）：法务执事长

1764 年 10 月 20 日，威廉·威尔斯（儿子）：韦尔斯会吏长

这里的高级教士当中也有着我们在天主教国家中看到的巨大贫富差异，布里斯托尔和牛津两个主教辖区处在底端，分别只值 450 英镑和 500 英镑。然而所有在上议院列席的主教的花销都非常接近，因为他们都期望在议会召开时留驻伦敦。威廉·韦克（William Wake）舒舒服服地在威斯敏斯特的圣詹姆士教区过着富裕的生活，被推荐出任牛津主教时，他拒绝了，说：

要是我想改变身份，全英国主教辖区里我最不想选的就是牛津。先不用说那微薄的收入，其他理由就足够让人不愿意去那里了，我太赞成主教离任的愿望和理由了，所以很难让自己去面对

它。简而言之，这是个只适合基督教堂主任牧师或妓女感化院负责人的职位。

主教们每年从秋天到第二年春天生活在首都，必然导致他们对主教职责的忽略，不过，并没有证据表明1714年后他们履行职责的水准出现了下降，实际上，水准还上升了。一切都取决于领圣俸者的才干。1702年尼科尔森（Nicolson）主教转到卡莱尔（Carlisle）任职时，他发现自1684年起，这个辖区里就没有人行过坚振圣事。他极有担当地试图纠正这种状况，在第一次探访过程中就给5 449人行了坚振圣事。然而，任命标准始终是政治的而非属灵的。能够申请职位的只有能和政治家说上话的牧师。就像1775年4月14日，约翰逊博士告诉博斯韦尔的那样："没有人会因学问和虔诚而当上主教，他想要升迁就必须和与议会有利害关系的人有所联系。"

在欧洲的另一端，教士阶层提出的要求更多，实际权力却要小得多。莫斯科和全俄罗斯牧首尼康（Nikon，1605—1681）宣称：

> 你等还不知道吗？……神职人员的最高权威不是来自沙皇或国王，恰恰相反，由于被神职人员行了涂油礼，统治者才能够领有帝国。所以这一点非常清晰：神职是比王权伟大许多的事物……就属于上帝荣耀的属灵事务而言，牧首高于沙皇，只有这样，牧首才能保有或维持属灵上的管辖权。但是就属于现世范畴的事务而言，沙皇地位更高。这样两者之间就不会存在对立。然而，牧首对世俗的管辖权……在适宜的情况下予以关注，为的是能更好地指导它；然而，不管怎样，对神职和灵魂的管辖，沙皇

并没有这样的权限……出于这一理由，沙皇必须低于牧首，而且必须听命于牧首。

然而在1667年，由于沙皇阿列克谢的命令，尼康在一场大型宗教会议上遭到罢黜，再没什么可说的了。尼康的改革导致了旧礼仪派从教会中分离出去，这对俄罗斯东正教的影响持续至今，可是沙皇施加的权威没经过多少抵抗就被接受了。皮埃尔·帕斯卡（Pierre Pascal）评论道："尼康之后，俄国就再也没有教会了：它有的是国家的宗教。"将教会降格为国家部门之一的是更加专横的彼得大帝。1700年牧首阿德里安（Adrian）去世后，这个职位就一直空缺。致命一击出现在1721年，牧首一职被正式废除，其功能被转给了由政府任命的宗教会议。同天主教或圣公会主教相比，俄国东正教监督们的处境要不利得多。教会法规定教区神父可以结婚，监督却要保持独身，这样一来，监督就必须自修道院修士中产生。这两类神职人员的地位都不高，并且在持续下降，所以只吸引了"虔诚者、破产者、毫无野心者"［G. 阿列夫（G. Alef）语］，贵族的参与也被排除在外，而这本可能赋予教会抵抗国家压力的能力。

修　道　院

我们讨论的时段内几乎没有兴建大教堂，主要的例外是伦敦的圣保罗大教堂和黑森的富尔达（Fulda）大教堂，然而数目众多的修道院从零开始得到了重建。事实上可以说，富尔达大教堂是个证明了规则的例外，因为它同时是座本笃会修道院。在信奉天主教的德意志、瑞士和奥地利，林立的巴洛克式修道院建筑——许多面积很大——依然是乡村景观的重要特征。魏恩加滕（Weingarten）、奥托博伊伦（Ottobeuren）、茨维法尔滕（Zwiefalten）、圣加伦（St Gallen）、艾恩西德恩（Einsiedeln）、新比尔瑙（Neubirnau）、内勒斯海姆（Neresheim）、班茨（Banz）、奥斯特霍芬（Osterhofen）、迪森（Diessen）、韦尔滕堡（Weltenburg）、圣弗洛里安（St Florian）、维尔黑灵（Wilhering）、梅尔克（Melk）、迪恩施泰因（Dürnstein）、格特魏格（Göttweig）、克洛斯特新堡（Klosterneuburg）——提到几座就够了——代表着整个欧洲历史上最大的建筑潮流之一。在“理性年代”据说正欣欣向荣时，却出现了大批修道院，这是本时期的有趣悖论之一。在大部分天主教国家，18 世纪第二个或第三个 25 年里，修道院达到了全盛。18 世纪中叶前后，至少存在 1.5 万座男修道院和 1 万座女修道院，其中居住的总人口数量超过 25 万。在天主教欧洲两端，18 世纪都见证了反宗教改革的最终胜利：在葡萄牙，17 世纪中叶到 18 世纪中叶建了 90 座修道院，而在波兰，同一时段内修士和修女的人数几乎增加了一倍。

除了建筑史学家，几乎没有什么学者关注 17 世纪晚期和 18 世纪的修道院历史，这种状况直到最近才有所改变。巴洛克风格的天主教色彩太重，不符合说英语的新教徒的朴素传统，对它的反感根深蒂固，这无疑有一定作用。然而近年来，德里克·比尔斯在一系列开拓性的修正研究中，认可、诠释、阐明了这些修道院的重要性。他讨论了许多内容，包括“修会教士”（regular clergy，属于宗教修会的男性或女性）在旧制度下的欧洲有多么普遍。孟德斯鸠在 1728—1729 年写道：“在意大利的道路上，你一转头就必然会看到修士，在城市里的街上，必然会看到教士。所有马车上、船上都满是修士……意大利是修士的天堂。没有不粗枝大叶的修会。全世界的修士在罗马都有事要忙，道路都因之拥挤。”无可否认，从人口构成上说，意大利是欧洲宗教色彩最浓重的国家。根据罗马教廷在1649—1650年进行的一项调查，男修道院有6 000多座，光是主要修会就有包括庶务修士在内的差不多70 000名成员。基于这一结果，1652年英诺森十世下令取缔了修士少于6名的小型修道院，共计1 000多家。意大利人对隐修生活十分热忱，这一举措全然无用，没过多久，修道院的总数就恢复到了改革前的水准——6 000座。到18世纪中叶，意大利半岛上每100名居民中就有1名是修士或修女。这仅仅是平均水平。在某几座特定城市——不光是罗马——神职人员格外显眼。1781年，那不勒斯城里有100多座男修道院，其中生活着4 617名修士，还有将近100座女修道院，其中生活着5 871名修女。这里的总人口数是376 000，因此每36名居民中就有1名是修会教士。他们在**成年**人口中所占的比例当然要高得多。要是说南部可能被认为特别富有神职人员色彩，那么以下统计可以平衡这种看法：17世纪中叶，佛罗伦萨的修女人数比已婚妇女还要多。

其他天主教国家的修道院饱和度都没有达到这种水准。比尔斯曾经估算，意大利的修道机构数目是神圣罗马帝国的15倍，虽说一座像奥托博伊伦这样的修道院就顶得上50多座在意大利乡间星罗棋布的那种小型男修道院（monasteri）和女修道院（conventi）。以下记录数据同样让人印象深刻：里斯本有50座修道院——32座男修道院，18座女修道院；巴黎有58座男修道院，100多座女修道院；若干西班牙城镇也不逊色，巴利亚多利德总共有46座，托莱多有39座，马德里有57座，塞维利亚有64座。德意志的城镇就算没那么多修道院，通常也有明显的修道院特色。以慕尼黑为例，它名字的意思正是“小修士”，1760 年，慕尼黑总人口数在 5 万上下，城中有 18 座男修道院和女修道院。不管在哪里都可以看到宗教建筑和其中的居民，这些给天主教城镇带来了同样的独特风姿，就像各学院赋予牛津和剑桥风姿那样。同后者类似，巨大宗教建筑物占据了核心位置，机构拥有大片不动产，给相当比例的本地居民提供了工作机会，它们的钟表和小礼拜堂的钟声也宣告着时间的流逝。也和牛津、剑桥的学院一样，居于其中的人们终其一生都与外部世界隔绝。儿童在五六岁时进入修道院学校，然后再不返回尘世，这样的事情并不罕见。有 3 名修女这样生活了多年以后，出去参加修士安排的郊游：“在一次远足中，姑娘们不幸遇到了一群正被赶往屠宰场的牛。她们在修道院里从没见过这么大的动物。她们吓坏了，央求向导赶紧带她们回去。‘这就是世界，’她们说，‘啊，它多可怕呀！’她们迅速决定成为加尔默罗会修女。”在法国，这一年代是虔诚女性的黄金时期。慈善姊妹会由樊尚·德·保罗（Vincent de Paul）于 1633 年创立，1660 年，它已有 70 家慈善机构，到 1700 年运营着 200 多家，到革命爆发前，它运营着 420 家机构，其中包括 175 家医院。弗洛伦丝·南丁格尔（Florence Nightingale）评价，要是英格兰有这样的修会组织，她的努力就没有必要了。这类女性修会还有许多，妇女们简单宣誓，在社区里工作，致力于教育穷人、照顾病患等实际慈善活动。比如说，以布列塔尼为基础的“智慧之女”（Filles de la Sagesse）建立于 1702 年，1789 年时就有了 77 座修道院，里面生活着约 300 名修女。奥尔文·赫夫顿观察到，说到“圣马洛—日内瓦”一线以北识字率较高的原因，该区域女性修会十分活跃和它拥有较多财富同样重要。

自 318 年圣帕科缪（St Pachomius）在埃及丹达腊（Denderah）附近的太本西（Tabennisi）创立第一座修道院算起，大概 1 400 年间，大笔各种各样的财富自俗人手中流入了修道院手中。事实证明，修士在务农方面富有进取心，在基佐（Guizot，一名新教徒）撰写的文明史里赢得了“欧洲农学家”的称号。到 18 世纪，虔诚信徒的遗赠加上我们已经知道的，“不朽”机构往往永远保有土地，不少修道院变得相当富裕，有的非常富裕。到法国大革命时，本笃会的圣日尔曼牧场（St Germain-des-Prés）修道院年收入是 25 万利弗尔，附近的圣热纳维耶芙（St Geneviève）修道院也差不多。当时一种流行却难免含糊的猜测是，修道院拥有巴黎全部不动产的大概 1/4。它们可能拥有法国所有耕地的 5% 左右，每年收到的地租、税捐大概是 8 000 万利弗尔，还必须加上来自什一税的 1.2 亿利弗尔。据同时代人估算，修道院拥有那不勒斯、巴伐利亚所有土地的一半，这必然有所夸张，不过可以很有根据地说，在巴伐利亚，28% 的农民的地主是大型修道院，因此总数应该会高于 28%。在下奥地利，修道院拥有全部土地的 20% 和一半教会财产。重建梅尔克大修道院——对乘船顺多瑙河而下的旅行者来说，全世界建筑和景观最有力的结合之一就是逐渐映入眼帘的这座修道院——花费了 75 万古尔登，但这超出了它的收入。在欧洲的全部修道院中，最宏大的是莫斯科以北的谢尔盖圣三一（St Sergius-Trinity）修道院，归它所有的地产超过 100 处，散布在 6 个省，上面有 10.6 万名农奴。英国旅行者威廉·考克斯发现：“它是如此宏大，隔着一小段距离看去，就像是座小镇……除了修道院或修士的居所，围墙里还坐落着一座皇宫和由不同君王建造的 9 座大型教堂。”据西蒙·狄克逊估计，1762 年，在全部修道院土地遭到没收之前，俄国的修道院拥有俄国耕地的 2/3 左右，跟两个世纪前相比翻了一番。

权力随财富而来。大型修会照样享有声望，这保证了它们的修道院院长和修士长有充分的条件在世俗和宗教世界里进一步获得晋升。在 18 世纪的教皇中，本笃十三世（1724—1730 年在位）是多明我会修士，克雷芒十四世（1769—1774 年在位）是方济各会修士，庇护七世（1800 年当选）是本笃会修士。在伊比利亚半岛，统治机构和修士世界之间的关系异常密切——费利佩二世兴建的阴森的埃斯科里亚尔宫殿修道院就是其象征——也异常持久。在西班牙，波旁男女贵族效仿哈布斯堡前辈的做法，退隐到修道院。1717—1730 年，葡萄牙的若昂五世在马夫拉修建了他自己版本的埃斯科里亚尔，它有 880 个房间和 330 个供教士居住的小室。在所有修会中，就同各国当权者建立重要亲密关系而言，最成功的是耶稣会。17 世纪晚期，欧洲大部分天主教统治者的告解神父都是耶稣会士。通过控制大部分大学和许多中学，耶稣会士也有了充分条件以间接方式影响精英们。“给我一个孩子，把他带大到青少年时期，他这一生就都是我的了。”这句自夸通常被算到修会头上，虽说考虑到伏尔泰和狄德罗这些反教权主义者的教育背景，是否果真如此还值得怀疑。

在神圣罗马帝国，最重要的修道院是“直辖于帝国”的，也就是在帝国议会里拥有代表，也有自己世俗领地的那些，在修道院范畴内，它们的地位相当于前一节里考察过的诸侯主教。更引人注目的是，这些修道院虽然拥有财富和权力，却没有落到贵族手中。事实上它们给所有信奉天主教的平民提供了最快的晋升路径，虽然只有很少一部分人可能受益。它们的领地不大，只有一两万名居民，彼此的文化竞争很激烈，魏恩加滕修道院院长建了一座可供 1.2 万人集会的巨大教堂，奥托博伊伦修道院一连几任院长也花了超过 50 年时间彻底翻建他们的修道院。这些院长实际上都是“居间者”，也就是臣服于某一世俗权威，但他们经常能够通过参与等级会议发挥政治影响力，在宗教改革时期，由于天主教诸侯需要寻求盟友来对抗占主导地位的新教贵族，他们获益不少。巴伐利亚的情况就是这样，在选帝侯国的等级会议中，25 个本笃会修道院、6 个熙笃会修道院、8 个奥古斯丁会修道院的负责人都坐上了高级教士的席位。奥地利的状况与之类似，1631 年，梅尔克修道院院长变成了下奥地利等级会议第一等级的议长。他在这个位置上与其说是属灵领袖，不如说是政治家和管理者。他大部分时间都待在维也纳，住在“梅尔克宫”（Melkerhof）里，将在修道院的职责留给副院长去承担。

1089 年，奥地利边疆伯爵利奥波德二世（Leopold II, Margrave of Austria）将梅尔克修道院授予本笃会，因此它可以算作那种非常古老的修会，其成员在麦克曼纳斯看来，既是最富有的又是最无所事事的：“最早到葡萄园里干活的那些人也是最早到树荫里休息的。”事实上，同时代人对所有修士的观感都差不多，伏尔泰巧妙地用三个令人难忘的词概括了他们的职能：“他们唱歌，他们吃喝，他们消化。”显然，梅尔克或马夫拉的修士们的生活方式很难说符合修道院生活所基于的《圣经》文本——“不要爱世界和世界上的事。人若爱世界，爱父的心就不在他里面了。因为凡世界上的事，就像肉体的情欲、眼目的情欲并今生的骄傲，都不是从父来的，乃是从世界来的。”（《约翰一书》第 2 章第 15—16 节）当然，要是严格按照《圣经》标准，几乎没有教会机构能够过关。然而除了麦克曼纳斯牧师和伏尔泰的评论所暗示的，关于旧制度下的修士，值得一提的还有很多。

首先，他们似乎是相对仁慈的地主。要是能够在世俗地主和教会地主间选择，任何农民都会选择对他们更有利的后者。当然这是从短期来看。必须承认，从长期来看，这么多财富被死死抓在修道院手里不能转让，可能扼杀了进取精神，抑制了农业生产力。由卡洛斯三世任命、负责保护民众利益的一名西班牙官员表示："短短几年里，被富有的宗教团体掌控的镇子……就陷入了最深的悲惨处境。因为这些团体比所有镇民都有势力，今天全买下田地，明天全买下葡萄园，往后全买下房屋，最后是一切不动产，所有曾经有用的属民被逼得沦为乞丐。"农村人口格外欢迎修道院给出的直接好处，特别喜欢给修道院当雇工。据迪特马尔·施图策（Dietmar Stutzer）估计，巴伐利亚的劳动力中可能有1/10受雇于或依附于修道院。在歉收的时候，修道院也提供慈善救济，例如在1768—1769年，数千名加利西亚农民涌到了圣地亚哥·德·孔波斯特拉（Santiago de Compostela）修道院。许多修士发挥着教区教士的作用，只是偶尔回到修道院，法国的600名普里蒙特利会士（Premonstratensian）就是如此。18世纪时，梅尔克超过1/3的修士专门履行教区职责（这一做法延续了下去）。留在修道院里的那些人当然想让日子过得更舒服，例如他们在17世纪晚期给生活的小室里加上了火炉，但他们对教会事务也没有怠慢。他们勤于通过开办学校来推广大众教育，通过收藏来保护精英文化。梅尔克对音乐很有贡献：18世纪70年代，修士们收集了83首交响曲和73首弥撒曲。根据著名权威里夏德·范·迪尔门（Richard van Dülmen）的观点，巴伐利亚的早期启蒙运动可以被描述成"大约1700年开始的修道院文艺复兴的一部分"。在西班牙知识界，启蒙运动的影响也许没那么明显，但修士，特别是本笃会修士贝尼托·费霍（Benito Feijoo）

走在了前面，他们已经带来了类似启蒙的东西。

因此在18世纪，修道院并非濒死。如比尔斯所示，它在那时达到了权力和财富的巅峰。然而他同样说明了，18世纪中叶以后，敌对的压力开始增加。与其说修士和修女没那么虔诚、没那么有用了等等，不如说世俗世界的态度出现了改变。威廉·贝克福德造访埃斯科里亚尔，看到了那里最珍贵的纪念物——天使加百列翅膀上的一根羽毛，但他在报告里没有表达出兴奋和崇敬，也不打算表达这些。来自整个天主教欧洲的平民朝圣者继续涌向魏恩加滕，对那滴基督圣血顶礼膜拜，或者前往玛丽亚采尔（Mariazell），敬奉奥地利之母（Magna Mater Austriae）"黑面圣母"像。然而在社会更高阶层，冷漠和敌意正在滋长。更要命的是，统治者们开始渐渐远离修士的理想。神圣罗马帝国皇帝卡尔六世计划把维也纳郊外的奥古斯丁会修道院克洛斯特新堡改造成埃斯科里亚尔的奥地利版本，他女儿玛丽亚·特蕾莎却取消了工程，回到了美泉宫——凡尔赛宫的奥地利版本。关于虔诚的葡萄牙国王若昂五世（1706—1750年在位）、马夫拉宫的建造者，伏尔泰写道："想要节日时，他就下令举行宗教游行。想要新建筑时，他就营建女修道院。想要情妇时，他就找个修女。"他的儿子若泽一世却将马夫拉宫丢给了其中的修士。

若泽一世同样抛开了耶稣会士，更信赖奉行启蒙思想的大臣庞巴尔侯爵。1758年，有人对国王行刺，庞巴尔侯爵借此机会获得了王室的许可，第二年将耶稣会赶出了葡萄牙。这被证明是大堤上的裂缝，就连罗马教皇对耶稣会的支持都不能堵上它。耶稣会于1764年被逐出法国，1767年被逐出西班牙、那不勒斯、帕尔马甚至马耳他。引人注目的是，这份名单上没有哈布斯堡君主国，在这场危及整个耶稣会的行动中，玛丽亚·特蕾莎和她的共治者约瑟夫二世保持中立。约瑟夫可能相信，修会教士“本质上是所有基督教省份苦难的根源，也是最无情的水蛭，吮吸着贫苦劳动者和手艺人的鲜血”，然而他同样承认耶稣会士在教育方面的宝贵服务。要拯救他们，中立是不够的。1773 年，克雷芒十四世放弃了旷日持久的维护旧制度的努力——自 1769 年当选起，他就开始为此而战。他颁布了《我们的上帝和救主》（*Dominus ac Redemptor*）通谕，宣布“我们解散、废止、消灭、革除上述团体（耶稣会）”。天主教各国开始以不同程度的热情查抄耶稣会的财产、驱逐耶稣会的成员。讽刺的是，前耶稣会士这时候在普鲁士和俄国这样的非天主教国家找到了避难所，那里的开明统治者利用他们教育国内信奉天主教的少数派。当因给耶稣会士提供庇护而遭到达朗贝尔批评时，腓特烈大帝回答，宽容是他的原则：“要是你指控我过于宽容，那么我会因这一过失而骄傲。但愿所有君主都会受到这种指责。”

我们知道后来发生的事，所以很容易理解耶稣会为何如此招人憎恶、如此易受攻击。随着国家主权和民族主义这两个可以互补的原则的发展，世俗国家越发感到修会向教廷发誓绝对服从是无礼的冒犯。作为一个主要活动于城市的修会，耶稣会的成员经常自一地到另一地、自一国到另一国，甚至自一洲到另一洲，没能在地方上扎根，而那些更古老的修会正是因此而富有适应力。耶稣会富裕，享有权力和特权，神神秘秘，它的成员明显过于得势，自然招致了包括别的修会成员在内的外部人的敌意。各种各样关于耶稣会士的奇特故事流传开来，比如，他们有奇怪的性偏好，手握巨额财富，有弑君阴谋和掌控世界的计划，等等。本应对此怀疑较多的人们相信了这些故事，例如阿尔让松侯爵，他确信“险恶的意大利修士”正在他们的南美属地组织一支大军，大军已经有了 6 万人，他们将靠军队成功接掌世界。之所以易受攻击，是因为正如本章前文所述，长期以来教廷和天主教国家间的力量对比发生了变化，波旁诸国（西班牙、法国和那不勒斯，受他们近亲约瑟夫二世的帮助和教唆，当时他正在罗马）在 1769 年的教皇选举会议上联手，以确保当选的教皇不像克雷芒十三世那样致力于耶稣会的存续，耶稣会就这么被出卖了。当选的是方济各会修士洛伦佐·甘加内利（Lorenzo Ganganelli），他可能没有在当选前绝对承诺解散耶稣会，然而尽人皆知，他对耶稣会的支持很不坚决。这一点得到了证明。

在天主教历史学家 E. E.Y. 黑尔斯（E. E.Y. Hales）看来，耶稣会的解散是“自路德反叛以来教会遭到的最严重的挫败”。在耶稣会重建的 1814 年，利奥波德·冯·兰克（Leopold von Ranke）19 岁，他认为克雷芒十四世在牺牲自己的“耶尼切里”时表现出了“平静的智慧”，可兰克当然是个新教徒。此外，兰克还意识到耶稣会的解散对教会而言预示着一个糟糕的时代：“夺取外围工事后，获胜的舆论必然会针对中央大本营发起更加有力的攻击。暴乱与日俱增，人们思想叛变的范围不断加大。”事实上攻击已经开始了，意味深长的是，来自教会内部的攻击和来自外部的一样多。受驱逐耶稣会士一事鼓舞，1765 年，法国神职人员会议向路易十五递交了请愿书，提出建立一个负责审查修道院的委员会。洛梅尼·德·布里耶纳大主教掌权时，修会委员会（Commission des réguliers）提出了带有敌意的提案，这是可以预见的。最终，法国所有修道机构的大致 1/6——受到审查的 2 966 家中的 458 家——遭到了取缔。这没有看上去那么严重，因为它们在定义上属于小型修道院，拥有的修士不到 3 000 人，即总人数的大致 1/9。更严重的问题是，别的团体或想要加入其中的人们的热情因此遭到了打击，这导致修道院在招募新人方面遇到了严重危机。哈布斯堡君主国的清洗行动更加激烈，1781 年，约瑟夫二世命令联合总理署草拟解散所有“毫无用处”、不可能合乎上帝心意的修会的方案，根据他的界定，这指的是所有不运营学校、医院，或不以其他切实途径帮助他人的修会。到约瑟夫二世去世时，他强制执行的这份诏书已经彻底且不可逆转地改变了哈布斯堡君主国中的教会。10 年间，修士和修女的数量就由 25 000 下降到仅仅 11 000，在这场清洗中，核心国土（波希米亚、奥地利、匈牙利）上的 530 家修道机构遭到解散。换言之，1780 年，修士在全部神职人员中所占的比例是 53%，然而到这 10 年结束时，这一比例下降至 29%。多瑙河地区的反宗教改革运动结束了。

大众宗教和去基督教化

德里克·比尔斯写过，18 世纪的流行绰号“理性时代”其实并不像“宗教时代”或“基督教世纪”那么有据可依。它的特征是体制内教会内部的异见运动，这证明了平信徒的宗教热情未减甚至反增，这些运动有：天主教会里的詹森派、路德宗教会里的虔敬派和圣公会里的卫理公会。在天主教世界，1648 年后的时代见证了朝圣活动的大复苏，这种复苏是在宗教改革引起的衰退之后出现的。在一个战争频发但其规模有限的时代里，旅行安全是相对有保障的，受此鼓舞，数量空前的忠实信徒上路前往或远或近、或新或旧的圣地。在三大朝圣地耶路撒冷、罗马、圣地亚哥·德·孔波斯特拉中，位于欧洲的两处都迎来了大复苏。在圣年期间，据说多达50万名朝圣者曾在圣城的主要接待处朝圣者的圣三一教堂（Santa Trinità dei Pellegrini）落脚，那里向他们提供食宿，还有一顿打包好的午饭，可以让他们在前往七座教堂——想要获得赎罪券就必须逐一造访——时果腹。在西班牙北部的圣地亚哥·德·孔波斯特拉（人们相信那里保存着圣雅各的遗体），大批朝圣者于1717年涌入，导致告解神父供不应求。阿尔卑斯山以北同样出现了支持的浪潮。亨利·拉塞尔·希契科克（Henry Russell Hitchcock）在研究洛可可建筑时发现，18世纪时在德国南部，朝圣"流行得不可思议"。他引述了许多例证，如位于巴伐利亚埃塔尔（Ettal）的本笃会修道院，那里得到热烈敬拜的圣母雕像一年里就吸引了7万名参观者，还在1600—1761年创造了至少1 930件奇迹。起源相对晚近的朝圣地同样大受欢迎，比如下奥地利梅尔克附近的玛丽亚塔费尔（Maria Taferl），1642年，一棵垂死的橡树因放在其枝头的圣母怜子像而奇迹般地恢复了生机，它之后也开始自己创造奇迹，作为对这一善事的报答。为了容纳数量不断增加的朝圣者，1661年，一座由雅各布·普兰陶尔（Jakob Prandtauer）——附近梅尔克的建筑师——设计的壮丽巴洛克式教堂动工了。同一年领受圣餐的有3.6万人，1700年时这个数字翻了一番，然后继续增加到了1751年的18.6万和1760年的25万，虽说那棵神圣的橡树和守护着它的圣母怜子像都在1755年毁于火灾。哈布斯堡君主国内最大的朝圣地是施泰尔的玛丽亚采尔，黑面圣母或"奥地利之母"每年吸引来自奥地利、波希米亚、匈牙利等地的12万～15万名朝圣者，这个数字1727年时上升到了18.8万，1757年上升到了37.3万。朝圣也对天主教欧洲的"宗教景观"产生了深远的影响。在教区圣堂和修道院之外，人们建造了许多耶稣受难十字架、神龛和小礼拜堂，来标记他们的旅程。例如在17世纪80年代，自布拉格前往旧本茨劳*的“圣路”上增加了44座小礼拜堂。

朝圣活动的近亲是宗教游行，二者往往很难区分。在大城市里，这类游行可以是极尽精心筹划的事务，是官方和大众的结合，因为高级教士、神父和世俗当局都经常参与进来。在巴黎，根据约翰·麦克曼纳斯的说法，这类华丽的宗教游行吸引了众多游人。他提到每年一度的圣勒圣吉勒（Saint-Leu-Saint-Gilles）教区居民向卡罗勒的圣母（Notre Dame de la Carolles）雕像的游行，这一仪式在焚烧瑞士卫队士兵的模拟像时达到最高潮，3个世纪前，那个瑞士兵酒后用刀破坏了雕像。1743年时，这种无害的“篝火晚会”和教堂希望营造的形象已不再相称，宗教当局试图用大弥撒取而代之，却遭到了无视。圣公会神职人员试图制止伴随众多宗教游行出现的“迷信行为”（它们在英国宗教改革后幸存了下来），但也失败了。例如在安格尔西（Anglesey）岛上，复活节游行的宗教元素遭到了削弱，人们更热衷于随后的世俗娱乐活动，如儿童的捡拾彩蛋和成人的足球赛、斗鸡。在各个地方，耶稣升天节祈祷期间，教区神职人员率领学童以柳条击打界线列队游行，这不光是因田间的出产而感谢上帝，也发挥着重要的实际功能。在没有测绘部门确定教区边界的时代，这种仪式上的勘查给人们提供了一张自己属于哪里、上哪座教堂、人生大事的仪式在哪里举行、去哪里申请救济的“心理地图”。W. M. 雅各布（W. M. Jacob）说得很好：“它确立了社区的整体记忆，界定了谁在社区之内，以及应该为谁、

* 旧本茨劳（Altbuzlau），即今捷克共和国中捷克州拉贝河畔布兰迪斯–旧博莱斯拉夫（Brandýs nad Labem–Stará Boleslav）的旧博莱斯拉夫地区。

为什么而祈祷。”

众多兄弟会和其他形式的宗教社团同样是神圣和世俗的混合体。它们未必是这个时代的发明，但都在这个时代发展得欣欣向荣。虽说这一定程度上是由新的修会特别是耶稣会促成的，可要是没有平信徒的热烈回应，它们就不可能在城市和乡村生活中都获得突出的地位。18 世纪经常被贴上“自愿结社时代”的标签，然而被拿出来充当例证的总是读书俱乐部、共济会支部之类的世俗组织。但是论会员数量，最多的还是兄弟会。对特里尔选帝侯国的 41 处教区开展的调查发现，只有一处教区没有兄弟会，而且大部分教区有两个以上。夏伯嘉自另一个角度得出了结论：“从长远来看，特伦托会议上确立的天主教教义能获得成功，不是通过打压‘迷信’，而是通过将正统信仰嫁接到传统、大众的宗教活动上。”可情况并不总是其乐融融。随着启蒙的影响渗透到神职人员和他们的世俗主人当中，流行的宗教形式遭到了抨击。把宽容这一议题当作国家近代化日程的一部分来检视时，我们将会看到，动机是多种多样的。除了对“迷信”的厌恶，还有更实际的动机，比如提高生产力。一个又一个政府颁布法令，大幅减少宗教节日，这就是一个很好的例子。在法国，不同主教管区的实际情况不同，但每年大概有 100 个工作日被节庆消耗掉了，这还不包括星期天。甚至在主教们对节日进行裁汰以后，鲁昂主教管区每年依然有 34 天的强制停工节日（fêtes chômées），波尔多和欧坦（Autun）有 70 多天。针对长时间朝圣的禁令背后有同样的动机。18 世纪下半叶，针对修道院的攻击越来越多，至少在一定程度上，这背后的原因是希望将禁欲的修士和修女改造成能够生育子女的社会成员。

虔诚的平信徒能够接受上述诸多变化。等到当局将注意力转向宗教实践时，真正的麻烦才开始。在大多数情况下，规定移走这座或那座创造奇迹的雕像、停止去这里或那里朝圣的法令被直接忽略了，事情也就这么结束了。然而，要是这种不可移动的对象碰到了立志变得不可抵抗的力量（约瑟夫二世是最突出的例子），暴力自然会随之而来。一个例子足以说明问题。1787 年，美因茨选帝侯国的宗教当局下令引进一本用当地语言写成的赞美诗集。虽说当局做了许多准备工作，谣言还是在平信徒中迅速传开了，说该诗集属于异端，赞美诗是用德文书写的，还像路德宗的书本那样有编号，的确可疑。事实上编撰者已经接到了明确指示，不要将任何新教的赞美诗收录在内。然而异见分子照样心存怀疑。在大部分教区，人们直接忽略新的赞美诗集，继续用拉丁文咏唱，不做更多反抗，可是在当地教士坚持贯彻命令、行使其职权的教区，冲突就出现了。分发到农民们手中的赞美诗集被迅速撕毁和焚烧。这些人很可能受到了修会教士的煽动，嘉布遣会（Capuchins）*的省级负责人就被告知，要是他管辖的修会成员继续进行反对用德文咏唱赞美诗的宣传，就将采取措施针对整个修会。莱茵高地区的若干村庄出现了暴力和恐吓，吕德斯海姆（Rüdesheim）也差点爆发叛乱。有个叫克龙（Kron）的箍桶匠带头，有人说他“夸张”，有人说他“有点精神错乱”，在他的带领下，虔诚的市民们动用了私刑。1787 年 6 月的一个星期天，克龙和他的支持者赶走了教堂外面驻守的士兵，进入教堂，在那里用他们认为是拉丁语的语言举行了他们自己的宗教仪式。同一天晚上，当选帝侯国的一名官员极不明智地责备一帮异见分子时，斗殴爆发了。冲突在几天后达到了高潮，一帮市

* 嘉布遣会属于方济各会的小兄弟会之一。

民闯进了当地监狱，放出了一名被囚禁的他们的领袖。在这个时间点上，位于美因茨的中央政府介入了，派出 300 名士兵镇压起事。

大主教把他的意志强行贯彻了下去，然而他足够明白事理，意识到自己的权力已经达到了极限。第二年，那本令人不快的书发行了新版，还加上了附带条件：在引进它的过程中“不会使用强制力或惩罚”。之后大主教又做出了让步，允许德文和拉丁文的赞美诗混合咏唱，或在星期天轮流咏唱这两种形式的赞美诗。事实上，平信徒高兴怎么做就怎么做，官方也在 1791 年再次许可在礼拜仪式中只使用拉丁文。那时，面对来自革命法国的威胁，这类纠纷不过是个小问题。自 1792 年起，法军反复破坏着莱茵兰地区，事实证明他们对大众宗教形式比旧制度下最开明的改革者更不敏感。在天主教欧洲的所有地区，革命分子激烈的反教权主义和破坏偶像行为带来了整个基督教历史上对信仰最粗鲁的打击。忠实信徒的回应则是加强他们同传统实践的联系。不管占领当局多么努力地做出了尝试，他们还是不能终止宗教游行、朝圣和其他公开的宗教集会。

我们将在探讨 1789 年后欧洲的反革命运动时看到，宗教热情让法国人很不好过。处于险境的不光是信仰，还有（人们的）物质存在。对那些相信上帝永恒不变、无处不在的人来说，求他饶恕是一件生死攸关的事情。莱茵兰的一个例子可以说明欧洲大部分农村和许多城镇社区的情况：

> 经验表明，自古以来，我们要是不在耶稣升天节前的几个“十字架周”里公开举行通常的宗教游行，祈求上帝赐福、保佑我们的庄稼（现在法国当局禁止我们这么做），那么几乎每年都会

出现歉收：有时候谷物被毁掉了，有时候则是荞麦被毁掉了，而产量通常也很糟糕。要是谁免掉了对上帝的崇拜，那么上帝就会免掉他赐予整个世界的祝福。所以现在，灾年几乎一个接着一个。

不巧，从宗教的地理分布上看，紧邻法国的那些地区——奥属尼德兰（比利时）、莱茵兰、西班牙、意大利——是欧洲大陆上教权色彩最浓厚、虔诚表现得最明显的地方。遭到欧洲历史上第一个明确宣称为世俗国家的国家入侵后，它们的教权色彩变得更浓厚，虔诚也表现得更明显了。显示这一时期强烈宗教热情的一个迹象是，奇迹随后大量出现。在普利亚（Puglian）地区的安德里亚（Andria）镇，一尊基督像劝告镇民们反抗法国入侵者，许诺说一队擎着火焰之剑的天使会来帮助他们；在亚琛，一群天使出现在被法国人移走的市场十字架的位置上；在阿雷佐（Arezzo），圣多纳托（St Donato）和圣母马利亚本人显现，以激起动荡；在波恩的圣雷米吉乌斯（St Remigius）教堂，40个小时的祈祷后，祭台上的蜡烛形成了“V. M. F.”几个字母，代表着“马克斯·弗朗茨万岁”（Vivat Max Franz），这个人是科隆选帝侯，而该选帝侯国的首都就是波恩。凡此种种，不一而足。

这种大众虔诚的爆发似乎说明，“非基督教化”的进程并非18世纪的特征。但是，在蒙彼利埃（Montpellier）、马德里、伦敦、汉堡、柏林、维也纳甚至罗马，那个时代的许多人也在因真正信仰的衰退和不虔诚的滋长而哀叹。早在17世纪晚期，巴黎的一名教区神父就被居住在他教区的一名律师告知：“先生，我还是不能忏悔自己的罪过或领受圣餐，虽说您做得够好了，澄清了我关于基督教的疑难。我对外宣称自己信基督教，好保全面子，也免得引人注意。但是，在灵魂最深处，我觉得这全是神话故事。而且并不是我一个人这么想：在巴黎还有两万人和我观点一样。我们互相认识，举行秘密集会，加强彼此的反宗教决心。”不管有多零碎，这类证据都确实表明了重要的变化已经出现。但是它能否证明“非基督教化”这个词适用于当时的情况，就是另一回事了。以下这个结论看起来是合理的：在法国，有些人不再信仰宗教，他们的人数可能还在增加。不过，有具说服力的统计资料表明，来自各阶层、人数非常多的法国男男女女照样保持虔诚。比如说，1778 年出版法规的变化让重印已故作者的著作更加容易了，此后，在从印刷机中倾泻而出的 200 万册书中，几乎 2/3 是宗教读物。至少一部分变化可以被解释成宗教实践的**形式**的变化而非实质的变化。正统的天主教徒可能有充分理由认为，詹森派就像是多瑙河，始于天主教，途中变成了新教，以无信仰告终。然而詹森派教徒自己相信，他们不仅是虔诚的基督徒（毫无疑问他们是），也是真正的天主教徒。此外，直接拒绝和热心献身之间的边界是（而且一直会是）模糊的，也有广阔的中间地带。偶然遵奉教义的人被法国大革命自漠不关心状态中打醒，一些人变成了咄咄逼人的反教权主义者，另一些人则回到了积极捍卫信仰的道路上。有些历史学家发现了“基督教话语的瓦解……对基督教热忱的衰退”（丹尼尔·罗什语），然而另一些人的看法是，“正是在 18 世纪，天主教改革的虔诚占了上风……18 世纪是真正意义上基督教的世纪”［多米尼克·朱利亚（Dominique Julia）语］。调和这些概括或许不大可能，但我们大概可以同意约翰·麦克曼纳斯的观点：用“非基督教化”这个术语来概括 1789 年前的发展太过头了，用它来形容革命政权发动的“闪电战”更合适。

保罗·阿扎尔（Paul Hazard）有句著名的话："法兰西民族今天思考方式像波舒哀，明天就像伏尔泰了。"没有证据表明这一判断适用于法国之外的国家。我们已经看到，在欧洲大部分地区，不管信奉的是天主教、新教还是东正教，改革都来自上层，同当局相联系。在法国，詹森派遭到了迫害；而在天主教欧洲的其他地区，它得到了扶持。它在新教中的对应派别——虔敬派——最早反对的是当权的教会，虔敬派强调所有信徒和非正式信仰团体都可以履行教士职责，强调需要有重生的经历，还对"内心光照"及其自发性和情感格外看重，所有这些加在一起，引起了路德宗神职人员的惊慌。然而虔敬派最终被吸收进了体制内。因此，有组织的宗教在此并不像法国教会那样，给人以保守僵化的印象。

在法国，启蒙运动的标志性口号是伏尔泰的战吼："消灭卑鄙之徒！"（Écrasez l'infâme!）直到 19 世纪，它才传至别处。18 世纪最后一个 10 年之前，对大部分人来说，宗教当局遭到攻击不是由于它们过于保守，而是因为它们的开明改革被当作了对上帝的不敬。我们已经看到，从布拉班特到托斯卡纳，从莫斯科到蒂罗尔，麻烦只在企图干涉传统的宗教实践形式时出现。短期来看，那可能给政府带来问题，然而长期来看，它被证明是巨大的力量之源。

第八章

宫廷与国家

法国的狩猎

1676年12月14日，普法尔茨的伊丽莎白·夏洛特（莉泽洛特）——奥尔良公爵夫人、路易十四的弟媳——自圣日耳曼给她的姑母汉诺威选帝侯夫人索菲去信：

> 抱歉这么长时间没给您写信，请您不要见怪。首先，我一直待在凡尔赛，整天都忙忙碌碌。我们会打一上午猎，下午3点回去，换装，一直赌博到晚上7点，接着去看戏（从没在晚上10点半之前演完过），然后用晚餐，再往后又回到舞会上，直到第二天凌晨3点才就寝。

作为对宫廷文化的概述，这段文字再简洁明了不过。这个时代的欧洲国家绝大部分是君主国，所有君主国都拥有宫廷，宫廷里人们喜爱的日间消遣就是狩猎。或许受到了当今自由主义观点厌恶狩猎的影响，历史学家们几乎都觉得，这项活动应得的对待不过是题外话里的几句轻蔑嘲讽（这项规则的一个著名例外是约翰·亚当森，他指出“任何宫廷都不可能没有替狩猎服务的大量机构”）。然而狩猎对17、18世纪的精英（我们将看到不光是精英）相当重要，这要求我们抛下对它的本能厌恶。写下这句话时，菲利普·萨尔瓦多里（Philippe Salvadori）——关于法国狩猎最具学术性的论著的作者——丝毫没有夸大其词：“像国王一样生活就要打猎，而且要定期打猎……这种消遣是国王职责的一部分，履行它就像履行宗教仪式。”难怪在关系着法国君主制兴衰的两个决定性传说中，狩猎发挥着显著作用。1655年4月13日，得知巴黎高等法院打算讨论已经在御前登记在案的法令时，16岁的路易十四正在万塞讷（Vincennes）打猎。他在冲进会议厅、严厉斥责高等法院官员们的无礼时，还穿着猎装和靴子，挥舞着马鞭。当首席大法官蓬蓬·德·贝利埃（Pompone de Bellièvre，他自己也热衷于狩猎）试图用国家利益替他们的行动辩护时，路易给出了著名的回答：“朕即国家！”

哪怕他事实上没有说过这一名句［就连埃内斯特·拉维斯（Ernest Lavisse）也称它是“传说”］，国王自猎场前来引发的激动也是真实可信的。与这一插曲相对应的文献记录更加可靠，它是路易十四的六世孙（却只是他的第二代继承者）路易十六在1789年7月14日星期四这一天的日记里记下的：“无事。”就算是路易十六，想必也能意识到，巴士底狱的陷落**有些**重要。写下“无事”时，他的意思是那天没有去打猎。套用罗马皇帝提图斯（Titus）的话，对路易十六来说，一天不打猎，这一天就白过了。下面的摘录很好地说明了他各类事项的优先顺序：“1789年7月。1日星期三，无事。（三级）会议派来代表团……

9 日星期四，无事。会议派来代表团。10 日星期五，无事。答复了会议派来的代表团。11 日星期六，无事。内克尔先生辞职……14 日星期二，无事……10 月。5 日星期一，在沙蒂永大门举行射击聚会，杀死了 81 只猎物。被事件打断了。离开，骑马回去。”“事件”指的是“十月事件”，王后差点被一帮暴动的巴黎人处以私刑，整个王室事实上都被囚禁，随后被押解回巴黎。

按照王室标准，81 只猎物并不算多。路易十六在日记里非常仔细地记下了杀死的猎物的数目。1775 年 12 月，他的记录是杀死了 1 564 只猎物，这让他一整年杀死的猎物数目达到了 8 424。18 世纪枪术的局限没能阻止人们迅速杀死大批猎物。根据当若（Dangeau）侯爵的说法，1706 年 6 月 30 日，贝里公爵和布戈涅公爵（均为路易十四之孙）在圣但尼平原上射杀了超过 1 500 只松鸡。另一位贵族吕内（Luynes）公爵于 1750 年写下，在凡尔赛，路易十五在 3 个小时内射杀了 318 只猎物，几天后在一个半小时内又射杀了 135 只。国王和随从们于 1738 年 9 月 13 日在圣但尼平原上射杀了 1 700 只猎物，这可能是最高纪录。这种规模的屠杀需要的不光是稳定的双手和强健的胃口。到路易十四的漫长统治结束时，复杂、庞大、花费高昂的狩猎组织已经发展起来，依照捕猎者和猎物的特点，它被细分成若干专门部门。

传统上地位最高的是鹰猎，主要是因为它最为古老，也无须用到火器。1750 年，在由猎鹰总管（被看作王室的重要官员之一）负责管理的大猎鹰房（Grande Fauconnerie）有登记在册的猎鹰 89 只，此外猎鹰阁（fauconnerie du cabinet）还拥有 40 多只，猎鹰间（fauconnerie de la chambre）拥有 12 只左右。国王为什么需要三个独立的机构来豢养猎鹰，这依然是个谜。最受珍视的是几乎通体雪白的格陵兰隼，其次是冰岛隼和斯堪的纳维亚矛隼，较小的燕隼、灰背隼（贵族女性特别喜爱这种猎鹰）和红隼（最容易驯养）的地位则较低。雕尽管体型可观、气度庄严，却很少被用到，虽然萨尔瓦多里推想，在路易十四的最后一次鹰猎远征中，猎物——雄獐、野猪各一头——的体型意味着必然用到了一只雕。这一时期，鹰猎已经衰落，变成了一种春季礼仪，而非严肃的狩猎形式。路易十四对此相当热心，他总共雇用了175人替鹰猎服务，还在1682年增设了第四类矛隼来狩猎野兔。然而就算是在全盛时期，他每年也只有5～13天进行鹰猎。路易十五对鹰猎没这么热心，路易十六则关闭了同鹰猎有关的全部机构。鹰猎的衰落一定程度上是由于它所需的投入与最终所获不成比例——需要进行无止境的训练，对猎犬、猎鹰、马匹和狩猎者的配合精细程度要求很高，往往花很长时间才能打到一只鸟（特别受欢迎的是苍鹭）或小型哺乳动物（通常是野兔）。夏尔·达尔屈西耶（Charles d'Arcussier）宣称，在17世纪中期，技艺精湛的鹰猎者在一天里就可以用1只雀鹰抓到70只迁徙中的鹌鹑。然而此事哪怕属实，也明显是个特例。

猎狼活动也在衰落，虽说在所有猎物品种里，狼是唯一可以明确说对人类构成威胁的。路易十四的长子“大太子”非常热衷于猎狼，他其实对任何形式的狩猎都非常热衷，甚至到了带着一群巴吉度猎犬捕猎石貂的程度。然而在他于1711年去世以后，捕猎狼群的就只剩下猎狼犬总管和由他管辖的专业猎手了。虽然有些人喜欢狩猎野猪，但这一时期王室打猎时最受欢迎的目标毫无疑问是牡鹿。猎鹿犬总管（Grand veneur）作为王室重要官员的地位显示了牡鹿的声望。牡鹿（雄性的马鹿，至少5岁）极受欢迎，不光是由于其体型和美丽。传说牡鹿非常长寿：查理六世（1380—1422年在位）的一位编年史记录者称，国王曾经猎杀过一头佩戴着刻有“恺撒的赏赐”字样项圈的牡鹿，说明一位罗马皇帝曾经饶它一命。直到18世纪，人们才确定牡鹿的平均寿命是30～40年。人们还相信，牡鹿爱好音乐，可以通过笛声驯服它们。可能最重要的是，在人们看来，牡鹿优雅繁复的交配仪式和巨大的鹿角显示出同法国国王相称的性能力。

路易十四统治时期，猎鹿活动一直是由10个部分组成的礼仪。贡纳尔·布鲁塞维茨（Gunnar Brusewitz）的概述很有帮助：1、首席猎手利用寻血猎犬或其他追踪猎犬，确定准备猎杀的牡鹿的位置，之后先不去打扰它，但要仔细地记下鹿角的大小和其他特征；2、猎手们和还被皮带束缚着的猎犬在附近的空旷林地上集合；3、猎手以号角声宣布有牡鹿在周围活动，猎犬被放出，狩猎开始；4、对牡鹿的追猎在整片森林中进行，猎手们以喊声和一套复杂号角声中的某一种来通告它的去向；5、要是牡鹿不肯配合，要离开猎场，猎手们就需要用猎犬将它撵回大部队附近；6、在狩猎过程中，猎手们需要注意大部队追踪的是否一直是原先那头牡鹿留下的踪迹；7、要是狩猎用时较长（可能要花上好几个钟头），一部分人马会选择战略要点稍事休整，有必要的时候，他们可以从那里重新开始追猎；8、要是“在追逐中浑身发热的雄赤鹿切慕清凉的溪水”［像泰特（Tate）和布雷迪（Brady）对《诗篇》第42篇*的改写那样］，并走到水边，猎手就会发出特定的信号，让大部队注意到这种特别令人高兴的景象；9、等精疲力竭的牡鹿终于陷入困境、面对追猎者时，猎手会从它背后爬过去，割断它的肌腱，以防它弄伤包围着猎物的猎犬，狩猎总管上前，用猎

* 《诗篇》42:1为“神啊，我的心切慕你，如鹿切慕溪水”。

刀割断牡鹿的咽喉，将它置于死地；10、由路易十四引入的最终阶段，以洪亮热闹的狩猎号角声宣布狩猎成功结束，大部队获准争夺牡鹿的内脏，猎犬们获准撕咬牡鹿的头部，猎手们则将充当战利品的鹿角高高举起。

参与的猎手、马匹、猎犬数量经常超过三位数，因此需要对这种仪式性的杀戮加以精心规划。人们不应该认为，无论牡鹿往哪里跑，人们都会跟着它冲过森林。恰恰相反，有了宽广的道路、开阔的十字路口和专门架设的桥梁，大部队就能够安全而舒适地跟上狩猎行动，要是乐意，甚至能够乘坐马车。路易十四在贡比涅森林里开辟了54条新的狩猎用道，他的后继者又增修了400法里（约1 600千米）。这些错综复杂的狩猎用道和交叉点上兴修的建筑物加在一起，创造了一种专门因狩猎而形成的地貌——马丁·诺尔（Martin Knoll）恰当地称之为“具有王室气度的风景”。这种对未开化大自然的象征性征服不仅仅局限于法国。一个很好的例子是尼古拉·德·皮加热（Nicolas de Pigage）设计的猎苑，它附属于普法尔茨选帝侯在施韦青根（Schwetzingen）的居所，由一个圆环和8条自中心放射出来的马道、一片被6条主干道分割的正方形区域、几座环环相扣的附属建筑物组成，整座猎苑通过一条宽广的大道同主要宫室相连。

贡比涅只是诸多宏大的猎场之一。路易十四将凡尔赛的狩猎用地面积扩大到1.2万公顷，还买下了朗布依埃（Rambouillet）地产和西南边的2.3万公顷土地。秋天时整个宫廷都会迁到枫丹白露，主要是为了在宫苑周围的森林里打猎。由于狩猎往往是一种每周（甚至每天）都会进行的仪式，为了有猎物可打，就需要大片的猎场。路易十四在统治晚期每年有110 ~ 140天在打猎，路易十五一周至少有3

天在打猎，而路易十六平均隔天打猎一次。除了在王室所有的猎场上打猎，他们还会被奥尔良公爵、孔代亲王、孔蒂亲王等近亲邀请到自己的猎场，如圣克卢、尚蒂伊（Chantilly）、亚当岛（Isle d'Adam）。奥尔良公爵夫人（路易十四的弟媳）记录道："每天都在打猎：周日和周三是我儿子（沙特尔公爵）；周一和周四，国王带着自己的大队人马打猎；周三和周六，王太子去猎狼；图卢兹伯爵（路易十四的私生子）周一和周三打猎；他的兄弟曼恩公爵（路易十四的另一个私生子）周二打猎；（奥尔良）公爵先生周五打猎。据说要是所有这些打猎活动同时同地进行，（参与进来的）会有大概 900 匹马和 1 000 条狗。"这条记载表明，波旁王室的分支几乎和国王本人一样活跃：尚蒂伊的著名马厩和犬舍重建于 1719—1735 年，分别能够容纳 240 匹马和 250 条猎犬。18 世纪里，这一直没有改变。1748—1785 年，孔代亲王的首席猎手雅克·图杜兹（Jacques Toudouze）留下了关于全部猎物的详细记载，这些年里遭到猎杀的动物总数让人难以置信，却得到了证实：924 717 只。

简而言之，对于处在法国君主制顶端的那些人来说，狩猎是主要的锻炼形式。1750 年时，据吕讷公爵估算，凡尔赛的两座王室马厩里一共有 2 100 匹马，此外还有专供狩猎的 300 匹。1682 年时那里兴建了犬舍，可以容纳多达 300 条猎犬。路易十五于 1737 年专门替幼犬建造了另一片犬舍，可以容纳的猎犬总数因此翻了倍。哪怕是在路易十六厉行节俭之后，每年在狩猎上的花销总额也大大超过了 100 万利弗尔。要是将实际杀死的猎物数目当作衡量标准，那么这种经营当然是成功的。1738 年 12 月 27 日，路易十五记录，这一年里，他带着一群猎犬杀死了 110 头牡鹿，带着另一群杀死了 98 头（1738 年结束前，他希望能够让这一数字超过100）。可要是考虑到投入的时间和金钱，这些鹿肉实在少得可怜。那么，连续三代波旁家族成员为什么这样热衷于逐猎，特别是狩猎牡鹿？或许狩猎的一部分吸引力在于它可以充当战争的替代品，在英国诗人威廉·萨默维尔（William Somerville）笔下，它是“王者的运动，战争的映像，却没有战争的罪过”。他的英国同胞威廉·贝克福德说得更加清楚：“狩猎是战争的一种，其不确定性、令人精疲力竭的程度、难度和危险性让它比任何别的娱乐活动都刺激。”替那不勒斯国王卡洛三世（Carlo III）撰写颂词的多诺弗里（D’Onofri）将狩猎时的主君比作赫拉克勒斯*，将猎物描述成文明的隐喻，指出狩猎是统治者的运动，原因是它在“改善君主灵魂状态”的同时，提高了他们的军事技能。他还将狩猎描述成气度的一种特殊表现形式，因此，狩猎具有象征意义，可用于夸示。在君主狩猎像中，君主们的确表现得和在指挥战役时差不多，许多描绘路易十四和他那些全力出击的猎鹿犬的画就是这样。

君主们还可以在人们给他画像时身着猎装，来突出勇气、耐力、技能、对自然的掌控等等品质，这些是理想猎手的特征。美学上一个非常出色的案例是戈雅给平平无奇的西班牙卡洛斯四世所画的肖像，卡洛斯四世是需要这些美化的。猎犬顶替了士兵的位置，很大一部分追逐、捕杀猎物的任务被转给了猎犬。诺贝特·埃利亚斯（Norbert Elias）观察到：“人们将大部分逐猎过程和杀伤行动交给猎犬，进行狩猎的绅士们自愿屈服于一套精心编排的礼仪的约束，狩猎的一部分乐趣变成了视觉上的享受，亲自行动带来的乐趣变成了看着其他人

* 赫拉克勒斯是希腊神话中的大力神，宙斯之子，曾完成十二项英雄功业。

（或狗）行动的乐趣。”猎手和猎犬之间形成了强韧的纽带，路易十四就给自己特别喜爱的猎犬狄亚娜（Diane）、布隆德（Blonde）、邦内（Bonne）、农内（Nonne）、波内（Ponne）、福勒（Folle）、米特（Mite）、塔内（Tane）、泽特（Zette）等画了像，将画像陈列在他的马尔利（Marly）私人庄园里。

在王室森林里狩猎牡鹿是国王及其近亲的专属特权。地位较低的人一旦被抓到触犯这项禁令，就会大祸临头。因此我们很容易想到，“太阳王”极力推动狩猎，可能意在拉大君主与贵族的距离。在过去，贵族们一直试着将国王压低到“首席贵族”的位置，还可能再次这么做。替国王晨起和就寝等场合精心设计的礼仪广为人知。在国王穿上靴子去打猎和回来后脱下靴子的场合，这类礼仪还要被小规模演练一遍。为了参与这类礼仪，廷臣们也彼此竞争。不管是陪伴国王乘马车前往猎场或返回宫廷，还是更难得的随后同国王共进晚餐，廷臣都激烈竞争，争取机会。国王还利用狩猎来刺激廷臣们争夺特殊的恩惠。任何廷臣都能够跟去打猎，然而只有经过精挑细选的一小部分廷臣能够获邀穿上猎装，正式变成王室狩猎队伍中的一员。为了创造尽可能多体现差别的机会，不同宫殿的猎装各不相同——特里亚农的是红色加金线刺绣，贡比涅的是绿色，舒瓦西（Choisy）的是蓝色，等等。

参与王室狩猎成为新入宫廷贵族们的特权和职责以后，狩猎就被牢牢整合进了宫廷礼仪。付出代价以后，夏多布里昂发现了这一点。他非常不情愿地屈服于家人的压力，同意在 1787 年 2 月到凡尔赛宫觐见路易十四。觐见之后，资历颇深的廷臣夸尼（Coigny）公爵告诉他第二天到圣日耳曼森林参加狩猎大部队，所以他“一大早就出发了，这无异于对我的惩罚，穿着社交界新手的制服：灰外套、红马甲和马裤、花边上衣、高筒靴，腰带上挂着猎刀，戴一顶镶着金边的法国小帽”。他自王室马厩领到了一匹名为“快乐”的马，然而不幸的是，这匹马和它的名字并不相称。它“跑得挺快，但是不听指挥，易于激动，总在玩小花招”。夏多布里昂终于爬上马背以后，“快乐”忽然冲了出去，以无法控制的速度带着他开始了狩猎，先是猛地冲进了一群廷臣当中，然后犯下了抢在国王前面到达死亡猎物身边的头等大罪。虽然国王对这种失礼相当宽厚，但回到凡尔赛以后，夏多布里昂拒绝等待脱靴仪式这个“凯旋和恩惠的时刻”，并迅速奔回了巴黎，这让他野心勃勃的兄弟相当烦心。“我无法克服对宫廷的厌恶。”夏多布里昂在回忆录里冷冰冰地写道。在对细节加以必要变通的情况下，试图奉承国王的廷臣们煞费苦心地组织了铺张炫耀的狩猎活动。1723 年在亚当岛，孔蒂亲王组织了一场共有 80 匹马和 150 条猎犬参加的狩猎，对象是一头牡鹿，4 个小时的逐猎以后，牡鹿终于倒下了。

我们显然无从知道波旁王室在推广狩猎时有多少社会和政治考量。可能正如菲利普·萨尔瓦多里所说，对如此之多的动物进行有规律、仪式性的杀戮强化了国王的神圣地位。法国人对于狩猎的论述——也只有他们的论述——当然注意到了这个方面。不过，连续几代国王忙于打猎，可能只是由于他们喜欢这项活动，不管原因是什么——马匹、猎犬、鹰隼、牡鹿和风景的美丽，在清新空气中锻炼的吸引力，同打猎大部队的良好交情，在户外放松的乐趣，等等。对狩猎的乐趣和相关礼仪的表现给让·弗朗索瓦·德·特鲁瓦（Jean François de Troy）这样的画家提供了市场，他对狩猎前一场华丽早餐的描绘很好地表现了“狩猎生活的魅力”。我们大可以说，路易十四、路易十五、路易十六三位国王的个人做法塑造了法国狩猎活动的面貌。他们出资维持凡尔赛和别处的宏大设施，可能更重要的是，他们定期热心参与狩猎的个人做法成了其他法国贵族的榜样。女性也可以积极参加这项运动。普法尔茨的莉泽洛特（颇有阴柔之气的奥尔良公爵颇有阳刚之气的妻子）相当喜欢法国生活的这一方面，1673 年时，她让路易・费迪南・埃勒（Louis Ferdinand Elle）给自己画了身着猎装的肖像。狩猎活动值得一提的吸引力是，它给了出轨的情侣在无人陪伴的情况下到森林深处幽会的机会。在完成于 1720 年的晚期杰作《追猎中的休憩》（*Halt during the Chase*）里，华托（Watteau）用优美而情色的一贯笔触描绘了这种场景。

神圣罗马帝国的抛狐和其他娱乐活动

法国宫廷的声望确保了狩猎的重要性在其他欧洲宫廷里较之过去将更加显著，特别是在西班牙的模范宫廷在患有呆小症的卡洛斯二世的阴郁统治下走向衰落，而令人眼花缭乱的凡尔赛建设工程大致同时出现后。在实行分散管理的神圣罗马帝国，狩猎活动的区域差异相当明显——比如说，巴伐利亚人特别喜欢捕獾——然而鹰猎通常享有最高的地位。18 世纪时，一部据说由霍亨施陶芬王朝的皇帝腓特烈二世（1220—1250 年在位）撰写的专著仍在被使用。德意志王公当然会在有史以来最热心的鹰猎者中占据一席之地，特别是勃兰登堡–安斯巴赫侯爵卡尔・弗里德里希（Karl Friedrich, Margrave of Brandenburg-Ansbach，1712—1757），根据他的狩猎簿册的记录，1730—1755 年，他在鹰猎中捕获了 34 429 只猎物。科隆大主教选帝侯克莱门斯・奥古斯特・冯・维特尔斯巴赫（Clemens August von

Wittelsbach，1700—1761）同样值得一提，他在布吕尔宫大阶梯的装饰里留下了足以说明他对鹰猎的热情的肖像。他还在宫殿的庭院里修建了一座名叫“鹰猎之乐”（Falkenlust）的狩猎小屋，小屋的选址非常用心，正好处在苍鹭自它们在宫殿庭园里的巢穴到在莱茵河上的捕鱼处的飞行路线上。不计其数的狩猎小屋（Jagdschlösser）也从建筑层面证明了德意志王公们对各种狩猎活动的热情，它们有大有小，在森林里星罗棋布。比如说，虽然其领土面积在帝国内只处于中等位置，历代黑森–达姆施塔特方伯（Landgrave of Hesse-Darmstadt）却在克拉尼希施泰因（Kranichstein）、迪亚纳堡（Dianaburg）、门希布鲁赫（Mönchbruch）、沃尔夫加滕（Wolfgarten）、维森塔尔（Wiesental）、贝松（Bessung）、格里斯海姆（Griesheim）、耶格斯堡（Jägersburg）、比肯巴赫（Bickenbach）、恩斯特霍芬（Ernsthofen）、新耶格斯堡（Neu-Jägersdorf）、耶加塔尔（Jägertal）、茨维法尔滕、卡岑巴赫（Katzenbach）等地修建了狩猎小屋。不管就面积还是外观而言，“小屋”这个叫法对它们都并不公允，不少狩猎小屋更像是真正的乡间别墅。比如说，耶加塔尔的小屋由 14 座独立的建筑物组成，然而就算这样，对陪同方伯路德维希八世（1739—1768 年在位）在秋季前来狩猎马鹿的 100 多名廷臣来说，它照样极度拥挤。厨房记录表明，1758 年时，狩猎大部队的菜单上并非只有鹿肉，他们还消耗了大量水产品：119 千克梭鱼、123 千克鲤鱼、57 千克鳟鱼、11 千克鲈鱼、24 千克鳗鱼、18 桶鮈鱼、2 172 只螃蟹。哪怕是对较小的狩猎小屋——比如迪亚纳堡的小屋，它是克拉尼希施泰因猎苑中一座精美的洛可可式亭子，被用作观察哨和餐厅——德意志王公也非常注重它们的外观，这清楚地反映了狩猎的展示性质。

为了总有猎物可打，人们需要不断自一座狩猎小屋移到下一座，这意味着每年里有好几个月，德意志王公的宫廷是半游牧性质的。马丁·诺尔曾经指出（他特指巴伐利亚），这种漫游生活带来了政治利益，因为它向统治者提供了同治下乡村居民接触的机会，还让统治者得以象征性地占有遥远的领地。一部成书于1711年的著作称，狩猎给了王公们一种“通过展现他们的光辉和伟大来到处显示权力”的方式。

由于牡鹿的数量锐减，法国式猎鹿（围猎）在英国渐渐消失了，然而它在神圣罗马帝国传播得非常迅速。17世纪80年代，它被介绍到德意志各诸侯国，虽说所需的猎人、马匹和猎犬数量非常大，还存在一次只能捕猎一只牡鹿的限制，但它还是很快流行开来。直到18世纪晚期，它依然盛行，虽然在手头紧的时候，人们可能暂时甚至永久性地放弃这种狩猎形式。比如说，在七年战争的余波中，普法尔茨选帝侯卡尔·特奥多尔（Karl Theodor）不得不放弃法国式猎鹿和鹰猎。

《牛津英语大辞典》将狩猎界定为“出于捕捉或杀死野生动物的目的而追逐它们的行为，对野生动物的撵逐或追击，奋力寻觅或努力找到某样东西的行为”，德语中与之对应的词是Jagd，然而它不具备同样积极主动的内涵。Jagd被用作各种实际与猎手无关的活动的词的后缀。比如说，Kampfjagd（斗兽）是指让两只动物在有限空间内打斗，来取悦看客：熊对狗，牡鹿对狼，甚至狮子和老虎对公牛或马匹。普鲁士国王腓特烈一世因他在这一领域的战绩而无比骄傲，特意制作了一种奖章，一面是他自己的肖像，另一面是他用来“斗兽”的竞技场。“抛狐”（Fuchsprellen）的情况与之相近，一只狐狸被搁在由协助狩猎的仆从或宫中的绅士淑女举着的网子或毯子上抛来抛去，直到它断气。这种活动一般在君王宫殿的庭院里举行，廷臣们聚拢在宫殿的窗边观看。萨克森人好像格外喜欢这种娱乐：1747 年时，在波兰国王奥古斯特三世［Augustus III，同时也是萨克森选帝侯腓特烈·奥古斯特二世（Frederick Augustus II）］的宫廷里，414 只狐狸、281 只野兔、39 只獾、9 只野猫被抛掷致死。维也纳的皇宫里也开展过这项活动，瑞典使节在 1672 年惊异地发现，皇帝利奥波德一世会跟宫中的侏儒、小男孩一道，用棍棒敲打惨遭抛掷的狐狸，给它们致命一击。

大部分德意志宫廷喜欢的狩猎形式 eingestellte Jagd 对现代人敏感心灵的触犯程度比抛狐轻不了多少，对它的最恰当翻译可能是“猎苑狩猎”。做法非常简单：大批猎物被助猎者撵到特地准备的围场里，遭到近距离射杀。将围场设在湖上或河上的做法特别流行，这样人们就能够自船上射杀猎物。这种狩猎方式的优点是，猎手这边除了开枪，不需要耗费半点体力。更重要的是，它是可以预测的。一头遭到追猎的牡鹿可能逃脱，而一头牡鹿要是靠近君王及其侍从的枪口，它的命运就注定了。在铺张炫耀的活动中，这种可预测性给了狩猎变成重头戏的机会，能给前来的显要人物留下深刻印象。在法国，国王没有竞争者（hors concours）；在神圣罗马帝国，许多诸侯参与竞争。对德意志无边无际森林里的众多野生动物来说，这个消息坏透了。“猎苑狩猎”开始时，历代符腾堡公爵每次能猎获几百只动物就很满意了，然而一旦其他诸侯也开始慢慢调高标准，要是想让狩猎得到“成功”的评判，就需要打到 1 000 只猎物甚至更多。

可预测性也让杀戮能够伴随着恰当的华丽仪式，以精致繁复的整体形式组织起来。一个例子足以说明问题。1764 年，普法尔茨选帝侯卡尔·特奥多尔组织了一场“猎苑狩猎”，庆祝美因茨大主教选帝侯埃梅里希·约瑟夫（Emmerich Joseph）来访。由于教廷特使朱塞佩·加兰皮（Giuseppe Garampi）枢机主教也获得了邀请，而且留下了关于当天行程的详细记载，这场狩猎格外知名。选帝侯那一边的人马首先在一长串马车的护送下，自位于施韦青根的夏宫前往旧都海德堡。他们在那里登上了选帝侯的游艇，同由150艘船组成的船队一道沿内卡河上溯，抵达猎场。300名农民已经劳作了3个多星期，将100多头鹿敲打进了候宰栏。河边山坡上的森林已经被砍光，变成了富有观赏性的园林，还搭建了由树叶组成的巨大拱顶。在内卡河另一边，建起了一座宏伟壮丽的建筑，它带有露台和德意志巴洛克建筑中常有的宽大楼梯。乐队待在两座相邻的凉亭里，奏出合适的配乐。加兰皮认为有1万名观众聚集到这里，观赏各项仪式。选帝侯一给出“狩猎开始”的信号，80名身着绿、银二色制服的侍猎人员就将一群群每群十几头的鹿赶下山丘，赶到河里，赶向狩猎大部队的枪口。一旦有动物被射中，侍猎人员就会划船出去，将它拽进驳船里。这场运动持续了一个小时，期间，104头牡鹿遭到射杀。贡纳尔·布鲁塞维茨引用了高乃依的《熙德之歌》(*El Cid*)，冷漠地评论道：“战斗因缺少战士而终结。”（Et le combat cessa faute de combattants.）

这想必给选帝侯那些位高权重的宾客留下了深刻印象，虽说按照同时代的标准，实际战果很一般。前一年，卡尔·特奥多尔的近邻符腾堡的卡尔·欧根公爵用长达两星期的热闹庆典庆祝了自己的生日，包括一次在代格洛赫（Degerloch）举行的节日狩猎，在此期间，5 000只各种动物被撵进一片人工湖，遭到屠杀。就连这个大到可怕的总数也被超越了——俄国帕维尔大公于1782年到访符腾堡时，

6 000 头鹿和 2 500 头野猪遭到射杀。在流血杀戮方面，符腾堡好像独具一格，然而别处的人也至少尝试过射杀相当数量的猎物。为了款待弗朗茨一世皇帝和玛丽亚·特蕾莎皇后，1754 年时，萨克森-希尔德堡豪森公爵约瑟夫·弗雷德里克（Joseph Frederick，Duke of Saxony-Hildburghausen）在维也纳附近的霍夫宫（Schlosshof）组织了一场盛大的狩猎，聚拢了 800 头鹿。后来皇帝夫妇坚持要饶鹿群一命，没有享受这种乐趣。

这种怜悯之举非常少见，虽然细微的迹象表明，以杀戮动物取乐的做法出现了衰落之势。1740 年登基后不久，普鲁士的腓特烈大帝出版了《反马基雅弗利》一书，尖锐地批评了神圣罗马帝国中其他诸侯特别喜爱的狩猎活动，以此和他们划清了界限，这种言论他发表过不止一次。他因“大部分王公将至少 3/4 的人生花在匆匆冲过森林、追逐和杀戮动物上”而哀叹，指责狩猎是一种反智的行为：

> 狩猎是一种让身体兴奋却无益于头脑的感官享乐。它是一种用来对付野蛮动物的致命技巧。它是一种持续不断的浪费，一种填满空虚灵魂的喧嚣欢乐，导致灵魂不能做出任何别的反应。它是一种追逐野兽的热烈渴望，人通过杀死动物得到残酷满足。简而言之，它是一种让身体强健却让头脑荒芜的消遣。

他承认，狩猎古已有之，然而在他看来，这只能证明“人们打猎的时间很长，然而古老的不见得是更好的”。他同样承认，许多伟人热爱狩猎，可是就连最伟大的人物也并非完美无瑕：“让我们仿效他们的伟大品格，而非小小瑕疵！”以标准的伏尔泰式文风，腓特烈大帝进一步承认，《旧约》中的族长们都是猎手，可是他指出，这些人也做过各种各样不再获得认可的事，比如同姐妹结婚、实行一夫多妻制。腓特烈大帝写到激动处，谴责爱好狩猎的人缺乏怜悯之心：

> 亚当是否得到了对野兽帝国的统治权，我不清楚；然而我的确清楚，我们比野兽还要残忍、贪婪，像暴君一样统治着这个假想的帝国。要是说有什么东西让我们比野兽优越，那必然是我们的理性，而好猎手的脑子里只有马匹、猎犬、各种猎物。他们通常是粗暴的，全心全意屈服于这种热情。恐怕他们对待人类也会变得像对待野兽一样毫无人性，或者至少，面对苦难时残忍的冷漠态度会让他们对同胞没那么心存怜悯。这是高尚的乐趣吗？这是理性的消遣吗？

俄国的彼得大帝跟他一样厌恶狩猎——考虑到他的许多爱好都相当粗野，这有些出人意料。在俄国，狩猎甚至不是贵族的特权，这也不同寻常。

腓特烈大帝阻止不了手下的容克带着猎犬和猎枪在自己的地产上打猎，然而在他漫长的统治时期，普鲁士没有出现像符腾堡或普法尔茨出现的那么大规模的屠杀。在神圣罗马帝国的另一个重要邦国（叫“聚合体”可能更合适）哈布斯堡君主国，相似的限令也出台了，虽然更具随心所欲的特点。玛丽亚·特蕾莎和腓特烈大帝于同一年即位，她在即位后立即下令杀掉皇室保留地内的鹿和野猪，好让农民和他们的庄稼少受困扰。她的儿子和继任者约瑟夫二世采取的措施更加彻底。1786 年，他颁布了新的狩猎条例，试图杜绝暴行，为猎手或其猎物造成的损失向受害者提供赔偿，并授权农民以他们觉得合适的任何手段将猎物从他们的地盘（林地、草地、葡萄园）里撵出去。事实上，这意味着关于狩猎的法令的终结。两年后，在巴尔干前线指挥军队时，约瑟夫二世发回了一纸命令，撤销了整个替他服务的狩猎机构。年老的侍猎人员被发给养老金后遣散，年轻的则被重新训练成仆从或护林员，猎犬被分赠或出售，剩下的鹿被杀掉，以平息对于它们破坏庄稼的抱怨。到这时，对狩猎的批评已经开始在公共领域出现。1780年，出现了一本匿名的小册子，题为《被猎犬捕杀的牡鹿致君王的一封信》：

> 今天我有幸被身份高贵的殿下的猎犬捕杀。然而我乞求将来您能够高抬贵手，让我不再承受这种遭遇。身份高贵的殿下，要是您被一群猎犬追杀过一次，就会发现我的祈求合情合理。我躺在这里，没有力气抬头，血打鼻孔里涌出去。身份高贵的殿下，您怎么忍心猎杀这样一头无辜而可怜、以草叶为食的动物呢？我情愿被一枪打死，结束这一切。

我们无法知道这种强烈呼吁有多大的代表性。它的作者可能是马蒂亚斯·克劳迪乌斯（Matthias Claudius），他是一位新教牧师之子，也是赫尔德和哈曼（Hamann）的朋友，靠当记者糊口。抢先在狩猎点偷猎是破坏狩猎的一种更直接也更危险的方式。18世纪，在覆盖着德意志大部分地区的蓊郁森林里，监察经常很不到位，因此鼓励了人们的冒险活动。虽然偷猎者通常是设陷阱来逮兔子下锅的农民，但也有人开展了更富野心的行动。最有魄力的是由马蒂亚斯·克洛斯特迈尔（Matthias Klostermeyer）统领的偷猎者团伙，他别名“拜恩希泽尔”［“希泽尔”（Hiesel）是“马蒂亚斯”的俚语叫法］，18 世纪 60 年代晚期在巴伐利亚一路偷猎，经常同所到之处的当局交手。希泽尔坚持了 3 年，还给一系列传说提供了灵感。那些传说称，他和手下得到了当地农民的支持，甚至可能当得起“绿林好汉”（social bandits）的美名。

英国的猎鹿和猎狐

在英国，情况很不一样。这里的历代君主也对打猎相当热衷，留下的证据之一是凡·戴克（Van Dyck）的肖像画杰作《狩猎中的查理一世》。这幅画创作于 1635 年，现藏于卢浮宫。就算怀孕过 17 次，身材臃肿，年事已高，斯图亚特王朝的末代君主安妮女王（1702—1714 年在位）照样没有打消猎杀牡鹿的念头，虽然在晚年她不得不坐在敞篷四轮马车（calèche）这样的轻便马车里，跟在猎犬后面。她去世前 3 年，乔纳森·斯威夫特（Jonathan Swift，1667—1745）看到她在温莎附近狩猎，“像耶户（Jehu）那样勇猛地驾车……（她）是和宁录（Nimrod）* 一样的英勇猎户”。她的后继者更喜欢在自己的出生地汉诺威狩猎（和做别的大部分事情），但英国宫廷的狩猎活动一直延续到 1714 年以后。1717 年，为人挑剔的亚历山大·蒲柏（Alexander Pope，1688—1744）给朋友玛莎·布朗特（Martha Blount）写信，说自己刚刚遇见威尔士亲王和全体女侍官自汉普顿宫附近打猎返回。他尖酸地评论女侍官道：

---

* 耶户和宁录均为《圣经·旧约》中的人物。

> 清早吃过威斯特伐利亚火腿，骑着借来的老马抄近路越过树篱和沟渠，在一天里最热的时候回家，头脑发热，脑门上还被不舒服的帽子压出了红印（这要糟糕一百倍）！这一切或许能让她们有资格当上打狐狸的人的完美妻子，生下许许多多脸颊红扑扑的孩子。

这位王子的父亲热衷于在汉诺威狩猎，喜欢在位于格尔德（Göhrde）的狩猎小屋（坐落在吕讷堡的荒原上）接待来访的君王，对在英国狩猎的兴致则时有时无。这位王子于1727年登基成为国王乔治二世后，立即采取措施，增加为他的狩猎活动服务的机构，重新任命了猎鹿犬总管（乔治一世让这个职位一直空着），还亲自树立了精力充沛的榜样。以下是对1728年8月17日进行的一场狩猎的描述，它很好地让我们知道了其中包括哪些环节：

> 上午10点到11点之间，陛下夫妇和公爵殿下、几位公主殿下自汉普顿宫前往里士满附近的新宫苑，狩猎牡鹿取乐。那头牡鹿自上午11点奔跑到下午1点，躲到大池塘附近，抵抗了大约半个小时。在小船的协助下，它被杀死，载了出来。猎手们吹响了法国号。剥下鹿皮以后，尸体被赏给猎犬。国王陛下、公爵和长公主在马背上行猎，王后陛下和阿梅莉亚（Amelia）公主乘坐四轮轻便马车行猎，卡罗莱娜（Carolina）公主乘坐两轮轻便马车行猎，玛丽（Mary）和路易莎（Louisa）公主乘坐四轮大马车行猎。不少贵族参加了狩猎，包括罗伯特·沃波尔爵士，他们穿着和游骑兵一样的绿衣服。娱乐活动结束以后，陛下夫妇、公爵和

公主们立刻吃了一顿冷餐，恢复精神（其他贵族则稍晚些进餐），下午2点多，他们启程返回汉普顿宫。

到目前为止，都符合惯例——这些环节按照欧洲大陆的标准都不算不合适，虽说英国王室女眷对狩猎的热情似乎格外高。然而就算在乔治一世和乔治二世统治时期，参加狩猎者的构成也明显比在欧洲大陆上更广。伴随着王室狩猎大部队的不光是“贵族和绅士”，城市里的商人、专业人才，甚至神职人员也参与其中。按照替王室猎鹿犬写史的约翰·霍尔（John Hore）的说法，汉弗莱·帕森斯（Humphrey Parsons）格外显眼，他是一位市议员，曾两度担任伦敦市长。狩猎以后的活动（après-chasse）在社交层面也更加多样，狩猎结束后，乔治二世和家庭成员会在汉普顿宫公开设宴，允许所有来客旁观。一次，在讲述狩猎过程前不久，由于挤在宴会厅里的来客实在太多，栏杆倒塌了，人群涌到了宴会上，“陛下夫妇因此开怀大笑”。

这时候，猎鹿已经主要变成了王室的活动，这并非由于它是王室的特权（它的确不是），而是由于农业的扩展让越来越多的森林变成了耕地和牧地，毁掉了鹿群的大部分栖息地。海军扩张也导致了大量森林采伐，光是建造一艘战列舰，就需要砍伐4 000棵树。只有在更加偏远的荒野，如达特穆尔（Dartmoor）和埃克斯穆尔（Exmoor），猎鹿活动才能继续欣欣向荣。这种变化并不是突如其来的。直到18世纪70年代，博福特（Beaufort）公爵在巴德明顿（Badminton）狩猎的依然主要是牡鹿。另一片主要的猎场贝尔沃（Belvoir）是拉特兰（Rutland）公爵在1730年建立的，也是专门用来猎鹿的。然而在英国的大多数郡，18世纪中叶时，狐狸都成了主要的猎物。狐狸有明确的优势：常见；被正式认定成害兽，所以任何人都能杀死它且不受惩罚（也没有罪恶感）；具有迅速、狡猾、耐力出色的特点。不过，不像鹿或野兔，狐狸不可以食用，奥斯卡·王尔德最有名的嘲弄之一就是由此而发的："英国乡绅撵着狐狸策马飞奔——没法儿夸的人全力以赴地追捕没法儿吃的东西。"（《无足轻重的女人》，1893年出版）。诺贝特·埃利亚斯谈到狐狸不可食用时，也讲了段生动的逸事："打猎的时候，一个法国人听见一个英国人大喊大叫：'多棒呀！追逐狐狸这项运动太迷人了，玩了两小时一刻钟。'法国人回答说：'天哪，你费了这么多事，这狐狸一定值得一抓！它有油焖小牛肉好吃吗？'"事实上，法国人确实吃狐狸，觉得狐狸肉比狼肉还是强一点："在秋天，人和狗都吃狐狸，特别是在狐狸吃够了葡萄，膘肥体壮的时候。"

随着猎狐的人气上涨，捕猎它们的方式也改变了。18世纪早期，用来追逐狐狸的通常是猎犬，猎犬可以把爪子（更恰当地说，鼻子和嘴巴）伸向任何会动的东西，不管是鹿还是水獭，是野兔还是獾。它们或者通过视觉（"锐目猎犬"）捕猎，依靠极高的速度，或者通过嗅觉捕猎，依靠出色的耐力。两种猎犬都存在局限性。前一种（比如灵缇犬）很快就会跑得上气不接下气，最适合捕猎野兔之类较小的猎物。后一种相当顽强，但是速度不快。由于猎犬的速度很难撵上狐狸，狩猎大部队不得不一大早就出发，因为在整整一晚的猎食活动以后，夜行性的狐狸那时候速度会减慢。就算这样，一场狩猎也可能持续好几个小时，直到猎犬们将猎物截住，或者追猎因夜幕降临而停止。

猎狐越来越流行，有进取心的猎手们开始通过选择性育种，培养出专门捕猎狐狸的猎犬。其中最有影响力的一位是雨果·梅内尔（Hugo Meynell），1753年，他在18岁时租下了莱斯特郡的夸恩

（Quorn）厅。接下来的 50 年里，他一点点让自己的猎场变成了在英国名声最响的。他的近邻（生活年代也大致相同）罗伯特·贝克韦尔（Robert Bakewell）对绵羊实行了选择性育种，取得了辉煌成果，也出了名，这并非巧合。前面章节里描述的农业进展给梅内尔提供了很大帮助。到他开始行动的时候，围栏已经让莱斯特郡大概一半的土地由耕地变成了牧地，1800 年他自夸恩厅主人的位置上退下来时，郡里的耕地几乎全部变成了牧地。大幅扩张的草场上，有让猎犬兴奋的"强烈臭迹"（screaming scent），草场让飞驰成为可能，奔跑时间不像过去那么长，却要刺激得多。由于大部分田地都遭到了树篱和沟渠的分割，跳跃——专门用于狩猎的马鞍的发展鼓励了这种做法——带来了更多的惊险刺激。既然猎犬撵得上狐狸，人们碰头的时间就可以推迟到上午 10 点左右，上流社会的男男女女因此被吸引过来，而之前要狩猎狐狸就必须在黎明前起床，这打消了他们猎狐的念头。收费高速公路的发展同样有助于让莱斯特郡和首都的世界更紧密地联系起来，而此前由于郡里的黏质土壤让旧路"状况恶劣"（丹尼尔·笛福语），这种联系中断了。速度更快的猎犬要同速度更快的马匹搭配，还要实行恰当的选择性育种。这两个物种出现了迅速且相辅相成的空前（或许也是绝后的）发展。最杰出的英国猎狐史学家雷蒙德·卡尔（Raymond Carr）写道："1800 年时，英国的马匹是世界上最出色的，英格兰纯种马也是完美的狩猎工具"。

同附近的猎场［如拉特兰公爵的贝尔沃、朗斯代尔伯爵的科茨莫尔（Cottesmore）、斯宾塞（Spencer）伯爵的奥尔索普（Althorp）和皮奇利（Pytchley）］一道，18 世纪 80 年代，夸恩厅让莱斯特郡尤其是梅尔顿莫布雷（Melton Mowbray）镇成了英国狩猎活动的中心。自这些名字就能看出，在狩猎的发展过程中，王国世袭贵族开风气之先。和通常的情况一样，这个过程在视觉艺术中得到了表现。18世纪，英国出现了一派专画狩猎场景的画家，以回应不断增长的需求，他们发展得很好。虽然在艺术家的层级中，这个画派的倡导者地位不高，但他们的作品却并非如此。表现狩猎、猎犬和马匹的画作没有被挂到他们赞助人的马厩或军械陈列室的墙上，而是挂在了更重要的地方。18世纪30—40年代，约翰·伍顿（John Wootton）表现狩猎的巨幅绘画装点了朗利特（Longleat）、巴德明顿和奥尔索普的门厅，以及巴斯侯爵、博福特公爵和斯宾塞伯爵开放的供人参观的豪华古宅。斯蒂芬·迪赫尔（Stephen Deuchar）在对18世纪英国狩猎画作的研究中指出，通过对比1678年扬·西贝雷希特（Jan Siberecht）对朗利特的描绘和1743年的一幅阿什当（Ashdown）庭园的狩猎图，我们发现，17世纪的画家描绘大宅时，可能会在背景添上狩猎场面作为补充，然而到18世纪中叶，它们的位置颠倒了过来。像路易十四一样，自豪的主人用画作让猎犬的形象留传后世。颇为相称的是，最出色的英国猎狐犬之一，亚伯勒（Yarborough）勋爵的“灵伍德”（Ringwood，它在留种时和猎场上的勇猛都证明了它的优良品质）的肖像是英国最出色的狩猎画家乔治·斯塔布斯（George Stubbs）创作的。当艺术家本·马歇尔（Ben Marshall，1768—1835）解释他前往纽马基特（Newmarket）的决定时，也透露了自己赞助人的优先顺序：“我有充分的理由去那里。我发现许多人乐意付给我50畿尼*，来给他们的马匹画像，却觉得要是给妻子画像的话，10畿尼都太多了。”

---

* 畿尼（guinea）：英国旧金币名，铸造于1663—1814年，含金量约为1/4盎司。

大贵族掌握着英国狩猎行动的步调，将狩猎扩散到王国每一个角落的则是乡绅和他们的佃农。伯克利（Berkeley）伯爵的狩猎领地自伦敦的伯克利广场到格洛斯特郡的伯克利城堡，延伸成未曾断绝的条带，对每任伯爵来说，认捐一群当地猎犬的“乡绅韦斯顿”*都有几十名。雷蒙德·卡尔举出了约克郡的辛宁顿（Sinnington）猎场的例子，那里每年的开支是 32 英镑 10 先令 3 便士，这笔经费来自当地农民、商人的认捐（每人 10 先令）和缺席狩猎宴会的罚款。比如说，据估算，1815 年前在德文郡，一半以上的定居乡绅和大部分佃农都蓄养着某些品种的猎犬。德文郡的一位乡绅夸口自己曾带着 72 群当地猎犬打猎。18 世纪 80 年代，在伯克郡纽伯里的 16 千米范围内，就有 5 群猎狐犬和 10 群猎兔犬参与狩猎。菲尔丁笔下的乡绅韦斯顿可能会大声抱怨不得不耗上适合打猎的一整天去追回他逃匿的女儿。而他上路没多久，就听到狩猎的号声宣布另一场狩猎即将开始。据说一个人在汉普郡的随便哪座山丘上不用坐多久，就能看到或听到狩猎活动正在进行。

到 18 世纪晚期，狩猎（特别是猎狐）在英国随处可见，这反映了更大范围内社会、经济和智识的发展：农业的进步、科学在选择性育种方面的运用、建立统一规则的趋势、通过主要猎场之间的猎狐犬流动形成的标准化等等。甚至可以说，狩猎在公共领域占据了一席之地，就像约翰·霍克斯（John Hawkes）指出的那样：“田野是最宜人的咖啡厅，人们在那里能感受到最真实的社会。它将所有阶层联系在一起，自世袭贵族到农民。这是英国人的特权，在地球上别处都找不

---

* Squire Western，英国小说家亨利·菲尔丁的长篇小说《汤姆·琼斯》中的人物，马虎、守旧的乡间绅士。

到，除了在英国这个真正的自由之地——希望它永远兴旺！”最后这句评论表明，举行狩猎活动能够促进社会融合的说法不无道理。“它被看作在一片乡村区域内促成团结、稳定、和谐，以及忠实于传统、恭顺价值观的主要推动因素之一。”［戴维·伊茨科维茨（David Itzkowitz）语］虽然时髦人士才有财力在夸恩或科茨莫尔狩猎，狩猎却从来不能被指责为特权阶级的消遣。例如，克里斯托弗·赛克斯（Christopher Sykes）在1792年替狩猎辩护时采用了这样的论据：“要是逐猎的乐趣能够成为将乡间绅士召集起来的手段，它就确实对社会有用且有益。狩猎有助于驱散羞怯，暂时消除差异，建立新友谊，加固同老朋友的关系，使乡间绅士和社会的联系更加紧密。”

特别是在18世纪早期，有些证据表明，狩猎同样具备政治内涵。斯梯尔和艾迪生（Addison）虚构的托利党乡绅罗杰·德·科弗利（Roger de Coverley）爵士被（语气可亲地）讽刺为胸怀宽广却智力堪忧的人物，他把大量精力投入了追逐各种各样的猎物，特别是狐狸：

> 由于他对狐狸明显抱有敌意，邻里的频繁道谢、真挚祝福总是与他相伴。他一年里消灭的这类害兽，比人们觉得整个地区产出的还要多。事实上这位骑士毫无顾忌地在自己最亲密的朋友间承认，为了以这种方式确立自己的名声，他偷偷将大量狐狸自其他郡弄来，夜里他总是听凭它们在乡间折腾，好在第二天消灭它们时，更好地彰显自己的本事。

罗杰爵士可不是安德鲁·弗里波特（Andrew Freeport）爵士那种温文尔雅、颇有教养、“彬彬有礼”的辉格党商人和未来之人。在对狩猎画作的研究中，斯蒂芬·迪赫尔呈现了托利党与辉格党、城镇与乡村之间的对立。然而他没有提及辉格党巨头们（里士满公爵、斯宾塞伯爵、菲茨威廉伯爵等）拥有的猎场，更不用说狩猎活动在城镇大众（特别是城市商人）中的受欢迎程度了。斯蒂芬·迪赫尔也误以为“18 世纪时，国王的政治权力和他爱好狩猎的性情都遭到了削弱”。与“乡绅韦斯顿”这个粗鲁虚构人物相对的，是彼得·贝克福德（Peter Beckford）这个真人，他是那个时代最有名的猎狐者之一，据说他“在猎获狐狸时说希腊语，在寻找野兔时说拉丁语，检查手下猎犬时说意大利语，管理自己马厩的财务时说高雅的法语”。

赛马、斗鸡和其他运动

狩猎具有这种整体社会影响的一个原因是，它同别的运动和热衷运动者联系得相当紧密。当然，某些人对所有其他形式的狩猎都白眼相待，比如说，1792 年，《不列颠运动家》（*The British Sportsman*）的作者提出：“在英国，猎狐现在被看作同身份高贵的运动家的品味相符、值得这些人注意的唯一狩猎形式。”威廉·萨默维尔写过一首关于狩猎之乐的长诗，在他看来，只有牡鹿和狐狸值得猎手们关注：

每次逐猎使用不同的猎犬
精挑细选，胆怯的野兔不配
被我们摧毁，只应把这种可恨的攻击
留给卑劣、残忍的猎手，专注于
鲜血和奖赏。啊，让他们的希望破灭，公义的上天！

然而这种偏狭态度并不常见。大部分猎狐者会捕杀或逐猎野兔、参与斗鸡，还出席赛马大会。本书所述的这一时期不仅见证了英国近代狩猎活动的成形，还见证了近代赛马的兴起。这两项运动一直紧密相关。事实上，纽马基特——通常被看作英国甚至全世界赛马活动的总部——的赛马大会是偶然开始的，当时詹姆士一世带着猎犬和猎鹰在纽马基特的荒原上打猎，发现这里也是赛马的理想地点。他的后继者有样学样，查理二世对此特别热心，每年去那里赛马两到三次，每次停留两到三周。他通过亲身示范推广了这项运动，他参加赛马，在纷争中担当裁判，在宫廷里以惯常的肆意铺张接待那些同样热心赛马的人。1670 年 7 月，日记作者约翰·伊夫林（John Evelyn）到那里参观，对国王建造的新居所颇感失望，却对马匹的配套设施印象深刻："那里饲养着大量马匹，开销不菲，用上了所有能想到的技艺和柔情。"他于第二年 10 月返回，发现"国王和英国的所有时髦人物都在那里，开展秋季娱乐"，还见证了"在丘鹬（Woodcock）和平足（Flatfoot）——它们分别属于国王和宫廷侍寝官埃利奥特先生——之间举行的盛大赛事，观众成千上万"。同赛马相伴的纵情酒色让伊夫林很不满。他记下，在这次停留期间，查理二世带来了充当情妇的法国女侍官路易丝·德·凯鲁阿尔（Louise de Kéroualle）。他还"发现参加赛马、舞会、宴饮、狂欢的那些浮华人物更像是一群奢侈而无法无天的乌合之众，而非信仰基督教的宫廷成员"。

1688 年的"光荣革命"没有打断王室对赛马的赞助。事实证明，威廉三世和此前的国王们一样热衷于此，虽说他对自己的举止更加注意，没那么越出常轨。1698 年，他将法国外交官塔拉尔（Tallard）伯爵带到了纽马基特。国王早上精心安排了狩猎和鹰猎，下午赛马，晚上则用斗鸡充当余兴节目。安妮女王在阿斯科特（Ascot）创立了赛马大会，那里离温莎城堡不远，自一开始就避开了纽马基特的坏名声。那里举行了许多场赛马，其状况反映了狩猎和赛马之间的密切关系，例如："一只价值 50 畿尼的杯子被用作赛马的奖品，它曾在王室猎犬捕杀 3 头牡鹿的场合使用过。"王室捐出金银杯盏来充当重大竞赛的奖品，对赛马场来说，这种做法变成了"资格证明"——得到金银杯盏，它们就有了举办主要赛事的资格。1714 年时，这样的赛马场有 11 家，到乔治二世时增加到 16 家。那时候，赛马活动已经传到了英国全境。1736 年，一名观察者记录道："王国里对赛马的热情已经达到了如此高度，真是惊人。几乎没有哪座村落不一年举行一次赛马会，争夺奖杯。"还可以加上一句，公爵宫邸也不例外。1765 年 7 月罗金厄姆侯爵组阁时，一名小册子作者嘲弄道："人们自种马场被叫去执掌国事，骑师摇身一变，成了阁僚。"由坎伯兰公爵组织的商谈是 5 月在纽马基特、6 月在阿斯科特进行的。

这项运动后来的历史被反复提到，罗杰·朗里格（Roger Longrigg）这方面的作品尤为有名。我们这里至少需要指出三项进展。第一，由于在本地母马和进口的种马之间开展的选择性育种，这段时间里英国纯种马迅速发展。事实上，对真正的纯化论者来说，赛马并不是为了得奖，更不是为了赌博，而是一种识别最佳良种马的方式。说来难以置信，但如今能在世界各地找到的无数纯种马的谱系，都可以追溯到自中东输入英国的 3 匹种马之一，即 1688 年进口的拜尔利·土耳其（Byerly Turk）、1704 年进口的达利·阿拉伯（Darley Arabian）、1729 年进口的戈多尔芬·阿拉伯（Godolphin Arabian）。育种是为追求马匹的速度，因此，赛场上的马越来越年轻，赛程越来越短，骑师越来越专业。第二，这项运动实现了正规化、标准化，18 世纪 20 年代晚期，赛马日程表出现了，18 世纪 50 年代时，公认的权威机构“骑师俱乐部”成立了，它负责裁决争端——对任何涉及大笔金钱的活动来说，争端都不可避免。第三，形成了一种“古典”赛事的模式，赛马因此获得了兼具国家性和公众性的形象，比如 1776 年的圣莱杰（St Leger）赛马会，1779 年的奥克斯赛马会（仅限小母马参加），1780 年的德比赛马会，1809 年的“二千畿尼”赛马会，1814 年的“一千畿尼”赛马会（同样仅限小母马参加）。前三种古典赛事都是在美国独立战争期间开始的，这可能是个巧合。

虽说这一点经常遭到忽视（至少被轻描淡写），然而从一开始，有组织的赛马活动就同另一项传统运动紧密相关，那就是斗鸡。不管赛马在哪里举行，同一地点都会开展斗鸡活动，特别是在赛事延续数天的情况下。比如说，1789 年在彼得伯勒，赛马大会举行了 3 天以上，高潮是一次抽奖，每名参与者要付出 5 畿尼，当地的富豪菲茨威廉伯爵又添上了 50 英镑，赢家可以将这些钱都拿走。广告接下去写道：

> 星期二和星期四，天使旅馆将举行常规的（公开宴会）——在那里，星期四照例会有一场舞会。
>
> 星期三，“萨拉森人首级”（旅馆名）将举行常规的（公开宴会）。赛马周期间，喜剧演员将在彼得伯勒演出。
>
> 赛马大会期间，天使旅馆将定期举行**斗鸡大赛**，对阵双方是莱斯特绅士和彼得伯罗绅士（均为斗鸡名）。

赛马、宴席、舞会、戏剧演出、斗鸡，这就是 18 世纪运动家的爱好。唯一让人吃惊的是，职业拳击没有包括在内。由于声名狼藉，斗鸡在维多利亚时代衰落了，所以后来很少有人认识到，在没那么敏感的时代，它到底有多重要。1727 年，阿伦德尔的约翰·切尼（John Cheny）在印制首份赛马日程表时，也加进了主要的斗鸡赛事。1779 年，当德比伯爵和一众朋友决定在埃普瑟姆（Epsom）组织一场仅限小母马参加的赛事并举行抽奖时，他们以一家旅馆的名字“奥克斯”来为赛事命名。赛马会期间，他们就住在那里，还开展了斗鸡。约翰·伍顿给特里贡维尔·弗兰普顿（Tregonwell Frampton）——来自多塞特的乡绅，替威廉三世、安妮女王和乔治一世管理赛马——绘制的肖像以视觉形式出色地再现了赛马和斗鸡（以及狩猎）之间的这种紧密联系。赛马、灵缇犬和斗鸡都同它们的主人一道入画。

斗鸡这项运动历史悠久，然而其现代形式是由王室赋予的。亨利八世在白厅宫（1698 年的一场火灾后，这里变成了枢密院的办公场所）附近建立了一座斗鸡场，詹姆士一世经常前往设在圣詹姆斯公园的斗鸡场，查理二世在鸟笼道（Birdcage Walk）建立了另一座斗鸡场。到那时，英国各地，从精心安排的封闭式圆形剧场到简单的露天赛场，都出现了斗鸡场。它也不是一项乡间运动，市镇里许多旅馆的招牌可以做证——事实上，两个最大的斗鸡中心分别是迅速扩展的工业城市伯明翰和泰恩河畔纽卡斯尔。伦敦的众多斗鸡场同样证明，这项运动对城市居民很有吸引力，以下这则 1700 年的报纸广告就是个例子：

> 在圣詹姆斯公园南边的王家斗鸡场，今年（1700 年）2 月 11 日星期二，将举办一场盛大的斗鸡比赛。比赛要持续一整周，英

> 格兰绝大部分重要斗鸡家会关注这项赛事。斗鸡场里每天都会有一场比赛，时间就安排在下午3点，好趁着白天打完。今年3月9日星期一，威斯敏斯特城绅士和伦敦城绅士之间将有一场斗鸡大赛，每场比赛6畿尼，额外的比赛100畿尼。赛事将在“红狮”赛场持续一整周。今年4月，另一场赛事会在格雷旅馆步道后的新斗鸡场开始，伦敦绅士对沃里克郡绅士，持续一整周，每场比赛4畿尼，额外的比赛40畿尼。

和本章里讨论的其他运动一样，斗鸡涉及各个社会阶层的人。1694年，巴登的路德维希边疆伯爵奉皇帝利奥波德一世之命赴英国开展外交活动，斗鸡就是英方替他安排的娱乐活动之一。亚伯拉罕·德·拉普里姆（Abraham de la Pryme）记载：“安排了逗熊、斗牛和斗鸡，供他娱乐消遣。可是他最喜欢斗鸡，表示要是没看过这样的场面，他就根本不可能想到，天底下居然会有鸟儿具有这等勇气和高尚品格”。德比伯爵、伦敦城的绅士们、纽卡斯尔的矿工们都忙着参加这种活动，经常甚至在同一地点。研究大众娱乐的历史学家罗伯特·马尔科姆森（Robert Malcolmson）发现，18世纪的史料里“非常频繁地”提到斗鸡，报纸上到处是斗鸡的广告。在整个18世纪，斗鸡的人气都没有衰退，这与有些人的看法不同。法国观光者皮埃尔·让·格罗斯里在1772年评论，英国人沉迷于斗鸡（和赛马）“到了疯狂的程度”。他还补充说，社会各阶层都参与其中。《运动杂志》（*The Sporting Magazine*）号称是第一本致力于“汇报赛马、狩猎等所有消遣的信息，希望寻乐、锐意进取、精神抖擞的人们会对它们感兴趣”的期刊，它1792年的创刊号称：“这种消遣变得如此流行，以至于短短几年里，它的规则就被编成了法条，这些法条也得到了**王家斗鸡场**的认可。王国里消息最灵通、技巧最纯熟的斗鸡参与者同样认可了它们。”最重要的一点可能是，在绅士阶层当中，对斗鸡和其他运动形式的追求被确立为一种可以接受（甚至不可或缺）的娱乐方式。在乔治·鲍威尔（George Powell）写于1696年的戏剧《康沃尔喜剧》（*Cornish Comedy*）中，一个角色表示：“没了消遣，绅士会是什么样子？我们努力用它们打发时间，不然时间就会沉沉地压在我们手上。鹰隼、猎犬、训犬、斗鸡，还有它们附带的那些东西，是乡间绅士的真正标志。”

《运动杂志》同样指出，斗鸡是“不列颠人勇气的奇观”。将它同民族自豪感这样联系起来，并不是什么不寻常的事情。将近一个世纪之前，罗伯特·豪利特（Robert Howlett）就在《王家的斗鸡娱乐》（*The Royal Pastime of Cock-Fighting*）这本专著中郑重地指出，“要是人们将同战争相近的斗鸡运动彻底改造成小丑般的戏剧、愚蠢的舞蹈和类似的浮华玩意儿，那就说明国家和民族已经堕落到软弱无力的地步，将会坠入贫穷和彻底的毁灭，再没什么比这更确定无疑了”，原因是“不管在和平还是战争时期，对男人来说，斗鸡都是合适的。它能够塑造勇气和不屈不挠的品质，还有温厚的脾气，再加上精巧的技能，这些都结合在一起”。在他看来，罗马帝国的衰落和灭亡就是对这条准则的极好诠释，瑞典国王古斯塔夫二世·阿道夫（Gustav II Adolf）在1630年进入德意志时也表示，他完全不用害怕帝国的军队，因为这些人已经放弃了斗鸡，忙于跳舞、饮酒。豪利特将这本专著题献给了“T. V. 奈特爵士”（Sir T. V. Knight），这位爵士来自了不起的斗鸡世家，被威廉三世派往爱尔兰，“击溃惊慌失措的法国骑兵中队，让咆哮的爱尔兰人逃往泥沼避难”。

标志着英国人优越性的不光是斗鸡。在《一系列致友人的信：关于狩猎野兔和狐狸的想法》（*Thoughts upon Hare and Fox Hunting in a Series of Letters to a Friend*）这本首印于1779年，到20世纪依然在重印的书中，彼得·贝克福德声称：“这个国家出产的猎犬被公认是世上最棒的。”威廉·萨默维尔热情地附和了这种断言：

> 万岁，幸福的不列颠！深受喜爱的海岛，
> （享受着）上天的独特眷顾！……
> 唯有你是美丽的自由之岛！
> 培育出了完美的猎犬，不管是嗅觉还是速度
> 到现在依然无与伦比，而在别的地方
> 它们的优点退化，形成软弱、堕落的品种。

这么做的不光是英国人，法国的猎鹿者们对猎狐相当轻视，觉得它对糟糕的猎犬和猎人才合适——英国人就是会喜欢这样的运动。勒韦里耶（Le Verrier）在1763年提出了这一结论，那个年份对法国人来说特别敏感，因为它标志着灾难性的“七年战争”的终结。法国人对他们进口的英国猎犬抱有某种矛盾的态度：17世纪时，（英国）猎犬因速度慢遭到了批评，却因温驯而获得了赞赏；然而在18世纪，它们的速度得到了赞赏，却因难以驾驭而遭到了批评。也有人抱怨说，它们要花很长时间才能学会听从新主人的指令，根据菲利普·萨尔瓦多里的说法，这并不奇怪，因为人们对它们下令时用的是一种奇怪的英法混杂语。不过，吕讷公爵提到英国人时对他们还不失尊敬，因为他

们至少骑马纵狗打猎。他特别不喜欢德意志人，那些人——至少在他看来——只是把猎物撵进网里，然后大肆屠杀。

我们已经看到，腓特烈大帝和马蒂亚斯·克劳迪乌斯等形形色色的德意志批评者因狩猎的残忍而对其加以攻击。在英国和法国，狩猎的拥护者也不能全然随心行事。在狄德罗和达朗贝尔编写的《百科全书》中，“狩猎”词条颇具敌意，将它界定成“包括了我们同动物开战的诸多方式”，尽管词条的大部分篇幅都是在说明狩猎是一项自然权利，以及它是如何被国王和贵族们篡夺了的。在《爱弥儿》(1762年出版)中，卢梭允许与书同名的未成年学生打猎，然而只是为了将他的思绪从性那方面拽走，还补充道：“我甚至不敢公开声称这种残忍的热情(他指的是打猎)是正当的。”在英国，就连捕猎狐狸的托林顿(Torrington)勋爵都难以忍受他在贝德福德公爵的庄园上看到的对动物和人类的区别对待：“替那些高贵动物兴建的犬舍高傲地凌驾于凄惨的泥巴小屋之上，亚当的后裔就生活在那种小屋里。他们忌妒地斜视着这些更加幸福的猎犬的住所，满心羡慕，只恨自己生而为人，而不是猎狐犬。”出于人道主义立场而对狩猎进行的抨击更加常见，好像也变得越来越频繁。12岁的时候，亚历山大·蒲柏和家人一道搬到温莎森林里的邦菲尔德(Bonfield)，因此获得了关于狩猎的第一手知识。他特别厌恶王室狩猎的一种形式，将其谴责为“野蛮，说其源自哥特人甚至斯基泰人也不为过。我指的是我们的猎人对在场淑女的粗野恭维——牡鹿死去时，猎人会把刀递到女士手里，让她们去割断那痛苦呻吟的无助生灵的咽喉”。贝克福德的《关于狩猎的想法》(*Thoughts on Hunting*)收到了这样的匿名评论：“在一个像大不列颠这样遍布耕地的海岛上，一切形式的狩猎，从头到尾都是一个代价极其高昂、残暴且粗野的行为。”

然而在整个 18 世纪，狩猎都不需要对抗知识分子的严肃攻击，更不用说立法上的挑战了。虽然斗鸡最后被 1849 年的议会法案赶到了地下（据说它在那里继续兴旺），狩猎和纵狗打猎却一直幸存到 21 世纪，尽管状况非常窘迫。在城区利益掌控议会下议院之前，诸多形式的狩猎一直是国王、宫廷、国家之间持久耐用的“黏合剂”。完成这一同化过程的是乔治三世。狩猎是他最喜欢的户外活动，在乡间度过的每一天，从早饭时到晚饭时，他都带着猎犬在外面打猎。他无可指摘的亲身道德示范（特别是在风流韵事方面）完成了对狩猎和赛马的形象的“净化”。他没有享受过纽马基特那声名狼藉的欢乐，从未造访那里，然而每年 6 月的大会期间，他至少会在阿斯科特停留一天，还拿出了价值 100 英镑的金杯，充当同他的猎犬一道参与狩猎的马匹的奖赏。他也不是欧洲大陆上那种大肆屠杀猎物的猎人。1783 年后，由于他次子约克公爵的求情，被王家猎鹿犬捕到的所有牡鹿都得以免死，当猎物无路可逃时，猎犬会被用鞭子赶开。1793 年 2 月，《运动杂志》确信，王家的狩猎集会完美地表现出了国王和他治下精英们的和谐。写下以下这些话的人当然非常清楚，法国国王一个月前被送上了断头台，法国国民议会刚刚对大不列颠宣战：

> 在通向狂喜（被一流的马车和女士们簇拥着）的迷人序幕中，我们得意甚至兴高采烈地注视着我们**富饶**、**快乐**、**强大**国家的君王，他自愿放弃了宫廷的尊贵，带着一名普通绅士的全部殷勤和礼貌，以享受个人的喜悦，接受他忠实臣民满怀感激的服务和对他的公开依恋。在这里，我们体验到了仁慈的伟大和庄严，本能

地在全然博爱带来的幸福感和一切因互相喜爱而生的文雅仪式面前弯腰，因为在难以用语言形容的行进过程中，在**号角**与**猎犬**的旋律中，陛下（没有任何个人炫耀的意思）对圈中的全部出色人物和乡间绅士致以最**友善**的敬意，也从他们那里得到了祝福。长久以来，他们每一个人都对陛下**无比熟知**。

由于版面和资料的局限，本章只讨论了三个国家，然而狩猎活动无处不在。连教皇们都保有马厩和犬舍，以及一批相关的官员。根据最新的传记［由亨利·卡门（Henry Kamen）撰写］，对费利佩五世这个第一位出身波旁家族的西班牙国王来说，狩猎是“他唯一认真对待的娱乐活动”（尽管圣西门公爵认为他对“婚床”具有同样强烈的热情）。费利佩五世在世的最后一年里，另一位法国来访者诺瓦耶元帅报告称“每一次约在枫丹白露森林进行的狩猎，他都能准确地回忆起来”。卡洛斯三世每天去打猎两次，除了复活节前的圣周。就连他的儿子、继承人哈维尔王子即将过世一事都不能打乱他一成不变的日常安排：处理事务、打猎、进餐、打猎、处理事务、就寝。一名同时代人评论道：“暴风雨、炎热或严寒都不能让他留在家里，一旦听到了狼的声音，对他来说距离就算不上什么了。他宁可飞奔过大半个王国，也不愿错过向这种他特别喜爱的猎物开枪的机会。”在萨伏依宫廷，马匹总管（grande scudiere）是执掌政事的三位重要官员之一，由于同喜爱狩猎的公爵们有日常接触，这一官职还是“宫廷权力的节点”［罗伯特·奥雷什科（Robert Oresko）语］。这些人建造的狩猎小屋，以及定制的关于狩猎的绘画，从1661年扬·米尔（Jan Miel）绘制的《牡鹿之死》（*La curea*）到1773年维托里奥·阿梅代奥·奇尼亚罗利（Vittorio Amedeo Cignaroli）的同题画作，都证明了他们对狩猎的热情。相关的建筑物表明了狩猎活动在修建者心目中的地位，至今仍散布于欧洲各处，这类建筑包括联省共和国的赫特洛（Het Loo）、西班牙的阿兰胡埃斯和拉格兰哈（La Granja）、奥地利的美泉宫和拉克森堡（Laxenburg）、巴伐利亚的施莱斯海姆（Schleissheim）和阿马林堡（Amalienburg）、科隆的“鹰猎之乐”、杜塞尔多夫的耶格霍夫（Jaegerhof）、符腾堡的路德维希堡（Ludwigsburg）、萨伏依的斯图皮尼吉（Stupinigi），以及波希米亚的特罗亚（Troja）。更不用说凡尔赛了，它最早就是一幢狩猎小屋。

第九章

宫殿和园林

“宫殿时代”中的呈现型文化

在本书中所述的这一时期内，整个欧洲都在兴修宫殿。之前的世纪里也建造过许多宫殿，然而兴修活动从未这样集中、这样活跃。从17 世纪中叶到 18 世纪末，恐怕没有哪个国家的统治者不修筑或至少彻底改建宫殿。丹麦在哥本哈根修建了阿马林堡宫（Amalienborg）；瑞典在斯德哥尔摩修建了王宫，在城外修建了德洛特宁霍尔姆宫（Drottningholm）；勃兰登堡–普鲁士在柏林修建了王宫，在市郊修建了夏洛滕堡宫（Charlottenburg），在波茨坦修建了无忧宫（Sans Souci）、新宫和城内宫（Town Palace）；俄国在圣彼得堡修建了冬宫，在皇村（Tsarkoe Selo）修建了大宫，还在其外修建了彼得霍夫宫（Peterhof）；波兰在华沙修建了王宫；哈布斯堡君主国修建了霍夫堡宫（Hofburg）的莱奥波尔蒂娜（Leopoldine）边楼和美泉宫；那不勒斯在城中修建了王宫，在城外修建了卡塞塔宫（Caserta）；西班牙在马德里修建了王宫，以及上一章里提到的附带狩猎小屋的宫殿；葡萄牙修建了马夫拉宫；法国修建了凡尔赛宫、马尔利宫和大小特里亚农宫（Trianons）。要是扩大范围，将神圣罗马帝国和意大利的二流或三流地区包括进来，更不用说以上所有国家中的显贵名流，那么这份清单要多长有多长。

有三个例外，能说明不同的问题。最重要的例外是大不列颠，现在式样的白金汉宫是19世纪和20世纪早期的产物，白厅遭威廉三世弃用，后来大部分建筑在1698年毁于火灾，后被重新修缮，仅仅充当政府办公处。威廉三世对汉普顿宫大事改造，乔治三世开展了兴修温莎堡的工程，让其变成了欧洲投入实际使用的最大城堡。然而对当时一跃成为世界头号强权的英国来说，这项工程不值一提。第二个例外是教皇国，它一直以主要欧洲强权自居，然而建筑活动的停滞与之很不相符。这一时段内，梵蒂冈开展的主要工程只有由贝尔尼尼设计、修建于1663—1666年的教皇接待厅大阶梯，以及在18世纪由既有建筑改造而成的博物馆。教皇的第二处（事实上也是主要的）居所是奎里纳莱宫，它的外观在1648年前基本成形。第三个例外是尼德兰联省共和国，它当然不是君主国，而是一个某段时间内（1672—1795）被一名出身奥兰治家族的执政所管辖的邦联。

"尼德兰联省共和国"的另一个名字"荷兰共和国"更为大部分欧洲人所熟悉。可见，大部分兴修宫殿的工程都出现在君主国当中。这么说好像很多余，不禁让人想起理查德·沃尔海姆（Richard Wollheim）对将文化现象简单化为社会经济问题的做法的嘲弄，他说，纪念性建筑的确不是游牧部落修建的。英国这一例外或许更有帮助，因为它说明，感到有必要修建宏伟宫殿的并非君主国本身，而是特定形式的君主国。讲到这段历史，我们不免要说些题外话。毫无疑问，关于这一时期欧洲政治文化最有影响力的著作是于尔根·哈贝马斯（Jürgen Habermas）的《公共领域的结构转型》，它于1962年首先以德文出版。虽然他意在评论现代文化和政治而非撰写历史，但他对文化史的综述能直接帮助我们理解宫廷及其运作的空间。在近代以前，行使权力的人们——君主、贵族、高级神职人员——通过徽章、服饰、姿态、修辞，以实在、非抽象的方式在公共场合彰显自己的地位。权力既被直接行使，也直接得到呈现（represent）："只要君主和等级会议依然'是'国家本身，而不仅仅是国家的代表，他们就可以用'呈现'的方式来表达权力；他们把权力'呈'在人民面前，而不是'代'人民行使权力。"

这就是呈现型文化。这种文化为行使权力者所专有，预设无权者是完全消极的，他们只能通过递交私人请愿书的方式同统治者交流。到了巴洛克时期，呈现型建筑不再是大教堂或城市的街道——中世纪的统治者偏爱通过这些空间开展炫耀——而是宫殿、城堡和庄园内的园林、豪宅。在现代家庭当中，就连承担礼仪功能的房间（富人的会客厅，穷人的前屋）都是设计来供人居住的；而在巴洛克风格的庄园里，就连起居室都承担着礼仪功能。事实上，特别是在法国，最私密的房间——卧室——也是最重要的。奢华地展示哈贝马斯所谓"呈现型公共领域"* 并不是为了消遣或自我放纵，而是为了在臣民面前展现统治者的权力，首先是在那些最有势力的不安分臣民面前展现权力。

政治环境在这里相当重要。16世纪晚期和17世纪上半叶，国内冲突、国际争端造成了许多破坏，法国宗教战争（1562—1598）以不

---

* representational public sphere，又译"代表型公共领域"。

稳固的休战协定告终后，暴力活动仍不时出现——例如，亨利四世于1610年遇刺，1648—1653年发生了内战（投石党运动）。1618年，波希米亚贵族发动了反对哈布斯堡统治者的起义，“三十年战争”由此开始。这场战争结束了，哈布斯堡君主们还是发现，他们手下的匈牙利贵族几乎是和土耳其人一样严重的威胁。西班牙由于1640年葡萄牙人的成功反抗、同年加泰罗尼亚人（最终）失败的反抗而裹足不前。英国内战在1649年达到高潮，查理一世惨遭处决，共和国成立。在统治的头20年，大选帝侯腓特烈·威廉致力于确保自己能够对那些地方等级会议中的容克行使权力。古斯塔夫二世·阿道夫于1632年早逝，其女儿兼继承人克里斯蒂娜当时只有6岁，尚在幼年，此后瑞典贵族利用这一时机，夺取了王室的权力和遗产。就连俄国（对任何欧洲规则来说，它通常都是个例外）也因绵延两代的内讧而损失惨重，直到17世纪90年代，彼得大帝才捍卫了自己的权力。简而言之，这是个王室权力不断遭受剧烈挑战的年代。对所有君主来说，恢复、巩固、加强权力都是当务之急。在壮丽的宫殿环境中组织宫廷、利用呈现型文化似乎是实现上述目标的有效手段。

修道院宫殿

宫廷世俗华丽，但支持宫廷的无疑是宗教。在所有宫廷中，宗教仪式都是其运作和建筑的中心。一个典型是巨大的圣洛伦索-德-埃尔-埃斯科里亚尔修道院（San Lorenzo de El Escorial），它由费利佩二世于1563—1584年建造，既是修道院又是宫殿，中轴线上坐落着大教堂。宫廷与宗教之间的密切关系一直是伊比利亚宫廷的特点。就连费利佩四世那座位于马德里城郊、用来享乐的宫殿“布恩雷蒂罗”(Buen Retiro)*，选址都临近王家教堂和圣赫罗尼莫(Jerónimo)修道院。它的园林中点缀着用来隐修的小礼拜堂，提醒游览者们注意，“雷蒂罗”不光意味着在享乐中放松，也意味着灵性上的静修。17 世纪时，宫廷与王权的修道院式风格依然不见消亡，还在 1700 年后出现了最后的华丽繁盛。在里斯本西北的马夫拉，若昂五世（1706—1750 年在位）一因上帝赐福而得到男性继承人，就宣誓要建造一座葡萄牙版本的埃斯科里亚尔修道院，他后来兑现了承诺。虽然要到 1717 年——那桩喜事后 3 年——才开工，可是由于巴西的黄金被定期运来，国王下定决心，加紧了工程进度。1730 年，成千上万的工人——最普遍的估算是 52 000 名——为献殿仪式做好了准备，建筑群包括王宫、长方形教堂和修道院，规模都非常大。建筑物正面长达 232 米，实际上长度超过了埃斯科里亚尔宫（208 米）。修道院部分包括了 330 名方济各会修士的住处。虽说马夫拉宫的王宫和其中的 800 个房间要出彩得多，处于核心位置的却仍是教堂，和埃斯科里亚尔宫的情形如出一辙。

虽说位置有些靠近内陆，但马夫拉宫壮观宏伟，驶向里斯本的海员们都可以看见它。他们同样可以听见它，长方形教堂中大钟的声音足可传到 15 千米之外。罗伯特·骚塞（Robert Southey）不辞劳苦经由陆路到访此处，1800 年 10 月，他在给兄弟托马斯的信里酸溜溜地写道：“你在海上能够看到马夫拉宫，一座壮丽的建筑物，但是，和葡萄牙的所有东西一样，它远看要好些。”他表示，仔细看时会发现，

* Buen Retiro，意为“快乐的隐居所”。

它除了规模，没有多少值得称道的地方：“教堂、修道院和王宫是一栋宏大的建筑物，正面呈现着一种奇怪的典型葡萄牙式杂糅，既富丽堂皇又低下拙劣；事实上它没有用石材贴面，而是用的膏泥；一半以上的窗户没装玻璃，济贫所一样的窗上挡着红色的木板。”然而他确实也承认：“教堂相当漂亮，图书馆里的书库是我见过最好的，藏书也打理得不错。”而远眺这里时，威廉·贝克福德并未受到触动：“遥远的马夫拉修道院看起来像是巨人的宫殿，围绕着它的整片国土非常荒凉，像是怪兽把人都吃掉了。”然而近看时，他的语气出现了变化：“教堂主入口前的平台和阶梯异常宏大，想不到在葡萄牙能看到这样的东西。仰视着穹顶——它那样骄傲地凌驾在柱廊的山墙之上——我满心愉悦和惊讶。”教堂和宫殿给他留下了深刻印象，特别是所用到的大量精雕细刻的大理石和随处可见的波斯地毯，他们“又穿过了几个装潢方式大同小异的大厅和小礼拜堂，直到筋疲力尽，像在魔宫中迷路的游侠一样晕头转向。我开始觉得，这些宽敞的套房没有尽头”。

虽然后来成了桂冠诗人和既有体制的捍卫者，然而1800年时，26岁的骚塞在行程末尾写下这段文字时，还是个激进分子：“这就是马夫拉宫：一座其中书本从未得到利用的图书馆，正面墙上满是灰泥，一间被厌恶自身处境的修士占据着的王家修道院。”然而，这座宫殿修道院的巨大规模提醒我们，至少对一位欧洲统治者来说，呈现型宫廷文化本质上就是宗教文化。这对与他生活时代大致相当的皇帝卡尔六世来说同样适用，他对美泉宫——凡尔赛宫的奥地利版本——兴趣寥寥，将其赐给了兄长的遗孀，充作她的亡夫遗产。虽然他委任菲舍尔·冯·埃拉赫（Fischer von Erlach）建造了一座极为壮丽的巴洛克风格的图书馆，从而扩大了维也纳市中心的霍夫堡宫的面积，可他在位时最大的工程却是改造和扩建位于克洛斯特新堡的奥古斯丁会修道院，以此作为奥地利对埃斯科里亚尔的回应。在兄长因天花早逝之前，他在西班牙逗留了10年，尽力声索西班牙王位。卡斯蒂利亚人的反抗、法国的军队、英国的外交手腕让他无法获得王冠，可他的确带回了对西班牙式虔敬的热忱，这后来在建筑物上得到了恰当的表现。唉，他没有了可以支配的巴西黄金，面对的只是同法国人和土耳其人的战争所需的无尽花销。因此只有教堂和1/4的宫廷修道院得以修建，虽说这些建筑群已经相当庞大。虽然同别国相比，就在室内和室外场合追求呈现型展现而言，卡尔六世治下的帝国宫廷并无不同，其虔诚却显而易见。1726年，法国使节黎塞留公爵估算，自棕枝主日（复活节前的星期日）到复活节星期一的8天时间里，他至少陪着皇帝在教堂待了100个小时。他并不觉得这可喜可贺。

凡尔赛宫

在讨论修道院宫殿时，我们跳过了一些年代。卡尔六世于1740年去世后不久，其继任者玛丽亚·特蕾莎就下令中止了克洛斯特新堡的工程。在葡萄牙，若泽一世（1750—1777年在位）于1750年继位后，就放弃了马夫拉宫，将它留给了修士们。在这个时代，上述两座宫殿看起来都不合时宜，因为大部分欧洲统治者试图模仿的（就算不是在细节上也是从整体效果上）毫无疑问是凡尔赛宫。设计草案将王家卧室放在建筑群的中心，足可见凡尔赛宫和修道院宫殿有多大的差异。虽然小礼拜堂装饰奢华，就规模和位置来说，它却与埃斯科里亚尔宫、马夫拉宫或克洛斯特新堡中的长方形宏大教堂相去甚远。建小礼拜堂应该不是后来才有的想法，但小礼拜堂直到1710年——这座宫殿正式变成王室主要居住地后近30年——才完工。凡尔赛宫首先是世俗的事业，这一点它当之无愧。它的目的不是宣告法兰西国王从属于上帝，而是宣告人类从属于法兰西国王。来访者在穿过将凡尔赛宫和巴黎分隔开来的广袤森林从而接近它的过程中，将会看到精心设计的建筑景观：沿中轴线推进，终点是大理石庭院，主楼层（piano nobile）的中心是最神圣之所——国王的卧室。缺乏竞争对手的状况加强了这座宫殿的影响。在首都，路易拥有3座可以随意支配的主要居所——卢浮宫（Louvre）、杜伊勒里宫、王宫（Palais Royal）。为什么要再建一座呢？可以推测，巴黎大型建筑物（不管是世俗的还是宗教的）太多，路易十四决定在几乎未被开发的区域从头动工。此外，束缚着巴黎的狭窄街道限制了宏大建筑物的视觉效果。在外面的森林里，路易十四的建筑师们［由路易·勒沃（Louis Le Vau）和儒勒·阿杜安-芒萨尔（Jules Hardouin-Mansart）领导］能够不受约束地创造出最理想的效果。由安德烈·勒诺特雷（André Le Nôtre）领导的园艺师们也是如此，他们将茫茫森林用一条条直线划分开来，显示了王家工程对自然的征服。圣西门公爵评论道："对国王来说，向自然施行暴政、用艺术和金钱驯服它，是一件乐事……对自然施加力量，叫人厌恶。"

在宫内，提及基督教上帝之处仅限于小礼拜堂。别处的图像组合都一心一意地表现着对其建造者——太阳王，异教神灵阿波罗（Apollo）在尘世的化身——的崇拜。1661年，路易十四在继承人出生后给这位王太子口授了指令，其中解释了为何要选定太阳充当他最喜爱的象征：

由于它独特的品质，

由于围绕着它的光彩，

由于它照耀在其他星辰上的光芒，那些星辰像廷臣一样簇拥着它，

由于它平等而公正地分配光芒，普照大地的每一个角落，

由于它给各处带来恩惠，创造欢乐，在所有形式的生命中活跃，

由于它不断运动，却显得永远静止，

由于它的轨道永恒不变，从未偏离，对伟大君王来说，它的的确确是最重要、最美丽的形象。

人们对于凡尔赛宫最终目的的推测和争论永远不会有答案。在诸多说法当中，“以其他方式继续战争和外交”（彼得·伯克语）相当让人信服。大量的空间和金钱被用来兴修“大使阶梯”，外国使节参见国王时要自这里上楼。在阶梯顶上，他会面对一连串装潢富丽的厅堂，最极致的是“战争厅”。然后使节就要向左转个大弯，进入当时欧洲最大、最华丽的觐见厅——镜厅，然后缓慢且礼仪周全地走过一段长路，觐见国王。可以想见，大使就算不被吓住，也会受到震撼。事实上，据说一名土耳其使节被完全震慑住了，失去了对身体机能的控制，不得不在走完全程前借来一条干净的马裤换上。要是这条逸闻可信，它可能是对凡尔赛宫及其呈现型文化的终极赞颂。

在战争厅中，法国的外敌除了西班牙、荷兰、德意志三个，又多了一个“叛乱与不和”，它们全被战争女神贝娄娜（Bellona）撵了出去。同其他可供参照的绘画资料（如描绘路易十四独揽大权的画作）

一道，这显示了凡尔赛宫的第二个主要目的。凡尔赛宫既宣告着伤害法国长达一个世纪的内乱的终结，又确保内乱不会再度出现。要因法国国王的权威而肃然起敬的不光是各国大使，还有法国国内的人。路易十四非常清楚，他登基时波旁王朝刚刚建立了 50 多年，许多法国世家也只将他看作“首席贵族”。在凡尔赛宫达到顶峰的这种呈现型文化不是对无限自信的表达。恰恰相反，对王座稳定性、合法性的疑虑越多，展示的需求就越大。在富有宫廷气派的自信的平静水面下，始终潜藏着强大的焦虑暗流。修建欧洲最宏大宫殿这一做法背后的主要动机是，路易决心将自己同手下的大贵族们区别开来。例如，他身着一件镶有价值 1 400 万利弗尔钻石的外套出现在宫廷里，为的是证明任何个人都不能同王室拥有的资源相竞争。然而廷臣们会互相竞争，在追逐由国王带起的奢华时尚的过程中不断斗富。与此相关的巨额开支被证明是实施社会控制的另一种手段：要是贵族们把进项花在凡尔赛宫里的奢靡生活上，他们就几乎或完全没有资本在各省实施政治阴谋了。炫耀性的挥霍无度也让他们中的大部分人不得不仰赖王室的慷慨赠予。曼特农夫人估算，光是一名带着 12 名仆从生活在凡尔赛宫的贵族一年就至少需要 1.2 万利弗尔。能享受这种进项的只是一小部分人，剩下的人只能在津贴或挂名职务收益丰厚时勉强维持。1683 年，王室给出了 140 万利弗尔之巨的津贴，相当于政府总支出的 1.2%。可是哪怕如此，就社会和谐而言，这笔投资也相当划算。

就这样，路易十四的宫廷将国王自“首席贵族”抬升到了“唯一”(solus) 和“太阳”(solaris) 的位置。但对一名法国贵族而言，进入宫廷不光意味着对实施文化区隔和社会控制的冷酷手段屈服，它同样是参与欧洲最丰富、最令人激动的娱乐活动的机会。对“王宫是唯一值得生活的地方”这一普遍信条，没有人比瓦尔德（Vardes）侯爵阐释得更好了，他对路易十四说：“陛下，要是谁离开了您，那么此人不光悲惨可怜，还荒唐可笑。”以下这一点从最开始就相当明确：所有最棒的贵族式娱乐活动都被王室垄断了。凡尔赛宫不光有最华丽的宫殿建筑，还有最棒的狩猎活动、最棒的戏剧、最棒的歌剧、最棒的音乐、最棒的球类活动、最棒的赌博、最棒的服饰、最棒的焰火、最棒的流言、最棒的性爱——组成贵族生活方式的所有一切。值得一提的是，创造凡尔赛宫里体验的许多建筑师、画家、戏剧家、音乐家是从贝勒艾勒（Belle-Isle）侯爵尼古拉·富凯那里夺来的，此人是最乐意炫耀的显贵，于 1661 年失势。在和平时期，廷臣们一周在“内宅”（appartement）中作乐三次，官方刊物《文雅信使》（*Mercure Galant*）于 1682 年 10 月报道，那时候“国王、王后和所有王室成员都纡尊降贵，同与会诸人一起玩乐”。“玩乐”在这里意味着台球、纸牌和茶点，还有传播流言的机会，在一个沉溺于位次和恩惠的社会里，流言是占主导地位的话语。它还意味着跳舞，大家都说国王是最棒的舞者，舞跳得比宫廷里任何人都好，同专业人才相比也不逊色。虽然他最后一次出席正式舞会是在 1669 年，但他对交谊舞的持久热情却保证了这项活动势头不衰。当若侯爵在日记里说，1684 年 9 月 10 日到 1685 年 3 月 3 日的大概 6 个月间，同跳舞相关的王家娱乐活动举行了至少 70 次，其中包括 1 次盛大的舞会、9 次化装舞会、58 次内宅活动，换言之，每两三天就有 1 次。

因此，凡尔赛宫里的生活是金光闪闪的，可它是镀金的鸟笼吗？虽然它毫无疑问是实施政治和社会控制的一种手段，但情况并不像人们通常认为的，贵族被“阉割”了，在奢华却令人萎靡不振的囚禁状态中饱受煎熬。“新宫廷史”的倡导者指出，路易十四的宫廷与其说是单独的庞然大物，不如说是联合体。用约翰·亚当森的恰当比喻来说：“廷臣们的天空中有一系列星体，而不仅仅是一轮光彩夺目的太阳。”对“国家建构”概念的过度强调容易使人忽略，在多大程度上宫廷可以使君主和廷臣在基于合作精神，以及前者所做出的牺牲和后者一样多的情况下，重新磋商相互之间的关系：“在宫廷中服务绝不是让贵族落入陷阱的原因（有人曾经这样觉得），反倒可能通常是贵族保持权威和影响力的主要方式之一。”（亚当森语）可以补一句，虽说这只是就路易十四的宫廷而言。

让凡尔赛宫不同于之前讨论过的所有宫廷的一大特点是，参与其中的诸多艺术家都来自本国。他们几乎都是法国人。证明这条规则的一个例外是顶级音乐家让-巴蒂斯特·吕利（Jean-Baptiste Lully）。虽然他是法国抒情悲剧的创立者，却生在佛罗伦萨，原名乔瓦尼·巴蒂斯塔·卢利（Giovanni Battista Lulli）。娶了法国音乐界一位资深成员的女儿后，他将自己的名字法国化，从而完成了正式归化。就这样，他努力符合了剧作者皮埃尔·佩兰（Pierre Perrin，1620—1675）提出的名言：“要是一个在其他方面所向无敌的国家的同艺术、诗歌、戏剧有关的事务都被外国人所掌控，这就和国王与法国的荣耀太不相配了。”凡尔赛宫的民族排他性并不像听上去那么理所当然，这的确是个不同寻常的现象。本章里讨论的宫廷中，马夫拉宫是建筑师约翰·弗里德里希·路德维希［Johann Friedrich Ludwig，来自德意志西南部的士瓦本哈尔（Schwäbisch Hall）］和一队意大利雕刻家创造的；拉格兰哈宫是特奥多尔·阿德曼斯（Teodore Ardemans，同样出生于德意志）设计的，该宫殿庭园的设计者是来自法国的艾蒂安·布特卢（Étienne

Boutelou）；马德里的新王宫是来自都灵的乔瓦尼·巴蒂斯塔·萨凯蒂（Giovanni Battista Sacchetti）的成果；克洛斯特新堡的首席建筑师是另一个意大利人多纳托·费利切·阿利奥（Donato Felice Allio）。类似的例子还有不少。

享有后见之明的我们知道，1665 年贝尔尼尼造访巴黎标志着一个转折点。在同时代人眼里，他是米开朗琪罗的后继者。他被请来负责对卢浮宫——首都里的主要王宫——进行彻底重建。贝尔尼尼的声望很高，他自罗马前来的行程无异于凯旋之旅。路易十四下令，要不遗余力地给“艺术之王”以配得上他的欢迎，派遣家臣之首去迎接他。在贝尔尼尼 5 个月的停留中，这位家臣保罗·弗雷亚尔·德·尚特卢（Paul Fréart de Chantelou）一天不差地写日记，所以留下了很多关于此事的信息，也详述了它为何以失败告终。贝尔尼尼的各种计划没有得到采纳，卢浮宫只有东面修造完成，依照的是法国建筑师克洛德·佩罗（Claude Perrault）的设计。这次到访唯一长久存留的纪念物是贝尔尼尼替路易十四塑造的华丽胸像，这是“视觉艺术对绝对主义最引人注目的记录”（弗朗西斯·哈斯克尔语）。这一项目的失败，部分是由于科尔贝这个事实上统管国内事务的首席臣僚对贝尔尼尼表现出来的反感，部分是由于采纳贝尔尼尼计划所必然带来的巨额开销和破坏，部分是由于国王对巴黎丧失兴趣，将目光转向了凡尔赛，还有部分是由于贝尔尼尼的品味实在太偏意大利了。将他的设计和佩罗最后建造的建筑对比，能够明显看出这一点。佩罗印行了一版维特鲁威（Vitruvius）的《建筑十书》（*De Architectura*）——古典时代幸存下来的唯一关于建筑学理论和实践的文本——这是有原因的。此外，在他看来这不光是对古文物的研究，也是一项会激起论战的工作，能够给现下的建筑师以指导。由他设计的卢浮宫柱廊风格高贵简约、沉静壮丽，同贝尔尼尼凹凸面交错的设计哪怕没有隔着一个世界，也至少隔着一道山脉。关于佩罗的作品，戴维·沃特金（David Watkin）这样写道："既威严又带着超然的气度，是古典的，也是现代的，理性却不失华丽，既是法国的，也是世界的。它是17世纪法国古典巴洛克风格的完美典范。"

路易十四文化工程的其他部分也可以用上述这几对看似矛盾的词来形容，一个例证就是凡尔赛。一系列意在将实践加以整理、规范的王家机构创立，巩固了文化工程的权威。法兰西学术院创建于1635年，后来又创建了绘画与雕塑学会（1648）、舞蹈学会（1661）、铭文与美文学术院（1663）、科学院（1666）、音乐学会（1669）、建筑学会（1671）。那时，高雅文化的所有分支均已被置于国家控制之下。羽翼未丰的出版机构也是如此。1663年，历史学家厄德·德·梅泽雷（Eudes de Mézeray）获得许可发行一本文学期刊，理由有以下两个：艺术与科学能像武勋一样提高国家的威望，法国的才智丝毫不比法国的勇武差劲。然而虽说德·梅泽雷获得授权报道任何文化领域内的创新，他却被严禁对道德、宗教或政治事务表达意见。学院强制实施的垄断使任何有野心、有才华的艺术家都不得不答应替国家服务。考虑到路易十四在凡尔赛和别处给出的赞助规模之大，进入镀金鸟笼的一大动机是金钱。因此，那个时代几乎所有伟大的名字——高乃依、拉辛（Racine）、莫里哀（Molière）、吕利、德拉朗德（Delalande）、库伯兰（Couperin）、勒沃、芒萨尔、德·科特（de Cotte）、勒诺特雷、勒布伦、米尼亚尔、里戈（Rigaud）、拉吉利埃（Largillière）、吉拉尔东（Girardon）、柯塞沃克（Coysevox）——都通过津贴或任命同国家保持着紧密的关系。他们的忠诚全心全意。拉辛奉承讨好的表态足以为证，他说："这种语言的全部词汇、全部音节对我们来说都十分珍贵，因为它们是为我们威严保护者的荣耀服务的工具。"

简而言之，凡尔赛宫仅仅是一个文化大工程的最壮观呈现，这个文化工程涉及面广，为的是让法国文化在欧洲建立领导权。到1682年路易十四正式将宫廷移往凡尔赛时，越来越多证据表明这项事业取得了成功。同年，梅内特雷尔（Ménestrier）宣称意大利的文化领导权结束了："法国的荣耀已经成功地给所有艺术建立了规则。过去20年里，学术论文对戏剧、史诗、讽刺短诗、田园诗、绘画、音乐、建筑、纹章、格言、谜语、符号、历史、修辞都进行了规范。现在知识的所有分支用的都是我们的语言。"

所有这些符号中，语言是最重要的。1685年，皮埃尔·培尔（Pierre Bayle）在流亡荷兰时表示："未来，法语会变成所有欧洲人的交流手段。"他还补充，所有受过教育的人都想要学习法语，它已经成了受过良好教养的标志。1694年，官方刊物《文雅信使》证实了他的预测："法语的使用范围超出了王国的边界。它也没有受到比利牛斯山脉、阿尔卑斯山脉或莱茵河的限制。在全欧洲都可以听到法语。所有宫廷都使用法语：王公贵族讲它，大使用它写文书，上流社会让它变成了时尚。"1643年路易十四登基时，法语只是几种互相竞争的语言之一：对有教养的欧洲人来说，西班牙语或意大利语都可能成为同样不错甚至更好的通用语，而拉丁语在学术话语中依然占据主导地位。到了路易十四统治中期，耶稣会神父多米尼克·布乌尔（Dominique Bouhours）已可以宣称，法语已经成了世界性语言："它在美洲的野蛮人和最文明的欧洲国家当中同样流行。"17世纪末，当若侯爵得意地告诉法兰西学术院："我们的全部工作都有助于修饰我们的语言，让它为外国人所知。国王创造的奇迹已经让我们的邻国对法语像对本国语言一样熟悉，事实上此前那些年里的事情已经使它越过了地球上所有的大洋，让它在新世界和旧世界都变得必不可少。"通过成书于1694年的大词典，法兰西学术院对法语进行了编纂整理，这对法语的传播进程也有所助益。

哪怕不太敏锐的人也可以看出，所有这些对法国文化领导权的颂词都是法国人写的，但也有一些比较客观的证据。第一份以法语而非拉丁语签署的国际性条约是1713年的《乌得勒支和约》，到了18世纪70年代，连不涉及法国的条约都用法语起草了，比如1774年俄国和土耳其之间的《小凯纳尔贾条约》。1743年，腓特烈大帝下令柏林学院的论文集都要用法语印行，原因是"出于实用目的，学院应该以通用语言交流其发现，而这种语言是法语"。在《作为勃兰登堡家族历史的回忆录》(*Mémoires pour servir à l'histoire de Brandebourg*) 一书中，他补充，是路易十四治下的作者们让法语成了学者、政要、女性、廷臣普遍使用的语言，取代拉丁语成为通用语。人们在欧洲大陆上所有的文明之地都可以听到法语，他还补充道，法语也是进入上流社会所必需的通行证。出于以上所有原因，他替自己用非母语写作的做法辩护，指出一个德意志人用法语写作，并不比一个西塞罗时代的罗马人用希腊语写作奇怪多少。

法国化的欧洲？

这种影响自然扩散到了法国以外的宫殿建筑当中。几乎所有出身王室、诸侯或贵族家庭的赞助人都会在凡尔赛宫停留不短的一段时间，将其当作“壮游”的一部分（腓特烈大帝是一个著名的例外）。萨克森选帝侯兼波兰国王“强者”奥古斯特甚至委派他的宫廷画家路易·西尔韦斯特（Louis Silvestre）绘制其长子觐见路易十四的场景，以留传后世。那些不能前往凡尔赛宫直接体验这种奇观的人可以通过出版的诸多文字描述和画作对其有所了解。1663年，路易十四指示伊斯拉埃尔·西尔韦斯特（Israel Silvestre，路易·西尔韦斯特的父亲）将“他的所有宫殿、王家宅邸、他庭园中最美丽的景点和方位、公众集会场所、跑马场、城郊”用版画记录下来。由于这项委托，一系列华丽浩大的图册的创作开始了，它们本身就是价值极高的艺术品，向欧洲四面八方传播着法国文化。王家建筑学会秘书安德烈·费利比安（André Félibien）评价道：“凭借这些印刷品，所有国家都会赞赏国王四处修造的这些壮丽宏伟的建筑，以及点缀它们的昂贵装饰品”。“太阳王”离世后50年，建筑师皮埃尔·帕特（Pierre Patte）在《法国因路易十五荣耀而竖立的纪念碑》（*Monuments Erected in France to the Glory of Louis XV*）一书中写道：

> 行经俄国、普鲁士、丹麦、符腾堡、普法尔茨、巴伐利亚、西班牙、葡萄牙、意大利等地时，你会发现不管在哪里，法国建筑师都占据着最重要的职位。在圣彼得堡，担任首席建筑师的是拉莫特（La Mothe），在柏林是拉热艾（Le Geay），在哥本哈根是雅尔丹（Jardin），在慕尼黑是居维利埃（Cuvilliés），在斯图加特是拉盖皮埃尔（La Guêpière），在曼海姆是皮加热，在马德里是马凯（Marquet），在帕尔马是珀蒂托（Petitot）……在欧洲，巴黎扮演

着希腊的角色，其文化占主导地位，它将艺术家提供给世界余下所有部分。

帕特本人在1761—1790年替茨韦布吕肯公爵效力，担任建筑师。

由于像帕特这样的权威评价，路易·雷奥（Louis Réau）将自己首次出版于1938年的关于欧洲文化史的书定名为《法国化的欧洲》（*L'Europe française*）。这本书一开头就提到“法国化的欧洲”，还加了个感叹号，表示强调和颂扬。这种观点还被后人重复了许多次，而且在法国的实际文化影响力趋于衰退的时候，被重复的频率却提高了。由罗兰·穆尼耶（Roland Mousnier）和埃内斯特·拉布鲁斯撰写、出版于1959年的一本标准的欧洲通史的部分目录是“欧洲的统一：法国化的欧洲—法语，欧洲语言—法国艺术，欧洲艺术—法国建筑—法国音乐—法国雕塑—法国服饰—法国烹饪—法国入侵欧洲”。然而这些对法国领导权的颂扬——不管是同时代的还是后世的——同工艺品给人的视觉印象不完全相符。这一时段内，大部分在法国以外兴修的建筑物看上去恰恰不是法国式的。要是必须给像圣彼得堡的冬宫、哥本哈根的阿马林堡宫、斯德哥尔摩的王宫、布拉格城堡区（Hradčany）的切尔宁宫、艾森施塔特的艾什泰哈齐宫、维也纳的利希滕施泰因宫或美景宫或施瓦岑贝格宫、弗兰肯的班贝格宫或维尔茨堡宫或波默斯费尔登（Pommersfelden）的维森施坦城堡（Schloss Weißenstein）、德意志西南部的路德维希堡宫或布鲁赫萨尔城堡这样的建筑物贴上某个国家的标签，要贴上的都应该是“意大利”，因为所有这些建筑物的设计者要么是意大利人，要么在意大利接受过训练，要么向有意大利风格的建筑师学习过。就建筑乃至所有视觉艺术和音乐而言，更合理的是写一本名为《意大利化的欧洲》的书，加不加感叹号都可以。

“意大利”仅仅是个地理学概念，这也许是老生常谈，因为那里排他的对抗盛行，其人口中只有一小部分懂得意大利语，等等。然而，当时的人们显然十分欣赏意大利文化，不管他们自己是不是意大利人。例子要多少有多少，但举一个就够了。1739 年，骑士夏尔·德·布罗斯（Charles de Brosses）自罗马给他的兄弟写信，说英国人“在意大利各地”都得到了尊重，原因是他们非常有钱，花起来还大手大脚。法国人却通常不受欢迎，因为他们有着自大的偏见，认为做事情的唯一正确方式就是法国的方式。此人接下来的表现表明他自己也不例外。他酸溜溜地说，英国观光客把全部时间都拿来打台球，离开罗马时甚至还不知道罗马大斗兽场（Colosseum）在哪里。

这并不是说法国的影响无足轻重。我们在欧洲大陆上许多宫殿里都可以看到法国的影响，程度有深有浅。例如慕尼黑郊外宁芬堡的维特尔斯巴赫宫，其首席建筑师约瑟夫·埃夫纳（Joseph Effner）曾经是热尔曼·博弗朗（Germain Boffrand）的学生。阿马林堡有一座精巧的狩猎小屋，小屋和园林毗邻，法国风格更加明显。这是瓦隆人弗朗索瓦·居维利埃的作品，他先以宫廷弄臣的身份替选帝侯效力，后前往巴黎，接受训练成为建筑师。在《18 世纪德意志的法国建筑》这一详细准确的调查中，皮埃尔·迪·科隆比耶（Pierre du Colombier）列出了 39 处不同地点的 80 座房屋和 43 座其他建筑物。如果说这听起来像是路易·雷奥“法国化的欧洲！”的复兴，那么应该加上条件限定：许多这类建筑要么相当小（比如海德堡的一扇大门、美因河畔法兰克福的一处私人住宅），要么就是整体并非法国式建筑，只是有一些法国元素（如布吕尔和维尔茨堡的主教宫邸）。此外，建筑师名单上有好几位是德意志或意大利出身，这明显是由于他们或是幸运到能够和法国建筑师一道工作，或是明智到在工作中采用了法国风格。应该注意，凡尔赛确立的时尚和其仿效者的建筑风格是有区别的。我们从后来模仿马尔利宫或特里亚农宫的一些较小的狩猎小屋、取乐宫殿上也可以看出这一区分，它们在德意志的对应物的名字就是对此的反映，比如“隐居处”（Solitude，位于斯图加特）、“我的静息所”（Mon Repos，位于路德维希堡）、“我的安乐堡”（Château de Mon Aise，位于特里尔）等等。

这一时期整个欧洲极多的世俗宫殿也反映了这一点。人们模仿的与其说是凡尔赛宫的具体建筑风格，不如说是在新地皮上兴建宏大宫殿的动力。一个例子足以说明问题。西班牙费利佩五世的儿子在1735年登基为那不勒斯国王卡洛七世（Carlo VII，1735—1759年在位）后，发现首都的王宫（原先是西班牙总督的官邸）远不能满足自己的需求。他当然开始了浩大的改建王宫的工程，但是他的主要精力花在了一座崭新的宫殿上，它位于王宫东北40千米处的卡塞塔。卡洛七世的建筑师路易吉·万维泰利（Luigi Vanvitelli）是来自乌得勒支的一位画家之子，他为卡洛七世建造了一座规模异常宏大的建筑物：245米长、180米宽、36米高，包含大约1 200个房间。乔治·赫西（George Hersey）恰当地评论道：“就规模和普遍性来说，它是最早的巨型宫殿之一，是……后来不列颠帝国、纳粹和法西斯建筑物，以及美国在华盛顿的宏大古典神庙的先驱。”虽说它相对朴素，建筑史学家迈克尔·弗洛里松（Michael Florisoone）称赞它为18世纪中期向新古典主义转向的最早迹象之一，但人们更加常见的反应是觉得它那36个一模一样的凸窗简直是单调乏味。詹姆斯·利斯-米尔恩（James Lees-

Milne）辛辣地评论道：“密集的窗户和繁复的装饰都在巨大的建筑里迷失了，就像埋没在肥胖过头的女子胸口的细小项链。”然而，一旦进入宫殿，参观者从中央拱门走到八角形前厅和引人注目的楼梯间的这段路程就不一样了，它收获了多种多样的赞美，比如“非常非常成功”[安东尼·布伦特（Anthony Blunt）语]，“18世纪欧洲的巴洛克杰作之一”（利斯-米尔恩语）。

卡洛七世可是波旁家族的一员，他随心所欲地举行了一系列让人想起凡尔赛宫的呈现型展示活动。他迎娶萨克森的玛丽亚·阿马利娅（Maria Amalia）（她对这种呈现型展示也很了解）时，替他服务的撰史家兼演说家詹巴蒂斯塔·维科（Giambattista Vico）将他比作在帕特诺佩（Parthenope，建立那不勒斯的塞壬女神）神殿登陆的赫拉克勒斯：“他以可亲的勇猛气势骑在马上时，看起来就是同他拥有的武力相称的皇帝；跨在王家鞍鞯上时，他听到了臣民们的渴求，被看作靠征服而非血统掌控了王国的国王。站在他的王宫里时，他准许诸侯们对他的手顶礼膜拜，他被当成上帝在尘世的幻象来敬仰。”在讨论卡塞塔设计的一本专著中，万维泰利解释了他在南大门处安放四尊巨大阿波罗神像——为首的是“宏伟”——的原因：“这些并不是雕刻家通常会运用的符号，我没有故作抽象地表现它们，而是让它们有所特指：它们属于国王陛下的伟大灵魂，也在那里得到崇敬。”在“呈现型厅堂”之一大使厅里，天花板上的湿壁画描绘的是“由诸多美德天使托举的波旁纹章”，包括显示波旁家族特征的“显赫的位阶”天使，她悬浮在一面大盾牌上，用左臂阻拦一只鹰飞得更高，而她自己凝视着无穷远处。

这些夸饰都来自一个地理范围广、国际影响却微不足道的王国，这使卡塞塔的规模显得非常不成比例，就算考虑到它同样被当作办公场所（像凡尔赛宫一样）这个事实后仍是如此。更不用说花费了。1759 年，这个工程的好日子到了头。在他的同父异母兄弟费尔南多六世亡故后，卡洛七世意外地被推上了西班牙王位，成了西班牙国王卡洛斯三世，编号从七世变成了三世。万维泰利哀叹道："这座建筑物产生了不错的影响，但是为了什么目的？要是（西班牙的）天主教国王在这里，就不一样了。可现在它什么都不是。"到 18 世纪末它建成的时候，这头昂贵无用的白象已经成了搁浅的鲸鱼。

园林与政治

根据同时代人对卡塞塔王宫的描述，宫殿四周环绕着大片规整式园林。可到了完工的时候，它们也过时了，只能让人依稀想起一度在欧洲占主导地位的波旁式样。回到 1712 年，巴伐利亚选帝侯马克西米利安·埃马努埃尔（Maximilian Emmanuel）曾经自夸："我可以向你保证，我的庭园、林地、湖泊、步道应该都像在法国的一样。"然而他显然没有将"宫殿"包括在内。事实上，法国风格最明确的地方在户外，因为安德烈·勒诺特雷设计的那种在凡尔赛臻于完美的园林建筑风格随处可见。这种园林的特点是形式化、规整、常用直线。最靠近宫殿的园林是一系列经过精心安排达到了和谐平衡的苗圃和花坛（parterres），其中包括水［水坛（parterres d'eau）和喷水池（bassin）］、草［绿地（tapis vert）］或由花卉和低矮的黄杨树篱组成的精致图案［刺绣隔间（compartiments de broderie）］。所有这些都围绕着中轴线安排，中轴线的焦点在宫殿中心，也就是国王的寝宫。离建筑物越远，园林的树木就越繁茂，然而就算在这里，小树林（bosquet）也被仔细地设计成一组组方格，用笔直的林荫道划分开来，树木也得到了修剪整理，形成精心规划的森林结构。喷泉无处不在，将水柱高高喷向空中。由于凡尔赛的自然供水短缺，供水需要通过一连串经由引水渠同塞纳河相连的巨大蓄水池来补充，因此喷泉的数量和规模给路易十四的工程师们的聪明才智带来了很大挑战。哪怕如此，也只有最靠近宫殿的喷泉可以一直有水。别处的喷泉在国王靠近时才会启动，当他走近的时候，一系列精心设计的哨声和旗语会予以提示。数量比喷泉更多的是成千上万的雕塑，它们得到精心排布，以彰显太阳王的荣耀。其中最大的雕塑位于阿波罗喷泉处，它具有象征意义，表现的是太阳神自波浪中升起，仰望着通向王家寓所的中轴线，开始白日之行。几乎不用多说，园林雕塑艺术和其他事物一道，对路易十四的胜利进行了三维的呈现。例如，柯塞沃克的“战争之瓶”描绘了1672年横渡莱茵河的场景，而他的“和平之瓶”表现的是1678年的《奈梅根和约》。简而言之，凡尔赛园林的方方面面都是人造的，它是人类改造未开发绿地、将其从无序的荒野变成井井有条的人工造物的能力的证明。钱德拉·慕克吉（Chandra Mukerji）写道：“凡尔赛是对自然实施实质性掌控的典型，大声宣告着法国的惊人力量……法国显然想成为新的罗马。只需踏入凡尔赛巨大的规整式园林走几步，就能感受到国王、国家和法兰西国土的天然权威。”

欧洲再没有哪里能聚起复制凡尔赛宫的资源和野心，然而它的影响普遍存在。每位出身王室或诸侯的参观者在回家时好像都满怀抱负，想要有样学样。如果想要回忆起凡尔赛宫的种种，他们可以浏览大量版画，阅读由国王本人撰写的园林参观指南（它印行了若干版），或是安托万–约瑟夫·德扎利耶·达尔让维尔（Antoine-Joseph Dezallier d'Argenville）所著的《园艺理论与实践》（*La Théorie et la pratique du jardinage*），它首印于1709年，被翻译成多种语言。他们的真挚赞美体现于宏大的规划方案，例如汉诺威的黑伦豪森（Herrenhausen）诸园林，它是由勒诺特雷的学生马丁·沙博尼耶（Martin Charbonnier）设计的；还有欧根亲王在维也纳的美景宫，它是由勒诺特雷的另一个学生多米尼克·吉拉尔（Dominique Girard）设计的；以及西班牙的拉格兰哈宫，生于法国的费利佩五世将任务派给了几名法国园林设计师和雕塑家，来替他营造出家乡的感觉。在整个欧洲的无数贵族乡间庄园里，我们都可以找到凡尔赛宫的缩小版本。

凡尔赛园林的影响不仅广泛，而且长远。18世纪70年代，还有法国式的园林在兴建，然而那时，在欧洲大部分地区，以凡尔赛为样板的规整式园林已经过气很久了。值得注意的是，政治上和美学上的双重挑战来自英格兰。虽然这个漫长而复杂的发展过程给某些漫长而复杂的研究提供了灵感，但我们在这里只能简单勾勒出大致轮廓。这么说也许过度简单化，不过在英格兰人脑海里，凡尔赛这类规整式园林是同法国和斯图亚特王朝的绝对主义联系在一起的。因此查理二世在1661年试图把勒诺特雷吸引到英格兰一事具有象征意义。戴维·沃特金在关于风景园林的开创性研究中曾经指出，英格兰的气候对依靠宽阔的草坪和树丛的较为自然的园林风格有利。此外，它还促进了对不规则的中国式园林的模仿，当时欧洲对中国园林知识的累积已经足够丰富。圈地之类的经济发展创造了离散的农耕单元，猎狐之类娱乐活动的发展创造了对隐蔽处的需求，这些也鼓励了融入自然景观的园林的发展。在凡尔赛从来找不到野生动物（被关起来展览的除外)，然而在英格兰，有人发明出被称作“哈哈”（ha ha）的隐蔽壕渠，它让人产生了一种错觉——庭园和其中生活的动物是宅邸、园林不可或缺的一部分。

那个时代有许多人指出，较为自由的园林形式和自由主义的政府形式有着相似之处。1712 年 4 月，艾迪生在给《观察者》（*The Spectator*）第 412 期撰写的稿件中讨论了“亲见、观察外界事物带来的想象的乐趣”：

> 自然地，人类的心灵憎恶可能限制自己的任何东西，而且，要是视野被局限于狭窄范围，心灵就容易感到自己受了禁锢……与之相反，宽阔的视野就是自由的形象，眼睛有空间去四处浏览，去尽情欣赏看见的广阔天地，在可以观察到的诸多事物中忘我沉浸。这样宽广而不确定的景色对想象力来说非常愉悦，就像关于永恒或无限的深思对理解力一样。而如果在宏大之外添上几分美，几分不凡，就像波涛的汹涌大海上方由星辰和流星点缀的天空，就像广阔大地上装点的河流、树林、小丘、草场，我们就会领略到更多的愉悦，因为愉悦的源泉不止一处。

在这一立场的支持者中，第三代沙夫茨伯里伯爵安东尼·阿什利·库珀最富口才，可能也最有影响力。他的《人类、礼仪、观念、时间的特点》（*Characteristicks of Men, Manners, Opions, Times*）一书谴责一般意义上的“堕落品味”，而对规整式庭园的喜好正是“堕落品味”的一种——通过促进“对宏伟壮丽的爱好”，它感染了年轻人的心灵。这反过来带来的是“花坛、车马随从、身着杂色服饰的整洁男仆……

在城镇是宫殿及与其相配的家具！在乡村也一样，还加上这些我们祖先闻所未闻的豪华宅邸和园林，在大不列颠这样的气候下，它们多么不自然！”沙夫茨伯里伯爵自己就有过这样的体验——越来越热爱“没有被**艺术**或人类的**幻想**、**任性**”毁掉的景色，以及因此可以“表现出超越豪华园林那种规整式模仿的壮丽”的大自然。沙夫茨伯里伯爵相信，文化的各种分支都需要以自由为支撑的民族风格，这种风格应该力图追随自然，而非坚持对自然的掌控。在1718年出版的三卷本《田园平面图》(*Ichnographia Rustica*）中，园艺家斯蒂芬·斯威策（Stephen Switzer）将“规范的设计者”及其对直线不正常的迷恋同“自然的设计者”进行了对比，后者让“他的设计服从于自然，而不是自然服从于他的设计”。

艾迪生和沙夫茨伯里伯爵写作时都正值西班牙王位继承战争的结束阶段，这个时期既见证了法国霸权的最后终结，也见证了大不列颠崛起为首屈一指的欧洲强国。因此他们赋予园林设计政治意义的做法可能也就不那么让人惊讶了。同样的做法也适用于18世纪30年代几座庞大的英格兰风景园林的建设，但细节上需要进行必要的改动。在将英格兰乡间住宅看作自由主义世界观标志的研究［《英格兰农庄1715—1760：自由主义世界设计的象征》(*Der englische Landsitz 1715–1760: Symbol eines liberalen Weltentwurfs*)］中，阿德里安·冯·布特拉尔（Adrian von Buttlar）指出，由于占主导地位的辉格党的分裂，一些以“爱国者”自称的贵族回到了他们的庄园，在那里密谋让沃波尔倒台，宣传他们自己政治主张的显著优点。他们的武器之一就是园林设计。花在这上面的巨额金钱充分表明了他们对园艺符号学的重视程度。在斯托（Stowe），科巴姆（Cobham）勋爵雇用了一支园艺师大军，来设计、养护体现了明确政治议题的园林。“现代美德神殿”被刻意营造成破败的样子，里面还放了一尊无头雕像（沃波尔），“古代美德神殿”则供奉着来库古和其他古希腊英雄，与之相伴的铭文称，他们“设计了坚决对抗一切腐败的法律体系，在国内确立了许多年的完美自由和无瑕的纯净风俗”。被供奉在“不列颠杰出人士神殿”（1738 年建成）中的 8 位实干家［阿尔弗雷德大王、黑太子爱德华、伊丽莎白一世女王、威廉三世国王、沃尔特·雷利（Walter Raleigh）爵士、弗朗西斯·德雷克（Francis Drake）爵士、约翰·汉普登（John Hampden）、约翰·巴纳德（John Barnard）爵士］和 8 位学问家［亚历山大·蒲柏、托马斯·格雷欣（Thomas Gresham）爵士、伊尼戈·琼斯（Inigo Jones）、约翰·弥尔顿、威廉·莎士比亚、约翰·洛克、艾萨克·牛顿爵士、弗朗西斯·培根（Francis Bacon）爵士］都致力于自由和美德，从根本上反对在那时的大不列颠盛行的专制和腐败。

在整个不列颠群岛，乡绅们无论大小，都忙于将不断增长的财富花在修建风景园林上。约翰·普拉姆爵士写道：“人们都毫不犹豫地栽下大片树林，而它们可能两个世纪后都成熟不了。周长 50 英里（约 80 千米）的庭园也没什么稀奇的。光是给他的园子浇水，罗伯特·沃波尔爵士就用了 50 个成年男女和孩子。”1741—1751 年，“能干的”兰斯洛特·布朗（Lancelot ‘Capability’ Brown，1716—1783）在斯托工作，他至少插手了 200 处庄园的改造。当然，其中规模同斯托或斯陶尔海德（Stourhead）不相上下的没有多少，具备同样思想主题的也只有寥寥几处，可是它们对乡村的整体影响巨大而深远。没过多久，它们的影响力就开始越过英吉利海峡。越来越多富有的外国游客开始在更加广阔的地域内旅行，将可以参观的豪华宅邸和附带的园林都纳入了日程安排。1763 年、1767—1768 年、1775 年，安哈尔特–德绍（Anhalt-Dessau）的弗朗茨侯爵和妻子在英格兰进行了长时间的广泛游览，对乡间住宅和附带的园林尤为关注。最后一趟行程中，他们参观了布莱尼姆（Blenheim）*、博伍德（Bowood）、奇西克（Chiswick）、肯辛顿、奥斯特利（Osterley）庭园、佩恩斯希尔（Painshill）、帕克普莱斯（Park Place）、普赖厄（Prior）庭园、劳沙姆（Rousham）、赛恩（Sion）宅邸、斯陶尔海德、斯托、特威克纳姆（Twickenham）、沃本（Woburn）和西怀康（West Wycome），还有许多没这么重要的庄园。回去以后，他们着手在沃利茨（Wörlitz）建造一座英格兰式庭园，它足以同最出色的英格兰园林相提并论。此外，沃利茨还以拥有一处帕拉第奥风格**的别墅、一座火山模型、一处哥特式的宅邸、一把“英格兰座椅”、一座岩穴和一个煤溪谷铁桥的模型而自夸。这些建筑物和景观表达了高度复杂的文化和政治规划，凡尔赛宫和它的德意志模仿者展现的是中央集权国家及其权力意志，而沃利茨的园林宣传的是个人教化（Bildung）、美德、宽容、联邦主义。

哈布斯堡的另一种选择

这种园艺风格在时间和空间上都远离凡尔赛模式。由于自 17 世纪 60 年代开始兴建宏大的宫殿，莱茵河对岸的神圣罗马帝国发展出了另一种呈现型建筑模式。德意志人和他们的法兰西竞争对手对表

* Blenheim 一词系 1704 年布伦海姆会战发生地 Blindheim 的英文形式。

** 帕拉第奥风格，在巴洛克风格遭到质疑后兴起的一种新古典主义建筑风格，因威尼斯建筑师安德里亚·帕拉第奥（Andrea Palladio，1508—1580）而得名，18 世纪后流行于英国。

达自身抱负的需求同样是明确重视的。在这一时期，关于公共事务最高产的作者之一约翰·克里斯蒂安·吕尼希（Johann Christian Lünig）指出，尽管统治者是凡人，天赐的使命却给了他们通过“外部标志”（eußerliche Marquen）将自己和其他人区分开来的正当权力，这也增进了他们的威望和臣民对他们表现出来的尊敬。大部分臣民，他叹息道，不能光靠理性说服，因为用多少卓越的词句来解释政治义务的宗教和理性基础都没用，只要统治者穿着同臣民日常衣着相近的服饰出现在面前，臣民们就丝毫不会留意。统治者只有走在服装华丽的队伍里，被廷臣、外国使节和警卫们簇拥着，才能激发出必要的崇敬和尊重。所以吕尼希当然会赞同约翰·巴西利乌斯·屈歇尔贝克（Johann Basilius Küchelbecker）在18世纪20年代访问维也纳时的反应，后者看到帝国宫廷的规模，深受触动：“看到皇帝陛下在宫廷中被显要王公、伯爵等贵族围绕着，真是赏心悦目。这些人不光在服务时表现出色，还拥有巨大的地产和财富，他们不计其数的随从和昂贵的服饰大大增加了皇宫的壮丽。”

哈布斯堡家族奥地利支系地位的抬升是相对晚近的事情。在斐迪南二世（1619—1637年在位）治下，宫廷所在地才最终定在维也纳，但在这之后，宫廷还在别处停留了很长时间。1665年，随着蒂罗尔支系最后一位成员去世，哈布斯堡家族的所有德意志属地才集中到一位统治者——利奥波德一世——手中。可怜的西班牙国王卡洛斯二世几乎可以确定是他家族的最后一位成员，这也强化了奥地利支系这个理论上的哈布斯堡家族幼支的地位。这一合并标志着一段格外动荡的时期的终结，在这段时期里，连续数任皇帝都面临着国内的动乱、西线同法国人的战争、东线同土耳其人的战争——这三者还经常同时出现。王朝通过了以上考验，大获成功，对那些受益者来说，这似乎是决定性的证据，证明上帝与他们同行，以同样的方式考验和支持他们。宫廷传教士、奥古斯丁会修士圣克拉拉的亚伯拉罕（Abraham a Sancta Clara）说得很好，他说利奥波德一世是用膝盖击败敌人的，让利奥波德获胜的是祈祷的力量。

哈布斯堡模式的呈现型建筑是更加广泛的宗教事业的一部分，而这种事业是巴洛克式虔诚的特殊形式，被称作“奥地利式虔诚”(Pietas Austriaca)。1657 年登基后，利奥波德一世立即前往巴伐利亚旧厄廷（Altötting）的圣母马利亚神祠朝圣，展现了自己的意图。在那里，他将自己的领土置于圣母马利亚的护佑下。朝圣成了宫廷文化中很有特色的一部分。统治期间，利奥波德一世七次前往施泰尔的玛丽亚采尔，它是奥地利全部朝圣之所中最重要的，是黑面圣母或奥地利之母的家乡。他前去朝圣时，整个宫廷往往会随同，例如在 1665 年，去为前一年在圣哥达*战胜土耳其人表示答谢时。1683 年，当土耳其人对维也纳的围困开始时，利奥波德一世和妻子公开加入了一个敬拜圣母马利亚的团体，9 月 12 日让城市解围的决定性战役也是在“马利亚，帮帮我们！”（Maria hilf!）的大喊声中开始的。可以预见的是，土耳其人后来的溃败强化了对圣母马利亚的崇拜，也刺激人们兴建了许多献给她的教堂。在玛丽亚采尔，皇室建筑师约翰·伯恩哈德·菲舍尔·冯·埃拉赫受命再修建一座宏伟高大的新祭台。对这些宗教祭仪，利奥波德一世亲身投入、无比热忱。1665 年，他在玛丽亚采尔的朝圣簿上的署名为“利奥波德，圣母马利亚最渺小不配的仆人”。

* 圣哥达（St Gotthard），即今匈牙利沃什州圣戈特哈德（Szentgotthárd）。

1676年他又写道："在战时，我希望圣母马利亚担任我的将军，而在和谈时，我希望她担任我的大使。"

这种自谦显然与凡尔赛宫格格不入，同时代的人也没有忽略这种对照。奥地利的小册子作者们赞扬利奥波德一世的谦卑，强调他修造宫殿只是为了上帝的荣耀。他们将利奥波德的质朴和谦逊同路易十四的自私傲慢加以对比。托马斯·达·科斯塔·考夫曼（Thomas da Costa Kaufman）认为，17世纪六七十年代在维也纳兴建霍夫堡宫的莱奥波尔蒂娜边楼，说明利奥波德一世有意"令他的居所重现庄严壮丽"，然而这座边楼不要说凡尔赛宫，就连他自己臣民的有些工程都比不上，比如布拉格城堡区的切尔宁宫（兴建于1668—1687年）和艾森施塔特的艾什泰哈齐宫（兴建于1663—1672年）。大兴土木不是利奥波德一世的作风。这并不意味着他是沉默的，更确切地说，他找到了展现王权的其他方式。利奥波德一世特别喜爱音乐。欧洲所有君主之中，就在音乐上的创造力而言，至今也只有腓特烈大帝和他旗鼓相当。他替六部类型各异的乐剧作了曲，还给宫廷中众多作曲家所写的歌剧贡献了大量咏叹调甚至整幕戏。其中一位作曲家约翰·约瑟夫·富克斯（Johann Joseph Fux）告诉他，他的皇帝身份阻止了他变成一位职业音乐家，非常遗憾。利奥波德一世回答道："是的，我知道，可就算这样，我做得也不算太糟糕。"

常有人责备（或赞扬）他的祖父斐迪南二世让哈布斯堡君主国成了信奉罗马天主教、反宗教改革的好战国家。也正是斐迪南二世开创了赞助和从事音乐的漫长传统。此外，君主国里第一次上演歌剧也是因为斐迪南二世，是在1625年为了庆祝他的47岁生日。在这一点上，斐迪南二世的第二任妻子埃莱奥诺拉·贡扎加（Eleonora

Gonzaga）对他鼓励有加，她来自爱好音乐的曼托瓦（Mantua）宫廷。他的儿子斐迪南三世继续了创作、演奏和支持音乐这一传统，而且也娶了一位名叫埃莱奥诺拉的贡扎加家族成员。利奥波德一世没有迎娶贡扎加家族的女子（虽然他的三位妻子中有一位名叫埃莱奥诺拉），可他推广了歌剧，最引人注目的一次是在同第一任妻子玛加丽塔·特雷莎（Margarita Teresa）公主结婚时，她是西班牙国王费利佩四世的女儿，委拉斯开兹的《宫娥图》（*Las Meninas*）等若干人物画中留下了她的容貌。为了庆祝两人的结合，维也纳举办了有史以来可能最煞费苦心也最盛大的呈现型展示活动，活动在一座特地兴建的剧院——原址现在被约瑟夫广场（Josephplatz）占据——里进行，关于剧院所能容纳的观众人数有多种估计，自 1 500 到 5 000 不等。这次演出的是《金苹果》（*Il Pomo d'oro*），音乐由安东尼奥·切斯蒂（Antonio Cesti）创作，剧本由弗朗切斯科·斯巴拉（Francesco Sbarra）撰写，不过利奥波德一世创作了第二幕和第五幕的一部分乐曲。正如当时的人所说："世界上以前从来没有出现过这样的巨作，以后可能也不会再出现同样的了。"这一盛事的规模甚至足以让得到最丰厚赞助的歌剧团的指挥惊叹，演员阵容——需要独唱的角色就有 50 多个——就反映了这一点。这支表演者大军中的许多人是从意大利重金聘请的，特效、23 套精心设计的舞台布景、华丽的演出服也开销巨大。不用说，这场表演留下了细致的视觉化记录，它被制作成版画，大量印刷，寄送到欧洲各地，以告诉那些不幸没能到场的人他们错过了何等无可超越的壮丽景象。这场长达 8 个小时（不得不拆成两部分，在不同夜晚上演）的戏剧只表演两次，这体现了它的呈现型文化特点。自人物的名字可以推知，它是一出具有浓厚寓意色彩的戏剧，旨在赞颂新皇后的美丽和她丈夫、她新家的伟大。结尾时，利奥波德和他新娘的雕像被从侧面推上舞台，背后是写着“奥地利宫廷荣耀”的布景。帕里斯将本剧因之得名的金苹果判给了皇后，原因是她同时拥有密涅瓦的智慧、维纳斯的美丽和朱诺的伟大。

《金苹果》只是一连串漫长得多的庆祝活动的顶点。1666 年 12 月公主抵达维也纳时，为了迎接她，维也纳举行了 6 周的庆典，包括无数舞会、酒宴和戏剧表演，一场精心安排的马上芭蕾，好几场歌剧，以及一场完全由宫廷里的贵族绅士演出的芭蕾［海因里希·施梅尔策（Heinrich Schmelzer）的《十二位埃塞俄比亚美人》（*Twelve Ethiopian Beauties*）］。其他精彩场面包括一出铺张华丽的露天多媒体表演，一部分是芭蕾，一部分是被称作“空气和水之间的竞赛”（*La contesa dell'aria e dell'acqua*）的锦标赛，音乐是由贝尔塔利（Bertali）和施梅尔策创作的；还有一出题为“德意志欢庆”（*Das frohlockende Deutschland*）的德语“表演”（*Schaustellung*）。德意志的确欢庆有加：体验过利奥波德一世的一场庆典后，作家保罗·温克勒（Paul Winkler）惊叹道：“维也纳是世界的首都，是全天下的宝座。”在利奥波德一世长久统治的后期，出现了同路易十四在纪念性建筑上正面竞争的趋势，可能是受到奥地利对土耳其人的胜利的激励，也可能是出于对法国要求拥有文化主导权一事日益增加的愤恨，也可能两者兼有。1690 年，建筑师菲舍尔·冯·埃拉赫修建了一座宏大的凯旋门，以庆祝皇太子约瑟夫（父亲去世后，他理所应当享有对皇位的继承权）在当选“罗马人的国王”后回到维也纳。这位建筑师还设计了一座选址就在维也纳郊外的申布伦的新宫殿，这宫殿若能建成，就会让凡尔赛宫在任何方面——特别是美学——都黯然失色。

但是，实际上修建的建筑物低调得多。它当然让人印象深刻，但在规模甚至美学上都不及法国对手。然而哈布斯堡家族可以宣称，他们已经赢下了在宫殿方面的这场战役，不是赢在他们自己建造的建筑物上，而是赢在可称为“下一步的呈现”（representation at one remove）的事上。在整个哈布斯堡君主国，事实上还有神圣罗马帝国，诸侯和高级教士都在自己的宫廷里修造了留给皇室的空间。艾什泰哈齐侯爵、圣弗洛里安修道院院长、维尔茨堡侯爵主教都深知，他们荣华富贵的存续取决于哈布斯堡家族荣华富贵的存续。很难想象在建于 17 世纪或 18 世纪的任何法国贵族宅邸中，出现的画像会主要是波旁家族成员。然而在莱茵河沿岸，很容易找到将哈布斯堡家族神圣化的例证。比如，在林茨不远处的圣弗洛里安，1683 年对土耳其人的划时代胜利推动了大规模的重建事业，让这座建筑物同时发挥着皇宫和奥古斯丁会修道院的作用。在为皇室观众所设的房间里，天花板上的一幅湿壁画将哈布斯堡君主国描绘成之前四个伟大帝国——巴比伦、波斯、希腊、罗马——的延续。在皇帝大厅（Kaisersaal）中，巴尔托洛梅奥·阿尔托蒙特（Bartolomeo Altomonte）创作的另一幅巨型湿壁画体现了“对卡尔六世的神化”，他在画中是朱庇特的模样，站在覆盖着红白相间褶裥装饰的台上，得意扬扬地脚踩一名战败的土耳其人，拟人化了的奥地利和匈牙利则对他效忠。从粗略的数量上看，虽说凡尔赛宫存在对路易十四的个人崇拜，然而总的来说，哈布斯堡家族好像有更多的肖像值得夸耀。

宫殿、宫廷和政治

击败土耳其人、将他们逐出匈牙利之后，君主国出现了大兴土木的繁荣景象，这同样是集体行为。既然可以安全地开展建设，君主国的建筑师们就开始努力工作了：在1683年后的半个世纪里，维也纳城里和周边建了约300座宫殿。它们以视觉形式表现了王朝和权贵之间的同盟，这种同盟出现于17世纪早期和中期的动荡年代。罗伯特·埃文斯在他的经典研究《哈布斯堡君主国的形成，1550—1700》（*The Making of the Habsburg Monarchy, 1550–1700*）中指出，在这场漫长的痛苦挣扎中，胜利者是贵族，他们拥有政治权力和物质资源，可以在社会崩溃后收拾残局。尘埃落定时，是他们坚持了下来，高高立于废墟之上。不管是在相对意义上还是在绝对意义上，他们在经济、社会、国家中的地位都得到了加强，而这是以牺牲其他社会群体为代价的。可是若没有哈布斯堡皇帝的支持，他们不可能做到这一点。皇帝拥有能够击败他们的敌人——不管是土耳其人、新教徒、市民、小贵族还是农民——的国际联系。对王朝和天主教会的忠诚就是贵族们要付出的代价。比如说，在仅仅一个世纪里，匈牙利的艾什泰哈齐家族就这样自小贵族崛起为拥有土地面积相当于威尔士的侯爵家族。

艾什泰哈齐家族在艾森施塔特修建了巨大的宫殿，在艾什泰哈佐（Esterháza）修建了夏宫，当然还在维也纳修建了一座。像同阶层的大多数成员一样，他们在首都过冬，享用已经在宫廷和扩展出的卫星区域发展起来的一切娱乐活动。最晚到1700年，对哈布斯堡君主国和神圣罗马帝国的贵族来说，维也纳已成了无可争议的首选游乐去处。就连主要在区域首府（如美因茨或达姆施塔特）居住的王公贵族都会定期在维也纳待上一阵子，因为这是皇室恩赏的众多来源之一：要是远离都城，赢得职位或升迁就算不是不可能，也相当困难。接近财富之源再重要不过，所以在1711年，施瓦岑贝格侯爵准备支付巨额金钱，以成为大掌马官（Oberstallmeister），虽说这一职位薪金不多，却能够保证他经常接触到皇帝，特别是在皇帝出行时。除了职位，皇室还会提供养老金、贷款和没有附加条件的礼金。1773年，玛丽亚·特蕾莎赏下了900万古尔登，这笔钱来自没收的耶稣会土地的进项。贵族要想在维也纳保有产业并与艾什泰哈齐家族基本保持同步，其花销就异常巨大，所以贵族们都迫切需要额外收入。因此君王和权贵在政治、经济、文化和信仰（要想得到庇护的好处，必须达成的条件之一就是信奉天主教）上都被绑到了一起。就连众所周知难对付的匈牙利贵族都被这些将他们和维也纳宫廷绑到一起的纽带驯服了。一名心怀敌意的同时代人评论道：

> 骄傲的匈牙利人，他们曾经在田庄上忙着制定自由方案，却被引诱到了宫廷或城镇里。通过授予职位、头衔和许婚等方式，通过提供给他们风风光光把钱花掉、签下债务契约、在地产被扣押时完全仰仗他们君主慈悲的种种机会……匈牙利贵族中最强大的一部分就这样变成了败家子、浪荡子和懦夫，宫廷再也没有理由害怕叛乱了。

富有魅力的宫廷也可以是外交政策的工具。萨克森选帝侯腓特烈·奥古斯特在1697年当选波兰国王、获得波兰国王奥古斯特二世的称号，就证明了这一点。在波兰获选是一回事，牢牢抓住战利品则是另一回事。在竞选活动中，奥古斯特拥有奥地利和俄国的支持，然而一大群拥有法国的支持和资金援助的波兰贵族同他对立。为了让自己对王位的要求显得有理有据，此时他需要表现出自己是名副其实的国王，免得人们认为他不过是个被外国强权硬塞过来的普通德意志诸侯。为了追求王室身份，奥古斯特创造了“欧洲最耀眼的宫廷”，这是四处周游的珀利茨（Pöllnitz）男爵在1729年所下的权威结论。这个宫廷号称有除维也纳外帝国中最好的舞会、露天表演、歌剧和狩猎活动。奥古斯特聘用了最好的肖像画家（路易·西尔韦斯特）来给妻子和情妇画像，还聘用了最好的珠宝匠［约翰·梅尔希奥·丁林格（Johann Melchior Dinglinger）］、最好的瓷器设计师［约翰·约阿希姆·肯德勒（Johann Joachim Kaendler）］、最好的雕塑家［巴尔塔扎·佩尔莫泽（Balthasar Permoser）］、最好的建筑师［马托伊斯·丹尼尔·珀佩尔曼（Matthäus Daniel Pöppelmann）］、最好的歌手［福斯蒂纳（Faustina）］和最好的作曲家［约翰·阿道夫·哈塞（Johann Adolf Hasse）］。从贝尔纳多·贝洛托（Bernardo Bellotto）著名的景观画中，我们可以对德累斯顿近乎传说的美丽有所认知。

这种文化攀升的确带来了红利。奥古斯特挤入欧洲一流君主集团的最明确迹象于1719年出现，他的儿子兼继承人腓特烈·奥古斯特二世迎娶了哈布斯堡女大公玛丽亚·约瑟法（Maria Josepha），已故皇帝约瑟夫一世的女儿。为了欢庆此事，奥古斯特动用了他宫廷里的全部华丽服饰。准备工作长达两年，包括扩建“茨温格”（Zwinger）宫——它是人们对毗邻选帝侯宫殿的巨大呈现型游乐场的称呼，以及兴修阿尔卑斯山以北最大的歌剧院。祝贺活动的高潮是持续了整整一个月的欢迎新郎新娘自维也纳返回的庆典。人们一定程度上可以知道庆典各项仪式的细节，因为奥古斯特小心地用文字和图像记录了它们，然后通过小册子和版画将其传播到了全世界。此外，这桩婚事给王朝之后几代人带来了源源不断的红利。奥古斯特的儿子腓特烈·奥古斯特二世继任波兰国王，称奥古斯特三世。孙辈当中，玛丽亚·阿马利娅嫁给了西班牙的卡洛斯三世；玛丽亚·安娜（Maria Anna）嫁给了巴伐利亚选帝侯马克西米利安三世·约瑟夫；约瑟法嫁给了法国王太子，是路易十六的生母；阿尔贝特（Albert）娶了皇后玛丽亚·特蕾莎的女儿玛丽亚·克里斯蒂娜（Maria Christina），后来当上了奥属尼德兰总督；克莱门斯·文策斯劳斯（Clemens Wenzeslaus）成了弗赖辛（Freising）、雷根斯堡、奥格斯堡的侯爵主教和特里尔大主教选帝侯；库尼贡德（Kunigunde）成了托伦（Thorn）和埃森（Essen）的侯爵女修道院院长（被约瑟夫二世抛弃后，她可以在那里寻求精神慰藉）。光是这份名单就足以提醒我们，由呈现型宫廷文化支撑的王朝政治可以带来实在的物质利益。

奥古斯特二世被称作"强者"，是因为传说他力气很大，性能力更是难以置信。他并不是唯一案例。几乎和他同时代的不伦瑞克-吕讷堡公爵恩斯特·奥古斯特（Ernst August，1629—1698）通过在黑伦豪森建造宏伟程度恰到好处的宫廷，毫无疑问地增加了自己的分量，跻身神圣罗马帝国的选帝侯议院。他最终在1692年成为首任汉诺威选帝侯。在帝国的层级中，勃兰登堡选帝侯领先一步，在创造了同国王相称的宫廷之后，选帝侯腓特烈三世于1701年成了首任"在普鲁士的国王"腓特烈一世。当然韦尔夫（Welf）家族和霍亨索伦家族地位提升的主要原因是他们在军事和政治上协助了皇帝利奥波德一世，然而宫廷的扩张不仅是他们地位上升的体现，还是上升过程中的重要一环。

路易十四在确立法国的政治霸权（只是暂时的）和法国的文化霸权（这方面更加持久）上获得的成功，哈布斯堡家族在同一时期巩固其君主国的强权地位上获得的成功，以及时代相近的萨克森、汉诺威、普鲁士的统治者的业绩，全都证明了呈现型宫廷文化是稳妥的投资。然而它同时可能造成功能失调。例如在符腾堡公国，17 世纪七八十年代，摄政弗里德里希·卡尔对传统的公爵家族进行了改造，让它从平凡甚至粗鲁的“啤酒和九柱戏”之家变成了光彩熠熠、开销不菲的宫廷。毫无疑问，这种转变的源头在法国，宫廷生活也按照凡尔赛宫的规则进行了重塑。过去受欢迎的不守规矩的酒宴被歌剧、芭蕾和舞会取代了。比如说，1684 年，在摄政主办的一场“法国式余兴表演”（Divertissement à la française）上，8 岁的公爵埃伯哈德·路德维希（Eberhard Ludwig）不得不模仿路易十四，在跳舞时扮演丘比特的角色。这是由弗里德里希·卡尔的首相、在法国接受教育的冯·福斯特-当伯努瓦男爵（Baron von Forster-Dambenoy）引入的沙龙，摄政对参加公国第一次沙龙的符腾堡人的期望是能够说法语，谈论最新的法国时尚。

17 世纪下半叶在符腾堡发展出来的文化情结不可能旨在约束贵族，理由非常充足：公国就没有贵族可供约束。16 世纪时，通过宣称自己是“帝国骑士”，这一区域的贵族已经确立了相对于公国当局的独立性。换言之，他们承认的君主只有神圣罗马帝国皇帝，他们不向符腾堡公爵臣服，也不派代表参加公国的等级会议。公国的等级会议由两院组成，一个包括世俗化了的 14 座新教修道院的院长，另一个则包括 60 座城镇的代表。符腾堡市民远远没有被弗里德里希·卡尔及其后继者们展示的奢华宫廷震慑或诱惑，反而感到了惊恐和疏离。由于摄政也试图和法国结盟以创建常备军，亲法情绪、专制和挥霍就联结在了一起，问题和斯图亚特王朝治下的英格兰一样严重。例如在1681年，等级会议开展行动，要求解雇被聘来指导小公爵的一名法国家庭女教师和一名法国舞蹈教师，理由是他们可能用“放纵的法国品行”、“挑逗的法国行事方式”、“不时被下流和邪恶的笑话打断的交谈”和“一套将关于肉欲之爱的话题置于礼貌话语中心的礼仪”腐蚀受教者。

这些人用厌恶的口吻如此激动地谈论性，说明符腾堡和同期的英格兰还有一个相似之处：君王和议会的宗教口味出现了冲突。由于欣欣向荣的虔信派运动，等级会议代表信奉的路德宗越来越具有清教色彩，这同摄政宫廷中世俗的享乐主义格格不入，在批评者口中，摄政“嘲弄合法、基督教式、德意志导向、非马基雅弗利主义的政体的基础”，这也同代表们的宗教信仰相抵触。弗里德里希·卡尔则站在绝对主义的制高点上，谴责等级会议“引人反感的语言有损于他的**荣耀**”。然而，他输掉了这场斗争，在1693年被皇帝利奥波德一世废去了摄政之位。他的命运表明，最需要的是斯图加特、蒂宾根（Tübingen）和其他城镇公民的合作，至少是他们的默许，可这些人恰恰是同“放纵淫荡的”法国宫廷文化最疏离的，他们也最坚决抵制法国式宫廷统治。像在近代早期的欧洲经常发生的那样，得到宗教信念支持的政治反对格外顽强。路易十四的呈现型文化让贵族们趋之若鹜，但符腾堡人不吃这一套。他们挺直腰板，虽说通常寻求合作而非对抗，经常不得不让步，但他们坚决抗拒削弱古代自由和传统体制的尝试。

关于过度沉迷宫廷文化的危险性，萨克森的命运提供了更加严肃的教训。当“强者”奥古斯特四处撒钱的时候，他北边的邻居、冷酷的普鲁士国王腓特烈·威廉一世不放过他能抓到手的每一枚硬币。他实际上关闭了父亲的宫廷，解散了管弦乐队，嘲弄地任命宫廷弄臣担任柏林学院主席。据说“强者”奥古斯特曾经对腓特烈·威廉说：“陛下收上来一个杜卡特，只会将它送进金库，而我更乐意花掉它，这样它就可以翻两倍回到我手里。”这听上去可能符合经济学，也得到了关于这两人才干的寓言的支持，却对不得不面临腓特烈·威廉一世之子（他于1740年继位为腓特烈二世）挑战的“强者”奥古斯特的儿子兼继承人（他于1733年继位为奥古斯特三世）毫无帮助。

在腓特烈二世赢得“大帝”绰号的过程中，主要的牺牲品是萨克森。“强者”奥古斯特去世时，给儿子留下的不光是顶级的文化中心，还有堆积如山的债务。他进行了扩军，军队总人数接近3万，虽说已经相当可观，却明显不能确保萨克森-波兰的强国地位。腓特烈·威廉一世遗赠给儿子的文化朴素得配不上“文化”之名，却留下了一支有8.1万人、就质量而言在欧洲首屈一指的军队，还有能够用来支持军队的一座大金库——800万塔勒现款，被打包成桶，存在柏林王宫的地窖里。18世纪开始时，萨克森和普鲁士军队的规模几乎完全一样，要说有什么区别，事实上萨克森军队的规模还略占上风；到了1740年，普鲁士军队的规模就成了萨克森的三倍，训练、装备、财政状况也要好得多。始于1740年12月腓特烈二世入侵西里西亚的一系列战争通常被描述成普鲁士和奥地利为争夺德意志控制权而进行的较量，事实也的确如此。然而，这也是普鲁士和萨克森之间的较量。作为奥地利女大公之子，奥古斯特三世宣称拥有哈布斯堡家族的领土要比普鲁士的腓特烈二世的宣称合理得多。如果能成功地将西里西亚并入萨克森–波兰，奥古斯特三世就能创造出牢不可破的领土复合体，自德意志心脏地带一直延伸到俄国边境。这就是他的普鲁士对手急着抢先出击的原因之一。

在1740—1742年的第一次西里西亚战争中，萨克森曾支持腓特烈二世突袭哈布斯堡君主国，却在1743年背弃了他。因此在1744—1745年的第二次西里西亚战争中，腓特烈二世的胜利就是萨克森的失败。第三次西里西亚战争（在西欧更广为人知的名字是“七年战争”）开始时，这一点得到了残酷而清楚的反映。1756年8月29日，腓特烈二世入侵萨克森，希望能在可怕的俄国战车于次年参与进来之前，同时摧毁他的直接目标和更南边的哈布斯堡君主国。就这点而言他失败了，然而他确实成功地控制了萨克森，然后榨光了它的全部价值。腓特烈二世径直将萨克森军队并入了他自己的军队，还一再征用萨克森的资源，直到将其搜刮殆尽为止。不过，萨克森的天然财富多到总能让普鲁士强征者们有所收获。腓特烈自己表示，萨克森就像一只面粉袋——不管它被多么剧烈、多么频繁地敲打，总能掉出点面粉。不太夸张地说，给普鲁士赢得强国地位这一成就提供资金的是萨克森人，因为在普鲁士的全部战争努力中，1/3的经费来自萨克森人的非自愿牺牲。

第十章

感性文化与理性文化

感性文化

理解 1648—1815 年这一时期文化的丰富性，对哪怕最高瞻远瞩、最敏锐深刻的头脑来说也是沉重的负担。比较好的做法可能是借助一系列警句，例如黑格尔对浪漫主义的定义“绝对的内向性”，然而这远远超出了我的讨论范围，也不太能说明问题。在下文中，我会试着找到一条概念之舟，在绕开列举一串伟大名字这个“斯库拉（Scylla）岩礁”的同时，也不陷入过度概括的“卡律布狄斯（Charybdis）漩涡”*。虽然指出这一时期的文化是由感性（或说得夸张一点，“激情”）文化和理性文化之间的辩证关系驱动的，但我的意思并非这是唯一的路径。从黑格尔的“航母”到实证哲学家的“渔船”，各种各样的船只都同样有理由下海。只是在我看来，这条船壳相连的独特“双体船”

* 二者均为古希腊神话中的海妖，曾在荷马史诗《奥德赛》中出现。斯库拉盘踞在岩礁上，掠食过往水手，而卡律布狄斯盘踞在漩涡中，吞噬船只。由于二者紧邻，所以人们在经过此地时必然面临两难选择。

碰巧既具备速度也具备稳定性。

吉安·洛伦佐·贝尔尼尼创作于1645—1652年的雕塑作品《阿维拉的圣特蕾莎的狂喜》（*The Ecstasy of Saint Theresa of Ávila*）位于罗马胜利之后圣母堂的科尔纳罗礼拜堂（Cornaro Chapel of Santa Maria della Vittoria）中，是感性文化的一个例证。科尔纳罗家族的成员像在剧院里那样自包厢往外看，就能看见圣特蕾莎经历的异象："有一天，一位美丽非凡的天使在异象中出现在我面前。他手握长矛，矛尖绚丽夺目，似乎着了火。他将长矛扎进我的心脏，一次又一次，深深刺入我体内。痛苦是那样真实，我一次又一次大叫出声，然而它同样带来了难以言传的甜蜜，我宁愿受这痛苦。生活中的任何欢乐都无法带来更大的满足。天使拔出长矛后，我留在了全心全意热爱上帝的状态里。"关于西格蒙德·弗洛伊德（Sigmund Freud）的格言"梦是被压抑的愿望经过改装的达成"，很难想到比这更好的例证。它同样足以打破这种天真的想法：仅仅因为基督教对肉欲之罪进行反对宣传，就假定宗教和性欲互相对立。这就是为什么1739年到访这座小礼拜堂的法国高等法院法官夏尔·德·布罗斯给出的嘲弄性评价没有抓住要点，他说："如果说这就是神圣之爱，那么我太了解它了。"贝尔尼尼的创作既是宗教的又是世俗的，既是虔诚的又是情欲的。它还是戏剧化的、易变的、幻觉主义的、超自然的、有机的：罗马巴洛克艺术的典范。

贝尔尼尼的这座杰作充分表现了他自己对宗教体验的世俗理解，和他同时代的法国哲学家勒内·笛卡儿则用新方法替相反的文化范式有力地发声。由扬·巴普蒂斯特·韦尼克斯（Jan Baptist Weenix）为笛卡儿画的忧郁肖像同贝尔尼尼的感官世界形成了异常鲜明的对比。在

1637年发表的《谈谈方法》中，笛卡儿提供了能够把圣特蕾莎的神秘异象拉回尘世的概念工具。最让人泄气的是他开展系统性怀疑的主张："为了把我们的知识置于真正可靠的基础上，我们必须怀疑所有信仰，只在完全没有争议的情况下保有它们。"在重新组装结构中幸存下来的合理部分时，只有一项人类能力可以信任，那就是理性。因此笛卡儿事业的一个基础目标是"将头脑带离感知"，原因是感知能够轻易欺骗那些不够警惕者。这并不意味着将头脑带离上帝。在笛卡儿体系中，上帝反倒占据中心的位置，是人类认知的担保者。正是证明完美上帝存在的能力让笛卡儿得以从他自己的存在这一基本确定性中做出如下推论："有我，我存在这个命题，每次我说出它或在头脑中想到它的时候，这个命题必然是真的。"这一格言的拉丁文形式 cogito ergo sum（我思故我在）更有名。然而，他的哲学的确标志着同传统经院哲学的明显决裂。即使说贝尔尼尼和笛卡儿都敬拜上帝，后者的想象也同圣特蕾莎的大相径庭。他代表的那种文化是理性、现世、长于分析、原子论、怀疑论、激进、乐观的。

哲学的未来或许属于笛卡儿，但是在17世纪中叶，暂时还是他的对手明显占了上风。他足够幸运，享有一笔私人收入，因此可以周游欧洲，在环境相对宽容的荷兰共和国度过成年后的大部分时光，虽说就算在那里，他也遭到了加尔文派信徒的滋扰。在别的任何地方，世俗势力支持下宗教当局的牢牢掌控都毫不松懈，原因是欧洲所有国家都是信教的。只有在出现国内冲突的异常时段（像英格兰内战期间）或处于半无政府状态的边界地带（如特兰西瓦尼亚），某种事实上的多元主义才可能存在。主流文化有鲜明的宗教特征。此外，它还是呈现型的，也就是说它力图将上帝的荣耀和他的真理"呈现"在人们面前。

这或许就是为什么后世那些习惯了世俗写实主义和人文主义保守陈述的人往往看不惯巴洛克式的自信辉煌。这是以凡尔赛为缩影的呈现型文化在宗教上的对应物，它本意是培养敬畏之心，但它的过度夸大现在更可能激起厌恶或嘲弄。

在欧洲各地有无数这样的案例，在此仅举几例。最具戏剧性的是阿萨姆（Asam）兄弟科斯马斯·达米安·阿萨姆（Cosmas Damian Asam，1686—1739）和埃吉德·奎林·阿萨姆（Egid Quirin Asam，1692—1750）的创作。前者主要以画家的身份工作，后者以雕塑家和建筑师的身份工作，他们的合作涵盖了所有视觉艺术类型。他们的主要目的是创作出消除现世与来世边界的整体艺术品。他们运用在两年的罗马学徒生涯中学到的所有幻觉主义技法完成了这一点：错视（trompe l'œil）壁画、错误透视、明暗对比、媒体转换、隐藏式照明，还有将教堂内部装饰得好像为观众而建的舞台布景。其中最为成功的作品是一座始建于1716年的本笃会修道院教堂，它位于雷根斯堡附近的多瑙河畔韦尔滕堡。这里的戏剧效果是由隐藏式照明提供的：圣乔治似乎就要骑马向观者奔来，通过四根曲折的“所罗门”柱形成的凯旋门，刺穿恶龙，让利比亚公主在恐惧之中缩到一旁。在他身后，光亮的壁画展示了圣母和一条缠绕在地球上的顺从大蛇，她站在那里，象征着圣母无沾成胎的教义，而负责守护她的正是圣乔治。正如这一场面所示，阿萨姆兄弟并没有从普世教会的立场思考，而是和其他所有天主教巴洛克艺术家一样，只重视表现天主教会所特有的内容。他们用图像和雕塑来强调那些可以说最令新教徒反感的信仰内容，比如圣母崇拜、圣母无沾成胎说、对圣物和圣徒的崇拜、圣心等等。装饰韦尔滕堡教堂天花板的壁画描绘了“教会得胜”，从中也能看出此种意味。这还是一件幻觉的杰作，教堂的穹顶实际上是椭圆形的双层穹顶，还配有平坦的屋顶，但它看起来是色彩斑斓的天堂景象，抬眼望去，可以看到众圣徒、圣母、圣父、圣子，以及最高的鼓座边的圣灵。在这一戏剧性艺术实践中堪称典型的是，它将观众们画到了壁画边缘，其中有两个人特征与阿萨姆兄弟相似。实际上，在圣乔治骑行通过的凯旋门左侧放着一座雕塑，它的样子很像是委托兄弟俩完成这一工程的修道院院长。通过他们的惊人创造——罗尔（Rohr）的圣母升天像和韦尔滕堡一样引人注目——阿萨姆兄弟证明了呈现型艺术就算是为第三方创作（在这种情形下是上帝）的，也可以成为极具表现力的艺术。至少，埃吉德·奎林·阿萨姆的虔诚是毫无疑问的，因为他自费买下了慕尼黑森德林街（Sendlinger Street）上的四栋房屋，将其中两栋改建成极具独创性的教堂，来纪念内波穆克的圣约翰（St John Nepomuk），剩下的两栋一栋被分配给教堂神父，一栋由他自己居住。

反宗教改革运动的艺术事务的权威主宰者约翰内斯·莫拉努斯（Johannes Molanus）发出了下列呼吁："希望基督徒进入殿堂时，能感到自己进入了某种地上的天堂，上帝在那里充满了整栋建筑。"几乎就在阿萨姆兄弟遵照这一呼吁竭尽全力在韦尔滕堡工作的同时，托梅（Tomé）家族也在托莱多大教堂进行着类似的事业。艺术史学家们说，托梅家族创造的"透明祭台"（Transparente）是西班牙巴洛克艺术"最壮观的"[约翰·鲁珀特·马丁（John Rupert Martin）语]、"最杰出的"[尼古劳斯·佩夫斯纳（Nikolaus Pevsner）语]、"最精彩的"[芭芭拉·博恩格塞尔（Barbara Borngässer）语]成就。当时的西班牙人认为它是"世界第八大奇迹"，不过外国访客——特别是新教徒访客——则认为它代表了西班牙艺术的颓废。它的功能是让主祭台两侧的人们都能看到圣餐礼，“透明祭台”之名就是因此而来。托梅家族修建了一个实际上朝内的正面，中部则是带有玻璃缝隙的圣体龛，光会从缝隙中涌出，让人们的视线集中到龛中的圣体上。乍看上去，阿萨姆兄弟的作品和托梅家族的作品截然不同，可它们拥有诸多共同点。它们都力图让观众进入玄奥的体验当中，都运用了错视（托莱多的最佳案例就是用石头剥落圆柱表皮，显出里面的半露壁柱），都极好地利用了隐藏式照明，都运用多种媒体创造出艺术整体，都是根植于民间技艺传统的家族的合作冒险，都是毫不妥协、咄咄逼人的天主教风格。“透明祭台”还特别重申了圣事的中心地位，以此对抗詹森主义。

新教欧洲不像韦尔滕堡或托莱多有这么豪华的建筑，不过，那里也存在许多建于本书所述时期的大教堂，足以表明天主教徒没有垄断以三维形式表达宗教虔诚的权利。伦敦的圣保罗大教堂（兴建于1675—1708年）和德累斯顿的圣母教堂（Frauenkirche，兴建于1726—1743年）是两个强有力的例证。不过，关于宗教虔诚，我们能够找到的最动人的表达方式还是音乐。约翰·塞巴斯蒂安·巴赫（Johann Sebastian Bach，1685—1750）是公认的古典主义作曲大师，他的作品就是宗教虔诚的典型例证。巴赫创作的一切——他在诸多不同音乐体裁领域都高产得惊人——都是为了上帝的荣耀，他时常在乐谱开头写上“J. J.”——Jesu Juva（耶稣，帮助我），在末尾写上“Soli Deo Gloria”（荣耀只归于上帝）。即便在修饰成分显然更少的键盘音乐中，巴赫也“巧妙地表达了轻看世俗的虔诚态度”[理查德·塔鲁斯金（Richard Taruskin）语]。巴赫在他的教堂康塔塔（cantata）中发现了最适于表达宗教世界观的音乐体裁。在他的两个创造力迸发期（1713—1716 年在魏玛和 1723—1729 年在莱比锡），巴赫创作了大约 300 首康塔塔，其中有 200 首流传下来。除此之外还应当加上 3 部耶稣受难复活剧和 3 部清唱剧，更不用提他的音乐遗嘱《b 小调弥撒》了。就算巴赫并没有亲自写歌词，他至少亲自选择了其中的《圣经》经文和其他宗教经文，因此“巴赫康塔塔”是名副其实的［莫扎特就与巴赫不同，一部“莫扎特歌剧”实际上应该是一部“莫扎特与达蓬特（Da Ponte）的歌剧”或“莫扎特与席卡内德（Schikaneder）的歌剧”］。

在这 200 首流传下来的康塔塔中，任何一首都可以作为巴赫艺术成就的代表，因为它们的品质都很出色。我们在此探讨的是巴赫作品目录中编号为 61 的康塔塔《外邦人的救主来了》（*Nun kommt, der Heiden Heiland*），1714 年，它在魏玛第一次公演，之所以选它，是因为它标志着教会年历的起始，是为基督降临节的第一个主日准备的，也是因为它相对短（演奏时间约为 15—17 分钟，视乐队指挥而定），还是因为它即便按照巴赫的标准来看也可谓质量超凡。和其他所有康塔塔一样，这一首也是为路德宗的重要主日礼拜而写的，要构成仪式上的音乐核心，礼拜始于上午 7 点，持续大约 5 个小时。康塔塔强化了奏乐之前宣读福音的效果，并为之后持续至少一个小时、被视为圣事主要部分的布道做了铺垫。当它于 1717 年再度在莱比锡上演时，巴赫用上了圣托马斯学校（他是这所学校的唱诗班指挥）的唱诗班和独唱者，以及大约 20 名乐手。它被配上了四声部的合唱，还有小提琴、中提琴（这两种乐器都分两个声部）以及通奏低音（低音管和管风琴）的伴奏。高音部全是由男童完成的，他们往往要到十七八岁才变声，因此这也不算奇怪。

这部作品分成六段，包括两首赞美诗、两首宣叙调、两首咏叹调，让会众得到了四个阶段的基督教体验。第一阶段，基督本人被开场赞美歌召来，第一句“外邦人的救主来了”由女高音、女低音、男高音和男低音依次演唱，之后四个声部一起合唱：“就是那童贞女之子。”接着提到了教会，男高音祈求基督维护完好的教义并令讲坛与圣餐桌牢固，以此带来“受祝福的新年”。此后演出的不仅是整部作品的中心点，也是巴赫所有作品中最激动人心的段落之一，在拨奏琴弦和通奏低音的背景声中，男低音吟咏出圣约翰《启示录》中基督的话：“看哪，我站在门外叩门。若有听见我声音就开门的，我要进到他那里去，我与他、他与我一同坐席。”尽管这“不过是”一首宣叙调，仅仅持续大约一分钟，却成了音乐特殊力量的例证，它能给最具表现力的文本增添额外的表现维度。像要做出回应一般，女高音独唱者随后向基督敞开心扉，因为基督甘心住在最简陋的居所里。这部作品以四句歌词的四声部众赞歌告终，这首歌里的音乐在各种意义上都具备决定性：随着唱诗班唱出“阿门！阿门！来吧，喜乐的冠冕，不要耽延！为你，我翘首期盼”，小提琴的音越来越高，一连上升到小字三组的 G 音，带来死后复生的感觉。

只要知道巴赫不仅以每周一首的速度写作康塔塔，还负责监督抄写部分曲谱、组织唱诗班和管弦乐队、在周六下午组织排练并在周日上午指挥公演，在完成这一切的同时还履行他作为圣托马斯教堂唱诗班领唱人的职责，其中包括组织第二个唱诗班，任何一位渴求创造的艺术家都会多少有些灰心。然而，巴赫的那些最高品质的作品在他生前几乎都没有出版，甚至有大约 1/3 佚失了。人们也无法知晓圣托马斯教堂和圣尼古拉教堂（康塔塔会在一年中的多数周日在两个教堂交替上演，重大节庆时则在两处都上演）的会众们曾如何回应这持续不断的音乐盛宴。当时和现在人们的回应之间存在着重大的差异，这种差异与录制有关：莱比锡的人们只听过《外邦人的救主来了》一次，而且只是把它当作教堂圣事的一部分；今天，人们可以反复聆听现有的 17 种不同录音中的任何一种［还可以观赏视听录像，如尼古劳斯 · 哈农库特（Nikolaus Harnoncourt）指挥的演出］，不把它当成宗教作品。人们还能把它和其余的 200 多首康塔塔一起听，因为至少有 6 种巴赫康塔塔全集（由德国、荷兰、比利时、英国乃至日本的乐团演奏）。一方面，这些作品显示出极大的多样性，因为巴赫利用了他能够想象到的每一种人声、合唱、乐器、配器资源组合。另一方面，它们都证实了音乐产生普遍吸引力的四个基础：旋律、和声、对位和节奏。此外，巴赫作品的低音线十分明晰，连摇滚乐爱好者都能欣赏。这些康塔塔都表达了巴赫深刻的虔信感受，他实现了另一位伟大的萨克森音乐家理查德 · 瓦格纳（Richard Wagner）的理念“心智的情感化”。像瓦格纳一样，巴赫把文本和音乐融合在一起，形成了整体的艺术作品。即便在考虑像通奏低音线这样的技术层面问题时，他也将思考目的定为“为了上帝的荣耀”。在提到教堂康塔塔时，阿尔弗雷德 · 爱因斯坦（Alfred Einstein）很好地指出了巴赫音乐本质中的宗教目的：

> 巴赫康塔塔的艺术是对基督教信仰基础与原则的阐述，再没什么比它更敏锐、更坚定、更深刻、更准确了。现世的生活与永生、行为与信心、必死的命运与死亡、犯罪与悔改、痛苦与拯救——一切基督徒灵魂的感情与启示都在颂扬他，自路德以来最

伟大的布道者，他讲的并不是抽象的神学概念，而是以无可比拟的生动音乐想象、用象征的方式热烈地呈现信仰。

在欧洲的每个地区，不论是天主教地区还是新教地区，每一种不同的创造性体裁都可以展现出这类以韦尔滕堡、托莱多的“透明祭台”和《外邦人的救主来了》为典型的文化。在文学领域，约翰·班扬（John Bunyan）的《天路历程》(*The Pilgrim's Progress*,1678 年出版）或布莱兹·帕斯卡的《思想录》(*Pensées*，在他去世后于 1670 年出版）都是很好的例子，后者简练地反驳了笛卡儿式的理性主义：“人心自有其理，而理性对此一无所知。”在绘画领域，最好的代表可能是罗马圣依纳爵（San Ignazio）教堂的天花板壁画，这幅壁画名为《圣依纳爵·罗耀拉和耶稣会宣教工作的荣耀》(*The Glory of St Ignatius Loyola and the Missionary Work of the Jesuit Order*，创作于 1688—1694 年），由耶稣会士安德烈亚·波佐（Andrea Pozzo SJ）绘制。在为数众多的雕塑中，亨德里克·弗兰斯·费布吕亨（Hendrik Frans Verbruggen）于 1695—1699 年为卢万（Louvain）耶稣会教堂创作的讲坛完美地融入了巴洛克风格的宗教虔诚，因而值得长篇大论，这座讲坛现在已经搬到布鲁塞尔的圣米歇尔与圣居迪勒教堂（Church of St Michael and St Gudula)。伊格纳茨·金特（Ignaz Günther，1725—1775）曾创作过不少雌雄同体的天使，装点了诸多南德意志教堂，它们或许可以与讲坛形成鲜明的对照。

在音乐领域，我们很容易想到用巴赫的康塔塔和他同时代萨克森同胞亨德尔的作品去对比。第一个想到的可能是亨德尔的《弥赛亚》(*Messiah*)，重要原因是咏叹调“他被藐视，被人厌弃”和“看哪，我站在门外叩门”同样具有戏剧性、同样充满热情。然而在天主教世界，可供选择的作品也有很多，例如亚历山德罗·斯卡拉蒂（Alessandro Scarlatti，1660—1725）或其子多梅尼科·斯卡拉蒂（1685—1757）的众多清唱剧或康塔塔。这类比较研究简直可以无穷无尽地进行下去，至少足以写完好些大部头。我们这里用几个典型事例就足够了，以它们为基准点，就可以衡量发展的程度。

女巫和猎巫

所有这些文化表现的共性是对上帝无所不能、无处不在的坚信。巴洛克艺术家们试图表现的是，天上地下是一个整体，其间充满了超自然力量。掌管天上地下的基督教上帝不是遥远的“第一推动者”，也不是宇宙的钟表匠，而是亲力亲为、喜欢让自己的存在被感知的神。这种信条能够激发伟大的艺术，却也能够导致不宽容的暴力行径。对承受者而言，没有什么比周期性爆发的猎巫活动更加可怕。到1648年，西班牙、荷兰共和国、英格兰、日内瓦和法国针对女巫的检举告发在很大程度上已经结束了。17世纪60年代，德意志又出现了一次猎巫热潮，还爆发过很多次短暂却激烈的猎巫活动，一直到18世纪中期以后都还有。在苏格兰，最后一次猎巫活动大爆发是在1661—1662年。在波兰、波希米亚和匈牙利，猎巫活动直到1700年后才达到高峰。1782年，最后一次对女巫的正式处决发生在瑞士的格拉鲁斯（Glarus）州，此前3个世纪里，可能有多达4万名欧洲人被当局处死，还有不知多少人因私刑而惨死。

巫术已在很早之前就从死罪降成了欺诈罪，但认为它真实存在的民间信仰还持续了很久，不时闹出人命。1751 年，赫特福德郡特灵（Tring）的一帮暴徒——据报告人数上万——围观了这样的场景：一对老夫妇约翰和露丝·奥斯本（John and Ruth Osborne）被按进池塘里，以此确认他们是否对邻居施行魔法。虽然露丝立刻像石头一样沉了下去，从而证明了她的清白，却还是遭受了三次残酷的折磨，被淹死了。她的丈夫活了下来，他协助提供了证据，暴徒的头目因此受审并被处决。关于巫术的民间信仰的最后一名受害者可能是爱尔兰蒂珀雷里（Tipperary）郡巴利瓦德利（Ballyvadlea）的布里奇特·克利里（Bridget Cleary），1895 年，她被丈夫、其他家庭成员和邻居殴打之后烧死，这些人相信，她被妖仙掉了包，不是真正的布里奇特。

相信巫术的人不仅仅限于容易上当的文盲。波舒哀主教（1627—1740）在当时的欧洲算是受过良好教育的饱学之士了，然而他写道："我相信女巫可以组成一支同薛西斯（Xerxes）的大军规模相当的军队，至少有 18 万人。"他还补充道："我希望能将这些人都塞进一具身体里，这样就能一把火将她们全烧光！"波舒哀是《统治的艺术：来自圣经的教导》（*The Art of Governing, Drawn from the Words of Holy Scripture*）一书的作者，十分明白他的上帝在关于巫术和女巫的问题上有多么直截了当，他的上帝在《出埃及记》第 22 章第 18 节里命令道："行邪术的女人，不可容她存活。"现代的许多道德神学家往往先想出一条有吸引力的箴言，然后去《圣经》中寻找能够支撑它的经文，与他们不同，当时所有阶层的大部分男性和女性都相信，他们在《圣经》里读到的每字每句都是上帝的话语。因此，约翰·卫斯理（John Wesley，1703—1791）才会说："否认巫术实际上就是否认《圣经》。"和他同时代的法学家威廉·布莱克斯通（William Blackstone，1723—1780）

指出："否认巫术与魔法存在的可能性，进而否认其真实存在，就相当于否认上帝启示的话语。"

就时间而言，好像有一个由西向东的梯度。不管是信奉天主教的爱尔兰（尽管后来布里奇特·克利里命运凄惨）还是信奉加尔文宗的荷兰，它们在 17 世纪所受的影响都不严重，1610 年爆发于纳瓦拉的一次猎巫活动过后，这类活动在西班牙也不再出现。在英格兰，自 16 世纪中叶算起，300—500 人因此而死，最后一名女巫于 1684 年遭到处决。法国的时间表与之相近，中央政府在 1682 年出手干预，将巫术重新归类为一种欺诈，虽说后来一名教士路易·德巴拉兹（Louis Debaraz）于 1745 年在里昂被处死。在瑞典，最后一次可怕的爆发出现在 1668—1669 年的达拉纳（Dalarna）省的莫赫拉（Mohra），当时几个孩童指控女人们将他们带去"女巫安息日聚会"，这次猎巫活动造成约 70 人死亡，然而最晚一次对女巫的处决直到 1779 年才发生。

在神圣罗马帝国东南部的诸侯国，比如弗兰肯和巴伐利亚，猎巫热潮反复出现，一直持续到 18 世纪以后。例如，17 世纪 70 年代末在萨尔茨堡大主教辖区，约 140 名乞丐和贫儿因"小术士杰克"（Zauberer-Jackl）审判而惨遭处决。非同寻常的是，大部分受害者（70%）是年轻男性，据说几乎全是由小杰克率领的流浪孩童团伙的成员，虽说小杰克本人一直逍遥法外。80 年后，新制定的《1751 年巴伐利亚刑法典》依然规定，对同魔鬼签订契约、同魔鬼性交甚至仅仅崇拜他的惩罚是绑上火刑柱活活烧死，而对通过呼唤魔鬼帮助来危害第三方及他们的财物或牲畜的惩罚是斩首。虽然不少人指出，德意志地区最后一次处决女巫是 1749 年在维尔茨堡，然而事实上在巴伐利亚，18 世纪 50 年代还出现了一阵热潮。现有证据表明，最后一名受害者可能是玛丽亚·安娜·施韦格林（Maria Anna Schwägelin），1775年4月11日，她在肯普滕（Kempten）侯爵修道院被斩首，原因是承认同魔鬼签订契约。修道院院长霍诺里乌斯·罗特·冯·施雷肯施泰因男爵（Honorius Baron Roth von Schreckenstein）签署了死刑执行令，还加上了一句指示："让正义得到伸张！"（Fiat iustitia!）在哈布斯堡君主国的德语区和波希米亚，17世纪晚期迫害最为严重，然而在更东边的匈牙利和特兰西瓦尼亚，直到17世纪结束时，迫害才真正开始。1690—1710年，匈牙利有209名被控施行巫术者受审，其中85人遭到处决；之后40年间，有809人受审，其中213人遭到处决。

和欧洲其他区域一样，在匈牙利，迫害女巫活动结束的原因不是人们不再相信巫术或魔法，而是政府的干预。1729年在匈牙利旅行时，约翰·格奥尔格·凯斯勒（Johann Georg Keysler）经过了一个叫奈斯梅伊（Neszmély）的村庄，它位于诺伊恩多夫*和科马罗姆（Komárom）之间，几天前，3名女子和1名男子因被指使用妖法而遭受火刑，此前他们遭受了酷刑，招出了各种荒唐的口供。他认为，迫害频繁发生和居民们的新教信仰有关。这同样解释了在塞格德（Szeged）出现的恐慌，前一年当地的法官、法官的妻子和另外34人都被烧死了。向讲述此事的天主教徒表达不满之情时，凯斯勒得到的回答是，那个法官必然有罪，因为他虽然是个又高又胖的男性，却只有3.5盎司**重。这不合情理，所以凯斯勒追问，法官的体重是怎样称量的，称量否公开进行，然而没过

---

* 诺伊恩多夫（Neuendorf），亦作诺伊多夫（Neudorf），意为新村，匈牙利文原名为涅尔盖什新村（Nyergesújfalu），即今匈牙利科马罗姆-埃斯泰尔戈姆州涅尔盖什新村镇。

** 此处德文原文系重7罗特（loth），即3.5奥地利盎司（unze），约合123克。参见：Johann Georg Keysler , *Neueste Reise durch Teutschland Böhmen Ungarn die Schweitz Italien und Lothringen*, Hannover, 1741, p. 1032. F. Cardarelli , *Encyclopaedia of Scientific Units Weights and Measures:Their SI Equivalences and Origins*, London: Springer-Verlag, 2003, p. 101.

多久他就意识到，最好不要深究这个话题。他评论道：

> 看起来，许多无知之人认为，那些不愿盲信这类故事的人，自己一定参与了这种魔鬼的活动。还有人得出结论，要是谁不相信关于女巫和幽灵的故事，他就不相信上帝或魔鬼、天堂或地狱真的存在。

在匈牙利，玛丽亚·特蕾莎女王于1756年下令，以后所有案件在宣判前都必须提交中央上诉法院核实。女巫审判的数量因此锐减，1777年时完全停止。到那时，可以说女巫审判的年代确实真正结束了（虽然20世纪时，它们又借尸还魂）。1648年，整个欧洲都在焚烧女巫；然而在1815年，任何试图检举"女巫"的人都得站上被告席。

理性文化

关于这一巨变存在诸多解释，而巨变本身昭示了更根本的变化。本书在前文引用过约翰·卫斯理的话，这句话所在的段落便揭示了巫术信念的韧性和它最终松懈的理由：

> 同样，英格兰人在整体上的确已经否认了关于巫术和幻象的所有记载，只把它们当成老婆子的寓言，实际上，大部分欧洲有识之士也是这么想的。我对此备感遗憾：许多信仰《圣经》的人士对那些并无信仰的人有过粗暴的赞美，我愿意借此机会对此提出严正抗议。我对这类做法决不欣赏。我知道，这类叫嚷以及在

国民中传遍的那些无礼行为，究其本源都不仅与《圣经》直接对立，而且还是在反对所有时代、所有民族中最智慧、最优秀的人物。那些人深知（不论基督徒是否知晓）否认巫术实际上就是否认《圣经》；另一方面，那些人也深知只需承认一件有关人与灵交流的记载，那么他们的整座空中城堡（自然神论、无神论、唯物主义）就要落到地上。因此，我不知道我们有什么理由去容忍他人把这件武器从我们手中夺走。事实上，除此之外还有许多论证，它们充分驳斥了那些人的虚妄想象。但我们无须发出叫喊把人轰走，理性或宗教都不需要这一点。

卫斯理不会放弃他对超自然力量的信仰，因为它有《圣经》作为基础，得到了历代学者的背书，还有诸多目击记录证实。实际上，当卫斯理在日志中写下这段话后，他详细记录了自己的一位追随者——森德兰的伊丽莎白·霍布森（Elizabeth Hobson of Sunderland）——一再被死去的亲属拜访的体验。当被问及他本人是否见过幽灵时，卫斯理回应说自己也没有目睹过谋杀，但“关于这一点（巫术存在），根据我的耳闻目睹，我不仅拥有和谋杀存在同等有力的证据，甚至会比谋杀存在的证据更有力，所以根据理性，我不可能对其中一方的怀疑超过一方”。在旅行途中，他一再遭遇看起来被鬼附身的不幸的人，年轻女性特别多。当一名医生告诉他，有位受害者正被“从前人称被施了巫术的状况”折磨时，卫斯理愤怒地记录道，之所以人们不再下这样的断言，就是“因为不信者已经将巫术撵出了世界，柔顺的基督徒则成群结队地加入了他们的喊叫”。

换言之，卫斯理之所以坚信巫术，是基于在他看来完全令人信服的理由，可他不快地意识到许多非信徒和大量基督徒都不认同他。作为一个有才智又受过良好教育的人，他给后世提供了一个有益的警告——不要去奚落已经名誉扫地的信仰体系。生活在21世纪的绝大部分欧洲人对证伪巫术的科学知之甚少，正如他们的先人对证实巫术的科学知之甚少一样。而17世纪有许多科学家虽然因为对知识进步的贡献而备受称赞，却也接受现在会被嘲笑为迷信的信仰。那个时代甚至所有时代最伟大的科学家艾萨克·牛顿爵士（1642—1727）就神学和炼金术撰写了200多万字的著述，对占星术产生了浓厚的兴趣，还认为他可以根据对星象的研究重建已经遗失的古典世界年表，此外，他花了许多时间试图破解《启示录》中的秘密。与牛顿几乎处于同一时代的罗伯特·玻意耳（Robert Boyle，1627—1691）在1661年以《怀疑派化学家：或化学—物理的怀疑与悖论》（*Sceptical Chymist: or Chymico-physical doubts & paradoxes*）挑战了传统化学，可他也是一位炼金术士，从未放弃对奇迹的信仰。

然而，正是这类科学家破坏了巫术和其他所有魔法形式的存在根基。卫斯理认为，只要能够证明一起与魔鬼沟通的事件，所有怀疑都会跌落到地上。但是同样，一旦传统世界观的一部分被证明是虚假的，那么即使能够得到古典时代的权威和基督教权威的支持，整座世界观大厦也会崩塌。在促成崩塌的诸多媒介中，最具资格的便是日心说宇宙观。尽管早在公元前4世纪就有人阐述过日心说，但是，是尼古劳斯·哥白尼（Nicolaus Copernicus）发表于1543年的《天体运行论》（*De Revolutionibus Orbium Celestium*）开启了它缓慢、间歇性的被接受进程。沿着这条道路，第谷·布拉赫（Tycho Brahe，1546—1601）和他的传承人、皇帝鲁道夫二世的御用数学家约翰内斯·开普勒（Johannes Kepler，1571—1630）极大地改进了天文仪器，革新了观测技术，证明在永恒的完美天堂和持续变化的腐朽地球之间不存在什么一分为二的对立，还确定了行星运动的定律。实际上，开普勒对行星运动定律的解释可以说是第一条自然定律，因为它是精确、普遍且可验证的。

只需稍加诡辩，教会就可以接受他们提出的这种宇宙观，从而轻松消除这一威胁，不过，像约书亚让太阳停止运行（《约书亚记》第10章第12—13节）这样的《圣经》故事总会造成问题。可直到日心说在人们心中从假说变为事实以后很久，教会还是在坚守那根本站不住脚的说法，这就让自己陷入了困境。有人将日心说嘲弄为试图哗众取宠、刻意求新的人犯下的愚行，尽管像路德和梅兰克森（Melancthon）这样的新教徒也加入了嘲弄者的行列，但事实证明最不灵活的还是天主教徒，他们也因此承受了相应的痛苦。伽利略·伽利莱（Galileo Galilei，1564—1642）实在太有名了，这让1633年发生在他身上的讯问、定罪和发誓收回前说成了热点事件，给天主教会打上了阻碍知识创新的反动壁垒的标签。组成宗教裁判所审判庭的7位枢机主教明确表示：

> 太阳位于世界中心且不能离开其位置的命题是荒谬的，在哲学上是虚假的，而且是正式的异端说法，因为它明确违背了《圣经》。
>
> 地球不是世界中心，并非不可移动，而是可以移动还存在周日运动的，这个命题也是荒谬的，在哲学上是虚假的，而且从神学角度考虑，它至少在信仰上是错误的。

人们知道审判方在已近七十高龄的伽利略面前展示刑具，以此促使他放弃自己的主张，这样的做法进一步加深了宗教机构和自然科学之间的隔阂。

然而在宗教权威的冰冷甲壳下，基督徒个人和自然科学之间仍然存在着相互支撑的关系。17 世纪的所有伟大科学家都是信徒，实际上在大部分情况下，正是对来世必定存在的信仰推动着他们探究自己现今所居的世界。但是，他们在那里发现的东西很难与韦尔滕堡的那种宗教契合，他们也很难严肃地接受女巫安息日聚会上人们与魔鬼订立契约、滥交的观念。因为在 16、17 世纪，新提出了两个中心问题：如果地球不是宇宙的中心，为什么物体都会朝地心下落？而且，如果没有水晶天球保持行星稳定，为什么它们可以有序绕行？科学家努力探索这两个问题，有关地球的物理学也发生了与天体革命相匹配的变化。在寻找解决方案时，数学提供了最强大的工具。从哥白尼到牛顿，科学家用具有明确性、普遍性和可重复性的数学语言表达发现的能力给新宇宙论提供了必要的权威。事实上，可以说 17 世纪的最大成就是发现运动是能够用数学方法来衡量的。

牛顿在他初版于 1687 年的《自然哲学的数学原理》（*Philosophiae Naturalis Principia Mathematica*）中对自然科学的这种“数学化”给出了权威的表达。除此之外，这本书还证明了让苹果落地的力也正是让行星有规律地绕太阳运行的力。牛顿最终摧毁了希腊人有关天地两个世界存在本质性差异的假设，还证明了两者都根据同样有规律的固定不变的运动定律运行，他通过这样的做法为天与地的机械化开辟了道路。在后牛顿时代的宇宙中，上帝或许仍然可以占有一席之地，但只是创造了一个机械装置，装置此后根据它自己的定律运行。恶魔与女巫当然就没有容身之处了。大多数科学史学家都急于让自己与科学革命的“辉格式”记述——将革命视为从谬误到真理的进步过程——保持距离。实际上，许多人根本就否认科学发展存在革命性的东西，宁愿将其视为从中世纪开始的演化过程。还有些人则喜欢强调其他科学传统——特别是有机论传统和魔法传统——的贡献。例如，有人就曾指出数学在很大程度上得益于新柏拉图主义。然而，即便在考虑了每种情况之后，我们也很难避免得出如下结论：机械论科学的确在17世纪赢得了胜利，牛顿的《自然哲学的数学原理》则确保了它的胜局。这本书影响极为深远，“在科学史上，还没有一本已知著作能够同时如此大幅度地拓展研究范围和提高研究精度”[托马斯·库恩（Thomas Kuhn）语]，但它不仅仅是一本影响力极大的著作。它还标志着天崩地裂般的文化变动。此外，同时代人也能够感知到这种转变。《自然哲学的数学原理》对读者的知识提出了非常严格的要求，自然无法立刻产生文化影响力。不过在牛顿逝世后，法兰西科学院秘书贝尔纳·勒博维耶·德·丰特内勒（Bernard le Bovier de Fontenelle，1657—1757）撰写的颂词说得很好：

> 终于，这本书被人们充分了解，此前慢慢积累起来的赞许变得极为普遍，到处都只能听到赞美之声。人类对整部作品的精湛笔触感到惊讶，对探索出书中发现的极致天才感到震惊，即便是在学术成果最为丰硕的时代，全部国家学术界出现的这种天才都不会超过三四个。

更有名的是亚历山大·蒲柏打算用在威斯敏斯特修道院牛顿墓碑

上的墓志铭：

自然和自然的法则
隐藏在黑暗之中；
上帝说，要有牛顿！
于是有了光

评估机械宇宙观对整体意义上“世界的祛魅”（马克斯·韦伯语）以及巫术这一特定信仰的影响即便不是不可能，也可以说是相当困难的。约翰·卫斯理在查特豪斯（Charterhouse）公学和牛津大学的基督教会学院接受了教育，鉴于像他这样的人都能在牛顿死后半个世纪仍然坚信巫师的存在，那么自然不可能期望处于文盲状态的大多数人会放弃传统信仰了。当然，必须把巫术信仰的终结和猎巫的终结区分开来，后者要比前者早一个多世纪。要想终止审判巫师，就得让那些能够阻止审判乃至拒绝开启审判的人——地方法官、法官和立法者——对审判持有怀疑态度。要是证据不完整的话，大部分审判情形都会倾向于 17 世纪下半叶的如下状况。例如在 1668 年，坚信恶魔与巫师存在的约瑟夫·格兰维尔（Joseph Glanvill，1636—1680）带着遗憾承认：“大多数放荡乡绅和假装懂一点哲学、智慧的不起眼家伙通常嘲弄巫术信念。”而在他的对手当中，约翰·韦伯斯特（John Webster，1610—1682）曾将一本名为《展示所谓的巫术》（*The Displaying of Supposed Witchcraft*）的书题献给约克郡西区的治安官。值得注意的是，宗教当局曾试图阻止该书面世，但在王家学会副会长乔纳斯·穆尔爵士（Sir Jonas Moore）的支持下，它还是得以出版。在韦伯斯特驳斥巫术存在的论述中，核心观点在于巫术支持者时常展示的供词在原则上是不可采信的，因为“要让恶魔或巫师改变或调整上帝在自然中定下的轨迹……那是根本不可能的”。到1681年时，另一位辩论家亨利·哈利维尔（Henry Hallywell）已经可以写出这样的话：那些相信巫师和恶魔真实存在的人会遇到嘲笑和蔑视。英格兰最后一位被处决的女巫是在1684年上的绞刑架。已知最后一次成功的起诉发生于1712年，当时陪审团认定一名女子犯有巫术罪，但这一裁定与法官意见相悖，该法官随即设法为受害者争取到了国王特赦。

欧洲大陆的状况似乎与英国相近：司法当局对证人可靠性的信心越来越不足，最终对相关罪行本身存在也不再坚信了。在日内瓦，那里的外科医生越来越不愿识别被告身上的“魔鬼标记”，最后一次对女巫执行火刑是在1652年，10年后进行了最后一场女巫审判。在法国，巴黎高等法院的法官们于17世纪60年代进行干预，终止了法国北部地区的猎巫行为，而且在科尔贝的指导下，王国政府于1682年将巫术重新归类为欺诈行为。在莱茵河以东各地区，这些进程花费的时间都要长不少，不过从17世纪第二个25年起，就已出现了质疑巫术的著述。在这里，同样也是司法当局最终自上而下采取行动，阻止了下层群众自发的猎巫行为。

幸运的是，支撑历史假说所需的证据远不必像数学家或物理学家所需的证明那样严谨。就机械论科学的发展和魔法、巫术信仰的衰落这两者间的关系来说，虽然它不能被概括为一道公式，也无法在实验室中重复，但它至少可以被确立为一种可能的状况。两个额外考量有助于巩固这一假说。首先应当记住的是，科学在17、18世纪还没有深奥到只有专业人士能懂。事实上，“科学”这个词要到19世纪晚期才能获得它的现代含义，即与自然科学同义。在此之前，它只不过意味着“知识”。值得注意的是，在 17 世纪或 18 世纪，那些在今天会被当成“科学家”的人实际上自认为是“自然哲学”的阐述者，他们的知识贯通此后会被条块化分割的各个知识门类。实际上，17 世纪的所有伟大科学家都既是哲学家又是数学家，既是神学家又是物理学家。

其次，想要了解主张的大致含义也不用非得理解一切。要遵循笛卡儿的建议“如果你要成为一位真正的真理探求者，就有必要在你的一生中至少一次尽可能地怀疑一切”，也无须细读他的《谈谈方法》。要理解不变的自然律概念，也不必掌握牛顿《自然哲学的数学原理》中的数学。此外，当时还有诸多致力于普及的推广者，他们让能力较差的人也能充分理解那些重大发现，并指出发现的意义所在。詹姆斯·弗格森（James Ferguson）的《根据艾萨克·牛顿爵士的〈原理〉阐述，便于未曾学习过数学的人士阅读的天文学》（*Astronomy Explained upon Sir Isaac Newton's Principles, and Made Easy to Those who have not studied Mathematics*，1756 年出版）发行过 7 个版本。丰特内勒在《关于死亡的新对话》（*New Dialogues of the Dead*，1683—1684 年出版）、《与一位女士就多个世界的对话》（*Conversations with a Lady, on the Plurality of Worlds*，1686 年出版）或《论学习数学的用处》（*Of the Usefulness of Mathematical Learning*，1699 年出版）中提供了简明版的笛卡儿哲学。正如我们将在这一章后文所见，科学的这种普及进程与公共领域的快速发展是相互促进的。

然而在检验这个重要方面之前，我们还需要解决一个重要的史学问题。我们在这一章中讨论过激进主义和变革速度，曾有一段时间这两者都得到了强调。最令人难忘的著作出自佛兰德人保罗·阿扎尔之手，这位史学家在一本于1935年首次出版于巴黎的名为《欧洲意识的危机》（*The Crisis of the European Consciousness*）的书中断言："法兰西民族今天思考方式像波舒哀，明天就像伏尔泰了。这不是普通的摇摆。它是一场革命。"这类粗线条的概括后来不再流行了。事实证明，阿扎尔的自由思考的英雄要比他预想中的保守得多，波舒哀的以上帝为中心的世界观还有长得多的未来，事态发展还是以延续性为主。然而，乔纳森·伊斯雷尔在他的巨著《激进启蒙运动》（*The Radical Enlightenment*，2001年出版）中描述了与阿扎尔说法类似的情景，同样强调了这种变化的革命性："一场巨大的骚动，在每一个知识和信仰的领域都动摇了欧洲文明的根基。"他认为，是同样的现代化力量起了作用："欧洲历史上从没有一个时期能够像这个时期一样经历如此深刻而决定性的转变——在每个层面都朝着理性化和世俗化转变。"他和阿扎尔一样假定存在单一的"欧洲思想"："只存在一场高度整合的欧洲启蒙运动。"该书在很大程度上也是一部观念史，呈现出"知识革命"、"思想之战"和"知识分子的剧变"。就二者的不同之处而言，差异首先出在时间上：阿扎尔将欧洲思想的转变阶段定为1680—1715年，伊斯雷尔则把它推回到1650—1680年。他说，通常认为的"启蒙盛期"事实上只是一个"巩固、普及、注解先前提出的革命性概念"的过程，它实际上"往往仅仅"相当于"先前变动的注脚"。其次，他将重心从英格兰和法兰西移到荷兰共和国，特别是巴吕赫·斯宾诺莎（Baruch Spinoza，1632—1677）身上。第三，由于他重视斯宾诺莎，因此他对启蒙运动早期的无神论、唯物主义、平等主义和共和主义关注较多。

要公允地评判一本800多页、用小号字印刷的书，本身就需要写出一本厚书。在此我们只能说，伊斯雷尔以非凡的博学让斯宾诺莎不至于被湮没，他既强调斯宾诺莎本人的作用，又讨论受他影响的遍及全欧的知识分子网络。伊斯雷尔还将荷兰共和国带上了中心舞台，既强调荷兰本身的作用，又突出它是欧洲激进思想的大型集散地。然而和许多重大修正说法一样，这里的状况也被夸张了。“地下的激进知识分子”数量稀少，影响力也很有限，他们是边缘地带的牛虻。埃德蒙·伯克对欢迎法国大革命的英国激进分子的评论也适用于这些人：“草叶下的几只蚱蜢叫个不停，整个原野都能听到它们的声音，而成千上万头牛在大不列颠这棵橡树的树荫下小憩、反刍，一声不发。”同样值得商榷的是激进思想的渗透深度。伊斯雷尔预见到会有这样的批评，他表示：“尽管 17 世纪后期的知识分子革命主要是一场精英阶层的危机……但正是这些精英塑造、监督、定下了流行文化的样貌。因此，精英阶层的知识危机很快就对普通人的态度产生了影响，它影响到的不仅仅是少数识字工匠和小资产阶级。”即便我们接受这样一种精英主义的大众文化观，还存在一个问题：在这些精英当中，是哪一类人热切接受了激进启蒙运动带来的那种“知识革命”，他们又占据了怎样的比例？尽管漫长的时间足以让人们接受机械论的宇宙观，进而终止猎巫，但绝大多数人依然是虔诚的基督徒。正如我们在前面章节所见，18 世纪既有充分的理由被称作“理性时代”，也有足够的证据被称作“宗教时代”。不仅教堂繁荣发展，而且公共和私人话语都被宗教主宰了。此外，大多数激烈辩论和争议也不是在信徒与非信徒之间发生的，而是在一类信徒针对另一类信徒时出现的。

公共领域

当自然世界并没有超自然事物这一观点广泛流传，一种崭新的文化空间也扩张开来，那就是公共领域。尽管这个词本身并不新，“公共”这个概念也出现已久，可在那之前，它的用法都非常宽泛，既可以用来指代整个社区，比如说“为了公共利益”(pro bono publico)，也可以特指与同一行当有关的一群人，比如说“去剧院的公众”。直到本书所述的这一时期，像“公共舆论”这个词里的“公共”才开始获得它的现代含义，即文化与政治合法性的基本来源。大科学家罗伯特·玻意耳是第一批用英语表达“公共”这一概念的人之一，他在出版于1665年的《随感》(*Occasional Reflections*)中提到“公众此前对我的作品的嘉许反应”。值得一提的是，玻意耳并没有上过大学，也没有任何学术职位，他是科克伯爵(Earl of Cork)之子但并非长子，是一位独立的绅士学者。最重要的是，玻意耳选择用本国语言而非拉丁语写作。当时，学术讨论应使用何种语言仍然没有定论。虽说伽利略、玻意耳和笛卡儿都使用了他们各自的本国语言，但哈维(Harvey)、惠更斯(Huygens)和牛顿使用的仍是拉丁语。莱布尼茨和他的贵族朋友通信时用法文，和亲戚通信时用德文，和学术同行通信时用拉丁文。可形势变得很快。法国的色情书刊在1650年都是用拉丁文出版的，可1700年时，所有书中超过90%是法文书，到了那时，拉丁文已经是一种死语言了。在德语地区，拉丁文书的比例从1650年的67%降到1700年的38%，又继续缩减到1740年的28%、1800年的4%。

这场转向本国语言的变化来得既快速又不可逆转，其中一个重要变化就是读写能力从受过学术训练的精英人群“下渗”到范围越来越大的公众。尽管证据相当零散，但现有证据已能表明识字率稳步上升。在 17 世纪 80 年代到 18 世纪 80 年代之间的一个世纪里，法国男性的识字率从 29% 上升到 47%，女性的识字率从 14% 上升到 27%。达尼埃尔·罗什得出如下结论：要是假定所有能够签字的人都能够阅读，那么法国就有大约 1 000 万名潜在读者。法国东北部地区——特别是巴黎——人口的识字率还要高得多，到了 1789 年，那里已经接近于全民识字。西蒙·沙玛（Simon Schama）甚至写道：“法国人在 18 世纪末的识字率要高于美国人在 20 世纪末的识字率。”英格兰、苏格兰、低地国家和瑞典的相关数据质量更高。截至 18 世纪末，阿姆斯特丹 87% 的男性新教徒和 69% 的女性新教徒能够在婚姻登记簿上签字，天主教徒这方面的数据分别是 79% 和 53%。欧洲德语地区的整体数据非常粗略，但无论数据质量如何，它们还是反映出了一种上升曲线：从 1700 年 10% 的成年人口识字率到 1770 年的 15%、1800 年的 25%。不论是在哪里，男性上学的可能性都要高于女性，根据这个充分理由，男性识字的可能性要高于女性。

教育的进步带来了读写能力的提高，可以说教育是公共领域扩张的根基。发展教育的首要动力来自教会而非世俗当局。在新教世界，由于新教强调所有信徒都应当直接阅读《圣经》，因此大众教育成为受到优先考虑的议题。在 17、18 世纪，不从国教运动、虔敬派、卫理公会等改革运动激发了新的教育动力。即便在当权的圣公会当中，由私人创立的覆盖教区的慈善学校也为数不少，这就让读写得以普及。1734 年，仅伦敦一地就有 132 所此类学校，它们为 3 000 多名男童和将近 2 000 名女童提供教育。尽管这些学校的寿命往往很短，可还是有大约 1 700 所学校建立起来。肯尼特（Kennett）主教曾说，他打算把这些学校作为“对抗天主教的小小据点”，建学校可能有这样的意图，但也有物质层面的考量。在日趋商业化的经济当中，读写和计算成了必备能力，市场反应一向很快，也迅速对这个机遇做出了回应。一名德意志访客在 1782 年记录如下：“在这里，不时能见到连着的门上写着‘此处教育儿童’‘此处修鞋’‘此处出售外国烈酒’‘此处操办葬礼’。”

欧洲大陆仍有前文提过的那种从西北向东递减的趋势。尽管人们在波兰还能找到个别识字率较高的地区，可在俄国，全民识字却是一个 20 世纪的现象。正如法国、莱茵兰、比利时和北意大利部分地区的数据所显示的，在识字率方面并没有新教 / 天主教的差别。多少可以认为竞争需求促使所有宗教都投身到发展教育当中。在天主教欧洲，主动改善乃至创建大众教育的团体以传教士团体最为常见。在法国，之所以东北部会成为欧洲识字率最高的地区之一，大部分功劳应当归于同样在兰斯创立的圣婴耶稣姊妹会（Sisters of the Holy Infant Jesus）和基督兄弟会（Christian Brothers）。国家直到较晚时期才介入教育。基督兄弟会的创立者让-巴蒂斯特·德·拉萨尔（Jean-Baptiste de La Salle）在国王情妇曼特农夫人（后来成为国王贵庶通婚的妻子）的帮助和支持下，成功说服路易十四颁布法令，规定所有 7—14 岁的儿童都需要入读天主教学校。

18 世纪，国家开始越来越多地入侵此前是教会保留地的教育领域，一部颁布于 1770 年的奥地利法令坚定地指出：“（教育）现在是，也应当永远是国家事务。”佩根（Pergen）伯爵后来成了约瑟夫二世的警察头子，他就抱怨教士滥用他们对教育的控制权，说他们挑走了最有才能的儿童充实他们自己的队伍，只把资质平庸的人留下来为国效力，这可以作为支持那部法令的依据。因此，佩根伯爵总结道："国家必须彻底、永久地握有对学校和教育的监督权和指导权。"腓特烈大帝也秉持这一观点，他在 1743 年告知掌管西里西亚——这个省刚刚归入他囊中——教育的官员，教育的目的是给年轻人提供应当掌握的知识，把他们培养成能够完成为祖国效力这一基本任务的人。实际上，18 世纪中叶的欧洲各地出现了一批拥有三个共同目标的改革运动，这三个目标是：要求教育承担公共责任，建立新的世俗教师骨干队伍，对课程进行现代化改革，使之能够培养正处于现代化中的国家所需的人才，包括官僚、军人、商人、制造业业主、熟练工匠和训练有素的工人。

识字普及的累积效应是激发一场"阅读革命"。虽然阅读热度上升到沸腾状态的速度相当缓慢，但到了 18 世纪中叶，就有人将阅读描述为"一种癖好""一种狂热""一种疯狂"了，爱尔福特的教士约翰·鲁道夫·戈特利布·拜尔（Johann Rudolf Gottlieb Beyer）观察如下："论上瘾程度，爱烟、爱咖啡、好酒、好赌的人都比不上书迷。"阅读是一种不分阶层的爱好，这让保守主义者感到惊恐，让进步主义者感到欣慰。一本名叫《德意志博物馆》（*Deutsches Museum*）的德语期刊在 1780 年记载如下："60 年前只有学者才会买书，然而时至今日，几乎没有一个声称接受过教育的妇女不会阅读。不论城乡，我们在每个阶层中都能找到读者，就连大城市里的普通士兵都会从图书馆借书。"关于这种阅读普及的社会状况，我们也可以找到一些视觉凭证，比如说丹尼尔·霍多维茨基（Daniel Chodowiecki）就画过农民读书的情景。在现存的丰富文字例证中，写于 1791 年的詹姆斯·拉金顿（James Lackington）日记的相关条目很突出。拉金顿是个白手起家的人，按照他自己的记载，他起家的时候身上只有5英镑，最后则实现了书店每年卖出10万本书的业绩，他将成本压到最低，声称他的书店是“世界上最便宜的书店”。拉金顿写道：

> 我不由自主地注意到，在过去20年中，图书销量整体上已经出现了惊人的增长。从前，较为贫困的农民和其他乡村穷人度过冬夜的方式就是讲述巫师、鬼魂、妖怪之类的故事，现在他们靠听儿女们朗读故事、传奇之类消磨冬夜，你要是进到他们家里，或许会看到《汤姆·琼斯》、《蓝登传》（*Roderick Random*）以及其他供消遣的书，就堆在熏肉架之类的地方。要是约翰带着一车草料进城，他就得牢牢记住把《佩里格林·皮克尔冒险记》（*Peregrine Pickle's Adventures*）带回家，要是多莉（Dolly）去集市上卖鸡蛋，她也得受人之托买下《约瑟夫·安德鲁斯的历史》（*The History of Joseph Andrews*）。简单来说，各个阶层现在都在**阅读**。不过，图书销量在上一场战争结束（1783年）后才出现了最为迅速的增长。

英国的统计数据证实了拉金顿的印象：在16世纪的头一个10年里，各类图书大约出版了400部，17世纪30年代的出版总量增加到了6 000部，18世纪头十年是21 000部，18世纪90年代是56 000部。我们在海峡对岸无法找到可靠的统计数据，因为那里存在着规避严格审查的巨量地下出版。不过，从18世纪中叶到1789年，图书出版数可能翻了一番，此后更是增长了许多倍。在德语地区，18世纪的图书出版数大约是175 000部，其中2/3出版于1760年之后。要是把小册子、周刊、报纸和其他短期读物算进去，有人估计大约 500 000 部出版物在 18 世纪进入了德语市场。俄国实现了最高的增长率，不过也就是从低到难以置信的 1725—1729 年仅出版 87 部增加到 1796—1800 年出版 300 多部。

书籍世界的这一数量变化带来了同样重要的质量变化。由于此时多出了这么多可供阅读的图书，读者和阅读方式也都发生了改变。在图书出版数很少、印刷量很小、价格也昂贵的时候，文字是要被一再阅读的，主要目的在于祈祷、教育和启迪。典型的读者是阅读祈祷书的神职人员、阅读法律手册的律师或阅读《圣经》的信徒。简而言之，他们读得相当精细。一旦出现了成千上万的可读图书，印量变得较大、价格也相对低廉后，各类新读者就加入其中了，他们寻找时下关注的信息、实用指导和消遣文字，读完一本书就把它扔到一边。简而言之，他们读得相当宽泛。16 世纪，一座拥有 100 本书的图书馆就足以证明馆长是一位饱学之士；到了 18 世纪末，拥有成千上万本书的私人图书馆已经随处可见了。

越来越多的书带来了越来越多的读者，越来越多的读者又会转而促进图书出版数的增加，这当然是一个可以自我维持的发展进程。我们同样也可以说阅读革命促进了文化机构数量的增加。尽管印量的增加导致图书单位成本下降，但技术特别是造纸技术的落后限制了降价空间。对读者来说，一个解决方案就是他们共同出资组成一个阅读圈，在圈内传阅买来的图书。这类组织多数是非正式的，但在较大的城镇也出现了较为固定的读书俱乐部，俱乐部既有管理委员会，也有属于自己的活动场所。以莱茵兰的美因茨为例，开设于 1781 年的读书俱乐部目的在于为人们“提供以较低价格读到各类新出版物，以及享受交流文艺、政治知识的社会关系的机会”。俱乐部位于大教堂附近，由两间用于阅读的“静室”和两间供人讨论、休憩的聚会室组成。会员只需缴纳一笔不算高的年费，就可以从图书馆里借阅图书或查阅大量的报纸和期刊。到那时，神圣罗马帝国境内已经到处都有读书俱乐部了，仅18世纪下半叶就建立了共有20 000名会员的大约600家俱乐部。借阅型图书馆更为开放，也更为商业化，这种图书馆在很大程度上是18世纪的现象。据估计，1800年时，伦敦至少有100座借阅型图书馆，英国其他地区还有将近1 000座。低廉的会员年费——典型价格是3¼先令——至少令熟练工匠阶层有机会接触大量图书。借阅型图书馆在欧洲大陆的传播也很快，其速度堪与其在英国的传播速度媲美：1800年时，莱比锡有9座借阅型图书馆，不来梅有10座，美因河畔法兰克福有18座。

为了迎合新的阅读公众群体，一种崭新的文学类型以小说形式出现了。散文小说的某些类型可能和文学本身一样古老。到17世纪末，小说已经发展出了两种类型：“传奇文学”和“短篇小说”（novelle），前者是描绘骑士英勇事迹的故事，后者是供大众阅读的短篇故事，通常会结集发行。现代小说于18世纪上半叶出现，它将前者的实质和后者广受欢迎的写实手法结合了起来。南欧引领了传奇文学的发展潮流，塞万提斯出版于1605—1615年的《堂吉诃德》（*Don Quixote*）是它的巅峰。17世纪，法国作者获得了领先地位，玛丽-马德莱娜·德·拉费耶特（Marie-Madeleine de La Fayette）的《克莱沃王妃》*

* 《克莱沃王妃》与《玛农·莱斯科》均有汉译本，也都收录在北京燕山出版社2000年出版的《克莱芙王妃》一书当中。前者书名译作《克莱芙王妃》，作者名译作拉法耶特夫人；后者书名译作《玛侬·列斯戈》，作者名译作普莱服神甫。

（*La Princesse de Clèves*）通常被认为是第一部以法文写成的现代小说。18 世纪上半叶有将近 1 000 本法国小说出版，这还是在普雷沃神父的畅销书《玛农·莱斯科》(*Manon Lescaut*，1731 年出版）引起了认为这类书不道德的批评浪潮的情况下。尽管作者声称“这是一部寓教于乐的著述”，然而读者和批评者的注意力都集中在同名女主角的贪婪和放荡上，这本书在法国成为禁书。1737 年，当局对所有小说下达了统一禁令，只有在十分严苛的条件下才会给出默许——普雷沃的八卷本小说《英格兰哲学家；或克伦威尔私生子克利夫兰先生的历史，由他本人撰写并译自英文》（*Le Philosophe anglais; ou Histoire de Monsieur Cleveland, fils naturel de Cromwell, écrite par lui-mesme et traduite de l'anglais*）需要满足将克利夫兰改为天主教徒的条件才能出版。尽管极尽挑逗的“法国小说”（书上印的出版地通常是假的）还将拥有漫长且有利可图的发展历程，但在 18 世纪占据主导地位的还是英国小说。英国小说迸发出了非凡的创造力，其代表作有：丹尼尔·笛福的《鲁滨孙漂流记》(*Robinson Crusoe*，1719 年出版)、《莫尔·弗兰德斯》（1722 年出版）和《罗克珊娜》(*Roxana*，1724 年出版)，乔纳森·斯威夫特的《格列佛游记》（*Gulliver's Travels*，1726 年出版)，塞缪尔·理查森的《帕梅拉》（1740 年出版)、《克拉丽莎》（1748 年出版）和《查尔斯·格兰迪森爵士》（1754 年出版)，亨利·菲尔丁的《约瑟夫·安德鲁斯》(1742 年出版)、《乔纳森·怀尔德》(*Jonathan Wild*，1743 年出版）和《汤姆·琼斯》(1749 年出版)，托拜厄斯·斯莫莱特的《蓝登传》（1748 年出版）和《佩里格林·皮克尔冒险记》(1751 年出版)，此外还有劳伦斯·斯特恩（Laurence Sterne）的《项狄传：绅士里查斯川·项狄之生平与见解》(*The Life and Opinions of Tristram Shandy, Gentleman*,

1760—1767年出版）和《多情客游记》(*A Sentimental Journey*，1768年出版)。这些作品让小说成为英国最优秀的文学体裁。这些小说当中，或许《帕梅拉》在国际上最为成功，它被翻译成大部分欧洲文字，其故事则根据当地需求有所变更。以法国版本为例，同名女主角就被加上了贵族血统，以免有人认为她在婚姻中高攀了其他阶层。

每出现一部天才之作，就还会出现100多部质量较差的作品，这让知识分子生出一种熟悉的抱怨：多就意味着差。伦敦有本名为《月度评论》（*Monthly Review*）的期刊，它在1790年发出了具有代表性的哀叹：

> 小说就像尼罗河畔的昆虫一样涌现出来，如果允许我们用另一个比方的话，它们就像亚洲田地里的蝗群那样占据着巡回图书馆的书架。它们那庞大又日益增加的数量是一种极大的邪恶，因为，这些小说基本都在传播对人类生活的虚妄看法，它们在供人消遣的时候，往往会毒害心灵。

大众化就意味着粗俗化，这样的哀叹时常还伴随着厌女的新牢骚，因为正是小说率先让妇女作为创作者和消费者进入文学领域。17世纪，巴洛克戏剧的题材，不论是世俗的还是宗教的，古典的还是宫廷的，是韵文的还是灵修文学，都明显由男性主导。18世纪的小说关注的是此时此地的“真实”世界，特别注重的是家庭关系，这既将女性移到了关注中心，也让她们能够写作与自身经历相关的作品。弥尔顿失明后，他的女儿曾负责听写作品，如果说这最好地概括了女性在17世纪文学中的作用，那么在18世纪，像伊丽莎·海伍德（Eliza Haywood）、夏洛特·伦诺克斯（Charlotte Lennox）、弗朗西丝·布鲁克（Frances Brooke）、萨拉·菲尔丁（Sarah Fielding）、米尼菲（Minifie）姐妹、玛丽亚·库珀（Maria Cooper）、琼·马里歇尔（Jean Marishall）、菲比·吉布斯（Phoebe Gibbs）、范妮·伯尼（Fanny Burney）、玛丽亚·埃奇沃思（Maria Edgeworth）这样的小说家在名望和销量上已经牢牢占据了与男性同行相当的地位。在欧洲，第一个靠写作为生的妇女是阿芙拉·贝恩（Aphra Behn，1640？—1689）。她的三卷本书信体小说《一位贵族和他妹妹间的情书》(*Love Letters between a Nobleman and his Sister*，出版于1684—1687年）在随后一个世纪里出了16个版本。范妮·伯尼从她第一部（也是最好的一部）小说《埃维莉娜》(*Evelina*）上只得到了20英镑稿酬，可《塞西莉娅》(*Cecilia*，1782年出版）给她带来了250英镑，《卡米拉》（*Camilla*，1796年出版）和《徘徊者》（*The Wanderer*，1814年出版）都是2 000英镑。索菲·拉罗什（Sophie La Roche）所著的《冯·施特恩海姆小姐的故事》（*Die Geschichte des Fräuleins von Sternheim*）是18世纪热度最为持久的德语小说之一，而在法国，玛丽-马德莱娜·德·拉费耶特也找到了许多后继者，其中包括弗朗索瓦丝·德·格拉菲尼（Françoise de Graffigny）、玛丽-让娜·里科博尼（Marie-Jeanne Riccoboni）、玛丽·勒普兰斯·德·博蒙（Marie Leprince de Beaumont）和安娜-路易丝·埃莉·德·博蒙（Anne-Louise Elie de Beaumont）。在英国，1750—1770年的20个年头中，有11年女性作者撰写的小说要多于男性作者，不过，女性作品在这个世纪里的总比例更可能在20%左右。

纵然小说是公共领域的女王，还有诸多艺术门类同样得益于公共领域的发展。在音乐方面，小说的对应物是交响乐，因为交响乐在

18 世纪的发展堪与小说相提并论。1700 年，“交响曲”（Sinfonia）还是用来描述歌剧序曲的名词；到了贝多芬（Beethoven）的《C 大调交响曲（作品 21）》首度公演的 1800 年，交响曲已经牢固确立了在音乐界的优势地位。在此期间，16 000 多首交响曲被创作出来。理查德·塔鲁斯金曾冷淡地评论道：“大量的创作自然意味着大量的消费。”的确如此。绝非巧合的是，交响曲的世纪同样是音乐公演的世纪。要是公开的音乐会可以被定义为演出者和听众之间存在明确界限、不具名的公众可以支付费用进场的音乐表演，那么，第一场公开音乐会就是于 1672 年在伦敦举办的，当时，约翰·巴尼斯特（John Banister）在《伦敦公报》（*The London Gazette*）上打了广告，称“本周一将会有出色的音乐家演奏音乐，下午 4 点准时开始，此后每个下午都在同一时刻演出”。尽管巴尼斯特是一位严肃的音乐家，此前还曾担任王家管弦乐队指挥，他的音乐会却是不拘礼节的小规模演出，许多听众在演出时吸烟或饮酒。

1725 年后在巴黎组织的圣灵音乐会（Concerts Spirituels）的级别就要高得多，它们的目的是在四旬斋期间剧院关闭时提供音乐。圣灵音乐会主要演出圣乐，和它们暂时替代的歌剧一样，音乐会的开头是一首“交响曲”。随着交响乐将自己确立为一个独立门类，它也就从歌剧序曲的简单快—慢—快形式演变成有四个乐章的独立音乐剧。相应地，也发生了从每种乐器享有相同权重的巴洛克协奏乐声到交响形式——字面意思是“一起发声”——的转变。这一发展也与奏鸣曲形式的发展有密切联系，尼尔·扎斯拉夫（Neil Zaslaw）对奏鸣曲的吸引力有过极好的总结：“它能极为细致地呈现并发展乐思和乐句，与此同时还透露出令人信服的整体听觉效果。”到了 18 世纪 60 年代，在米兰的乔瓦尼·巴蒂斯塔·萨马丁尼（Giovanni Battista Sammartini，1700—1775）、在曼海姆的约翰·斯塔米茨（Johann Stamitz，1717—1757）、在艾什泰哈佐的约瑟夫·海顿都巩固了交响乐在音乐世界中的地位，此后直到本书所述时期结束，海顿、莫扎特、贝多芬进一步将交响乐提升到了不可动摇的显赫地位。

交响乐的胜利进程见证了欧洲各地音乐的日趋标准化，这也是公共领域扩张的结果。较之从前，当时的乐谱流传变得更容易了，作曲家开始不仅为自己指导的管弦乐团作曲，也为所有乐团作曲。这就促进了管弦乐团人员规模和乐器组成的标准化。当时已经出现了音乐的国际市场：海顿的《弦乐四重奏（作品 1 和作品 2）》传播范围南起那不勒斯，东北直抵柯尼希斯贝格，更不用提向西传到了宾夕法尼亚。尽管海顿的这些乐谱是手抄本，但 18 世纪的乐谱印刷也发展迅速。需要特别指出的是，直到 1700 年之后，存在已久的雕版印刷乐谱技术才开始广泛传播，这才让那些复杂得多的乐谱能够被更清晰、更廉价、更快速地印刷出来。伦敦率先进入这一印刷领域，巴黎很快在 18 世纪 40 年代加入，维也纳则到 18 世纪 70 年代才跟上。同样是在伦敦，约翰·普莱福德（John Playford）和他的儿子亨利在 17 世纪下半叶将现代商业实践带入了音乐出版领域，他们没有止步于出版，还编纂了一本乐谱目录册，然后宣传、推广、分发其中的内容。音乐日益商业化也就意味着作曲家不再那么依赖赞助者个人了，不过版权法律的缺失延缓了这一进程。欧洲各地涌现出音乐实业家，他们寻找有才能的作曲家，让他们与顾客签订对三方都有利的合约。最为著名的案例就是约翰·彼得·萨洛蒙（Johann Peter Salomon）在 18 世纪 90 年代让海顿两次前往伦敦，得到了丰厚的回报。

随着文化公共领域的成长，公众作为审美评判者的权威也增加了。这体现在法国美术与雕塑学会举办、开始于1663年的公开艺术展览的历史上。学会的学者们了解公众的兴趣，也准备好至少是在口头上支持它。1699年，学会宣布在经历漫长中断后重开画展（“沙龙”）时，也在画展目录册中宣布他们希望“延续原有的向公众展示艺术作品的传统，以便获得公众评判”。从1737年起，画展每两年在卢浮宫举办一次，吸引的访客人数不断增加：18世纪50年代是1.5万人，18世纪80年代已经翻了一番。作为富有创造力的艺术家和公众之间的媒介，批评家也涌现出来。艾蒂安·拉丰·德·圣耶纳（Étienne La Font de Saint Yenne，1688—1771）通常被视为第一位艺术批评家，他在1747年写道：“只有在那些组成了公众的坚定、公正的人们的口中，在那些与艺术家绝无任何关系的人们的口中……我们才能找到真实的语言。”早在1789年之前，画展的大众化乃至民主化的含意就已经逐步显露出来，以画家兼批评家路易·德·卡蒙泰勒（Louis de Carmontelle）为例，在1785年的画展上，雅克-路易·大卫（Jacques-Louis David）的《荷拉斯兄弟之誓》(*Oath of the Horatii*) 取得了极为轰动的效果，卡蒙泰勒对此写道：

> （画展）是一座大型剧场，在那里，等级、偏爱或财富都不能让坏品味留下……巴黎为之一振，所有市民阶层都挤来看画展。公众作为美术的天然评判者，早已给出了它对经过两年辛劳完成的画作的价值评判。它的意见起初并不一致，也不具有确定性，可很快就趋于稳定。一些人的经验，另一些人的开明，一部分人的极端敏感，还有最为重要的大多数人的正直，最终汇集到一起

> 得出了最合理的评判，这与主导那里的极大自由是相符的。

到18世纪下半叶，匿名的抽象公众概念已经不仅被认为是评判事物美学价值的一个正当来源，而且成了**唯一**的来源。在丰富的例证中，以下来自弗里德里希·席勒（Friedrich Schiller）的内心呐喊因其强度而引人注目。席勒在斯图加特的公国文法学校接受过良好的免费教育，代价却是丧失了自己的精神独立。他被迫违背自己意愿学习医学，因撰写了自己的第一部杰出戏剧《强盗》（*The Robbers*）而入狱，还被人告知今后他只能写医学著述，席勒用脚发出了抗议，他逃跑了，还发布了精神独立的宣言，内容如下：

> 我以不为任何君王效力的世界公民的身份从事写作……从现在起我要解除一切束缚。公众现在就是我的一切——我的心中所念，我的君主，我的朋友。今后我只属于它。我希望自己只出现在它的公断面前。它是我唯一敬畏的事物。想到我戴上的唯一枷锁就是世界的裁断，吸引我的唯一宝座就是人类灵魂，我突然感受到伟大。

这些勇敢的话写于1784年。3年后，席勒接受了耶拿大学历史教授的职位，为萨克森-魏玛公爵效力，后来又在1802年被封为贵族。正如这一轨迹所示，事实证明公众并不是理想的庇护人，下文我们将会讨论它的缺点。现在我们只需知道，公共领域是重要的文化空间，公众是重要的文化参与者。我们可以对公众的基本特征给出界定。它由组合起来的私人个体组成，这些人自愿交换意见，形成了一个大于个体总和的整体。它不仅独立于国家，还因为数量与质量的缘故声称自己拥有更高的地位：由于其庞大数量带来的力量，它可以自命代表公民社会，又由于其对自由表达和公开辩论的坚持，它可以宣称自己拥有较高的权威。公众是无名且没有等级的，只要有能力购买它所消耗的文化商品就能够进入其间。坦率、批评、自发、理性的论述是公众话语的特征，“公开性”“公开化”“公众舆论”等同源词就表明了这一点。

理性文化的胜利

18 世纪中叶，公共领域趋于成熟，理性文化似乎取得了胜利。孟德斯鸠的《论法的精神》出版于 1748 年，狄德罗和达朗贝尔的《百科全书》出版于 1751 年，它们在欧洲各地产生了极大的影响。在对前者的诸多回应中，霍勒斯·沃波尔于 1750 年 1 月 10 日写给英国驻托斯卡纳宫廷公使霍勒斯·曼的信堪称代表：“我希望知道你对……孟德斯鸠的《论法的精神》的意见，我认为这是自古以来写得最好的一本书——至少我从曾经读过的所有书中学到的东西都不及从这本书中学到的一半。书中有许多智慧，也有同样多的实用知识。据说在法国，这本书损害了孟德斯鸠自己的名声，我可以想象到这一点，因为对那里每一个能够理解它的人来说，符合自身利益的举动都是去诋毁它。”沃波尔说对了一半：《论法的精神》受到了法国启蒙知识分子的狂热赞赏，但保守人士也以同样的热情斥责它。这一次，耶稣会士和詹森派信徒终于达成共识：孟德斯鸠的书非常无礼、高度危险——它实际上就是无神论。保守派这么做，反倒给这本书打了广告。尽管教皇本笃十四世对查禁手段持有怀疑态度，但《论法的精神》还是被列入1751年的禁书名录，这是最好的宣传。《百科全书》引发了很大争议，也引起了国际关注。1789年之前出售的2.5万套35卷本《百科全书》大约一半被卖给了居住在法国以外的订购者。在堪称成熟的启蒙运动宣言的序言中，狄德罗重述了笛卡儿的普遍怀疑方法论："必须审视一切，必须动摇一切，无一例外，毫无保留。"在一代人之后的1781年，随着启蒙运动进入退潮期，康德在《纯粹理性批判》（*Critique of Pure Reason*）第一版的序言中回归到同一中心主题："我们的时代是真正的批判时代，一切都必须经受批判。通常，宗教凭借其神圣性，而立法凭借其权威，想要逃脱被批判，但这样一来，它们就激起了人们对它们自身正当性的怀疑，并无法要求人们对它们不加伪饰地敬重，理性只会把这种敬重给予那经受得住自由而公开的检验的事物。"*

儒勒·米什莱评论道："《百科全书》远不仅仅是一本书。它是一个派系……整个欧洲都在协助它。"当然，"整个欧洲"在这里指的应该是"欧洲的启蒙知识分子"。这的确是一个自觉存在的派系［"党派"（party）会是个更好的用词，因为法语的"派系"（faction）一词并没有它英文同形词的贬损含义］。有一个由持理性进步主义观点的受教育人士组成的国际性团体，其成员有共同的理想，这种观念可以追溯到17世纪。它的成员喜欢自称为"文人共和国"，皮埃尔·培尔从1684年开始出版富有影响力的期刊《来自文人共和国的新闻》（*News from the Republic of Letters*），刊名中就有这个词。在《路易十四时代》中，伏尔泰如此描述17世纪晚期："虽然宗教信仰各不相同，但欧洲已经

---

* 此处译文引自［德］康德著，邓晓芒译，杨祖陶校，《纯粹理性批判》，人民出版社，2004年，第3页。

逐步建立了一个文人共和国。各门科学、各种艺术领域因此得以互相支持，各类学会是这一共和国的组成部分。”

这当然是一个完全非正式的空间。它是寻求或回应志同道合者的人共同创造的，其主要媒介是书面语言，所以，它的扩张与读写能力的提高和出版物——尤其是期刊——的增加同步。尤为重要的是我们在前面章节中讨论过的邮政业务的进步。正如约翰·布鲁尔所论：“通信维持了文人共和国。”他引述的例证之一是古典学者希斯贝特·库珀（Gisbert Cuper）的大话：“我拥有大约100卷书信和学者的回复，他们的友谊和往来信件让我感到光荣。”信的重要性远不仅仅在于方便沟通，因为它们可以将智识交流的想法封装在自己内部。因此，大部分期刊都喜欢开设一个“读者来信”栏目，不过，其中许多来信就算不是编辑自己杜撰的，也至少经过了他们的改写。比如说，《观察者》在1712年的第一个系列就包括了250封来信。新闻和其他内容也会以“来自本刊报道者”的书信体形式呈现出来，在1764年的前4个月里，伦敦《公报》就收到了861封来信，其中560封最终得以刊登，262封在“本刊报道者观察”栏目名下被提及。物质形式沟通的进步和长期的和平促进了共和国成员彼此的了解。安妮·戈德加（Anne Goldgar）就提供了一个与普鲁士胡格诺派后人夏尔–艾蒂安·若尔丹（Charles-Étienne Jordan）有关的例子，若尔丹在1733年先后前往哈雷、莱比锡、巴黎、伦敦、剑桥、阿姆斯特丹和莱顿，进行了为期6个月的文学之旅（voyage littéraire）。虽然他从没有让自己的视线避开建筑和画作，可他主要在意的还是去拜访图书馆、文学会、书店和知识分子朋友。抵达伦敦后，若尔丹写道：“我看到了圣保罗的教堂，我不会对它说什么，因为我的目的只是谈论书和文学。”

在文人共和国和它滋养出的公共领域中，知识阶层得到了快速发展，它的成员分属不同的社会阶层，在意识形态上却高度一致。到了《百科全书》出版的时候，他们已不再是“一小群哲学家”了，反而成了欧洲政治话语中的一股主要力量。和所有知识分子一样，他们最喜欢做的就是争论，然而这些人都认可的普遍真理让他们对同一场欧洲启蒙运动产生了认同。其中相当重要的一点是，启蒙知识分子普遍使用光的比喻。正如他们头号死敌之一诺瓦利斯（Novalis）在《基督教或欧洲》（*Christianity or Europe*，1799 年出版）中所论：“由于在数学上的准确性和自由运动特性，光成了他们的偏爱对象。与其说这些人对光的色彩闪烁感兴趣，倒不如说对光线的折射感兴趣，因此，他们用光来命名自己的伟大事业——启蒙。”关于启蒙，诺瓦利斯使用的德文词是 Aufklärung，如果他是个意大利人，那么他就得用 i lumi，西班牙人得用 ilustración，法国人得用 les lumières，俄国人则会是 просвещéние（这个词也可以表示教育，这令人感到困惑）因为光可以与无知、偏见、迷信的黑暗构成鲜明对比，它的确是一个富有吸引力的比喻，可它也因肤浅而招致了批评。伏尔泰本人就承认：“我像是山间的一条溪流——我活泼、清澈、飞快地流淌，可并不算很深。”

光的源头是理性。在此，人们必须小心——实际上“哲学家们”自己也是这么做的。他们深知理性的多样性和局限性，而且最喜欢奚落笛卡儿、莱布尼茨等 17 世纪哲学家的庞大理性主义体系，莱布尼茨更是以邦葛罗斯（Pangloss）博士的形式成为伏尔泰《老实人》中的笑柄。笛卡儿因普遍怀疑论而获得仰慕，但他的演绎推理却遭到了拒绝，取代它的是英格兰人的归纳经验主义，伏尔泰对此有过具有双重含义的评论：“笛卡儿把视觉赐予盲人，让他们看到先人和笛卡儿自己的错误。”伏尔泰也曾把理性主义形而上学比作小步舞，舞者展现出诸多技艺和优美姿态，可最终还是得回到原地。正如彼得·盖伊（Peter Gay）所述：“启蒙时代并不是一个理性时代，而是针对理性主义的叛逆。”另一方面，尽管理性存在诸多弱点，可是作为一种理解世界的手段，它还是远远优于《圣经》、传统、直觉或信仰这样的其他选择。或者换句话说，要是一个知识分子想要踩在笛卡儿头上表示“我的计划就是让思想远离理性”，那么他就会自动丧失自称为启蒙人士的资格。恩斯特·卡西尔（Ernst Cassirer）在他那本晦涩而深刻的《启蒙哲学》（*The Philosophy of the Enlightenment*，最早在1932年以德文出版）中极好地点明了这个关键：“各种启蒙思潮的基本思想都是坚信人类的理解力可以凭借自身力量领会世界的运转体系，无须求助于超自然，而且这种对世界的崭新理解方式也会带来主宰世界的全新方式。”

正如卡西尔的最后那句评论所示，理性带来的对自然的崭新理解并不是为自然服务的。它不过是为人类利益而控制（或许可以补充说是剥削）自然的第一步。在这里，哲学家是在追随他们最尊敬的先辈之一弗朗西斯·培根（1561—1626）设下的项目日程，培根在《新工具》（*Novum Organum*，1620年出版）中写道：“科学真正、合法的目标就在于这一点：将新发现和新能量赐予人类生活。”本杰明·富兰克林就是个很好的范例，他在1752年6月的一场雷暴中放飞了一只风筝，来检验他关于电的性质的假说。实验中获取的知识让他能够发明避雷针：“我说，要是这些事物不过如此，难道不能让关于这种能量的知识对人类有用吗？不该用它们保护住宅、教堂、船只等等免遭雷电袭击吗？”近代以前的人们敲响教堂大钟，向上帝祈祷以避免雷击；在富兰克林之后，人们装上了避雷针。

理解并操控自然也涉及理解并操控人类本性。由于哲学家们排除了原罪概念，他们在着手处理这个看似难以捉摸的问题时表现得较为乐观。再没什么比认识论和心理学更能将启蒙人士和传统基督教世界截然区分开了。启蒙人士在这里追随的是另一位英格兰哲学家约翰·洛克（1632—1704），他的《人类理解论》（1690 年出版）提出了下列基本公理：

> 一切观念都是由感觉或反省来的——我们可以假定人心如白纸似的，没有一切标记，没有一切观念，那么它如何会又有了那些观念呢？人的匆促而无限的想象既然能在人心上刻画出几乎无限的花样来，则人心究竟如何能得到那么多的材料呢？他在理性和知识方面所有的一切材料，都是从哪里来的呢？我可以一句话答复说，它们都是从**经验**来的，我们的一切知识都是建立在经验上的，而且最后是导源于经验的。我们因为能观察所知觉到的外面的可感物，能观察所知觉、所反省到的内面的心理活动，所以我们的理解才能得到思想的一切材料。这便是知识的两个来源；我们所已有的，或自然要有的各种观念，都是发源于此的。*

这种对天赋观念的否认给社会工程大开方便之门。要是人按照知觉行事，他就不过是周遭环境的产物，那么只需改造环境就能改造人性。

---

* 此处译文引自［英］洛克著，关文运译，《人类理解论》，商务印书馆，2009 年，第 73—74 页。

哲学家们还从英格兰引进了牛顿式的宇宙观，随后让它在整个欧洲大陆广泛传播。按照伏尔泰富有影响力的观点："牛顿是有史以来最伟大的人，他的确是最伟大的，古代的巨人不过是他身边玩弹球的儿童。"可以很有把握地说，大部分受过教育的欧洲人都是通过伏尔泰的《哲学书简》——这本书在 1734 年首次发行英文版本时名为《有关英格兰民族的书简》(*Letters Concerning the English Nation*)——而非《自然哲学的数学原理》了解重力定律的。遍及欧洲的启蒙人士传播了更进一步的公理：自然世界是一部机械装置，上帝不会频繁干预他创造的世界，看似奇迹的事物不过是错觉或自然现象。休谟在《人类理解研究》(*An Enquiry Concerning Human Understanding*, 1748 年出版)中就奇迹给出了他的著名定义，即"依靠神的特定意志或某种不可见媒介的干涉违反自然法则"，这被许多人视为决定性破坏的前奏（尽管还有一些人对此提出质疑）。

随着上帝被逐出物质宇宙，降格为原初钟表匠，人类全神贯注于此时此地的道路就打通了。生活不再被视为信徒在上天堂或下地狱之前需要通过的流泪谷，而是成为人类最重要的关切对象。所以启蒙可以说是世俗的，不过关于"世俗"这一概念，德语词 diesseitig 更具表现力，它的字面含义是"坟墓的此岸"，与字面含义为"坟墓的彼岸"的 jenseitig 一词相对。启蒙也可以说是以人类为中心的，亚历山大·蒲柏在他的《人论》(*Essay on Man*，1733 年出版）中最好地概括了这一特征：

先说高天之上的神，还是世间的人？

除了根据我们的所知，我们还能思考什么？

> 除了人在此世的境地，我们还能看见什么？
>
> 我们岂不是从自身思考，就自身谈论？
>
> ……
>
> 认识你自己，勿对上帝妄加议审；
>
> 人类应当探究的，正是人本身。

这里提到的人就是人类本身。理性是一个普世的属性，是人存在的条件，因此，民族、宗教的不同不过是表象而已。所以，世界主义是启蒙人士最自豪的标志之一。以狄德罗为例，他曾致信友人大卫·休谟："我亲爱的大卫，你属于所有民族……我自夸和你一样是整个世界这座大城市的公民。"只要把祖国理性化地定义为"哪里好，哪里就是祖国"（ubi bene, ibi patria），他们就对爱国并无排斥意见，但也只会认为它是次要的价值观。在爱德华·吉本看来："爱国者的职责在于发扬他所属国度的专属利益与光荣，但哲学家或许可以拓宽视野，将欧洲视为一个大共和国，国内诸多居民的文明和礼貌程度都已经达到了类似水准。"吉本自己当然会遵循这条准则，他的第一本书就是以法文出版的。《百科全书》中的"民族"词条由若古（Jaucourt）撰写，他说得更好："有位哲人说过，我视家庭高于自己，视祖国高于家庭，视人类高于祖国。"一些音乐家也有类似的理想，以格鲁克（Gluck）为例，他的目标是创作"一种能够引起所有民族共鸣、消弭荒谬的民族分歧的音乐"。格鲁克的歌剧《阿尔切斯特》（*Alceste*）在1768年上演，根据评论家的意见，他也的确取得了成功，因为他的音乐创造力极强，竟到了能够炸开民族局限性的地步，创造出既完全属于格鲁克本人，又与自然乃至宇宙高度一致的音乐。

在启蒙人士看来，宗教信仰甚至还不如地理起源重要。启蒙运动以极高的频率和热情指责了人类的诸多罪恶与愚行，而宗教不宽容无疑高居榜首。正如我们此前指出的，欧洲的每个国家都是宗教国家，纵然皮埃尔·培尔在 1682 年发表了《论彗星》(*Letter on the Comet*)，约翰·洛克也在 1689 年发表了《论宽容》(*Letter on Toleration*)，异端人士还是到处都能感受到宗教当局的压制。值得一提的是，这两人的专题论述都是他们在流亡荷兰共和国期间撰写的。在天主教欧洲各地，宗教裁判所的火焰仍在燃烧。以 1724 年的巴勒莫为例，修士罗穆阿尔多（Romualdo）和修女格特鲁德（Gertrude）被绑在火刑架上活活烧死，成千上万来自附近乡村的民众涌入城内观看火刑，而在 1755 年的布拉干萨（Braganza），犹太商人热罗尼莫·若泽·拉莫斯（Jeronimo Jose Ramos）也被烧成灰烬。即便是在法国，即便是在路易十四去世之后，新教徒的处境仍然相当危险。实际上，一条于 1724 年颁布的国王敕令还强化了针对异端的法律制裁力度：若是一名牧师被发现正在主持新教仪式，那么他将遭到处决，他的会众也将遭到终身绝罚，女人将被送进监狱，男人将被送入桨帆船队充当划桨奴。所以，宽容真的是一件关乎生死的大事，哲学家们怀着十字军般的热情宣扬宽容。

简而言之，启蒙人士将宗教迫害视为与自然法相悖并会导致残暴野蛮行径的做法。宗教迫害也很不明智。在过去那充满宗教冲突的糟糕岁月里，有人认为若是一个群体在信仰上出现纷争，那么这个群体就注定要陷入内部动乱：只有真正信仰的全面胜利才能带来和谐与繁荣。启蒙运动让政治脱离了宗教，从而把这个论述颠倒过来。只有采纳了伏尔泰借亨利四世之口说出的名言“我在罗马和日内瓦之间是中立的”，君主们才能激发出所有臣民的潜能。哲学家们指出，欧洲最成功的三个国家——荷兰共和国、英格兰和普鲁士——也是最宽容的三个国家，这绝不是偶然。

启蒙人士在排除源于地理或宗教因素的偏见时表现得相当坚决，可他们对于性别差异就比较暧昧了。一方面，至少有一部分人（狄德罗）已经准备好承认妇女受到了各式各样的歧视。另一方面，他们又不能让自己承认性别平等。性别不平等当然不算偏见：它不过是遵循了“自然和自然法则”。大卫·休谟在他的文章《论艺术和科学的兴起与发展》（Of the Rise and Progress of the Arts and Sciences）中居高临下地指出：“由于自然赐予了男性更强大的脑力与体力，以此使得**男性**对**女性**享有优势，他就应当尽可能地以自身的慷慨行为、以特意的顺从与殷勤对待她的一切意愿和主张，以此尽可能地减小这种优势。”基于生物学的论述也得到了社会功能方面的支持。

这种排斥性做法与女性在贵族沙龙中享有的相对自由形成了鲜明反差，而沙龙是18世纪文化中非常重要的组织。莫雷莱（Morellet）神父在写到最著名也最具影响力的沙龙女主人若弗兰夫人（Madame de Geoffrin）时就很好地定义了沙龙的功能，他写到她设法“取得了为文人和艺术家效劳的手段，而对这两种人来说，她的雄心是有用的，可以让他们和有权有势的人齐聚一处”。伏尔泰将若弗兰夫人描述为“一位个性与天赋都不同寻常的女士”，她的沙龙的繁盛时期从18世纪50年代一直持续到18世纪70年代。和许多同行一样，她出身卑微，是一个来自多菲内地区的宫廷男仆的女儿，靠自己的才智与个性一路闯入巴黎社会的最高层。亡夫的财产也对她有所帮助，她能预支20万利弗尔帮助《百科全书》出版。在巴黎的沙龙女主人当中，苏珊·内克尔（Suzanne Necker）是瑞士新教牧师的女儿，朱莉·莱斯皮纳斯（Julie Lespinasse）是私生女；在维也纳，夏洛特·冯·格赖纳（Charlotte von Greiner）是军人的女儿；在柏林，拉埃尔·莱温（Rahel Levin）和亨丽埃特·赫茨（Henriette Herz）都有犹太血统。不存在社会排斥是上述所有沙龙的共同点。格林（Grimm）男爵对若弗兰夫人的沙龙有过如下描写："各个社会阶层都混杂在一起：贵族、官员、作家、艺术家，所有人一视同仁，只有良好的交往，没有社会阶层。"若弗兰夫人于1777年逝世时，作为文化媒介的沙龙已经过了巅峰期。越发流行、影响力也日益扩大的是前文提过的全部由男性组成的公共领域组织，巴黎在1778年后还出现了"学府"（musées）——性质上更加政治化、更富男性气息的辩论俱乐部。这种状况让琼·兰德斯（Joan Landes）认为"将妇女从资产阶级公共领域中排除出去并非偶然，而是公共领域的核心部分"，她还认为"从女性和女性利益的立场出发，令人震惊的是，启蒙看上去就像是反启蒙，革命就像是反革命"。

启蒙哲学家对待欧洲以外世界的态度也是矛盾的。17世纪末，欧洲人对其他文化的知识积累已使相对主义有所发展。任何拓宽了选择面的事物都会触及内部的传统权威。这就是为何伏尔泰会将发现美洲视为"一种新的创造"，而且因为发现完全源于人类活动，"此前一切伟大之物……都在它面前黯然失色了"。尤为重要的是，欧洲人发现了东方的伟大文明，它们在通常人们认为的基督教上帝创世之前就已存在了很久，这种发现给《圣经》的权威性带来了事关根本的问题。此外，欧洲人还发现那些文明早在西方还处于野蛮阶段时就发展得高度复杂精密，这就削弱了原有的欧洲中心论世界历史观。皮埃尔·培尔在他的《历史与批判词典》(1697年出版)中写道：

> 要是能看到一位在欧洲大城市里居住多年的日本人或中国人有关西方的记载，那将是非常有趣的。他们会像我们看待他们一样看待我们。那些前往印度群岛的传教士发布了报告，其中着重强调他们看到了这些崇拜偶像的民族在崇拜仪式中的虚假和诡诈。可就在传教士因此嘲笑当地人时，他们难道就不害怕有人会这么回应："为何你要笑？换个名字，讲的便是你的故事。"[贺拉斯(Horace)]或者说，当地人是否应当受到如此谴责？谴责者对他们自身的错误装作并不知情，却极其敏锐地发掘他人的恶行。

我们或许可以认为培尔和许多追随他的哲学家在这里多少有些虚伪，因为他们将这种方法的矛头掉转过来，对外部文化的缺点视而不见，却在发掘基督教欧洲的缺陷时表现出高度的洞察力。伏尔泰在他的《哲学辞典》(1764年出版)里有关中国的条目中写道："中国文人的宗教是值得倾慕的。他们的宗教中没有迷信和荒谬神话，也没有那种冒犯理性与自然、能让修士给出上千种不同解释的教条。"和他的几位同行一样，伏尔泰也将欧洲以外的文明用作敲击基督教欧洲的棍棒，他们出版了声称由外来访客撰写的欧洲实录。就伏尔泰来说，他写的是"自然的孩子"，《天真汉》(*L'Ingénu*)的主角是单纯的休伦人(Huron)，此人揭穿了路易十四治下宗教迫害的残酷与荒谬。孟德斯鸠的《波斯人信札》(*Persian Letters*，1721年出版)更为精辟，在这本书当中，一位途经法国的波斯贵族就他的旅途经历给国内友人发回了报道。无数教会都自称掌握着唯一真理，都表现出傲慢的不宽容，这让这个波斯人感到十分不快。他总结道："我可以向你保证，从没有哪个王国会像那个基督教王国一样存在这么多内战。"他还大声感叹："先知子孙居住的土地真是幸福！"

而在讽刺文学之外，通过1687年对孔子、1771年对琐罗亚斯德（Zoroaster）和从18世纪80年代开始的对印度教经典的翻译，欧洲人对东方主要宗教的了解越来越多，而这有助于人们以相对化的视角看待基督教。教会之间的分歧、教会内部的分歧不再被视为重要到有理由对异端施加诸多伤害的地步。那时，欧洲人的注意力已经从远东转移到太平洋，那里是启蒙运动的"新世界"，因为在18世纪，詹姆斯·库克（James Cook，1728—1779）和路易-安托万·德·布干维尔（Louis-Antoine de Bougainville，1729—1811）的历次航海开始带来有关那里的可靠认识。据估计，在快速发展的阅读市场上，旅行文学占据的份额高于小说以外的任何一个门类。在南方海域，探险家发现了具备高贵野蛮人品格的当地土著，这些土著的美德源自贴近自然的生活，却没有文明的恶习——而且也没有基督徒在良心驱动下的内疚。尤为重要的是，他们对待性的宽松态度让欧洲人既羡慕又不认可。一些较为敏感的欧洲人很快意识到，他们的教化使命会不可避免地变成残酷对待、剥削当地人。库克船长哀叹道：

> 作为文明的基督徒，令我们更感羞耻的是，我们让他们那已经易于滑向罪恶的道德更趋堕落，贫困和可能发生的疾病也是我们带去的，他们以前从不知晓，这只会打扰他们和他们的祖辈曾享有的快乐安宁。要是有谁否认这一断言的真实性，就让他告诉我整个美洲的土著人通过与欧洲人的贸易得到了什么。

关于这种矛盾心理，我们可以在雷纳尔神父的《两（东和西）印度群岛的欧洲机构与贸易的哲学与政治史》[*Philosophical and Political History of European Institutions and Commerce in the Two*（*East and West*）*Indies*] 中找到最详尽也最具影响力的表述，这本书出版于1770年。正是他大胆地提出主张："对整个人类——特别是对欧洲人——而言，再没有什么事件的影响力会超过发现新世界和绕过好望角前往印度了。"一方面，他认可在欧洲那贪婪之手并未触及的地区，当地文化在道德上具备优越性，也承认并不能找到足以为殖民辩护的理由。可他也表达了自己对"教化使命"（mission civilisatrice）——这个词将成为法国殖民话语中的一个常见修辞——和有必要开发地球自然资源的坚信。

对欧洲以外的世界日益增加的了解和对待那个世界的宗教的态度之间相互影响，丹尼尔·笛福的《鲁滨孙漂流记》对此有着尤为出色的描绘，它初版于1719年，是那个世纪最畅销的图书之一。遭遇船难后，克鲁索（Crusoe）登上荒岛，试图把损失减到最小："理性既然是数学的实质和源头，那么凭借理性来阐明与调和一切事情，凭借最合乎理性的判断力来处理一切事情，人人或早或晚都可能掌握一切机械技术。"他很快意识到自己忘记了在周日做礼拜，理由也相当充分：他没法计算日期了。当他突然发觉大麦开始生长时，他认为发生了一场奇迹，开始感恩上帝，可当他发觉大麦来自自己扔掉的鸡饲料后，就又丧失了对上帝的热情。只有在经历过一次谈话——他认为的上帝亲自与他交谈——后，他才成为一名重生的基督徒。可这种内心的信仰之光并没有导致他去迫害别人。在发现食人族时，克鲁索的本能是去杀戮他们，然而较为成熟的想法促使他"把他们留给上帝去审判。

上帝才是万民的统治者，知道哪个民族犯了罪，就对哪个民族进行惩罚，给予他们公正的报应”。在他解救仆人星期五（Man Friday）的过程中，星期五告诉了他有关土著宗教的事情，这让克鲁索更坚定了决心：“听了这话，我才发觉在世界上最愚昧无知的异教徒中间也有一套宗教伎俩；为了使人们对教士保持尊敬而采取的秘密设教手段不但在罗马天主教内可以发现，而且也许在世界上一切宗教之内，甚至在最残酷和粗野的野蛮人中间，也能发现。”克鲁索信守了自己的许诺。克鲁索并未采用强制手段就让星期五改宗了新教，星期五的父亲获准继续崇拜他自己的异教神祇，他们还解救了一个西班牙人，也准许他继续信奉天主教。克鲁索自豪地总结道：“在我的领地上，我允许宗教信仰自由。”

宣扬宽容是和攻击不宽容并行的，不宽容对法国哲学家来说就意味着教会。在公开场合，伏尔泰谨慎地坚持宣称他那著名口号“消灭卑鄙之徒！”中的“卑鄙之徒”指的并不是天主教，更不是基督教，而是“迷信”。任何一个哪怕只熟悉一小部分伏尔泰著作的人都不会把他这种说法当真。他的几乎一切著述都浸透了反教权主义，就连他第一部大获成功的作品《俄狄浦斯》(*Œdipe*，1718年出版）也是如此，其中的一个角色伊俄卡斯忒（Jocasta）说：“我们的教士并不是闲人们想象的那样，他们的知识不过是我们的轻信而已。”伏尔泰显然如孙子所说“知己知彼”，因为他对《圣经》的了解十分透彻。他喜欢的一种策略就是一本正经地改编《圣经》中一些不那么具有启迪意义的段落。从《五十人的布道》(*The Sermon of the Fifty*）中选取的一个例证足以说明问题：

> 族长之一亚伯拉罕的侄儿罗得在他家里接待了两位扮作朝圣者的天使。所多玛的居民要用这些天使满足肮脏的欲望。罗得有两个已经订过婚的女儿，就提出用她们替代两个陌生人，任他们摆布。这两个年轻女子必定十分古怪地熟悉邪恶做法，因为在自己的城镇被火雨毁灭后，在她们的母亲被变成盐柱后，她们所做的第一件事就是一连两个晚上灌醉父亲，以便轮流和他睡觉。这是在效仿那关于喀倪剌斯（Cyniras）和米尔哈（Myrrha）的古老阿拉伯神话。可在那则更得体的神话当中，米尔哈因她的罪恶而受到惩罚，罗得的女儿却获得了奖赏，在犹太人眼中，那奖赏是最大、最珍贵的庇佑：她们有了无数后代。

正如这一段所示，伏尔泰的作品中存在一种反犹倾向，这基本上源于他的反基督教情绪。正如他在自己的英语笔记中所写："基督徒诅咒犹太人，在我眼中那就是孩子拍打父亲。"伏尔泰的哲学家同行也运用了同样的迂回技法。以霍尔巴赫在《百科全书》中的做法为例，他在嘲弄"异教教士"时无疑想的是基督教的教士。在《百科全书》中的其他地方，攻击则较为直接。被单独列出来特意提及的有修道院、独身生活、寄生、迷信（以圣物为例）、过度的财富（有个条目声称法国的一半土地在教士手中）、税收豁免和控制教育。对基督徒而言，冒犯尤为严重的是有关"食人者"的条目，它记录了异教徒指责第一代基督徒存在食人行径，还不大真诚地补充说这是基于误解产生的想法，之后又提供了有关"圣餐"、"圣餐仪式"和"圣餐桌"条目的互见指引。腓特烈大帝曾致信伏尔泰道："你必将认可我的观点，不论是古人还是任何一个民族，都不曾有人设计出比吃掉神更令人反感、更堪称亵渎的荒谬之举。这是基督宗教中最令人厌恶的教条，是对最高存在的最大侮辱，是疯狂与错乱的巅峰。”

腓特烈大帝是证明了规则的例外，他是一位像法国哲学家一样思考（也像他们一样写作）的德意志人。这就产生了一个重要问题，启蒙运动到底有多么整齐划一？最近有些学者已经回到旧观念，将启蒙运动视作一场单一的知识分子运动，其中并不存在显著的地区差异。当然，欧洲到处都有“思想者将自己视为更广阔的欧洲知识分子运动的一员，他们致力于理解并推广改善人类在尘世处境的事业”［约翰·罗伯逊（John Robertson）语］，可是，当略去了最低程度的共同特征后，他们的类似程度似乎仍处于较低水准。意味深长的是，一个人在哲学的抽象领域中翱翔得越高，他向下看到的地面就越平整。越接近人类经验的地面，民族差异那顽固又棘手的障碍就越突出。反教权主义的语调和影响程度就是许多例子中的一个。在欧洲各地，我们都能找到不再接受天启宗教的知识分子，而我们刚刚描述过的那种激烈的反宗教言论却主要是一种法国现象。关于这一点，弗朗索瓦·菲雷（François Furet）在比较伏尔泰和大卫·休谟时说得很好：

> 在这两人当中，伏尔泰可能不是更反对宗教的那位，因为他还是个自然神论者，而且至少认为宗教对社会秩序而言不可或缺。可是，尽管休谟质疑认为上帝存在的理性证明，其中还包括伏尔泰极为珍惜的第一推动力，但在他的哲学话语中，人们并不能发现任何一点费内贤人*著作中的反宗教攻击。休谟与新教各教

---

* 费内贤人（the sage of Ferney）即伏尔泰，因他晚年曾长期居住在法国—瑞士边境的费内小镇，该镇现已更名为费内–伏尔泰。

派和平共处，法国人则对天主教会开战。

当休谟作为英国使团秘书于1763年动身前往巴黎时，他发现了许多志趣相投的人。按照狄德罗的说法，休谟在霍尔巴赫的客厅里抱怨他还没在巴黎遇到一个无神论者。主人环顾四周，看着另外18位访客，反驳说光是这间屋子里就有18个无神论者。

当休谟行经德意志时，他看到的许多事物都给他留下了极为深刻的印象："德意志无疑是个非常好的国度，满是勤勉、诚实的人民，而且要是它能统一起来，就会成为有史以来世界上最强盛的大国。"可是，他并没有在一间客厅里找到18个无神论者。任何一个熟悉德意志启蒙的人都很难理解这竟是同一场启蒙运动的一部分。在这样一个人数众多又受过教育的德意志文化阶层中，注定会有一些激进人士，甚至有人会拥有古怪的伏尔泰式机智，但他们都是边缘人物。在对待作为整体的形而上学和具体的宗教时，德意志知识分子的态度与法国激进主义可谓天差地别。摩西·门德尔松（1729—1786）尽管非常倾向于思想领域中的进步一端，却在1765年致信托马斯·阿布特（Thomas Abbt）道："伏尔泰、爱尔维修（Helvetius）和百科全书派已经用他们的极端主义把许多人吓回了迷信那一边，由此损害了他们自己的事业。"早期启蒙运动的两位主导者戈特弗里德·威廉·莱布尼茨（1646—1716）和克里斯蒂安·沃尔夫（1679—1754）都是虔诚的基督徒，前者声称自己已经反驳了斯宾诺莎，后者明确地和英国人的自由思想以及法国人的无神论保持距离。康德（1724—1804）就算发现基督教存在不足，也没有去攻击它，而是用更高的道德方案将它涵盖在内。当康德将启蒙定义为运用一个人"自己对宗教事务的理解，不受外在引导”，进而“走出自己加诸自己的不成熟状态”时，他并不是在展望一个没有上帝的世界。这些话出自他的论文《何谓启蒙？》，发表在1784年的《柏林启蒙月刊》（*Berlin Journal for Enlightenment*）上。给同一刊物供稿的另一位作者指出：“许多人听到启蒙时，想到的**只有**宗教。没有一个有理性的人会否认……启蒙对宗教领域而言当然是极度重要的……可它一定不能局限在这个领域：启蒙要是没有在人类生活的其他诸多领域事先取得胜利，那么彻底的宗教启蒙实际上是无法设想的。这个名词要远远延伸到相对狭窄的宗教领域之外。”不止一位像黑格尔这样的人物指出，德意志版本的启蒙“站在神学一边”。

康德成年后的大部分时光都在东普鲁士的柯尼希斯贝格大学度过，先是作为学生，后是作为编外讲师，最终成为教授。作为普鲁士国王的一位忠诚臣民，他打算在征得国王首肯的前提下，从内部启蒙国家。特别是对那些在西欧式自由主义灌输下培养出来的人来说，康德的政治观点看上去是不一致乃至自相矛盾的。即便在恐怖时期之后，他仍然是法国大革命的坚定支持者，可又反对任何形式的针对合法政权的叛乱，将大逆罪视为终极政治罪恶。他竭力自圆其说，就使用了不那么让人信服的论证，指出因为路易十六在召开三级会议时事实上已经退位，所以他在企图重获政权时就是革命的。康德认为腓特烈大帝和法国大革命在本质上参与了同一理性进程，这个观点恐怕也无法得到普遍认可。他的通俗讲稿在1798年以《实用人类学》（*Anthropology from a Pragmatic Point of View*）的书名结集出版，在这本书中，康德坚定地表示，要想通往更美好的世界，就必须“不是通过事物**自下而上**的进程，而是通过事物**自上而下**的进程”来实现。卡尔·马克思嘲笑它是“法国大革命的德国理论”，列宁则认为它只能表明要是德国人想把占领火车站作为革命的一部分，那么他们首先会觉得自己有必要买站台票。康德希望普鲁士国内出现双重进程：臣民们自我解放，与此同时自由公开辩论带来政府逐步自由化。作为公共领域的参与者，个人应当享有自由表达意见的权利；但作为国家的仆人，他的首要职责就是服从。康德把第一种运用理性的方式称作“公共的”，把第二种称作“个人的”，与西欧人士可能期望的称呼恰好相反，这样的说法本身就透露了一些内情。

将康德挑出来予以特别关注是合情合理的，这不仅出于其哲学本身的固有价值，也源于他对同时代人发挥的巨大影响。当康德的重要著作在18世纪80年代出版时，按照那个时代的标准，他已经是个老人了，但这并没有妨碍它们几乎立刻就产生了巨大影响，这种影响不仅覆盖了哲学家同行乃至学术圈，甚至涵盖了整个德意志境内受过教育的资产阶级（Bildungsbürgertum）——既包括天主教徒，又包括新教徒。波恩大学的一位法学教授巴托洛梅乌斯·菲舍尼希（Bartholomäus Fischenich）在1793年1月向弗里德里希·席勒报告称：“就连律师都在尝试以自己的方式通过康德迷宫。我无法告诉你这个人的道德哲学对大部分年轻人有什么影响力——就我本人来说，我在反复阅读。”对那些发觉阅读康德著作原文实在太过吃力的人来说，市面上还有充足的普及读本，这些书摘取了原书精髓，将它们以易于理解的方式呈现出来。正如成为一个热心于马克思主义理想的人并不需要精通《资本论》那样，严格遵循康德核心主张的人也不必仔细阅读《纯粹理性批判》。弗里德里希·席勒对德意志文化的重要贡献就是他将康德的洞见传达到文学世界。难以想象竟会有涉及普鲁士改革运动（关于这一运动最后一章将有较为详尽的讨论）的人**没有**受到康德的深刻影响。埃克曼（Eckermann）曾在1827年询问歌德，想知道在近来的哲学家当中，谁才是他心中最出色的一位，歌德当即答道："无疑是康德。他的哲学发展得最为广阔，也最为深刻地感染了我们的文化。他还影响了那些实际上从未读过他著作的人。"

康德体现了德意志启蒙运动的特点：严肃、深刻、学究气、哲学化，理论上倾向共和而实践上决不革命。亨利·威克姆·斯蒂德（Henry Wickham Steed）曾讥讽说"德国人钻得更深，可出来时身上的泥也更多"（不过，德国人或许希望把它改写成"德国人出来时身上的泥更多，可也钻得更深"）。或许康德是同这句话相对应的极好例子。大学在神圣罗马帝国占据的优越地位尤为重要。根据不同的定义，帝国境内至少有40所大学（22所新教大学和18所天主教大学），总招生人数约为9 000——在18世纪60年代的英格兰，牛津大学和剑桥大学加在一起每年也只招收大约300人。1648—1789年，德意志地区新建了14所大学，其中包括因斯布鲁克大学（1673年）、哈雷大学（1694年）、哥廷根大学（1737年）、斯图加特大学（1781年）和波恩大学（1786年），这也证明了大学在德意志文化生活中的核心地位。不管同时代人就教授的低廉薪水和繁重工作量（这当然不适用于他们在现代的同类）有过多少批评，18世纪总归是"德意志大学的全盛期"[诺特克·哈默施泰因（Notker Hammerstein）语]。结果，大学在德意志扮演了学术社团或沙龙在欧洲其他地区扮演的角色。正如赫伯特·吕蒂（Herbert Lüthy）所论，在德意志，位于知识分子等级之巅的始终是教授，在法兰西却是独立作家。

此外，德意志地区的大学也与能够在盎格鲁-撒克逊世界找到的学者自治社团大相径庭。绝大部分德意志大学由世俗当局创立、拨款、管理。每一位身份较高的诸侯都渴望拥有他自己的大学，以此作为一种地位象征，作为控制他治下年轻人的手段，作为给他培训受过相应训练的官员和教士的人才库。矛盾的是，这也产生了一种宽松的学术自由尺度，因为在一所大学里不准许宣扬的内容可能在另一所大学获得批准。哈雷大学的某个虔敬派小集团曾说服腓特烈·威廉一世，让国王认为克里斯蒂安·沃尔夫是个无神论者，将他逐出普鲁士，不过，沃尔夫被放逐后直接前往黑森-卡塞尔的马尔堡（Marburg）大学，那里的方伯对给这样一位著名学者提供避难所和工作感到非常乐意。沃尔夫的职业生涯也为大学数目众多有助于增加社会流动性这一观点提供了一个很好的例证。他生于西里西亚的一个工匠家庭，通过在耶拿和莱比锡所受的教育迈上了通往名望和财富的道路。1740 年，沃尔夫被腓特烈大帝召回普鲁士，他在莱比锡附近购置了一座附带不少庄园地产的大宅第，并于 1745 年成为帝国男爵（Reichsfreiherr）。

在德语地区和苏格兰之外，这一时期对大学而言可谓平庸时代。有 28 所大学新建了起来——其中绝大部分位于神圣罗马帝国境内，却有 29 所大学遭到关闭、合并或降格为学院。在大部分国家，幸存下来的大学成了精神上的死水潭，因他们在宗教上的保守主义而陷入近乎自我放逐的状态。在牛津大学和剑桥大学，大型建筑为数众多。牛津大学有谢尔登剧院（Sheldonian Theatre）、拉德克利夫阅览室（Radcliffe Camera）和女王学院（The Queen's College），剑桥大学有三一学院图书馆（Trinity College Library）、彭布罗克学院礼拜堂（Pembroke College Chapel）和评议会楼（Senate House），建筑的数量与在建筑中进行的学术研究的水平成反比。热心帮助母校的历史学家们不断做出恢复学校名誉的尝试，可是都只能一再确认较之此前和此后，当时的学校的确处于较为边缘的状态。在无数同时代批评者中，爱德华·吉本对18世纪中叶牛津大学发出的指责因其激烈程度而格外突出。在他的《自传》中，吉本写道："对于牛津大学，我不承认有任何义务；她将欣然否认我是她的儿子，正如我愿意否认她是我的母亲。我在马格德林学院度过了14个月，这14个月是我一生中过得最懒散、最没有收获的日子。"当然，他那著名的反教权主义立场——还因为曾短暂改信天主教而有所强化——也和这种怀有偏见的印象关系很大："牛津和剑桥这两所大学，是在盛行虚妄、野蛮的学问的黑暗时代创立的，它们至今仍然沾染有创始时期的弊病。它们最初的训导方法适合培养教士和修士，学校行政至今仍在教士们手中，那批人的生活方式跟当前世界有很大的距离，而其眼光则被哲学的光芒照耀得迷糊了。"在马格德林学院，吉本发现了丰富的财富，可只有很少的学问，因为研究员们是"很体面的态度和蔼的人物，他们安然享用着学校创办人的捐赠；他们成天在一连串刻板的工作中消磨时光，出入教堂和讲堂、咖啡室和公共休息室，直至疲倦了，心满意足了，于是回去美美地睡上一觉。他们不把用功读书、思考或写作的事放在心上；学问和创造力的萌芽一出土便枯萎了，没有给保有它们的人或社会公众结下任何果实"。这看上去像是一个已经远离我们的世界，但有心人只需读下去，读到吉本描述自己在教员餐桌上听到的话语——"谈来谈去，不外乎学校的事务、托利党的政治活动、名人的逸事，以及暗中传说的丑闻这一套"——就能感到学校现在还是老样子，虽然必须承认的是，"托利"这个形容词已经不再合适了。剑桥也没好到哪里去，拜伦（Byron）对它的评判是“深陷在沉闷之中”（当然，恐怕没有一所大学能够刺激到让他满意的地步），不过，它还有艾萨克·牛顿爵士可以吹牛，这位卓越学者的光芒之下，是难以计数的平庸之辈。*

吉本拥有进入牛津所需的两种必备资质：正确的宗教信仰和足够的金钱。其他几乎所有大学也都需要申请者拥有这两者，不过荷兰大学的活力很大程度上源于它们那宽容的入学政策。主宰西班牙大学的人是精英中的精英，因为在这个国度，位于萨拉曼卡、巴利亚多利德和阿尔卡拉（Alcalá）的那些重要学院——寄宿学院（colegios mayor）——的成员不仅主宰着大学，也控制了大部分公职。费利佩五世刚抵达西班牙，就接到了来自萨拉曼卡大学非寄宿学院学生的请愿书，他们抱怨说在此前出缺的 200 个职位中，有 150 个被寄宿学院的人占据了。教区主教的意见与他们相同：“不管大学生是贵族还是平民，哪怕他夜以继日地学习，学到精疲力竭……只要他不能进入一所寄宿学院，那么，他在文官生涯中至多只能期盼拿到一个市长兼首席司法官的职位，或是可怜的国王司法代表的职位，又或是行政部门里的某个临时岗位。”然而，正如在牛津大学和剑桥大学发生的状况，意识到一种弊端并不会导致它迅速终结。直到 1767 年驱逐耶稣会士后，西班牙大学才开始了一场坚定的改革，其中也包括让课程内容更为现代化。尽管寄宿学院在 1798 年被废止了，但这与其说是出于教育考虑，不如说是出自财政因素。实质上的改革在 1788 年卡洛斯三世死后就已停滞，在法国大革命爆发后还陷入倒退。

---

* 本段中的吉本《自传》译文均参考［英］吉本著，戴子钦译，《吉本自传》，三联书店，2002 年，第 35—40 页。

在欧洲的另一端，我们也可以发现自始至终依赖国家的做法。在俄国，那里人口的总识字率在 18 世纪末依然可能仅有 3%，大学“几乎完全”［尼古拉·梁赞诺夫斯基（Nicholas Riasanovsky）语］依靠国家。莫斯科从 1755 年起开始拥有一所大学，可哪怕在 10 年后也只有 48 名住校学生，其中仅有 1 人攻读法学。到了 18 世纪结束时，这个可怜的总数也不过缓慢地增长到原先的 3 倍而已。然而，正是因为国家之手始终掌握着对大学的赞助，所以要是有人敢于反抗，同一只手也会拿起棍棒。正如我们在第四章中所见，拉季谢夫在 1790 年出版了一本批判农奴制的书后，承受了惨遭棒打的命运。拉季谢夫是一个小贵族的儿子，也是 12 名被派往莱比锡大学的俄国留学生之一，可他未能以无条件服从回报当局，因此被判处死刑，后来改判为流放西伯利亚。在此后的那个世纪里，还会出现许多拉季谢夫，其中就包括亚历山大·乌里扬诺夫（Alexander Ulyanov）和他的弟弟弗拉基米尔（Vladimir），前者被处决了，后者被流放了，弗拉基米尔在流放地活了下来，使用他更为人所知的化名“列宁”发动了反击。

英国的情况与此相反。扩张中的公共空间既十分庞大又极为富裕，而国家的赞助相当有限，知识分子就这样被推入市场，他们既是要寻求机遇，也是出于生活所需。可以举出一些代表性案例：丹尼尔·笛福作为商人兼制造业业主的生活过得不错，但也有起伏；乔纳森·斯威夫特是圣公会教士，最终成为都柏林圣帕特里克大教堂主任牧师；亚历山大·蒲柏完全依靠出售自己的印刷品维持生计，他说自己“不受惠于任何活着的君王或贵族”；塞缪尔·理查森是印刷商兼出版商；威廉·贺加斯在开始自己的事业之前是个版画学徒；亨利·菲尔丁在伊顿受过教育，在成为米德尔塞克斯和威斯敏斯特治安官之前靠给剧院和杂志社投稿为生，成为治安官后仍然笔耕不辍；另一位伊顿毕业生托马斯·阿恩（Thomas Arne，1710—1778）靠着在德鲁里巷剧院的编曲工作过得很不错；塞缪尔·约翰逊直到52岁才谋到一份政府津贴，之前则作为职业作家在伦敦勉强过活；乔舒亚·雷诺兹（Joshua Reynolds，1723—1792）在短暂的学徒期后就作为独立画师谋生。这样的人还有很多。由于来自王室、教会和学术机构的赞助仍然存在，而且可能会很重要，因此并不是每一位英国知识分子都是独立的，不过，伦敦独一无二地将城市规模、财富、识字率和相对宽松的审查制度结合在一起，这就创造出一种特殊的文化，它的自由特性受到同时代人士的公认，伏尔泰《有关英格兰民族的书简》只是诸多礼赞中最著名的一个。然而，它也是一种与国家关系平稳的文化。例如，约翰·盖伊可以在《乞丐的歌剧》（*The Beggar's Opera*，1728年出版）中讽刺罗伯特·沃波尔爵士，而不用担心被送进某种英国式巴士底狱里去，不过，英国几乎没有系统性的批评，即便有也十分罕见。英国和法国这两个国家在地理上十分接近，可在文化上却差异极大，关于二者的根本差异，诺曼·汉普森（Norman Hampson）有着非常好的认识：

> 孟德斯鸠和伯克间的本质不同可以压缩成一个词：1688。这两个人都将个人自由和现在被我们称作公民权利的东西视为政治活动的主要目标，他们都认可任何变动计划必须以所在社会为出发点，也都需要考虑到社会累积下来的传统、利益、成见和渴望。将他们区分开来的是，伯克是一位活跃的政治参与者，他在自己认可其合法性的政治体制内活动，孟德斯鸠则不是。

从文化组织的差异中，我们也可以看到宽松管制和友善关系之间也有看似矛盾的关联。就名号而言，这两个国家的文化组织似乎是非常类似的：在自然科学上，英国拥有“旨在增进自然知识的伦敦王家学会”（1660 年创立），法国拥有“科学院”（1666 年创立）；在音乐上，英国拥有“王家音乐学会”（1719 年创立），法国拥有“诗歌与音乐的王家学会”（1669 年创立）；在美术上，英国拥有“旨在培养和发展绘画、雕塑和建筑艺术的设于伦敦的王家艺术学会”（1768 年创立），法国拥有“王家绘画与雕塑学会”（1648 年创立）。然而，创建此类机构的动议在英国都是私人发起的，而在法国都源于王室。正如年份所示，法国的做法是为路易十四服务的文化国有化（更恰当的说法是“王家化”）整体中的一部分。英国的同类组织则是根据个人兴致偶然产生的。以王家学会为例，它源于从 1646 年起非正式会面的“无形学院”（罗伯特·玻意耳语）。名称大气的“王家音乐学会”最初是为向伦敦上流社会提供意大利歌剧设立的。乔治一世曾保证连续 5 年提供每年 1 000 英镑的津贴，还以国王的名义颁布了特许状并任命他的宫廷内务大臣担任学会主管，不过，王室的参与（和管理）也就到此为止了。可以颇有道理地将这种程度的支持定义为学会存在的必要不充分条件。王家音乐学会极好地体现了伦敦文化现象的复杂性质，它组织得就像是一家股份公司，领导层从贵族（包括 7 位公爵、13 位伯爵和 3 位子爵）和乡绅中选出，目的在于通过经营为股东们谋取利益。乔治三世以类似的方式赐予王家艺术学会启动经费，给它腾出萨默塞特宫（Somerset House）的房间，并将第一任会长乔舒亚·雷诺兹封为骑士，可随后就让它自生自灭。王家艺术学会在经济上大获成功，竟到了不再需要王室津贴的地步：18 世纪 80 年代，它每年能够吸引 5

万名访客并赚到2 500英镑，这个收入相当不错。而在法国，国家的管制实在太过严苛，连最受纵容的受益人也能看到自己身处笼中——不管栏杆上镀了多少金。革命对上述所有学会和学院发动了猛烈的攻击，正如一本1790年的宣传册所述，它们是“科学、文学和艺术的教士阶层”。到了1793年，上述机构已经被悉数废除。大学也是如此，考虑到它们在法国文化生活中的边缘地位，这或许没什么可吃惊的。关于法国大学，最近一位对此进行研究的历史学家西莫内·盖内（Simone Guénée）将它们描述为“陈旧的，与他们反对的文学、哲学和神学运动无法协调，与他们一无所知的科学也不相适应，教育传统、过时且荒废，依然按照中世纪的方式组织，跟不上组织的变化和思想、技术的进步”。

由于篇幅所限，这里只能讨论少数几个案例。从伊比利亚国家到匈牙利，从瑞典到那不勒斯，欧洲各地都有文化环境的差异。赞助、识字率、宗教（和世俗主义）、社会组成与机构组织——仅仅举出几个与差异相关的变量——等方面的多样性产生出了具有不同风格的文化艺术品。正如我们所见，在欧洲知识分子当中，存在着一种身为同一“文人共和国”成员的强烈归属感，各国文人之间大量通信，常常交换意见。尽管欧洲的文化地图连成一片，尽管法语无所不在，但欧洲依然不是一个国家。即便只看启蒙出版物，强烈的民族与地区特征照样引人注目。只有将思想从其背景中抽象出来之后，全欧洲才可以说是一样的。然而，就像一支乐曲远不仅仅是五线谱上的音符，只有在特定文化中由特定乐手在特定时间、特定地点向特定听众以特定方式表演后才能成形，一种思想也远不仅仅是一个概念。liberty（英语中的“自由”）与liberté（法语中的“自由”）或Freiheit（德语中的“自由”）

并不相同，Enlightenment（英语中的“启蒙”）与 les lumières（法语中的“启蒙”）或 Aufklärung（德语中的“启蒙”）也不一样。

在视觉艺术和音乐领域，能够轻易跨越边界的声音和图像似乎很能代表世界主义。富有影响力的理论家兼批评家安托万·卡特勒梅尔·德·坎西（Antoine Quatremère de Quincy，1755—1849）显然秉持该观点，他在 1798 年写道：“在欧洲的所有国度，人们都可以见到一个拥有教养和知识的社群，它还拥有与之相当的一定的品味、理解力与才能。甚至可以说，社群组成部分之间的差异有时比同一帝国各个省份间的差异还小。”值得注意的是，卡特勒梅尔是一种文化的产物，这种文化的语言是法语，象征形式表达是古典主义。尽管“新古典主义”这个名词实际上要到之后那个世纪才能被创造出来，但它所描绘的艺术形式在很大程度上是理性文化偏爱的形式，正如雷米·赛斯兰（Rémy Saisselin）所述，那是“启蒙运动的一个散发物”。就像大部分总括所有风格的名称一样，新古典主义作品涵盖范围广，惹起的争议众多。这里我们只能用最粗略的线条勾勒出最基本的轮廓。

世人对古典艺术形式的兴趣出现了复兴，在这具体的复兴背后，人们普遍认为存在着对巴洛克风格特别是洛可可风格的反动。相对于后者轻佻、享乐主义和装饰过度的特征，出现了一种严肃、重道德、说教、直白的艺术。约翰·约阿希姆·温克尔曼（Johann Joachim Winckelmann，1717—1768）最好地表述了新古典主义理念的要素，他曾赞扬希腊人“高贵的简约和平静的宏大”（edle Einfalt und stille Größe）。那个短语在温克尔曼的第一部重要著述《论效仿希腊人的绘画与雕塑》（*On the Imitation of the Painting and Sculpture of the Greeks*，1755 年出版）中便已出现，书中也包括了他向同时代艺术家们发出的核心信息："现代人若想变得伟大甚至无敌，只有一条道路，那就是效仿古人。"他说的"效仿"并不意味着"复制"，并不是纯粹复制古典图像、雕塑或建筑，而是主张使用古典模板作为指导。希腊人得益于所享有的气候、文化和组织，他们比此前或此后的任何人都更接近自然所固有的美，也成功地用艺术作品和概念将那种美表达了出来："希腊人的崇拜者不仅可以在他们的作品中发现自然，还能发现更多，发现某种超自然的东西：理想的美丽，脑中产生的图像。"

得益于温克尔曼的文学才能，特别是在透彻的分析中注入富有情感、令人激动的语言的能力，以及在正确时间出现在正确场合的运气，他的思想产生了巨大影响。当歌德（生于 1749 年）回顾自己的青年岁月时，他回想起了温克尔曼在他那一代人中激起的"普遍的、无条件的崇拜"："所有刊物都齐声传扬他的名声，拜访他的旅人踏上返程时都受到了教益，都欣喜若狂，他的观点传遍了学术和社交圈子。"1805 年，歌德将一本 18 世纪艺术史论文集题名为《温克尔曼和他的世纪》（*Winckelmann and His Century*）。温克尔曼的著作很快出现了欧洲主要语言的译本，他的影响力和思想一样国际化了。

温克尔曼在 18 世纪中叶以最具影响力的新古典主义理论家的形象出现，他作为理论家的道路实际上早已铺设完毕。在他的前辈当中，最为重要的是第三代沙夫茨伯里伯爵安东尼·阿什利·库珀，事实证明，他对呈现型文化的攻击是贯穿 18 世纪的有影响力的思想。他将巴洛克艺术家视为"腐败之徒"，将贝尔尼尼斥为"缺德者"。伯爵在理论上是世界主义者，在实践上则是仇法分子（和英国的许多进步主义知识分子一样），他看到夏尔·勒布伦在凡尔赛宫镜厅的湿壁画作品，特别是"这些拖着长长假发、裸露着脖颈的**高卢-希腊**英雄，这些怪人，这些奉承方式，这些乱七八糟的色彩，女里女气的宫廷里矫揉造作的姿态和夸张动作”，他被激怒了。正如评论所示，沙夫茨伯里也有政治目的。就像古罗马的艺术因帝国主义和基督教而堕落一样，路易十四的文化也显得既堕落又暴虐，用普世君主国和“通往无知和迷信的新深渊”威胁整个欧洲。

唯一能让沙夫茨伯里伯爵说几句好话的法国艺术家是尼古拉·普桑（Nicolas Poussin，1594—1665），因为他的风格“朴素、严整、合理且准确”，而且还因为他在面对腐败的绝对主义法国时选择了自我流放，就此度过了大半生。18 世纪上半叶，抗拒当时艺术状况的人普遍对普桑抱有热情。抗拒者中包括了所有赞同理性事业的人。弗朗索瓦·布歇（François Boucher，1703—1770）的艺术代表了他们所厌恶的一切，布歇是受到宫廷喜爱的艺术家，既富裕又多产。在他数目庞大的作品（他声称创作了 10 000 多幅画）当中，绘于 1740 年的《维纳斯的胜利》（*The Triumph of Venus*）为那种令人倦怠的情欲主题提供了代表性的例证，这种风格是布歇的专长，也对路易十五极具吸引力。画上布带飘扬，裸童飞翔，裸女斜躺，一片喧闹景象中连一条直线都没有。画作只表现肉体的乐趣，没有任何道德成分。批评布歇的享乐主义的人中，最直率的是狄德罗：

> 品味、色彩、成分、性格、表达、绘画的退化都是道德退化的结果。我敢说，他从来不认识真理。我敢说，优雅、体面、纯真和朴素的想法对他来说是陌生的；我敢说，他从来不知道那种与我的灵魂、与你的灵魂、与在正派环境中成长的孩子或敏感女人的灵魂对话的自然。我敢说他没有品味。

当然，狄德罗的攻击既有政治层面的，又有审美层面的。这次齐射是在1765年打出的，就在这一年，布歇成了官方的“国王首席画家”。狄德罗要求用一种新的艺术取代他眼中的颓废宫廷艺术，它要在风格上趋于古典，内容上倾向伦理教化：“表现出美德令人愉悦、邪恶令人憎恶，揭露荒谬的事物，这就是每个诚实的人拿起书写的笔、画笔或凿子时的目标。”他在这里重述了沙夫茨伯里伯爵的说法——实际上他曾翻译过伯爵的著作。狄德罗在18世纪五六十年代支持的画作是让-巴蒂斯特·格勒兹（Jean-Baptiste Greuze，1725—1805）的作品。格勒兹在画展大获成功的几幅作品标题如下：《父亲的诅咒》（*The Father's Curse*）、《受惩罚的儿子》（*The Punished Son*）、《酒鬼的回归》（*The Drunkard's Return*）、《瘫痪病人之死》（*The Death of the Paralytic*）、《父亲给他的孩子读〈圣经〉》（*Father Reading the Bible to his Children*）。这揭示了他的作品性质。狄德罗热情地给出了赞颂，认为格勒兹的每一件画作都可以变成一部小说——他这么说是出于恭维。虽然现已不再流行，但格勒兹那煽情的说教风格在当时取得了巨大的成功，不论是在画展上观赏原作的内行还是看到其版画形式的大众都对之好评有加。其中最为成功的作品是在1761年展出的《乡村婚约》（*The Village Betrothal*），它更为人所知的名字是它的法文标题 *L'Accordée de village*。同一年，卢梭最畅销的书信体悲剧小说《新爱洛伊丝》出版。正如它们所获得的成功所示，当时对于所谓的“情感”活动有着强烈的需求。虽然这似乎与同时盛行的理性崇拜相矛盾，但它实际上是理性崇拜的补充。正如埃米特·肯尼迪（Emmet Kennedy）所述：“或许，理解情感被赋予的重要性的最好方式，就是把它视为一种促使人去行理性所描绘善行的感情力量。”

由狄德罗主张、格勒兹付诸实践的这种教化艺术旨在描绘普通人，宣扬贞洁、俭朴、节制、文雅的美德，显然与布歇这类人的作品存在鲜明差异。可它的目标和雄心不算大。哲学家想要的是一些更为英雄主义的东西，那只能由描绘历史的画作提供，他们——和其他所有人一样——将这种题材放在了艺术等级之巅。现在，是时候让国家插手了。1749 年，蓬帕杜尔夫人——她在 1744 年成了路易十五的正式情妇——派她的弟弟阿贝尔-弗朗索瓦·普瓦松［Abel-François Poisson，他更为人所知的称呼是最终获得的马里尼侯爵（marquis de Marigny）头衔］前往意大利进行长途旅行，以便让他准备好担任艺术总管一职［要是给出职位全名，那就是“王家建筑、花园、艺术、学会及工场总管”（*Directeur-Général des Bâtiments, Jardins, Arts, Académies et Manufactures du Roi*）］。马里尼侯爵于 1751 年回国并就职后，偏爱将工作委托给古典主义风格的画家、雕塑家或建筑师。最重要的是，他将塞纳河左岸一座以巴黎主保圣人圣热纳维耶芙命名的崭新大教堂的设计工作，以及同名大修道院的装饰工作交给了曾陪同他完成意大利之旅的雅克-热尔曼·苏夫洛（Jacques-Germain Soufflot，1713—1780）。把一座教堂当成理性文化的典型可能有些奇怪，但与韦尔滕堡之类的教堂一比，就能理解了。而且，苏夫洛相信“就连一座旨在体现基督教信仰奥秘的建筑物也可以通过运用人类理性来完善”［巴里·伯格多尔（Barry Berg）语］。他在漫长的施工过程中不断实验新型建筑方法，包括使用铁支架加固石材，以此取得无法通过传统技术实现的室内空间感和光感。所以，法国革命者将他的建筑物改造成世俗先贤祠的做法并不算不恰当，改造计划的发起人克洛德-埃马纽埃尔·帕斯托雷（Claude-Emmanuel Pastoret）认为：“应当将宗教的殿堂变为祖国的殿堂，伟人的坟墓将成为自由的圣坛。”更讽刺的是，第一位“入祠”的英雄是伏尔泰，他于1778年逝世，拒绝采用基督教葬礼，此举相当有名（或臭名昭著）。当他的遗骸于1791年移入新的安息之地时，据估计有大约20万名群众观看了移灵。

安吉维莱伯爵（comte d’Angiviller）在1774年接替了马里尼侯爵［泰雷（Terray）曾在两人之间短暂担任总管职务］，在伯爵管理下，国家增加了对新古典主义的赞助。他的主要关注点是每两年委托人创作8幅法国伟人画像和4座法国伟人雕塑，然后计划在卢浮宫建立一所展览画像和雕塑的大型国民博物馆，以此培养爱国主义。安吉维莱伯爵定制的最伟大、最成功的画作无疑是雅克-路易·大卫的《荷拉斯兄弟之誓》，它由大卫在1781年构思，1783—1784年在罗马完成绘制，1785年在巴黎画展上展出，在巴黎，它赢得了热情洋溢的赞赏，人们欢呼这是普桑以来最伟大的法国画作。由于大卫在1789年后以革命热心支持者的姿态出现，甚至到了投票支持处决路易十六、成为救国委员会一员的地步，因此，这幅画时常被阐释为是在号召同时代人拿起武器反抗旧制度。大卫本人在1794年和罗伯斯庇尔一起参与了重演荷拉斯兄弟宣誓的仪式性活动，这也为该观点提供了支持。然而，这一切都是事后追溯。就当时而言，大卫并没有暗示他在画中藏有任何时事信息。同时代的人们也没有看到任何迹象：当它首次在罗马展出时，“男女贵族，枢机主教和高级教士”成群结队地前去欣赏。要是大卫真的打算将这幅画当作一种让人们拿起武器的共和主义式号召，那么他题材的时间段就很古怪了，因为罗马在公元前7世纪中叶仍是一个王国，而且王国还将持续一个半世纪之久。从画作或大卫撰写的任何书面材料中，我们也无法清晰判断他是否曾效仿荷拉斯，认为祖国高于家庭。在这幅画和他革命前的另一幅成功之作《侍从官给布鲁图抬来儿子的遗体》（*The Lictors Bring to Brutus the Bodies of His Sons*，1789年创作）当中，都有充分迹象表明他让悲伤女子享有高于嗜杀男子的道德优势。不论大卫的意图可能是什么，在革命爆发后，《荷拉斯兄弟之誓》就成了一个强有力的象征符号，正如西蒙·沙玛所论，它拥有革命修辞的所有成分——爱国主义、兄弟友爱和殉难。

要是说大卫1789年之前画作中的革命凭据尚需存疑，那么，18世纪80年代建筑和雕塑领域的新古典主义作品中的这类真实凭据就多得多了。就艺术层面而言，再没什么能够比克洛德·尼古拉·勒杜（Claude Nicolas Ledoux）设计的那40座从1785年开始建造的城门（barrière）更激进了。然而，城门的政治性质是反动的，因为它们是税卡，是由受人厌恶的总包税局在巴黎周边地区设立的。或许可以补充的是，大卫于1788年为安托万·洛朗·拉瓦锡（Antoine Laurent Lavoisier）及其夫人创作了一幅画像，这是他最伟大的作品之一。作为这个世纪最重要的科学家之一，拉瓦锡也是一位总包税人，最终在1794年上了断头台。

感性文化的复苏

如果要找出一个标志着理性文化达到顶点的事件，那么可以考虑1778年3月30日发生在巴黎的事件。这一回，已经用得太滥的词“神化”是完全合乎语境的。伏尔泰在那一天前往法兰西剧院（Théâtre Français），观看他最后一部戏剧《伊雷娜》（*Irène*）的表演。人们以持续20分钟的起立鼓掌欢迎他的到来。演出结束后，他的半身像被安放到舞台上并被戴上桂冠，扮演伊雷娜的女演员以法兰西民族的名义背诵了一首诗歌，许诺要让伏尔泰永垂不朽——然后不得不返场演出。这是从之前那个月开始席卷法国的凯旋进程的最高潮。约翰·莫利（John Morley）评论道："哪怕是一位从历尽艰辛的漫长战役中赢得最光荣的胜利的伟大统帅，也不可能得到比这盛大、更轰动的欢迎。"当伏尔泰抵达巴黎市区边缘的城门时，他告诉检查随身财物的税卡官员："我是这里唯一的违禁品。"这个评论非常到位，因为路易十五惧怕伏尔泰那无礼的不虔诚，已将他逐出巴黎长达30年。路易十六准许伏尔泰返回巴黎，但要求他远离剧院，并禁止王后接见他，这是路易十六那致命的两面不讨好倾向的一个早期迹象。两个月后，伏尔泰逝世，享年84岁。

那时，感性文化正经历着强烈的复苏。当然它从未走远。由于像虔敬派或卫理公会这样的情感强烈的基督教形式蓬勃发展，感性文化达到了前所未有的繁荣地步。此前一节中讨论的所有公共领域机构就其内容而言都是中立的。期刊既适合传播自然知识，又适合传播超自然说法：比如说，秉持詹森派信仰的《新教士》（*Nouvelles ecclésiastiques*）杂志自1728年开始出版，事实证明它虽然受到严重迫害，却仍是18世纪最伟大、最持久的成功传奇之一。同样的说法也适用于书本、小册子、借阅型图书馆和读书俱乐部。1778—1779年的状况便表明了这一点，当时法国放松了审查制度，由此带来了一股重印死者著作的浪潮，在由此产生的超过200万本书中，将近2/3是宗教书籍。自愿结成的社团既有倾向理性主义的，又有倾向虔诚的，既有共济会集会，又有为研读《圣经》举行的"查经班"。

尽管如此，对大多数同时代观察者而言，特别是在受过教育的精英阶层当中，似乎是理性文化正在胜利前行。在一本出版于1789年的伏尔泰传记中，孔多塞侯爵回顾了传主（生于1694年）一生中发生的进步，并将这种进步视为传主努力的结果：依靠更合理的丧葬方式和接种手段，健康状况得到了改善；“附属于罗马宗教的国家神职人员已经丧失了他们那危险的力量，也将丧失他们那可耻的财富”；新闻自由有所改善；在斯堪的纳维亚、波兰、普鲁士和哈布斯堡君主国，宗教不宽容现象业已消失，甚至连法国和意大利部分地区也出现了好转迹象；农奴制似乎已在欧洲大部分地区趋于消亡；各种有益的法律改革已然实施；战争频率降低；君主和他们的特权阶层再也无法愚弄属民；整体而言“理性第一次开始向欧洲人民传播一种纯粹而稳定的光明”。

对许多欧洲知识分子来说，1789年爆发的革命标志着理性的最终胜利和全人类新时代的曙光。格奥尔格·福斯特（Georg Forster）是一位曾随同库克船长参与其第二次太平洋探险（1772—1775）的德意志学者，他感慨道：“看到哲学在头脑中结出的果、在国家层面实现的事是光荣的。”然而，事实证明这是一个虚妄的黎明，孔多塞侯爵便发现了这一点，他于1794年3月在狱中自杀，以避免面对会将他送上断头台的“审判”。其实，针对理性的反动很久之前就已开始。有三个转折点很突出。首先是让-雅克·卢梭在1749年8月25日的顿悟。他在《忏悔录》(*Confessions*) 中写道：

> 那年（1749年）夏天酷热难耐。从巴黎到万塞讷有2法里。我手头拮据，雇不起车，所以我一个人去的时候，便于下午2点走着去。我走得很快，好早点赶到，路旁的树木按照法国习俗总

是被修剪得齐刷刷的，几乎没了一点儿阴凉。我常常又热又累，躺在地上，动弹不了。为了走得慢一些，我便想了个主意，边走边看书。有一天，我拿了一本《法兰西信使》(*Mercure de France*)杂志，一边走一边看，忽然发现第戎（Dijon）科学院为下一年而出的有奖征文，题目是:《科学与艺术的进步加速了腐化堕落抑或净化了道德习俗》。一看这个题目，我顿时看到了另一个宇宙空间，仿佛变成了另一个人。*

在1762年写给马勒泽布的一封信中，卢梭强调了他的想象来得既突然又极端:“我立刻感到上千道光芒直刺我的思想，一堆了不起的念头竞相出现在我面前，它们来势凶猛，杂乱无序，把我抛进难以言表的惶惑状态。我感到头晕目眩，就像是迷醉了一样。”卢梭陷入了心悸，无法走路或呼吸，魂游象外般跌倒在地。当他在半个小时后起身时，发觉自己的外套正面浸透了泪水。给卢梭展现通往真理之路的并不是理性，而是突然降临的皈依体验，可以与扫罗在前往大马士革途中的归信经历相媲美。他意识到启蒙运动的价值体系需要翻转过来：让人类误入歧途的不是无知、偏见或迷信，而是文明。这时，他眼睛上的鳞立刻掉下来了。作为对第戎学院所提出问题的回应，他写就了《论科学与艺术》(*Discourse on the Arts and Sciences*)，对启蒙价值体系发动了全面攻击。从原则上讲，妄图控制、利用自然来增进人类物质享受是错误的，从实践上讲也是致命的。自然科学的各个分支都存在源自恶习的动机：迷信驱使着天文学，贪婪驱使着数学，野心

* 此处译文引自［法］卢梭著，陈筱卿译，《忏悔录》，译林出版社，1995年，第308—309页。部分地名译法据《世界地名翻译大辞典》修正。

驱使着力学，无聊的好奇心驱使着物理学。他对印刷术的发明感到遗憾，因为它让霍布斯和斯宾诺莎的不虔诚作品留传后世。他最后预言说，人类最终会因现代文化而变得极度叛逆，最终达到恳求上帝让他们恢复“天真、无知和贫穷”的地步，“因为只有这样才能让我们在主你的眼中变得幸福和珍贵”。

第二桩转折事件发生在1764年6月的一个晚上，当时罗伯特·沃波尔爵士的三儿子霍勒斯·沃波尔做了一场噩梦。在写给友人威廉·科尔（William Cole）的一封信中，霍勒斯解释了梦中发生的事情：

> 一天早晨……我从梦中醒来，能够想起的全部状况是：我以为自己是在一座古堡里（对于一颗像我这样充塞着哥特式故事的脑袋来说，这是个非常自然的梦），在一个大楼梯最上方的栏杆上看到了一只披着铠甲的巨手。那天晚上，我坐下来开始写作，一点都不知道我将写下些什么。

这样的意识流持续了两个月，直到他的小说《奥特朗托城堡，一个哥特式故事》（*The Castle of Otranto, A Gothic Story*）最终完成。当霍勒斯于次年出版小说时，他声称它是在“英格兰北部的一个古老的天主教家庭的图书馆里”被发现的，原先于1529年在那不勒斯出版。在序言中，他还推测该书的作者是一位老派的神父，在神父们受到文艺复兴时期的理性光芒威胁时，这位作者“为了让大众确信往昔的错误说法和迷信”而撰写此书。或许是因为该书立刻取得了极大的成功，霍勒斯在当年晚些时候发行的第二版的序言中声明自己才是作者，他将这种做法描述为“一种试图融合两种浪漫——古典浪漫与现代浪漫——的尝试。前者中的一切都是想象，都不可思议，后者中，自然总是被刻意模仿，这种模仿有时也会取得成功。虽然并不缺乏创造力，可由于严格遵循普通生活，幻想的来源已经被堵住了”。霍勒斯充分放纵了他的幻想力，写出了如下过度夸张的内容：一幅走下画框的画像，一座流血的雕像，一把大到需要 50 个人才能挥动的剑，被割断的巨大躯体部分，各式各样的魔法师、小妖精、修士和其他超自然人物，等等。最初的幻梦和小说的写作都发生在理想的环境当中，因为在此前大约 15 年里，霍勒斯已经把他位于特威克纳姆附近草莓丘（Strawberry Hill）上的房子变成了哥特式的盛大作品，就算它不是“哥特式复兴”的第一个案例，也必定是最有影响力的那个。

第三个转折点是歌德在 1770 年 3 月的斯特拉斯堡之旅，他当时只有 21 岁，准备前往那里的大学攻读法学。因此，歌德是在说德语但由法国统治的土地上经历了他的文化转向。触发转向的是大教堂，它是歌德所见到的第一座大型哥特式建筑。和大部分受过教育的欧洲人一样，他所受的教导是把中世纪的建筑视作野蛮的缩影。可以作为德意志人意见代表的是约翰·格奥尔格·祖尔策（Johann Georg Sulzer），此人撰写的非常受欢迎的艺术百科全书初版于 1771 年，在这本书中，他给出了如下定义：“‘哥特式’的绰号经常被用于指代野蛮的美术作品，不过很少能够准确给出这个说法的含义。它似乎主要用以表示粗陋、缺乏美感和比例不佳，源于定居在意大利的哥特人拙劣地模仿古代建筑。”

根据歌德出版于 1811 年的自传，他一开始只是将斯特拉斯堡大教堂的尖顶视作欣赏附近乡村的理想观察点。然而，教堂渐渐地开始引起审美反应，这种反应既强烈又难以表达。歌德的反哥特式偏见和建筑物那令人难以抗拒的吸引力之间存在着矛盾，在思考这种矛盾带来的问题的过程中，他颠覆了自己的审美准则。所有的经典准则都被这种不规则、不对称、具备独特气质的建筑群驳倒了，实际上这个建筑群甚至都没有建成，因为计划中的两个尖顶有一个始终未能完工，而且整个教堂与其说是建成的建筑物，倒不如说是生长的有机体。歌德所受的教育告诉他应当讨厌这种东西，可他的感受恰恰相反——这就是“一种新的启示”。

歌德在一篇名为《论德意志建筑》的文章中与世人分享了他得到的启示，这篇文章被题献给斯特拉斯堡大教堂的主建筑师埃尔魏因·冯·施泰因巴赫（Erwein von Steinbach）。歌德在此带着对哥特式风格的新热情传扬了一种崭新的美学信条。任何认为通过就读学校、吸收原则或遵循规则就能找到美的想法都遭到了强烈否定：那当中实在有太多奴役洞察力和能量的东西了。古典美学所要求的可怕的优良品味、和谐和纯洁是在以暴力对待自然那不可驾驭的自发之美。在这篇文章的关键段落中，歌德定义了他的另一种选择：“唯一真正的艺术是能表现特征的艺术。如果它的影响力源于深刻、和谐、独立的感觉，源自自我独特、不顾任何外界事物的感觉，那么不论出自粗暴的野蛮还是文雅的感情，它都是完整而鲜活的。”这里的关键词是“特征”（karakteristische），歌德指的是自然且自发地从来源文化中产生的艺术，而不是什么模仿产物。斯特拉斯堡大教堂不光是一种具有特征的艺术，还是一种具有德意志特征的艺术。它是“在真正的德意志时代”（in echter deutscher Zeit）从德意志的土地上产生的，它的地位是依靠那被意大利人或法兰西人鄙视的优点赢得的。这座巨塔看上去像是生长出来的某种东西，这就让它愈加美妙："一棵高大的上帝之树，用千根分枝、百万条细杈和多如海中之沙的叶片宣扬着它的主人——主的荣耀。"

歌德还在斯特拉斯堡遇见了约翰·戈特弗里德·赫尔德（1744—1803），赫尔德编纂了一本名为《德意志的风格与艺术》（*Von deutscher Art und Kunst*）的文集，歌德写的与斯特拉斯堡大教堂有关的文章就刊登在这本文集里。两人合在一起成为著名运动的核心，这场运动后来以"狂飙突进"（Sturm und Drang）之名为人所知，这一名称来自弗里德里希·马克西米利安·冯·克林格尔（Friedrich Maximilian von Klinger，1752—1831）的同名剧本。它在很大程度上是一场反对老一辈那些被视为乏味的理性主义与古典主义事物的愤青运动。与老一辈不同，狂飙突进运动强调的是直接或间接源于虔敬派的"内在光照"，认为它占据首要地位。他们的英雄是孤独的局外人，即便被习俗的力量打入沉沦的境地，也不惜代价试图改变。主观性、独创性和激情是他们的理想。赫尔德的导师、普鲁士虔敬派教徒约翰·格奥尔格·哈曼（Johann Georg Hamann）认为："只有激情才能为抽象和假设提供手脚与翅膀，将灵魂、生命和声音赋予图像与符号。"

不到10年，狂飙突进运动就燃尽了自己，可在那之前，歌德已经出版了两本影响力极大的杰作：1773年面世的戏剧《葛兹·封·贝利欣根》（*Götz von Berlichingen*）和1774年面世的小说《少年维特之烦恼》（*Die Leiden des jungen Werthers*）。虽然腓特烈大帝将前者贬低为"对那些糟糕英国戏剧的可恶模仿"，但是它的影响力非常大，因为它在内容和形式上都是伟大的自由宣言。从风格上讲，这是一场革命，它不仅放弃了时间、地点和事件的一致*——占据主导地位的法国模式的特征——而且将它颠倒过来。事件连绵数月，场景变换数十次，至少存在两条主线。戏剧的语言在古典主义听来十分刺耳，因为歌德采用了16世纪早期的两份材料，路德的《圣经》译文和历史上葛兹的自传，还采用了他的家乡美因河畔法兰克福所说的高地德语方言。结果产生了表达效果极佳的语言风格，可这也是口语化、不讲语法、缺乏教养的写法。实际上，它传达的主要信息预示着康德后来的说法：任何不是自发产生而是由外界强加的权威都应当拒绝。在这出戏最重要的一行中，反派主角阿德尔贝特·封·魏斯林根（Adelbert von Weislingen）说道："确实只有那种既不必通过统治别人又不必通过顺从别人来有所作为的人，才是幸福、伟大的。"《少年维特之烦恼》就更轰动了，它是由德意志人撰写的第一本国际畅销书。此书情节很简单：维特是一个处于中产阶层但身份受人尊敬的年轻人，他遇见并爱上了一位姑娘，姑娘也回应了他的感情，可她已经与别人订婚了，维特无法平复沮丧的激情，便开枪自杀了。它推到文化习俗面前的挑战极为尖锐，人们不可能对此无动于衷。在右翼，教会的保守人士认为它对自杀的美化令人厌恶；而在左翼，开明的进步分子发现它对理性的蔑视同样恼人。可是，这本书的赞赏者用维特式充满感情的赞歌淹没了批评。记者克里斯蒂安·丹尼尔·舒巴特（Christian Daniel Schubart，1739—1791）告诉他的读者："我坐在这里，我的心在融化，我的胸膛在跳动，我的眼里流淌着狂喜的痛苦泪水，亲爱的读者，需要我告诉你们，我读的是我敬爱的歌德所作的《少年维特之烦恼》

* 此即三一律，要求戏剧创作在时间、地点和事件三者之间保持一致性。一出戏的时间范围应在一天之内，地点不应变换，事件上不允许其他支线情节存在。

吗？我读得如饥似渴。”不到一年，这本书就出现了11个版本，其中大部分是盗版；1790年时，已有30个版本。它几乎立刻被译为英文和法文，18世纪末，几乎所有欧洲语言的译本都有了。

一种新的世界观从卢梭、沃波尔、歌德这样的人的见解中产生。它最终以“浪漫主义革命”之名为人所知，它以情感反对理性，以信仰反对怀疑论，以直觉反对逻辑，以主观性反对客观性，以历史主义反对自然法，以诗歌反对散文。在浪漫主义者看来，启蒙运动和它的科学方法不断进行分析，直到把面前的世界变成拆散的、原子化的、毫无意义的堆块。对于启蒙运动的一个常见指责是，它“能够解释一切，但无法理解任何事物”。狂飙突进团体成员约翰·海因里希·默克（Johann Heinrich Merck，1741—1791）对启蒙运动抱怨如下：

> 现在，我们已经拥有了在公开场合只信任能够以理性阐述的东西的自由。他们已经将所有感性因素从宗教中剥离出来，去掉了所有感性成分。他们将它切得支离破碎，让它沦为没有色彩与光泽的骷髅……现在，它被放在一个罐子里，没有人想要品尝它。

理性看似是一位解放者，可事实证明它是尤为严苛的暴君。哈曼愤怒地问道：“这种受到广泛赞誉，有着普遍性、无误性、确定性和自负的主张的理性，不就是一个抽象存在（ens rationis），一个填充了神性的假人吗？”在卢梭看来，哲学家们犯了他情人瓦朗夫人（Madame de Warens）的错误，关于她，他在《忏悔录》中写道：“她没有听从会把她引向正道的心灵的忠告，而是听从了理性，从而被引入歧途。”海因里希·冯·克莱斯特（Heinrich von Kleist，1777—1811）正是本着这种精神嘲笑牛顿会把姑娘的酥胸仅仅看成一条曲线，只关心姑娘芳心的体积，威廉·布莱克（William Blake，1757—1827）则宣称“艺术是生命之树，科学是死亡之树”。为了取代理性主义的枯燥抽象，浪漫主义要求重塑世界。他们反对古典主义的自然审美规律，拿出源自天才内心的自发性和独创性来与之相抗。最伟大的浪漫主义画家卡斯帕·达维德·弗里德里希（Caspar David Friedrich，1774—1840）说：“画家不应该只画他看到的眼前事物，还要画他用自己的内心看到的东西。否则他的画就不过是一张幕，人们在幕后只能发现病人甚至死者。”他的友人格奥尔格·弗里德里希·克斯廷（Georg Friedrich Kersting，1785—1847）从视觉上呈现了这一原则，他笔下的弗里德里希身处一间孤立于外部世界、未加装饰的工作室。

对理解真正重要的事物而言，浪漫主义认为理性及其主要工具——词语——与其说是不足，倒不如说是误导，它们给人以精确、清晰的假象。如果大自然并不是一个毫无生命、由盲目而机械的牛顿法则支配的聚合体，而是一个活跃地进行生命律动的充满活力的有机体，那么只有让其他的人类能力恢复到正确的位置上，才能理解自然。这表明他们拒绝了启蒙运动的理性主义，将其中心隐喻——光——颠倒了过来。“白昼冷光”被斥为肤浅，取而代之的是“仙境之夜”。在戈雅的《理性沉睡，心魔生焉》（*The Sleep of Reason Begets Monsters*）中，栖息在艺术家肩上的猫头鹰是一只可怕的怪物，还是密涅瓦的猫头鹰，智慧的象征，“只在黄昏起飞”（黑格尔语）？从诺瓦利斯和他的《夜的颂歌》（*Hymns to the Night*）到理查德·瓦格纳和他的《特里斯坦与伊索尔德》(*Tristan und Isolde*),夜晚都被誉为“一切真与美的母亲”。

艺术的神圣化与艺术家的地位

在 18 世纪和 19 世纪早期,文化摆脱了呈现和消遣的功能,成了一种神圣化的活动,能够依靠自身获得尊崇。从 18 世纪末和 19 世纪初两场葬礼的对照中,我们可以看到一条线索。没有人知道莫扎特何时下葬,甚至连具体哪一天也不得而知。根据莫扎特的遗孀康斯坦策(Constanze)的说法,他应该是在 1791 年 12 月 5 日凌晨 1 点死于维也纳。第二天或第三天(记载相互抵触)下午 3 点,他的遗体被运至圣斯特凡大教堂,在十字架礼拜堂前接受祝福,然后,载着遗体的灵车穿过施图本门(Stubentor),沿着乡间道路前往圣马克思(St Marx)新公墓。下葬可能在当天举行——也就是 6 日或 7 日,这取决于读者采信何种说法,但考虑到那时已经很晚了,它更有可能发生在次日,也就是 7 日或 8 日。虽然围绕着莫扎特葬礼的一些粗陋神话已经被粉碎了,但事实上它仍是一场非常平静的送别。除了教堂司事和神父,没有人出现在他墓旁,也没有立一块墓碑来标记这个地点。

36 年后,贝多芬的葬礼待遇何等不同! 1827 年 3 月 26 日,星期一,下午 5 点 45 分左右,他离开人世,他的朋友们早已在韦灵(Währing)公墓选定了一块合适的墓地。一旦他的生命被宣告结束,他们就安排验尸,通过约瑟夫·丹豪泽(Joseph Danhauser)的一幅素描和一张死者面模为后世保留了贝多芬的肖像,并着手保护他的财产。希望与贝多芬做最后告别的人成行成行地从遗体边通过,他们在那口“安放在球状镀金底座上、光亮平滑的橡木棺材”旁边安排了守夜，四周点上了 8 根蜡烛。3 天后，葬礼正式举行，它在下午 3 点开始，组织方给参与者发放了正式邀请函。随着棺材被运到黑袍西班牙人居所*的庭院里，9 名来自苏格兰修道院（Schottenstift）的神父为他吟诵祝福，从意大利歌剧团里选出的唱诗班则唱了一首安塞尔姆·韦伯（Anselm Weber）创作的赞美诗。正如人们从弗朗茨·施托贝尔（Franz Stober）的著名绘画中所见，人群拥挤，游行队列很难出发，这本身就是一个引人注目的现象了。当队伍最终得以出发时，第二个唱诗班在长号伴奏下唱出了《求主垂怜》(*Miserere*)。一路上，如一份报纸所述，许多“来自各个阶层和等级”的人聚在一起，人数多到当游行队列前往阿尔泽巷（Alsergasse）的圣三一教堂时，竟花了一个半小时才行进 450 米。葬礼结束后，队列中的人依然数以千计，他们重新列队前往韦灵公墓。在城门口，古典派演员海因里希·安许茨（Heinrich Anschütz）发表了由哈布斯堡帝国最著名的剧作家弗朗茨·格里尔帕策（Franz Grillparzer）撰稿的演说。这次演说依靠自身的魅力成了理所当然的著名事件，事实上它之所以能够赢得赞美，既是源于其文采，又可归因于它的简练。尤为惊人的是，演说中完全没有提到上帝。格里尔帕策——以及贝多芬——尊崇的神是艺术：“生活的荆棘深深地刺伤了他。他像遇难的落水者去抓堤岸一样，投入你的怀抱。啊，你是善与真的光辉姊妹和同伴，治愈痛苦心灵的香膏，自天降生的艺术！”超自然存在已经没什么必要了，只要一个由一位

---

* 黑袍西班牙人居所（Schwarzspanierhaus），即贝多芬 1825 年 10 月—1827 年 3 月的住处，也是他的逝世地点。这栋建筑物曾是身着黑袍的西班牙本笃会修士的修道院，因此得名黑袍西班牙人居所，在约瑟夫二世时代后不再作为修道院使用，但仍保留此名。参见：George Grove，*A Dictionary of Music and Musicians*, London and New York, 1889, vol. 3, pp. 425—426.

至高无上的艺术家体现的世俗美学宗教就已足够。正如舒伯特的友人加布里尔·塞德尔（Gabriel Seidl）在一首献给贝多芬的纪念诗歌中所述：

> 他支配、调和着奇怪和不相容。
> 他用头脑感受，他用心灵思考。
> 他教导我们新的欢乐、新的感叹、新的祷告和新的玩笑。
> ……
> 他活着！因为他的生命就是他的音乐，神明永远不会从世界的胸膛上将它拔除。

莫扎特和贝多芬的葬礼仪式之间存在极大差异，一定程度上可以归因于艺术——特别是音乐——在整体上已经成为人类社会中一个独立、自主的价值和权威的来源。美学是在18世纪中叶的德意志作为一门独立学科出现的。莱辛（Lessing）的《拉奥孔，论诗与画的界限》（*Laocoon or The Bounds of Painting and Poetry*）出版于1766年，它将几条不同线索合到一起，形成了将后世的德意志知识分子结合到一起的纽带。和许多作者同行一样，莱辛是一位新教牧师的儿子，这一点并非无足轻重。尼古拉斯·博伊尔（Nicholas Boyle）在他的歌德传记中恰如其分地评论，德意志审美理论是“从前教士的从前神学”。

莱辛这样的新古典主义者厌恶洛可可式的过度享乐，他们从路易十四设立的学院中的法国理论家身上所得颇多，但莱辛等人并不接受让艺术从属于非艺术目的，比如说颂扬太阳王的荣耀。约翰·格奥尔格·祖尔策在出版于1771年的《美术通论》（*Allgemeine Theorie der schönen Künste*）中对此给出了权威的表述，他坚定地表示将艺术用于诸如“展示和奢侈”这样的呈现目的是“对它们的神力……和高尚价值的彻底误解”。更具影响力的是温克尔曼。在本章业已提到的他的成就之外，还必须加上一点：他将虔敬派的反省语言和感觉论的异教信仰结合到一起，创造出了一种美学宗教。温克尔曼在描述美景宫的阿波罗（Apollo Belvedere）时，不仅是在欣赏一尊雕像，也是在进行一场宗教活动，因为对他来说，雕像不仅仅代表了神，它**就是**神［利奥波德·埃特林格（Leopold Ettlinger）语］。

哲学家那精炼、系统的表述可能吸引力有限（尽管人们不应当低估在德意志地区受过教育的资产阶级中存在的理性主义），但那些让欧洲文学的权力平衡向莱茵河以东转移的诗人、剧作家和小说家就不一样了。当时，是歌德统领着所有流派，而且更重要的是，他被后人视为这些人当中的超群人物。可在歌德生前以及死后很长一段时间里，获得更高评价的是他的友人弗里德里希·席勒，而且音乐家尤其青睐席勒。当贝多芬与歌德在1812年首次会面时，他觉得歌德实在太像廷臣了，而他从小就崇拜席勒，无疑熟悉席勒的作品，在书信中还引用过席勒戏剧的多个段落。

温克尔曼对“高贵的简约和平静的宏大”的著名呼吁渗透到了席勒18世纪90年代的成熟戏剧和美学著作当中。在完成于1795—1796年的两部杰作《审美教育书简》（*On the Aesthetic Education of Man, in a Series of Letters*）和《论素朴的诗与感伤的诗》（*Naive and Sentimental Poetry*）中，席勒探讨了现代人的隐忧，分析了人的理性成分和感性成分。法国大革命引发的剧变揭示了纯粹理性的“理论文化”的无能。当时所需要的是美学教育提供的“实践文化”，这可以让想象力得到拓展。启蒙运动不能仅仅通过概念来影响人类性格，因为大部分人都是在感觉的推动下采取行动的。所以，除非情感和想象已经准备好了土壤，不然理性感知的种子就会在播撒的地方干枯："通向头脑的道路必须通过心灵打开"。那就是美学教育的目的，为从"单纯的强力统治向法治过渡"铺平道路。审美体验是理性与感性可以和谐交融的一个领域：只有在文化当中，人才能同时做到活跃和自由，能够在保持自我约束的同时影响周边世界。当整个欧洲都面临革命性变革的压倒性威胁时，只有通过文化，人类才能实现不放纵的自由。"如果有人要在实践中解决政治问题，他就必须通过美学问题的路径来实现，因为人只有通过美才能走向自由"，这便是席勒的结论。或者也可以用贝多芬更为简洁的表述："只有艺术和学术能给我们源自更高层次生活的提示与希望。"

正是在 18 世纪，"艺术"（art）获得了它的现代含义。对约翰逊博士来说，这个词依然意味着技艺，就像"煮糖技艺"一样，不过到了这个时候，"美术"、"高雅艺术"或"有品位的艺术"已经可以与"必需的"、"机械的"或"有用的"技艺明确区分开来了。英国人从德意志人那里拿来了一则信条，认为文学、视觉艺术和音乐具备一些共同的品质，这让它们超越了技术。在撰写于 1787 年的《论美的可塑模仿》（*On the Plastic Imitation of the Beautiful*）中，卡尔·菲利普·莫里茨（Karl Philipp Moritz，此人也写过一本富有洞察力的英格兰游记）认为，因为艺术创作不服务于任何实用目的，所以它拥有自足的准宗教的特征。当然，就艺术家应当被以何种方式对待这个问题，这条公理为也带来了重要推论。由于这些人已经晋升为准宗教中的高级教士，因此他们有权享有创作自由，这种自由不应当受到赞助人的呈现型或消遣性需求的约束。用歌德的朋友兼肖像画家约翰·海因里希·迈尔（Johann Heinrich Meyer）的话说："艺术必须感到自由和独立；可以说，它要想蓬勃发展，就必须自我支配；如果它受到管制和掌握，就注定会衰落，会消亡。"

这种独立的推动力一定程度上是由对赞助人的古怪诉求备感不安所引起的。当海顿又得为尼古拉·艾什泰哈齐侯爵创作上低音维奥尔琴三重奏时，难道不是连他都感觉自己被剥削了吗？1790年，海顿在提到自己此前10年时写道："我不知道我是乐队指挥还是乐队杂役……做奴隶真的让我伤心……我是个可怜人！"此后不到一年，他就被经纪人萨洛蒙送往伦敦，在那里，海顿名利双收。他在1791年1月8日致信玛丽亚·安娜·冯·根青格（Maria Anna von Genzinger）道：

> 我的到来在整座城市引起了轰动，我连续3天出现在所有报纸上。每个人都希望了解我。到现在为止，我已经赴了6场宴会，要是我喜欢，我可以天天出去赴宴。

然而，海顿还是回到了艾森施塔特，直至去世都还在为艾什泰哈齐家族效力。他实在太敏锐了，敏锐得足以意识到不具名的公众也可能是和任何一位王公贵族一样的严苛监工。关键是如何既得到金钱与奉承，又不必放弃创作自由。即便是在最好的时代，实现这种也并非易事，而公众人数迅速增加的同时，他们的欣赏水平又没有很大提高，这种平衡就更难达到了。海顿的交响曲很受欢迎，贝多芬的《第九交响曲》就完全是另一回事了。公众喜欢的是轻松的曲目，也就是要有足够的变化，旋律优美，节奏规整，还不要太长，而且最好用C大调，这样就可以较为轻松地在家里用钢琴演奏它了，当时在中产阶层的客厅里，摆上钢琴成了越发流行的特色。音乐家一直在大声抱怨公众并不欣赏他们，公众更喜欢的是意大利甜腻歌剧那神气活现的曲调和轻巧的配器。贝多芬本人对当时盛行的意大利歌剧风格颇有微词，贝多芬在与胡梅尔（Hummel）的谈话中以特有的简练说道："据说人民的声音就是上帝的声音（vox populi, vox dei）——我从不相信。"

要摆脱这种困境，避免从贵族暴政的煎锅跳入公众庸俗的火焰，就需要将艺术从社会的浮垢与沉渣中解救出来，把它放到圣坛上，让它处于毫无污点的安全境地（这里只不过是再次杂糅了隐喻）。因此，所有流派的艺术家都热衷于美学家所宣扬的艺术神圣化。在可供选取的丰富案例中，以下两个案例依靠其语言的雄辩和相对简洁脱颖而出。第一个来自诺瓦利斯［萨克森贵族弗里德里希·冯·哈登贝格（Friedrich von Hardenberg）］：

> 谁在这世上感到不快，谁未能找到他所寻求的东西——那么，就让他进入书本、艺术和自然的世界，进入这个既古老又现代的永恒领域吧，让他生活在更美好世界的这座秘密教堂里吧。他在那里一定会找到一个情人、一位朋友、一个祖国和一位上帝。

第二个是歌德：

> 真正的诗歌是以这样的方式证明自己的：它了解如何将我们从压迫我们的尘世负担中解放出来，它成了世俗的福音，它创造

内心的快乐和外在的满足。就像热气球一样，它将我们引入更高的地方，让我们鸟瞰纷乱的世界。

音乐家是所有创造艺术家中最容易做到这一点的，因为音乐直接与心灵对话，不用靠字词或图像居中传达。关于这一点，伦纳德·威洛比（Leonard Willoughby）说得特别好："浪漫主义者希望通过音乐抵达终极现实，因为音乐的形式几乎等同于内容，它似乎直接出自那永恒的混沌，无须经过人类理智的梳理。浪漫主义者喜爱并强调的，正是音乐中的这种狄奥尼索斯元素。"这并不意味着他们不得不退到某座偏远的象牙塔里，摆脱普通大众的糟糕品味。这只不过意味着在面对最糟糕的市场过剩时要持有一种自我保护的超然态度。

民族在精英话语和大众话语中越发重要，而音乐家有能力传达其重要性，这加速了艺术神圣化的进程。已故的厄内斯特·盖尔纳（Ernest Gellner）喜欢引用詹姆斯·哈德利·蔡斯（James Hadley Chase）小说《没有兰花送给布兰迪希小姐》（*No Orchids for Miss Blandish*）中的话"每个女孩都应该有一个丈夫——最好是她自己的"，然后补充说："现在，每一种高雅文化都想要一个国家，而且最好是它自己的。还可以补上一句：每个民族都想要音乐——最好是它自己的。"亨德尔之所以在英国受到同时代人的崇敬，背后原因正在于此，他在归化英国后变得越发英国化了。他的的确确是在为英国民族认同的三大支柱——新教、繁荣和权力——发声，他的清唱剧在这方面尤为突出。1759 年，74 岁的亨德尔与世长辞，人们在威斯敏斯特大教堂为他举行了盛大葬礼，并为他建立了一座惹人注目的永久纪念碑。在他逝世 25 周年时，为了庆祝他的国家象征地位，人们举办了一场大规模的亨德尔纪念活动，参与者包括国王夫妇、高级教士、贵族、乡绅以及如一份当时的报纸所说“虽然位列最后，但在娱乐和消费事务上相当重要的人民陛下”。圣公会牧师威廉·考克斯指出，这场纪念活动是“有史以来给予身后名声的最辉煌礼赞”，是“职业、民族和君王的荣耀”。对音乐家的神化发生在伦敦这座拥有欧洲最大公共领域的城市，此事并非偶然。亨德尔展示了音乐表达国家认同的能力，法国革命者则用《马赛曲》和其他通俗歌曲模仿此举，后来几乎每个欧洲国家都选择效仿。音乐和音乐家地位的这种提升标志着艺术体裁的传统等级发生了剧烈变化，因为在过去，最受赞助人和公众喜爱的是建筑师和画家。可是正如 19 世纪所示，音乐已经开始不可阻挡地向文化霸权进军。

第四部分

战争与和平

第十一章

从《威斯特伐利亚和约》到《尼斯塔德和约》，1648—1721

费尔贝林

1675 年 6 月 22 日，勃兰登堡选帝侯腓特烈·威廉率领一支约 20 000 人的军队进抵马格德堡。他们离开自去年秋季起驻扎的弗兰肯，在不到 3 周的时间里行军超过 300 千米。入城后，腓特烈·威廉稍作停留，让人将城门紧闭，强制执行了严格的信息管制。在径直越过易北河后，他指挥全部骑兵——约有 7 000 人——和 1 000 名乘车的火枪兵向北赶赴哈弗尔河。他的瑞典敌人沿着河流东岸布兵，对己方现在并未独处东岸毫不知情。6 月 24 日夜，腓特烈·威廉抵达拉特诺（Rathenow）后，便派出一名间谍进入城镇，联系地方官冯·布里斯特（von Briest）。根据腓特烈大帝在《作为勃兰登堡家族历史的回忆录》中的记述，这位富有魄力的城镇官员立刻为瑞典军官组织了一场宴会。就在瑞典军官畅饮之际，腓特烈·威廉派出分遣队越过哈弗尔河，从四面围住了城镇。黑森–洪堡方伯弗里德里希在战斗当天写给妻子的信*中，生动地描述了其后发生的事情。

心爱的法蒂（Fatty）：

今天一早，尽管敌军展开了英勇抵抗，我军还是依靠突击夺下了拉特诺要塞。副官卡诺尔斯基（Canolski）率领300人潜入敌军抵抗最激烈的地方，旺格林（Wangelin）和他的情妇被活捉了，他们的上校、1名少校、2名上尉、几名中尉以及大约100名普通士兵也被俘虏。当地的敌军共有600人，其他人都被杀掉了；我们损失了尊敬的于克曼（Ückermann）中校、1名准尉以及四五十名普通士兵。面对整支敌军，仍能夺取这样重要的地方，这堪称世界上最出色的作战行动。要是上帝愿意，我们会很快赢得另一场战斗，同己方步兵会合后，依靠上帝的帮助，我们将再度痛击敌军。

再见，我不能继续写了

直到死亡让我们分离，你忠实的丈夫和仆人

黑森方伯弗里德里希

书于拉特瑙营前

我们不知道"法蒂"是否会在他们更私密的时刻称呼她的丈夫为"黑森"，就像蓬帕杜尔夫人称呼路易十五为"法兰西"那样。他所提

* 德国历史学家贝尔纳在其《普鲁士国家史》中收录了此信，写信日期为1675年6月15日（儒略历），即6月25日（公历）。参见：Ernst Berner, *Geschichte des preußischen Staates*, München und Berlin, 1891, pp. 176—177.

到的卡诺尔斯基计谋，是指伪装成一支瑞典援军，骗哨兵打开拉特诺城门。

鉴于瑞典军队已被分割，南半部瑞军指挥官弗兰格尔伯爵瓦尔德马（Waldemar, Count von Wrangel）打算从东面绕过勃兰登堡军队，前往北面的哈弗尔贝格（Havelberg），与他的兄长会师。腓特烈·威廉紧追不舍，在瑙恩（Nauen）从一名战俘口中得知，他再早一个小时就不会错过瑞军了，而瑞军的意图是要在费尔贝林（Fehrbellin）越过莱茵河。他最终在哈肯贝格（Hakenberg）小村追上了猎物，村庄距离日后赋予此战名称的较大社区约有几千米远。瑞军背对着沼泽和费尔贝林桥，但是桥梁已被一支勃兰登堡骑兵前卫摧毁，因此瑞典人别无选择，只能掉转方向，投入战斗。鉴于瑞军享有2比1的人数优势，他们至少应该能够组织防御，争取足以修复桥梁的时间。然而，腓特烈·威廉的果断一如既往地使他在当天获胜。德夫林格（Derfflinger）将军希望等待步兵和炮兵主力抵达，然而他的上级坚称："我们离敌人就这么近，他不掉头发也得掉毛。"弗里德里希方伯的贸然举动导致战斗打响，他原本奉命率领1 600名骑兵展开侦察而非攻击。要是随后的会战进展不利，他会因违背命令而付出生命的代价。但事实证明，勃兰登堡龙骑兵夺取了战场上唯一隆起的地面，这让他们能够最大限度地利用炮兵效力。瑞军的一系列反击被打退后，骑兵发起猛攻，迫使瑞典人在混乱中逃往费尔贝林。第二天，勃兰登堡步兵抵达战场，腓特烈·威廉得以向费尔贝林发起最后的进攻，瑞军由战败沦为溃散。在两天的激战中，瑞军损失了大约3 000人，其中许多人在逃过沼泽地时被农民杀死，他们的对手损失了约500人。

费尔贝林战役从人数方面而言是不起眼的，但它的影响却很深远。后人固然可以凭着事后聪明，将此战视为勃兰登堡夺取德意志霸权征程的起点，然而这么想的并不仅仅是他们，因为与腓特烈·威廉同时代的人已经开始称他为“大选帝侯腓特烈·威廉”了。他的曾孙腓特烈大帝写道：“他受到敌人的赞扬，得到臣民的祝福，他的声望可以回溯到伟大的这一天。”短期而言，费尔贝林战役开启了一连串军事胜利。瑞军残余部队撤出了勃兰登堡，退入梅克伦堡，它的无敌声威土崩瓦解。诸多俯冲而来的秃鹰中，有入侵瑞典本土的丹麦人，有占据不来梅的不伦瑞克公爵，还有向波罗的海派出一支舰队的荷兰人。巴伐利亚选帝侯匆忙放弃了参战计划，而他原本要站在瑞典的盟友法国一边。1676—1678 年，在其后的三个作战季里，腓特烈·威廉继续施压。尽管瑞典人证明自己能够迅速恢复，他们还是被迫逐步退出己方的广阔德意志领地，1677 年底他们丢失了斯德丁，第二年又丢掉了施特拉尔松德（Stralsund）和波美拉尼亚的剩余部分。1678 年，年底将至时，瑞军对东普鲁士发起了近乎垂死挣扎的入侵，却只是加速了瑞典的崩溃，腓特烈·威廉和他的军队刚刚接近，瑞军便先是逃跑，继而在勃兰登堡人的无情追击和袭扰下瓦解。最终仅有 3 000 人于 1679 年 2 月挣扎着返回里加，而入侵部队原先的规模足有其残部 4 倍之多。

然而，军事上的完胜并不能阻止外交上的惨败。波美拉尼亚的命运不能在东部战场上决定，决定它的是奈梅亨的谈判桌，始于 1672 年法国入侵荷兰共和国的欧洲大战在那里得以终结。路易十四尽管未能取得彻底的军事胜利，却征服了更多的土地，赢得了更高的声望。较之为数众多的敌人，路易十四依然拥有远多于其中任何一个对手的武装人员。因此，他能够将对手逐个解决，他在 1678 年 5 月使英格兰中立，随后于8月10日与荷兰媾和，于9月17日与西班牙媾和，于次年2月与皇帝利奥波德一世议和。因此，腓特烈·威廉从战役中凯旋后，发现只有丹麦在支持自己对抗难以遏制的路易十四，而路易十四认定自己的瑞典盟友应当拿回丢失的一切。由于腓特烈·威廉拒绝交出他辛苦得来的征服成果，在一段时间里，双方针锋相对，僵持不下。直到克雷基（Créqui）元帅率领的一支法军蹂躏了腓特烈·威廉的西部领地后，腓特烈·威廉才非常勉强地同意于1679年6月29日在圣日耳曼昂莱（Saint-Germain-en-Laye）签订条约。从5年来军事行动的辉煌胜利中，他获得的只是微小的边界调整，以及瑞典人让出的在波美拉尼亚勃兰登堡控制区收取过路费的权利。其余的一切都只能奉还。

法国的霸权

对于人们所称的17世纪下半叶的法国霸权，有许多事件可以充当例证，《圣日耳曼昂莱条约》只是其中之一，我们在此采用的是字典上“霸权”（hegemony）的含义：“领导权，主导地位，优势；尤其是在联盟或同盟中某个国家相对其他国家的领导或主宰权威。”正如我们所见，法兰西君主国历经17世纪40年代和50年代的考验与苦难，发展出了足以令法国在人口、物质上的压倒性优势生效的国家机器。其他任何国家都没有获赐这般深厚、这般多样的人口和物质资源。在自1678年开始执行装潢计划的凡尔赛宫的战争画廊中，如此资源产生的强权得到了宏伟庄严的视觉表达。安托万·柯塞沃克制作的一座巨型浅浮雕在这个房间里占据着主导地位，它描绘了“路易十四骑在马背上，践踏着敌人，满有荣耀”，下方的一座较小浅浮雕则展示了女神克利俄（Clio）*为后人忠实记述他的功绩。夏尔·勒布伦绘于天花板中部的湿壁画则描述了“武装起来的法兰西，坐在被胜利环绕的一片云中”，还手持一面绘有太阳王画像的盾牌。另外4幅描绘战败者的湿壁画环绕着它：无力对抗的西班牙，崩溃中的荷兰共和国，卑躬屈膝的德意志以及被压制住的国内冲突。这还不够，在隔壁的镜厅里，27幅天花板壁画中，有17幅描绘了在战争和外交上取得的胜利。圣西门有理由在1695年悲叹，认为这种得意扬扬的耀武扬威在相当程度上促使欧洲其余部分团结起来对抗霸权：“它们难道没有发挥过一丁点儿惹恼整个欧洲、导致它一再团结起来对抗国王个人和他治下王国的作用吗？”

路易十四能够依靠权力扭转瑞典与勃兰登堡间5年战争的结局，这一权力有赖于几个基础。其一是在1648年使得“三十年战争”终止的解决方式。《威斯特伐利亚和约》在领土层面给予法国的极少，仅有阿尔萨斯的10座城镇和布赖萨赫（Breisach）要塞，但在安全层面给予法国的很多。西班牙正式承认荷兰独立，此举即便没有完全驱散15世纪晚期以来法国被哈布斯堡领地所环绕的噩梦，也至少使其大为消退。德意志诸侯迫使皇帝斐迪南三世签署的协定意味着他父亲将神圣罗马帝国变为君主制国家的梦想半途而废，最终破灭。欧洲的柔软腹部将要保持软弱，现在，法国和她的瑞典“下属”都是《威斯特伐利亚和约》的保证人，这为日后进一步干预德意志事务、确保其维持现有状态打开了通道。把《威斯特伐利亚和约》评为“法兰西王冠上

* 克利俄是希腊神话中九位缪斯女神之一，主管历史。

最美珠宝之一”的法国外交官会非常乐意读到杰弗里·巴勒克拉夫后来的断言：“破碎、分裂、经济上虚弱、缺乏任何民族团结感的德意志实际上沦为了法兰西的保护国，即便在雷根斯堡的帝国议会上，主导的声音也属于法国大使。”

正如我们将要看到的那样，对神圣罗马帝国的轻蔑至少有些夸张。就短期而言，法国在欧洲各地的声音也受到人称“投石党”的内部动乱的阻碍，这场动乱在《威斯特伐利亚和约》缔结后仅几个月便爆发，持续了将近5年。它之所以会拖延如此之久，原因之一是它与法国和西班牙之间的持续战争相互滋养，这场战争是1648年未得到解决的唯一重要国际冲突。可以简要概括这种内、外动乱间相互作用的是这场战争的最后大战，此战于1658年6月14日发生在敦刻尔克城外，当时法军由蒂雷纳子爵指挥，他是布永公爵（duc de Bouillon）的幼子，西班牙军队则由孔代亲王指挥，他是路易十四的族兄。这两人都曾在投石党之乱中先后为双方效力。此外，法国一方还有护国公克伦威尔派出的相当规模的英格兰士兵，西班牙一方则有颇具规模的英格兰（与爱尔兰）士兵，指挥他们的是约克公爵，即流亡在外的查理二世之弟。“沙丘之战”以英法军队的决定性胜利告终，这为次年11月签订的《比利牛斯和约》铺平了道路。该和约让法国吞并了鲁西永和塞尔达涅（Cerdagne），将南部边界推进到比利牛斯山脉，与此同时，其北部边界依靠吞并阿图瓦和佛兰德境内若干要塞城镇得到了扩展。费利佩四世之女玛丽亚·特雷莎与路易十四的婚姻也开启了日后远大于此的收获的前景。尽管她正式宣誓放弃了对西班牙王位的全部所有权，她的放弃却是建立在支付大笔嫁妆这一条件上的，考虑到西班牙常见的破产状况，顺利支付嫁妆是非常少见的。没有人会认为这样的誓言能够妨碍法国追逐自身利益。早在1646年首次讨论这桩婚事时，马萨林枢机主教就曾直率地表示："一旦公主与陛下结婚，不管她必须做出什么放弃声明，我们都可以期望获得西班牙王位的继承权。"

路易十四结婚两年后，马萨林去世，路易十四亲自控制了自己的国家。关于他的亲政，或许最令人吃惊的是，他竟然花了这么长时间才开始肆意行事。荷兰省大议长*约翰·德·维特（Johan de Witt）在1664年撰写了一部颇有预见性的备忘录，他在文中评论道，鉴于法国现有"一位26岁的国王，他身体健壮、精神旺盛，了解自己的内心，可以基于自己的权威行事，还拥有一个居住着极端好战的民族、拥有十分可观财富的王国"，战争是必然的，因为这样一位国王"要是能剥夺自己身上对君王而言极其自然的……开疆拓土的雄心，那他就得有非同寻常、近乎奇迹的节制能力"。德·维特是欧洲最具活力、人口最多的共和国里最重要的官员，他对君主国具有内在扩张主义倾向的看法很有根据。就像约翰·林恩论述过的那样，战争并非达到目的的手段，而是君主权力的基本特征，国王要为自己的利益在战争中竞逐。因为只有在战争中取胜，才能获得作为王室和贵族价值体系核心的"荣耀"。正如雷斯枢机主教所述："让人们变得真正伟大，使他们超出芸芸众生的就是对'崇高荣耀'的热爱。"

当马萨林告诉他羽翼下的那个人"是否成为有史以来最荣耀的国王完全取决于您"时，他并没有考虑到社会福利或经济繁荣。西班牙的费利佩四世逝世后，路易十四获得了实现军事荣耀的第一个机

---

* 德·维特在1664年系荷兰省大议长（Raadpensionaris van Holland），原文误作荷兰省议长（Pensionary of Holland）。

会。根据当地的“遗产继承法”，首次婚姻中的女儿的继承权优先于后续婚姻中的儿子，因此路易十四以他妻子的名义要求获得西属尼德兰的若干部分（布拉班特、安特卫普侯爵领地、林堡、梅赫伦、上盖尔登、那慕尔）和弗朗什-孔泰的1/3。事实上，正如西班牙人可以轻易解释的那样，遗产继承权是私法而非公法。路易十四并没有灰心丧气，他在1667年5月以派出蒂雷纳指挥的军队进入尼德兰的方式实现了自己的诉求，又于次年2月派出重新得宠的孔代亲王率领另一支军队进入弗朗什-孔泰。他自己乘坐一辆载有妻子、两位情妇等人的马车奔赴战场，好像要用此举来强调国王的男子气概。虽然他在军事上取得了彻底的胜利，然而这激起了不好的外交反应，导致荷兰共和国、瑞典和英格兰建立了与法国敌对的三国同盟。在1668年5月2日签订的《亚琛和约》中，法国不得不将弗朗什-孔泰交还给西班牙，但是它在北方获得了若干城镇：贝尔格（Bergues）、弗尔讷（Furnes）*、阿尔芒蒂耶尔（Armentières）、奥德纳尔德（Oudenaarde）、库特赖（Courtrai）**、杜埃（Douai）、图尔奈、班什（Binche）、阿特（Ath）、沙勒罗瓦（Charleroi），以及最为重要的里尔。

这是一次足以激发颂诗、奖章、绘画和雕塑浪潮的胜利，但是自己的进展被终结的方式显然令路易十四心怀怨恨。荷兰人的“忘恩负义、恶劣信仰和令人难以忍受的自负”令他尤为愤怒，荷兰在传统上是法国的盟友，然而荷兰人现在认为，软弱的西班牙是比猖狂的法国更具吸引力的邻居：高卢人可做朋友，不可做邻人（Gallicus amicus sed non vicinus）。“王家史官”拉辛指出，荷兰共和国已经“因繁荣而

---

* 荷兰文名为“弗尔讷”（Veurne）。

** 荷兰文名为“科特赖克”（Kortrijk）。

盲目，（所以）未能认识到多次增强它、支撑它的是谁。它与法国的敌人结盟，热衷于制定欧洲的规则，以限制国王的胜利为傲”。法国建议，法、荷两国或许可以瓜分西属尼德兰，但此提议遭遇了无视，这更是火上浇油。此外还有经济考量，因为科尔贝认为，荷兰人拥有15 000 ~ 16 000条船、英国人拥有3 000 ~ 4 000条船，而法国人仅仅拥有600条，结果荷兰航运业每年都要从法国抽取400万利弗尔。1667年，法国着手征收保护性关税，荷兰则以禁止从法国进口葡萄酒和烈酒的方式报复，这又是一个争议焦点。

英格兰的查理二世并不可靠，他于1670年因秘密签订的《多佛尔条约》而退出三国同盟。之后，通过1670年占领洛林公国，法国巩固了东部边境，路易十四又收买了两个在战略上具备重要意义的德意志教会诸侯（科隆和明斯特），得到了这两个诸侯的支持，此后，他于1672年4月向荷兰宣战。起初，在国王的亲自统率和蒂雷纳子爵、孔代亲王及卢森堡公爵的指挥下，规模庞大、约有13万人的法军横扫了面前的一切，由于它享有对敌人4比1的人数优势，这并不令人惊奇。他们在22天内夺取了40座城镇，已经十分接近仅有2万人把守的阿姆斯特丹。然后事情就变糟了。实际上，从事后观察的角度讲，甚至可以说这是路易十四统治时期的转折点。因为路易十四此时已经铸成大错，这一错误与让拿破仑最终失败的错误如出一辙：他忘记了战争应当只是其他政策的延续，还把军事胜利当成首要作战目的。在全面胜利近在咫尺时，他对荷兰人提出了“在民族国家的历史进程中，欧洲大国间给予彼此的最残酷、最坚决报复”（西蒙·沙玛所言）的条件。这些条件意味着领土、财政、经济、宗教和军事上的全面屈服。为了让荷兰人认识到他们身处从属状态，荷兰每年要派一个使团去朝见法国国王，使团还需要戴上大奖章，以从视觉上表达其悔改、服从，以及因获准保留一丝独立痕迹而产生的感激之心。乌得勒支大教堂也再度作为天主教场所进行宗教活动，一百年来的首次弥撒以与胜利者的骄傲夸耀相应的方式进行，这就是要不断触及荷兰人的痛处。

在此次危机中，荷兰领导层表现并不出色，尽管1672年6月6日在海上击败法英联合舰队已表明他们的敌人并非不可战胜。在陆地上，荷兰人掘开大坝，创造出了从阿姆斯特丹城外的默伊登（Muiden）延伸到瓦尔河畔霍里克姆（Gorcum）* 的"洪水防线"。然而国务会议中的气氛依然是失败主义的，若非市镇平民起来要求抵抗，还要求指定奥兰治的威廉为抵抗领袖，路易十四本可以稳稳地降伏荷兰。在7月2日、3日两天，威廉被分别任命为泽兰、荷兰两省执政。尽管随后几个月里战事进展依然不利，难关却已渡过。这不光是荷兰共和国的转折点：具备必要的智慧、决心和资源的统治者手中拥有一个欧洲大国，可以阻止法国主宰全欧，这在历史上还是第一次。世界历史差点就走上了另一条道路。乔纳森·伊斯雷尔认为，夏季干旱会降低水位，因此注水过后两周，"洪水防线"就可以轻易逾越。假使他的观点正确，法军的最终推进本可以让荷兰共和国及其海军、贸易、海外帝国永久屈服。

事实证明，法国的过度要求导致西班牙和德意志诸侯担心要是路易十四对荷兰取得完胜，自己或许会成为他名单上的下一个目标，因此威廉三世可以利用越发有利的外交处境。到1672年年底，勃兰登堡的腓特烈·威廉与皇帝利奥波德一世已经出兵莱茵河，帮助威廉三

---

* 霍里克姆亦作霍林赫姆（Gorinchem）。

世遏制法国。1673 年 8 月 30 日，西班牙、奥地利哈布斯堡君主国与荷兰以及被流放的洛林公爵结成新的联盟。路易十四现在不得不将他的兵力分散到西面和南面。截至当年年末，他已经从荷兰共和国的大部分地区撤出，主要在西属尼德兰、莱茵兰和弗朗什-孔泰作战，更不用提还有地中海了。法军在所有战场上都表现得更好，这一点也反映在 1678 年 8 月至 1679 年 2 月签订的三份独立和约（它们被统称为《奈梅亨和约》）、1679 年 6 月的《圣日耳曼和约》和 1679 年 11 月的《枫丹白露和约》中。荷兰人做得最好，他们恢复了战前的状况，此外法国还要撤销惩罚性关税，这代表他们取得了相对意义上的胜利。如我们所见，瑞典人最为幸运，尽管他们在勃兰登堡手中遭遇了全面失利，却保住了大部分德意志属地。出于同样的原因，勃兰登堡人是最不满的。德意志境内实际上恢复到了战前状况，法国人归还了菲利普斯堡（Philippsburg），却获得了布赖斯高（Breisgau）地区的弗赖堡（Freiburg）。西班牙人做得最差，他们丢失了弗朗什-孔泰（从而失去了对从意大利到尼德兰的“西班牙道路”的控制权）、阿图瓦和佛兰德境内的 16 座要塞城镇。

路易十四即便未能贬抑、瓜分荷兰共和国，也无疑以西班牙人为代价，巩固了法国在北面和东面的安全态势。这是不可忽略的。应当记住的是，在路易十四开始收复旧地时，巴黎距离西班牙的沙勒罗瓦仅有 150 千米之遥。法国的战略中始终存在一种防御性成分。将奈梅亨的有限胜利以此种方式记录，暗示着路易十四在发动战争时怀有特定的作战目标。然而，即便对他最为友善的传记作者［例如弗朗索瓦·布吕什（François Bluche）］也认为，对荷战争的最主要动机是对荣耀的单纯渴望。1672 年，当路易十四提及发动战争的决定时，他说得十分坦率：

> 我不会尝试为自己辩解。对一位君王而言，雄心与（追逐）荣耀总是可以谅解的，对像我这样受到命运眷顾的年轻君王来说尤其如此……国王永远不必以追求名声为耻，因为名声必须被人不懈地、热烈地渴望，这本身就能比其他任何事物都更能确保我们的目标实现。名誉往往比最强大的军队更有效。所有胜利者从名誉上得到的东西都多于从刀剑上得到的。

最后的警句表明，路易十四意识到表现其胜利的方式比胜利本身更重要。这无疑就是如此多的时间与金钱被花费在将太阳王描绘为无敌战士上的缘由。路易十四的官方“战争画师”亚当·弗兰斯·范·德·默伦（Adam Frans van der Meulen）陪同他参与战事，以完成必要的速写，日后将它们组合成戈布兰挂毯上的绘画。一个非常好的例子是他对路易十四及其军队于1672年6月12日在托尔黑斯（Tolhuys）* 越过莱茵河的描绘，事实上这只是场没有遇到任何抵抗的渡河演练，却被波舒哀夸张地称赞为“在整个世纪中、在路易大王一生中的奇观”。我们已经注意到，凡尔赛宫中许多耀武扬威的画都取材于荷兰战争。要看到它们并不需要亲自前往宫殿，因为路易十四的宣传家们已经确保了翻印自湿壁画、油画以及其他一切物质表达形式的版画得以广泛传播。1673年攻克马斯特里赫特（Maastricht）是个很好的案例，国王最令人难忘的画像之一表现的就是这一场景，它由皮埃

* 托尔黑斯系渡河点附近的村庄地名，它在荷兰语中意为“收费站”。

尔·米尼亚尔（Pierre Mignard）绘制，以《路易十四在马斯特里赫特》之名为人所知，不过也被人冠以“傲慢”的副标题。在这一切画作中，路易十四都被描绘得年轻、强壮、精力充沛、英俊、居高临下，他通常轻松驾驭着一匹抬起前腿的战马。为了向世界宣告最伟大国家的最伟大国王的最伟大胜利，其他的传播媒介还包括奖章、芭蕾舞、凯旋门、诗篇和戏剧。对于终结战争的处理方式，高乃依不经意地忽略了其妥协特性，写道：“您一说话，和平就到来，让全世界确信您的万能。”

可想而知，如此耀武扬威会激起承受战争伤害一方相应的痛苦反应。在荷兰共和国，宣传家们翻出与西班牙的“八十年战争”期间积存的画像和象征画，来攻击这个更危险的新敌人。路易十四在小册子中被描述成近乎《旧约》中暴君的形象，天空着了火，大地喷出烟雾，像崇拜偶像的巴比伦国王尼布甲尼撒（Nebuchadnezzar）那样，他尖叫着“杀，猎杀，好哇！”与西班牙的暴行有关的故事——劫掠、纵火、破坏圣像、亵渎神明、严刑拷打、截断肢体、强奸妇女（尤其是年纪非常小的和非常大的）、谋杀——在被重新讲述时，反派都换成了法国人，以此创造出了新的“黑色神话”。不管这些文字记载和图像描绘有多夸张，事实真相都够可怕的，足以给予“黑色神话”可信度和持久力。将西班牙人妖魔化的做法让一连几代荷兰人得以坚持漫长的独立战争，对1672—1673年法军入侵并占领的记忆则以同样的方式，使其后大约一代荷兰人维持了沸腾的仇法情绪。

当时在神圣罗马帝国发生的事如出一辙。同样，路易十四作为愤怒的上帝之鞭的形象在这里广为传播，特别是在蒂雷纳子爵为了警告其他德意志诸侯而在1674年撤军时蓄意蹂躏了普法尔茨地区后，这种形象的传播变得尤为迅速。这样的破坏并不是士兵个人的自由行动，而是根据统帅命令实施的有组织行为，这大大增加了战争中的恐怖。在可怕的"三十年战争"后，历经多年苦心经营的重建成果就此遭到了肆意破坏，被激怒的选帝侯卡尔一世·路德维希宣称，他要让路易十四亲自为此负责。就像在荷兰共和国一样，法国现已取代西班牙，成为德意志的头号大敌，法国象征着暴政，之所以繁荣也不过是因为无情剥削本国人民。路易十四被描述为与异教徒结盟以征服敬畏上帝的基督徒、实现其建立世界君主国妄想的"大土耳其人"。或许出于同样的充分理由，荷兰人散播的所有关于法军暴行的故事在这里都得到了重复。以下的生动文字选段可以让人对小册子作者运用的修辞艺术印象深刻：

> 魔鬼般的法国凶手就像土耳其嗜血杀手一样对待上、下德意志境内可怜、不幸、无辜的人们，他们摆布人、拷打人、杀害信徒、虐待人、拉拽四肢、拉拽躯体、折磨人、扼死人、扭断拇指、把人锯断、让人窒息、烧烤人、油炸人、烧死人、处决人、刺穿人、痛打人、粉碎人、肢解人、将人开膛破肚、对人施以轮刑、把人剁成四块、扭断四肢、把人弄残、劈人砍人、把人切成条或片、吊死人、淹死人、用拳头打人、用枪射人、戳刺人，还挖出人的眼睛。

在17世纪70年代，路易十四作为德意志人之锤的形象得到了持续的、不断增强的崇拜，而这巩固了上述印象。例如，蒂雷纳子爵于1675年1月在阿尔萨斯的蒂克海姆（Türkheim）取胜，迫使人数上占优的帝国军队撤到莱茵河右岸后，路易十四命人制作了刻有“六万德意志人被撵过莱茵河”（Sexaginta milia Germanorum ultra Rhenum pulsa）字样的奖章。在这一时段，此类呈现型文化的发展毫无节制，在凡尔赛宫臻于极致。这的确实现了它强化路易十四个人荣耀的目的，代价却是既促进了德意志民族主义的发展，又赋予了它反法的倾向。就连哈布斯堡皇帝利奥波德一世都能看到其中有利可图。1673 年，他号召德意志诸侯作为“忠诚的爱国者”集结起来，捍卫帝国和“德意志民族的自由”。

1678—1679 年确立的和约在很大程度上不过是休战，事实上，假如套用克劳塞维茨的说法，可以认为对路易十四而言，和平只是战争通过其他手段的延续。这里需要提及的手段就是“归并”（reunions）。归并流程高度复杂，也没有必要让它耽搁我们太多时间。一般情况下，路易十四宣称，要是他获得的一块新领地被认定带有下属封地，那么封地的统治者应当向新君主宣誓效忠。假如其统治者未能宣誓效忠，那么惩罚就是这块封地要被“归并”到法国。1680—1684 年，他通过这一方式吞并了北部、东部边境的大片土地，包括卢森堡、阿尔萨斯、蒙贝利亚尔（Montbéliard）和茨韦布吕肯公国。此类巧取豪夺中最为轰动的是 1681 年占领斯特拉斯堡，当地的大教堂也被归还给天主教会。毋庸赘言，路易十四胜利进入新领地之事也会通过各类媒介广而告之。题为“国王在他的御前会议上，他是和平与战争的仲裁者”的版画最为详尽地描述了这一现象。实际上，这是在一定程度上表明，1678—1679 年的和约缔结后，路易十四在欧洲享有支配地位，不用发动大战便能够实现一切。法国与西班牙曾在 1681—1682 年于卢森堡发生混战，而奥地利人则忙于应付导致 1683 年维也纳围城战的土耳其人入侵。1684 年 8 月，利奥波德一世在雷根斯堡接受了为期 30 年的休战协定，通过这份协定，路易十四得以保有斯特拉斯堡与 1681 年前（包括 1681 年）“归并”的领土。

法国霸权的衰微

1683 年代表了法国在欧洲霸权的最高点。一位法国外交官傲慢地吹嘘道：“没有我们国王的同意，就连狗都不能在欧洲吠叫。”相当多（尽管并非决定性）的证据表明，路易十四希望（并预计）土耳其人能击败奥地利人，夺取维也纳，吞并哈布斯堡君主国。那会让他进而成为基督教世界的保护人，更具体地说，成为唯一有可能捍卫神圣罗马帝国的人。他鼓励土耳其人发动入侵，阻碍波兰人干预，借口十字军不再合适，也不愿以法国在黎凡特地区的商业利益为代价冒险，拒绝了教皇让他团结在基督教事业周围的请求。借助与萨克森、巴伐利亚、勃兰登堡和科隆选帝侯达成协定的手段，他已经铺平了让自己或某个家族成员当选为下一任神圣罗马皇帝的道路。

这并没有发生。波兰的扬三世·索别斯基（Jan III Sobieski）率军南下，击败了土耳其人，利奥波德一世成为基督教世界和神圣罗马帝国的捍卫者，被选为“罗马人的国王”的也是利奥波德之子约瑟夫，这确保了约瑟夫继承皇位。路易十四的反应至少包括下列措施——先是强迫胡格诺派教徒改宗（天主教）“正信”，然后在 1685 年废除准许新教徒信仰自由的《南特敕令》。尽管存在禁止移居国外的官方禁令，然而大约有 25 万人流亡，表明路易十四宣称的“强制改宗运动大获成功”纯属谎言。新教欧洲被激怒了。现在看来，路易十四谋求建立的不光是世界性的君主国，还有宗教独裁。他对境内新教徒的所作所为也很可能会施加到国外同样信仰新教的人头上。至少可以说，此举让国外鹰派更容易建立反法同盟。在勃兰登堡，大选帝侯腓特烈·威廉背弃了与路易的长期同盟。更为关键的是，在荷兰共和国境内，威廉三世发现说服荷兰各城镇有必要采取攻势方针也变得容易了。英格兰公使在 1685 年 10 月注意到："他们开始在此高声说出法国新教徒在法国境内的遭遇，以此次迫害为由，各省都指定了一天以纪念迫害、进行禁食。"由于有大约 6 万名法国难民涌入荷兰共和国，这样的憎恶呼声只会进一步增强。1687 年 8 月，荷兰实质上废止了《奈梅亨和约》中的商业条款，与法国重开贸易战争。1688 年初夏，法国公使报称，荷兰人确信路易十四打算"毁灭他们的宗教，还要专门毁灭他们的贸易"。1688 年 6 月 10 日，英格兰的詹姆士二世的健康子嗣出生，这不仅粉碎了詹姆士之女玛丽和她丈夫威廉三世的继承希望，也激起了恐慌，人们担心长久存续的天主教英格兰与侵略性的天主教法兰西结为同盟。因此，当"不朽的七位"英格兰显贵不久之后邀请威廉三世前来英格兰，希望他将他们从詹姆士党轭下解救出来时，威廉三世成功获得了荷兰省政府的支持，得以施展作为。尽管法国发出威胁，宣称荷军登陆英格兰即被视为对法宣战，但是荷兰对此视若无睹。

这标志着"第二次百年战争"的开始，在 127 年后的滑铁卢战场上，它才得以终结。主导第一阶段的是詹姆士二世的复辟图谋，他要夺回自己在 1688 年 11 月骤然放弃的王位。决定性会战于 1690 年 6 月 12 日在爱尔兰都柏林以北的博因河畔展开，威廉三世的多国部队在此击败了詹姆士二世的法国-爱尔兰联军。阵亡者中包括弗雷德里克·朔姆贝格（Frederick Schomberg），他曾是路易十四军队中的元帅，因拒绝放弃新教信仰而流亡国外，转而为威廉三世效力。威廉三世封他为公爵，让他进入了英格兰贵族的行列。与此同时，路易十四展开了一场战争，他本希望这是场莱茵河畔的有限战争，没想到它却变成了持续9年之久的世界战争（又被称为“九年战争”“十年战争”“奥格斯堡同盟战争”“大同盟战争”等）。

17世纪80年代末，哈布斯堡皇帝利奥波德一世在东面取得的一系列胜利已经令路易越发警醒。1686年9月2日，奥军攻克布达（Buda），终结了持续145年的土耳其对布达统治。次年8月12日，在洛林的卡尔亲王率领下，奥军在多瑙河畔的莫哈奇粉碎了土军的反扑，使土军付出了3万人死亡的代价，这令奥地利人的这场胜利更显甜美，因为1526年时土耳其人于同一地点取得了胜利，从而巩固了土耳其对匈牙利的控制。同样是在1687年，特兰西瓦尼亚承认了奥地利的统治权。1688年，匈牙利议会承认利奥波德之子约瑟夫为匈牙利王位继承人。9月6日，巴伐利亚选帝侯率领的帝国军队攻克贝尔格莱德。随着奥地利的影响力深入巴尔干境内，土耳其人对可预见的未来惊恐万状，路易十四或许相当害怕利奥波德一世会转向西面，对“归并”施加报复。1686年，奥地利、西班牙、瑞典以及几个德意志诸侯在奥格斯堡结为同盟，在外交层面，这是准备发动报复的一个步骤。

路易十四此时犯下了错误，约翰·林恩称之为“巨大的误算”。他相信，威廉三世忙于英格兰事务，而且几乎一定会在那里失败，所以在莱茵河畔发动一场短暂而猛烈的战役，就足以让皇帝和德意志诸侯将1684年于雷根斯堡达成的休战协定转变为永久性和平协议。结果，他在两个方面都碰到了最坏状况。路易十四自己向东行进，这让威廉三世能够在西面腾出手来。威廉三世在那里并没有失败，反而在年底废黜了詹姆士二世，路易十四预想中的闪电战却成了旷日持久的消耗战。要是追踪这场战争中的种种曲折，会轻易耗尽这一章的剩余篇幅。然而，战争中的一个邪恶之处需要予以指出，因为它影响深远。1688 年 9 月 24 日的声明宣称，法国的战争目标是有节制的。它表示，路易十四所寻求的是正式承认“归并”——法国将以放弃对普法尔茨（维特尔斯巴赫家族的一个幼支刚刚继承此地）的主张作为补偿——和抗议巴伐利亚的约瑟夫·克莱门斯（Joseph Clemens）被选为科隆选帝侯。

从事态发展看，声明不算太虚伪。我们也确实可以将法国此后的政策与战略描述成防御性的，但法军采用的方法就完全是另一回事了。曾在荷兰战争中采用的残酷焦土战术再度得到应用，然而其强度足有此前的 10 倍之多。路易十四的两位军事政策顾问尚莱（Chamlay）侯爵和卢瓦侯爵劝说他授权在物质上毁灭德意志西部，其破坏程度要足以创造出荒废的缓冲区。他们认为，此举的附带红利是令其他诸侯大为惊恐，无法再抗拒法国的要求。战役刚刚开始时，卢瓦侯爵就授权蒙克莱（Montclair）将军有组织、有计划地洗劫符腾堡，尚莱侯爵则打算更进一步，他在 1688 年 10 月 27 日写给同僚的信中表示：“我斗胆向你提议一些可能不合你口味的事情，我们夺取（普法尔茨的）曼海姆之后，我就得用刀剑对待这城市，将它犁到地下。”次年 3 月，曼海姆的确被夷为平地，那里“就像原野一般”（尚莱侯爵语）。城市居民拒绝帮助法军摧毁自己的家园，法军就强征农民来干活。这是自上而下执行的政策，正如卢瓦侯爵在他于 1688 年 12 月 18 日写给蒙克莱的信中透露的那样：“陛下建议，当你撤离内卡河上、下游地区时，务必彻底摧毁所有地方，让敌军找不到任何粮秣，他们就不会接近那里。”国王明确批准了卢瓦侯爵确定的要根除的社区名单，只豁免了其中某些宗教建筑。

这一可怕进程通常被称为“蹂躏普法尔茨”，但是它的覆盖范围事实上要广得多，包括了莱茵河两岸的德意志土地。约有20座较大的城镇被毁，其中包括宾根、奥彭海姆（Oppenheim）、沃尔姆斯和施派尔，此外还有难以计数的村庄遭到毁灭。可想而知，不幸的居民们发起了抵抗和报复，这激发了第二波暴行浪潮，它的组织程度较低，却更为恐怖。海德堡曾在1689年3月成为毁灭目标，然而全市居民已经做好了灭火准备，结果仅有大约10%的建筑物被毁。但这并没有什么实际作用，因为法军在1693年重返此地，这一次他们没有犯下任何错误。随后，法国人铸造了刻有“海德堡毁灭”（Heidelberga deleta）字样的奖章，以此宣扬他们的成就，这实际上呼应了加图（Cato）于罗马元老院的所有演说结语中提出的要求：“此外，在我看来，迦太基必须毁灭。”（Ceterum censeo Carthaginem esse delendam.）毋庸赘述，遭遇暴行的一方回之以大批记录法军野蛮行径、呼吁发起报复的小册子与图像。也正是从这一阶段开始，德意志人开始将法国妖魔化为“世仇”（Erbfeind），利奥波德一世利用了这一点，例如，他在1689年向帝国议会提交的文书中写道：“德意志人，武装起来对抗法兰西……全体德意志人，不论是否属于天主教，都有用统一的心灵、统一的方式、统一的武器抵抗法兰西人的最迫切理由，法兰西人是全体德意志人的共同敌人。”这份文书导致神圣罗马帝国向法国宣战。这不再是一场针对路易十四及其军队的战争，而是一场德意志人对抗法兰西人的战争。法国人的妖魔形象此后还会持续很久。1689年的事件在德意志人的集体记忆中留下了深刻烙印，这一点在几乎被小册子淹没的该事件100周年纪念活动中表露无遗，而活动恰好发生在攻陷巴士底狱前夕。约翰·穆尔（John Moore）* 于18世纪70年代中期进行纵贯莱茵兰的旅行时，提到了法国对普法尔茨的蹂躏："这一地区的农民依然带着恐惧谈论此事，凄惨景象的细节父子相传，在他们当中，法兰西民族至今仍然招人厌恶。"

和对付平民一样，法军在对付军人的战争中取得了同样的胜利，至少在西属尼德兰、莱茵兰、北意大利和加泰罗尼亚这四个主要陆战战区是这样的。战争成了一连串沉闷且并无决定意义的会战、围城战、机动和抵消机动，只有最热忱的军事史学家才能从对它的描述中汲取乐趣。此时，沃邦在法国北部和东部修建的巨型双层要塞证明了它的功能。截至1693年，已经可以很有把握地说，双方显然都没有能力发动制胜的一击，需要通过外交手段达成某种妥协。在某种层面上，只有外交才是决定性的，但战争也是足够重要的。博因河会战实质上终结了詹姆士二世在英格兰恢复天主教绝对主义政权的企图，也将新教徒的优势地位强加给了爱尔兰，导致爱尔兰天主教地主的土地惨遭没收。在彼岸的伦敦，英格兰人正在发展其政治、行政以及最为重要的金融机构，于1693年确立国债制度，于1694年建立英格兰银行，这将使他们在应对法国的威胁时能够弥补人口数量上的劣势。英格兰"军事–财政国家"的基础也是在这些年里奠定的。随着路易十四致力于詹姆士党复辟，英法对抗就和法荷、法哈（布斯堡）对抗一样，成了欧洲国家体系中不言自明的局面。

---

* 约翰·穆尔（1729—1802），系爱尔兰医生、作家，与同名爱尔兰政治家（1756—1834）、同名苏格兰将领（1761—1809）并非一人。

一连多年并无决定性的战争过后，“大同盟”内部自然出现了诸多猜忌与怨恨，这极大地帮助了谋求通过谈判达成和约的路易十四。第一个打破同盟的是萨伏依公爵，他单独与法国于1696年8月29日签署了《都灵和约》，法国则给予他慷慨的和约条款。这又促使奥地利人和西班牙人与法国人在意大利缔结休战协定，以保护他们现已危险地暴露在外的阵地，法军因而能够将3万人的军队转移到已经成为主战场的低地。额外的压力增强了威廉三世终结战争的决心。对于背弃奥地利盟友，他毫无良心上的不安，因为利奥波德一世将大部分关注点和资源都倾注到了向东对抗土耳其人的战争上。不用多说，所有参战方的财政和经济此时都已枯竭，常年受苦的臣民要求解决战争问题，这也给他们带来了压力。一旦路易十四决定吞下苦药，承认威廉三世为英格兰国王，必要的各个条约便于1697年9月、10月得以在赖斯韦克（Ryswick）签署。法国依然保有阿尔萨斯和斯特拉斯堡，但是被迫放弃其余的“归并”领土和莱茵兰的要塞，将洛林还给洛林公爵，从在西班牙占有的土地上撤出。不过，尽管在当时并不明显，但承认法国拥有位于加勒比海的圣多明各岛的主权，为该地区最有利可图的糖岛打开了发展通道。

这代表了法国的胜利吗？当若侯爵对此毫无疑问：“国王根据他所希望施加的条件赋予欧洲和平。他是主宰者，他的所有敌人都承认这一点，都不由自主地赞颂、倾慕他的节制。”阿尔萨斯和斯特拉斯堡无疑成了法国更加牢靠的一部分，但这是否值得进行持续9年之久、代价高昂得堪称灾难的战争，就是另一回事了。德里克·麦凯（Derek McKay）总结了法国人的反应：“和平在法国相当不受欢迎，并未遭遇军事失败却要归还领土，那里的人很难理解。”这表明当若侯爵只是在为自己打气。利奥波德一世同样不满，因为他未能将法国逐回 1648 年的国界，然而他可以从东线的持续胜利中得到宽慰。1697 年 9 月 11 日，即第一份《赖斯韦克和约》签订前 9 天，萨伏依的欧根亲王指挥着约有 5 万人的奥军，在匈牙利中部的曾塔（Zenta）击败了人数上两倍于己且由苏丹穆斯塔法二世亲自统率的土军。此战是欧洲战争史上最彻底的胜利之一，它极具决定性，实质上终结了哈布斯堡与土耳其几个世纪来争夺匈牙利主导权的斗争。根据 1699 年 1 月的《卡尔洛维茨和约》，土耳其人让出了特兰西瓦尼亚和几乎整个匈牙利，仅仅保有泰梅什堡的巴纳特。事实上，这是土耳其人第一次同意与非穆斯林大国缔结和约而非休战协定，可见此战的决定性。此后的两个世纪里，匈牙利将是奥地利血肉中的棘刺，但是它可观的面积（当时的匈牙利要比今天的同名国家大得多）使奥地利的哈布斯堡家族得以最终摆脱西班牙长支的阴影，凭借自身力量成为真正的欧洲主要大国。

“九年战争”无疑标志着路易十四转向了较为防御性的战略。主要鹰派人物卢瓦侯爵于 1691 年猝然离世，这或许是导致战略转向的原因之一，原因可能还包括路易十四年事已高——他已经 50 多岁了，根据同时代的标准，已然进入老年。在战争初期，他依然能够像军事画家们忠实记录的那样亲自参与战争，让-巴蒂斯特·马丁（Jean-Baptiste Martin）描绘路易于 1692 年指挥部队围攻那慕尔的画作可谓顶峰。这却成了路易十四的天鹅之歌，因为他在次年正式宣布不再亲自指挥军队。然而，即便年轻时对荣耀的渴求已经得到了满足，他对波旁王朝利益的关切依然不减。这一点体现在他对西班牙王位继承问题所采取的行动上，西班牙王位继承问题长期以来一直存在，而此时已经到了紧要关头。尽管卡洛斯二世出乎所有人意料活了很久，但到17世纪90年代末，他已经显然不能再撑多久了。下文中大为简化的家族树表明了法国波旁王朝和奥地利哈布斯堡王朝间存在冲突的继承要求。由于双方都无法容忍西班牙的全部遗产落入对方手中，而在“九年战争”后，双方又都渴望避免下一场大战，解决方法显然就是达成瓜分协议。1698年签署的第一份条约看上去是个可行的折中方案，它将最大的一份——西班牙本土、西属尼德兰与西班牙殖民帝国——给予巴伐利亚的约瑟夫·费迪南德，他是费利佩三世的众多玄孙之一。法国将获得那不勒斯、西西里和托斯卡纳的若干要塞，而奥地利哈布斯堡王朝会得到米兰公国。不幸的是，这位巴伐利亚的亲王在第二年就去世了。由于两个主要声索方轮流坚持其立场，达成新折中方案的尝试均告失败。先是奥地利人拒绝考虑由法国和海上强国达成的协定，该协定会将除意大利属地外的全部西班牙遗产给予利奥波德一世的次子卡尔大公，但是奥地利人坚持要求获得一切。在这一方案下，法国希望以米兰和那不勒斯为代价，交换洛林和萨伏依。卡洛斯二世于1700年11月1日逝世后，又轮到路易十四拒绝妥协了。晚年的国王对保证他帝国领土完整的热忱高过其他一切，因而立有遗嘱，将一切都留给安茹公爵菲利普，菲利普是费利佩四世的曾外孙、路易十四的次孙。是忠实于已与威廉三世达成的瓜分协定，还是赌上一切？路易十四很快就下定了决心。带来邀请函的西班牙使者另外受命，要是菲利普拒绝继承就径直前往维也纳，将王位交给奥地利候选人卡尔大公——这个消息促使路易十四选择了后一做法。西班牙国王逝世的消息于11月9日传到法国宫廷，一周后，路易十四用这样的言辞将安茹公爵带到他的宫廷里：“先生们，你们面前站着的是西班牙国王。他的家世召唤他获得这顶王冠，整个国家都盼望这桩事，要求我毫不迟疑地执行，我愉快地向他们应允此事。这是上天的命令。”

战争此时还并非不可避免。在“九年战争”后，没有任何一个精疲力竭的参战方希望再度出击。在英格兰和荷兰共和国，威廉三世都受到赋予和平发言权的体制的约束。奥地利人手上还有许多东方事务，他们正忙于消化《卡尔洛维茨和约》确保的诸多胜利果实，焦虑地等待着预期中匈牙利人将要产生的反应。路易十四随后的举动是否应当被视为一连串失策？这取决于评论者如何估量他的总体目标。要是仅仅打算让自己的孙子和平地成为西班牙国王，那么他所做的就太愚蠢了。路易十四宣称，要是波旁王室长系传承断绝，西班牙的新国王理论上也可以成为法国国王。西班牙不仅得到了一位新国王，还得到了一整支法国专家队伍，这等于宣告了它的卫星国地位。法军被派去接管西属尼德兰，从 1698 年荷兰–西班牙协定中确定建立的 10 座“缓冲要塞”里逐走荷兰驻军。新的国王将获利惊人的向西属殖民地供应奴隶的权利——贩奴特权（asiento）——授予法国商人。英国前国王詹姆士二世于 1701 年 9 月逝世后，路易十四承认他的儿子为英格兰、苏格兰、爱尔兰的合法国王詹姆士三世。

此时，战争已不可避免。英国、荷兰共和国与哈布斯堡君主国于 1702 年 5 月 15 日向法国宣战。西班牙王位继承战争自此开始。17 世纪 60 年代和 70 年代的诸多战役表明法军在军事层面上占据优势，17 世纪 80 年代末与 90 年代的战争的各次战役显示双方在军事方面已经大体平衡，18 世纪头 10 年的战争则说明反法联军已拥有决定性的军事优势。在某种程度上，军事优势源于双方分别曾在某个阶段拥有的高级指挥官的质量优势。军事史学家承认三位法军将领具备出众能力，在孔代亲王于 1674 年、蒂雷纳子爵于 1675 年、卢森堡公爵于

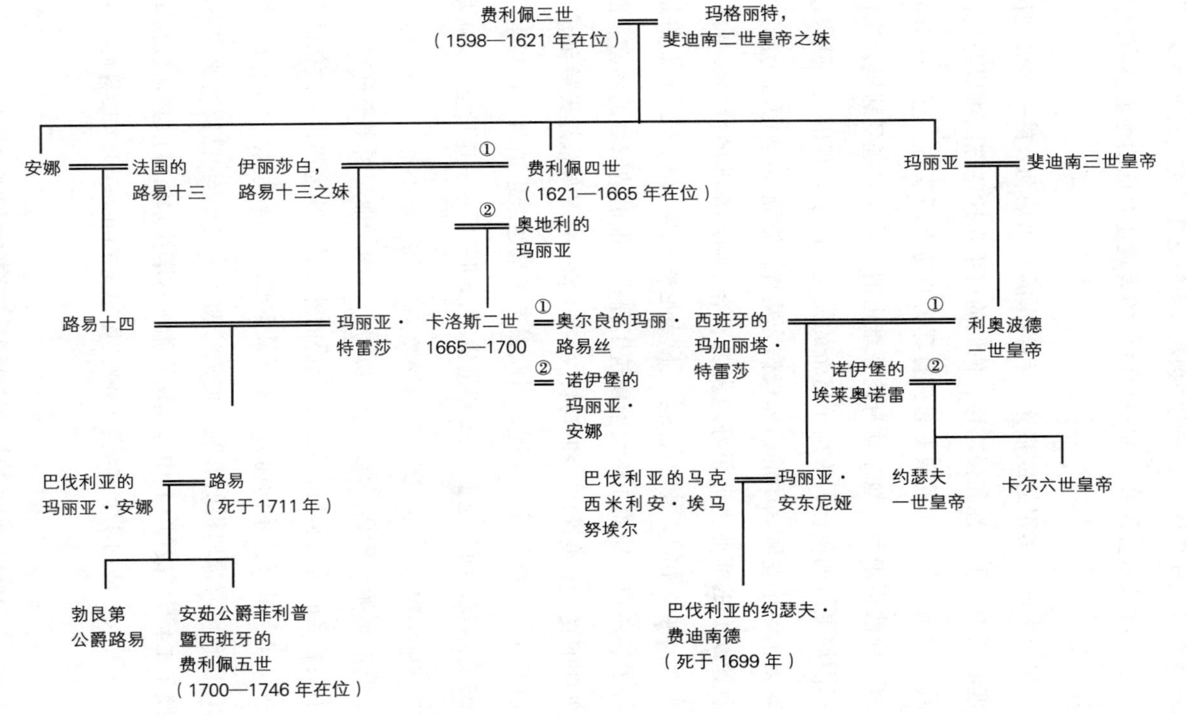

费利佩三世
（1598—1621 年在位）
玛格丽特，
斐迪南二世皇帝之妹
安娜
法国的
路易十三
伊丽莎白，
路易十三之妹
①
费利佩四世
（1621—1665 年在位）
②
奥地利的
玛丽亚
玛丽亚
斐迪南三世皇帝
路易十四
玛丽亚·
特雷莎
卡洛斯二世
1665—1700
①
奥尔良的玛丽·
路易丝
②
诺伊堡的
玛丽亚·
安娜
西班牙的
玛加丽塔·
特雷莎
①
利奥波德
一世皇帝
诺伊堡的
埃莱奥诺雷
②
巴伐利亚的
玛丽亚·安娜
路易
（死于 1711 年）
勃艮第
公爵路易
安茹公爵菲利普
暨西班牙的
费利佩五世
（1700—1746 年在位）
巴伐利亚的马克
西米利安·埃马
努埃尔
玛丽亚·
安东尼娅
约瑟夫
一世皇帝
卡尔六世皇帝
巴伐利亚的约瑟夫·
费迪南德
（死于 1699 年）

1695年退役或死亡后，下一代将领表现得缺乏主动性，这相当令人悲哀，不过维拉尔公爵在1711—1713年的表现还是证明他能够有效地指挥军队。

另一方面，奥军的欧根亲王和英军的马尔伯勒公爵一再展现出高度的活力、主动性和侵略性，他们的对手在这些方面难以与他们匹敌。讽刺的是，欧根亲王起初打算为路易十四效力。直到在1683年遭到断然拒绝后，他才动身前往维也纳，并及时赶到那里，抓住土军围城提供的机会，吸引了皇帝的关注。由于表现出色，欧根亲王获得了一个龙骑兵团的指挥权作为奖赏，不到30岁便成为元帅。他急速跃升的职业生涯很好地表明了哈布斯堡军队的世界性特征，事实上，他使用的3种语言签名“欧金尼奥·冯·萨伏依”* 便最好地概括了这一点。他的3座大型建筑工程——维也纳旧城的冬宫、旧城外侧的夏宫“美景宫”和狩猎住所霍夫宫——是他依靠天赋和运气累积财富的三维例证。据说，当欧根亲王抵达维也纳时，口袋里只有25古尔登，而当他于1736年逝世时，却留下了一座价值2 500万古尔登的庄园。

在欧根亲王的诸多优点中，值得一提的是他与盟军指挥官——其中最著名的是马尔伯勒公爵，公爵的外交技艺也应当得到类似的褒扬——建立良好关系的能力。他俩最重要的联合成就是1704年8月13日在布伦海姆取得的胜利，此战击溃了一支法国–巴伐利亚联军，抓获了1.4万名战俘（其中包括法军指挥官塔拉尔伯爵），还造成敌军伤亡2万人。从约3个世纪前的阿让库尔（Agincourt）大捷算起，这

* 欧金尼奥（Eugenio）系意大利语，冯（von）系德语，萨伏依（Savoie）系法语。

还是英军（作为联军的一部分）赢得的第一场主要陆战胜利，英国历史学家一直高估它的重要性。然而，即使它并未像马尔伯勒公爵的后裔温斯顿·丘吉尔声称的那样为英格兰打开“通往现代世界之路”，它也的确对西班牙王位继承战争的进程产生了重大影响。在匈牙利、特兰西瓦尼亚正在造反的状况下，完全有可能出现这样的危险状况：得到巴伐利亚盟友支援的法军向维也纳进军，迫使哈布斯堡君主国退出战争。布伦海姆一战制止了这个存在决定性潜力的行动，在战争持续期间将巴伐利亚转变为奥地利的附属国，迫使法军采取防御性战略。

联军节节胜利。1706 年 5 月 23 日，在位于西属尼德兰布鲁塞尔东南方向的拉米伊（Ramillies），马尔伯勒公爵率领 6.2 万人的联军击败了维勒鲁瓦（Villeroi）公爵麾下规模稍小的法军，随后以夺取一座又一座城市的方式度过了余下的作战季。在意大利前线，欧根亲王于 9 月 7 日率领奥地利–皮埃蒙特联军在都灵击败奥尔良公爵，导致法国人于次年 3 月签署全面撤出北意大利的休战协定。1707 年的战局并无决定性成果，此后，马尔伯勒公爵与欧根亲王联手，于 1708 年 7 月 11 日在奥德纳尔德再度重创法军，这让联军夺取了西属尼德兰大部分地区。1709 年 9 月 11 日，最后一场胜利发生在蒙斯（Mons）附近的马尔普拉凯（Malplaquet），然而胜利的代价极大，以致它几乎不应该被称为胜利。正如法军指挥官维拉尔公爵向他的国王报告的那样：“要是上帝给予我们恩典，输掉另一场与之类似的会战，陛下您就可以认为敌军正在毁灭。”

在这场得不偿失的胜利后，战争进入了僵持阶段。法军已被逐出北意大利和西属尼德兰，但是联军并没有向法国本土发动致命一击的军事手段与政治意愿。在西班牙，战争已蜕变为混乱的国内冲突，卡斯蒂利亚支持费利佩五世，加泰罗尼亚、阿拉贡和巴伦西亚则支持卡尔大公，双方都无法取得决定性优势。所有参战方都将财政和人口刮了个底朝天，这一定程度上是多次歉收和堪称有史以来最寒冷的1708—1709年冬季造成的。和平谈判久久未至，考虑到如此之多的参战方要争夺如此之多的战利品，启动谈判的确要耗费很长的时间，达成和约要花的时间就更长了。英国于1710年在正确方向上迈出了重要一步，安妮女王当时摆脱了戈多尔芬（Godolphin）伯爵和马尔伯勒公爵（及其妻子萨拉）的"双头政治"（duumvirs），发起了一场导致托利党垮台的选举。新政府中的两位主导人物罗伯特·哈利（Robert Harley，1711年后为牛津伯爵）与亨利·圣约翰［Henry St John，1712年后为博灵布罗克（Bolingbroke）子爵］都致力于终结战争。1711年4月，皇帝约瑟夫一世猝然离世，他的弟弟卡尔大公成为唯一继承人，这强化了上述英国新政府中两位主导人物的求和热情。对英国人而言，卡尔大公继承奥地利与西班牙将创造哈布斯堡王朝称霸欧洲的前景，这并不比他们试图通过漫长战斗阻止的波旁王朝称霸欧洲好多少。

英国金主一决心议和，他们的盟友就别无选择，只能跟随金主，不过奥地利人跟得特别慢、特别迟疑。事实上，当英国、法国、荷兰共和国、萨伏依、西班牙的费利佩五世、葡萄牙与普鲁士于1713年4月11日—12日签署《乌得勒支和约》时，奥地利还拒绝签字。直到维拉尔公爵于当年晚些时候夺取兰道（Landau）和布赖斯高地区弗赖堡后，奥地利人才最终确信，要是他们继续独自进行战争，就不能取得任何进展，还可能输掉许多。因此，法国与哈布斯堡君主国于1714年3月7日在拉施塔特（Rastatt）达成和约。事实上，《乌得勒支-拉施塔特和约》相当于一份新的瓜分协定。路易十四实现了他的主要战争目的，他的孙子费利佩五世成为得到国际承认的西班牙国王。然而费利佩五世及其子孙永远不可能继承法国王位了。这一点并没有它看上去那么不可思议，因为从1711年4月到次年3月，波旁王室出现了一连串不幸死亡事件，带走了路易十四的儿子、孙子和年龄最大的曾孙，只留下一位生于1710年的合法继承人。《乌得勒支和约》明确声明，要是这条长系传承断绝，继承权将转移到路易十四之弟奥尔良公爵的后裔身上。此外，费利佩五世并未继承西班牙的全部遗产，他只得到了西班牙本身和它的海外领地，被迫承认英国夺占直布罗陀（Gibraltar）与梅诺卡岛。然而，要是路易十四想到他保住了阿尔萨斯和斯特拉斯堡，只需要交出佛兰德的几座城镇，或许就可以宽慰自己，比起在1709年造成威胁的灾难，这个结果已经相当有利了。

虽然对英国的背信颇有怨言，但哈布斯堡家族获利甚多。得到西属尼德兰使他们成为西欧的主要力量；得到米兰公国、被称为“驻军领地”（Stato dei Presidii）的托斯卡纳飞地和那不勒斯王国，则使他们成了意大利的主导力量。西西里和西西里国王的头衔归于萨伏依公爵。在两个“海上强国”中，荷兰通过在现已称作奥属尼德兰的地区恢复“缓冲要塞”的方式，无疑变得更为安全。在涉及新领地的问题上，奥地利人也被迫确认了他们应当遵守《威斯特伐利亚和约》中的条款，包括继续封闭斯海尔德河的国际贸易。10年的努力只换得这些微薄回报，而不列颠人（1707年签订与苏格兰合并的条约后，英格兰人便应当如此称呼）与法国媾和时并未告知荷兰盟友，这个消息也不可能合乎荷兰人心意。争论的另一个焦点则是，荷兰人在索要海尔德兰*时未能赢得英国人的支持，多数地区最终被划归普鲁士。普鲁士现已在欧洲顶级列强中牢牢占据一席之地，法国承认它为王国，认可它继承瑞士的纳沙泰尔（Neuchâtel）侯国的权利。

大不列颠的“党派之争”极为激烈，《乌得勒支和约》注定要导致分裂。乔治一世于1714年8月继承王位更无助于此，他因视和约为背叛新教事业而闻名，事实上法国人甚至担心他可能彻底废除条约。作为对国王从宝座上发表的第一场演说的回应，辉格党主导的新议会哀叹道：“参与这场战争取得了如此成功……与之并不相称的战争结局则给国家带来了灾难。”牛津伯爵进了伦敦塔，博灵布罗克子爵则遭到流放。然而，人们不需要太多后见之明，就能意识到乌得勒支是英格兰/大不列颠在成为世界强国过程中的重要一步。路易十四现在不仅被迫承认新教徒继承英国王位，还要将詹姆士二世之子“老僭位者”逐出法国。尽管法国依然是加拿大地区的主导力量，但承认英国占有哈得孙湾（Hudson Bay）领土并归还新斯科舍（Nova Scotia）、纽芬兰（Newfoundland）既有明显的政治含义，也有直接的经济利益。同样的说法也可以用在割让加勒比海的圣基茨岛（St Kitt's）上。夺取直布罗陀和梅诺卡岛使英国成为西地中海的主导势力。贩奴特权从法国商人手中转移到英国商人手中，这一点本身便有利可图，而且也标志着西班牙成为法国卫星国这个威胁得以消除。英国在欧洲大陆上获得了最好的结果：路易十四争取霸权的努力最终遭到挫败，低地地区已成为对抗法国压力的缓冲地带，势力均衡也得以实现。总而言之，和约确立了英国针对欧洲国家体系的目标：建立大陆“均势”。

---

* 海尔德兰（Gelderland）系其荷兰文名称，德文名为盖尔登（Geldern）。

北方战争

当路易十四于1715年辞世时，尽管西班牙王位继承战争已尘埃落定，“北方大战”却依然在东欧肆虐。之所以将它命名为“大”，是要同发生在17世纪五六十年代、涉及相同参战方的较早战争区别开来。这两场战争都旨在争夺波罗的海和波兰的主导权。1660年，瑞典在《奥利瓦和约》（Peace of Oliva）中巩固了它的波罗的海帝国，这个帝国从丹麦治下的挪威一路未曾间断地延伸出去，沿波罗的海北、东、南三面海岸直抵里加（更不用提在1648年攫取的波美拉尼亚大部了）。17世纪五六十年代，波兰也在冲刷它的“洪流”（Potop）* 或者说入侵浪潮中得以幸免，不过还是于1667年付出了将东乌克兰和基辅割让给俄国（当时依然通常被人称为“莫斯科国”）的代价。5年后，土耳其人吞并了名为波多利亚（Podolia）** 的西乌克兰部分地区。在内部发生倾轧又连遭外敌击败的灰暗时期，国王扬三世·索别斯基于1683年成功远征维也纳、协助守军击败土军是异样的成就，短暂而光辉。

奥军于17世纪90年代击败土军，所导致的众多结果就包括土耳其于1699年归还波多利亚，受惠于此的波兰人在雄心勃勃的新统治者——1697年被选为波兰国王奥古斯特二世的萨克森选帝侯腓特烈·奥古斯特——的率领下重新发起攻势。1700年，结为同盟的波兰、丹麦和俄国进攻瑞典，意欲瓜分它的波罗的海帝国，波兰获得的份额将是立窝尼亚（Livonia）和当地重要港口里加。然而，原本认为短暂、

* 显克微支著名小说《洪流》即以该时代为背景。

** Podolia系该地区英文名，该地区波兰文名为Podole，乌克兰文名为Поділля。

轻松的战争却变得漫长而艰苦，这不是第一次，也不是最后一次。开战时仅17岁的瑞典国王卡尔十二表现出了异乎寻常的精力与魄力，尽管他的胜利要在很大程度上归因于前任君主积攒的军事、财政资源。在一支英荷联合舰队的帮助下，卡尔十二先是在几个月内迫使丹麦人退出战争，然后将他的军队海运到波罗的海的另一端，这支军队尽管只有8 000人，却于11月20日在纳尔瓦给予3倍于己的俄军毁灭性打击。卡尔十二还需要对付奥古斯特二世，而奥古斯特二世是更强大的敌人，其原因在于，一方面他身后有萨克森的资源，另一方面波兰政治的顽固是出了名的。直至1704年，卡尔十二才得以废黜奥古斯特二世，用波兰大贵族斯坦尼斯瓦夫·莱什琴斯基取而代之。两年后，卡尔十二将战火烧到萨克森，迫使奥古斯特二世签订《阿尔特兰施泰特和约》(Peace of Altranstädt)，承认自己丧失了波兰王位。

与军队一再通过莱茵兰和佛兰德同一地带的西欧战争不同，“北方大战”的战场散布在从挪威到乌克兰的上千千米范围内，事件发生的节奏也相应较慢。直至1707年年底，卡尔十二入侵俄国，意欲废黜沙皇彼得一世，将他的帝国分割为“小小的公国”，战争才进入下一阶段。随后的至少18个月里，瑞典军队缓慢地穿过立陶宛，赢得了不时发生的交战，却发现不可能迫使难以捉摸的敌人在空旷的大平原（彼得一世的焦土战术使其更为空旷）上接受会战。1708年秋季，哥萨克首领伊万·马泽帕（Ivan Mazepa）承诺支持瑞军，瑞军相信届时补给将更为充足，因此转而南下，进入乌克兰。历经1708—1709年可怕冬季的煎熬后，卡尔十二最终于1709年6月27日在波尔塔瓦得到了他曾盼望的会战。他的军队在那时已经减少到22 000 ~ 28 000人，却得面对大约两倍于此的俄军。此外，当时的俄军在训练和装备方面已经远远优于纳尔瓦会战时期，炮兵尤为突出，用一名瑞典目击者的话说，俄军炮兵“击倒了我军士兵，我们的人好比面对镰刀的青草”。瑞军死伤将近 7 000 人，2 760 人在战场上被俘，余部在 3 天后投降。卡尔十二逃入土耳其领土，在那里度过了接下来的 5 年流亡生活。

波尔塔瓦会战是真正的世界性历史事件，它要比布伦海姆战役之流重要得多。彼得大帝（这是他此时应得的名号）本人的评价是：“现在，依靠上帝的帮助，圣彼得堡的基石已经完全奠定。”莱布尼茨将此战描述为“巨大变革”，总结了欧洲其他部分的反应，补充道：“有人说沙皇对欧洲其他部分而言将是可怕的，他会成为北方的土耳其人。”但是波尔塔瓦会战并未带来和平。事实上，1711 年时，彼得大帝就差点在摩尔达维亚的普鲁特河（Prut）畔栽在土耳其人手里。这一地点表明，“北方大战”某种程度上是个错误称呼。这场瑞典人已经无可挽回的失败战争之所以还要继续下去，部分原因可以归于卡尔十二拒绝面对现实，如果有必要，我们还可以举出更多的证据，以表明个人在决定上百万人命运时的重要性。他在 1714 年回到北方，即便是惊人的骑行业绩——在两周内骑行 1 500 千米——也无法阻止瑞典的波罗的海帝国进一步收缩。西班牙王位继承战争刚刚终结，其他大国就介入了大战，这更增强了他的固执。以汉诺威选帝侯身份行事的英王乔治一世和荷兰人都前往波罗的海浑水摸鱼。

1718 年秋，卡尔十二在围攻挪威境内的腓特烈斯海尔*时被人射杀，凶手可能是他麾下的一名士兵，这有助于达成和约，但是瑞典的敌人之间存在严重的内部对立，汉诺威和俄国之间的对立尤为激烈，

---

* 腓特烈斯海尔（Fredrikshald），即今挪威哈尔登（Halden）。

这导致状况更为复杂。瑞典和汉诺威于1719年11月签订了第一份相当于瓜分瑞典帝国的条约，瑞典将富庶的不来梅、费尔登（Verden）公国让给了汉诺威。次年年初，瑞典与普鲁士签订和约，将波美拉尼亚大部（包括斯德丁和奥得河的控制权在内）交给后者。1720年7月，丹麦也与瑞典签订了和约，完全控制了此前与荷尔斯泰因-戈托普（Holstein-Gottorp）公爵共享的石勒苏益格公国。与俄国达成和约是最麻烦的，因为瑞典人希望法国和英国-汉诺威能够给予帮助，迫使彼得大帝减少他的要求。在显然只能独自应对俄国后，瑞典人才同意议和。根据1721年8月的《尼斯塔德和约》，俄国获得了立窝尼亚、爱沙尼亚（Estonia）*、英格里亚（Ingria）三省和卡累利阿大部。这还算不上是彼得大帝长期以来寻求的"通往西方的窗口"的全景，可是已经确认了俄国取代瑞典成为欧洲东北部主导大国的事实。

瑞典的崩溃与波兰沦为俄国卫星国给法国造成了严重问题，法国在过去依赖"蛙跳"战略，鼓励位于北方和东方的国家向夹在当中的哈布斯堡王朝施压。在1716—1718年的战争中，土耳其人再次败于欧根亲王之手，丢失了泰梅什堡的巴纳特和贝尔格莱德，也导致法国面对的问题趋于恶化。鉴于法国的三个传统盟友或多或少都处于衰落状态，外交方针显然需要调整。彼得大帝于1717年访问巴黎时曾提出一个改进方案。彼得大帝告知负责在他停留期间照顾他的法国政府大臣泰塞（Tessé）伯爵："法国已经丢失了它在德意志的盟友；瑞典几乎已经被毁灭，不可能提供任何帮助；神圣罗马皇帝的权力已经得到了无穷无尽的增加；我，沙皇，向法国推荐自己，代替瑞典为它效

* 《尼斯塔德和约》中称该省为爱斯特兰（Estland），约相当于今爱沙尼亚北部。

劳……我希望担保你们的条约；我向你们提供同盟，还附上与波兰的同盟……我看到奥地利的强大权力必定会在未来使你们担忧；把我放在瑞典的位置上吧。”法国人缺乏后见之明，未能看到东欧的权力分配的重大变化将是永久性的，也没有回应彼得大帝。正如我们将要看到的那样，这一调整失败造成了相当大的损害。

战争在1713—1721年走向终结，其中一个侧面并不总能吸引人们注意，但理应得到关注，那就是同时发生的国内冲突的重要性。或许最为明显的是，“第二次百年战争”至少在其早期阶段也是爱尔兰天主教徒和新教徒的内战，在不列颠本土上，则是敌对程度稍逊的詹姆士党人和汉诺威党人之间的冲突。不论是博因河会战，还是1715年挫败詹姆士党起义，都无法终结内战，因为法国人持续不断地寻找从凯尔特后门（爱尔兰或苏格兰）入侵英格兰的方法。在欧洲的另一端，西班牙王位继承战争中的哈布斯堡王朝也要在多数时候与匈牙利、特兰西瓦尼亚的暴动者展开全面战争，这直至1711年才得以终结。在神圣罗马帝国，巴伐利亚人被迫于1703年的亲哈布斯堡起义后撤出蒂罗尔，次年，哈布斯堡王朝也在面临支持选帝侯的人民起义时放弃了吞并巴伐利亚的想法。法国并不例外：1704年3月，路易十四认为有必要将他最好的将领维拉尔公爵从德意志前线调到塞文山区，以终结新教徒自1702年开始发动的“卡米撒*战争”。可以推测，要是维拉尔公爵指挥法军，马尔伯勒公爵与欧根亲王会发觉以布伦海姆战役告终的会战将变得吃力得多。在北方，卡尔十二一直面临贵族政变的风险，政变的意图在于以卡尔十二的死亡终结绝对主义政治、开启“自

* 卡米撒派（Camisard），意为“穿衬衫的人”，因起义者夜袭时身着白衬衫作为标志而得名，系新教胡格诺派分支。1702年发动起义，1705年被维拉尔公爵镇压。

由时代”。彼得大帝对抗瑞典人的战役也时常受到哥萨克暴动的影响。例如，顿河哥萨克在 1707 年暴动，乌克兰哥萨克在 1708 年暴动。凡此种种，不一而足。对外的权势依赖于国内的稳定，反之亦然，这或许是不言自明的道理，却经常为人忽视。正如我们将在此后两章里看到的那样，它的重要性在接下来的一个世纪里并未消退。

第十二章

从《尼斯塔德和约》到法国革命战争，1721—1787

王室问题与五国联盟的发展

或许，18世纪第二个10年里签订的各个条约本可以带来长期和平，能够与本书所述时代末尾的维也纳会议带来的和平一样持久。唉，就其脆弱程度来讲，乌得勒支—拉施塔特—尼斯塔德这一系列和约其实更像是1919年的和约。甚至在“北方大战”终结之前，西欧列强就再度开战了。然而，这场战争与上一场大不相同，因为英法两国现在处于同一边。这个不寻常的大转变几乎和1756年的外交革命一样激烈，它的发生方式让我们看到，出于王室而非国家的考量在决定外交方针时依然举足轻重。当然，以路易十四为例，他的确总是关注波旁家族的利益，事实上，在近来的历史编纂学中，这一点还在某种程度上被看作主导动机。可是，就像将个人与国家融合一样，他始终留意将家族利益与国家利益相结合。即使他从未真正说过“朕即国家”，路易十四也的确说了很多与此含义类似的话。而且，他的确于

1679年在《论国王之道》中写道：

> 君王们时常被迫违背自身意愿，以有损良善天性的方式行事。他们本喜欢予人愉悦，却往往不得不惩罚、毁灭那些他们原本抱有好感的人。国家的利益必须放在首位……当他将国家纳入考虑时，他就是在为自身工作。其中一方得利会带给另一方荣耀。当国家幸福、驰名、强大时，让这一切实现的君王个人便赢得荣誉，最终，他也有权享受最惬意的生活，比他的所有臣民都惬意，这是与其地位相称的。

虽然路易十四在临终时刻坦陈他的确太爱战争了，虽然就连最谄媚的传记作者也承认他早期发动战争的主要动机是获得个人荣耀，可是他巩固了边境，这的确令全国受益。

而西班牙却采取了纯粹出于王室考虑的外交方针，它是国际政治中的离群野象。或许我们更应当这么写：西班牙王后采取的方针是纯粹出于王室考虑的，因为它的推动力源自帕尔马的伊莎贝尔·法尔内西奥，她是费利佩五世于1714年迎娶的第二任妻子。她对丈夫的支配程度在配偶间是罕见的，利用新国家的资源为她生养的两个儿子（1716年出生的唐卡洛斯和1720年出生的唐费利佩）谋取世袭领地。这两人都不大可能继承西班牙王位，因为费利佩五世在首次婚姻中已经育有两位存活的子嗣，所以她便将关注点转移到意大利。在这方面诱导并教唆她的是朱利奥·阿尔贝罗尼，这个不安分的教士来自皮亚琴察，起初作为旺多姆公爵的秘书来到西班牙，当时他已经成为帕尔马公爵的公使，推动将伊莎贝尔选为费利佩五世的新妻子。从气质上讲，他是个投机者，而且对奥地利人——意大利半岛的新主宰——也表现出强烈的反感，因此，他还是个热情的帮凶。

1717 年，野心勃勃的两人派出一支由 300 艘舰船组成、装载 3.3 万名官兵和 100 门火炮的强大舰队（自 1571 年勒班陀海战以来西班牙集结的最大规模舰队），想要从奥地利人手中夺取撒丁岛。由于奥地利人当时忙于进行对土战争，这是个不难实现的目标。得胜的西班牙人于次年前往西西里岛，那里也被他们轻松拿下。此时，西班牙对和平协定的粗暴违犯已引来了其他大国，特别是法国和英国的敌意。主要出于王室的缘故，这两国都希望保持现状。假如年幼的路易十五死亡，法国摄政王奥尔良公爵就自然有希望成为国王，因此，奥尔良公爵与唯一一位可能的王位争夺者费利佩五世势不两立。为了让奥尔良系即位有可能实现，他寻求与英国和解，联手对付西班牙。乔治一世积极回应了奥尔良公爵的建议，他希望这样的同盟能够消除来自斯图亚特王位觊觎者的威胁，确保汉诺威的安全。当彼得大帝于 1716 年率领大军在邻近的梅克伦堡公国设立冬营时，汉诺威看起来尤为脆弱。就这样，这对“天然、必然的敌人”［英国驻法国宫廷公使斯泰尔（Stair）勋爵 1717 年语］搁置了分歧，联合起来阻止伊莎贝尔·法尔内西奥的地中海投机。1718 年 8 月 11 日，一支由海军将领宾率领的英国舰队在西西里岛最南端的帕萨罗角（Cape Passaro）外海歼灭了西班牙舰队，在开阔海域俘获了 7 艘战列舰，而后击沉了逃往近岸避难的剩余 7 艘。

对孤立无援的西班牙军队和并不情愿的士兵来说，其后两年都是糟糕的年份，最终西军不可避免地签署了投降协定。一支英国远征军于 1719 年登陆加利西亚，攻占了维哥（Vigo）和蓬特韦德拉（Pontevedra），一支法军则入侵巴斯克地区，占领了圣塞瓦斯蒂安（San Sebastian）。阿尔贝罗尼遭到了解职与流放。约翰·林奇指出："很少有一场战争会输得这么轰动，也很少有人会这么突然地从幸臣沦为替罪羊。"法国与英国现在强加了一份解决方案，以整理、稳定《乌得勒支-拉施塔特和约》。费利佩五世需要宣誓放弃对意大利和南尼德兰的一切诉求，但是帕尔马、托斯卡纳公国的继承权被分给他的儿子，即伊莎贝尔·法尔内西奥生下的唐卡洛斯；卡尔六世最终放弃了对西班牙王位的要求权，却得到了西西里岛；萨伏依的维托里奥·阿梅代奥二世被迫以西西里岛换取撒丁岛，并保留了他的国王头衔。

整套解决方案花了很长时间才得以落实。即便最具天赋的讲述者也会发现，要把18世纪20年代的事讲得既连贯又有趣是很困难的，哪怕连贯或有趣二选一也很难。只有高度密集的叙事和一再引用史料才能说清楚到底哪场和会夭折了；哪个短命的同盟将哪些大国联系在一起，哪两个国家结为同盟，哪个国家背弃了它的盟国，或者如上的任何事情。这里只需提及一点，这段时间里大不列颠在欧洲国家体系中享有压倒性的优势地位，尽管这样的形势既罕见又短暂。此外，英国人成功地迫使西班牙人正式承认他们在乌得勒支交出的商业特权，也迫使奥地利人放弃以奥斯坦德为基地建立商业帝国的计划。在这片忙乱中，伊莎贝尔·法尔内西奥是个幸运的受益者，当唐卡洛斯作为帕尔马的新公爵于1732年3月入城时，她16年的谋划终于得到了报偿。前去帮助唐卡洛斯的西班牙军队搭乘英国舰船渡过了地中海，而在无子的托斯卡纳大公死亡当天，被派去保护唐卡洛斯对托斯卡纳的继承权的驻军也被英国舰队载到了托斯卡纳。

截至1730年，法国人已经从西班牙王位继承战争的劳苦中恢复过来，开始考虑重回他们认为自己理当处于的位置——欧洲国家体系的顶点。路易十五不仅安全度过了童年和青春期，还成了健壮的成年人，他在1729年有了一个儿子，而且表现出未来能生育更多子嗣的迹象。1726年，他将无能的波旁公爵解职，并以有意模仿前任国王的方式宣布他此后将成为自己的首相，不过他几乎同时又补充说枢机主教弗勒里将出席他与大臣的全部会面。弗勒里事实上是法国政策的新主管，他将令人印象深刻的精明与决心一道带到外交事务上。他不喜欢罗伯特·沃波尔爵士在1731年将不列颠的和平强加给地中海的专横做法，也对奥-俄轴心有所戒备："就北方的平衡而言，俄国的权力已经上升到太高的程度了，它与奥地利王室的同盟是尤为危险的。"因此，他开始让法国远离与英国的协约，恢复与丹麦、瑞典、波兰及奥斯曼帝国的"蛙跳"关系。

继承问题影响到法国人的多个对手，法国人趁机展示实力。在大不列颠，斯图亚特王室依然是个威胁。彼得大帝未能确立长子继承制，因而每当沙皇或女沙皇死亡后，俄国都要出现动乱，事实上，他让现任沙皇指定继承人的法令明显招致了不稳定因素。更为重要的是，卡尔六世没能生下男性继承人，哈布斯堡君主国出现了继承问题。为了预防被瓜分，卡尔六世于1713年颁布了《国事诏书》，宣布假如他死后并无男性继承人，他的所有领地将全部传给长女玛丽亚·特蕾莎女大公。这注定问题颇多，主要是因为这样做忽视了前任皇帝、他的兄长约瑟夫一世的女儿们的继承资格。卡尔六世着手争取让《国事诏书》得到国际承认，不无成功。西班牙在1725年，巴伐利亚、科隆和俄国在1726年，大不列颠和荷兰共和国在1731年，丹麦和神圣罗马帝国在1732年均表示承认。当然，国际承认并非没有代价，它需要通过各种让步才能换到。相关外交努力是否值得也令人生疑。人们很难不赞同欧根亲王的看法：庞大的军队和充实的金库比这些纸面承诺更有用。

事实证明，波兰继承问题而非奥地利继承问题引发了下一场突然到来的欧洲大战。萨克森–波兰的奥古斯特二世死于1733年2月1日，奥地利和俄国支持将他的儿子选为奥古斯特三世，法国则再度提出以斯坦尼斯瓦夫·莱什琴斯基为候选人，斯坦尼斯瓦夫曾作为卡尔十二的傀儡，在1704—1709年短暂任波兰国王。此外，斯塔尼斯瓦夫于1725年将女儿玛丽亚嫁给路易十五，从而确保了法国的支持。然而，女婿路易十五在波兰只给予他象征性的帮助，反而选择在莱茵河地区和意大利北部作战。法军在这两个地区都取得了胜利，到了1735年，他们已经准备好向无助的卡尔六世发号施令。1733年11月7日，第一份“家族契约”得以签署，法国与西班牙结为同盟，这极大地巩固了法国人的外交地位。战争最终于1738年5月以《维也纳条约》结束，实际作战此时已经终止3年了。它的条款再度表明与王室相关的考虑在决定欧洲版图时有多么重要。奥古斯特三世被确认为波兰国王，斯坦尼斯瓦夫·莱什琴斯基获得洛林公国作为补偿，在他死后，公国将传给法国。现任洛林公爵弗朗茨·斯特凡已于1736年与卡尔六世的女继承人玛丽亚·特蕾莎结婚，他将获得托斯卡纳作为补偿，最后一位托斯卡纳大公已经死于1737年。哈布斯堡王朝也会从唐卡洛斯手中拿走帕尔马公国，后者则会得到那不勒斯与西西里，在那里成为“两西西里国王”。尽管他的兄弟唐费利佩尚未得到机会，但伊莎贝尔·法尔内西奥让儿子们成为独立统治者的梦想又迈出了一大步。

因此，不列颠治下的和平是短命的。主导1735—1738年和平进程的是法国人，掌控和平的似乎也是法国人，因为他们和西班牙亲戚们确立了牢固的轴心，将波旁王朝的权力延伸到南意大利。当财政枯竭与军事失利迫使卡尔六世接受法国调停，以终止他自1737年开始的对土战争时，法国的胜利似乎更为彻底了。根据1739年9月的《贝尔格莱德和约》，土耳其人夺回了他们在1718年丢失的大部分土地，其中也包括贝尔格莱德，不过奥地利人还是保住了泰梅什堡的巴纳特。欧洲东部的状况就没这么鼓舞人心了，因为波兰的新国王奥古斯特三世明确意识到他的王冠来自俄国与奥地利的支持，他也娶了一位哈布斯堡家族成员。法国的"蛙跳"外交未曾改变，但在未来将面临更多问题。

另一个越发突出的长期问题是法国人与英国人的殖民竞争。后者已经在乌得勒支得到了相当的殖民利益，这勾起了他们进一步殖民的欲望。他们现已控制了北美地区除西属佛罗里达之外的全部大西洋海岸，也宣称拥有哈得孙湾以南的大片土地。被夹在当中的是法国人，他们早在1534年就首次考察了圣劳伦斯河，此时已控制直抵五大湖的河谷地区，并将控制范围延伸到大湖之外。在较为晚近的时候，法国人也宣称对密西西比河河口的遥远南方土地拥有主权，用国王的名字将新的土地命名为"路易斯安那"，并于1718年建立了新奥尔良。他们的明确战略是通过密西西比河河谷和俄亥俄河河谷，将新近获得的土地和北方的老殖民地联系起来。正是在俄亥俄河谷，法国人与来自英属海岸殖民地、向西越过阿巴拉契亚山脉寻找新土地的殖民者之间的冲突愈演愈烈。18世纪30年代时，武装冲突显然已经不可避免。

英国和西班牙之间也有一战。在1713年的《乌得勒支和约》中，西班牙丧失了直布罗陀与梅诺卡岛，还被迫允许英国人向西属美洲殖民地输出非洲奴隶，西班牙必然对英国怀有敌意。18世纪30年代，随着越来越多野心勃勃、无所顾忌的英国商人无视西班牙的贸易限制，战争爆发的可能性越来越大。更为具体的争议焦点是英国在佐治亚正式建立殖民地，这激化了关于西属佛罗里达北部边界的争端。英国与西班牙间的战争最终于1739年爆发，以“詹金斯的耳朵战争”之名为英国人所熟知。耳朵的主人是英国商船队的罗伯特·詹金斯（Robert Jenkins）船长，他于1738年向下议院的一个委员会展示了自己保存在罐子里的耳朵。他声称在哈瓦那外海，一名西班牙海岸警卫登上他的船劫掠，还一剑割了他的耳朵。他宣称的这件事情发生在7年前，但加上其他可怕的故事后，足以触发从宗教裁判所到无敌舰队以来的一系列反西班牙、反天主教的强烈联想，从而煽动英国公众舆论。此前西班牙于1719年协助詹姆士党发起中途夭折的入侵，这也成了反西情绪新的推动力。议会内外的主战派激起了绝大部分人对西班牙的愤恨，迫使迟疑的沃波尔最终宣战。

起初，鹰派的乐观看似很有根据，因为海军将领弗农（Vernon）率领一支仅有6艘战舰的舰队，以强攻于1739年11月夺取了巴拿马大西洋海岸上的波托韦洛（Porto Bello）。但皇家海军并没有看上去那么强大。它实际上并没有在加勒比海、地中海和本土海域同时成功行动的资源和基地。诸多远征均告流产，在这个令人沮丧的故事中，威廉·马丁（William Martin）上校在1742年7月的胜利是个戏剧性的例外，他使得那不勒斯的卡洛七世“正确意识到他（协助西班牙人在北意大利作战）的错误”。马丁让他的分舰队下锚，将毫无防御能力的那不勒斯置于舰队能够轻易命中的射程范围内，他给了卡洛七世半个小时，让他在此期间退出战争，而卡洛七世也照办了。正如尼古拉斯·罗杰所论："这是宣示海权最合算的一次。"英国的其他胜利并不算多，而且间隔也不短，其中包括夺取位于加拿大路易斯堡的重要法军要塞，还有 1747 年 5 月、6 月在菲尼斯特雷角（Cape Finisterre）外海的两次小规模海战中击败法军。

"詹金斯的耳朵战争"刚打了一年，便被归入名头更响的更大规模冲突——奥地利王位继承战争。波旁王朝与哈布斯堡王朝间争夺欧洲大陆主导权的冲突长达数个世纪，这场战争在一定程度上标志着斗争再度开始，但是，三位君主在 1740 年的意外死亡也加快了战争的到来。第一位辞世的君主是普鲁士的腓特烈·威廉一世，他死于 5 月 31 日。王位传给了他善变的儿子腓特烈二世，他既令人难以捉摸，又富有才智，还在维护其王国利益时采取了与前人截然不同的手段。尽管腓特烈·威廉一世残酷到疯狂的地步，他的外交政策却是有所保留甚至怯懦的。他受到三种忠诚的约束——对霍亨索伦王朝的忠诚、对神圣罗马帝国及其皇帝的忠诚，还有对加尔文宗信奉的可畏上帝的忠诚。但腓特烈·威廉一世的儿子从不关心家庭，还要求霍亨索伦王朝的利益服从于普鲁士国家的利益；他对神圣罗马帝国只有轻蔑，鄙视它那"过时、空想的结构"；他还将基督教斥为"一种古老的形而上学的虚构物，充斥着无稽之谈、自相矛盾和荒谬，它产生于东方人狂热的想象，然后传到我们欧洲，在这里，有些狂热分子拥护它，有些阴谋家装作信仰它，还有些傻瓜真的相信它"。

腓特烈·威廉一世对皇帝卡尔六世怀有诸多不满，因为卡尔六世在 1732 年无视了他在波兰的利益，在 1733 年的梅克伦堡问题上怠慢他，在1738年毫不理会他对利希公国和贝格公国的索求，可除了18世纪20年代中期的短暂疏离外，他还是保持着忠诚。他将自己魔鬼般的精力集中到备战而非开战上，给他的儿子留下一支人数有8.1万之多、质量也可谓欧洲最佳的军队，还留下了用以支撑军队的庞大金库。尽管腓特烈二世有各种理由怨恨他的父亲，他还是称颂父亲的成就，并在《我的时代的历史》中写道：

> 先王所追求的名望要比征服者的名望正当得多，那就是让他的国家幸福，使他的军队训练有素，以最明智的方式管理财政，此外还有经济。他避免战争，以免战争打扰自己，妨碍他实现如此出色的计划。通过此类手段，他安静地走向伟大，没有激起君主们的忌妒。

现在，他的儿子让这些工具派上了毁灭性的用场。我们没有理由去质疑他坦诚的说法，即他首先要为自己和普鲁士赢得名望，在旁人的脸上扫除讥笑，比如英国的乔治二世曾嘲弄腓特烈·威廉一世为“下士”“大道上的国王”“神圣罗马帝国的大清洁工”。即使普鲁士于1701年正式升格为王国，可正如腓特烈二世所述，它依然是“某种两性同体，更像是一个选帝侯国而非王国”。为了清楚表现它的阳性特征，他首先试探能否获取利希公国和贝格公国，但这毫无成果。就在这时，持着镰刀的死神送上了帮助，在1740年10月20日带走了卡尔六世，8天后带走了俄国的安娜女沙皇。听到这个消息后，腓特烈二世“立刻”决心“收复”西里西亚。他以第三人称写道：“这个计划能够实现他的一切政治理念，它提供了获取声望、提高国力和终结贝格公国继承争端的方法。”有一个想法他未曾提到，可或许也很重要，那就是即便他不索取西里西亚，别人也会这么做。假使西里西亚落入萨克森人手中，就会让萨克森选帝侯国和波兰的领土连成一片，腓特烈二世极力希望避免此事。皇帝和女沙皇前后脚死亡是相当重要的，和过去一样，俄国发生了争夺继承权的斗争，这就导致它无法给予奥地利援助。实际上，腓特烈二世声称“安娜之死……最终让我下定了进取的决心”。事实证明他是正确的，因为继承安娜的是年幼的伊万六世，他在一年后即被废黜，代之以伊丽莎白，她是彼得大帝在第二次婚姻中生养的女儿。

1740 年 12 月 16 日，普鲁士入侵西里西亚。宗教——“庸俗之辈的神圣成见”——给予了腓特烈二世重大帮助，因为大约 2/3 的西里西亚人是新教徒，他们渴望避开前任皇帝施加的凶狠迫害。1741 年 1 月初，省会布雷斯劳（Breslau）未经抵抗便投降了。整个行省仅有略多于 7 000 名奥军官兵，因此普鲁士人很快便完成了占领。直至 1741 年 4 月 10 日，冯·奈佩格（von Neipperg）将军率领的一支奥军才在莫尔维茨（Mollwitz）发起挑战。腓特烈二世显然不会好过。由于奥军的优势骑兵看上去会取胜，因此腓特烈二世在副手什未林伯爵*的劝说下离开战场。在他离开期间，什未林伯爵集结了表面上已经战败的普军，凭借步兵赢得了胜利。腓特烈二世懊恼地记载道：“很难说国王和奈佩格元帅**谁犯的错误更多。”他将表扬都给予军队：“这场会战是

* 库尔特·克里斯托夫·冯·什未林伯爵（Curt Christoph Graf von Schwerin，1684—1757），16 岁时加入梅克伦堡军队，1720 年转入普军，1740 年晋为元帅，1757 年 5 月 6 日战死于布拉格会战。参见：M.Guddat, *Handbuch zur preußischen Militärgeschichte: 1688—1786*. Mittler, 2011, pp. 262—263.

** 威廉·赖因哈特·冯·奈佩格伯爵（Wilhelm Reinhart Graf von Neipperg，1684—1774），1741 年 3 月 19 日晋任上将，同年 4 月 12 日晋为元帅，死于 1774 年 5 月 26 日。参见：A.Schmidt-Brentano, *Kaiserliche und k.k. Generale: (1618—1815)*, Österreichisches Staatsarchiv, 2006, p. 68.

本世纪最令人难忘的会战之一，因为两支小小的军队决定了西里西亚的命运，而且因为国王的部队在那里赢得了时间和忌妒都永远无法剥夺的声誉。”

就军事层面而言，莫尔维茨会战并不比这一时期的其他任何会战更具决定性，但它的确产生了极端重要的政治后果。它表明普鲁士能够捍卫自己的新战果，从而鼓舞了贝勒艾勒侯爵领导的法国主战派，使其与腓特烈二世缔结盟约、加入战争。路易十五和他的首相弗勒里分别认为腓特烈二世是“傻瓜”和“骗子”，低下的评价却并没有阻止他们追随浪潮，去一劳永逸地解决哈布斯堡问题。要是战争能够按照计划进行，要是他们能够向哈布斯堡王朝的新统治者——23岁的玛丽亚·特蕾莎——发号施令，他们就要强行彻底改造中欧。法国人的狡猾计划旨在创建四个大体相当的国度：把下西里西亚（西里西亚北部）给普鲁士，将波希米亚、上奥地利（奥地利西部）、蒂罗尔、布赖斯高和皇帝头衔交给巴伐利亚，下奥地利一部、摩拉维亚和上西里西亚归萨克森，只给哈布斯堡王朝留下剩余的奥地利领土和匈牙利。法国自然会掌控这四者间的平衡，此外还要拿走奥属尼德兰。意大利境内的哈布斯堡属地则由撒丁和西班牙瓜分。

可惜，法国人既无法获得必要的军事优势地位，也不能控制机智的腓特烈二世。正如后者所写，他并不打算给自己造出一副枷锁，因而他没有以法国的忠诚盟友身份行事，而是试图在法国和奥地利之间维持平衡。被截获的公函表明，要是奥地利人同意割让卢森堡和布拉班特，法国人就会立刻背弃他们。因此，腓特烈二世于1741年10月在小施内伦多夫（Klein-Schnellendorf）与奥地利人签署秘密休战协定，根据该协定，他终止了作战行动，奥地利人则撤出了西里西亚。由于萨克森人和巴伐利亚人已经干脆利落地前去协助法国的军事努力，这个喘息时机是玛丽亚·特蕾莎所急需的。1742 年初时，巴伐利亚选帝侯卡尔·阿尔布雷希特（Karl Albrecht）已加冕为波希米亚国王兼奥地利大公，还被选为神圣罗马帝国皇帝。在北方，法国以外交手腕挑动瑞典人进攻俄国，从而保证了玛丽亚·特蕾莎无法指望获得援助。随着法国的傀儡高踞帝国宝座（他是 3 个世纪来的第一位非哈布斯堡家族皇帝）和法国-巴伐利亚联军占领布拉格，法国在欧洲的影响力远远超过了路易十四的一切成就。

胜利没能持续多久。尽管腓特烈二世在 1741 年末短暂地重返争斗，可在 1742 年 5 月的霍图西茨（Chotusitz）大捷让他能够谈妥《布雷斯劳条约》、实现其主要目标（割占西里西亚大部）后，他就于 1742 年 6 月全面退出战争。虽然腓特烈·威廉一世的金库已经快空了，但正如腓特烈二世所述："花费不过七八百万（塔勒）就得到了省份，相当便宜。"与此同时，玛丽亚·特蕾莎成功召集了足够让法国和巴伐利亚军队露出纸老虎本色的部队，这些部队多数来自匈牙利，至于法军的素质，腓特烈二世嘲弄法军为"骄奢淫逸的廷臣"。截至 1742 年末，奥地利人已经重新控制了波希米亚，还占据了巴伐利亚。在英国，由于罗伯特·沃波尔爵士于 1742 年 2 月倒台，卡特里特（Carteret）勋爵被任命为国务秘书，英国也采取了积极得多的大陆政策，这让奥地利的外交处境有所改善。英国的补助金是组建英国、汉诺威、黑森、荷兰"国事诏书军"（Pragamatic Army）的财源，在乔治二世的率领下，1743 年 6 月，这支军队在美因河畔法兰克福附近的代廷根大胜法军。这是不列颠的君主最后一次亲自指挥部队参与会战。

普鲁士的腓特烈二世一点也不喜欢奥地利国势的回升。到了1744年初，他越发担心英国和奥地利可能会迫使法国达成和平协定，这将使他失去西里西亚。他声称自己手头有一封乔治二世写给玛丽亚·特蕾莎的信，信中表示："夫人，得来有益的归还也有益。"同样令人担心的是萨克森于1743年12月转投敌营，这让萨克森-西里西亚-波兰联盟的噩梦重现了。腓特烈二世并没有沉迷于他的桂冠，而是利用和平时期将军队扩充到14万人，提升了骑兵质量，建立了储有600万塔勒的战备金库，而根据他自己的（错误）看法，这足以维持两场战役。他太了解自己那资源稀缺的国家了，深知它在任何一场长期消耗战中都必定处于劣势，他的战略便是在短暂战争中发起猛烈打击，以达成有限目标。这一回，普军入侵波希米亚，于1744年9月16日攻克布拉格，战争开局很漂亮，可由于他大大低估了在敌方领土上发起冬季战役的危险，战争几乎以灾难告终。他的军队溃败，他被迫退回西里西亚，在那里等待奥地利不可避免的报复。

决定性会战于1745年6月4日在霍亨弗里德贝格（Hohenfriedberg）到来，当时腓特烈二世麾下约有55 000人，他们在4个半小时的残酷战斗中击溃了人数大体相当的奥地利、萨克森军队，俘虏了7 000人、杀死了4 000人，普军的损失却只有1 000多人。* 这足以保住西里西亚，也能够确保与英国媾和，但还不足以让奥地利人坐到谈判桌边。只有普军在9月30日的索尔（Soor）会战、11月22日的卡托利施-亨讷斯多夫（Katholisch-Hennersdorf）会战和12月15日的凯瑟尔斯

* 另据普鲁士总参材料，普军在霍亨弗里德贝格总损失4 751人，其中战死905人，奥地利-萨克森联军总损失约13 800人，其中战死3 120人。参见：R.Keibel , *Die Schlacht von Hohenfriedberg*, Berlin, 1899, p. 438. 据奥地利官方历史，普军总损失4 737人，奥地利-萨克森联军总损失12 847人。参见：K.u.K. Kriegs-Archiv *Österreichische Erbfolgekrieg 1740—1748*, Wien 1896—1914, vol. 7 , p. 478.

多夫（Kesselsdorf）会战——此战使普军攻克德累斯顿——中取得胜利后，玛丽亚·特蕾莎才接受不得不放弃，至少是暂时放弃西里西亚的观点。《德累斯顿和约》在1745年的圣诞节签订，据此条约，腓特烈二世从奥地利手中得到了西里西亚，从萨克森处拿到了100万塔勒。作为回报，他承认玛丽亚·特蕾莎的丈夫弗朗茨当选神圣罗马帝国皇帝，此次推选发生于上一年5月，普鲁士并未参与。腓特烈二世返回柏林，得到了英雄般的欢迎，他就是从那时起得到了“大帝”的绰号。他深知，此次凯旋主要得益于父亲创造的军队，而非自己的领导才干，非同寻常的有利国际条件也帮了忙，更不用说还有很大的运气成分了。“从这时起，除非自卫，不然我连一只苍蝇都不会伤害。”他写道。事实证明，说总比做简单。

与此同时，奥地利在西线战场也发现战况艰难。尽管1743年乔治二世在代廷根的胜利将法军逐出了德意志，法国人却发现自己特别适应在奥属尼德兰作战。从1744年开始，他们的军队由萨克森“强者”奥古斯特的一个私生子萨克斯*元帅指挥，赢得了一场场胜利，其中最壮观的胜利于1745年5月11日发生在图尔奈附近的丰特努瓦（Fontenoy），他们的国王也亲临现场。当会战结束时，路易十五和王太子在一个又一个团的前方巡行，以此庆祝胜利。这无疑是路易十五统治时期的巅峰。此后不久，第二次詹姆士党大起义导致大部分英军匆忙越过海峡回国。在其后的两场战役中，萨克斯的军队完全征服了奥属尼德兰，开始入侵荷兰共和国。

这一切胜利本可以让路易十五将和平解决方案强加给敌国，这

* 萨克斯（Saxe）系萨克森的法文写法。

份方案本该与前任国王在1678—1679年实现的成就类似。不幸的是，战争在其他战场进行得并没有那么顺利。在意大利，奥地利人和他们的撒丁盟友到1746年底已经完全掌控了局面，在大不列颠，詹姆士党起义于1746年4月16日在卡洛登戛然而止。在海外战场，丢失布雷顿角岛（Cape Breton Island）和路易斯堡抵消了法国东印度公司夺取马德拉斯（Madras）的成就。日益强化的英国海上优势导致法国的贸易遭到封锁，也带来了对加勒比海上的法国糖岛会被夺走的担忧。双方都无法发动决定性一击，所有参战国都在不同程度上受到财力枯竭的困扰，于是，一份和约艰难出炉，最终于1748年10月18日在亚琛（艾克斯拉沙佩勒）签署。在全球范围内持续将近10年的战争并没有带来与之相称的领土变动。在欧洲之外，英国与法国交换了它们在加拿大和印度的征服成果。在欧洲大陆，法国人将他们在低地的所有战果交还给荷兰人和哈布斯堡王朝。他们唯一的领土收获是通过代理人方式获得的，路易十五的女婿西班牙的唐费利佩得到了意大利的帕尔马公国、皮亚琴察公国和瓜斯塔拉（Guastalla）公国。历经30年的筹划，伊莎贝尔·法尔内西奥最终成功地令自己与费利佩五世的两个儿子成为独立君主。就算萨克斯取得了诸多胜利，法国还是空手而归，和约十分不得人心也就不足为奇了，"像那和约一样蠢"（bête comme la paix）成了法国人日常用语中很有表现力的比喻。

或许，法国人可以从贬抑哈布斯堡王朝中获得些许安慰，亚琛和会中便有一位法国使节宣称："法兰西已经实现了主要目的，那就是羞辱奥地利王室。"玛丽亚·特蕾莎在名义上的盟友英国人手中遭受了不幸，她必定会对此备感痛苦，就和她父亲在1714年一样。长期来看，她受创的自尊会得到一些抚慰。至少她已在1740—1741年的黑暗日子里生存下来，而在那段日子里君主国的存亡都成了问题。就算她不得不将西里西亚交给普鲁士，将帕尔马、皮亚琴察和瓜斯塔拉送给唐费利佩，还要把米兰公国的一小部分让给撒丁，即便军事上处于不利状况，她的庞大帝国的大部分地区还是保全了。既然她的丈夫已被国际公认为神圣罗马帝国皇帝，那就有充分的理由期望，哈布斯堡–洛林王室会和它的前身一样国祚长久。

另一方面，将西里西亚丢给普鲁士的严重性怎么说都不为过，因为此地人口众多（约有100万名居民）、经济发达（有繁荣的纺织业和良好的水上交通）、在财政上颇有价值（上缴税额约占奥地利与波希米亚总税收的25%）。丢掉这一切已经够糟糕了，可损失还不止于此。由于西里西亚已与邻近的波希米亚、摩拉维亚两省构成了一个经济整体，这两个省份也蒙受了严重的长期损失。此外，这笔巨额财富落入普鲁士手中的事实让创口加深了一倍：假如把西里西亚的各类资源累加起来，用代数符号“x”代表，那么从结果上讲，哈布斯堡君主国和普鲁士间的实力对比就改变了两个“x”而非一个，因为从其中一方身上夺走的东西加到了另一方头上。战略地位也是如此。在哈布斯堡王朝手中，西里西亚是伸入北德意志领土的突出部，丢掉它不仅削弱了哈布斯堡在当地的影响力，也让普鲁士军队距离布拉格不足160千米、距离维也纳不足210千米。奥地利王位继承战争的大赢家无疑是腓特烈大帝。面对汉诺威和萨克森这两个大敌，他确立了自己在北德意志的优势地位，此外，为了争夺整个德语世界的主导权，他正在向奥地利发起挑战。鉴于西班牙与荷兰共和国已经明确丧失了大国资格，普鲁士加入法国、大不列颠、奥地利和俄国之列，组成了能够在国际事务中独立行动的五国集团。

法国的衰微："七年战争"

在《亚琛和约》的余波里，两个同盟集团内部都出现了明显的互相厌恶。玛丽亚·特蕾莎深深反感英国人强加于她的和约，英国人显然欢迎普鲁士的崛起，将它作为防止哈布斯堡再度争取神圣罗马帝国霸权的屏障。英国人也带着同样的恶意抱怨奥地利人对补助金极为贪婪，同时又极为不愿履约。在另一方，腓特烈大帝的举动看起来属于一再背叛，所以法国人疏离了他，而且这个傲慢的不可知论者喜欢拿法国国王的情妇们开猥亵的玩笑，路易十五也因此对他怀有私怨。对腓特烈来说，他也深知只要某事对法国人有利，他们就会无视他的利益。简而言之，彻底改组同盟体系的道路已经被打扫干净。或许改组无论如何都会发生，可结果表明，它的催化剂是考尼茨侯爵对哈布斯堡外交方针的重新考量。他曾于18世纪40年代在意大利和尼德兰担任高级外交官，还作为奥地利代表出席了亚琛和会，很适合执行这一使命。亲身经历教育了他，让他意识到倘若法国坚决进攻，意大利和奥属尼德兰都是守不住的，而在其他任何方面，它们的价值也远小于中部省份。因此，哈布斯堡的政策导向便从外围转到中部，其主要目标也变为收复西里西亚。可说总比做来得简单：在过去的20年中，君主国在军事上的弱势已显露无遗，要是没有强大的盟友，收复就是不可能实现的任务。可在哪里能找到盟友呢？与海上强国的传统同盟已然不再可靠，荷兰人保持中立，英国人背信弃义。还有一个需要考量的因素是西里西亚深处内陆，即便海上强国尽力一试，他们也没法帮助奥地利收复这个失陷的省份。大陆上的目标需要大陆上的盟友。俄国已经是盟国，事实上，卡尔六世正是由于迫切希望维系两国同盟，才让自己于1737—1739年参与灾难性的对土战争。然而，正如玛丽亚·特蕾莎于1740年付出代价后所认识到的那样，俄国援助的质量和分量都不可靠，而且没有什么会比它更不可靠了。俄国因宫廷变革而陷于瘫痪，又受到瑞典入侵的牵制，根本没有参与1740—1745年的西里西亚战争。因此，君主国至少应当获得欧陆头号大国——法国——的善意中立（积极援助就更好了）。

这便是考尼茨侯爵于1749年春季向玛丽亚·特蕾莎及其重臣展示的分析。不足为奇的是，如此激进的计划激起了怀疑甚至反对。虽然如此，考尼茨侯爵还是于1750年出使法国，以阐明其主张。最终让法国人有可能采纳这一建议的是，他们可能会和英国人为争夺北美而重开战端，而且在当时看来，双方必有一战。在北美，法国人正采取前进政策。1752年，法国向加拿大派出了新总督迪凯纳（Duquesne）侯爵，他奉命重新夺回俄亥俄河河谷的控制权，从而打通与路易斯安那的地理联系。1754年，他在阿勒格尼河（Allegheny）与莫农加希拉河（Monongahela）——这两条河汇合成俄亥俄河——交汇处建立了一座要塞，还用自己的姓氏为其命名。事已至此，与大不列颠在台面下的冲突变为正式战争已经只是个时间问题了。随着英法利益冲突在加勒比地区、非洲、印度和公海愈演愈烈，法国的政策制定者们现在面临着抉择：他们应该继续集中精力对抗哈布斯堡、维系在欧洲大陆的霸权地位［贝尼斯（Bernis）修道院院长曾扬扬自得地表示，“在欧洲扮演优胜角色是与我国的资历、地位和伟大相称的”］，还是应该着重挑战英国、争夺欧洲之外的世界主导权，又或是应该同时尽力完成二者？要是法国人选择了第二个选项，他们就有充分的理由与奥地利和解，让德意志和奥属尼德兰保持中立，使自己能够将大部分资源投入海上战争。

在奥地利，这一关键决定是在1755年8月19日、21日举行的两次国务会议上做出的，与会者有弗朗茨一世、玛丽亚·特蕾莎、他们的高级顾问，当然还有于1753年成为外交大臣的考尼茨侯爵。会议通过了努力与法国、俄国、瑞典和萨克森结成同盟，将普鲁士的疆界缩小到1618年前范围的决议。为了回报法国的善意中立，奥地利会将卢森堡让给唐费利佩作为奖励，而他无疑是法国的傀儡。此外，一旦波兰王位出现空缺，奥地利也要帮助法国确保他们的候选人孔蒂亲王当选国王。1755年9月3日，奥地利驻法使节施塔尔亨贝格伯爵*在贝尔维（Bellevue）城堡与法国外交部的贝尼斯修道院院长首次会晤，这座城堡属于路易十五最重要的情妇蓬帕杜尔夫人。法国人有所犹豫，毕竟这意味着放弃将近3个世纪的敌意。

一系列事件最终打消了法国人的顾虑。英国人同样急于确保欧洲大陆中立化，以避免依然明确作为法国盟友的普鲁士夺占汉诺威，继而利用它抵消英国的殖民征服成果。鉴于英国人无法从奥地利手中获得任何保证，他们转向俄国，于1755年9月与其签订了一份协定。此举产生了惊吓腓特烈大帝的效果，他极度乐意地于1756年1月16日签署了《威斯敏斯特协定》，确保了德意志的中立。正如名称所示，协定并不带有任何同盟条约含义，只是带有特殊目的的临时协议。然而对法国人来说，这是最后一根稻草，他们此时已经决心彻底摆脱腓特烈大帝。腓特烈大帝曾乐观地估计法兰西和奥地利必定永远敌对，

---

* 约翰·格奥尔格·亚当·冯·施塔尔亨贝格伯爵（Johann Georg Adam Graf von Starhemberg，1724—1807），奥地利外交官，系施塔尔亨贝格伯爵家族成员，1754年起出使法国达12年之久，1765年获得侯爵头衔。

正如弗里德里希·迈内克（Friedrich Meinecke）曾指出的那样，他忘记了连油和水都能在振动时短暂混合。可此举也让法国人于战争迫近之际在欧洲陷入孤立——除非他们接受奥地利的同盟请求。即便在那时，导致“外交革命”的第一份《凡尔赛条约》(1756 年 5 月 1 日签署）依然是防御性的：只有当奥地利遭遇第三方攻击时，法国才需要做出回应。

英国人误算的后果此时变得明确起来。他们严重低估了俄国内部反普鲁士情绪的强度，那里的两大派系都怀有坚定决心，要教训腓特烈大帝，让“第二个卡尔十二”恢复自知之明。因此，在得知《威斯敏斯特协定》后，俄国人的反应是向奥地利提出建议，希望两国在当年晚些时候联手攻击普鲁士。5 月 22 日，奥地利人通知俄国盟友，声称他们无法及时动员以参与 1756 年的战役，因此攻击普鲁士还是得等到下一年。但俄国已经开始动员了，动员消息也于 6 月 17 日传到了柏林。《凡尔赛条约》并未令腓特烈大帝太在意，因为它只是个防御同盟，但这个最新消息就实在令人忧心了：要是俄国人不顾腓特烈大帝与英国的协定展开备战，那么奥地利人就会给他们撑腰。两线作战的恐怖可能性正在迫近。他同样清楚，萨克森-波兰是密谋中的一方，它正在做出很大的军事努力，以便在瓜分普鲁士时拿到尽可能多的一份。好像这还不够一样，现已牢牢处于法国人控制下的瑞典也要加入掠食者之列，至少是很有可能加入。正如腓特烈大帝在给姐姐拜罗伊特边疆伯爵夫人的信中所述：“我仿佛被恶棍围着的旅人，这些人正打算谋害我，然后自行瓜分赃物。”

腓特烈花了些时间才意识到他所面临的致命危险，可到了 1756 年 6 月，他已通过安插在萨克森外交部里的一名间谍获得了可靠信息。根据这一信息源，他了解到奥俄攻势已经延后。在得知攻势要在次年到来后，他决心穿过萨克森，先发制人打击奥地利，希望在俄国“蒸汽压路机”启动前打垮哈布斯堡王朝。1756年8月29日，他的军队攻入萨克森。腓特烈想要闪电战，战事却将持续7年之久。起初，一切进展顺利。10月，萨克森军队已经被迫投降，国王-选帝侯和他的军官们被放逐到波兰，与此同时，大约2万名士兵被径直编入普鲁士军队（不用说也知道，其中大部分人都尽快逃亡了）。10月1日，腓特烈大帝在洛博西茨（Lobositz）面对冯·布朗*元帅指挥的奥军，虽然普军取得了艰苦的胜利，却无法迫使奥军退出战争。由于战略已经失败，腓特烈大帝似乎处于最糟糕的境地，因为攻击哈布斯堡王朝使得《凡尔赛条约》生效，迫使法国人加入了战争。不过，可以为他辩护的是，至少他已令萨克森退出战争，还让任何沿易北河而下攻入己方领土的入侵都无法发生。无论如何，到了1757年春季，他或许就要面对欧洲有史以来最可怕的同盟——法国、奥地利、俄国、西班牙、瑞典还有大部分德意志诸侯，而在对付它们时他却只能依靠大不列颠、汉诺威、不伦瑞克和黑森-卡塞尔。然而，奥属尼德兰成为法国卫星国的前景引诱着路易十五，腓特烈大帝对路易的萨克森亲戚（法国王太子已娶了腓特烈·奥古斯特三世的一个女儿）不宣而战也激怒了他，可以说他不管怎样都很可能加入战争。此外，不幸的萨克森人已然发觉自己正为普鲁士的战争努力做出贡献，而且是截至此时最大的贡献——尽管这是

* 马克西米利安·尤利塞斯·冯·布朗伯爵（Maximilian Ulysses Graf von Browne，1705—1757），他也是卡默斯与蒙塔尼男爵（Baron de Camus and Mountany），爱尔兰天主教徒，后加入奥军，1754年7月10日晋为元帅。参见：A. Schmidt-Brentano, *Kaiserliche und k.k. Generale: (1618—1815)*, Österreichisches Staatsarchiv, 2006, p. 16.

不情愿的，因为他们已经在征税和征用方面提供了战争总开支的大约 40%。

理清“七年战争”的脉络并非易事，因为它很复杂，形势变化也很快。依靠后见之明，我们可以意识到冲突的第一个年头是决定性的，因为它是大同盟摧毁普鲁士的最佳时机。事实上，到了 1757 年秋季，胜利似乎已经牢牢掌握在他们手中。腓特烈大帝在春季突然从北面行经波希米亚入侵哈布斯堡君主国，打算在其他盟国迫近之前，至少消灭诸多敌人中的一个。抓住猝不及防的奥军并不比平时困难多少，可事实证明，给这个虽然柔弱却难以捉摸得令人愤怒的目标造成致命创伤已经超出了他的能力范围。尽管腓特烈大帝于 5 月 6 日在布拉格城外设法赢得了一场苦战，可城市本身却攻不下来，其后的攻城战所耗费的时间是他无法负担的。他后来转而东进，迎战道恩*元帅麾下的解围部队,6 月 18 日，腓特烈大帝在科林**遭遇决定性失利，被迫向北退回萨克森境内。

这时候，坏消息来得又密又快。7 月 26 日，腓特烈大帝的汉诺威盟友和其他德意志盟友（由坎伯兰公爵指挥）在哈梅林（Hamelin）附近威悉河畔的哈斯滕贝克（Hastenbeck）败于正朝易北河东进的法军之手。9 月 8 日，法军将《克洛斯特采文协定》（Convention of Kloster Zeven）强加给坎伯兰公爵，让坎伯兰公爵的军队中立化了，这导致腓特烈大帝的西翼门户大开。它也解放了黎塞留公爵所部，使其能

---

* 利奥波德·约瑟夫·马里亚·冯·道恩伯爵（Leopold Joseph Maria Graf von Daun，1705—1766），他也是泰阿诺侯爵（Fürst von Teano）、里沃拉侯爵（Marchese di Rivola），1754 年 7 月 7 日晋为元帅。参见：A.Schmidt-Brentano, *Kaiserliche und k.k. Generale: (1618—1815)*, Österreichisches Staatsarchiv, 2006, p. 24.

** 科林（Kolin），今捷克共和国中捷克州科林（Kolín），距布拉格约 55 千米。

够向南行军，与正从西南面赶来、由苏比斯亲王指挥的法国主力军会合。而在东面，一支庞大的俄军已经入侵东普鲁士，8月30日，俄军在普雷格尔河（Pregel）畔的大耶格斯多夫*血战中击败了普军。那还不够，奥军也派出一支袭扰分队攻击柏林，并于10月16日短暂占领了城市。

腓特烈的唯一机会就是阻止法军和奥军合兵一处，所以他匆忙西进迎击前者。11月5日，他在莱比锡以西大约25千米的米谢尔恩（Mücheln）发现敌军。法军足有30 200人之多，此外还要加上由萨克森-希尔德堡豪森的约瑟夫·弗里德里希亲王**指挥的10 900名帝国军队官兵，总人数颇为壮观。尽管在人数上几乎处于1比2的劣势，腓特烈大帝还是急于求战，在贝德拉（Bedra）村和罗斯巴赫村之间占据了朝向西面的阵地，它距离法军营垒约有4千米。其后发生的是军事史上最具决定性的以少胜多的战役之一。普军炮兵巧妙地部署在高于敌军的阵地上，用一阵炮击让推进中的法国和帝国步兵灰心丧气，而目睹己方骑兵被击溃更让后者士气低落。所以，当可怕的普军步兵以战斗队形出现在他们视野里后，就不存在什么抵抗了。普鲁士的胜利来得十分迅速、轻易、彻底，大部分法军步兵都来不及开火。普军伤亡共计23名军官和518名士兵，其中阵亡人数分别为3和162。他们对手的损失包括700人战死、2 000人受伤以及超过5 000人被俘，俘虏中包括5名将军和300名军官。此战结果影响深远。英国人对此印

---

* 大耶格斯多夫（Grossjägersdorf，亦作Groß Jägersdorf），今俄罗斯联邦加里宁格勒州莫托尔诺耶。普雷格尔河俄国段现名普列戈利亚河，波兰段现名普雷戈瓦河。

** 约瑟夫·马里亚·弗里德里希·威廉·冯·萨克森-希尔德堡豪森亲王（Joseph Maria Friedrich Wilhelm Prinz von Sachsen-Hildburghausen，1702—1787），1739年6月11日晋为帝国上将，1741年4月18日晋为奥地利元帅。参见：A.Schmidt-Brentano, *Kaiserliche und k.k. Generale: (1618—1815)*, Österreichisches Staatsarchiv, 2006, pp. 85—86.

象相当深刻，他们随后否决了《克洛斯特采文协定》，继续敞开钱袋给盟友普鲁士提供补助金。法军则要退进冬营里舔舐伤口，再也不能在欧陆战局中扮演主要角色。自此之后，他们的努力局限于德意志西北部，在那里，法军屡屡败于汉诺威–不伦瑞克联军（此时由腓特烈大帝的内弟不伦瑞克的费迪南德亲王*指挥），罗斯巴赫之战造成的创伤因而时常复发。

腓特烈大帝成功地在罗斯巴赫将一只脚拔出泥淖，可另一只还深陷其中。当奥军大举进入西里西亚，于11月24日夺取其首府布雷斯劳（弗罗茨瓦夫）时，那只脚实际上陷得更深了。奥军在人数上至少两倍于对面的普军，因而得以离开城市，在奥得河以西的洛伊滕**与普军交战。1757年12月5日，腓特烈大帝在此地取胜，这或许是他最伟大的胜利。由于此战击败的敌军在训练、士气上都远好于他曾在罗斯巴赫打垮的乌合之众，胜利就更值得赞颂了。这场会战结束后，感恩的幸存者们唱起了路德宗的颂歌："现在，让我们全体感谢上帝。"随着奥军被迫撤出包括布雷斯劳在内的西里西亚，在将要成为"七年战争"的那场战争中，充满征战的第一年以对普鲁士非常有利的方式结束了。

对同时代的人们来说，在两场会战中，罗斯巴赫会战是影响更大的一场。说到底，奥地利的失败在战争史上并不具备什么罕见价值。击溃一支法国大军就是另一回事了，考虑到法军享有的人数优势

---

* 费迪南德·冯·不伦瑞克–沃尔芬比特尔公爵（Ferdinand Herzog von Braunschweig-Wolfenbüttel，1721—1792），也常被称为不伦瑞克亲王（Prinz von Braunschweig），系普鲁士王后之弟，后加入普军，1758年晋为普鲁士元帅。参见：M.Guddat, *Handbuch zur preußischen Militärgeschichte: 1688—1786*, Mittler, 2011, pp. 48—49.

** 洛伊滕（Leuthen），今波兰下希隆斯克省卢蒂尼亚（Lutynia）。

和它对手的暴发户特性，这就更为特别了。一个故事很快便广为流传：法国军官们曾在战斗前夕高傲地评论，声称他们纡尊降贵与“勃兰登堡边疆伯爵”交战是赐予后者“高度的荣誉”。因此，伏尔泰认为罗斯巴赫会战给他的国家造成的耻辱要大过克雷西（Crécy）会战、普瓦捷（Poitiers）会战和阿让库尔会战，而他也不是唯一一个这么想的人。会战的消息传到法国时，公众果然寒心了，此后再未表现出任何战争热情。在1757年的早些时候，政府就已颁布了一条法令，目的是恐吓那些指责国王外交政策的报纸，威胁要处死被控犯有撰写煽动性出版物罪行的人。罗斯巴赫会战让政府和公众间的疏离更加彻底。1758年4月，时任外交大臣的贝尼斯悲叹道：“现在，我们的国家比任何时候都反对战争。在这里，人们对普鲁士国王的热爱到了疯狂的程度，因为能够有效组织事务的人总会令人欣赏。维也纳宫廷则受人憎恶，它被视为依靠法国变肥的吸血动物，人们对见证它扩张领土少有热情——事实上，对见证法国扩张领土也是如此。”

法国已经中立，德意志诸侯也渐渐失去了参战兴趣，但腓特烈大帝依然面临着与俄国和奥地利的两线作战。他想要把敌人分开，在绝望的斗争中度过了此后的4个年头。1758年春季，在同英国人签署的补助金新约的鼓舞下，他打算征服摩拉维亚，希望以此威胁维也纳，迫使玛丽亚·特蕾莎单独媾和。这一尝试刚以失败告终，他就不得不奔向东线，因为俄军已征服了东普鲁士，正向勃兰登堡本土推进。1758年8月25日，腓特烈大帝在措恩多夫*与俄军交战，使俄军停顿

* 措恩多夫（Zorndorf），今波兰西波莫瑞省萨尔比诺沃（Sarbinowo）。

下来，这是战争中最血腥的交锋之一。接下来就是南下面对奥军的时候了，可他这回在10月13日—14日的霍赫基希（Hochkirch）会战中惨败于道恩元帅之手。随着腓特烈大帝的敌人开始发挥其压倒性的人数优势，他越发居于守势，在1759年，他已无法阻止俄奥军队会合。1759年8月12日，俄奥两军在库讷斯多夫*赢得了整场战争中最大的胜利。超过一半的普军战死、受伤或被俘**。腓特烈敏锐地意识到是自己的战术误判导致会战败北的，他打算自杀。在给大臣冯·芬肯施泰因（von Finckenstein）伯爵的信中，他写道："我再没有资源了，说实话，我觉得一切都完了。我不该在自己国度的废墟上苟活。永别了。"

随后发生的事情很好地表现了统一指挥（拿破仑将会十分有效地利用它）的重要性。腓特烈大帝集政治和军事权力于一身，他振作起来，跌跌撞撞地返回安全地带。他的对手在指挥上并不统一，这妨碍了他们的有效合作，也帮助了腓特烈大帝。萨尔特科夫伯爵***和同样蒙受了可怕伤亡的俄军先是停顿下来舔舐伤口，继而从奥得河向东退往维斯瓦河。他们的奥地利盟友也迟疑不决，担心腓特烈大帝之弟、颇有进取心的海因里希亲王****会率领一支部队出现在南面，截断其交通线。奥军因此也向萨克森回撤。在此期间，从西线传来了好消息，不

* 库讷斯多夫（Kunersdorf），今波兰卢布斯卡省库诺维采（Kunowice）。

** 另有资料称，普军参战总兵力49 000人，其中战死约6 170人、伤11 099人、被俘和失踪1 356人，总损失约18 625人。参见：C. Duffy, *By Force of Arms*, Emperor's Press, 2008, p. 165.

*** 彼得·谢苗诺维奇·萨尔特科夫（1698—1772），1714年加入近卫军，曾参与波兰王位继承战争、俄瑞战争、"七年战争"，1759年因库讷斯多夫会战胜利晋为俄军元帅。参见：А. К.Ильенко, *Русский биографический словарь: в 25 томах*, С П б . М., 1896—1918, т . 18, с . 105—117.

**** 弗里德里希·海因里希·冯·普鲁士亲王（Friedrich Heinrich Prinz von Preußen，1726—1802），通称海因里希亲王，兄弟中排行倒数第二，参与了奥地利王位继承战争、"七年战争"、巴伐利亚继承战争，最终军衔为普鲁士步兵上将。参见：M.Guddat, *Handbuch zur preußischen Militärgeschichte: 1688—1786*, Mittler, 2011, pp. 220—223.

伦瑞克的费迪南德亲王指挥英国、汉诺威、黑森和普鲁士的多国部队，于8月1日击败了孔塔德侯爵（marquis de Contades）指挥的法国-萨克森联军，此役使得汉诺威、黑森-卡塞尔和威斯特伐利亚大部得以收复。

事实证明，库讷斯多夫之战是让战争产生决定性结局的最好机会，或许也是最后的机会。1760年，腓特烈大帝再度成功让敌军陷入了困境，虽然俄军曾在10月短暂占领过柏林，他还是于11月3日在托尔高击败了道恩元帅及其麾下的奥军。1761年战局依然表现出了同样的来回进军特征，而联军始终无法有效施展其数量优势。可包围圈正在收紧。作战季节结束时，奥军与俄军分别在西里西亚和波美拉尼亚越冬。对腓特烈来说，极为可喜的变化最终于1762年1月5日发生了，那天，女沙皇伊丽莎白最终还是没能挨过连续的中风。正如我们所熟知的那样，她的继承人彼得三世十分反对俄国参战，立刻终止了战争状态。2月23日，他声明放弃一切征服成果，建议他的盟国议和。随后，俄国与普鲁士的正式和约于5月5日缔结。好像是要加上微薄的奖赏一样，普鲁士与瑞典也达成了和约。而在不利方面，英国此时停发了补助金。显然，腓特烈大帝现在可以专心对付奥地利人了，他开始占据上风，到了当年年底已经重夺西里西亚。腓特烈大帝曾以其标志性的厌女笔法写道，玛丽亚·特蕾莎是个“野心勃勃又热衷报复的敌人，因她是个女人且固执己见、不可缓和而愈加危险”，可由于在财政上陷入枯竭乃至濒临崩溃，就连她也不得不接受事实——西里西亚是无法收复的。1763年2月15日，奥地利和普鲁士在维持战前状况基础上签订了《胡贝图斯堡和约》(Peace of Hubertusburg)。

普鲁士成功保住西里西亚与其大国地位并非侥幸。有时候，人们觉得女沙皇之死拯救了腓特烈大帝。事实上，腓特烈大帝本人也赞成这一神话，他在《七年战争史》中写道，普鲁士在 1761 年底“处于毁灭边缘”：“然而，只需一位女士死去，这个国家便复兴了，那个曾最渴望毁灭她（普鲁士）的大国不再继续了……如果十足的琐事也能影响和改变帝国命运，那么应该如何信赖人类事务呢？这就是命运的游戏，它嘲弄着凡人徒劳的谨慎，它燃起某些人的希望，摧毁另一些人高高扬起的期盼。”可这是个神话。与普遍认知不同，当腓特烈大帝写下“勃兰登堡王室的奇迹”时，他指的不是伊丽莎白之死，而是奥军和俄军未能利用在库讷斯多夫取得的胜利。至迟到 1760 年，这场欧陆战争中的所有参战方都已精疲力竭。等到下一场战役结束时，他们像是打成相持的拳手，依然能够坚持，出拳却绵软无力。腓特烈大帝认为，过度自信使奥地利人在 1760 年底裁减了 2 万名武装人员，而实际裁军原因则是即将发生的破产。在战争的最终阶段，招募士兵、征收金钱、筹措补给的是普鲁士行政机关，赢得会战的也是普鲁士军队。

与此同时，法兰西与大不列颠的战争开局对后者不利，重要原因是在大不列颠再度出现政治混乱，这一现象也使得欧洲大陆的人们认为代议制政体妨碍了国家充分发挥其实力。在纽卡斯尔公爵（按照老皮特的说法，此人是“在断崖边缘驾驶小车的孩童”）领衔的政府中，哈德威克（Hardwicke）伯爵领导的鸽派与坎伯兰公爵领导的鹰派争斗不已。直至 1757 年夏季，乔治二世才不情愿地容许老皮特操控战争。在此期间，蒙特卡姆（Montcalm）侯爵率领的法军在安大略夺取了一连串要塞，而在地中海上，约翰·宾将军的分舰队在海战中败给了德·拉加利索尼埃（de la Galissonière），还丢掉了梅诺卡岛。不幸的宾上了军事法庭，还被处决——“以此给其他人打气”，就像伏尔泰在《老实人》中所指出的那样。尽管丢掉性命是很不幸的，可处决宾的确提醒了他的同僚们，皇家海军的一大罪过便是不去进攻敌军：“宾之死复兴并强化了富有攻击性的决断文化，它让英国军官有别于其外国同行，也适时给予他们稳步增长的心理优势。”（尼古拉斯·罗杰语）

老皮特的精力和他对议会的掌控让英国陆军大举扩充到 15 万人，海军也扩张到 400 艘战舰，战局在 1758 年快速扭转。7 月，英军再度攻克曾于 1748 年交还法国的路易斯堡，但此次易手是永久性的。1759 年 5 月，十分富裕的糖岛瓜德罗普也被英军攻占了。9 月 12 日—13 日夺取魁北克则是个短期内没那么划算、长久而言在战略上重要得多的战果，参战的水陆部队由詹姆斯·沃尔夫将军统率，交战时沃尔夫和他的对手蒙特卡姆都受了致命伤。尽管还有更多的战斗要打——蒙特利尔直至 1760 年仍未陷落，此战却标志着法属加拿大的终结。同样是在 1759 年这一“胜利之年”，海军上将霍克于 11 月 20 日指挥 23 艘战列舰将孔夫兰伯爵（comte de Conflans）舰队的 21 艘战列舰追进了基伯龙（Quiberon）湾，在交战中俘获 1 艘、击沉 6 艘，剩余战列舰也被打散，沿着海岸来回逃窜。这标志着法国海军控制本土海域继而准备入侵的相关努力的终结。一位法军舰长如是哀叹：“20 日的海战消灭了海军，终结了它的计划。”由于法国要将一半预算转移到德意志境内的陆上战争，因此法国海军是不可能恢复的。1762 年 1 月，罗德尼（Rodney）将军夺取了另一个大糖岛马提尼克，他刻薄地评价道：“当地居民的抵抗相当怯懦，我们对此高度感激。”就在马提尼克沦陷的同一个月，西班牙根据第三份“家族契约”姗姗来迟地加入战争，可此举只不过给英国提供了更多的海陆联合作战目标罢了。1762 年 8

月，哈瓦那陷落，10月，菲律宾群岛上的马尼拉也陷落了。

在印度，法、英两国东印度公司以代理人方式进行战争。这里的法国人享有应得的声誉：他们更有活力、更富有进取心。法国人曾于1746年夺取东南海岸上的大型贸易中心马德拉斯，在1748年的和约中才将其交还，以换取路易斯堡。英国的行动方针则在18世纪50年代获得了崭新的推动力，自1743年起便在印度为东印度公司效劳的罗伯特·克莱武（Robert Clive）此时亲临一线，以结合军事行动的政治操纵手段恫吓莫卧儿皇帝的副王们，迫使他们屈服。正是这种将政治和军事相结合的手段使他于1757年控制了孟加拉及其首府加尔各答（Calcutta），还一并夺取了附近的比哈尔邦。新近抵达的拉利伯爵（comte de Lally）打算在1758年再度攻取马德拉斯，两个欧洲大国间的直接军事对抗就此开始了。1760年1月，这里的决定性会战在本地治里（Pondicherry）附近的文迪瓦什（Wandiwash）打响，德·拉利被艾尔·库特（Eyre Coote）爵士指挥的英军击败。1年后，历经8个月围城战的本地治里陷落，拉利的投降标志着法国称霸次大陆的希望就此终结。考虑到缺乏海上支援，这位不幸指挥官的任务几乎是不可能完成的，可那也无法阻止他在返回法国后因玩忽职守罪名惨遭处决。不幸的是，他死得太晚了，没法将勇气赋予"七年战争"中的法国指挥官们。

乍看起来，1763年2月10日最终于巴黎签署的和平协定并没有反映英国人在军事上取得的优势程度。这一定程度上源于英国国内政治的变动，变动原因则是乔治三世于1760年自己22岁时即位，而他又信赖比特伯爵。要是老皮特依然在位，他至少会提出苛刻得多的条件。可因为国王和同僚们拒绝了他先发制人向西班牙宣战的要求，老皮特已经于1761年10月辞职了。法国人收回了法属西印度群岛、若干印度飞地［孟加拉的昌迪加尔（Chandarnagar），科罗曼德尔（Coromandel）海岸的亚南（Yanam）、本地治里和开利开尔（Karaikal），马拉巴尔（Malabar）海岸的马埃（Mahe）］和纽芬兰（海域）及圣劳伦斯河的捕鱼权。另一方面，法国人在北美的势力已经消失，他们的加拿大属地归了英国，路易斯安那则被送给西班牙，以此诱使其议和。此次失地的意义在当时并不明显。前文曾引用伏尔泰《老实人》一书的段落，而就在这个段落之前的一段，小说同名主人公与哲学家玛丁讨论了英法关系：

> "你到过英国，那边的人是不是跟法国人一样疯狂的？"
>
> 玛丁道："那是另外一种疯狂。英法两国正为了靠近加拿大的几百亩雪地打仗，为此英勇战争所花的钱，已经大大超过了全加拿大的价值。该送疯人院的人究竟哪一国更多，恕我资质愚钝，无法奉告。我只知道我们要遇到的人性情忧郁，肝火很旺。"*

伏尔泰未能意识到沃尔夫在魁北克取胜与随后将法国人逐出北美是世界性的历史时刻，可他也很难因此遭到非议。事实上，要是他活得足够长，一直活到目睹1783年英国承认美国独立，他很可能会进一步断言英国人在这一地区的胜利不过给他们带来了一杯毒酒。这场胜利事实上也标志着英语开始了取代法语、成为世界语言的进程，而这一点后来才被人们逐渐认识到。考虑到西班牙人在英国人手中遭遇

---

* 此处译文引自伏尔泰著，傅雷译，《老实人》，人民文学出版社，1955年，第113页。

的失利，西班牙能获得路易斯安那已经很好了，读者不要将它与现在同名的州混淆，因为当时的路易斯安那包括了整个密西西比河流域，从落基山脉一直延伸到阿巴拉契亚山脉。这样，路易斯安那就很好地补充了现有的“新西班牙副王辖区”，该辖区理论上包括了路易斯安那以西，从墨西哥湾直至北太平洋海岸的一切土地，虽然实际上可能并非如此。西班牙将梅诺卡归还给英国人，可也重新得到了哈瓦那与马尼拉。

在战争中损失最大的是法国。它企图同时在海上、殖民地和欧洲大陆发动战争，最终在三个战场均告失利。大部分法国人不愿承认他们的国度正在蒙受绝对意义与相对意义上的衰落，转而寻找替罪羊，并将其认定为1756年的外交革命。要是外交革命能够实现其主要任务，让法国人打败英国人，法国公众舆论或许还是可以接受它的——可是就算那样，也还会有许多人偏爱大陆战略而非“蓝水”战略。然而，正如我们所见，接下来发生的事是灾难。同时代人的记载中有丰富的材料，以下简短摘录将使我们在一定程度上了解失败带来的感受是多么强烈而苦涩：“1756年和1757年与奥地利签署的条约已被所有大国视为路易十五的耻辱……上述条约使法国从伟大、胜利的大国变为奥地利的附庸。”［苏拉维（Soulavie）语］“‘七年战争’是一场发动得毫无理由、进行得毫无能力、结束得毫无胜利的战争……失败给民族自尊心造成了剧烈而深远的创伤……法兰西君主国不再是一流大国……王室的呆滞、政治的颓废、君主的堕落激起了羞耻感，它既伤害了法国的民族自尊心，又燃起了民族自尊心。从王国的一头到另一头，与宫廷为敌都成了一种荣誉。”［塞居尔（Ségur）语］“1756年的条约证明了国际关系中的第一准则——天然敌人间永远都不可能存在诚挚、稳固的同盟。这份条约在原则上是荒谬的，在实践上对法国则是灾难性的。”［佩松内尔（Peyssonnel）语］

第一次瓜分波兰和东方问题

1763年的《巴黎和约》并没有终结法国的苦难。次年，斯坦尼斯瓦夫二世·奥古斯特·波尼亚托夫斯基（Stanisław II Augustus Poniatowski）被选为波兰国王，这表明法国一度在东欧拥有过的支配性影响已然消失。新的女沙皇叶卡捷琳娜二世将自己的候选人——此外还是她的前情夫——强加给波兰，这表明该国现已成为俄国的卫星国。上一次波兰王位空缺是在1733年，那时法国曾经打算用战争手段强行让自己支持的候选人上台。尽管它未能实现这一目标，可至少还是趁着因此产生的混乱得到了洛林。而在1764年，它只能无助地旁观。更糟糕的事情还在后头，东欧的状况自1768年开始发生剧变。奥斯曼帝国与俄国在那一年爆发了战争，因而引发了很大的“东方问题”。俄国取得了极为辉煌的胜利，当中还有件令人震惊的壮举：从波罗的海派出一支舰队进入地中海，在1770年6月的切什梅海战中歼灭土耳其舰队（这场海战可以与勒班陀海战或特拉法尔加海战相提并论）。这场胜利可能会让俄国征服整个巴尔干半岛，将土耳其人逐出欧洲。

哈布斯堡君主国被迫去应付这一威胁，尤为重要的原因是俄国自1764年起就与普鲁士结盟。土耳其人每失败一次，哈布斯堡君主国发动军事干预以阻止俄国取得全面胜利的可能性就大上一分。没有人比腓特烈大帝更讨厌这一局面，他在巴尔干地区并没有什么可能面临威胁的实际利益，而且依然专注于在“七年战争”的破坏后重建普鲁士。为了避免卷入战争，他拿出了哈米什·斯科特称之为“外交杰作”的对策：瓜分波兰。约瑟夫二世后来正确地指出，那全是腓特烈大帝的功劳，他行事“狡诈，不怀好意”。该方案是让东欧的三个大国以波兰为代价消弭相互之间的分歧。俄国的叶卡捷琳娜大帝节制了她对土耳其人的索求，因此获得波兰东部的一大片土地作为奖赏（约 9.2 万平方千米）。腓特烈大帝得到的土地仅仅略多于叶卡捷琳娜大帝得到的 1/3，可对他来讲，这在很大程度上是个“大小不重要，品质才重要”的问题。此次吞并连接了东普鲁士与霍亨索伦王室的核心领土，让普鲁士控制了维斯瓦河下游，给它带来了巨大的战略、经济和财政利益。

对奥地利人来说，利益就远远没那么明显了。他们获得的那部分加利西亚省人口（265 万人）足有普鲁士获得的部分的 4 倍，面积几乎和俄国获得的部分一样大（约 8.3 万平方千米），可价值却小得多。加利西亚在战略层面是个累赘，喀尔巴阡山脉是君主国的东北天然边界，可它还在山脉以北。在经济和社会层面，它还相当原始，注定会成为负担而非资产。当约瑟夫二世于 1787 年最后一次到访加利西亚时，他哀叹就算在这个省份花费大笔资金，也不能使它持续发展。就政治而言，由于那里的波兰贵族不断寻机回归波兰，它还带来了长久的领土隐患。正如 1789—1790 年的状况所表明的那样，这可能会成为一个严重的问题。瓜分一个传统上倾向于奥地利的天主教国家，还让新教的普鲁士和东正教的俄国拿到大头好处，这不管怎样都让人难以理解哈布斯堡王朝从中能得到什么利益。在 1683 年，是波兰国王扬三世·索别斯基率军解救了陷入围困的维也纳。然而，一旦腓特烈大帝赢得俄国的认可，玛丽亚·特蕾莎和约瑟夫二世实际上就别无选择，弗朗茨一世死于1765年，此后便由这两人共同统治哈布斯堡君主国。约瑟夫二世曾抱怨，阻止瓜分的唯一方式就是发动战争——一场奥地利无法负担也不可能取胜的战争。玛丽亚·特蕾莎勉强地接受了她所说的“残酷的必要性”，腓特烈大帝以典型的简练评价道：“她哭泣——可她攫取。”

瓜分波兰并没有终止战争。恰恰相反，俄国人继续施压，将土耳其人远远撵过了多瑙河，因此，当达成和平的《小凯纳尔贾条约》于1774年7月10日签署时，他们在黑海北岸附近获得了重要成果：在东面控制了亚速海入口，在西面控制了布格河和德涅斯特河的河口，在中部让克里米亚汗国从土耳其人手中“独立”出来。黑海航行自由和俄国有权向地中海派出商船意味着黑海不再是土耳其的内湖。绝没有人会认为这是叶卡捷琳娜大帝在这一地区的野心的极限。1775年，约瑟夫二世利用土耳其人孤立无援的处境，以布科维纳（Bukovina）曾附属于波多利亚（在1772年的瓜分中归属哈布斯堡君主国）为由吞并此地，这进一步暴露了土耳其的虚弱。1772—1775年，东欧边界发生了巨大的变动，生动显示了孕育已久的权力版图的东移。这场战争也是该地区首场未经西欧国家以各种方式调停的大战。西欧国家踊跃地提出调停建议，可都被坚定拒绝了。面对“野蛮人，也就是德意志与俄国的哥特人与汪达尔人”（大卫·休谟语），或者说是“有史以来最厚颜无耻的劫匪联盟”（霍勒斯·沃波尔语）的罪恶贪婪之举，英国人与法国人的愤怒可想而知，可他们做不了什么。沃波尔认为法国的声望蒙受了最大的损失，他至少可以用这样的想法宽慰自己，还幸灾乐祸道："这份瓜分条约甚至都没有知会法国，这是公然侮辱了它。那个可怕的君主国是何等堕落、何等屈辱啊。"

事实上，在法国堕入谷底前，它还有一大段持续沦落的路途。法国之星在中欧和东欧暗淡下去之际，俄国之星却在升起。接下来显明这一重大变化的是巴伐利亚继承危机，起因是选帝侯马克西米利安三世无嗣而亡。维特尔斯巴赫家族的其他分支并不缺乏继承者，但贪婪得不可救药的约瑟夫二世抓住这个机会，与第一顺位继承人——普法尔茨的卡尔·特奥多尔——达成协定，让他把巴伐利亚的相当一部分割让给哈布斯堡君主国，以此换取他对剩余部分毫无争议的继承权。腓特烈大帝立刻回应，从波希米亚入侵哈布斯堡君主国。随后的战争——名头很大，叫"巴伐利亚继承战争"——总是被人用轻蔑或嘲弄的言辞描述，这也是可以理解的。作为法国革命前两个大国间的最后一次交锋，它堪称旧制度下战争的理想范例（也可能是夸张范例）。战争中并不存在会战，只有相隔安全距离的稳重机动，与此同时，外交官们则忙着寻求和平解决方案。他们的劳动成果便是 1779 年 5 月 13 日的《泰申*和约》，对约瑟夫二世来说，这是不容否认的失败。除了因河畔的一小片土地外，他不得不放弃整个巴伐利亚。这也代表了俄国在欧洲影响力的巅峰，因为这是它第一次在德意志事务上享有决定性发言权——但绝非最后一次。俄国威胁要加入普鲁士一方作战，从而在迫使约瑟夫二世放弃其冒险立场上起到了重大作用，不仅如此，就连和平协定的达成都是在俄国调解下进行的。叶卡捷琳娜大帝所得到的奖赏是成为神圣罗马帝国现状的监护人，从而实现了与法国

* 泰申（Teschen），现划归波兰、捷克两国，分别为波兰希隆斯克省切申、捷克摩拉瓦西里西亚州捷克捷欣。

平起平坐的地位。此后10年中，俄国取代了法国的地位，成为神圣罗马帝国中起主导作用的外部势力。

与此同时，在名义上独立的克里米亚汗国，叶卡捷琳娜大帝也着手扩张她的影响力。约瑟夫二世从18世纪70年代的事件中汲取了错误教训，这一事实也对她有利。在第一次瓜分波兰时取得的（相对）成功与在巴伐利亚乱局中遭遇的（相对）失利似乎表明是俄国在裁决事务。当俄国人合作时，哈布斯堡君主国就获得了广阔的加利西亚省；而当俄国人抗拒时，哈布斯堡君主国就被迫交还巴伐利亚。约瑟夫二世曾这样告知他在圣彼得堡的下属："俄国与我国联手，我国与俄国联手，就能达成我们想要的一切；可要是失去彼此，我们就很难实现任何有价值的重要目的。"这些话是他在母亲于1780年11月逝世后不到一个月内写下的。当玛丽亚·特蕾莎还在世时，虽然约瑟夫二世曾获得许可于当年早些时候去拜访叶卡捷琳娜大帝，但奥俄同盟是没有什么前景的。现在，约瑟夫二世不再受制于母亲，可以实现更为亲近的两国关系。叶卡捷琳娜大帝也是这么想的，因为正是奥地利的抵制让她无法充分发挥俄国在小凯纳尔贾具备的军事优势。截至1780年，波将金已经成功说服她，使她确信最好的推进方式就是与奥地利人结为同盟，此人是叶卡捷琳娜大帝雄心勃勃的前情人、受她宠爱的顾问，还有可能成为她的丈夫。由于双方都十分急切，完成合作一事没有拖很久：在1781年5月的一番书信往来后，同盟得以缔结。

它的第一个成果是叶卡捷琳娜大名鼎鼎的"希腊计划"。该计划意在至少瓜分奥斯曼帝国的欧洲行省。俄国自己将要占有的部分相对较少——在黑海西北岸进一步占据土地，在爱琴海上获得"一两个岛屿"。然而，叶卡捷琳娜大帝还计划创建两个新国家，它们都将成为俄国的傀儡国：新的“达契亚王国”包括摩尔达维亚、瓦拉几亚和比萨拉比亚，将由一位基督教王公（虽然并未提及波将金的姓名，但他是最有可能的候选人）统治；还有一个定都在君士坦丁堡的新拜占庭王国，将由叶卡捷琳娜大帝两个孙子中年幼的那一位统治，此人在出生时就得到了“君士坦丁”这个幸运名字（年长的那位则在受洗后被命名为“亚历山大”）。此类空想的计划并没有在维也纳得到认真对待，可此后不久，叶卡捷琳娜大帝就再度出击，这次她并没有带来计划，而是采取了行动，那时候，奥地利人就不得不正襟危坐留心此事了。1783 年 4 月，叶卡捷琳娜大帝宣布吞并克里米亚，此举为俄国带来了巨大的战略和经济利益。

对于这桩新的国际盗匪行径，没有哪个大国比法国更愤怒。两个半世纪以来，法国人一直视奥斯曼土耳其人为他们在东欧的天然盟友，因而对俄国的吞并感到恐惧，那似乎宣告了土耳其不再是欧洲大国。法国人发起外交攻势劝诱俄国人退却，还要求——也完全有理由期盼——盟友奥地利协助，因此，当法国人发觉约瑟夫二世不仅竭尽所能地帮助了叶卡捷琳娜大帝，还在过去两年里秘密与她结盟时，他们也是相当愤怒的。不幸的奥地利驻凡尔赛大使梅西–阿让托伯爵*卷入了与法国外交大臣韦尔热纳伯爵的几番“热烈的意见交换”也就不足为奇了。

法国人的行动毫无力度，原因相当充分——他们刚刚与英国为美洲打了一场代价高昂得如同灾难的战争。这一政策的设计师是韦尔热

---

* 弗洛里蒙·克洛德，梅西–阿让托伯爵（Florimond Claude, comte de Mercy-Argenteau），奥地利外交官，1727 年生于列日主教领地列日（今比利时列日），1766—1789 年任奥地利驻法大使，1794 年卒于伦敦。

纳伯爵，自路易十六于1774年即位后，此人便担任外交大臣。他是职业外交官，拥有在外国宫廷，尤其是在斯德哥尔摩与君士坦丁堡活动的深厚经验。韦尔热纳伯爵政策的核心信念是：位于欧洲边缘的两个国家——大不列颠与俄国——权势已然增长，而且正在扩张，应当予以削弱。自1755年起，他便成为路易十五的秘密平行外交机构“国王密使团”（secret du roi）的一员，热衷于保护法国的传统盟友瑞典、波兰和土耳其，对付由俄国领衔的新一类掠食者。由于第一次瓜分波兰刚过去不久，他在东欧无事可做，可英国人与美洲殖民地居民间日益升级的冲突却是个不容错过的机会。

冲突于1775年变为枪战后，韦尔热纳伯爵开始逐步倾向于干预战事。金钱和武器被运到殖民地居民手中，海军也为战争准备停当。事实证明，引发参战的事件是1777年10月伯戈因（Burgoyne）* 将军在萨拉托加（Saratoga）向美军投降，此战明确表明，尽管英军上年似乎还可以快速、轻易地击败殖民地武装力量，但现在这已是毫无可能。多年过去，在法国革命爆发后，路易十六表示他后悔授权干预美洲，抱怨顾问们利用了他的年轻，可一切证据都表明他每一阶段的批准都是自愿发出的。没有法国人——更不用说西班牙人和荷兰人——的帮助，美国人绝不可能以历史上的方式和速度赢得独立，西班牙人于1779年4月加入战争，荷兰人则在1780年12月遭到英国先发制人的宣战。1781年秋季，决定性会战在弗吉尼亚的约克敦打响，康华里勋爵麾下的8 000英军发觉自己被困半岛，夹击他们的则是乔治·华盛顿与拉斐德侯爵指挥的法-美陆军和格拉斯伯爵（comte de Grasse）

* 一译“柏高英”。

率领的法军舰队（拥有24艘战列舰）。当不可避免的投降消息传到伦敦时，时任首相的诺思勋爵的反应是“哦，上帝，一切都完了”。尽管乔治三世决心继续战斗，下议院却于1782年2月27日以234票对215票通过了一项呼吁终止战争的动议。

然而，事实证明这不过是黎明前的黑暗，纵然1781年是英国人最糟糕的一年，1782年却是最好的一年。英军在陆上守住了纽约和查尔斯顿（Charleston），而且还在康涅狄格（Connecticut）展开攻势。而在海上，罗德尼与胡德合兵一处，于4月12日在桑特群岛*击败法军，取得决定性胜利，夺回了加勒比海与大西洋的控制权。得意扬扬的罗德尼告知海军大臣**桑威奇（Sandwich）伯爵，表示法国舰队已然蒙受“极大的打击，不会再恢复了”，并总结称：“现在，你可以鄙夷一切敌人了。”同年秋季，法国-西班牙联军夺取直布罗陀的最终尝试也彻底失败。在印度，作为国家经济复兴大计划的一部分，德·比西（de Bussy）计划大举远征，以期实现法国控制次大陆的目的，但英国海军的行动拖延了他的行动，直到初步和约签订后，远征也未能发动。上述胜利鼓舞了英国代表团，使其在1783年初能够通过谈判达成一年前不敢想的和约。当然，美国的独立得到了承认，可加拿大、纽芬兰和新斯科舍依然属于英国。法国人保有了多巴哥（Tobago），以及纽芬兰的部分渔权，还有塞内加尔、印度境内的少数商站。西班牙人做得还要好，夺回了梅诺卡与佛罗里达。在印度，战前状况得以恢复。

然而，对于《凡尔赛条约》的消息，欧洲最普遍的反应是惊呼

---

* 桑特群岛（Îles des Saintes），一译圣徒群岛、圣徒岛。

** 原文作 secretary of state，但桑威奇伯爵仅于1770年12月19日—1771年1月12日担任北部国务大臣（Secretary of State for the Northern Department），此时职务为海军大臣（First Lord of the Admiralty）。

“不列颠完了！”（Finis Britanniae!）不列颠帝国因债务而陷于困境，因政治不稳而难以动弹，业已宣战的敌国和持有敌对态度的中立国数目众多，却没有一个强大到足以与之对抗的盟国。可想而知，大部分同时代人认为，事实将证明，丢失美利坚不过是不列颠帝国全面解体的第一阶段。例如，针对1783年春季英国的国际处境，约瑟夫二世做出了下列分析：“英格兰的处境难以形容，它恰恰表明这个国度已经何等堕落。在最近的战争当中，就算法国所得不过是向欧洲其余国家宣示它的敌手那绝望而可怜的处境，它依然取得了极大的成就。”他还认为大不列颠在经济层面的损失甚于法国，认为其物质基础更为薄弱，其权势、声望与繁荣均被粉碎，弥漫于该国一切公共生活中的腐败也会妨碍（甚至阻止）其恢复，而约瑟夫二世的观点绝不是没有代表性的。

在法国，人们的观察视角更具敌意、更为实际。然而，法国人似乎再次为第三方利益——这次是美国人和西班牙人的利益——付出了鲜血与黄金。韦尔热纳伯爵抱怨道：“将英国常驻专员逐出敦刻尔克，让纽芬兰海域渔业限制略微松弛也好，收复多米尼克和格林纳达的小小岛屿也罢，都不是充分到足够让我们投入战争的理由。然而，这就是国王计划从一场胜利战争中争取的仅有目标。”此外，就算英国人未能赢得战争，他们至少赢得了和平。正如乔纳森·达尔（Jonathan Dull）总结的那样：“讽刺的是，从这场战争中最终受益最大的欧洲国家是英国。”时间每流逝一年，英国反战者谢尔本的预言就被印证得越发准确：在丧失对美国的政治控制后，继之而来的将是两国间贸易的补偿性扩张。英国与世界其他部分，特别是与东方的贸易也迅速恢复并超越了战前水平。特别是因为原棉供应再度畅通无阻，工业产出得以成比例地增长。在欧洲，叶卡捷琳娜大帝单方面夺取克里米亚的行为已暴露出法国的虚弱，而在1784年，当约瑟夫二世重启其巴伐利亚项目时，法国也无力控制神圣罗马帝国的状况，表现出了类似的无能，这更加剧了法国的困境。最终，组织德意志诸侯同盟并以此捍卫帝国完整（或许这只是腓特烈大帝宣称的目的）的不是法国，而是普鲁士。

“无穷的金钱是战争的原动力”——战争与财政

战争结束仅仅3年，执掌法国财政的大臣（名为“总监”）夏尔·亚历山大·德·卡洛纳（Charles Alexandre de Calonne）便不得不于1786年8月告知路易十六，他的君主国快要破产了。旧制度末期的痛苦煎熬开始了。而在同一年，英国首相小威廉·皮特为了逐步削减国债，推出了他每年投入100万英镑国库盈余的“偿债基金”。按照他最具洞察力、最为简明的传记作者罗斯伯里勋爵的看法，小皮特的这一成就“被同时代人视为他最值得称道的举动”。上述对比鲜明的命运表明了一种根本性的国家差异。“第二次百年战争”并不是在魁北克、特拉法尔加或滑铁卢赢得的，甚至也不是在伊顿的操场上打赢的，而是在伦敦的财政部里获胜的。

要理解为何英国公共财政如此坚韧，而他们的传统敌手却如此脆弱，我们需要追溯到17世纪中期，当时两国同时遭遇了政治危机，却以不同的方式脱离危机。正如我们所见，1648—1653年的投石党运动以君主的胜利告终，他可以不受掣肘地行使财政权力，至少在这一点上，他是“绝对”的。在英格兰，更为漫长的斗争产生了与此截然不同的结果，公共财政要置于议会的稳固控制之下，1688年的“光荣革命”则巩固了这一点。事实上，这一点已被视为政体冲突的主要成果：“确保我们自由的不是律法，而是人民手中的钱袋。”（卡特里特语）乍看起来，这一状况会让征税变得更困难，可它实际上是通往最大化利用国家资源的决定性一步。这正是因为参与政治的人们控制着公共开支，也正是因为其中许多人从中得利。所以，议会更情愿准许征收新税或提高税率。此外，就直接税而言，税收既是全国性的，也是地方性的：因为税收统一适用于王国所有部分，所以它是全国性的，又由于它是由纳税人（土地所有者）代表确定并征收的，因而也是地方性的。

然而，直接税——土地税和针对其他形式的私人财产或社会地位的税种——并不是最重要的收入来源，因为它只占到“九年战争”期间总收入的大约42%，西班牙王位继承战争期间的38%，而到了18世纪80年代，其占比已下降到18%。就连1799年开征所得税也没有将直接税所占的比例提升到1/3以上。主要税负是关税和国内货物税。1660年后，征税职责从个体包税人转移到官僚体系控制下的公职人员身上。间接税具备双重优势。首先，由于它是针对消费的税收，尽管它导致穷人负担最为沉重，可税款在进口港或工场征收，而后一并计入价格，意味着它是相对“隐蔽”的。其次，随着茶、糖和烟草之类应纳货物税的日用品在社会层次上变为大众必需品，它也让政府从贸易发展、关税和18世纪的消费革命中得利。征税机构也成比例地实现了扩张。从“九年战争”开始到西班牙王位继承战争结束，海关人员人数增长了1/3，国内货物税税吏人数增长了将近一半。到了美国独立战争结束时，英国已有1.4万名各类税务官，换言之，征税人比国教会牧师还多。机构扩张也伴随着专业化发展。约翰·布鲁尔写道："英格兰国内货物税（征税机构）依靠一套复杂的测算、记账体系，在组织上采用基于经验和能力的严苛等级制度，还受到中央部门的严格纪律管制，它比18世纪欧洲的任何其他政府机构都更接近马克斯·韦伯的官僚制度理论。"

简而言之，17世纪在英格兰发展出的财政体系是普遍、官僚制、专业化的，也是与公众相关的。因此，它享有至关重要的信任。正如马丁·多恩顿（Martin Daunton）所述："如果缺乏对其他纳税人与政府均会履行义务的高度'信任'，纳税人就没有多少缴纳税款的动机。"议会方面也确保了发动的任何一场战争都是举国战争。威廉三世或许把英格兰纳入了他与路易十四的长期斗争之中，可只有国家利益才能让它持续参战。1689年，约翰·怀尔德曼（John Wildman）爵士在下议院发言称："我们在此会谈，为的不是国王，而是王国。我曾在此听人鼓吹，'小心，别成为对法战争的主角'，可在对抗詹姆士国王、使我们免于贫穷与被奴役的战争中，我们正是主角。"笨手笨脚的路易十四支持詹姆士党王位觊觎者并迫害新教徒，英格兰举国必然动用全力与其对抗。

税收在1689年还没那么多，可很快就变得相当可观。在17世纪80年代，年度总开支不会超过200万英镑；而在90年代，支出已经翻了一番多；西班牙王位继承战争时，年度支出已达到将近800万英镑。当时的国民生产总值是1688年的两倍，而公共支出已占到它的7%，此后，支出占国民生产总值的比例稳步增长到1783年的16%、1801年的27%。收入也从1700年的430万英镑增加到1800年的3 160万英镑，但还是跟不上支出。维持"军事-财政国家"运转的唯一方式是借款。政府在“九年战争”期间通过贷款筹资 1 600 万英镑；在革命及拿破仑战争期间也以此筹得 4.4 亿英镑。政府债务从 1700 年的 1 420 万英镑增加到 1800 年的 4.56 亿英镑。这是如何做到的？这笔债务的名称就在很大程度上揭示了答案，因为它是“公债”或“国债”。罗伯特·沃波尔在 1712 年写了一本小册子，它的冗长标题中有一部分叫作“在四篇文章中表述并考量国债，即：一、关于公债致一位友人的信”。金钱不是借给了君主，而是借给了拥有全国土地财富作为担保、由议会中人所代表的国家。这一关系在 1694 年得以制度化，那时的一项议会法令创建了英格兰银行，该行甫一成立便承担了借给政府 120 万英镑的任务。由于 8 厘年息享有议会担保，银行在不到两周时间内就从 1 268 名投资人（包括国王本人）手中筹得了对应资金。到了 18 世纪中叶，公债投资人增加到 6 万人，到 1815 年则高达 50 万人，其中还有许多人来自欧洲大陆。亚当·斯密在《国富论》中评论道：“英格兰银行的稳定是与不列颠政府的稳定相一致的。只有在银行给政府的贷款受到损失时，银行的债权人才可能受到损失……它不仅充当一家普通的银行，而且充当国家的巨大发动机。”这与糟糕的旧日子天差地别，那时，借贷给国王与其说是理性投资，不如说是忠诚行为。这一安排让连续多届英国政府能够在需要资金时以可以接受的利率筹到款。随着人们对该制度越发信任，利率也逐步下降——西班牙王位继承战争中是 6 ~ 8 厘，“七年战争”中则降到原先的一半左右。因为胜利孕育着胜利，“七年战争”令人目眩的成功促进了进一步投资。正如本杰明·牛顿（Benjamin Newton）牧师在 1758 年的一次布道中所述：“现在，战争状况一般是由充足的财富决定的；最富裕的国家就是胜利的国家，胜利的光荣花环已变为黄金价格。”

税收与贷款的结合使得英国政府能够一而再、再而三地加倍投入战争。当“第二次百年战争”打响时，皇家海军拥有 173 艘各式舰船，而当战争结束时，它拥有将近 1 000 艘舰船。英国陆军在“九年战争”中的年均人数略多于 7.5 万，到 1809 年已超过了 30 万。尽管人员数字的不可靠是出了名的，尤其是在数字看似精确的时候，但一份较为准确的估计认为，在 1809 年有超过 75 万人服役于武装力量各分支。役龄男子参军比例从 18 世纪 40 年代的 1/16 增长到美国独立战争期间的 1/8、拿破仑战争期间的 1/5 或 1/6。

英格兰人在 17 世纪下半叶着手创建“军事–财政国家”时享有一个显著优势，那就是他们是相对意义上的新手。尽管曾在击败西班牙无敌舰队等状况下偶尔受到刺激，他们在多数场合还是隔绝于欧陆战争之外，仅仅参与了有限的殖民扩张。而英格兰人的所有敌人都在一个多世纪里陷入苦战，在“三十年战争”中状况尤为激烈。其结果是，各类特许权均已被特定利益集团攫取，事实证明这非常难以改变。这一点在法国最为真切，它与西班牙哈布斯堡王室关乎存亡的斗争始于 1494 年的查理八世入侵意大利，到本书所述时段开始时依然在持续进行。法国国王几乎朝不保夕，在一个个权宜之计中蹒跚而行，根本不能创造出有秩序的公共财政体系。

“捐官”或卖官的重要性具有典型性，研究这一问题的最权威历史学家（威廉·多伊尔）将它描述为“一种法国式嗜好”。官职的市场化始于 1522 年，由于买卖双方都颇为欢迎捐纳官职，它有漫长的未来。对始终遭遇沉重压力的君主而言，捐纳为手头提供了现金；对购买者而言，它们带来了收入、特权（例如免于向军队提供食宿、免除若干税收形式）以及最为重要的地位，在某些状况下甚至是贵族身份。每年缴纳的费用［官职税（Paulette）］换来了世袭地位。科尔贝在1664年进行的一次调查表明，共有45 780名由捐纳而来的司法、财政官员，市场价值共计4.2亿利弗尔，政府每年可获得200万利弗尔的官职税，但还要向官员发放800万利弗尔作为薪金。路易十四对荷战争的金钱需求破坏了科尔贝削减捐官的尝试，此次削减也是旧制度下的最后一次。多伊尔估计，在1789年有7万名捐官，换言之，1%的男性人口拥有捐纳得来的官职，因而可能有多达33万人依附于他们。路易十五的最后一位财政总监泰雷爽快地承认了捐官并不公平，可国王也需要获取金钱。

如此庞大的资本被束缚在非生产性投资中无疑对法国经济造成了长久的严重影响，可这并非我们在此关注的方面。就财政层面而言，它意味着改革已处于近乎不可能完成的境地。按照J. F. 博舍（J. F. Bosher）的明晰表达，法国国王们之所以不能改变制度，乃是因为改变已超出其能力范围。博舍也指出了一个与此相关的根本弱点——在旧制度下的法国，征税并非公众职责。它是一桩买卖，私人包税商预先与王国政府签订在国内对应地区征收对应税种的合约，他们预先缴纳税款，以此换取执行征税的权利。其结果是私人富足、公家穷困。在“九年战争”进程中，国王和金融家们签订的合约给予前者3.29亿利弗尔，却还给后者创造了1.07亿利弗尔的利润。难怪在路易十六治下，像“总包税商”这样的官职售价会高达150万利弗尔，因为获得该职位就意味着与整个王国最富裕的40人——间接税征税人——为伍。宠臣们实际征收的金额与最终进入王家钱袋的金额存在极大差异。事实上，那之所以会被称为“王家钱袋”，是因为并不存在监督收支的中央财政部。收上来的大部分税款最终直接流入各类王家包税商手中。当时既不存在官员等级制度，也不存在官僚机构控制。结果，就连走向财政合理化的第一步——预算——都迈不出去。值得注意的是，1784 年的《方法论百科全书》(*Encyclopédie méthodique*) 将"预算"定义为在英国议会中使用的词。因此，财政总监内克尔在 1781 年提交的《呈王账目》(*Compte rendu au roi*) 中声称存在可观盈余，他的继任者卡洛纳却表示事实上存在巨额亏空，而且，这两人的看法都无法证明究竟是对是错。国家银行也是不存在的。J. H. 申南 (J. H. Shennan) 指出，路易十四宁可熔化他的金银餐具和白银马饰，也不愿仿效其对手的银行实践。约翰·劳的国家银行计划在 1720 年遭遇了耻辱性失败，打败他的是在财政国家化进程中可能受损最大的金融家们，这意味着旧制度下将不会有任何后续尝试。

曾有人断言法兰西君主国的财政问题源于特权，因为第一等级和第二等级享有财政上的蠲免。的确，教会只缴纳了不多的自愿捐献 (don gratuit)，贵族也无须缴纳主要直接税种人头税 (taille)。然而，约翰·麦克曼纳斯业已指出，到了 18 世纪 80 年代，教会实际已经上缴了"相当一部分"，而按照贝蒂·贝伦斯的看法，由于 1749 年统一开征了 5% (因此得名廿一税) 的土地收入税，1756 年其税率加倍，1782 年又变为最初的 3 倍，法国贵族缴纳的直接税实际上多于他们的英国同阶级成员。然而，不管这类反驳多么有理有据、多么客观，它们似乎都有些离题，因为最重要的是绝大部分纳税人对其处境的认知状况如何。18 世纪 80 年代晚期的大量小册子和出版物表明，的确存在一种广为传播的看法：普通人背负着两大特权等级。

因此，与前者 (英国财政体系) 相关的信任永远无法被灌注进法国财政体系。由于法国严重依赖直接税（取决于不同时段状况，直接税占到总税收的48%到61%），状况变得越发严峻。在英国，土地税是相对隐蔽的，因为土地税由地主缴纳，而他们又将税负以增加地租的方式转嫁到了佃农身上，但是在法国，人头税是直接从耕作者身上收取的。彼得·马赛厄斯和帕特里克·奥布赖恩（Patrick O'Brien）曾在关于两国财政体制的比较研究中评论道："假使英国是一个由土地经营者缴纳人头税而且由官员征税的国度，征税人的直接出现将给乡村社会中的大部分家庭创造明确的敌对目标，这会产生并激化政治对立。"在法国，就连间接税的主要税种盐税（gabelle）也会牵涉到单个家庭与征税人间十分明显的直接对抗。

税种与税率的普遍差异也侵蚀了信任。正如我们所见，仅以盐税为例，法国已被分成拥有6种不同税率的6个不同地区。除去滋生不公感受外，根据奥尔文·赫夫顿的说法，这一无序状况也让国内走私成了涉及数十万人甚至上百万人的大产业。这一荒谬状况的例证便是走私者颇具创意地使用犬只越界运输，将盐从布列塔尼运到曼恩。在直接税上也能发现同样的差异：以桑斯选区为例，由于根本不考虑土地价值或实际产出，税收最低状况下仅占收入的5%，最高则达53%。认为宫廷中的私人欢愉浪费了政府收入的想法就没那么容易量化表达了。虽然事实上这只占到总支出的6%～7%，可先是路易十五与其诸多情妇的奢侈行为广为人知，后是玛丽·安托瓦内特王后的奢靡行为路人皆知，这也根本无法鼓舞普通纳税人。即便在面临破产威胁的18世纪80年代，卡洛纳还是插手了某些张扬的花销事宜，其中包括从庞蒂耶夫尔公爵（Duc de Penthièvre）手中以1 800万利弗尔价格购得朗布依埃宫，为王后购买圣克卢，还给王后在宫廷里的朋友们许多年金。1787 年 7 月 19 日，路易十六的大臣们打算给他上一堂迟来的基础课程，教他明白公共关系与财政成就间的联系：

尼韦奈（Nivernais）公爵：“我们不能隐瞒陛下，公众情绪相当糟糕。”“可为什么呢？”国王说。没有人回答。（然后卡斯特里侯爵）大声地说：“陛下，因为公众怀着些许惊异，看到就在陛下准备给人民施加新的税负时，他却没有做出任何个人牺牲；看到他做了一个导致财政毁灭的糟糕选择（卡洛纳），却似乎打算让自己的臣民付出代价；看到他的建筑依然在到处动工。诸如此类。”

按照弗朗索瓦·菲雷的准确判断：“要是路易十六能够打击宫廷奢靡，虽然可能无法拯救他的财政，但他能拯救更多——拯救君主制本身。”

这时候已经太晚了。就连在美国独立战争中的有限胜利也是以过高的代价赢得的，因为它的花销相当于前三场战争的总和。仅以海军军费而论，从 1778 年到 1783 年就翻了两番。等到卡洛纳于 1786 年 8 月 20 日觐见路易十六时，状况已至绝望。这时的君主国陷入了利息与亏空螺旋式交替上升当中，还债开支已多到只能通过募集更多贷款来负担的地步，而这又增加了亏空，使得贷款需求进一步增加，如此一路循环下去。人们认为，在年度总收入约为 4.75 亿利弗尔的基础上，当时的年度亏空已超过了 1 亿利弗尔——不过，没有人能够肯定上述任何数字，而同时偿还债务则正在消耗大约一半的收入。在 1782 年遭遇诸多困难才得以实行的第三次廿一税将于 1787 年到期。

自1776年起，法国政府已借贷了超过10亿利弗尔，而这时的贷款也只能缓慢地以越来越高的利率流入。王家财政此前未能公共化、国家化，这一失败此时被证明极具破坏性，因为它是对信用的重创，导致心不甘情不愿的路易十六不得不召开三级会议。

旧制度下如何赢得陆战

就军事层面而言，在1648—1815年这一时期，三个伟大的成功故事是俄国、普鲁士，以及1648—1697年和1792—1809年的法国。哈布斯堡君主国也有它的光辉时刻，尤其是在1718年前对抗土耳其人的时候，可它蒙受了太多的失败，因而不值得计入第一集团。这一状况表明，军队人数是胜利的关键。

表9　18世纪的陆军人数

国家	18世纪初期	18世纪中期	18世纪末期
瑞典	110 000（1709）	53 000	45 000
俄国	220 000（1715）	284 000（1756）	300 000（1796）
哈布斯堡君主国	100 000（1705） 140 000（1710）	157 000（1756） 202 000（1760）	312 000（1786）
普鲁士	40 000（1713）	260 000（1760）	194 000（1786）
萨伏依-皮埃蒙特	25 000（1710）	30 000（1738）	?
法国	400 000（1703） 300 000（1710）	280 000（1760）	180 000（1789） 800 000（1794）
西班牙	40 000（1703）	56 000（1759）	140 000（1800）
大不列颠及爱尔兰	93 000（1702—1713） 139 000（1710）	62 000（1739—1748） 93 000（1756—1763）	108 000（1775—1783） 800 000（1803）

资料来源：Walter Demel, *Europäische Geschichte des 18. Jahrhunderts* (Stuttgart, 2000)

表 10 似乎确认了这一点，它也说明了这一时期战争的烈化。

表 10　1648—1815 年战争的烈化

		一	二	三	四
“三十年战争”		19 000	1.5	1	0.24
路易十四的战争		40 000	1.75	7	
	西班牙王位继承战争				0.77
腓特烈二世的战争		47 000	3.33	12	
	奥地利王位继承战争				0.82
	“七年战争”				1.4
法国革命战争		45 000	—	12	
	第一次反法同盟战争				3.0
	第二次反法同盟战争				4.4
拿破仑战争		84 000	3.5	37	
	第三次反法同盟战争				7.0
	1809 年战争				11.0
	1812 年战争				5.2

各栏解释：
一、一支军队在交战中的平均规模，根据每场战争中的 30 场可选会战计算
二、每 1 000 名参战人员所对应的火炮数量
三、对阵双方军队总人数超过 100 000 的会战场数
四、平均每月会战场数

资料来源：R. R. Palmer, ‘Frederick the Great, Guibert, Bülow: from dynastic to national war’, in Peter Paret (ed.), *Makers of Modern Strategy from Machiavelli to the Nuclear Age* (Oxford, 1986)

然而，我们很容易发觉量化方法的不足之处。路易十四纵然在西班牙王位继承战争之初组建了庞大的军队，也无法阻止布伦海姆、拉米伊、奥德纳尔德与马尔普拉凯。在“七年战争”中，法国、哈布斯堡君主国、俄国、神圣罗马帝国大部和瑞典组成的联盟享有巨大的

人数优势，可这也无法转化为它们对大不列颠与普鲁士的军事胜利。1756 年的大不列颠及爱尔兰人口还不到法国一半，普鲁士人口更是不到法国的 1/8。

就人口而言，当腓特烈二世于 1740 年即位时，普鲁士只是个三流国家，然而到 1763 年《胡贝图斯堡条约》签署时，它已经在欧洲大国的主宾席上站稳了脚跟。根据最普遍的说法，它的胜利关键在于最大化利用资源的能力。依靠在 1740 年夺取西里西亚，而后成功抵御一切敌手，腓特烈二世表明战争之神并不总是站在军队规模更大的一方。在《我的时代的历史》序言中，他以可以理解的自满评论道："我曾目睹当小国拥有产业、事务秩序良好时，它们能够成功抵御最庞大的君主国。我发觉大帝国多有弊端，充满了混乱，仅仅依靠诸多资源和自身体量才得以维系。"这段话极好地概括了普鲁士与哈布斯堡君主国之间的关系。

腓特烈二世的三位先君创建了一种军事制度，这种制度本质上依赖统治者与土地贵族间的紧密协作。根据 1653 年签订的一份协定（"邦议会协定"），后者得以终身保有土地（此前仅拥有可被收回的采邑），享有对地产的独占权，以及对其上农民的控制权。但是作为交换，他们也要确保缴纳常备军所需的税收。可还有很长一段路要走。勃兰登堡军队规模依然相对较小（1688 年时约有 3 万人），它依赖外国的补助金，无法将军事成绩转化为领土收益。正如我们在前一章所见，以 1675—1679 年让勃兰登堡人打到里加城门前的瑞典战争为例，根据路易十四的吩咐，勃兰登堡被迫在《圣日耳曼和约》中归还它攻占的大部分土地。极度愤怒的大选帝侯命人建了一块纪念碑，碑上刻有维吉尔的威胁性格言："我的骸骨上将兴起复仇者。"*他指望曾孙成为复仇的工具。

然而，打造这一工具之人却是大选帝侯的孙子腓特烈·威廉一世。他的一部分成就在社会层面。通过巧妙运用胡萝卜与大棒相结合的手段，他让容克成为普鲁士军官团的同义词。假如有青年贵族在志愿参军服役时表现落后，就会有军方搜查队出动，将他们抓到军官学校里去。他们所受的训练是残酷的，早年的军中生活也是穷困的，可只要升到上尉军衔，得以统领一个连，他们的经济前途就有保障了。等到腓特烈二世即位时，容克们已经切实地融入了军官团。腓特烈·威廉一世的另一部分成就在文化层面。通过个人垂范，他将军人职业提到了至高无上的地位。1725 年之后，人们从未见到他脱下（波茨坦近卫团的）军装，腓特烈·威廉一世率先垂范，也让他的子孙们随之效仿。他还有一部分成就在军事层面。尽管普鲁士军队只是国际舞台上的羞怯玩家，可在他的监管下，这支军队成了欧洲最具战斗力的军队，他的儿子恰如其分地指出：

> 先王依靠他无尽的勤勉，在王家部队里灌输了美妙的秩序与纪律，让部队在运动与机动中表现出欧洲前所未见的精确。普鲁士步兵营成了行走的炮群，装填的迅捷令射击速度快了两倍，使普鲁士兵能够以一敌三……这么多新发明将军队变成了移动的要塞，接近这座要塞则阻力重重、相当危险。

---

* 原句出自《埃涅阿斯纪》卷四第 625 行，又作"让我的骨肉后代中出现一个复仇者吧"。参见：[古罗马] 维吉尔著，杨周翰译，《埃涅阿斯纪》，译林出版社，1999 年，第 102 页。

此外，军队的兵力与其质量也是相称的。腓特烈·威廉一世从区区224万人口中征集兵力，却在1740年留下了一支和平时期就有8.1万人之众的军队。1732—1733年引入的“划区征兵制”使这得以实现，在该制度中，每个团分得一块征兵区。这标志着通往征兵国家化的重要一步，因为所有身体健全的男子都有义务在征兵区名册上登记。要是志愿者无法满足额定人数，就要采用征兵手段。有限程度的征兵方式并非普鲁士人的发明，瑞典是第一个基于强制兵役原则组织常备军的国家，可正是普鲁士人将它发挥到极致。据路德维希·德希奥（Ludwig Dehio）估计，要是哈布斯堡君主国在1740年做出同等努力，它拥有的军队就不会是实际上可用的10.8万人，而将足有60万人之多。

腓特烈·威廉一世也完成了社会军事化进程，这一进程改变了普鲁士。其子的副官冯·贝伦霍斯特（von Berenhorst）的名言是，普鲁士“不是拥有军队的国家，而是拥有国家的军队，在这个国度里，处处是宿营地”。军事政策的首要地位影响了各个政府部门的政策。主要的受益者当然是贵族，他们提供了军官人选，获得了对农奴和地方政府的控制权、对庄园地产的垄断权（因此，一名容克只能把土地卖给他所在阶层的另一成员），以及用来修复战争创伤的廉价贷款与补助金。政府在制定财政、贸易政策时优先考虑乡村利益同样使贵族受益。农民也得到了好处，因为要想稳定炮灰的供应，就得让农民拥有过得去的生活水准。按照奥托·比施（Otto Büsch）优雅严谨的表述：“保护农民就是保护士兵。”

这是一种弥散到社会各阶层的尚武精神。容克们与腓特烈二世一道在1740—1763年的三次西里西亚战争中出入火线，在此期间约有

1 550 名军官死亡。就算损失了 23 位家族成员［其中包括杰出的诗人埃瓦尔德（Ewald），他在库讷斯多夫会战中负伤，后来因伤死亡］的冯·克莱斯特家族是个特例，可还有其他多个家族损失人数高达两位数。随着战争以普鲁士克服一切困难取得大国地位告终，幸存者与其统帅就像血盟兄弟般联系起来，正如腓特烈二世的一位老兵所述，这种关系类似苏格兰族长与家族成员间的关系。腓特烈二世自上而下确立了无私地尽忠职守的范例，他与士兵同甘共苦，还要求王室成员也同样行事，而且，所有王室成员都得强制服役。就像伦多夫伯爵吹嘘的那样："我军有别于其他任何军队之处，是我们的亲王本身就是士兵，而且像列兵一样毫无怨言地忍受艰辛。"平民们也享有这种自豪感，一名法国访客发现："普鲁士的普通人，哪怕是最低贱阶层的人，都充满了尚武精神，他们满怀尊敬地谈论军队，诵读将军的姓名，详述他们的胜利和赢得光荣的时刻。"这一印象也得到了普鲁士人自己的确认，例如，路德维希·蒂克（Ludwig Tieck）在其回忆录中记载道：

> 曾成功挫败欧洲其他所有国家同盟的国王作为最高统帅出现在游行与阅兵场合，他位于曾赢得诸多会战的部队最前方。当军队在像哈雷门（Hallesche）或普伦茨劳门（Prenzlauer）之类的某座柏林城门外展开训练或演习时，柏林市民们就成群结队地涌出去围观。我的父亲（一位熟练木工）也常常带孩子们去参加此类大众节庆。在拥挤的人群中，在炮兵车队和正在行军的士兵的涌动下，我们准备忍受几个小时的尘土与炎热，只为了能看到被让人眼花缭乱的名将们围绕着的我们的老弗里茨。

简而言之，普鲁士在18世纪成了一个军事化社会支撑的军事国家。这绝非不可避免。1610年，柏林民兵曾拒绝统治者要求他们展开训练的命令，他们的理由虽不英勇，却很合理，那就是用真火药开枪会吓坏他们怀孕的妻子。是“三十年战争”给人们狠狠上了一课，告诉人们在缺乏自然疆界的北德平原上，实际情况是“不吃就得被吃”。是一连串非凡的霍亨索伦家族统治者最终确保说了算的是普鲁士人，而非波兰人、丹麦人、瑞典人、萨克森人、巴伐利亚人或奥地利人。事实上，即便到了18世纪初，在神圣罗马帝国内部对哈布斯堡王室构成主要威胁的也不一定是崭新的普鲁士王国，反而有可能是其他德意志诸侯国，由彼得·威尔逊编纂的下表包含了部队实力和此后的发展状况，它颇有说服力地证明了这一点。

表11　德意志诸侯国在18世纪的军国化发展

年份	奥地利	普鲁士	萨克森	汉诺威	普法尔茨	巴伐利亚
1702	110 000	26 000	27 000	18 900	18 000	27 000
1726	113 000	60 000	15 000	14 400	8 540	4 950
1740	108 000	81 000	27 800	22 700	8 390	9 000
1744	161 000	132 000	37 400	26 100	10 730	19 500
1750	150 000	137 000	22 320	21 940	12 500	6 290
1762	150 000	120 000	12 100	37 000	12 000	9 000
1765	170 000	150 000	26 620	14 000	11 590	8 000
1777	220 000	158 000	21 840	21 000	11 850	8 000
1790	281 850	200 000	22 900	17 000	15 750*	

巴伐利亚选帝侯在1777年12月底继承了普法尔茨

可仅仅军事化是不够的。普鲁士要成为大国，就得除掉两个邻近对手：瑞典和波兰。此后发生了什么一如我们所知，人们很容易忘记瑞典人在17世纪行使着何等的权力，当时，他们的帝国包括了波罗的海沿岸诸多地区，他们的军队深入南德。鉴于波兰在 1772 年、1793 年和 1795 年三次遭遇瓜分后便消失在欧洲地图上，人们就更容易低估它的潜力了。然而，萨克森选帝侯国的腓特烈·奥古斯特被选为波兰-立陶宛联邦国王，两者在 1697 年合并，似乎实现了质量与数量的完美匹配：萨克森可能是当时中欧最发达的国家，波兰的土地则几乎从波罗的海延伸到黑海。在对付瑞典和波兰的事上，最终都是俄国替普鲁士完成了工作。彼得大帝在“北方大战”（1700—1721）中将瑞典削弱为三流国家，还控制了波兰，无意之中也为普鲁士的崛起创造了条件。

正如我们在本章前文所见，1740 年秋季的国际形势对腓特烈二世出奇有利，可要是他没干预，那还是什么都不可能发生。不会有战争仅仅因外部环境有利而“发生”，意志带来的行动总是需要的。腓特烈二世做出决定，要动用其父铸造的兵器，利用极度有利的国际形势，这即便算不上最重要的行动，也必定是个具有世界历史意义的时刻，此后，一切都变了样。他基于前两次西里西亚战争的经验，于 1746 年写就了《战争总则》，在这部书中，腓特烈二世让他的指挥官们切记要进行“速战速决的猛攻”。他既是总司令，又是国家元首，因而享有统一指挥的无价优势，得以凭借敌军无法拥有的速度寻求决战。他也在战争中加入了“不做就得死”的幻念，它将孤注一掷的攻击性——这足以弥补任何数量上的匮乏——赐予普鲁士的战争。1806 年 9 月 20 日，就在拿破仑于耶拿和奥尔施塔特赢得压倒性胜利前 3 周，卡尔·冯·克劳塞维茨（Carl von Clausewitz）上尉致信他的未婚妻，信中提到在罗斯巴赫战后，当腓特烈二世于 1757 年 12 月挥师前往洛伊滕迎击奥军时，“他就像是一个绝望的赌徒，决心要么输掉一切，要么赢回一切，而且（要是我们的领导人们能注意到这个事实就好了！）这热烈的勇气里不过是强大个性的本能，军事智慧的最高形式正存在于这种个性中”。事实上，随着战事推进，他众多敌人的数量优势开始发挥出来，腓特烈二世的攻击性也减弱了。他拼命闪避敌军，从一条战线赶赴又一条战线，寻求一场既有阵地战，又有运动战和小规模胜利的战争。正如他本人所述，“赢得一场会战意味着迫使你的对手将阵地交给你”，因此“取得许多小胜就意味着逐步积累了财富”。在 1761 年和 1762 年的战役中，以及在 1778 年的巴伐利亚继承战争中，他都没有打过会战。正如我们会在下一章看到的，法国革命者与拿破仑从腓特烈大帝的军事实践中收获良多，从而征服了欧洲大部，可他们犯了致命的错误，没能像腓特烈大帝那样，让军事手段从属于政治目的。

第十三章

法国革命战争与拿破仑战争，1787—1815

法国革命战争的开端

法国革命战争的开端通常被定在 1792 年 4 月 20 日，因为这是在巴黎的立法议会向“匈牙利国王”（这是哈布斯堡君主国新统治者弗朗茨此时为人所知的称呼，他要到 7 月才加冕为神圣罗马帝国皇帝）宣战之日。实际上，从 1787 年 8 月 17 日起，战争就在持续进行，在那天，土耳其人把俄国大使布尔加科夫（Bulgakov）伯爵关进了君士坦丁堡托普卡珀宫旁的七塔堡*里，这是他们的宣战仪式。保罗·施罗德（Paul Schroeder）明智地评论道，它的开始“与许多战争如出一辙，都是源自受到威胁、处于守势的大国决心以暴力终止衰落、重获安全”。和 1914 年 6 月 28 日弗朗茨·斐迪南大公在萨拉热窝遭到暗杀引发最终吞噬世界的连锁反应一样，土耳其人的行动将产生重大后果。

首先，它让叶卡捷琳娜大帝与约瑟夫二世于 1781 年缔结的防御

* 七塔堡不属于托普卡珀宫，两者间步行距离约有 6 千米。

同盟生效，同盟要求，一旦某个缔约方遭遇第三方攻击，另一缔约方就要前去援助。尽管约瑟夫二世立刻承认了他的外交义务，即外交辞令中的履约场合（casus foederis），但他是带着沉重心情履约的。正如他向弟弟利奥波德抱怨的那样，“这些该死的土耳其人”迫使他在瘟疫、饥荒盛行的地方发动战争，而获利前景又非常有限。在可以预见的未来，奥地利人都会被束缚在巴尔干地区，这就给普鲁士新国王腓特烈·威廉二世扫清了扬名立万的道路。机遇在等待他，那便是荷兰共和国的政治危机。此次危机基本上是派系倾轧的重演，这是自立国以来周期性破坏国家的顽疾，一般是在沿海省份的商业寡头（“摄政派”）和由奥兰治家族领袖——他作为“执政”行使着定义并不明晰的权力——率领的土地所有者间展开的。在此前大约10年时间里，前者占了上风，他们逐步剥夺了执政威廉五世的权力。18世纪80年代，寻求较为激进改革乃至民主改革——其中包括彻底废除执政制度——的“爱国派”群体崭露头角，一股新锐力量加入了纷争。与此同时，荷兰于1785年与法国缔结同盟条约，妹妹已嫁给威廉五世的腓特烈·威廉二世则于1786年继承普鲁士王位，国内斗争也在国际维度上呈现出来。

在这场乱局里，英国主导世界的未来似乎处于危急关头。法国人已在印度洋上拥有波旁岛（留尼汪岛）和法兰西岛（毛里求斯），倘若再控制荷兰设于好望角和锡兰的海军基地，便会占据非常有利的地位，能够将此前他们在美洲的作为施加到在印度的英国人头上，因为他们的对手在圣赫勒拿岛和印度之间没有任何海军基地。显然，英国人怀着极大的恐惧看待法国支配荷兰共和国一事，而在法国大臣中，至少也有一部分欣喜地视其为不容错过的机会。法国外交大臣韦尔热纳伯爵于1787年2月去世，海军大臣卡斯特里侯爵领导的鹰派没有了制动闸。此时荷兰爱国派受到了鼓舞，他们要彻底控制政权。

引发结局的事件则是一支自由军（爱国派的准军事组织）部队于1787年6月28日逮捕奥兰治亲王妃，当时她正打算前往海牙，去那里召集支持其夫事业的人。尽管她很快便获释了，英国人却怂恿普鲁士人利用该事件以武力解决荷兰问题。普方犹豫了很久，在切实获悉奥地利人已分心于巴尔干战事后，才同意干涉。爱国派已顽固到愚蠢的地步，他们拒绝赔礼道歉，对他们的后台法国将会信守先前承诺、提供军事援助信心满满。事实上，由于新任首席大臣洛梅尼·德·布里耶纳基于财政原因否决了一切介入动议，在他们的荷兰盟友或遭逮捕或被迫逃亡之际，法国人只能在令人烦恼的无能状态中袖手旁观。执政一恢复他此前的主导地位，荷兰共和国就适时转向了与普鲁士和大不列颠的新同盟（分别于1788年3月和6月缔结）。英国人大为宽慰。荷兰海军现已返回它曾经隶属的地方（处于海军部的控制之下），法国对（英吉利）海峡控制权的威胁得以消解，最重要的是，通往印度的海路比以往任何时候都安全。乔治三世告知皮特的话说出了众人的想法："或许，在荷兰发生的变化中，最重要的就是让那个共和国成为我们在印度的盟友。"

在英国人欢呼之际，法国人却在哀哭切齿。在波兰、克里米亚乃至德意志诸侯同盟问题上表现无能是一回事，可在自家后院里也不能捍卫至关重要的国家利益就完全是另一回事了。路易十六支持布里耶纳和他节俭财政的做法，反对鹰派主张后，卡斯特里侯爵便辞职了，陆军大臣塞居尔伯爵也主动卸职。后者之子在回忆录中几乎完全正确地写道：

> 我们处于紧要关头，这是我们的宫廷应当采取果敢行动的时候。有力的、决定性的主动行动是有可能使敌人混乱、使荷兰人放心、使普鲁士人住手、使土耳其人明白事理的，这本可以将国内的舆论骚动转移到国外，而那场骚动正震撼着法国，要是不想让它在国内爆炸，就赶紧在国外做些什么。

假如做了这件或那件事，事态发展可能会有所不同，这么猜想有些时候是有用的，尤其是在此类猜想由当时的人做出的情况下。在法国的军人看来，这是坐失良机。据拉梅特说，“普遍观点”认为阻挡普军轻而易举，何况荷兰抵抗者还提出可以直接拨款 1 200 万利弗尔。他指出，一场成功的战役会恢复军队的忠诚，对外干预的政治收益将远远大于任何支出，懒散的政府部门却反其道而行之，实质上背弃了法国的盟友，这令军队士气彻底崩溃。塞居尔伯爵并不是当时唯一一个意识到分水岭已然出现的人。“法国已经崩溃了，”约瑟夫二世写道，“而且，我怀疑它能否再度崛起。”并不夸张地说，荷兰惨败体现了旧制度即将终结时的耻辱。

法国君主制开始走进死胡同，约瑟夫二世面临的问题也在激化。土耳其对俄宣战来得太晚了，这让奥地利人无法于当年（1787 年）在巴尔干地区切实发动任何战役。直到 1788 年，战争才正式开始。联军进展并不顺利。尽管来自约瑟夫二世的呼吁越发急切，俄军总司令波将金公爵却坚定地采取守势。由于英国拒绝为俄国舰队自波罗的海出征提供必要协助，俄军也没有任何机会出现在地中海来重演切什梅海战。还有一则关于喜怒无常的瑞典国王古斯塔夫三世的流言开始传播，据说他要利用俄国专注于南方的时机，经由芬兰发动入侵（他的确在7月如此行事)。在漫长、炎热的夏季，奥军开始沦为他们最古老的敌人——食物匮乏和疫病——的受害者。而在8月，一支土耳其军队突入泰梅什堡的巴纳特，造成了可怕的破坏，这生动地显示了奥军已无力掌控主动权。

在战况转好之前，事情还会糟糕得多。在约瑟夫二世的广阔领土上，他的激进改革项目已经激起广泛的舆论不满。在1787年的奥属尼德兰，总督靠让步才得以终结暴动，而约瑟夫二世立刻取消了让步，还要恢复改革。受到法国革命爆发的鼓舞，奥属尼德兰于1789年秋季爆发全面起义。由于大部分政府军都前往东线作战了，起义军轻轻松松就控制了这个省份。1790年1月11日，联省等级会议宣布“比利时合众国”独立。到了这时，约瑟夫二世已躺在病床上行将就木，最终于2月20日死于肺结核。当他的弟弟兼继承人利奥波德二世于次月抵达维也纳时，他发现自己接收的遗产显然处于瓦解状态。比利时已经丢掉了，匈牙利看起来也要步其后尘。

这样的乱局自然吸引了腓特烈·威廉二世的注意，成功征服荷兰令他兴奋不已。此时英国人深陷债务危机，法国人因革命而动弹不得，俄国人又忙于两线作战，一劳永逸地与哈布斯堡君主国算个总账的时机似乎来了。1789年8月，腓特烈·威廉二世决心于次年春季发动入侵，加速似乎已经开始的哈布斯堡君主国解体进程，继而重新整顿局面。在其他方面，他还计划让比利时和匈牙利独立，后者将由普鲁士的附庸萨克森-魏玛公爵统治。与波兰人和土耳其人的同盟已通过谈判达成，一支16万人的军队正在西里西亚集结。好像还嫌不够一样，西班牙人也准备好了去索取他们在意大利的战利品份额。

然而，1790年夏季，尘埃落定时，什么都没有发生。普鲁士的能力没有看上去那么大。事实上，奥地利的处境早在1788年年底前就开始改善，当时其俄国盟友终于开始了行动。1788年7月的瑞典入侵很快便停顿下来，芬兰军官发动了兵变，丹麦人也威胁要开辟第二战场。事实上，依靠普鲁士和大不列颠的外交干预，古斯塔夫三世才得以免遭大难。于9月签署的休战协定纵然没有挪去叶卡捷琳娜大帝面临的北方压力，至少也使其大为缓解。1788年底又传来了更好的消息，俄军历经长久作战，最终夺取了土军的奥恰科夫（Ochakov）大要塞，这座要塞控扼着第聂伯河河口，是布格河与德涅斯特河间的黑海海岸锁钥。其结果是，同盟双方在1789年战局中的进展都比此前好得多，最后以奥军在特兰西瓦尼亚和摩尔达维亚的一系列胜利告终，高潮则是奥军于10月8日夺取贝尔格莱德。

约瑟夫二世的军队赢得的上述胜利让利奥波德二世能够与普鲁士磋商解决方案。在1790年春季，战争似乎依然是危机最可能导致的后果，可在1790年7月27日午夜前一分钟，英国人调解下的《赖兴巴赫协定》解决了危机。利奥波德二世答应在战前状态基础上与土耳其停战，以此换取普鲁士同意取消动员、中止在比利时和匈牙利的颠覆活动。尽管这要放弃包括贝尔格莱德这一巨大战利品在内的所有征服土地，继续承认土耳其人在巴尔干享有领导权，这一协定却将哈布斯堡君主国从看似必然的瓦解中拯救出来。奥军于1790年11月再度征服了比利时，这便是它给出的直接红利。

就在欧洲大陆受到革命、战争或战争流言破坏之际，英国人正以堂而皇之的自满之情观察着局势。1789年7月，波蒂厄斯（Porteous）主教在日记中记下："今天，皮特先生和我在富勒姆（Fulham）共进晚餐。他刚刚收到法国革命的消息，而且称其为对我们高度有利的事件，还认为这预示着与法国的长久和平。这是非常快乐的一天。”一个已然发生的插曲将印证小皮特的乐观主义——至少在短期内如此，不过他当时并不知道。1789 年 5 月，西班牙战舰在温哥华岛西海岸的努特卡湾（Nootka Sound）拿捕了 3 艘英国商船。这个地点实在太过遥远，以致消息传到欧洲竟花了将近一年时间。这是件小事，可它引发的问题却对双方十分重要。英国的商业扩张正在持续猛进，西班牙则一贯声称在太平洋海岸享有贸易、定居的垄断权，从本质上讲，这正是两者间的冲突。双方都武装起来，都在贯穿了 1790 年春夏两季的激烈谈判中情绪激动。要是西班牙获得了向盟友法国所要求的支持——它完全有理由如此期待——战争就不可避免了。然而事与愿违，什么都不会来临，西班牙人不得不实质上接受英国人的每一条要求。

法国加入战争

鉴于法国外交政策依然处于麻木状态，是时候审视革命的影响了。需要预先说明的一点是，再没什么比同心协力拯救路易十六更加背离其他欧洲列强的想法了。当路易十六的弟弟阿图瓦伯爵向约瑟夫二世（他毕竟还是玛丽·安托瓦内特的哥哥）请求援助时，他得到了刻薄的答复：“不管国王和王后碰到什么事情，在这一切事务中保持中立对我有利，而且我一定不会干涉。”普鲁士外交大臣赫茨贝格伯爵的答复很好地总结了欧洲各国内阁的普遍反应：“法国革命为欧洲其余国家展现了一幅奇景，它们即便不能无动于衷，至少也可以平静欣赏。”俄国的叶卡捷琳娜大帝使用一些煽动性言辞指责革命的“野蛮人”，可比起法国，她对波兰更感兴趣。

在法国内部，制宪议会正忙于国内重建。西班牙人后来要求法国人就诺特卡湾争端提供援助，这才迫使他们留意国境之外。1790 年 5 月的辩论表明，他们的主要关注点是从国王手中夺过外交政策控制权，代表中存在强烈的亲英情绪，他们决心与旧制度时期的外交划清界限。“在未来，我们只将那些正义的民族视为盟友，”让·弗朗索瓦·勒贝尔（Jean François Reubell）宣称，“我们不再希望和王朝契约或大臣战争有任何瓜葛，不愿在未得到民族许可时，以民族的鲜血与黄金为代价发动战争。”就这样，辩论催生了革命在对外关系方面的第一份重要标志性声明。1790 年 5 月 22 日，制宪议会宣布：“法兰西民族放弃发动任何征服战争，宣布它将永不动用武力危害其他任何民族的自由。”

这份“面向世界的和平宣言”似乎毫不含糊。然而不到两年，同一个议会便全体一致通过了宣战。乍看起来，这似乎是不可避免的意识形态冲突，事实上也存在原则问题。两起争端最为突出。第一起是 1789 年 8 月 4 日—5 日诸法令废除了德意志诸侯在阿尔萨斯的司法、领主权利。后者不无道理地抗议说制宪议会无权单方面废除条约规定的权利。在人民主权原则和旧制度造就的契约义务间爆发的这场冲突中，只能有一个胜利者。在梅兰·德·杜艾（Merlin de Douai）提交的关于封建主义的委员会报告中，他慎重地强调，法国的主张同样基于历史与法律，但他的案例实质是基于国家的不可分割与不可侵犯。他所称的“社会契约”——全体法国公民于 1789 年签署——高于任何统治者在未得到人民背书时签署的政治契约：“简而言之，管理国民权利的并非君王条约。”梅兰用这些话破坏了欧洲国家体系的基础。

至少阿尔萨斯还是通过条约割让给法国的。教皇在该国南部统治的两块飞地——阿维尼翁和孔塔韦奈桑——就是另一回事了。在那里，革命的支持者们一开始就大声鼓吹“归并”到法国。虽然制宪议会无疑早晚会强行吞并此地，代表们却不悦地获知承认自决原则将引发骚动，因而并未仓促行事。因此，最终的法令小心翼翼地融合了传统论据与革命论据：“制宪议会宣布，从此刻起，根据法国对其属地享有的权利，根据多数社区与公民自由而郑重地表达的并入法国的希望，阿维尼翁与孔塔韦奈桑成为法国不可分割的一部分。”纵然对措辞慎加选择，可这依然无法掩盖将自决原则作为革命外交政策主要准则的爆炸性影响。

这两起争端原本都可以用经济补偿解决。没有一个大国有兴趣为神圣罗马帝国或教皇的无足轻重之物投入战争。事实上，普鲁士和奥地利都喜欢效法革命者兼并恼人的飞地。推动法国与德意志诸国投入战争的并非争端，而是它们对彼此实力对比截然不同的估计。革命者观察了旧欧洲，认为他们目睹的政治体系停滞不前，正处于垂死挣扎状态，所有国家都互相扼住了咽喉：普鲁士扼住了奥地利，奥地利扼住了土耳其，土耳其扼住了俄国，俄国扼住了瑞典，瑞典扼住了丹麦，西班牙扼住了英国，英国扼住了俄国。他们深知荷兰爱国者已起义反抗执政，比利时爱国者也反抗他们的皇帝，因为巴黎到处是荷兰与比利时难民，这些人都期盼有朝一日作为法国解放军的一部分返回家乡。他们也了解波兰人希望挣脱俄国的压迫，匈牙利人希望摆脱奥地利的束缚，爱尔兰人也希望脱离英国的羁绊，凡此种种，不一而足。旧制度列强则从 1787 年后的事件中学到了大不相同的一课。他们看到的是法兰西国家因财政破产和国内动乱而难有作为，用埃德蒙·伯克的话说，那是“迄今为止世上最能干的废墟设计师”。至于欧洲其他地方的“爱国者”，他们已表明自己不过是纸老虎。西班牙人曾为征服荷兰共和国苦战 80 年，最终还是徒劳；路易十四在权力最高峰也妄图征服荷兰共和国，同样空手而归；可在 1787 年，一小支普鲁士军队在区区几周内便完成了此事。奥地利人在 3 年后击败了比利时叛军，要是说这场胜利和之前有什么区别的话，那就是赢得更加轻松了。所以，难道法国革命者会有什么不同吗？

1791 年，采取军事手段解决争端的可能性越来越大。在东欧，对抗土耳其人的战争告一段落。英国人和普鲁士人联合提出了约束叶卡捷琳娜大帝对土耳其领土贪欲的动议，想迫使她放弃奥恰科夫，却在 3 月以耻辱性失败告终。随后，俄军的一连串胜利带来了 8 月 11 日于加拉茨（Galatz）草签的和约，据此和约，土耳其人要割让布格河与德涅斯特河间的全部土地——其中包括奥恰科夫。一周前，经过堪称欧洲外交史上最拖沓、最冗长之一的谈判，奥地利人也于锡斯托瓦*最终签订了自己的和约。因此，两个东欧大国此时都腾出手来转而关注西方。由于波兰问题此时业已爆发，对俄国来说，这正是好时候。波兰人趁俄国人忙于巴尔干事务，再度争取独立——他们以后还会如此行事。1789 年 5 月，俄国驻军遭到驱逐，不久前，将波兰政体现代化的持续尝试也于 1791 年 5 月 3 日达到高潮，当时，一部新宪法获得投票通过。宪法确保了王位由萨克森王室世袭（在时任国王的斯坦尼斯

---

* 锡斯托瓦（Sistova），即今保加利亚斯维什托夫。

瓦夫二世·奥古斯特死后)，废除了自由否决权(单个代表阻止立法的权利)和同盟权(该权利事实上将叛乱合法化)，从而巩固了中央权威。人们希望，日后会有一个强有力的立宪君主动员这个国家庞大却尚未开发的潜力，对抗外来掠夺者。可等到叶卡捷琳娜大帝腾出手来，报复便即将来临。

奥地利人也将目光转向西面，对准了法国。利奥波德二世的妹妹玛丽·安托瓦内特王后早在 1790 年 6 月 12 日就发出了她的第一份呼吁，希望获得国际援助对抗革命，此举遭到了忽视。直至次年 3 月，利奥波德二世依然建议他的妹妹不要尝试逃离法国，而应当争取时间，他依然强调，若没有其余所有欧洲列强的赞同和协作，他就无法提供帮助。法国内部急剧恶化的状况和国王一家即将逃亡的消息改变了他的想法。可即便在那时，利奥波德二世还是警告说，在他们抵达安全区域且路易十六正式请求帮助之前，他不能采取任何行动。然而，利奥波德二世对大逃亡成功(假)消息的反应表明他并非如此冷淡、审慎的冷血动物。在一封激动乃至热情的书信中，他称赞自己的妹妹是国王的救星、国家的救星，还是法国乃至所有君主国的救星，信末写道："我的一切都是你的：金钱、军队，说实话，一切都是！"

事实上，利奥波德二世的确只有在确信普鲁士至少处于善意中立状态之后，才能有所作为。而到了 1791 年夏季，普鲁士人也可以接受新的状况。尽管他们自 1787 年起便在大陆上占据主导地位，却始终没有什么能够展示自己地位的实际成果。他们不无道理地将这归咎于背信弃义的英国盟友，英国人强迫他们在赖兴巴赫妥协，然后又把他们遗弃在奥恰科夫的挫折里。普鲁士人此时开始考虑发动远征，镇压法国革命，因为1791年9月20—21日“瓦雷讷逃亡”的失败已经清楚证明了众人长久以来怀疑的事实：路易十六反对革命，已是他自己国度里的囚徒。

事情的进展快了起来。1791年7月6日，利奥波德二世发布《帕多瓦公告》，号召欧洲君主联合起来恢复法国王室的自由。7月25日，普鲁士与奥地利签署协定，解决了重大争议，发誓在法国问题上合作，为正式同盟铺平了道路。8月27日，利奥波德二世与腓特烈·威廉二世在萨克森的皮尔尼茨（Pillnitz）会面，就路易十六及其家庭当下的困境发表了联合宣言，指出这事关欧洲所有君主的共同利益。他们号召各位君主齐心协力，“让法兰西国王完全恢复自由，巩固君主政权的基础，此政权不仅合乎君主权利，也有利于法兰西民族的福祉”。他们许诺，只要实现这一国际联合，就会立刻采取实现目标的行动。与此同时，他们也会向武装力量下达“适当的命令”。

这一反革命行动造成了三重误解，最终引发了战争。首先，《皮尔尼茨宣言》极大地鼓舞了反革命流亡者，他们不仅加强了军备，还组建了流亡政府，准备返回法国，他们认为这很快可以实现。其次，奥地利人和普鲁士人得出结论：在瓦雷讷逃亡事件后，法国向政治中心的明显退缩是他们的恫吓所致。他们认为，只要有必要，就可以一而再、再而三地这样做。眼下他们好像恰恰得到了想要的东西——脆弱却稳定的君主立宪制度。最后，革命者认为《帕多瓦公告》《皮尔尼茨宣言》和流亡者的怪论代表了针对革命的国际性阴谋，该阴谋最终将导致入侵。事实上，再没什么能比这更偏离事实了。一个精心选择的重要表述“届时在此状况下”（alors et dans ce cas）已令《皮尔尼茨宣言》失效。要是所有欧洲君主都赞成合作，“届时在此状况下”，奥地利与普鲁士就愿意采取行动。俄国忙于土耳其、波兰事务，西班牙和撒丁的消极态度人所共知，最重要的是，大不列颠渴望看到法国的混乱无休止地持续下去，因此这一条件是不可能达到的。宣言发表后，利奥波德二世立刻心满意足地致信考尼茨侯爵道："对我来说，'届时在此状况下'是律法，是先知。假如英国辜负了我们，条件就不存在了。"

新立法机关于1791年10月1日在巴黎开会，迈向战争的最后阶段开始了。由于革命议会的术语导致了诸多混乱，这里有必要解释一下。三级会议于1789年6月17日自称"国民议会"。由于其主要任务是起草一部新宪法，所以它的全称是"国民立宪议会"（Assemblée nationale constituante），有时候也被被称为"国民议会"或"立宪议会"。当它最终于1791年9月完成任务后，它的最后举动之一便是通过一部自我否定的法令，禁止将其成员选入替代它的机构。这一替代机构将被称为"国民立法议会"（Assemblée nationale législative），时而被称作"国民议会"，时而称作"立法议会"。议员中教士和原贵族（贵族头衔已于1790年6月被废止）的人数都大大减少了，议会成员焕然一新，整体上变得年轻得多，也激进得多。

在这一新机构中，雅克-皮埃尔·布里索领导的激进议员群体很快便攫取了主导权，他们以"布里索派"或"吉伦特派"之名为人所知，之所以称"吉伦特派"，是因为其中许多人来自西南部的吉伦特省。他们的战略基于如下重要见解：路易十六对新宪法的批准纯属欺骗，他和王后正在与德意志列强密谋毁灭革命。为了揭穿这一叛国行为，他们开始了争取对奥宣战的运动。吉伦特派正确地估计到战争将使革命极端化，将毁灭君主制、建立共和国，最后同样重要的是，这将令他们掌握权力。1791 年秋季，再没什么看上去比这可能性更低了，因为在 745 名议员中，仅有 38 人可被界定为布里索派。但在顶级演讲术的帮助下——韦尼奥、伊斯纳尔（Isnard）、加代（Guadet）和布里索的出色演说可被编入任何一部政治修辞学选集，次年春季，他们几乎获得了全体议员的赞成，仅有 7 名勇敢的议员于 1792 年 4 月 20 日投票反对战争。

布里索派依靠议员们的利益与偏见实现了这一业绩。他们使用的一些论据是极端实用的，例如，战争将恢复革命纸币指券（assignat）的信用。战争将终结内政动乱，恢复社会、政治和谐的革命梦想，这样的预言也是偏实用的。其他论据则是煽情的老调重弹，一再利用对奥地利的憎恶尤其如此。韦尼奥对 1756 年的《凡尔赛条约》发出谴责："我们可以看到，就像国内复兴曾需要破坏巴士底狱一样，对欧洲和法国而言，废止这一条约是外交事务所需的革命。"这令议员和公众起身欢呼，表达他们的支持。一位又一位发言者声称，法国曾被背信弃义的"盟友"羞辱、利用，现在，是时候让"这个伟大的国家"再次站起来，恢复它作为世界最强国度的应有地位了。或许最有说服力的论据是，战争将快速、轻松地完结。正如荷兰人和比利时人表明的那样，受压迫的欧洲民族正在期盼解放，只要一支法国军队跨过边界，这些人就会立刻奋起反抗他们的封建暴君。奥地利的雇佣兵将成群逃亡，革命的自由战士将不可阻挡。

军事迹象相当吉利，国际处境也同样诱人。人们预计，事实将证明欧洲大联合是虚弱无力的，内部腐朽和不可调和的分歧将使它动弹不得。在重要大国中，大不列颠将因为公众舆论、内阁不稳、巨额国债和印度问题而中立，俄国正忙于波兰事务，西班牙符合破产这个词的每一种定义。最重要的是，普鲁士更可能站在法国一边作战，而非与法国为敌。在主战派最惊人、最具误导性的若干设想中，对普鲁士的信赖便是其中之一。当然，这个设想一定程度上根植于对旧制度下外交体系的排斥，这种排斥带有反奥情绪。重回对普同盟将使法国的伟大恢复到黄金时代——1756 年颜面扫地前的时代。它也基于对腓特烈大帝的崇拜，这虽然有些意外，却也堪称诚挚。这位“哲人王”的“不朽光荣”和他那稳定、公正、繁荣的国度获得了反复赞赏。具有吸引力的并不仅仅是他和平、开明的美德。他也被议会定为将革命作为外交政策基础的模范，因为在面对奥地利领导的同盟时，他确已知晓应对之策：先发制人。简而言之，法国根本不必与欧洲其他所有国家为敌，只需要与虚弱的哈布斯堡君主国交战。

憎恶、骄傲与自信正是鹰派有效激发出的三种情绪。1791 年秋冬两季，随着辩论持续进行，鹰派给炸弹配上了引信。现在需要的便是引爆装置。愤怒的人们找到了后者，而它正是由奥地利人提供的。在维也纳，利奥波德二世皇帝和他的顾问们越发失望和惊恐地关注着 1791 年年末的立法议会状况。国王接受新宪法原本有望造就稳定的局面，可这却未能实现。新立法机关的领袖们似乎决心在国内外挑起冲突。随着玛丽·安托瓦内特对干预的乞求变得越发急迫、越发带有责难之情，奥方决心重复之前那年夏天首度使用便取得表面成功的胁迫实践。1791 年 12 月 21 日，国务大臣考尼茨侯爵向法国驻维也纳大使发出照会，文中使用了精心选择的威胁性语言。他表示，倘若真有法国军队胆敢越过德意志边界，对收留流亡者的诸侯采取行动，那么，驻扎在比利时的奥地利军队将立即干预。不仅如此，“为维持公共秩序、捍卫君主安全和荣誉而团结起来一致行动的其他君主”的惩罚也会随后到来。

对立法议会里的布里索派主战群体而言，再没什么能比这更有利了。就在路易十六批准对流亡者采取行动，令他们备觉气馁时，敌人却前来救援了。要说有什么能让每一位议员都怒不可遏——不管他身处左派还是右派——的话，那便是威胁干预法国内政，因为这与法国革命的基本原则——人民主权——相抵触。此举也令布里索派的论点变得可信，既然奥地利人无论如何都打算对革命开战，那么先发制人的打击就有百利而无一害了。利奥波德二世与考尼茨侯爵不仅未能预见到他们拙劣举动造成的负面影响，还认为这取得了预想效果。他们之所以受到迷惑，既是因为未能获得关于巴黎现状的可靠消息（他们的大使梅西伯爵很久以前就逃到了布鲁塞尔），也是因为从法国外交大臣德莱萨尔（Delessart）处收到了一份软弱、妥协的答复。他们显然未能意识到实权已掌握在立法机关手中，又在 1792 年 2 月 17 日发出了更加挑衅的照会。之所以已然确凿无疑的宣战还会拖上几个月，不过是因为还需要迫使路易十六解散现有政府。

战争刚刚打响，布里索派的误算便显露出来。欧洲其他地方的人民并未奋起反抗君主，奥地利士兵并未兵变，革命军也未能证明自己不可阻挡，普鲁士并未加入法国一方，反倒立刻站在奥地利一方投入战争。然而，虽然布里索发出种种过于自信的预言，他还是弄对了一件事。德意志列强入侵法国、迫近巴黎，导致君主制于 1792 年 9 月 22 日垮台，共和国也于同日成立。

革命法国征服西欧

战争的复杂性令回溯它的曲折进程变得毫无可能。法国军事史学家阿蒂尔·许凯（Arthur Chuquet）不过是记述前 15 个月的战事，就需要整整 11 卷的篇幅。然而，两个基本点还是应当指出的。一点是 18 世纪 90 年代的军事胜利具有起伏不定的特性，在波拿巴将军于 1796 年入侵意大利之前，没有任何一方能够赢得决定性的优势，而且就连波拿巴的那次胜利也被证明是短暂的。另一点则是战场上的胜败与大后方关系密切。在 1792 年 4 月底对比利时的首次入侵以灾难告终后，随着笨拙的奥地利–普鲁士联盟战争机器首次开动，战事平静了整整 3 个月。当战争机器最终于 8 月初开始推进时，它起初横扫了面前的一切，法国的要塞就像九柱戏木柱倒下般陷落。守军的微弱抵抗令巴黎的激进分子确信他们正被内部敌人出卖。其结果是"九月屠杀"，1 100 ~ 1 400 名囚犯遭到屠戮。被杀的绝大多数是卖淫者或普通罪犯，和政治毫无关系，不过也有一两名贵族死去了。死去的贵族中最重要的人物是朗巴勒（Lamballe）亲王夫人，她的头颅被人割下，送到圣殿塔监狱，人们邀请被囚于此的玛丽·安托瓦内特王后亲吻这位妇人了无生气的嘴唇，下流报纸曾称这名妇人是王后的同性情人。

9 月 20 日，普军穿过香槟的推进在瓦尔米磕磕绊绊地停顿下来，他们当时并没有碰上预想中士气低落的乌合之众，反而撞上了士兵训练和武装状况良好、指挥官们也清楚地了解形势的大军。战况平淡无奇：在漫长的炮兵交火和一次夭折的推进后，普军总司令不伦瑞克公爵下达了停战命令。法军在夜色掩蔽下离开了战场，可就连最乐观的普鲁士人也只会感到挫败。当时最伟大的诗人歌德正随同他的雇主萨克森-魏玛公爵参与入侵，当夜，他告诉自己的同伴们："此日、此地，世界历史的新纪元开始了，你们可以说自己就在那里。"

这时，法军正在所有战线上向前推进。瓦尔米战后一天，孟德斯鸠将军入侵了萨伏依公国，没有遇到什么抵抗就将其占领。屈斯蒂纳（Custine）将军和孚日山脉（Vosges）军团攻入德意志境内，于9月30日夺取了施派尔、10月4日夺取了沃尔姆斯、10月21日夺取了美因茨，两天后又拿下了美因河畔法兰克福。这场战役中最重要的会战最终于11月6日到来，它发生在比利时境内的热马普（Jemappes），面对萨克森-泰申公爵麾下人数严重处于劣势的奥军，迪穆里埃（Dumouriez）将军赢得了艰难而具有决定性的胜利。不到一周，布鲁塞尔便陷落了，不到一个月，比利时大部地区也如此易手。加上在莱茵兰和萨伏依不费吹灰之力的征服，这场快速而明显的全面胜利在巴黎滋生了必胜心态。但它也带来了问题，其中最明显的就是：法国应当如何对待军队夺取的土地？这可能不言自明：革命在走向战争时并不怀有任何实际目的。所以，是时候制造一些战争目的了。出现的建议数量充裕，毋庸赘言，最受欢迎的一种——因为是最简单的——是"自然疆界"的信条。热马普会战以后，布里索亲自致信迪穆里埃道："我可以告诉你，一种观点正在这里散播，也就是说，除了莱茵河，法兰西共和国不应该有任何别的疆界。"1793年1月底，丹东在国民公会上给出了对这一信条的经典阐释："自然已经在地图上画出了法国的疆界，我们应该推进到地平线四角：莱茵河岸、大洋边、阿尔卑斯山脉。我们应该将共和国的边界推进到那里。"

在建立自然疆界的计划所影响到的人群中，存在语言、种族和历史差异，而且只要对着地图看上一眼，就能发现还存在其他问题。简而言之，莱茵河是在荷兰共和国而非比利时入海的，因此，新的“自然”法国就得包括荷兰的诸多地方。这必然招致英国人的敌对，正如伯克于 1791 年 3 月在下议院所述，“公平地说，荷兰或许应该被视作如同肯特一般，是我国的必要部分”，英国人坚信这一点。因此，法军于 1793 年秋季穿过比利时向荷兰边境推进让英国的中立观战变成了积极干涉。国民公会（1792 年 9 月建立的新革命立法机构）并不担心在越来越长的共和国敌人名单上再添加几个，因为他们相信英国会因内部动乱（尤其是在爱尔兰和苏格兰）而动弹不得。一名法国间谍自伦敦发来报告：“英格兰的前景和 1789 年的法国完全一样。”因此，当国民公会于 1793 年 2 月 1 日通过对英国与荷兰共和国一并宣战的动议时，连一个异议声音都不存在。同样漫不经心的过度自信也让他们于 3 月 7 日把西班牙列入名单。

那时，战争的运势开始再度翻转。当普军于 1792 年 12 月 2 日重夺美因河畔法兰克福时，一个重要的象征性时刻来临了。这不仅表明德意志列强开始严肃对待战事，也表明法国人对欧洲其他地方革命潜力的自信是全然错置，因为当地人已起来支持普军，为他们打开了城门。此外，曾赢得瓦尔米与热马普会战的大军也开始解散。由于秋季的胜利已确保了革命边界，冬天也将要来临，志愿兵们开始散回家乡。由于入伍后仅需参与一场战役，他们在 1792 年 12 月 1 日后完全有权归乡。估算这场战争这一阶段（或者其他任何阶段）的军队总人数只能是大概的，不过总兵力很可能从 1792 年秋季的大约 45 万人降至 1793 年初的 35 万人，其中仅有大约 22 万人够得上“实足兵力”。为了填补人员缺口，国民公会于 1793 年 2 月 24 日引入征兵制。尽管要征召的总人数仅有30万，但这一定额却根本无法完成。在法国全境，平均完成率约为50%，在南部下降到1/4，而在西部，它酿成了旺代地区的内战。

因此，1793年春季，看起来革命就要从内部崩塌了。在南方，西班牙人入侵了鲁西永；在东方，普军恢复攻势，将法军逐出莱茵兰；在北方，奥军于3月18日在内尔温登取得大捷，重新征服了比利时，继而向法国土地推进；在西北方向，由约克公爵统率的一支英国远征军围困了敦刻尔克；在法国内部，“联邦主义”暴动军夺取了包括土伦大港在内的大片地区，并于8月底将土伦交给皇家海军。面对国内外的危局，国民公会做出回应，于8月23日最终完成了向革命战争的漫长过渡（这是在4年前开始的）。他们终于听从公民皆士兵、士兵皆公民的呼吁，颁布法令：

> 自即日起至一切敌人被逐出共和国领土时为止，全法国人民始终处于被征发状态，为军事服务。
>
> 青年人去打仗；已婚男子制造武器、运送粮食；妇女制作帐篷、衣物，服务于医院；儿童将旧布改作绷带；老人至广场鼓舞战士们的勇气，宣传对国王的痛恨和共和国的统一。
>
> 国有建筑要改为兵营，公共场所要变为武器制造所，地下室的泥土以碱液处理后用于提取硝石（来制造火药）。
>
> 所有口径适宜的火器均应交给向敌人进军的部队，国内警备只需使用猎枪和冷兵器。
>
> 所有乘马均应收集起来供应骑兵，所有不用于耕作的挽马应

用于拖运火炮和补给。*

这一法令通常被看作“全民皆兵”（levée en masse）的开端，可它的影响远不止于此。它也是第一次总体战宣言。从那时起，直至赢得全面胜利，每一个男子、女子、儿童，每一头动物，每一件无生命物体都被征召，用于战争努力。

法令的结果便是征召出了一支可能是欧洲有史以来最为庞大的军队。没有人知道——至少革命者们都不知道——到了1794年有多少人拿起武器。即便人们常说的100万人的数据是个神话，大约80万人这个最佳估计仍然是个极大的总数。或许同样重要的是，在布里索派未能赢得他们发动的战争后，取代他们（并将他们送上断头台）的新政权粗暴干涉了战争行为。国民公会的代表们被当作无所不能的政委派往前线，对将领们发出恐吓，要求他们放弃失败主义转入进攻。圣朱斯特于1793年10月24日抵达东部前线，随后立刻以伊桑贝尔（Isambert）将军在敌人面前未能表现出足够决心为由，将这位不幸的老将在他的部队面前枪决，从而使自己的意图广为人知。由于拉斐德、迪穆里埃先后于1792年、1793年离开军队逃往奥军，革命者对他们从旧政权继承来的将军表示怀疑并不令人惊讶。大清除随后到来。

新人们知道前辈的命运，并不好受，但在1793年春夏两季的灾难后，他们正是扭转局面所需的人物，而这些人的确完成了逆转。8月，法军在翁斯科特（Hondschoote）赢得了极为重要的胜利，此时，

* 该段译文部分参考了《1787—1860年议会档案》中收录的法文原本，因而与本书英译版存在一定差异，参见：*Archives parlementaires de 1787 à 1860*, series 1, vol. 72, Paris, 1907, p. 674.

约克公爵被迫放弃他对敦刻尔克的围困，开始撤退，事实证明，这场撤退非常漫长。东线战场在当年秋季发生了复杂的战局变换，1793 年年底，25 岁的奥什（Hoche）将军最终迫使奥军退过了莱茵河。当次年春季战役开始时，比利时已成为主战场。5 月 18 日，奥军在图尔宽（Tourcoing）失利，6 月 26 日又在弗勒吕斯告负，此后，奥军被迫退回德意志境内。到了 1795 年年初，法军不仅征服了比利时，还夺取了荷兰共和国与莱茵河左岸——仅有卢森堡要塞和美因茨要塞除外。法国已在西欧取得胜利。

与此同时，东欧的事态发展也极大地帮助了法国的征服。这里的主要受益者是俄国的叶卡捷琳娜大帝，她兴奋地看到普鲁士与奥地利在西欧卷入了失败的战争，这让她得以主导局面，或者如德意志人所说，使她成为“快活的第三方”（der lachende Dritte）。她一得知法国宣战，就下令自己的军队进入波兰“恢复传统宪法”。值得重复的一点是，俄国、普鲁士与奥地利首先是东欧列强，它们更关注波兰而非法国，但是它们的利益并不一致。普鲁士怀着恐惧看待 1791 年 5 月 3 日的波兰宪法，它使王位由韦廷家族世袭，因而重现了萨克森和波兰成为君合国的噩梦。随同恐惧出现的还有贪婪，普鲁士渴望获得更多的波兰土地，尤其是但泽、托伦这样的重要城市及其周边土地。

甚至早在俄国入侵之前，普鲁士人就有可能在考虑第二次瓜分的条件，可以肯定的是，他们在入侵后立刻就做出了试探。由于奥地利人犯下了可怕的错误，普鲁士人贪婪的触手那时必定能够抓到些实在的东西。奥方认为对法战争会轻松地速战速决，因此开始以最理想的均势风格预先重新安排欧洲版图。按照他们的主张，奥地利人可以用比利时领土交换巴伐利亚，以此抵销讨伐法国革命的开支，普鲁士人则可以拿下波兰的一片领土补偿花销。按照保罗·施罗德严厉却有见识的断言，这是“一个异乎寻常的错误”，奥地利人不仅落入了陷阱，还帮忙设置陷阱，并把它挖得更深了：“换言之，奥地利把硬通货交给了臭名昭著的骗子，却去换取他有条件兑换的本票。”现金于1793年1月23日存了进去，普鲁士与俄国在当天签署了瓜分条约，条约给予后者包括乌克兰在内的整个波兰东半部，人口超过300万。普鲁士分到部分的人口相当于俄国部分的1/3，土地面积相当于其1/4，可它的价值相对而言更大些，因为它不仅包括了普方垂涎已久的但泽、托伦，还有距离华沙、克拉科夫仅有几千米之遥的整个大波兰地区。

1793年，普军在西欧取得了诸多胜利，他们于7月23日重夺美因茨，先后于9月、11月在皮尔马森斯（Pirmasens）和凯撒斯劳滕击败法军，但他们的战略此时已是全然保守了。1794年3月，塔德乌什·柯斯丘什科（Tadeusz Kościuszko）领导发起了针对瓜分列强的波兰起义，这确保了普鲁士的焦点留在东欧。事实上，不夸张地说，是波兰人拯救了法国革命，使其免于军事失利：波兰使奥地利和普鲁士，尤其是普鲁士，在参战时留着一只眼睛向后观察，还将一只手背在身后，它还在两个德意志盟国间制造了分歧，并让俄国彻底远离战争。波兰人也在不经意间迫使普鲁士人与革命法国单独媾和。奥地利人被排除在1793年的瓜分之外，便决心在下一次瓜分中好好拿上一份，他们随后于1795年1月3日与俄国签订条约，这份条约指定给奥地利大片土地，使他们的边界几乎推进到华沙。普鲁士人害怕被冷淡地单独抛下，便匆忙与法国完成和平谈判，最早的谈判是在瓦尔米战后立刻开始的，从1794年10月起就认真展开，其结果是1795年4月6日的《巴塞尔和约》，据此和约，普鲁士放弃了与奥地利的同盟，退出战争，此外还同意法国可以占据莱茵河左岸，直至与神圣罗马帝国缔结最终和约为止。作为回报，法国保证可以用莱茵河右岸的土地补偿普鲁士在左岸的损失，并允许普鲁士人将北德意志诸国联合起来形成中立区，从而大大增强了普鲁士的政治影响。增强了实力后，普鲁士人于同年（1795 年）10 月 24 日与俄国签署条约，得以参与第三次也是最后一次瓜分波兰。

普鲁士背弃第一次同盟的做法鼓励了另两个强国采取类似动作。1795 年 5 月 16 日，荷兰人签署《海牙条约》，买来了和平，但付出了极大的代价：多达 1 亿荷兰盾的赔款，巨额低息贷款，约定在普遍和平达成前供养一支 2.5 万人的法军，还要割让马斯特里赫特、芬洛（Venlo）和荷属佛兰德。法国谈判代表西耶斯以凯旋姿态返回巴黎，他冲入救国委员会的会场，在桌上扔下一捧荷兰盾喊道："我给你们带来了一亿个这玩意儿！"与西班牙人达成协议的时间要长一些。随着法军涌入西班牙西北面的吉普斯夸（Guipúzcoa）和纳瓦拉、占领东北面的菲格拉斯（Figueras），比利牛斯山脉两端的战役在 1794 年就已相当有利于法军。即便如此，西班牙诸军依然保存完好，法军也未能冲出山脉边缘。所以，当 1795 年 7 月 22 日和约在巴塞尔签订时，西班牙人获得了 18 世纪 90 年代革命法国的对手能获得的最好条件：除去西属圣多明各这个价值可疑的战利品外，其余各地均恢复战前状况。

战争第一阶段的两大赢家是欧洲边缘强国。叶卡捷琳娜大帝并未参加对法战争，可她无疑对波兰人开战了，赢得了将俄国边界向西推移大约 480 千米的大片土地。在南面，以土耳其人为代价的进一步扩张来得容易许多。在欧洲另一端，革命业已征服了西欧。比利时在

1795年10月1日被正式兼并，荷兰共和国也已变为“巴达维亚共和国”那样的驯服卫星国，整个莱茵河左岸都在法国人手中，唯有美因茨要塞还在坚持抵抗。革命曾两度处于全面崩溃边缘，一次是在1792年夏季，一次是在几乎一年之后，可到了1795年，它已经取得比路易十四巅峰时期更大的征服成果。

留下收拾局面的是英国人和奥地利人。对付大不列颠的战争是在大西洋上决定胜败的。1793年1月1日，自信的凯尔桑（Kersaint）已向国民公会许诺，他们的海军可以不费周折地越过海峡发动入侵：“依靠这场远征，我们将终结战争。在伦敦塔的废墟上，我们将与英格兰人民签署确定诸国命运、确立世界自由的条约。”事实证明，比起布里索派同僚们早些时候对于陆军无敌的吹嘘，他的预言并没有更准确。1793年3月，海军将领莫拉尔·德·加勒（Morard de Galles）率领3艘战列舰和5艘巡航舰自布雷斯特（Brest）出航，这一突围尝试以灾难告终。在多次战舰碰撞和桅杆折断后，分舰队不得不耻辱回港。莫拉尔的报告表明，他的若干军官由于对需要做什么一无所知，竟然未能执行命令，与此同时，许多被吓坏的“海员”还拒绝爬上桅杆。“拉图维尔号”（Le Tourville）的杜瓦尔（Duval）舰长亲自尝试固定风帆，却当场被松脱的木块砸死。与皇家海军的第一次实际冲突的结果也并不鼓舞人心。当时，爱德华·珀柳（Edward Pellew）爵士和他的巡航舰“仙女号”（Nymphe）在普罗尔角（Prawle Point）外的海峡水域遭遇了法国巡航舰“克娄巴特拉号”（Cléopatre），经过持续45分钟的激烈侧舷交火，后者被迫降下旗帜。10月，巡航舰“新月号”（Crescent）和“归并号”（Réunion）也在瑟堡（Cherbourg）外海发生了类似交战，其结果如出一辙。

不过，皇家海军还是花了很长时间才确立优势。虽然在当时并不明晰，可皇家海军的最大胜利还是源自法国内部的纷争，土伦于1793年8月向英军投降，这让法国的木材大仓遭遇毁灭，在尼古拉斯·罗杰看来，这“或许是自（1759年）基伯龙湾以来法国海军遭遇的最重大打击”。1794年6月1日，海军将领豪（Howe）勋爵在深入大西洋约650千米处赶上了布雷斯特舰队，俘获或击沉了一打法国战列舰，自身却毫无损失。虽然大不列颠产生了对“光荣的六月一日”的狂野庆祝，然而这是桩混乱的事件，抓住了多少机会，就错失了多少机会。它也未能实现其主要目的，即俘获那支庞大的法国运输船队。在加勒比地区，英国人发现夺取法属岛屿——多巴哥、圣多明各、马提尼克、瓜德罗普和圣卢西亚（Saint Lucia）——是相对轻松的，可在面对疾病与暴动时守住它们就困难多了。唯一的明确胜利是以法国的新盟友荷兰为代价取得的。后者刚刚明确屈从于法国，英国人就拿下好望角，正如远征指挥官舰队司令约翰·布兰克特（John Blankett）所述，此地“在荷兰手中不过是羽毛，可在法国手中却是利剑”。他们还从马德拉斯派出远征军夺取锡兰东海岸的荷属港口亭可马里（Trincomalee），由于它是季风期唯一可用的安全港口，这也是个重要的战果。与欧洲大陆的交通得到确保后，英国人着手巩固并扩张他们在印度的属地。

革命法国征服南欧

纵然英国人大步走上了海军道路，可他们还是不能独自挫败法国革命，那只能由一个陆上强国完成，而这个国家就是奥地利。即便在被他们的欧陆盟友抛弃时，奥地利人还是继续展示着自己奇迹般却往往无人赏识的韧性。1795 年末，在几个月的无所作为后，法国人发动了越过莱茵河的两路出击。茹尔当麾下的桑布尔-默兹军团在杜塞尔多夫以北过河，而后南下转往美因茨。皮舍格吕（Pichegru）麾下的莱茵-摩泽尔军团则在南面过河，于 9 月 20 日夺取了曼海姆。一场猛烈的奥军反击很快迫使这两个军团退回莱茵河左岸，这一年的战事以 12 月 15 日缔结的正式休战告终。为筹备下一场战役，法军策划了针对奥地利的三路进攻，目的在于终结战争。主攻方向是穿过德意志。茹尔当的桑布尔-默兹军团从北面入侵，莫罗的莱茵-摩泽尔军团从南面入侵，两军会师后将针对奥地利发起以攻克维也纳告终的总攻。在此期间，已经恢复活力的意大利军团将突破皮埃蒙特与伦巴第，沿阿尔卑斯山路攻入蒂罗尔，从而补全不可阻挡的三叉戟。

起初，阿尔卑斯山以北一切进展顺利。7 月，桑布尔-默兹军团经由弗兰肯朝东南方向快速推进，于 8 月中旬抵达安贝格（Amberg），此地距离波希米亚边界仅有不足 80 千米。与此同时，莱茵-摩泽尔军团也通过士瓦本攻入巴伐利亚。但奥军指挥官卡尔大公成功阻止了两军会师，与此同时还将自己的部队集中起来。8 月 24 日，他在安贝格决定性地击败了茹尔当，迫使茹尔当开始了向莱茵河的漫长撤退。莫罗一得知此次失利，便命令自己的军团撤退了。截至 10 月，这两个军团都退回了出发点。

波拿巴和意大利军团出发更早，行动也更快，挽回了上述两个军团造成的困局。波拿巴攻入了此前未经战火破坏的土地，因而享有难以估量的优势，他的北方同僚们只能靠些许残羹冷炙过活。征服意大利的故事已然得到多次详细讲述。就算这里只能展示一下骨架，至少简明的叙述也能表明事件进展有多快。波拿巴于1796年3月27日抵达尼斯，在此后的一个月里，他击败了皮埃蒙特军队；4月28日，他在凯拉斯科（Cherasco）强加给皮埃蒙特人一份休战协定；5月10日，他在洛迪（Lodi）桥上取得了面对奥地利人的第一场大胜；5月15日，他进入米兰；到了5月底，除去曼托瓦要塞外，整个奥属意大利均被征服。换言之，早在北方的两个军团动身之前，波拿巴就完成了大计划中分配给他的部分。在这一年的剩余时间里，他强行与一个又一个不幸的统治者缔结过分的协定，搜刮了巨额金钱和车载斗量的艺术品。最重要的协定是分别于6月5日、24日与教皇国和那不勒斯王国缔结的，再加上6月27日占领英国在这一地区的商业活动中心里窝那（Livorno）港，这些就确立了法国在意大利的支配地位。波拿巴需要定期出现在意大利北部，挫败奥军前后4次自阿尔卑斯山杀出、解围曼托瓦的努力。1797年1月，最后一次解围以里沃利（Rivoli）之战奥军完败告终，随后，曼托瓦终于投降。

南翼现已安全，波拿巴便可以转而北上，开始对哈布斯堡君主国发起拖延已久的深入猛攻。他派出儒贝尔（Joubert）阻挡来自蒂罗尔的奥军袭扰，自己则朝东北方向推进，越过布伦塔河（Brenta）和皮亚韦河（Piave）攻入弗留利。3月16日时，他已抵达塔利亚门托河（Tagliamento），随时准备进入哈布斯堡的克恩滕行省。此时，他对手的意志正在崩溃。弗朗茨二世依然决心继续作战，可南线的新任指挥官并不这么想。这人便是皇帝的弟弟卡尔大公，1796年的胜利者，然而他现在已经确信，什么都无法阻挡波拿巴向维也纳进军。3月29日，波拿巴抵达克拉根福（Klagenfurt），4月7日，他已行经克恩滕抵达施泰尔境内的尤登堡（Judenburg）。事实上，他的前锋部队已经打到塞默灵（Semmering）山口，根据一份并不可靠的报告，他们能够看到120千米以北的维也纳教堂塔尖。眼看桑布尔-默兹军团和莱茵-摩泽尔军团即将再度越过莱茵河，奥地利人同意休战。

战争在那时走向终结，而这又分为两个阶段。首先，波拿巴于1797年4月18日在莱奥本（Leoben）达成了一份初步和约。他随后着手在北意大利扶植傀儡政权。等到10月17日在坎波福米奥签订最终和约时，条款已经变得对法国有利了。从本质上讲，这是一份瓜分条约：法国获得了比利时、莱茵河左岸大部、伦巴第、伊奥尼亚群岛和威尼斯属阿尔巴尼亚，奥地利得到了威尼斯——这不仅包括其大陆领土，还有亚得里亚海沿岸的土地，法国还许诺当它与神圣罗马帝国缔结和约时将允许奥地利获得萨尔茨堡主教区。奥地利人也同意正式承认内阿尔卑斯共和国，还把曼托瓦割让给它。摩德纳公爵丢掉了自己的公国，作为补偿，他获得了奥地利位于南德意志的布赖斯高属地。

对于旧制度式下讲求均势的政治而言，这一举动是再好不过的讽刺。事实上，这要比瓜分波兰还蛮横无理，因为在威尼斯，那里甚至没有新宪法、“雅各宾派”煽动乃至柯斯丘什科式起义这样为其消亡辩解的借口。如果需要证明“革命”法国不过是另一个强权，这便是证据了。就奥地利的部分而言，奥地利人显然是在威胁之下行事的，可抛弃神圣罗马帝国即便不是自杀行为，也是自残举动，因为《坎波福米奥和约》的秘密条款规定皇帝要尽其职责确保莱茵河左岸归属法国，还要用教会土地补偿失去领土的世俗诸侯。奥地利攫取萨尔茨堡就是这一进程的第一阶段。事实上，弗朗茨二世还要再过9年才会放弃神圣罗马帝国帝位，成为奥地利皇帝弗朗茨一世，可随着《坎波福米奥和约》的签订，拥有千年历史的神圣罗马帝国的丧钟已然敲响。

之所以还需要9年时间，是因为事实证明《坎波福米奥和约》只不过是休战而已。自1795年起以“督政府”之名为人所知的巴黎当局已因果月（1797年9月4日）政变而重组，此次政变导致当局急剧转向左翼。1798年2月，法军占领教皇国，宣布建立罗马共和国，还将庇护六世强行关押在法国，此举巩固了法国对意大利半岛的控制。从军事角度而言，更重要的事件是掌控瑞士，其手段是法国现已驾轻就熟的策略：借给当地合作者必要的军事力量，让他们夺取权力、建立卫星共和国。1798年12月，撒丁国王卡洛·埃马努埃莱四世被迫退位，皮埃蒙特亦遭占领后，最后一块障碍物也被搬开了。对督政府及其最成功的将领波拿巴来说，和平显然是通过另一种手段继续的战争。

西欧和南欧已在法国掌握之中，法国与神圣罗马帝国召开的拉施塔特和会也将重塑中欧，督政府便将注意力转向东面的埃及。外长塔列朗和波拿巴都对征服埃及的远征兴致盎然。埃及可以补偿加勒比诸岛沦陷的损失，可以先发制人让奥地利以威尼斯为基地建立地中海帝国的企图落空，可以保护法国在黎凡特的关键利益，为法国工业品提供原料来源和市场，还可以作为征服英属印度的基地。因此，1798年5月19日，一支由280艘各式舰船组成、55艘战舰护航（其中包括13艘战列舰和6艘巡航舰）的庞大舰队离开土伦，向东开进。

报应随之而来。我们确实有充分理由将1798年8月1日视为革命-拿破仑时代法国的转折点。正是在这一天，海军少将霍雷肖·纳尔逊爵士率领由15艘战列舰组成的分舰队发现了停泊于亚历山大（Alexandria）附近的阿布基尔湾（Aboukir Bay）的波拿巴舰队并将其歼灭。在13艘法军战列舰中，仅有2艘逃过了被击沉或捕获的命运，而且，这2艘战列舰后来也被赶上击沉了。硝烟散尽后，纳尔逊评价道："如此景象，冠以胜利之名显然是不够的。"它恢复了英国对地中海的控制，将波拿巴堵在埃及，也可能标志着法国对英国海上霸权的挑战至此告终。以下是马蒂娜·阿塞拉和让·梅耶尔的观点，他俩是一部关于革命时期法国海军历史的学术著作的作者："阿布基尔战后，实际上一切都已决定，帝国的命运也是如此，特拉法尔加不过是阿布基尔的必然后果……海军听天由命，指望确保革命存续，阿布基尔改变了一切……阿布基尔标志着法国不再是海上强权。"波拿巴本人此时也承认了英国的海上霸权，正如他得知舰队覆灭后报告督政府时所述："在此状况下，就像过去时常发生的那样，命运似乎已经决心向我们证明，要是命运赋予我们陆上霸权，便会让我们的对手成为海上主人。"

为何法国人赢得了陆战，英国人赢得了海战

正如我们在上一章所见，事实证明普鲁士的腓特烈二世能够最有效地利用国家资源。他所获得的奖赏是连升数级跻身欧洲国家体系前列。他于1786年逝世，而次年开始的革命战争残酷地暴露了他体系的缺点。法国大革命和拿破仑帝国的军队在每个方面都超越了腓特烈二世式战争。汉斯·德尔布吕克（Hans Delbrück）颇有助益地对照指出了二者的不同之处*：

* 本书英译文与德尔布吕克原文存在一定差别，此处据原文译出，详见：Hans Delbrück, *Geschichte der Kriegskunst im Rahmen der politischen Geschichte*, Berlin, 1920, vol. 4, pp. 476—477.

腓特烈大帝	拿破仑
军团是独立不可分割的单位	军团分为各军、各师
各层指挥官的功能仅限于传递命令或依靠个人勇气成为部队表率	中间层次的指挥官拥有运用其军事经验与专业判断进行独立指挥的任务和机遇
指挥官根据特定计划进军、进攻	指挥官在整条前线开战，时刻决定下一步如何行动
预备队不多或不存在	预备队非常强大
第一击最为强劲	最后一击最为强劲
机遇扮演重要角色	机遇占有一定地位，但无法干扰人数和指挥能力的优势

拿破仑从旧制度继承了胜利工具。革命战争并不具备革新性。通常被视为革命战争要素的一切事物均在此前产生："法国革命与战争革命**同时发生**，战争革命在旧制度的最后几十年里便已发生，很快，两场革命就融合了。"［彼得·帕雷特（Peter Paret）语］在旧制度的欧洲，法国理论家和实践者是军事变革的先锋，这也让融合变得更加容易。变革在某种程度上源自法国在罗斯巴赫战败导致的极度震撼，这和罗斯巴赫会战50年后普鲁士在耶拿、奥尔施泰特的惨败让普鲁士人所做的如出一辙，为了准备复仇，某些富有远见的法国军事改革家竭尽所能利用了战败的不幸。他们在两个关键领域展开变革。天才炮兵侯爵让-巴蒂斯塔·瓦凯特·德·格里博瓦尔（Jean-Baptiste Vaquette de Gribeauval，1715—1789）被人发掘出来。他曾于1757年跟随奥军作战，亲身体验了普军如何有效运用其野战炮兵。被舒瓦瑟尔（1758年后任外交大臣，1761年后兼任战争国务大臣）召回后，格里博瓦尔着手落实和改进他从德意志学到的东西，尤其是标准化、器件可互换、更高的射击准度、更好的机动性。

大约与此同时，舒瓦瑟尔鼓励他在德意志的指挥官德·布罗伊（de Broglie）元帅实验更为灵活的部队阵形，以获得更好的速度与机动性。布罗伊将他的军队分拆为较易管理的纵队或师，每个单位不超过16个营，由他们自己的炮兵支援，骑兵掩护，轻型部队开路。当其中某个快速行进的纵队与敌军接触时，它应当坚持作战，直至其他纵队适时抵达侧翼介入战事为止。权力下放给了师级指挥官，较好的主动发挥环境可使部队更快地由纵队变为作战队形。

1792年，前去与革命法国作战的奥军和普军自信可以赢得一场快速、轻松的胜利，正如一位流亡者所述，那是“散步去巴黎”。实际上，联军要过整整22年才能在香榭丽舍大道举行胜利阅兵。是什么出了问题？困惑的卡尔大公在他出版于1795年的专题论文《论与新法兰克人的战争》（*On War against the New Franks*）中问道：“装备优良、兵种平衡、训练有素的军队竟被士兵未经训练、缺乏骑兵、将领毫无经验的敌人击败，这怎么可能？”他的答案至少确认了部分问题：他认为奥地利人之所以失利，是因为他们打了一场防御战，是因为他们使用了绵长、稀薄的防御警戒线体系，这让法军能够在关键点集结优势兵力。

许多人认为，与其说法国人做得有多对，倒不如说联军做得有多错。它有利于联军恢复信心，可是也相当危险，因为这种解释方式会助长人们对革命力量的持续低估，也会导致人们确信对旧制度修修补补就足以带来最终胜利。最接近事实的观察者则因他的洞察力获得了一再错过提拔的“酬劳”，这个人便是汉诺威炮兵军官格哈德·沙恩霍斯特（Gerhard Scharnhorst），他于1797年在一本并不出名的杂志上也发表了一篇名叫《关于法军在革命战争中获胜总体原因的讨论》[*]的文章。他特别指出：革命军拥有天生的优越战略地位，这让他们能够在内线作战；他们还具备优势兵力；他们能够运用轻型部队；他们拥有统一的政治、军事指挥；他们采取了服从于国家利益而非王朝利益的战略，而这是一种协同一致、具有攻击性的战略；他们速度更快，精力更旺盛；他们能够无情地接受无限的损失，还使用了拼死一搏、决不妥协的手段。他表示："这场斗争实在太不公平：一方什么都有可能失去，另一方没有什么可以丢弃。"矛盾的是，联军对法国动员贡献最大："法国人发觉他们处于可怕的境地，几路大军包围了法国，打算奴役法国人，使他们陷入永久悲苦之中（或者说法国人是这么认为的），这鼓舞法军士兵英勇作战，使得公民做出自我牺牲，让军队搜集到补给，吸引平民来到军旗之下。"沙恩霍斯特也意识到法国人的传统自豪感有多么重要，他们为自己宣称的优越文明感到骄傲，进而激发出对外部干涉的愤怒抵制："法兰西民族向来主张自己是唯一开明、智慧、自由、快乐的民族，将其他所有民族都鄙夷为不开化、野蛮、不幸之辈。"更为激进的是，他承认自由社会可以号召公民士兵个人迸发热情，从而产生出更强的实力。因此沙恩霍斯特总结说，法国的胜利并非侥幸，也不是一时偏差："同盟大国失败的原因必定与它们和法国的国内环境密切相关。"

这种信念颇为诱人、相当流行，在前核武器时代颇为适用，但它不可能在不加若干限定条件的前提下被拿来解释法国革命的军事

* 沙恩霍斯特实于1797年在自己主办的《新军事期刊》（*Neues Militarisches Journal*）上发表此文。详见：Scharnhorst, "Entwicklung der allgemeinen Ursachen des Glücks der Franzosen in dem Revolutions-Kriege, und insbesondere in dem Feldzuge von 1794. Als Einleitung zur Geschichte dieses Feldzuges". *Neues Militarisches Journal* 8 (1797): 1—154.

胜利。显然，许多士兵的确视自己为穿军装的公民，以炽烈迸发的意识形态信仰为共和国和自由而战。1792 年，时年 25 岁的若阿基姆·缪拉（Joachim Murat）动身赴战，他的话是信仰激发出的口号的代表："我的父亲，若是你知晓我的死讯，不要哭泣。毫无疑问，我毕生所能做出的最光荣牺牲就是捍卫共和国时与战友一同死去。"某位无名战士对自己失去一只手臂的轻描淡写的评论也堪称这种口号的典范："没关系。我还有一条胳膊可以为共和国效劳，消灭它的敌人。"

可当人们考虑到胜利的反复无常特征时，革命热情带来胜利的信念似乎还是有问题的。公民士兵的基本特征——献身于革命、认同国家、自愿服从——是常量，因此应当产生恒定的结果。然而，1792 年、1793 年和 1794 年的战局（以及此后的各次战局）都不稳定，更像是成功和失败之间的混乱拉锯或是难分高下的交锋。革命军 1792 年 9 月在瓦尔米取胜，可次年 3 月便在内尔温登失利；1792 年 11 月在热马普获胜，可次年 7 月又在美因茨告负；1794 年 6 月在弗勒吕斯得胜，可同年又于凯撒斯劳滕三度失手。假定公民士兵战败时是他们恰逢倒霉日，革命感并不强，这是荒谬的。这可能是在耍贫嘴，不过它的确表明基于动机的论点既无法证实，也不能说明问题。另一方面，检视 18 世纪 90 年代发生的会战，我们可以看出奥军和普军中同样能够涌现个人英雄业绩和集体英雄业绩，这是不可能单纯用铁的纪律让士兵害怕军官更甚于敌人这样的原因来解释的。于是就有了两种尴尬的可能性：要么意识形态热忱对战斗效力影响甚微，要么旧制度价值观和革命理想是同样强劲的动机。

这个难解的问题涉及动机，它的答案永远不可能让每个人满意。关于法军在西欧取胜，可以从双方动员的士兵人数中找到更为实际的解释，这在我看来也更为可信。贡特尔·罗滕贝格（Gunther Rothenberg）将载有这一时期大会战及双方参战兵力的表格作为其《拿破仑时代战争艺术》（*The Art of Warfare in the Age of Napoleon*）一书的附录发表，它表明一旦联军能够集结哪怕只是与法军大致相当的兵力，也会取得胜利。看起来很难避免得出吉尔贝·博迪尼耶（Gilbert Bodinier）的结论："革命军取得的所有胜利都可归因于人数……每当他们的人数优势微弱……或是人数上少于敌军时，法军就会战败。"

然而，质量因素的影响无疑也是存在的。革命军与其前身乃至欧洲其他任何武装力量的最大不同之处便在于它的英才管理制度。制宪议会于1790年2月28日宣布此后"每一位公民都有权获得每一级军衔"，这开启了军官团的快速变革。购买军官职位以提升社会地位的廷臣和暴发户们就此离开，旧制度的顽固支持者们就此离开。填补他们职位空缺的则是原先前途惨遭贵族需求扼杀的人们——那些"幸运的军官"，也就是凭着优异表现赢得军官职位，却被束缚在最低几个级别的普通人，那些受困于低微出身或是穷困，不得不进入炮兵和工兵这样不受认可的兵种的人，以及尤为重要的军士。因此，指挥军队为革命打下西欧的那些人尽管是在旧制度下获得军事训练的，却要到1789年后才获得快速提拔。在1793—1794年的将领中，绝大部分（87.3%）拥有专业军事背景，事实上，其中大部分（67%）截至1789年已服役至少13年。上校和少校的历练程度与此类似，在革命爆发之际，有86.9%的上校和73.1%的少校是职业军人*。不过，这也是一支年轻的军队，超过 1/3 的上校不到 35 岁，将近 2/3 的上校不到 45 岁。

干得好不好不仅仅是对革命的态度问题，它还攸关生死。在拉斐德将军于 1792 年变节、迪穆里埃将军于 1793 年变节后，巴黎当局便对任何涉及叛国的事情高度敏感，其中就包括了战败。在 1792 年 8 月 10 日之前，还没有将军被解职，可到了当年年底就有 20 名将军离职，1793 年是 275 名，1794 年则是 77 名。仅仅解职还常常被认为是不够的。至少 17 名将领在 1793 年上了断头台，而次年又有 67 名将领罹此厄运，两相对照，英国人在 1757 年处死海军将领宾就显得颇为宽大了。革命的将军们死在自己政府手中的可能性要高于死于作战行动，再没什么能比这个事实更好地显示法国革命的暴力之处了。然而，即便在作战行动中，风险也不可忽略，因为当局坚持要求它的将军们身先士卒，结果便是 18 世纪 90 年代有 80 名法军将领阵亡。倘若再将被己方人员私刑处决的将领［如 1792 年的狄龙（Dillon）］计入其中，人们就必须承认，革命将领们的每一点名望和成功都是他们辛苦挣来的。

1793—1794 年的指挥官们年轻，富有才干，缺乏安全感，他们打破了欧洲战争的原有模式。路易十四和路易十五的将军们曾在低地国家晃荡多年，却始终未能取得决定性战果。而在 1793—1794 年，要塞乃至战场的名字未曾变更，人们对它们的态度却大相径庭，结果则是战争自此远离“欧洲斗鸡场”20 多年，直到 1815 年才重回低地，引发了短暂混乱。在令这一时期尤为突出的一切统计中，或许最能显

---

* 原文作 brigade and battalion commanders，即对革命军上校（chef de brigade）和少校（chef de bataillon）军衔的字面翻译。详见：Jean-Paul Bertrand, *La révolution armée*, Paris, 1979, pp. 182—183.

露内情的是这样一份统计：它告诉我们，1792—1815 年共有 713 场会战，而在此前 300 年里，也仅有 2 659 场而已。这一定程度上源于救国委员会无休止地坚持要求军队必须进攻、进攻再进攻，直至敌军彻底失败为止："震撼如闪电、击打如雷霆"便是它于 8 月 21 日发出的简练指令。从这种决绝态度中生发出了冷酷无情，国民公会于 1794 年 5 月 26 日颁布法令，规定不许保留任何英国、汉诺威战俘的性命。幸运的是，只有一名法国舰长执行过这条谋杀命令，而且，尽管他获得了晋升，却也没有人去效仿。

英国人在 18 世纪确立了海上优势，1793 年后这种优势的提升还要不断加速，这一优势将持续到 20 世纪。然而在 1783 年，甚至 1793 年，也还存在可能性不低于英国独霸的若干状况，当时 12 个欧洲国家有权自称海上强国：4 个大国（大不列颠、法兰西、西班牙、俄国），5 个强国（瑞典、丹麦、那不勒斯、联省共和国、土耳其）以及 3 个虽小却并非无足轻重的国家（葡萄牙、马耳他圣约翰骑士团、威尼斯）。可到了 1815 年，就只剩下 1 个超级海上大国（大不列颠）和 1 个落在它身后很远的二等海上强国（法兰西），其他所有海上强国均被淘汰了。法国利用它的陆军实力俘获了其中 4 国的海军（联省共和国、西班牙、圣约翰骑士团和威尼斯），这是变动过程中最为引人注目之处。这就难怪在阿布基尔湾战败后，闷闷不乐的波拿巴将军会哀叹不列颠统治海洋的命运似乎已然注定。

两类短缺给法国海军的努力造成了致命的障碍。第一是人力。革命战争开始时，法国人口约为 2 800 万，而英格兰、苏格兰、威尔士、爱尔兰总人口还不到法国一半。正如我们所见，革命者们能够奋力动员出欧洲有史以来最为庞大的陆军，然而，他们无法为海军做到这一点。这里有一个严重的结构性原因，追根溯源，可以归结为远洋捕捞和海上贸易在法国经济中作用相对较小。这让海军可以在战时征召的熟练水手局限在5万人左右。像光荣的六月一日海战（1794年）或尼罗河海战（1798年）这样的失败，之所以后果如此严重，便是因为仅仅这两场血腥交锋就令法国海军总兵力的10%或是战死，或是被俘。到了1802年，已有7万名法国水兵俘虏待在英国监狱或囚船里，而在1814年，也有8万名法国水兵战俘遭到关押。这一时期法、英两军损失的对比可以充分说明问题。

表12 革命–拿破仑战争期间法国与英国海军损失

	英军损失			法军损失				
海战	战死	负伤	死伤总数	战死	负伤	死伤总数	战俘	合计总数
六月一日	287	811	1 098	1 500	2 000	3 500	3 500	7 000
圣维森特角	73	227	300	430	570	1 000	3 157	4 157
坎珀当	203	622	825	540	620	1 160	3 775	4 935
尼罗河	218	677	895	1 400	600	2 000	3 225	5 225
哥本哈根	253	688	941	790	910	1 700	2 000	3 700
总数	1 034	3 025	4 059	4 660	4 700	9 360	15 657	25 017

资料来源：Michael Lewis, *A Social History of the Navy 1793—1815* (London, 1960), p. 362

此外，英军对公海的控制使得法国的远洋捕捞和贸易事实上陷于停滞，这样可怕的损失也是无法弥补的。而革命的立法议员们对海洋缺乏兴趣，理解也不够，这又加剧了问题，议员中很少有人见过海：2/3的革命议会议员来自居民不超过5 000人的乡村社区。这样的冷漠与英格兰的态度形成了鲜明反差，在那里，海上大国的神话至少可以追溯到伊丽莎白一世时期的战争，神话提供了一群新教老水手英雄，让约翰·福克斯的《殉教者书》* 更为完备。人们认为海权与国家自由、贸易繁荣不可分割，"它让英格兰海权成为举国皆兵的理想表达方式"（尼古拉斯·罗杰语）。

法军面临的另一个致命短缺在物资方面。旧制度的海军大臣们，尤其是卡斯特里侯爵，不仅建造了数目惊人的战舰，也囤积了维持舰队航海所需的大量木材、缆绳及其他海军仓储物资。然而，要做到这一切所面临的困难越来越大，只能依靠巨额举债来维持——截至1789年，海军部共计欠债4亿利弗尔。旧制度的最终破产和海军基地的纪律崩溃（这在很大程度上源于长期拖延薪饷）导致物资存储条件严重恶化。在与大不列颠的战争爆发后，从波罗的海和黑海补充物资就越发困难了。在这方面，一度丢失土伦后果尤为严重，因为英军成功地在撤退之前焚毁了兵工厂里的几乎所有海军大仓库。到了1795年，法国造船技师已经用尽了所有适合建造战列舰的木材，不得不转而建造巡航舰。在1793年，法军舰队由88艘战列舰和73艘巡航舰组成，而到了1799年，就只剩下49艘战列舰和54艘巡航舰了。

英国在人力和物资两方面的问题没有那么严重。英国海军部所拥有的海军基地比它的对手拥有的更广更深，在为海军提供熟练海员时遇到的困难也要少得多。似乎取之不尽的财富让英国能够向新兵提供诱人的奖金，这也对征募海员帮助很大。与流行说法不同，臭名昭著、招人憎恶的抓丁拉夫并非补充队伍的唯一手段。海军在

* 约翰·福克斯（John Foxe），牛津大学马格德林学院院士，1563年著有《伟绩与丰碑》（*Actes and Monuments*）一书，主要记载英国新教徒此前两个世纪中所受迫害，俗称《殉教者书》（*Book of Martyrs*）。

预算案中占据首要位置，而这在法国不可能发生：“让海军红运临头的是，1793 年前的 10 年几乎都是它的黄金时代，在这个时代，它享有公众和议会的支持。”（保罗·韦伯语）这样的情形此后也会持续下去：议会在 1793 年投票通过决议，为征募 2.4 万名水兵拨发所需的经费，1797 年甚至准许了征募 12 万名水兵的开支。1801 年的统计表明，海军共有 13.5 万名水兵，商船队则有 14.4 万名海员。此外，英国人相当关注保持水兵健康，正如纳尔逊所述：“一切兵役中的头等大事都是健康。”美国独立战争后，一艘英国巡航舰给一名法国访客留下了深刻印象：“我们震惊于它竟能保持如此一丝不苟的整洁，我从没在土伦的任何一艘巡航舰上看到像它一样的状况。他们说法国人的不洁带来的损失比英国人造成的损失还大。他们每天都要清洗整艘战舰。”在查尔斯·米德尔顿（Charles Middleton）爵士（1778—1790 年任海军审计长）有力的管理下，海军造船厂呈现出的特色是较高的管理效率、良好的经济资源利用方式和具备职业精神的官员，此时，法国的造船厂则遭到偷窃和怠慢的破坏。英军还控制了进出波罗的海的通道，这确保了他们享有海军资源的不间断供给，因此，英、法海军规模间的差距只会越拉越大。

质量差距也在扩大。皇家海军拥有能够在海上训练船员的无价优势，法军则被迫在遭到封锁的港口内训练。在抛锚停泊好几个月后，法军最终不得不前往远洋应用技术时水平粗疏就毫不奇怪了。舰队从布雷斯特出航后时常发生的混乱就说明了这一点。1795 年 7 月，马丁将军的分舰队在耶尔群岛（Îles d’Hyères）外海面对上英军时选择逃离，而在分舰队的 1.2 万人里，有 2/3 **此前从未出过海**。关于法国人时常自我吹嘘的战舰质量优势是否像某些悲观的英国专家所认为的那么大，这一点也值得怀疑。正如阿塞拉和梅耶尔曾指出的那样，对英国造船匠的许多指责实际上反映出海军贵族军官对平民旱鸭子的习惯性鄙视，必须重重地打上折扣。法国战舰的确更修长、更迅捷，但也要为此付出代价：它们更不耐用、更脆弱，同等吨位条件下可携带的火炮数量也更少。其中有些战舰也简直太大了。三甲板战舰“马赛商贸号”（Commerce de Marseille）是在土伦被俘的，它令海军部的专家们大为震撼，但事实证明这艘船在海上没什么用处，1796 年被改为囚船。当条件适宜时，崭新的法国战舰的确是可以快速行进的，其代价却是较高的建造和养护费用，以及较短的使用寿命。一代又一代对造船厂的低投入使此类缺陷更加严重了。

两支海军最大也最严重的差距在炮术领域。铁的纪律和持续的海上训练让英军炮手能够打出更一致、更准确而且——最重要的是——更快速的侧舷射击，其炮击速度可能达到法军两倍之多。更好的火药也进一步强化了英军火力。征服孟加拉让英国人得到了世界上最好的硝石，所以，英军的火炮射击初速也很可能相对较高。接近敌军时，英军还可以充分利用崭新的“卡伦炮”（carronade），这是一款由苏格兰卡伦（Carron）铁厂研发的可怕火炮，它将“游隙”（炮膛和炮弹间的空隙）缩小了 50%，能够投射出的更重的金属炮弹也弥补了它在射程上的缺点。（法军火炮养护很差，这让英军无法使用缴获的火炮。）上述创新以及其他若干较小的创新——如标准化的炮闩、可弯曲的夯锤和更为精细的信号——产生了这样的总体效果：创造出了一支能够自信逢敌必胜的舰队。

自信滋生出了侵略性。革命陆军在其巅峰时期具备持续推进的典型特征，而这显然不属于革命海军，可又显然存在于皇家海军当中。

纳尔逊在特拉法尔加战前的指令最好地概括了这一点：“在无法看到信号或无法正确理解信号的情况下，如果将自己的战舰靠在一艘敌舰旁边，舰长就绝不会犯下大错”。在特拉法尔加，海战仅仅持续了5个小时，在此期间，纳尔逊的舰队俘获了17艘战舰，此外还焚毁1艘。法军和西军坚韧地英勇奋战，尽管这两军享有诸多优势，但最终还是惨败，这只能用“英军炮术的压倒性优势”（尼古拉斯·罗杰语）来解释了。此时，英军指挥官们已是疯狂寻求海战，因为他们深知纵然英军数量居于下风，也必将取得胜利。1797年2月14日，约翰·杰维斯（John Jervis）爵士站立在“胜利号”的后甲板上，此时，数量上占据绝对优势的西班牙舰队接近了圣维森特角外海，他的参谋长罗伯特·考尔德（Robert Calder）喊出了敌舰数目：

“8艘战列舰，约翰爵士。”

“好得很，阁下。”

“20艘战列舰，约翰爵士。”

“好得很，阁下。”

“25艘战列舰，约翰爵士。”

“好得很，阁下。”

“27艘战列舰，约翰爵士。”

“够了，阁下，别再说了。骰子已经掷下，就算有50艘，我也会突破。”

正是在此战当中，杰维斯的一名部下、“舰长号”（Captain）指挥官霍雷肖·纳尔逊准将亲自率领跳帮队俘获了“圣尼古拉号”（San

Nicolás)，随后又攻上了“圣何塞”（San José）号的甲板。并非每位英军指挥官都拥有如此这般对攻势的爱好。每一位杰维斯都对应一位布里德波特，每一位纳尔逊都对应一位霍瑟姆。* 要将海军中的此类朽木通通送上岸还需要几年时间，可英国海军军官团还是逐步通过优胜劣汰成为一个以职业水准、作战技能和侵略性闻名的群体。它的集体质量令杰维斯、邓肯、纳尔逊这样的指挥官能够在清楚各位舰长知道如何行事、明白诸位舰长不会畏葸不前的状况下分割敌军战列线。在他们的对手一边却找不到这样的团队精神。法军方面，不管是指挥官还是水兵都多次表现出优秀的作战技能和坚定的决心，甚至还有英雄业绩，但它们是孤立存在的。海军将领冈托姆（Ganteaume）的描写很有代表性：当他于 1801 年奉命自土伦出航时，他提出抗议，认为自己的舰队状况并不能支撑出航，因为他的水兵已有 15 个月未曾领到薪饷，他们吃得差，衣服破烂，士气也低得无可救药。可以预见的是，冈托姆未能完成使命，没能拯救自纳尔逊 1798 年尼罗河大捷以来被困埃及的法军。

第二次同盟战争

就短期层面而言，波拿巴不幸的埃及冒险所造成的最严重后果是新同盟的组建。俄国沙皇帕维尔一世对革命法国的“贪得无厌”既愤

* 亚历山大·胡德，第一代布里德波特子爵（Alexander Hood，1st Viscount Bridport，1726—1814），英国海军中将，曾参与“七年战争”、美国独立战争、法国革命战争，因未能取得决定性战果遭遇国内责难，1800 年在海峡舰队司令任上退役，为杰维斯所取代。威廉·霍瑟姆，第一代霍瑟姆男爵（William Hotham，1st Baron Hotham，1736—1813），英国海军上将，曾参与“七年战争”、美国独立战争、法国革命战争，指挥耶尔群岛海战，但未能取得重大战果，因此遭到属下纳尔逊批评，1795 年 11 月在地中海舰队司令任上为杰维斯所取代。

怒，又焦虑，他怀着这样的情绪观察了1796—1797年的状况。征服黑海北岸后，俄国人在东地中海的商业利益快速扩张，因而对任何威胁到商贸的举动都高度敏感。尤其是在1783年吞并克里米亚后，旧港口得以发展，新港口得以开拓，由这些港口出口的货物价值从1786年到1797年翻了一番还多。此外，俄国对在第二、三次瓜分波兰时所得土地的控制相当薄弱，俄国人对此也感到了同样的焦虑。和波拿巴、塔列朗（以及许多西方历史学家）不一样，他们深知波兰问题和土耳其问题关系密切。因此，当情报表明有一支庞大的军用运输船队在土伦准备必需品时，许多俄国大臣便不安地判定船队是冲着俄国人来的。有些人觉得它是要前往阿尔巴尼亚，船上装载的部队可以从那里向比萨拉比亚（Bessarabia）进军，与波兰造反者会合；有些人觉得它是要开往萨洛尼卡（Salonica），其目标则与上述目标相同；还有些人觉得它或许会直接航向克里米亚。沙皇与圣约翰骑士团——统治马耳他岛的军事-宗教修会——有个人关系，这也强化了上述经济、政治方面的考量。波拿巴在前往埃及途中，于1798年6月夺取了这个岛屿，仅此一点，便令帕维尔一世确信此次远征本质可谓奸邪阴毒。

其结果是新的大同盟就此成立，同盟包括了大不列颠、奥地利、俄国、土耳其、葡萄牙和那不勒斯。到了1799年，波拿巴远征东方的愚蠢之处才完全暴露出来。他误判了俄国人，也低估了英国人。特别讽刺的是，他其实是自己错误的主要受益者，因为战争早期的失利奠定了让他获得权力的雾月政变的基础。由于最成功的将领、诸多极具才能的下属指挥官和法军精锐都被英国皇家海军困在1 600千米以外，事实证明督政府无力应对他们大力促成的同盟。对督政府外交政策的终极指控是1798—1799年冬季俄国人与土耳其人合作的奇观，这绝对是欧洲国家体系历史上最不可思议的同盟之一。

“第二次同盟战争”开局相当鲁莽，那不勒斯国王于1798年11月抢先行动，入侵了罗马共和国。虽然初战得胜，可国王到了年底就得登上纳尔逊的旗舰避难，他的王国也作为“那不勒斯共和国”成了法国的又一个卫星国。当战争于1799年春季正式打响后，法军在全部三个战场遭遇了一场又一场挫败。在德意志，法军越过莱茵河展开推进，卡尔大公在3月的两场胜利不仅阻滞了法军，还将其击退。在瑞士，奥地利人也在6月占领了苏黎世，控制了阿尔卑斯山的主要道路。在意大利，年纪虽大却精力充沛的俄军将领苏沃洛夫（Suvorov）伯爵把法军扫出半岛，只留下热那亚附近的一小块飞地。仅仅两个月，苏沃洛夫伯爵就征服了意大利，这比波拿巴在1796年的征服更快、更彻底。就像1792年夏季和1793年夏季一样，革命的最后时刻似乎就要来临了。

法国革命者发觉很难牢牢保持他们的征服成果，而这在很大程度上源于他们的语言和实践间的巨大鸿沟。他们带着“向城堡开战、给农舍和平”的口号发动战争，许下解放全欧洲被压迫民族的诺言。然而，革命者无法负担诺言，也无力遵守。作为政权，革命政府处于破产状态，而它筹来的任何资金都得用在养活反复无常的巴黎公民这个紧迫任务上，因此革命军被迫依靠他们解放的土地过活。因此，对革命军前进道路上倒霉的比利时人、德意志人、西班牙人、荷兰人和意大利人来说，革命军带来的不是解放，而是征收现款式的剥削和对各式消费品及动产的征用。随着军队变得尤为庞大、尤为缺乏纪律，他们也制造了程度前所未见的洗劫、谋杀和强奸。虽然当地人诉诸武装抵抗的尝试都被无情地粉碎，但持续不断的消极抵抗使法国人只能依靠武力保持征服成果。

对革命者来说，这是悲伤的体验。这些人希望全人类都感激地张开双臂欢迎他们，因此，当革命者遭到拒绝时，他们硬下心肠，将法国放在首位。他们总结说，欧洲其他地方已表明它们依然沉睡在无知与偏见之中，并不值得解放。罗伯斯庇尔认为法兰西民族已经超越其他人类两千年，现在可以构成一个有别于他人的物种，而且，这么想的并不光有他。法国对占领土地采取的严厉法国化政策也表现出了此类傲慢，它自然招致了强烈的反应。即便民族主义并非法国大革命的发明，它也必定从革命的文化、政治帝国主义中获得了强大的推动力。

反法暴动在1799年广泛发生，其中最引人注目的是鲁福枢机主教的“基督军”（armata cristiana）光复那不勒斯王国，协助联军将革命军逐出国境。然而，就在胜利在望之时，同盟开始分裂。俄国人和奥地利人的目标之间始终存在本质上的差异，前者希望在意大利恢复旧政权，后者则打算从皮埃蒙特人和教皇那里攫取土地。让状况更为糟糕的是，双方的英国金主正在运用其金融实力从伦敦对战略发号施令。英国人对奥地利人强迫症般的不信任则是又一个加于自身的障碍。其结果是，当巴黎的又一场政变给法国的战争注入新活力时，联军却无法做出足够的回应。尽管奥军于1799年8月在意大利的诺维（Novi）取得了又一场压倒性胜利，决定整场战局的却是马塞纳（Masséna）将军在苏黎世击败了科尔萨科夫（Korsakov）麾下的俄军。沙皇帕维尔一世命令他的军队回国。与此同时，英俄联合入侵荷兰也以灾难告终。

上述胜利未能及时拯救巴黎政权。1799年，督政府已由于一再干涉、否决选举结果而丧失了最后一丝合法性。此时的主要人物是西耶斯神父，这位老手依靠实用主义灵活地成功通过了革命政治的旋涡，当他面对质询，需要回答在恐怖时期做了什么时，他的著名答复堪称实用主义的最佳总结："我活了下来。"正是西耶斯策动了让波拿巴将军于1799年11月获得权力的政变。这位将军只是三执政之一的表象未能骗过任何人——马背上的家伙才是确凿无疑的主导者。

雾月政变后，波拿巴面对的军事状况似乎有好有坏。就正面而言，法国境内的反革命暴动已经迅速失败，英俄远征军夹着尾巴回了家，马塞纳在苏黎世的胜利也保住了瑞士。另一方面，勒古布（Lecourbe）及莱茵军团入侵德意志的尝试以失败告终，斯塔劳伊*将军的奥军于11月底在辛茨海姆（Sinzheim）将其击败，而在意大利，法军手中除去热那亚外的最后要塞科尼（Coni）于1799年12月14日陷落。此时，波拿巴充分利用了政变带来的统一指挥优势，他制订了战役计划，集结了所需资源，指导了实施流程。事实证明，关键在于他在第戎组建了由贝尔蒂埃（Berthier）指挥的庞大预备军团，由此波拿巴就可以充分利用瑞士的中心位置部署军团。

决定性的会战于1800年6月14日在马伦戈（Marengo）打响，那时，波拿巴赢得了大概是他一生中最重要的会战。要是他战败了（事实上也确实差点失败），那么就算波拿巴在军事层面上或许可以择日再战，在政治层面上他也死透了。他于5月6日离开巴黎后短短几周，以贝纳多特（Bernadotte）、莫罗（Moreau）这样雄心勃勃、心怀忌妒

* 安东·斯塔劳伊·冯·纳吉-米哈伊（Anton Sztáray von Nagy-Mihály，1740—1808），匈牙利人，1788年升为奥军少将，1794年升为中将，1800年升为上将。详见：A.Schmidt-Brentano, *Kaiserliche und k.k. Generale: (1618—1815)*, Österreichisches Staatsarchiv, 2006, p. 100.

的雅各宾派将领为首，国内已经滋生出了诸多密谋。只有一场决定性胜利才能保住新政权，而一场决定性失利很可能会摧毁新政权，令法国重回革命政治的旋涡。事实上，马伦戈会战既给法国革命钉上了棺材盖，又决定了第二次同盟战争的命运。虽然正式媾和还要过很久，成千上万的人还要为确保和平而死，但人们不需要多少洞察力便能预见到和平不过是个时间问题。正如保罗·施罗德所写："唯一的惊人之处是奥地利在马伦戈会战后继续作战了 6 个月，又放过了一个能相对轻松地脱离战争的机会。"波拿巴把急需的休战赠予他那虚弱的对手，自己则匆忙返回巴黎，强力制止争端并着手巩固权力。

直至莫罗于 1800 年 12 月 3 日在霍恩林登（Hohenlinden）击败奥军，战争才走向终结。1801 年 2 月 9 日缔结的《吕内维尔和约》(Peace of Lunéville）确认并扩大了法国在坎波福米奥所得的成果。波拿巴主持了德意志版图的大幅简化，也开启了神圣罗马帝国的毁灭。差不多两年后，帝国议会于 1803 年 2 月 23 日通过了一项决议，将几十乃至上百块领地从版图上抹去。较大的世俗诸侯，特别是普鲁士、巴伐利亚、符腾堡和巴登成了大赢家，输家则是教会邦国、帝国自由市和帝国骑士。波拿巴的意图在于令幸存者大到可以为法国提供有用的人力、金钱和物资，又小到不足以威胁法国的安全。就中短期层面而言，这一手段运作良好，但从更为长远的角度来看，欧洲的柔软腹部在相当程度上硬了起来，而且很可能还会变得更硬。

《吕内维尔和约》签订之后，只有英国还在继续作战。西班牙在波拿巴命令下于 1801 年 4 月入侵葡萄牙，迫使其进入法国势力范围，生动显示出英国不足以阻止法国在欧陆上获得霸权。另一方面，正如纳尔逊于同月在哥本哈根赢得的出色胜利所示，不列颠继续统治着海洋。因此，“第二次百年战争”的这一阶段以平手告终，不过在领土得失层面上，法国直至此时的进展还是首屈一指。令人厌倦的谈判持续多月，和约最终签署时，英国人 9 年来的海上胜利只换来了西班牙的特立尼达（Trinidad）和荷兰的锡兰。包括好望角在内的其余一切战果都得奉还。格伦维尔勋爵自 1791 年起担任外交国务大臣，直至 1801 年 2 月才辞去职务，他在上议院表示，“这份耻辱、有害的条约……已到了所能接受的最可耻、最具毁灭性的地步”，这是一种相当普遍的情绪。

拿破仑战争

拿破仑·波拿巴将军直至 1804 年才成为拿破仑一世皇帝，可革命战争已经在 1802 年实质上终止了。保罗·施罗德提出了特别令人信服的主张，如他所述，由土耳其对俄宣战引发、自 1787 年开始的战争代表了 18 世纪势力均衡体系的崩溃。起初，战争不过是影响东欧与中欧命运的冲突，可到 1792 年后就扩大到涉及复兴的法国在欧洲国家体系中应当扮演何种角色这个问题。在上述战争告一段落时，英国掌控海洋、法国掌控西欧和南欧、俄国掌控东欧得到了确认。由于普、奥两国都接受这一解决方案，因此只要三个主导大国接受各自分到的势力范围，承认英吉利海峡或缓冲区这样的地理障碍将三大国隔开，局面就可以维系很久，而最重要的缓冲区便是神圣罗马帝国的残余部分，其中又包括了普鲁士和奥地利。

上述条件是不可能实现的。正如波拿巴在《坎波福米奥和约》签订后表现的那样，他认为和平不过是战争通过另一种手段的继续。他不仅拒绝与英国就自由贸易商约展开谈判，还将英国制成品挤出他控制的每个国度。他靠敲诈西班牙人获得了路易斯安那，又计划夺取佛罗里达，还要重建奴隶制，向加勒比海的圣多明各岛派出远征军，意图重建法兰西殖民帝国。他甚至违背1802年与英国签订的《亚眠和约》中的条款，拒绝从巴达维亚共和国撤出法军，将皮埃蒙特与厄尔巴（Elba）岛并入法国，并占领了帕尔马。1803年2月，他干涉瑞士，强加给它一部新宪法和一个新同盟，还控制了阿尔卑斯山山口。内阿尔卑斯共和国被更名为“意大利共和国”，由波拿巴担任总统。神圣罗马帝国在他的保护下重建，这也确保了他的影响力在那里同样占据主导地位。1803年1月，政府公报中引述了一位新近到访埃及的法国将领的话语，这个人声称6 000人便足以再度将埃及征服。法国不断挑衅，英国拒绝按照《亚眠和约》的要求撤出马耳他，并于1803年5月18日对法宣战，这或许毫不令人意外。

由于欧洲其他地方还维持着和平——虽然维持得并不容易，随后两年里的主要事务便是波拿巴尝试在布洛涅组织一支入侵部队，他宣称：“只要让我们控制海峡6个小时，我们就能成为世界的主人。”准备入侵花费了大量时间、精力和金钱，结果到1805年春季，法军一共集结了2 240条运输船，可以运送一支拥有16.5万人、2.3万匹马的军队。波拿巴——或者说拿破仑，他在1804年12月2日自行加冕为“法兰西人的皇帝”后就应当如此称呼——的仰慕者们本该好好检视一下这荒谬的事业。正如尼古拉斯·罗杰所强调的：“他对作战行动所需的时间和条件的认识是完全脱离实际的。”仅仅是让这支庞大舰队出港就需要一周的好天气，跨过海峡还要两天全然风平浪静，而且，还得是在皇家海军完全无所作为的情况下。这就难怪海军大臣德克雷（Decrès）会对拿破仑“古怪、不停变动、自相矛盾的计划”感到绝望了。

然而，上述种种举动终究产生了一种附加收益：它们让大军团（La Grande Armée）——拿破仑对入侵部队的称呼——的作战效力通过训练达到巅峰。这一收益恰逢其时，因为第三次反法同盟在1804年正处于组建进程当中。拿破仑重组了德意志，在1804年3月劫持并通过审判处决了波旁家族的当甘公爵（duc d'Enghien），还自立帝号，这都促使奥地利人和俄国人于当年年底达成秘密协定。拿破仑于1805年5月创建意大利王国，国王自然是他本人，又于次月将热那亚并入法国，这样的举动促使同盟彻底形成。从1805年8月起，欧陆大部分地区再度陷入战火，只有普鲁士保持和平。拿破仑在这时享受了他的最佳时刻。如果说布洛涅插曲表现了他最愚笨的一面，那么他在德意志战役中的表现则说明了为何有那么多同时代人物认为他是军事天才。他无疑是天才，不过也必须由他的对手们提供暗淡的背景，才能令他的将星更为闪耀。奥地利人认为意大利将成为主战场，只给德意志战场分派了6万人。他们的指挥官卡尔·马克（Karl Mack）将军认为拿破仑只能集结7万人，得花上80天时间才能进抵多瑙河。事实证明，大军团足有19万人之多，并完全出人意料地在13*天内进军480千米，迫使马克于10月20日在乌尔姆投降。这一回，法军官方公报总算在记录时没有夸张：“包括2 000名骑兵在内的3万名官兵、60门火炮和40面军旗都落入我军手中……自战争开始以来，俘敌总人数约为6万……从未有过如此彻底、如此代价轻微的胜利。”

---

* 此处13疑为23之误，因法军各部在此期间的平均行进速度都在每天20千米左右。参见：A. Kraus, *1805 der Feldzug von Ulm*, Wien, 1912, p. 229.

6 周之后，拿破仑在摩拉维亚的奥斯特利茨面对奥俄联军又取得了一场胜利，它的代价要高得多，可从结果来看也彻底得多。关于这场胜利——拿破仑所有胜利中最伟大的一场——的每一份记载都认可拿破仑在战场上一再表现出他的“眼力”，那便是克劳塞维茨极为珍视的眼力——“大局观与判断力，二者发展成为惊人的洞察力”。冷酷的战后统计显示了他的胜利程度：联军方面有 1.5 万人死伤，1.2 万人被俘；法军方面，8 000 人死伤，573 人被俘。拿破仑在给约瑟芬皇后的家书中写道：“我已打败由两位皇帝指挥的奥俄联军。我有点疲倦了。我在旷野里宿营了整整 8 个白天，还度过了 8 个冰冷的黑夜。明天，我应当在考尼茨侯爵的城堡里休息，我应该可以在那打盹两三个小时。俄军不仅战败，而且已被歼灭。拥抱你。”俄国人向东退却，准备择日再战。奥地利人则匆忙媾和，于 12 月 26 日在普雷斯堡缔结和约。他们放弃了威尼斯城、威尼斯地区（Venetia）、伊斯特里亚（Istria）和达尔马提亚（Dalmatia），将上述地区交给意大利王国，将特伦蒂诺（Trentino）、蒂罗尔地区和福拉尔贝格交给巴伐利亚，将布赖斯高地区交给巴登和符腾堡。

到了 1805 年年底，拿破仑已处于欧洲之巅，但是他尚未登上世界巅峰。就在他乌尔姆大捷后的一天，灾难降临在特拉法尔加。在短短 5 个小时的战斗中，面对拥有 33 艘战列舰的法西联合舰队，由 27 艘战列舰组成的纳尔逊舰队俘获或击沉了一半以上的敌舰，而且在作战中并未损失一艘战舰。英军以毁灭性的方式展示了其炮术优势，给敌军造成了 10 倍于己的损失。事实证明，上述战果极为重要。尽管拿破仑花费巨资，试图重建被他“抛弃”（罗杰语）的舰队，英国此时的海上优势却不容挑战。英国人免于遭受入侵，因而可以持续扩张他们已然庞大的殖民、商业帝国。正如后文所述，英国的不可侵犯导致拿破仑执行了大陆封锁政策，这最终导致了1812年攻打俄国的灾难性战役。多数人此时都看出英国人不会输掉战争，可很少有人意识到他们必将取胜。

再说到欧洲大陆，拿破仑的注意力转向了北方。普鲁士自1795年以来保持中立，但它在1805年秋季曾较为接近第三次同盟，不过还是被奥斯特利茨阻止了。拿破仑此时用上了胡萝卜和大棒，他准许普鲁士占领汉诺威，但也强行要求它为下一场对俄战役提供军队，还要禁止英国船只出入普鲁士港口。普鲁士在第一次革命战争中三心二意地与奥地利合作，在此前10年里无所作为，这让享有后见之明的历史学家们对它印象不佳。然而，在通常被描述为挥霍遗产的酒色之徒腓特烈·威廉二世统治时期，普鲁士攫取的领土竟比腓特烈大帝时期还多。同样应当记住的是，不管有多么可耻，多年的中立还是带来了大量的政治、经济、文化红利。事实上，1795—1806年在某种程度上是个黄金时代。普鲁士人处于法兰西煎锅和俄罗斯烈火之间，人们或许可以对他们的两难处境产生一定程度的同情。

无论如何，在柏林无疑存在诸多混乱和迟疑不决，那里的两任外交大臣——豪格维茨与哈登贝格——遵循截然相反的方针。1806年夏季，主张与贪得无厌的拿破仑彻底摊牌的人们占了上风。“莱茵邦联”于7月组建，这暴露了拿破仑将德意志邦国变为卫星国的意图。事实证明，最后一击是拿破仑计划牺牲普鲁士，将汉诺威还给英国以换取和平。10月初，腓特烈·威廉三世（1797—1840年在位）发出了他知道必将遭到拒绝的最后通牒，这实质上已是宣战。战争在一周内便告结束：在耶拿、奥尔施泰特双重会战中，普鲁士军队溃败。在多数非普鲁士历史学家眼里，崩溃来得太过突然、太过彻底，这让孤军奋战的决定看上去实在是难以理解。费利克斯·马卡姆（Felix Markham）的轻蔑评论堪称典型："普鲁士在1805年用它的自私中立毁掉了第三次同盟，又在1806年只身挑战拿破仑，选择了自杀。"不过，当时的状况看上去并非如此：普鲁士人认为他们的庞大军队可以赢得足以令拿破仑视他们为平等伙伴而非下属的军事胜利。不管他们的乐观主义有多么不合时宜，普鲁士人都不是怀着战败的预期投入战争的。布吕歇尔将军宣称："法国佬会在莱茵河这边找到坟墓，那些回家的家伙则会带去灾难降临的消息，就像罗斯巴赫战后那样！"

普鲁士这个国家的内乱或许比会战本身更让人沮丧。并非人人都注意到法军甚至未曾触及普鲁士国境，因为耶拿与奥尔施泰特都在萨克森境内。然而，一座座普鲁士要塞要么未经抵抗便投降，要么稍加抵抗就投降。屈斯特林*要塞守备司令急着投降，竟然匆忙越过奥得河去欢迎推进中的敌军。要是腓特烈·威廉三世同意了拿破仑此时提出的休战要求，普鲁士的末日（finis Borussiae）可能就来了。关键的国务会议于1806年11月21日召开，冯·施泰因（von Stein）男爵领导的改革派成功说服国王继续抵抗。在兰克看来，这是普鲁士君主国历史上的重大转折点之一。它意味着普鲁士的命运自此与俄国（已于1805年参战）牢牢相连，也导致拿破仑犯下了一个致命错误，由于继续东进，他让自己卷入了东欧政治的迷宫。尽管这种做法的后果要过一段时间才能显现出来，可拿破仑还是无从逃脱。

就短期层面而言，拿破仑进入波兰，搞到了一位情妇——诱人的

* 屈斯特林（Küstrin），今波兰卢布斯卡省奥得河畔科斯琴。

玛丽亚·瓦莱夫斯卡（Maria Walewska）夫人，还鼓励她的同胞摆脱俄国的压迫。从波兰出发，他北上攻入东普鲁士，在那里，他于1807年2月8日展开了一场会战，那或许是他军事生涯里最血腥的会战之一，严格说来他还是赢得了一场胜利，但在交战中可能损失了多达2.5万人。当奈伊（Ney）元帅后来骑行通过战场时，他惊呼："何等的屠戮啊！而且毫无结果。"莱斯托克（Lestocq）将军指挥的普鲁士军表现出色，这场会战也标志着普鲁士军队的复兴迈出了重要一步。然而事实证明，艾劳*只是拿破仑完全主宰大陆这一胜利进程中的短暂挫折，因为就在同年6月14日，他决定性地在柯尼希斯贝格以南的弗里德兰**击败俄军，迫使他们于7月9日在涅曼河上的蒂尔西特缔结和约。由于拿破仑急于返回西欧彻底重组意大利与德意志，协定条款对俄国极为宽厚。俄国只需割让伊奥尼亚群岛，而且还得到了普属波兰的一大片土地。本质上，两个大国同意缔结同盟，将欧洲一分为二，法国主宰西欧、中欧和西南欧，俄国则主宰东欧和东南欧，未来的扩张展望则是以土耳其人为牺牲品向巴尔干推进，以英国人为牺牲品向中亚和南亚推进。沙皇亚历山大一世积极对待加入大陆封锁和对英开战的要求。真正的受害者是普鲁士，它失去了1/3以上的土地和一半以上的人口，军队被削减到4.2万人，还要支付巨额赔款并维持庞大的法国占领军。更糟糕的是，萨克森-波兰君合国的噩梦重现，因为新近成立的华沙大公国由普鲁士在第二、三次瓜分波兰中获得的份额构成，而萨克森国王（萨克森选帝侯此时的称呼）成了大公国的世袭统治者。

* 艾劳（Eylau），今俄罗斯加里宁格勒州巴格拉季奥诺夫斯克。

** 弗里德兰（Friedland），今俄罗斯加里宁格勒州普拉夫金斯克。

拿破仑帝国瓦解

这两个忙乱的战争年头过去后，欧洲地图就得重画边界、重新上色了。在这个重绘地图的进程中，一个新的大王朝出现了。尼德兰变为王国，由拿破仑的弟弟路易统治。波旁家族被逐出那不勒斯王国，当地转而归属拿破仑的哥哥约瑟夫。在神圣罗马帝国（它最终于1806年寿终正寝）覆亡的受益者中，还有一位波拿巴家族的弟兄，他叫热罗姆，成了新创立的威斯特伐利亚王国的统治者。另一个新创立的贝格大公国则给了若阿基姆·缪拉，他娶了拿破仑的妹妹卡罗琳。拿破仑把北意大利留给自己，在那里创立了“意大利王国”，将他的继子欧仁·德·博阿尔内（Eugène de Beauharnais）立为副王。他把瓜斯塔拉公国给了自己钟爱的妹妹波利娜（Pauline）及其丈夫卡米洛·博尔盖塞（Camillo Borghese）亲王，不过他俩将公国作价600万法郎卖给了帕尔马。另一个妹妹埃莉萨（Elisa）和她的丈夫巴乔基（Bacciochi）亲王在1808年得到了托斯卡纳。就在这一年，拿破仑将他的兄长约瑟夫升为西班牙国王，让缪拉过去填补那不勒斯的空缺。

对旧制度下宫廷政治的拙劣模仿招来了灾难。把约瑟夫·波拿巴强加给西班牙导致暴动席卷西班牙全国，各式各样的不满情绪助推了暴动，然而，这些情绪既有针对新政权的，也有内斗到两败俱伤的。约有2万人的法军于1808年7月在拜伦（Bailén）投降后，由阿瑟·韦尔斯利（Arthur Wellesley）爵士指挥的英国远征军于次月在葡萄牙登陆。“西班牙溃疡”就此出现，事实证明，它在其后5年里将严重消耗拿破仑的资源。好几次，叛乱看似即将被平定——当拿破仑亲征西班牙时尤其如此，可又每每再度壮大。1809年，韦尔斯利（或者说威灵顿，他于1809年获得世袭头衔后便该如此称呼）两度从西班牙退入葡萄牙境内；1810—1811年，他差点丢掉了里斯本城外的托里什韦德拉什防线；1812年秋季，他再度入侵西班牙，又再度撤出，可到了1813年，他终于发动了不可阻挡的推进，最后于当年10月越过了法国国境。就本质上讲，赋予他决定性优势的是来自海上的援助。正如威灵顿本人所写："要是有人想了解这场战争的历史，我会告诉他，是我们的海上优势给了我维持军队的能量，而敌人却做不到这一点。"

在这条如同过山车般急转突变的胜利之路上，威灵顿还受益于肆虐半岛的游击运动，不过，他从中得到的帮助既强劲又紊乱。一名法国军官抱怨说游击队"打算将我们各个击破，他们攻击小股分遣队，屠杀伤员和孤立人员，消灭运输队，劫持信使"。要是游击队撞上了强敌，他们就会分散到乡间，藏起武器伪装成农民。他们平均每天杀死大约100名法军士兵*，这并不足以让他们只凭借自己的力量取得胜利，却起到了非常有效的辅助作用。社会的紧张局势和单纯的犯罪行为在动员游击队过程中起到了突出作用，宗教的作用也是很引人注目的。西班牙人在过去曾身处基督教世界的前线，他们在地中海对付摩尔人，在北方对付异端，在新大陆对付异教徒，这样的旧意识此时依然强烈。无神论是对正统信仰的新威胁，还是尤为危险的威胁，而法国革命与无神论存在联系，这就给1793—1795年的西法战争和1808—1814年更为激烈的冲突加上了传统的十字军意味。1808年7月25日，圣雅各节当天，加的斯举办了一场纪念仪式，它极好地体现了

* 另据西班牙学者豪尔赫·普拉纳斯（Jorge Planas）统计，在1808—1814年的整场半岛战争中，游击队一共打死打伤法国及其仆从国军官1443人，毙、伤、俘法军及其仆从军约40 000人。

如何将旧热情转移到新目标上。人们一如既往地举着特别受人崇拜的一尊圣人像游行，但有一个重要的不同之处：匍匐在雕像脚下的摩尔人战俘穿上了法军士兵制服。国家认同与宗教间的联系就和战斗本身一样广为传播。就在几天前的7月16日，在将导致法军3天后于拜伦遭遇灾难的战略机动中，有支西班牙军队在门希瓦尔（Menjibar）渡口切断了法军撤退路线。这支部队的指挥官提醒他的士兵们，这是拉斯纳瓦斯（Las Navas）会战的周年纪念日，6个世纪前的这一天，卡斯蒂利亚的阿方索击败了摩尔人，拯救了基督教，奠定了国家独立的基础。塞维利亚政务会宣称：

> 我们将为捍卫祖国与宗教而战，我们必须以行动证明自己是真正的西班牙人与基督徒。因此，本政务会要求军队各部、各城镇以及各阶层民众改进自身行为举止，做到谦和努力，依靠……美好德行，凭借不懈祈祷抚慰上帝的正义愤怒。

在欧洲其他许多地区，尤其是俄国，类似的爱国热情与宗教热情相结合的情况也给拿破仑添了麻烦。事实上，这样的热情给1809年的一幕几乎全然晦暗的插曲带来了一丝光亮，当时，奥地利人再度尝试挑战他们的老对手。奥地利方面正确地推断出他们不可能与拿破仑缔结稳固和约，但又错误地设想他已被西班牙动乱搞得动弹不得，便于1809年4月宣战。在维也纳附近，奥军于5月取得了阿斯佩恩（Aspern）之战的胜利，可在这之后，他们又一次展现了自己赫赫有名的能力——在紧要关头反胜为败。7月6日，奥军在瓦格拉姆（Wagram）战败。虽然拿破仑的快速应战粉碎了奥地利人让德意志在他们的支援下发动起义的希望，但是蒂罗尔的战况展现了反法起义的军事潜力。根据1805年的《普雷斯堡和约》，蒂罗尔被并入巴伐利亚，可农民领袖安德烈亚斯·霍弗（Andreas Hofer）号召蒂罗尔人为了“上帝、皇帝和祖国”奋起反抗并得到了响应。每次取胜后，起义军都要做弥撒、列队行进、举行朝圣，在与反教会暴君的斗争中，他们以此感谢上帝的垂顾，祈求他继续给予帮助。在1809年8月13日的贝吉瑟尔（Bergisel）会战中，当1.5万名蒂罗尔农民打败2万名法国、巴伐利亚正规军*时，指挥左翼的正是嘉布遣会教士约阿希姆·哈斯平格（Joachim Haspinger）神父。当然，一旦奥地利主力军战败，蒂罗尔人被迫就范就只是个时间问题了。霍弗在1809年11月最终战败，他被押往曼托瓦，在那里遭到处决。

奥地利人得到了教训。1809年10月14日，又一份耻辱的和约在美泉宫签署了，根据这份条约，他们要将2/3的奥属波兰交给华沙大公国，剩下的1/3则交给俄国，要把奥地利残存的亚得里亚海属地割给意大利王国，要送给萨克森一小块波希米亚土地，还要将萨尔茨堡让给巴伐利亚，和约签订后，奥地利人放弃了抵抗，尝试妥协。这是一个长期后果极为严重的方针变化。在普鲁士，耶拿与奥尔施泰特的惨败令改革者拥有了权力，因此，当胜利最终到来时，它显然打上了改革的印记。而在奥地利，瓦格拉姆战败导致改革者惨遭解职，梅特涅则被任命为首相**，因此，当胜利最终降临时，它被打上了梅特涅

* 据另一份资料，此战仅有约3 000名巴伐利亚官兵参战，详见：Digby Smith, *The Greenhill Napoleonic Wars Data Book: Actions and Losses in Personnel, Colours, Standards and Artillery, 1792—1815*, Greenhill Books, 1998, p. 331.

** 考尼茨、梅特涅等奥地利重臣并不具备正式首相头衔，而是以主管外交和部分国内事务的国务大臣（Staatskanzler）身份行使事实上的首相权力。见：T.C.W. Blanning and David Cannadine (eds.), *History and Biography. Essays in Honour Of Derek Beale*, Cambridge University Press, 1996, p. 35.

思考方式的印记，而他在首相位子上一直待到1848年革命。就短期层面而言，梅特涅遵循了哈布斯堡的传统箴言："让别人去发动战争，幸福的奥地利，结婚吧！"（Bella gerant alii, tu felix Austria nube!）他设法安排了拿破仑与奥地利皇帝弗朗茨一世的长女玛丽·路易丝（Marie Louise）间的婚事。这对幸福的夫妻（他俩幸福得令人吃惊）于1810年3月11日缔结婚约。

哈布斯堡对时机的把握又一次出现了严重失误，因为拿破仑帝国此时正走向瓦解。因为特拉法尔加战后拿破仑不可能直接进攻英国，所以他计划"用陆地征服海洋"——这句话是他对弟弟路易说的。1806年11月颁布的《柏林敕令》禁止与英国进行任何类型的交易，其目的在于摧毁英国经济。实际上，毁灭英国经济并不像乍看起来那样纯属空想。因为在签订《蒂尔西特条约》后的大约一年时间里，拿破仑的确能够有效地实施封锁，惹得英国首相格伦维尔勋爵称"我的惊慌无以言表"。可之后伊比利亚半岛市场的开放就让英国的出口再度蹿升了。而拿破仑本人又一直用颁发特许状——准许从英国进口重要物资并提高国库收入——的方式破坏自己的政策。自1810年起，整个欧洲的经济出现了大萧条，这给处于困境的英国人带来了新的危机，要是拿破仑能够坚持施压，将发生什么？这的确是个好问题。

然而，他并不能做到这一点，因为在所有欧洲大国中，应对封锁最为得当的就是英国人。他们地处岛屿，与世界其他地方持续展开贸易（这大约占到英国出口额的2/3），拥有良好的信贷机构，能够以相对镇定的态度置身金融风暴之外。保罗·施罗德指出："拿破仑就算动用全部力量，也不足以打倒英国人，英国人甚至都不必出全力。"可还有一个大国，拿破仑必然注意到了它日益敌对的做法，那便是俄国。在拿破仑签订的所有条约中，《蒂尔西特条约》最为清晰地表现出他的贪得无厌。条约墨迹未干，他就试图将权力扩展到俄国利益范围之内。在1806年开始的俄土战争中，他给予土耳其人秘密援助，还打算对波斯施加影响。而在离法国较近的地方，他将尼德兰王国、汉诺威、贝格大公国、不来梅和吕贝克并入法国，由此扩张了帝国，他还占领了奥尔登堡（Oldenburg）公国。最后一个举动极具挑衅性，破坏了《蒂尔西特条约》，因为时任公爵的正是沙皇亚历山大一世的妹夫。1811年，瑞典人将贝纳多特元帅选为无子国王的继承人与摄政，这被俄国人解读为法国进一步侵入了波罗的海，不过，拿破仑实际上深深怀疑这位新王储，而他的怀疑也是正确的。

更为重要的矛盾则是华沙大公国这个正在流脓的伤口，1809年的《美泉宫条约》分给它奥属波兰的大部分地区时，该国作为法国卫星国的地位便突出起来。经济问题或许更加根本：没有英国市场和英国航运业，俄国根本不可能存活。1802—1806年俄国的出口货物中，91%的亚麻、77%的兽脂、73%的大麻、42%的亚麻织品乃至71%的铁都是输往英国的。在那些年里，停泊在圣彼得堡的船中超过一半属于英国。英国船不再到来后，码头货物堆积成山，物价骤然崩盘。主要的受害者是俄国权贵，他们的庄园仰赖出口经济作物。不快的亚历山大一世当然明白，刺杀他父亲和祖父的人来自权贵阶层。到了1810年年底，封锁政策已被抛弃。不到一年，抵达喀琅施塔得（Kronstadt）的船只数量就翻了一番。

从1811年夏季起，拿破仑就积极筹划必将到来的战争。此后的12个月里，他在东普鲁士集结起了一支超过60万人的庞大军队，其中大约有30万名法国人、19万名德意志人、9万名波兰人和3万名意大利人。另有 5 万人的二线部队和补充兵随后跟进。当这支“大军中的大军”于 1812 年 6 月 22 日越过涅曼河时，伴随它的还有 20 万头牲畜和 2.5 万辆车。为了养活这一大群人，法军制订了最为详尽的计划，可计划几乎是立刻出了岔子。打败拿破仑的并不是他日后所说的“冬将军”，而是纯粹的距离问题。当他在爱尔福特正式启动战役时，爱尔兰西海岸的戈尔韦要比莫斯科离他更近。他的军队每前进一千米，时间每过去一天，他的最终失败就确定一些（经历这种与俄国人作对情况的，前有卡尔十二，后有希特勒）。拿破仑的唯一希望就是尽快迫使俄军展开会战并决定性地将其击败，从而迫使俄国人求和。而俄军拒绝接受会战，这在很大程度上是因为他们很快发觉自己在人数上严重处于劣势——战争开始时，他们的一线部队仅有 20 万人。

俄国人拒绝以拿破仑所希望的方式作战，转而选择一再撤退，这在大多程度上是有计划的？这依然是个没有解决的问题，但此举的效果毋庸置疑。当俄军最终于 9 月 7 日在博罗季诺坚持抵抗时，大军团的消耗已是十分惊人。以巴伐利亚军为例，他们甚至在与敌军交手之前就由于疾病损失了一半兵力。博罗季诺让拿破仑付出了 3 万人死伤的代价。由于俄军的损失比法军还大，大军团也得以继续朝莫斯科推进，并于一周后将其攻克，这无疑是法军的胜利。然而俄国的库图佐夫将军能够让主力部队以良好的秩序撤离战场，和对手不一样，他还可以得到源源不断的援军。不到一个月，俄军便享有了人数优势。所以，法军于 10 月 20 日开始撤离莫斯科后，撤退很快就演变为灾难。勒德（Roeder）上尉在日记中写道：“没过多久，饥饿就侵袭了法军，军团开始解体、崩溃，战马成千上万地死亡……莫斯科省和卡卢加省的所有平民都拿起武器，他们此前曾深受暴行之苦，此时便起来复仇。”他最后的评点指出了一个加速大军团瓦解的重要因素，也就是成千上万有组织或自由行动的游击队员的非官方行动。灾难规模惊人，在越过维斯瓦河的65.5万人中，仅有9.3万人还留在部队里。大约37万人或是死于交战、疾病，或是直接冻死；包括48名将领和3 000名军官在内的大约20万人被俘。从拿破仑的长期军事前景来看，和人员惨遭屠戮后果同样严重的是他几乎丢掉了全部马匹储备，可能损失了多达20万匹马。

要让拿破仑的帝国最终倒台，那还得花上一年多的时间，这充分说明了他在自己的辉煌岁月中累积了相当程度的信誉。不管人们如何看待他延长了欧洲的痛苦一事，他和他的军队在帝国日落之际表现出的韧性都很难不令人为之震撼。在拿破仑不情愿的盟友中，第一个跳船的是普鲁士：冯·约克（von Yorck）将军于1812年12月30日擅自行动，与俄国签署《陶罗根协定》（Convention of Tauroggen），使普鲁士中立化；1813年2月28日，《卡利什条约》（Treaty of Kalisch）正式确认普鲁士对法开战。奥地利人较为犹豫，因为梅特涅不希望看到法国霸权被俄国霸权取代。只是在威灵顿的确于西班牙取得全面胜利，而拿破仑又在6月份与梅特涅的德累斯顿会谈中暴露出毫不妥协的态度后，奥地利才从谨慎的中立方转为参战方。根据1813年9月9日的《特普利采条约》（Treaty of Teplitz），这三个欧陆大国同意各自出动15万人的军队，直到打败拿破仑方可议和。

自从革命战争开始以来，这还是俄国、奥地利和普鲁士第一次协同作战。合作的效果很快便体现出来。10月16—19日，恐怖的莱比锡会战持续了4天，拿破仑对德意志的掌控在此战中崩塌。在会战中的两个关键时刻，德意志傀儡诸侯麾下的部队转而与他为敌：会战第一天，诺曼（Normann）将军和符腾堡骑兵拒绝冲锋，令马尔蒙（Marmont）元帅未能击溃普军步兵；会战第三天，萨克森部队的背叛则被证明是“决定性的事件”[让·蒂拉尔（Jean Tulard）语]。就在拿破仑身边的奥德莱本（Odeleben）少校说，正是这一事件令他明确地陷入沮丧。次日，拿破仑下令撤军。这原本已是灾难，过早地炸掉埃尔斯特河（Elster）上的桥梁则让状况变得更糟，因为它堵住了后卫部队的退路。总的来说，法军在会战中损失了3.8万人，另外还有3万人沦为战俘。大量装备落入联军手中，其中包括325门火炮。拿破仑径直返回巴黎，扔下军队残部在他的帝国废墟间蹒跚回国。1813年年底时，布吕歇尔麾下的普鲁士军队已经越过莱茵河攻入法国。

1813年6月26日，在与拿破仑的德累斯顿会谈中，梅特涅告诉他此时还可与联军签订条件有利的和约，而之后就不一定了。拿破仑的回答毫不妥协：他不会令自己丧失荣誉，他宁死也不放弃一寸领土，旧制度的君主们可以随意输掉许多会战，却还能保住自己的宝座，而他作为“军人暴发户”，负担不起哪怕一场失利，要是他的军队失利，他便不再为人所畏惧了，他的统治就连一天都持续不下去。梅特涅随后斥责了他（这是梅特涅本人的记载），告诉拿破仑，他所说的一切都表明欧洲永远不可能与他达成持久的和平协定，他的和约不过是休战，失败与胜利都推动他走向战争，他与欧洲的最后斗争即将开始——而输家不会是欧洲。拿破仑认为和平不可接受，他的想法事实上大错特错。在那个场合以及此后的多个场合，甚至是在莱比锡战败后，由于梅特涅保持法俄平衡的愿望从未减弱，拿破仑都可以签署一份和平协定，让自己依然统治拥有天然疆界的法国，而拿破仑一份都没有签。尽管他在1814年年初的战役中表现出高超的指挥能力，但联军的压倒性人数优势还是无情地迫使他退却。被元帅们抛弃的拿破仑于 4 月 6 日退位，随后流亡厄尔巴岛。

为何法国人（最终）失败

就像 1914 年那样，1792 年奔赴战场的双方人员都期望在圣诞节前回家。加斯东在欢欣鼓舞的国民公会面前预言："在我们勇敢的爱国者面前，联军会像黑夜暗影面对旭日阳光那样消散。"而在另一边，普鲁士高级军官比朔夫韦尔德（Bischoffwerder）则告诉一群军官："先生们，别买太多的马，这出喜剧不会持续很久。我们很快就会打垮讼棍的军队，秋季到来之前就能回国。"事实上，双方都未能取得决定性胜利，就连和约也不过是休战而已。看看法军胜利的花名册——其中较为著名的便有瓦尔米、热马普、弗勒吕斯、马伦戈、霍恩林登、乌尔姆、奥斯特利茨、耶拿、奥尔施泰特、弗里德兰、瓦格拉姆——这么多大捷都没能让法国最终取胜，这似乎很奇怪。然而，有个显而易见的问题很少有人留意：要是每场胜利都具有压倒性，为何会有那么多胜利？答案自然是这样一个简单的事实：任何会战的决定性程度与其说是客观概念，倒不如说是个主观概念。即便是在最具灾难性的失败后，旧制度的决策者们也拒绝相信一切都完了。他们的顽固有理有据，但人们只有在仔细阅读这一时期的军事史后才能发现其缘由。奥地利人尤其喜欢一再重来，他们就像恼人的不倒翁一样，总是在被打倒之后又自行立正，脸上还挂着同样的咧嘴傻笑。拿破仑鄙夷地指出哈布斯堡王朝总是比欧洲其他国家少一支军队、少一个主意，可阿尔贝·索雷尔（Albert Sorel）评论说，哈布斯堡总还是有支军队，总还是有个主意，最后，反倒是拿破仑的军队和主意都耗尽了。

即便是拿破仑治下的革命法国也未能得到旧制度欧洲的普遍承认。不管它的成功有多么炫目，法国的敌人们都认为再努力一把就能将其打倒。事实上，这样的努力还需要很多把，但他们说到底还是对的。尽管作战行动比预期多花了整整 23 年，联军终究是实现了战争目标。人们并不总能意识到这一点，因为 1792 年战争的反革命性质时常被夸大了。普鲁士人和奥地利人在 1792 年投入战争，并不是为了恢复旧制度，而是为了促使革命者保持立宪架构，让法国继续处于虚弱的君主政体状态（一个西欧版的波兰），当然，他们也是为了扩张领土。在 1815 年，普鲁士与奥地利的确得到了上述回报。

那时，交战双方都变得困窘了，但也变聪明了。他们不得不在纪律严酷、没有假期的学校里意识到自己的错误所在。拿破仑从不学习，因此他的帝国其兴也忽，其亡也速。他的凯旋门（Arc de Triomphe）未及建成，联军便已在香榭丽舍大道举行胜利阅兵了。他喜欢视自己为糟糕运气（例如，1812 年俄国的冬天提早降临）和背叛行为（元帅们在 1814 年背弃他）的受害者，可依靠后见之明，我们可以发觉他遇到的本质上还是结构性问题。或许最难以处理的问题就是人口失衡。尽管法国人口在 18 世纪增长了大约 30%，但这个增长率远不如欧洲其他国家。这样的相对下降与其说源自男性性能力与繁殖力的衰退，倒不如归因于一个简单的事实：根据同时代标准，法国在 18 世纪之初就是个人口密集的国家，因此，它的人口很快便一头撞上了没有跟上变化的食物供给所导致的人口天花板。等到革命-拿破仑战争开始的时候，曾让路易十四不可打倒的人口优势已然成为过去。

依靠一个太过狭小的基地去征服欧洲引发了过度榨取。法国人被迫给本国人民和欧洲占领区人民施加极大的压力，这导致收益递减规律迅速生效。短期层面解决问题的方法是建立卫星国，这是一个精彩的发明，它既大有前途又极不光彩。法国人不论去欧洲哪里，总能找到准备好与入侵者合作、依靠入侵者支持对付政敌的异议分子。假如和平恢复得足够久，久得让这些新政权都能站稳脚跟，这或许会是永久性的解决方案。事实上，为了供养以武力维持上述政权的法国战争机器，这些政权对人力、物力、财力的压榨日益加重。一旦作为靠山的法国军队离开，它们就要集体崩盘。同样的离心进程也发生在拿破仑的各个卫星王国里。随着物价飞涨、臣民日益不满，就连那些获得国王头衔和大片土地的德意志诸侯也开始怀疑这到底会不会得不偿失。拿破仑从他的德意志仆从手中索要军队，其人数从 1806 年的 6.3 万增加到 1809 年的 11.9 万，在 1812 年入侵俄国时最终高达 19 万。

对欧洲平民来说，拿破仑的统治许诺得多、落实得少，最终以幻灭收场。当拿破仑发给他弟弟热罗姆一部威斯特伐利亚王国宪法时，他说："人民尝到明智、宽容的施政带来的甜头后，还有什么人会希望回到普鲁士的专断统治下呢？德意志、法兰西、意大利和西班牙人民需要公民平等和自由思想。"平民无疑得到了像公民平等、量才录用、法律改革和米制度量衡这样的好处。可与之对应的还有不断增加的税负、强制兵役以及比他们在旧制度下体验过的任何政府都专断得多的政府。拿破仑统治的时间越长，就越不得人心。

到了 1813 年，由于 1808 年后在西班牙遭遇的挫折、强制征兵导致的愈加强烈的反抗，以及从 1810 年起出现的严重经济危机，人民对帝国的信心与支持进一步减弱，帝国已经开始由内而外地走向崩溃。更糟糕的是，拿破仑的敌人们开始妥当处理自己的事务了。此前，三个主要弱点导致联军未能完全动员其力量，即他们总对东欧念念不忘，他们内部总有分歧，不愿以彼之道还施彼身。将东欧战场与西欧战场合并起来是拿破仑的个人成就，他在 1798 年首次完成此举，1806 年后则是始终如此。他也替对手们解决了第二个障碍：互不信任。拿破仑在 1805—1807 年的辉煌岁月里极其凶残地对待所有对手，因而将一个信息灌输到他们愚笨的脑壳里：必须放下分歧、团结起来对抗拿破仑。这一课多少还是花了些时间才弄懂的，因为奥地利人在 1809 年就再一次独自参战，可这些对手最终还是学会了。

同样是拿破仑迫使旧制度的大国们采用革命手段对付革命力量。与其说是这些大国不能掌握革命手段，倒不如说是它们害怕面对可怕的副作用。法国革命者们显然已建立起一个拥有庞大力量的国家，可是他们似乎付出了杀死国王夫妇、没收教会财产、废除贵族制度、创立恐怖政治、使国家陷入内战、纵容快速通货膨胀之类的代价。然而到了 1808 年，拿破仑已经忙着重新安排欧洲的王座了。既然他能在西班牙和那不勒斯废黜波旁王室，那他为什么不能废掉霍亨索伦王室和哈布斯堡王室呢？众所周知的是，他的确曾在 1807 年和 1809 年有过这样的打算。到了这样的关头，为了求得生存，就连激进的改革措施也可以冒险尝试了。到了 1812—1813 年，武装农民、动员大众参军的恰恰是反法联军。

更为根本的问题是，由于拿破仑对荣耀贪得无厌，他是注定要失败的。就像法国革命一样，在革命文化环境中成长的拿破仑只有胜利这一个战争目标。普鲁士军官卡尔·冯·克劳塞维茨早就凭借特别的洞察力意识到了这一点，他是这个时代最伟大的军事理论家（或许也是所有时代里最伟大的）。他的著名格言“战争只是政治通过另一种手段的延续”常被误解为鼓吹黩武主义，但它实际表达的是“应然”的意思，可以被更确切地阐述为“战争**应当**只是政治通过另一种手段的延续”。拿破仑却总是将战争放在第一位，根据其胜利程度与胜利性质决定政策。因此，即便在普鲁士在耶拿和奥尔施泰特战败，克劳塞维茨本人也有了沦为法军战俘的经历后，他依然坚信拿破仑终会失败，而且认为如果拿破仑入侵俄国，就一定会毁灭。

维也纳会议

拿破仑动身前往厄尔巴岛后，又过了18个月，1815年11月20日的《第二次巴黎条约》（Second Treaty of Paris）才最终为革命-拿破仑战争画上句号。这样一个重建欧洲的大工程自然需要花很长一段时间，不过，拿破仑离开厄尔巴岛，于1815年3月1日回国，展开了恢复帝国的最后一次绝望尝试，这也导致了重建被进一步延迟。“百日王朝”结束后，这一插曲因其6月18日在滑铁卢戏剧性的终结方式引来了过度的关注，但它实际上不过是个标着“渐弱”的乐曲尾声。虽然实际的会战或许如威灵顿公爵所说“难分高下”，但联军的人数优势大到了战役开始前结果就已注定的地步。

长达23年的战争可能杀死了500万名欧洲人，从死亡人口比例来看，至少与第一次世界大战相当。两大胜利者是两个位于欧洲边缘的大国。大不列颠实现了它的所有战争目标：法国的大陆霸权遭到毁灭，低地国家重组成一个由奥兰治家族统治的“尼德兰王国”，吞并锡兰、毛里求斯和好望角确保了通往印度的海路安全，占有马耳他则保证了英国对地中海持续施加影响。在领土层面上，俄国获利更多：1809年从瑞典手中夺得了芬兰，1812年从土耳其人手里拿走了比萨拉比亚，在维也纳分配中则得到了波兰大部。普鲁士人的领土收获当时看来并不明显，但也相当不错了。就新增领土面积来说，普鲁士人排在名单很后面，就质量而言却高居榜首，因为他们至少获得了4个经济潜力极大的地区：萨克森北部、亚琛—科隆—克雷菲尔德三角、萨尔地区（Saarland）和鲁尔地区。和平缔造者们将莱茵河左岸大部和威斯特伐利亚交给普鲁士人，从而制造出抵抗法国扩张的缓冲区，可是此举也导致普鲁士成为远强于过去的德意志大国。

普鲁士的上述收获得过上很久才能展现出其意义。在中短期层面，似乎是奥地利人得益最多。就算他们不得不放弃比利时领土（自1794年起就丢失了）和（德意志）西南部的小块土地，可还是夺回了1797—1809年丢失的一切，当中包括了萨尔茨堡、蒂罗尔地区和加利西亚。由于奥地利皇帝也成为由39个邦国组成的新“德意志邦联”主席，他主宰中欧的态势要比此前任何一位神圣罗马帝国皇帝都好得多。此时，奥地利还毫无争议地成为意大利的霸主，它直接统治着伦巴第、威尼斯地区和达尔马提亚海岸，托斯卡纳、摩德纳、帕尔马、皮亚琴察、瓜斯塔拉则成了哈布斯堡家族的“次子领地”。然而，人们不需要太多远见便能看出大约一代人后就会变得极为尖锐的问题。由于奥地利此时已成为一个意大利强权，法国的敌对态度就不可避免了。萨伏依-皮埃蒙特-撒丁不仅重建了，还凭借吞并热那亚变强了，尽管原本的目的是让它成为对抗法国的缓冲地带，但它同样有潜力成为法国的盟友，1859年的事实证明了这一点。随着奥地利也成为远胜于过去的巴尔干大国，俄国的敌对态度同样是必然会产生的。1859年，当沙皇亚历山大二世向法国的拿破仑三世发出将奥地利人逐出意大利的信号时（此举为普鲁士将法、奥势力逐出德意志铺平了道路），这一点也变得很明确了。

两个伊比利亚强国的损失则来得太快了，虽然它们遭到的损失是间接的。这两个国家都维持或重获了领土完整，但它们都已将资源消耗一空，以致结束战争后都无力维持其庞大的海外帝国。依靠后见之明，我们可以看出西班牙是特拉法尔加之战的主要输家。1810 年，一群包括西蒙·玻利瓦尔（“解放者”）在内的爱国派人士夺取了加拉加斯（Caracas），宗主国权威开始快速崩溃。截至 1830 年，几乎整个南美都取得了独立。此外，自 1793 年后，西班牙国内的舆论环境急剧两极分化，这在整个 19 世纪里都困扰着该国政治。尤为重要的是，教会的贫困化和必然随之滋生的教会社会地位的下降也激发了极端反教权主义的发展，它那极具分裂性的作用将一直延伸到 20 世纪。西班牙在 18 世纪受益于它与法兰西的联系，但革命带来的只有灾难。

法国的命运则较难评价。表面上，联军对待它极为宽厚，允许它恢复 1790 年的国界（或者说让它保留了阿维尼翁与孔塔韦奈桑的教廷飞地），甚至归还了多数加勒比海岛屿。然而，在 23 年的战争中，法国的权力遭到了一系列沉重打击，其中大多数都是它咎由自取。战争结果之一是，法国损失了 140 万人（有的估计还要高得多），令男女性别比例降低（从 1790 年的 0.992 降至 1815 年的 0.857），也让法国人在欧洲人口中所占的比例下降。拿破仑确认并巩固了革命的土地分配成果，这既加剧了人口上的弱势，也让整个法国经济举步维艰。法国海权的崩溃令英国人能够建立起不可动摇的殖民、商贸、工业优势。最终成为“世界工厂”的也不是法国，而是英国。法国经济史学家弗朗索瓦·克鲁泽（François Crouzet）总结称："（在 18 世纪 80 年代）法国的落后还不是灾难性的，那里的工业革命或许可以只比英国晚上几年。但对法国经济而言，法国革命和 20 多年的战争就意味着'国家大难'，它拉大了差距，导致差距不可挽回。"简而言之，法国不再具备曾让路易十四得以称霸一时的财政、经济、人口资源。可由于神圣罗马帝国的覆灭，世界已变得危险得多。

在大约一代人的时间里，这个结构性弱点被漫长的和平时期掩盖了。欧洲直到 1854 年克里米亚战争爆发前都没有任何大战。保罗·施罗德令人信服地指出，拿破仑自私的凶暴之举最终说服其余列强根本性地改变了态度：

> 他最终令难以教育的欧洲政治家们确信，处于危险之中的不仅是国际政治里的某些益处（和平、安全、领土完整），还有令各类益处能够出现的欧洲政治的生命准则，也就是欧洲国家的独立和欧洲国家体系的存在。拿破仑令政治家们看到，他们此前操持的政治反而令他能够攫取权力、建立殖民统治；为了保护他们所依靠的国际体系，使之不致全面毁灭、为殖民统治所取代，他们不仅要打败或遏制拿破仑，还要放弃自己的旧政治，转而发现或发明一些新政治。

最重要的则是两个边缘大国——俄国与大不列颠——的转变，它们分别依靠体量和岛国位置变得越发坚不可摧，成为后拿破仑时代欧洲的自然霸主，也是仅有的真正意义上的超级大国。维也纳解决方案的三位主要缔造者——代表英国的卡斯尔雷、代表俄罗斯的亚历山大一世、代表奥地利的梅特涅——都意识到“持续了一代人的战争与灾难的主因并不仅仅是革命或拿破仑的帝国主义，而是整体上随意、非法行使权力，这一点必须终止”。因此，他们完成了三件大事：确立了各国相互保障领土、安全与地位，并辅之以认定的行为方式；将欧洲同殖民冲突、商贸冲突和海上冲突隔绝开来；创建了“中间体”网络。最后提到的“中间体”并不仅仅是缓冲国，也可以作为大国间的纽带。因此，尼德兰联合王国不仅阻遏了法国控制低地的后续尝试，也在德意志强国和大不列颠之间架起了桥梁。斯堪的纳维亚、瑞士、意大利、土耳其和德意志邦联也扮演了根据当地实况略有变动的同类角色。最后一个“中间体”也是最为重要的一个，尽管德意志邦联并未带来统一这个施罗德眼中“不可能也无法奢求的目标”，却的确创造了无须统一的和睦，让德意志内部安定，也让欧洲获得安宁。换言之，1815 年后的欧洲更像是一条双体船，大不列颠和俄国这两支舷外托架支撑着脆弱的双体船中部浮在水面上。关于这一论点，还有许多可说，不过或许应当补充的是，维也纳解决方案的长寿也源于此前战争的决定性本质。在拿破仑战败、巴黎被征服两次而非一次后，就连法国最具民族主义精神的人也不得不承认战争已经输掉了。

还有最后一个极为重要的悖论。法国革命者在 1792 年 4 月发动的战争本想成为有史以来最具全球性的战争，一场为了解放全人类而打的战争。黑格尔所称的“理性的狡诈”则很快将他们扬扬得意的自信变为沮丧。到了 1793 年春季，战争已不再是全球性的，而成了民族性的，正如丹东在 4 月 13 日面对国民公会时所述：“首先，我们需要力求保护自己的国民，然后奠定**法兰西**伟大的基础。”意识形态收缩的下一阶段时间要长得多，因为它的变动也要大得多：到了 1808 年，战争就不过是为一个家族——波拿巴家族——的利益而发动的了。然而，即便这也不是收缩的极限，因为拿破仑到了 1810 年又得出结论，就连他的兄弟们也不够恭顺，于是着手收回他们享有的些许独立权。以他的弟弟路易为例，此人被迫放弃了尼德兰王位。战争已变成独夫的战争。

革命的敌人们则反向而行。他们基于自己打算使用的手段，在 1792 年设立了有限而准确的目标。1792 年春，这些人甚至没想发动一场全面战争，他们宁愿组织一场武装示威，认为那就会让革命的乌合之众缩回去表示服从。外部的革命挑战、内部较有远见的顾问都断断续续地刺激、推动着他们，“理性的狡诈”将他们从特殊带向普遍。就在拿破仑的法国滑向军事独裁之际，旧制度的国家却引入了现代化规划，动员起由公民组成的民兵，宣布总体战，使用解放修辞。遗憾的是，在 1815 年之后，只有英国人能够维持这样的联系，而大陆强国都开了倒车，走向反动，不过，那是“企鹅欧洲史”系列下一卷里的故事了。

结　　语

在这一时期留给19世纪的遗产中，最有益的是这则可怕的警示：一旦国家权力脱离了传统制约，落入一人之手，将会出现何等状况。拿破仑以极端贪婪、残酷的方式对待被他击败的列强，就连其中最愚笨的国家都意识到必须为国际关系建立新的基石。光在军事上打败拿破仑是不够的，因为他只是根子深深扎在18世纪的一种疾病的恶性症状。基于协作和政治均衡的体系取代了由盘算势力均衡引发的竞争与冲突。结果，在滑铁卢和第一次世界大战爆发之间的99年里，仅有的大战就是导致意大利、德意志统一的短促、激烈的冲突。就相对于总人口的比例而言，19世纪战争造成的死亡仅相当于18世纪的1/7。

在各国内部，迹象就要模糊得多了，也更难解读。在大部分人心中，法国革命的恐怖依然太过鲜活，它让人们难以冷静评判其正面贡献。什么都没有忘记、什么都没有学会的绝不仅仅是法国的波旁王室。就算波旁王室是唯一一个再度踏上流亡之旅（1830年）的，可所有欧洲君主国都得辛酸地体会到一点：在1789年之后，倘若一个政权未能找到吸纳人民主权原则的办法，它就不能被视为合法。在凭借1832年重大的《改革法案》重获授权之前，即便是英国的旧制度看上去也在动摇。俄国人则从未学到这一点。更难解读的则是开明宪政和民族主义间的关系。尽管梅特涅才华横溢，却在对待这两者时表现得缺乏眼力，认为它们互相依存，这一点相当致命。如何利用其中一个（民族主义）阉割另一个（开明宪政）还得留给俾斯麦来演示。

种种现象的未来大可以留到本丛书的下一卷中评述。回顾自1648年来发生的状况，我们可以构建出两种截然相对的叙事。第一种可以打上“进步主义”和“乐观主义”的标签，或许可以表述如下：在1648年，几乎所有人都相信地球是宇宙中心，可到了1815年，地心说哪怕在最为保守的圈子里都丧失了影响力（教皇本笃十四世在1757年解除了对日心说著作的禁令）；在1648年，为了驱赶雷暴人们得举行祈祷、敲响教堂里的钟，可到了1815年，人们纷纷安装避雷针；在1648年，整个欧洲都在烧死异端和女巫，可到了1815年，反倒是那些指控异端和女巫的家伙发觉自己身处法庭被告席。支配性的主旋律是扩张，因为这是一个人口、识字率、城镇、沟通便利度、自行组织的协会、经济活动、海外帝国（还有许许多多）都在增长的时期。这也是一个人类决定性地突破封建世界的时期，人类从等级社会、由土地财富主导、威权主义政府走向了阶级社会、资本主义和民主，这一时期见证了美国革命与法国革命，也目睹了工业革命的开端。

可还有足够多的材料支持截然不同的另一种叙事，它或许可以打上“保守主义”“悲观主义”的标签。人们注意到，许多看似明显的变化本质是肤浅的，许多显而易见的功绩实际是虚幻的。即便在该时段末期，即便在最为先进的国度里，拥有土地的精英依然牢牢掌控着国家，绝大部分欧洲人还是文盲农民，迷信依然猖獗，宗教的大复兴正在发生。事实证明，法国革命纯然是喧哗与骚动，如果说它还有什么影响的话，就是让法国变得比在旧制度下更为保守了。在1815年之后，统治法国的依然是由贵族和平民出身的要人混合而成的精英，这和1789年之前是同一类人。至于“农业革命”、“商业革命”和“工业革命”，它们都根本不是革命，只不过是在回顾过去时给渐进发展贴上的标签而已。真正发生的变化则趋于恶化：国家变得更具侵犯性、更为苛刻、更为暴虐；军队变得更大、更具破坏性；对于穷人来说，在“黑暗的撒旦磨坊”里工作，在如蘑菇般涌现的简陋城镇里生活，这要比过去更肮脏、更野蛮。启蒙提供的解放被证明是狂想，它不过是用一种暴政换掉另一种，而且打开了通向20世纪极权主义和种族灭绝的大门。女性、少数族群和被人认作性变态的人们依然受到歧视和迫害。少数人的华屋美服还是由许多人（尤其是农奴和奴隶）的强制性牺牲来负担的。此外，这一阶段是以23年的世界大战告终的，它在人员损失和痛苦方面令此前任何一场欧洲战争都相形见绌。

正如这本书试图展示的那样，这两种叙述倘若孤立存在，都是无法成立的。这并不是要强迫人们全盘接受其中一种，事实上人们可以根据个人口味选择混合搭配。尽管并未尝试掩饰个人偏好，笔者还是希望给读者提供足够的解释、例证和激励，促使读者做出批判性选择，最重要一点则是积极对待这一阶段及其问题。在此，回到序言末尾的歌德《浮士德》诗句是相当合适的。浮士德的孤僻让他与梅菲斯特打赌，赌约是他永远无法满足到说出：“停一停吧，你真美丽！”他同意一旦此事发生，便任梅菲斯特将其带走。历经多次探险后，年事已高的浮士德最终在组织填海造陆上得到了满足。可由于他积极参与世界事务，不断努力理解自然本性、人类本性和自我本性，他还是得到了救赎。结束在此正合适。

推荐阅读

这个列表并不是想要给出什么全面记录。我只列出自己认为非常重要的书和文章。以下列出的每一本国别史都包括了内容可观的参考书目。

国 别 史

Jonathan Israel, *The Dutch Republic. Its rise, greatness and fall 1477—1806* (Oxford, 1995)

Simon Schama, *The Embarrassment of Riches. An interpretation of Dutch culture in the golden age* (London, 1987)

Simon Schama, *Patriots and Liberators. Revolution in the Netherlands 1780—1813* (London, 1977)

*

Wilfrid Prest, *Albion Ascendant. English history 1660—1815* (Oxford, 1998) *The New Oxford History of England* Julian Hoppit, *A Land of Liberty? England 1689—1727* (Oxford, 2000) Paul Langford, *A Polite and Commercial People. England 1727—1783* (Oxford, 1989) Boyd Hilton, *A Mad, Bad and Dangerous People? England 1783—1846* (Oxford, 2006)

*

William Doyle (ed.), *Old Regime France* (Oxford, 2001)

Colin Jones, *The Great Nation. France from Louis XV to Napoleon* (London, 2002)

Emmanuel Le Roy Ladurie, *The Ancien Régime. A history of France 1610—1774* (Oxford, 1996)

Daniel Roche, *France in the Enlightenment* (Cambridge, Mass., 1998)

*

Hajo Holborn, *A History of Modern Germany*, vol. II *1648—1840* (London, 1965)

Georg Schmidt, *Geschichte des Alten Reiches. Staat und Nation in der Frühen Neuzeit 1495—1806* (Munich, 1999)

James J. Sheehan, *German History 1770—1866* (Oxford, 1989)

Brendan Simms, *The Struggle for Mastery in Germany 1779—1850* (Basingstoke, 1998)

Peter Wilson, *From Reich to Revolution: German History 1558—1806* (Basingstoke, 2004)

Peter Wilson, *The Holy Roman Empire 1495—1806* (Basingstoke, 1999)

*

R. J. W. Evans, *The Making of the Habsburg Monarchy 1550—1700. An interpretation* (Oxford, 1970)

Charles Ingrao, *The Habsburg Monarchy 1618—1815*, 2nd (Cambridge, 2000)

Laszlo Kontler, *A History of Hungary: Millennium in Central Europe* (London, 2002)

Paul Lendvai, *The Hungarians. A thousand years of victory in defeat* (Princeton, 2003)

Derek Sayer, *The Coasts of Bohemia. A Czech history* (Princeton, 1998)

*

Roy Foster, *Modern Ireland 1600—1972* (London, 1988)

Gregory Hanlon, *Early Modern Italy 1550—1800. Three seasons in European history* (London, 2000)

John A. Merino (ed.), *Early Modern Italy 1550—1796* (Oxford, 2002)

Denis Mack Smith, *A History of Sicily*, 2 vols. (London, 1968)

*

Norman Davies, *God's Playground. A history of Poland*, rev. edn, 2 vols. (Oxford, 2005)

Jerzy Lukowski and Hubert Zawadzki, *A Concise History of Poland* (Cambridge, 2001)

*

C. B. A. Behrens, *Society, Government and the Enlightenment: The experiences of eighteenth-century France and Prussia* (London, 1985)

Christopher Clark, *Iron Kingdom. The Rise and Downfall of Prussia, 1600—1947* (London, 2006)
Philip G. Dwyer (ed.), *The rise of Prussia 1700—1830* (London, 2000)

*

Simon Dixon, *The Modernisation of Russia 1676—1825* (Cambridge, 1999)
Paul Dukes, *The Making of Russian Absolutism 1613—1801*, 2nd edn (London, 1990)
Geoffrey Hosking, *Russia. People and empire 1552—1917* (Cambridge, Mass., 1997)
Richard Pipes, *Russia Under the Old Regime* (Harmondsworth, 1977)

*

H. A. Barton, *Scandinavia in the Revolutionary Era 1760—1815* (Minneapolis, 1986)
Thomas Munck, *Seventeenth Century Europe 1598—1700* (Basingstoke, 1990) (for Scandinavia)
Franklin D. Scott, *Sweden. The nation's history* (Minneapolis, 1977).

*

Raymond Carr (ed.), *Spain. A history* (Oxford, 2000)
J. H. Elliott, *Imperial Spain 1469—1716* (London, 1963)
John Lynch, *Bourbon Spain 1700—1808* (Oxford, 1989)

导　言

Johannn Wolfgang von Goethe, *Faust*, Parts One and Two, translated by David Luke (Oxford, 1987, 1994)

生　与　死

Philippe Ariès, *Western Attitudes Toward Death: From the Middle Ages to the present* (London, 1976)
C. B. A. Behrens, *The Ancien Régime* (London, 1967)
C. B. A. Behrens, 'Government and society', in E. Rich and C. Wilson (eds.), *The Cambridge Economic History of Europe*, vol.V (Cambridge, 1977)
Paula Bennett and Vernon A. Rosario II (eds.), *Solitary Pleasures. The historical, literary and artistic discourses on autoeroticism* (New York and London, 1995)

Jerome Blum, *The End of the Old Order in Rural Europe* (Princeton, 1978)
Clarissa Campbell Orr (ed.), *Queenship in Europe, 1660—1815. The role of the consort* (Cambridge, 2004)
Carlo M. Cipolla (ed.), *The Fontana Economic History of Europe*, vol. III *The Industrial Revolution 1700—1914* (Brighton, 1976)
Ralph Davis, *The Rise of the Atlantic Economies* (London, 1973)
Christof Dipper, *Deutsche Geschichte 1648—1789* (Frankfurt am Main, 1991)
Christof Dipper, 'Orders and classes: eighteenth century society under pressure', in T. C. W. Blanning (ed.), *The Short Oxford History of Europe: The eighteenth century* (Oxford, 2000)
William Doyle, *The Ancien Régime*, 2nd edn (Basingstoke, 2001)
Martin Duberman, Martha Vicinus and George Chauncey (eds.), *Hidden from History: Reclaiming the gay and lesbian past* (London, 1991)
Robert S. Duplessis, *Transitions to Capitalism in Early Modern Europe* (Cambridge, 1997)
Richard Evans, *Rituals of Retribution: Capital punishment in Germany, 1600—1987* (London, 1996)
Richard J. Evans and W. R. Lee (eds.), *The German Peasantry* (London, 1986)
Michael Flinn, *The European Demographic System 1500—1820* (Brighton, 1981)
Roderick Floud and Donald McCloskey (eds.), *The Economic History of Britain since 1700*, vol. I. *1700—1860*, 2nd edn. (Cambridge, 1994)
Netta Murray Goldsmith, *The Worst of Crimes. Homosexuality and the law in eighteenth–century London* (Aldershot, 1998)
Emma Griffin, *England's Revelry: A history of popular sports and pastimes, 1660—1830* (Oxford, 2005)
Janet M. Hartley, *A Social History of the Russian Empire 1650—1825* (London, 1999)
A. D. Harvey, *Sex in Georgian England. Attitudes and prejudices from the 1720s to the 1820s* (London, 1994)
Karen Harvey, *Reading Sex in the Eighteenth Century. Bodies and gender in English erotica culture* (Cambridge, 2004)
Peter Hersche, *Italien im Barockzeitalter 1600—1750. Eine Sozial–und Kulturgeschichte* (Vienna, Cologne and Weimar, 1999)
Henry Hobhouse, *Seeds of Change. Six plants that transformed mankind*

(London, 2002)
R. A. Houston, *The Population History of Britain and Ireland 1500—1750* (Cambridge, 1992)
Olwen Hufton, *The Poor of 18th–century France* (Oxford, 1974)
Olwen Hufton, *The Prospect Before Her. A history of women in western Europe*, vol. I. *1500—1800* (London, 1995)
Isabel V. Hull, *Sexuality, State and Civil Society in Germany 1700—1815* (Ithaca and London, 1996)
Lynn Hunt (ed.), *The Invention of Pornography. Obscenity and the origins of modernity, 1500—1800* (New York, 1993)
P. M. Jones, *The Peasantry in the French Revolution* (Cambridge, 1988)
H. Kamen, 'The economic and social consequences of the Thirty Years War', *Past and Present*, 39 (1968)
Sarah Knott and Barbara Taylor (eds.), *Women, Gender and Englightenment* (Basingstoke, 2005)
David Landes, *The Unbound Prometheus. Technological change and industrial development in western Europe from 1750 to the present*, 2nd edn (Cambridge, 2003)
Thomas Laqueur, *Making Sex. Body and gender from the Greeks to Freud* (Cambridge, Mass. and London, 1990)
Maurice Lever, *Les Bûchers de Sodome. Histoire des 'infâmes'* (Paris, 1985)
Salvatore J. Licata and Robert P. Petersen (eds.), *The Gay Past. A collection of historical essays* (New York, 1985)
Mary Lindemann, *Medicine and Society in Early Modern Europe* (Cambridge, 1999)
Neil McKendrick, John Brewer and J. H. Plumb, *The Birth of a Consumer Society. The commercialisation of eighteenth–century England* (London, 1982)
Peter Mathias and John A. Davis (eds.), *The First Industrial Revolutions* (Oxford, 1989)
Jeffrey Merrick and Bryant T. Ragan Jr (eds.), *Homosexuality in Modern France* (New York and Oxford, 1996).
Robert Moeller (ed.), *Peasants and Lords in Modern German History* (London, 1987)
David Moon, *The Russian Peasantry 1600—1930* (London, 1999)

Rictor Norton (ed.), *Homosexuality in Eighteenth–Century England: A Sourcebook*. http://www.infopt.demon.co.uk/eighteen.htm

Rictor Norton, *Mother Clap's Molly House. The gay subculture in England 1700—1830* (London, 1992)

Sheilagh Ogilvie (ed.), *Germany. A new social and economic history*, vol. 2. *1630—1800* (London, 1996)

Sheilagh Ogilvie, 'The European economy in the eighteenth century', in T. C. W. Blanning (ed.), *The Short Oxford History of Europe: The eighteenth century* (Oxford, 2000)

Sheilagh Ogilvie and Markus Cerman (eds.), *European Proto–industrialisation* (Cambridge, 1996)

Mark Overton, *Agricultural Revolution in England. The transformation of the agrarian economy 1500—1850* (Cambridge, 1996)

Roy Porter, *English Society in the Eighteenth Century* (London, 1982)

Roy Porter, *The Greatest Benefit to Mankind. A medical history of humanity from antiquity to the present* (London, 1997)

Roy Porter and Lesley Hall, *The Facts of Life. The creation of sexual knowledge in Britain 1650—1950* (New Haven and London, 1995)

Munro Price, *The Fall of the French Monarchy: Louis XVI, Marie Antoinette and the baron de Breteuil* (Basingstoke, 2002)

Marc Raeff, 'Pugachev's rebellion', in Robert Forster and Jack P. Greene (eds.), *Preconditions of Revolution in Early Modern Europe* (Baltimore and London, 1970)

Julius R. Ruff, *Violence in Early Modern Europe* (Cambridge, 2001)

Eda Sagarra, *A Social History of Germany 1648—1914* (London, 1977)

R. Schofield, D. Reher and A. Bideau (eds.), *The Decline of Mortality in Europe* (Oxford, 1991)

Tom Scott (ed.), *The Peasantries of Europe from the Fourteenth to the Eighteenth Centuries* (London, 1998)

B. H. Slicher van Bath, *The Agrarian History of Western Europe 500–1850* (London, 1963)

Jan de Vries, *The Economy of Europe in an Age of Crisis 1600*—1750 (Cambridge, 1976)

Merry E. Wiesner, *Women and Gender in Early Modern Europe*, 2nd edn

(Cambridge, 2000)
Stuart Woolf, *The Poor in Western Europe in the Eighteenth and Nineteenth Centuries* (London, 1986)

权　力

John T. Alexander, *Catherine the Great. Life and Legend* (New York and Oxford, 1989)
M. S. Anderson, *Peter the Great* (London, 1978)
Michel Antoine, *Louis XV* (Paris, 1989)
Ronald G. Asch, *Nobilities in Transition 1550—1700: Courtiers and rebels in Britain and Europe* (London, 2003)
Ronald G. Asch and Heinz Duchhardt (eds.), *Der Absolutismus – ein Mythos? Strukturwandel monarchischer Herrschaft in West-und Mitteleuropa (ca. 1550—1700)* (Cologne, Weimar and Vienna, 1996)
R. Nisbet Bain, *Gustavus III and His Contemporaries, 1746—1792* (London, 1894)
Thomas Bartlett, 'Protestant nationalism in eighteenth century Ireland', in *Studies on Voltaire and the Eighteenth Century*, 335 (1995)
Derek Beales, *Enlightenment and Reform in Eighteenth Century Europe* (London, 2005)
Derek Beales, *Joseph II, Vol. I: In the shadow of Maria Theresa, 1741—1780* (Cambridge, 1987).
William Beik, *Louis XIV and Absolutism* (Boston, Mass., 2000)
David A. Bell, *The Cult of the Nation in France. Inventing nationalism 1680—1800* (Cambridge, Mass. and London, 2001)
L. Bergeron, *France under Napoleon* (Princeton, 1981)
T. C. W. Blanning, *The Culture of Power and the Power of Culture. Old regime Europe 1660—1789* (Oxford, 2002)
T. C. W. Blanning, *The French Revolution. Class war or culture clash?* (London, 1998)
T. C. W. Blanning, *Joseph II* (London, 1994)
J. Bosher, *French Finances, 1770—1795: From business to bureaucracy* (Cambridge, 1970)
John Brewer, *The Sinews of Power: War, money and the English state 1688—1783* (New York, 1989)

John Brooke, *King George III* (London, 1972)
Peter Burke, *The Fabrication of Louis XIV* (New Haven, 1992)
John Cannon, *Aristocratic Century. The peerage of eighteenth–century England* (Cambridge, 1984)
Guy Chaussinand-Nogaret, *The French Nobility in the Eighteenth Century* (Cambridge, 1985)
J. C. D. Clark, *English Society, 1660—1832: Religion, ideology and politics during the ancien regime* (Cambridge, 2000)
J. C. D. Clark, *The Language of Liberty 1660—1832. Political discourse and social dynamics in the Anglo-American world* (Cambridge, 1994)
Linda Colley, *Britons. Forging the nation 1707—1837* (New Haven and London, 1992)
Linda Colley, 'The apotheosis of George III: loyalty, royalty and the British nation 1760—1820', *Past and Present*, 102 (1984)
James Collins, *The State in Early Modern France* (Cambridge, 1995)
Jonathan Dewald, *The European Nobility 1500—1800* (Cambridge, 1996)
P. G. M. Dickson, *Finance and Government under Maria Theresa 1740—1780*, 2 vols. (Oxford, 1987)
Simon Dixon, *Catherine the Great* (London, 2001)
Basil Dmytryshyn, *Modernisation of Russia under Peter I and Catherine II* (New York, 1974)
W. Doyle, *Venality. The Sale of Offices in Eighteenth–Century France* (Oxford, 1996)
William Doyle, *Origins of the French Revolution*, 3rd edn. (Oxford, 1998)
William Doyle, *The Oxford History of the French Revolution* (Oxford, 1989)
John Dunn, *Setting the People Free. The story of democracy* (London, 2005)
Geoffrey Ellis, *Napoleon* (London, 1997)
R. J. W. Evans, 'The Habsburg Monarchy and Bohemia, 1526 to 1848', in Mark Greengrass (ed.), *Conquest and Coalescence. The shaping of the state in early modern Europe* (London, 1991)
David Fraser, *Frederick the Great: King of Prussia* (London, 2000)
François Furet, *Revolutionary France 1770—1880* (Oxford and Cambridge, Mass., 1992)
Jacques Godechot, 'Nation, patrie, nationalisme et patriotisme en France au

XVIIIe siècle', *Annales historiques de la Révolution française*, 43 (1971)
William D. Godsey Jr, *Nobles and Nation in Central Europe: Free Imperial Knights in the age of revolution, 1750—1850* (Cambridge, 2004)
Michael A. R. Graves, *The Parliaments of Early Modern Europe* (London, 2001)
John Hardman, *Louis XVI* (New Haven, 1993)
Adrian Hastings, *The Construction of Nationhood. Ethnicity, religion and nationalism* (Cambridge, 1997)
Nicholas Henshall, *The Myth of Absolutism. Change and continuity in early modern European history* (London and New York, 1992)
Lindsey Hughes, *Russia in the Age of Peter the Great* (New Haven and London, 1998)
Lynn Hunt, *Politics, Culture and Class in the French Revolution* (London, 1986)
Robert E. Jones, *The Emancipation of the Russian Nobility 1762—1785* (Princeton, 1973)
Derek McKay, *The Great Elector* (London, 2001)
Isabel de Madariaga, *Russia in the Age of Catherine the Great* (New Haven and London 1981).
P. Mathias and P. O'Brien, 'Taxation in Britain and France, 1715—1810' in *Journal of European Economic History* (1976)
Vincent Morley, 'Views of the past in Irish vernacular literature, 1650—1850', in Tim Blanning and Hagen Schulze (eds.), *Unity and Diversity in Europe c. 1800* (Oxford, 2006)
R. R. Palmer, *The Age of the Democratic Revolution. A political history of Europe and America, 1760—1800*, 2 vols. (Princeton, 1959, 1964)
Peter Paret (ed.), *Frederick the Great. A profile* (London, 1972)
Donald Quataert, *The Ottoman Empire 1700—1922* (Cambridge, 2000)
Marc Raeff, *Origins of the Russian Intelligentsia: The eighteenth–century nobility* (New York, 1966)
Marc Raeff, *The Well–ordered Police State. Social and institutional change through law in the Germanies and Russia 1600—1800* (New Haven and London, 1983)
J. Riley, *The Seven Years War and the Old Regime in France: The economic and financial toll* (Princeton, 1986)
Hans Rogger, *National Consciousness in 18th–century Russia* (Cambridge,

Mass., 1960)

Hans Rosenberg, *Bureaucracy, Aristocracy and Autocracy. The Prussian experience 1660—1815* (Boston, Mass., 1966)

Guy Rowlands, *The Dynastic State and the Army Under Louis XIV. Royal service and private interest, 1661—1701* (Cambridge, 2002)

Simon Schama, *Citizens. A chronicle of the French Revolution* (New York, 1989)

Theodor Schieder, *Frederick the Great*, ed. and trans. Sabina Berkeley and H. M. Scott (London and New York, 2000)

H. M. Scott (ed.), *Enlightened Absolutism: Reform and reformers in later eighteenth-century Europe* (Basingstoke, 1990).

H. M. Scott (ed.), *The European Nobilities in the Seventeenth and Eighteenth Centuries*, 2 vols. 2nd edn (London, 2006)

Quentin Skinner, 'The state', in Terence Ball, James Farr and Russell L. Hanson (eds.), *Political Innovation and Conceptual Change* (Cambridge, 1989)

David L. Smith, *A History of the Modern British Isles, 1603—1707: The double crown* (Oxford, 1998)

Hannah Smith, *Georgian Monarchy: Politics and culture 1714—1760* (Oxford, 2006)

David Sturdy, *Louis XIV* (Basingstoke, 1998)

D. M. G. Sutherland, *France 1789—1815* (London, 1985)

Julian Swann, *Politics and the Parlement of Paris under Louis XV, 1754—1774* (Cambridge, 1995)

Julian Swann, 'Politics and the state in eighteenth-century Europe', in T. C. W. Blanning (ed.), *The Short Oxford History of Europe: The eighteenth century* (Oxford, 2000)

J. Tulard, *Napoleon. The myth of the saviour* (London, 1984)

Dale Van Kley, *The Damiens Affair and the Unravelling of the ancien régime 1750—1770* (Princeton, 1984)

Peter Wilson, *Absolutism in Central Europe* (London, 2000)

Richard S. Wortman, *Scenarios of Power. Myth and ceremony in Russian monarchy*, vol. I (Princeton, 1995)

宗教与文化

John Adamson, *The Princely Courts of Europe. Ritual, politics and culture under*

the Ancien Régime 1500—1750 (London, 1999)
Nigel Aston, *Christianity and Revolutionary Europe c. 1750—1830* (Cambridge, 2002)
Nigel Aston (ed.), *Religious Change in Europe 1650—1914* (Oxford, 1997)
Hannah Barker and Simon Burrows (eds.), *Press, Politics and the Public Sphere in Europe and North America 1760—1820* (Cambridge, 2002)
Derek Beales, *Prosperity and Plunder. European Catholic monasteries in the age of revolution, 1650—1815* (Cambridge, 2003)
Derek Beales, 'Religion and culture', in T. C. W. Blanning (ed.), *The Short Oxford History of Europe: The eighteenth century* (Oxford, 2000)
Wolfgang Behringer, *Witchcraft Persecutions in Bavaria. Popular magic, religious zealotry and reasons of state in early modern Europe* (Cambridge, 1997)
Barry Bergdoll, *European Architecture 1750—1890* (Oxford, 2000)
Ann Bermingham and John Brewer (eds.), *The Consumption of Culture 1600—1800. Image, object, text* (London and New York, 1995)
Theodore Besterman, *Voltaire*, 3rd edn (Oxford, 1976)
T. C. W. Blanning, *The Culture of Power and the Power of Culture. Old regime Europe 1660—1789* (Oxford, 2002)
T. C. W. Blanning, 'The role of religion in counter-revolution 1789—1815', in D. E. D. Beales and G. Best (eds.), *History, Society and the Churches* (Cambridge, 1985)
Ian Bostridge, *Witchcraft and its Transformations c. 1650—1750* (Oxford, 1997)
Nicholas Boyle, *Goethe. The poet and the age*, vol. I. *The poetry of desire* (Oxford, 1991)
Michael Brander, *Hunting and Shooting from Earliest Times to the Present Day* (London, 1971)
Volkmar Braunbehrens, *Mozart in Vienna* (Oxford, 1991)
John Brewer, *The Pleasures of the Imagination. English culture in the eighteenth century* (London, 1997)
Anita Brookner, *Greuze. The rise and fall of an eighteenth–century phenomenon* (London, 1972)
Anita Brookner, *Jacques–Louis David* (London, 1980)
Joseph Burke, *English Art 1714—1800* (London, 1976)
Peter Burke and Roy Porter (eds.), *The Social History of Language* (Cambridge, 1987)

William J. Callahan and David Higgs (eds.), *Church and Society in Catholic Europe of the Eighteenth Century* (Cambridge, 1979)
Raymond Carr, *English Fox Hunting: A history* (London, 1986)
Guglielmo Cavallo and Roger Chartier (eds.), *A History of Reading in the West* (Amherst, 1999)
Owen Chadwick, *The Popes and European Revolution* (Oxford, 1981)
Roger Chartier, *The Cultural Origins of the French Revolution* (Durham, NC. and London, 1991)
Roger Chartier, 'Print culture', in Roger Chartier (ed.), *The Culture of Print. Power and the uses of print in early modern Europe* (Cambridge, 1989)
Thomas E. Crow, *Painters and Public Life in Eighteenth Century Paris* (New Haven and London, 1985)
Jean Delumeau, *Catholicism between Luther and Voltaire: A new view of the counter–reformation* (London, 1977)
Otto Erich Deutsch, *Mozart–A Documentary Biography* (Stanford, 1965)
A. G. Dickens (ed.), *The Courts of Europe: Politics, patronage and royalty* (London, 1977)
William Doyle, *Jansenism* (Basingstoke, 2000)
Jeroen Duindam, *Vienna and Versailles. The courts of Europe's dynastic rivals, 1550—1780* (Cambridge, 2003)
Cyril Ehrlich, *The Piano. A history*, rev. edn (Oxford, 1990)
Markman Ellis, *The Coffee–house: A cultural history* (London, 2004)
Lucien Febvre, 'Witchcraft: nonsense or mental revolution?', in Peter Burke (ed.), *A New Kind of History* (London, 1973)
Orlando Figes, *Natasha's Dance. A cultural history of Russia* (London, 2002)
Martin Fitzpatrick, Peter Jones, Christa Knellwolf and Iain McCalman (eds.), *The Enlightenment World* (London, 2004)
Elliot Forbes (ed.), *Thayer's Life of Beethoven*, rev. edn (Princeton, 1969)
Michael Forsyth, *Buildings for Music. The architect, the musician and the listener from the seventeenth century to the present day* (Cambridge, Mass., 1985)
Marc R. Foster, *Catholic Revival in the Age of the Baroque. Religious identity in south–west Germany, 1550—1750* (Cambridge, 2001)
Mary Fulbrook, *Piety and Politics. Religion and the rise of absolutism in England, Württemberg and Prussia* (Cambridge, 1983)

R. Gawthrop, *Pietism and the Making of 18th-Century Prussia* (Cambridge, 1993)
Marijke Gijswijt–Hofstra, Brian P. Levack and Roy Porter, *Witchcraft and Magic in Europe: The eighteenth and nineteenth centuries* (London, 1999)
Anne Goldgar, *Impolite Learning. Conduct and community in the republic of letters 1680—1750* (New Haven and London, 1995)
Dena Goodman, *The Republic of Letters. A cultural history of the French Enlightenment* (Ithaca and London, 1994)
Hanns Gross, *Rome in the Age of Enlightenment. The post-Tridentine syndrome and the ancien régime* (Cambridge, 1990)
Louis Hautecœur, *Histoire de l'architecture classique en France*, vol. IV. *Seconde moitié du XVIIIe siècle. Le style Louis XV (1750—1792)* (Paris, 1952)
Louis Hautecoeur, *Littérature et peinture en France du XVIIe au XXe siècle*, 2nd edn (Paris, 1963)
Louis Hautecoeur, *Rome et la renaissance de l'antiquité à la fin du XVIIIe siècle*, Bibliothéque des écoles françaises d'Athènes et de Rome, vol. 105 (Paris, 1912)
John Henry, *The Scientific Revolution and the Origins of Modern Science*, 2nd edn (Basingstoke, 2002)
Henry Russell Hitchcock, *Rococo Architecture in Southern Germany* (London, 1968)
Denis Hollier (ed.), *A New History of French Literature* (Cambridge, Mass., 1989)
Hugh Honour, *Neo–classicism* (Harmondsworth, 1968)
Hugh Honour, *Romanticism* (London, 1979)
Holger Hoock, *The King's Artists. The Royal Academy of Arts and the politics of British culture 1760—1840* (Oxford, 2003)
J. P. Hore, *The History of the Royal Buckhounds* (London, 1893)
R. Po–Chia Hsia, *The World of Catholic Renewal 1540—1770* (Cambridge, 1998)
David Irwin, *English Neo–classical Art. Studies in inspiration and taste* (London, 1966)
David Irwin (ed.), *Winckelmann. Writings on art* (London, 1972)
Jonathan Israel, *Radical Enlightenment. Philosophy and the making of modernity* (Oxford, 2001)
David C. Itzkowitz, *Peculiar Privilege. A social history of English fox-hunting 1753—1885* (Hassocks, 1977)
W. M. Jacob, *Lay People and Religion in the Early Eighteenth Century*

(Cambridge, 1996)
Wend Graf Kalnein and Michael Levey, *Art and Architecture of the Eighteenth Century in France* (London, 1972)
Thomas Da Costa Kaufmann, *Court, Cloister and City: The art and culture of Central Europe 1450—1800* (London, 1995)
Hugh Kearney, *Science and Change 1500—1700* (London, 1971)
Lawrence Klein, *Shaftesbury and the Culture of Politeness. Moral discourse and cultural politics in early eighteenth–century England* (Cambridge, 1994)
Martin Knoll, 'Hunting in the eighteenth century: an environmental perspective', *Historical Social Research*, 29, 3 (2004)
H. C. Robbins Landon (ed.), *Haydn in England 1791—1795* (London, 1976)
James Lees-Milne, *Baroque in Italy* (London, 1959)
James Lees-Milne, *Baroque in Spain and Portugal* (London, 1960)
Michael Levey, *Painting at Court* (New York, 1971)
Michael Levey, *Rococo to Revolution: Major trends in eighteenth–century painting* (London, 1966)
Roger Longrigg, *The History of Horse Racing* (London, 1972)
John Lough, *An Introduction to Eighteenth Century France* (London, 1960)
John Lough, *The Contributors to the* Encyclopédie (1973)
John Lough, *The* Encyclopédie (London, 1971)
Howard Loxton, *The Garden* (London, 1991)
J. McManners, *Death and Enlightenment* (Oxford, 1985)
John McManners, *Church and Society in Eighteenth Century France*, 2 vols. (Oxford, 1998)
John McManners, *The French Revolution and the Church* (London, 1969)
Gary Marker, *Publishing, Printing and the Origins of Intellectual Life in Russia 1700—1800* (Princeton, 1985)
John Rupert Martin, *Baroque* (London, 1977)
P. G. Maxwell-Stuart, *Witchcraft in Europe and the New World 1400—1800* (Basingstoke, 2001)
James Van Horn Melton, *The Rise of the Public in Enlightenment Europe* (Cambridge, 2001)
Robin Middleton and David Watkin, *Neo–classical and Nineteenth Century Architecture* (New York, 1980)

Alain Montandon, *Le Roman au XVIIIe siècle en Europe* (Paris, 1999)
E. William Monter, 'Witchcraft in Geneva 1537—1662', *Journal of Modern History*, 43 (1971)
Chandra Mukerji, *Territorial Ambitions and the Gardens of Versailles* (Cambridge, 1997)
Thomas Munck, *The Enlightenment. A comparative social history 1721—1794* (London, 2000)
Malcolm Oster (ed.), *Science in Europe 1500—1800* (Basingstoke, 2002)
Dorinda Outram, *The Enlightenment*, 2nd edn (Cambridge, 2005)
R. E. Palmer, *Catholics and Unbelievers in Eighteenth Century France* (Princeton, 1939)
Giorgio Pestelli, *The Age of Mozart and Beethoven* (Cambridge, 1984)
Nikolaus Pevsner, *Academies of Art–Past and Present* (Cambridge, 1940)
James Raven, *Judging New Wealth. Popular publishing and responses to commerce in England, 1750—1800* (Oxford, 1992)
James Raven, Helen Small and Naomi Tadmor (eds.), *The Practice and Representation of Reading in England* (Cambridge, 1996)
T. J. Reed, *The Classical Centre. Goethe and Weimar 1775—1832* (London, 1980)
Jane Ridley, *Fox-hunting* (London, 1990)
John Robertson, *The Case for Enlightenment. Scotland and Naples 1680—1760* (Cambridge, 2005)
W. D. Robson–Scott, *The Literary Background of the Gothic Revival in Germany* (Oxford, 1965)
Gordon Rupp, *Religion in England 1688—1791* (Oxford, 1986)
R. G. Saisselin, *Taste in Eighteenth Century France: Critical reflections on the origins of aesthetics or an apology for amateurs* (Syracuse, N.Y., 1965)
Philippe Salvadori, *La Chasse sous l'ancien régime* (Paris, 1996)
Geoffrey Scarre and John Callow, *Witchcraft and Magic in Sixteenth and Seventeenth Century Europe*, 2nd edn (Basingstoke, 2001)
George Ryley Scott, *The History of Cockfighting* (Hindhead, 1983)
James J. Sheehan, *German History 1770—1866* (Oxford, 1989)
Alan G. R. Smith, *Science and Society in the Sixteenth and Seventeenth Centuries* (London, 1972)
Maynard Solomon, *Beethoven* (London, 1977)

Norman Sykes, *Church and State in England in the Eighteenth Century* (Cambridge, 1934)

Richard Taruskin, *The Oxford History of Western Music*, 6 vols., vol. 2: *The Seventeenth and Eighteenth Centuries* (Oxford, 2005)

Mikulas Teich and Roy Porter (eds.), *The Enlightenment in National Context* (Cambridge, 1981)

Keith Thomas, *Religion and the Decline of Magic* (Harmondsworth, 1973)

Rolf Toman (ed.), *Baroque* (Cologne, 1998)

W. R. Ward, *Christianity Under the Ancien Régime, 1648—1789* (Cambridge, 1999)

David Watkin, *A History of Western Architecture*, 2 edn (London, 1996)

David Watkin, *The English Vision. The Picturesque in architecture, landscape and garden design* (London, 1982)

William Weber, *The Rise of Musical Classics in Eighteenth Century England* (Oxford, 1992)

Richard S. Westfall, *Science and Religion in Seventeenth Century England* (New Haven, 1958)

Reinhard Wittmann, 'Was there a reading revolution at the end of the eighteenth century?', in Neal Zaslaw (ed.), *The Classical Era. From the 1740s to the end of the eighteenth century* (London, 1989)

战争与和平

Martine Acerra and Jean Meyer, *Marines et Révolution* (Rennes, 1988)

M. S. Anderson, *The Eastern Question 1774—1923. A study in international relations* (London, 1966)

M. S. Anderson, *The Rise of Modern Diplomacy 1450—1919* (London, 1993)

M. S. Anderson, *The War of the Austrian Succession, 1740–48* (London, 1995)

Lucien Bély, *Les Relations internationales XVI*e–XVIIIe siècles, 3rd edn (Paris, 2001)

Jeremy Black, *A Military Revolution? Military change and European society 1550—1800* (London, 1990)

Jeremy Black, *European International Relations 1648—1815* (London, 2002)

T. C. W. Blanning, *The French Revolution in Germany. Occupation and resistance in the Rhineland 1792—1802* (Oxford, 1983)

T. C. W. Blanning, *The French Revolutionary Wars 1787—1802* (London, 1996)

T. C. W. Blanning, 'The French Revolution and Europe', in Colin Lucas (ed.),

Rewriting the French Revolution (Oxford, 1991)
T. C. W. Blanning, *The Origins of the French Revolutionary Wars* (London, 1986)
Michael Broers, *Europe under Napoleon 1799—1815* (London, 1996)
Martin Boycott Brown, *The Road to Rivoli: Napoleon's First Campaign* (London, 2001)
David Chandler, *The Campaigns of Napoleon* (London, 1966)
John Childs, *Armies and Warfare in Europe 1648—1789* (Manchester, 1982)
Stephen Conway, *The War of American Independence* (London, 1995)
Martin van Creveld, *Supplying War: Logistics from Wallenstein to Patton* (New York, 1977)
François Crouzet, 'Wars, blockade and economic change in Europe, 1792—1815', *Journal of Economic History*, 24 (1964).
Heinz Duchhardt, *'Balance of Power' und Pentarchie: internationale Beziehungen 1700—1785* (Paderborn, 1997)
Christopher Duffy, *The Army of Frederick the Great* (Newton Abbot, 1974)
Christopher Duffy, *The Army of Maria Theresa. The armed forces of Imperial Austria 1740—1780* (Newton Abbot, 1977)
Christopher Duffy, 'Rossbach', in Cyril Falls (ed.), *Great Military Battles* (London, 1964)
Christopher Duffy, *Russia's Military Way to the West: The origins and nature of Russian military power, 1700—1800* (London, 1981)
Jonathan R. Dull, *A Diplomatic History of the American Revolution* (New Haven and London, 1985)
Jonathan R. Dull, *The French Navy and American Independence: A study of arms and diplomacy, 1774—1787* (Princeton, 1975)
C. J. Esdaile, *The Wars of Napoleon* (London, 1995)
Alan Forrest, *Soldiers of the French Revolution* (Durham, N.C. and London, 1990)
Patrice Higonnet, 'The origins of the Seven Years War', *Journal of Modern History*, 40 (1968)
T. O. Lloyd, *The British Empire 1558—1995* (Oxford, 1996)
John A. Lynn, *Giant of the* grand siècle: *The French army, 1610—1715* (Cambridge, 1998)
John A. Lynn, 'International rivalry and warfare', in T. C. W. Blanning (ed.), *The Short Oxford History of Europe: The eighteenth century* (Oxford, 2000)

John A. Lynn, *The Wars of Louis XIV, 1667—1714* (London, 1999)

Derek McKay, *Prince Eugene of Savoy* (London, 1977)

P. J. Marshall (ed.), *The Oxford History of the British Empire: The eighteenth century* (Oxford, 1998)

P. J. Marshall, 'Europe and the rest of the world', in T. C. W. Blanning (ed.), *The Short Oxford History of Europe: The eighteenth century* (Oxford, 2000)

Geoffrey Parker, *The Military Revolution. Military innovation and the rise of the west, 1500—1800*, 2 edn (Cambridge, 1996)

David Parrott, 'The military revolution in early modern Europe', *History Today*, 42 (December, 1992)

J. H. Parry, *Trade and Dominion: The European overseas empires in the eighteenth century* (London, 1971)

Fritz Redlich, *De praeda militari. Looting and booty, 1500—1815*, Vierteljahrschrift für Sozial–und Wirtschaftsgeschichte. Beihefte. no. 39 (Wiesbaden, 1956)

N. A. M. Rodger, *The Command of the Ocean. A naval history of Britain 1649—1815* (London, 2004)

Karl A. Roider, *Austria's Eastern Question 1700—1790* (Princeton, 1982)

Gunther Rothenberg, *The Art of Warfare in the Age of Napoleon* (London, 1977)

Paul Schroeder, *The Transformation of European Politics, 1763—1848* (Oxford, 1994)

H. M. Scott, *The Birth of a Great Power System 1740—1815* (London, 2006)

H. M. Scott, *The Emergence of the Eastern Powers, 1756—1775* (Cambridge, 2001)

H. M. Scott and D. McKay, *The Rise of the Great Powers, 1648—1815* (London, 1983)

Samuel F. Scott, *The Response of the Royal Army to the French Revolution. The role and development of the line army 1787—1793* (Oxford, 1978)

Brendan Simms, *The Impact of Napoleon. Prussian high politics, foreign policy and the crisis of the executive, 1797—1806* (Cambridge, 1997)

Peter Wilson, *German Armies: War and German politics 1648—1806* (London, 1998)